5492

ŒUVRES COMPLÈTES

DE

CHATEAUBRIAND

XVI

Lagny. — Typographie de Vialat et Cie.

ŒUVRES COMPLÈTES

DE

CHATEAUBRIAND

AUGMENTÉES

D'UN ESSAI SUR LA VIE ET LES OUVRAGES DE L'AUTEUR

— LE PARADIS PERDU —

PARIS

P.-H. KRABBE, LIBRAIRE-EDITEUR

12, RUE DE SAVOIE

M DCCC LII

LE
PARADIS PERDU

REMARQUES.

Je prie le lecteur de consulter l'*Avertissement* placé en tête de l'*Essai sur la littérature anglaise*, et de revoir dans l'*Essai* même les chapitres relatifs *à la vie et aux ouvrages de Milton*.

Si je n'avais voulu donner qu'une traduction *élégante* du *Paradis perdu*, on m'accordera peut-être assez de connaissance de l'art pour qu'il ne m'eût pas été impossible d'atteindre la hauteur d'une traduction de cette nature; mais c'est une traduction littérale dans toute la force du terme que j'ai entreprise, une traduction qu'un enfant et un poëte pourront suivre sur le texte, ligne à ligne, mot à mot, comme un dictionnaire ouvert sous leurs yeux. Ce qu'il m'a fallu de travail pour arriver à ce résultat, pour dérouler une longue phrase d'une manière lucide sans hacher le style, pour arrêter les périodes sur la même chute, la même mesure, la même harmonie; ce qu'il m'a fallu de travail pour tout cela ne peut se dire. Qui m'obligeait à cette exactitude dont il y aura si peu de juges, et dont on me saura si peu de gré? Cette conscience que je mets à tout, et qui me remplit de remords quand je n'ai pas fait ce que j'ai pu faire. J'ai refondu trois fois la traduction sur le *manuscrit* et le *placard*; je l'ai remaniée quatre fois d'un bout à l'autre sur les *épreuves*, tâche que je ne me serais jamais imposée si je l'eusse d'abord mieux comprise.

Au surplus, je suis loin de croire avoir évité tous les écueils de ce travail; il est impossible qu'un ouvrage d'une telle étendue, d'une telle difficulté, ne renferme pas quelque contre-sens. Toutefois il y a plusieurs manières d'entendre les mêmes passages; les Anglais eux-mêmes ne sont pas toujours d'accord sur le texte, comme on peut le voir dans les glossateurs. Pour éviter de se jeter dans des controverses interminables, je prie le lecteur de ne pas confondre un *faux* sens avec un sens *douteux*, ou susceptible d'interprétations diverses.

Je n'ai nullement la prétention d'avoir rendu intelligibles des descriptions empruntées de l'Apocalypse, ou tirées des prophètes, telles que *ces mers de verre qui sont fondées en vue, ces roues qui tournent dans des roues*, etc. Pour trouver un sens un peu clair à ces descriptions, il en aurait fallu retrancher la moitié: j'ai exprimé le tout par un rigoureux mot à mot, laissant le champ libre à l'interprétation des nouveaux Swedenborg qui entendront cela couramment.

Milton emprunte quelquefois l'ancien jargon italien: *d'autour d'Ève sont lancés des dards de désir qui souhaite la présence d'Ève.* Je ne sais pas si c'est le désir qui *souhaite;* ce pourrait bien être le *dard;* je n'ai donc pu exprimer que ce que je comprenais (si toutefois je comprenais), étant persuadé qu'on peut comprendre de pareilles choses de cent façons.

Si de longs passages présentent des difficultés, quelques traits rapides n'en offrent pas moins : que signifie ce vers.

Your fear itself of death removes the fear.

« Votre crainte même de la mort écarte la crainte. »

Il y a des commentaires immenses là-dessus; en voici un : « Le serpent « dit : Dieu ne peut vous punir sans cesser d'être juste; s'il n'est plus juste il « n'est plus Dieu; ainsi vous ne devez point craindre sa menace; autrement « vous êtes en contradiction avec vous-même, puisque c'est précisément votre « crainte qui détruit votre crainte. » Le commentateur ajoute pour achever l'explication « qu'il est bien fâché de ne pouvoir répandre un plus grand jour « sur cet endroit. »

Dans l'invocation, au commencement du septième livre, on lit :

I have presum'd
(An earthly guest) and drawn empyreal air,
Thy temp'ring.

J'ai traduit comme mes devanciers : *tempéré par toi*. Richardson prétend que Milton fait ici allusion à ces voyageurs qui, pour monter au haut du Ténériffe, emportent des éponges mouillées, et se procurent de cette manière un air respirable; voilà beaucoup d'autorités : cependant je crois que *Thy temp'ring* veut dire tout simplement *ta température*. *Thy* est le pronom possessif, et non le pronom personnel *thee*. *Temp'ring* me semble un mot forgé par Milton comme tant d'autres : la *température* de la muse, son *air*, son *élément natal*. Je suis persuadé que c'est là le sens simple et naturel de la phrase; l'autre sens me paraît un sens subtil et détourné : toutefois je n'ai pas osé le rejeter, parce qu'on a tort quand on a raison contre tout le monde.

Dans la description du cygne le poëte se sert d'une expression qui donne également ces deux sens : « *Ses ailes lui servaient de manteau superbe*, » ou bien : « *Il formait sur l'eau une légère écume.* » J'ai conservé le premier sens adopté par la plupart des traducteurs, tout en regrettant l'autre.

Dans l'invocation du livre neuvième, la ponctuation qui m'a semblé la meilleure m'a fait adopter un sens nouveau : Après ces mots *Heroic deemed*, il y a un point et une virgule, de sorte que *chief mastery* me paraît devoir être pris, par exclamation, dans un sens ironique; en effet la période qui suit est ironique. Le passage devient ainsi beaucoup plus clair que quand on unit *chief mastery* avec le membre de phrase qui le précède.

Vers la fin du dernier discours qu'Adam tient à Ève pour l'engager à ne pas aller seule au travail, il règne beaucoup d'obscurité; mais je pense que cette obscurité est ici un grand art du poëte. Adam est troublé; un pressentiment l'avertit, il ne sait presque plus ce qu'il dit : il y a quelque chose qui fait frémir dans ces ténèbres tendues tout à coup sur les pensées du premier homme prêt à accorder la permission fatale qui doit le perdre lui et sa race.

J'avais songé à mettre à la fin de ma traduction un tableau des différents sens que l'on peut donner à tels ou tels vers du *Paradis perdu*, mais j'ai été arrêté par cette question que je n'ai cessé de me faire dans le cours de mon travail : Qu'importe tout cela aux lecteurs et aux auteurs d'aujourd'hui? Qu'importe maintenant la conscience en toute chose? Qui lira mes commentaires? Qui s'en souciera?

J'ai calqué le poëme de Milton à la vitre; je n'ai pas craint de changer le régime des verbes lorsqu'en restant plus *français* j'aurais fait perdre à l'original quelque chose de sa précision, de son originalité ou de son énergie : cela se comprendra mieux par des exemples.

Le poëte décrit le palais infernal ; il dit :

>   Many a row
> Of starry lamps. . . . .
> . . . . Yielded light
> As from a sky.

J'ai traduit : « Plusieurs rangs de lampes étoilées... émanent la lumière comme un firmament. » Or je sais qu'*émaner* en français n'est pas un verbe actif ; un firmament n'*émane pas de la lumière*, la lumière *émane d'un firmament :* mais traduisez ainsi, que devient l'image ? Du moins le lecteur pénètre ici dans le génie de la langue anglaise ; il apprend la différence qui existe entre les régimes des verbes dans cette langue et dans la nôtre.

Souvent, en relisant mes pages, j'ai cru les trouver obscures ou traînantes, j'ai essayé de faire mieux : lorsque la période a été debout *élégante* ou *claire*, au lieu de *Milton* je n'ai rencontré que *Bitaubé ;* ma prose lucide n'était plus qu'une prose commune ou artificielle, telle qu'on en trouve dans tous les écrits communs du genre classique. Je suis revenu à ma première traduction. Quand l'obscurité a été invincible, je l'ai laissée ; à travers cette obscurité on sentira encore le dieu.

Dans le second livre du *Paradis perdu*, on lit ce passage :

> No rest : through many a dark and dreary vale
> They pass'd, and many a region dolorous,
> O'er many a frozen, many a fiery Alp,
> Rocks, caves, lakes, fens, bogs, dens, and shades of death,
> A universe of death, which God by curse
> Created evil, for evil only good,
> Where all life dies, death lives, and nature breeds,
> Perverse, all monstrous, all prodigious things,
> Abominable, inutterable, and worse
> Than fables yet have feign'd, or fear conceiv'd,
> Gorgons, and Hydras, and Chimeras dire.

« Elles traversent maintes vallées sombres et désertes, maintes régions douloureuses, par-dessus maintes Alpes de glace et maintes Alpes de feu : rocs, grottes, lacs, mares, gouffres, antres et ombres de mort ; univers de mort, que Dieu dans sa malédiction créa mauvais, bon pour le mal seulement ; univers où toute vie meurt, où toute mort vit, où la nature perverse engendre toutes choses monstrueuses, toutes choses prodigieuses, abominables, inexprimables, et pires que ce que la fable inventa ou la frayeur conçut : Gorgones et Hydres et Chimères effroyables. »

Ici le mot répété *many* est traduit par notre vieux mot *maintes*, qui donne à la fois la traduction littérale et presque la même consonnance. Le fameux vers monosyllabique, si admiré des Anglais :

> Rocks, caves, lakes, fens, bogs, dens, and shades of death,

j'ai essayé de le rendre par les monosyllabes *rocs, lacs, mares, gouffres, antres*, et *ombres de mort*, en retranchant les articles : Le passage rendu de cette manière produit des effets d'harmonie semblables ; mais, j'en conviens, c'est un peu aux dépens de la syntaxe. Voici le même passage, traduit dans toutes les règles de la grammaire par Dupré de Saint-Maur :

« En vain traversaient-elles des vallées sombres et hideuses, des régions de
« douleur, des montagnes de glace et de feu ; en vain franchissaient-elles des

« rochers, des fondrières, des lacs, des précipices, et des marais empestés ;
« elles retrouvaient toujours d'épouvantables ténèbres, les ombres de la mort,
« que Dieu forma dans sa colère, au jour qu'il créa les maux inséparables du
« crime. Elles ne voyaient que des lieux où la vie expire, et où la mort seule
« est vivante : la nature perverse n'y produit rien que d'énorme et de mons-
« trueux ; tout en est horrible, inexprimable, et pire encore que tout ce que
« les fables ont feint, ou que la crainte s'est jamais figuré de Gorgones,
« d'Hydres et de Chimères dévorantes. »

Je ne parle point de ce que le traducteur prête ici au texte ; c'est au lecteur à voir ce qu'il gagne ou perd par cette paraphrase ou par mon mot à mot. On peut consulter les autres traductions, examiner ce que mes prédécesseurs ont *ajouté* ou *omis* (car ils passent en général les endroits difficiles) : peut-être en résultera-t-il cette conviction que la version littérale est ce qu'il y a de mieux pour faire connaître un auteur tel que Milton.

J'en suis tellement convaincu, que dans l'*Essai sur la littérature anglaise*, en citant quelques passages du *Paradis perdu*, je me suis légèrement éloigné du texte : eh bien ! qu'on lise les mêmes passages dans la traduction *littérale* du poëme, et l'on verra, ce me semble, qu'ils sont beaucoup mieux rendus, même pour l'harmonie.

Tout le monde, je le sais, a la prétention d'exactitude : je ressemble peut-être à ce bon abbé Leroy, *curé de Saint-Herbland de Rouen* et *prédicateur du roi :* lui aussi a traduit Milton, et en vers ! Il dit : « Pour ce qui est de notre « traduction, son principal mérite, comme nous l'avons dit, *c'est d'être fidèle.*»

Or voici comme il est fidèle, de son propre aveu. Dans les notes du septième chant, on lit : « J'ai substitué ceci à la fable de Bellérophon, m'étant proposé « d'en purger cet ouvrage . . . . « J'ai adapté, au reste, les plaintes de Milton de façon qu'elles puissent convenir « encore plus à un homme de mérite. . . . . . Ici j'ai changé ou retranché « un long récit de l'aventure d'Orphée mis à mort par les Bacchantes sur le « mont Rhodope. »

Changer ou *retrancher* l'admirable passage où Milton se compare à Orphée déchiré par ses ennemis !

« La Muse ne put défendre son fils ! »

Je ne crois pas néanmoins qu'il faille aller jusqu'à cette précision de Luneau de Boisjermain : « ne pas avoir besoin de répétition, comme qui serait non de « pouvoir d'un seul coup. » La traduction interlinéaire de Luneau est cependant utile ; mais il ne faut pas trop s'y fier ; car, par une inadvertance étrange, en suivant le mot à mot, elle fourmille de contre-sens ; souvent la glose au-dessous donne un sens opposé à la traduction interlinéaire.

Ce que je viens de dire sera mon excuse pour les chicanes de langue que l'on pourrait me faire. Je passe condamnation surtout, pourvu qu'on m'accorde que le portrait, quelque mauvais qu'on le trouve, est ressemblant.

J'ai déjà signalé[1] les difficultés grammaticales de la langue de Milton ; une des plus grandes vient de l'introduction de plusieurs nominatifs indirects dans une période régie par un principal nominatif, de sorte que tout à coup vous retrouvez un *he*, un *their* qui vous étonnent, qui vous obligent à un effort de mémoire ou qui vous forcent à remonter la période pour retrouver la *personne* ou les *personnes* auxquelles ce *he* ou ce *their* appartiennent. Une autre espèce d'obscurité naît de la concision et de l'ellypse : faut-il donc s'étonner de la variété et des contre-sens des traductions dans ces passages? Ai-je rencontré plus juste ? je le crois, mais je n'en suis pas sûr : il ne me paraît même pas clair que Milton ait toujours bien lui-même rendu sa pensée ; ce haut génie s'est

---

[1] Avertissement de l'*Essai*.

contenté quelquefois de l'à peu près, et il a dit à la foule : « Devine si tu peux.»
Le nominatif absolu des Grecs, si fréquent dans le style antique de Milton, est très-inélégant dans notre langue. *Thou Looking on* pour *thee Looking on*. Je l'ai cependant employé sans égard à son étrangeté, aussi frappante en anglais qu'en français.

Les ablatifs absolus du latin, dont le *Paradis perdu* abonde, sont un peu plus usités dans notre langue ; mais en les conservant j'ai parfois été obligé d'y joindre un des temps du verbe *être* pour faire disparaître une amphibologie.

C'est ainsi encore que j'ai complété quelques phrases non complètes. Milton parle des serpents *qui bouclent Mégère :* force est ici de dire *qui forment des boucles sur la tête de Mégère.*

Bentley prétend que, Milton étant aveugle, les éditeurs ont introduit dans le *Paradis perdu* des interpolations qu'il n'a pas connues : c'est peut-être aller loin ; mais il est certain que la cécité du chantre d'Éden a pu nuire à la correction de son ouvrage. Le poëte composait la nuit ; quand il avait fait quelques vers, il sonnait ; sa fille ou sa femme descendait ; il dictait : ce premier jet, qu'il oubliait nécessairement bientôt après, restait à peu près tel qu'il était sorti de son génie. Le poëme fut ainsi conduit à sa fin par inspirations et par dictées ; l'auteur ne put en revoir l'ensemble ni sur le manuscrit ni sur les épreuves. Or il y a des négligences, des répétitions de mots, des cacophonies qu'on n'aperçoit, et pour ainsi dire, qu'on n'entend qu'avec l'œil, en parcourant les épreuves. Milton isolé, sans assistance, sans secours, presque sans amis, était obligé de faire des changements dans son esprit, et de relire son poëme d'un bout à l'autre dans sa mémoire. Quel prodigieux effort de souvenir ! et combien de fautes ont dû lui échapper !

De là ces phrases inachevées, ces sens incomplets, ces verbes sans régimes, ces noms et ces pronoms sans relatifs, dont l'ouvrage fourmille. Le poëte commence une phrase au *singulier* et l'achève au *pluriel*, inadvertance qu'il n'aurait jamais commise s'il avait pu voir les épreuves. Pour rendre en français ces passages, il faut changer les *nombres* des pronoms, des noms et des verbes ; les personnes qui connaissent l'art savent combien cela est difficile. Le poëte ayant à son gré mêlé les nombres, a naturellement donné à ses mots la quantité et l'euphonie convenables ; mais le pauvre traducteur n'a pas la même faculté ; il est obligé de mettre sa phrase sur ses pieds : s'il opte pour le *singulier*, il tombe dans les verbes de la première conjugaison, sur un *aima*, sur un *parla* qui viennent heurter une voyelle suivante ; s'en tient-il au *pluriel?* il trouve un *aimaient*, un *parlaient* qui appesantissent et arrêtent la phrase au moment où elle devrait voler. Rebuté, accablé de fatigue, j'ai été cent fois au moment de planter là tout l'ouvrage. Jusqu'ici les traductions de ce chef-d'œuvre ont été moins de véritables traductions que des *épitomes* ou des *amplifications paraphrasées* dans lesquelles le sens général s'aperçoit à peine à travers une foule d'idées et d'images dont il n'y a pas un mot dans le texte. Comme je l'ai dit [1], on peut se tirer tant bien que mal d'un morceau choisi ; mais soutenir une lutte sans cesse renouvelée pendant douze chants, c'est peut-être l'œuvre de patience la plus pénible qu'il y ait au monde.

Dans les sujets riants et gracieux, Milton est moins difficile à entendre, et sa langue se rapproche davantage de la nôtre. Toutefois les traducteurs ont une singulière monomanie : ils changent les pluriels en singuliers, les singuliers en pluriels, les adjectifs en substantifs, les articles en pronoms, les pronoms en articles. Si Milton dit *le* vent, *l'*arbre, *la* fleur, *la* tempête, etc., ils mettent *les* vents, *les* arbres, *les* fleurs, *les* tempêtes, etc.; s'il dit un esprit *doux*, ils écrivent la *douceur* de l'esprit ; s'il dit *sa* voix, ils traduisent *la* voix, etc. Ce sont

---
[1] Avertissement de l'*Essai.*

là de très-petites choses sans doute; cependant il arrive, on ne sait comment, que de tels changements répétés produisent à la fin du poëme une prodigieuse altération; ces changements donnent au génie de Milton cet air de lieu-commun qui s'attache à une phraséologie banale.

Je n'ai rien ajouté au texte; j'ai seulement quelquefois été obligé de suppléer le mot *collectif* par lequel le poëte a oublié de lier les parties d'une longue énumération d'objets.

J'ai négligé çà et là des explétives redondantes qui embarrassaient la phrase sans ajouter à sa beauté, et qui n'étaient là évidemment que pour la mesure du vers : le sobre et correct Virgile lui-même a recours à ces explétives. On trouvera dans ma traduction *synodes, mémoriaux, recordés, conciles,* que les traducteurs n'ont osé risquer, et qu'ils ont rendus par *assemblées, emblèmes, rappelés, conseils,* etc.; c'est à tort selon moi Milton avait l'esprit rempli des idées et des controverses religieuses; quand il fait parler les démons, il rappelle *ironiquement* dans son langage les cérémonies de l'Église romaine; quand il parle *sérieusement*, il emploie la langue des théologiens protestants. Il m'a semblé que cette observation oblige à traduire avec rigueur l'expression miltonienne, faute de quoi on ne ferait pas sentir cette partie intégrante du génie du poëte, la partie religieuse. Ainsi dans une description du matin, Milton parle de la charmante heure de **Prime** : je suis persuadé que *Prime* est ici le nom d'un office de l'Église; il ne veut pas dire *première;* malgré ma conviction je n'ai pas risqué le mot *prime*, quoique à mon avis il fasse beauté, en rappelant la prière matinale du monde chrétien.

> L'astre avant-coureur de l'aurore,
> Du soleil qui s'approche annonce le retour,
> Sous le pâle horizon l'ombre se décolore :
> Lève-toi dans nos cœurs, chaste et bienheureux jour.
> RACINE.

Une autre beauté, selon moi, qui se tire encore du langage chrétien, c'est l'affectation de Satan à parler comme le Très-Haut ; il dit toujours ma *droite* au lieu de mon bras : j'ai mis une grande attention à rendre ces tours; ils caractérisent merveilleusement l'orgueil du prince des ténèbres.

Dans les cantiques que le poëte fait chanter aux anges et qu'il emprunte de l'Écriture, il suit l'hébreu, et il ramène quelques mots en refrain au bout du verset : Ainsi *praise* termine presque toutes les strophes de l'hymne d'Adam et d'Ève au lever du jour. J'ai pris garde à cela, et je reproduis à la chute le mot *louange :* mes prédécesseurs n'ayant peut-être pas remarqué le retour de ce mot, ont fait perdre aux vers leur harmonie lyrique.

Lorsque Milton peint la création il se sert rigoureusement des paroles de la Genèse, de la traduction anglaise : je me suis servi des mots français de la traduction de Sacy, quoiqu'ils diffèrent un peu du texte anglais : en des matières aussi sacrées j'ai cru ne devoir reproduire qu'un texte approuvé par l'autorité de l'Église.

J'ai employé, comme je l'ai dit encore [1], de vieux mots; j'en ai fait de nouveaux, pour rendre plus fidèlement le texte ; c'est surtout dans les mots négatifs que j'ai pris cette licence : on trouvera donc *inadoré, imparité, inabstinence*, etc. On compte cinq ou six cents mots dans Milton qu'on ne trouve dans aucun dictionnaire anglais. Johnson, parlant du grand poëte, s'exprime ainsi:

Through all his greater works there prevails an uniform peculiarity of DICTION, *a mode and cast of expression which bears little resemblance to that of any former writer, and which is so far removed from common use, that an*

---

[1] Avertissement de l'*Essai*.

unlearned reader, when he first opens his book, finds himself surprised by a new language..... our language, says Addison, sunk under him.

« Dans tous les plus grands ouvrages de Milton prévalent une uniforme
« singularité de diction, un mode et un tour d'expression qui ont peu de res-
« semblance avec ceux d'aucun écrivain précédent, et qui sont si éloignés de
« l'usage ordinaire, qu'un lecteur non lettré, quand il ouvre son livre pour
« la première fois, se trouve surpris par une langue nouvelle.... Notre langue,
« dit Addison, s'abat (ou *s'enfonce* ou *coule bas*) sous lui. »

Milton imite sans cesse les anciens; s'il fallait citer tout ce qu'il imite, on ferait un in-folio de notes : pourtant quelques notes seraient curieuses et d'autres seraient utiles pour l'intelligence du texte.

Le poëte, d'après la Genèse, parle de l'esprit qui féconda l'abîme. Du Bartas avait dit :

D'une même façon l'esprit de l'Éternel
Semble couver ce gouffre.

L'*obscurité* ou les *ténèbres visibles* rappellent l'expression de Sénèque : *non ut per tenebras videamus, sed ut ipsas.*

Satan levant sa tête au-dessus du lac de feu est une image empruntée à l'Énéide :

Pectora quorum inter fluctus arrecta.

Milton faisant dire à Satan que régner dans l'enfer est digne d'ambition, traduit Grotius : *Regnare dignum est ambitu, etsi in Tartaro.*

La comparaison des anges tombés aux feuilles de l'automne est prise de l'Iliade et de l'Énéide. Lorsque, dans son invocation, le poëte s'écrie qu'il va chanter des choses qui n'ont encore été dites ni en prose ni en vers, il imite à la fois Lucrèce et Arioste :

Cosa non detta in prosa mai, ne in rima.

Le *lasciate ogni speranza* est commenté ainsi d'une manière sublime : « Régions de chagrins, obscurité plaintive où l'espérance ne peut jamais venir, elle qui vient à tous : » *hope never comes that comes to all.*

Lorsque Milton représente des anges *tournant les uns sur la lance*, les *autres sur le bouclier*, pour signifier tourner à droite et à gauche, cette façon de parler poétique est empruntée d'un usage commun chez les Romains : le légionnaire tenait la lance de la main droite et le bouclier de la main gauche : *declinare ad hastam vel ad scutum :* ainsi Milton met à contribution les historiens aussi bien que les poëtes; et, en ayant l'air de ne rien dire, il vous apprend toujours quelque chose. Remarquez que la plupart des citations que je viens d'indiquer se trouvent dans les trois cents premiers vers du *Paradis perdu*. encore ai-je négligé d'autres imitations d'Ézéchiel, de Sophocle, du Tasse, etc.

Le mot *saison* dans le poëme doit être quelquefois traduit par le mot *heure ;* le poëte, sans vous le dire, s'est fait Grec ou plutôt s'est fait Homère, ce qui lui était tout naturel; il transporte dans le dialecte anglais une expression hellénique.

Quand il dit que le nom de la femme est tiré de celui de l'homme, qui le comprendra si l'on ne sait que cela est vrai d'après le texte de la Vulgate, *virago*, et d'après la langue anglaise *Woman*, ce qui n'est pas vrai en français. Quand il donne à Dieu l'*empire carré* et à Satan l'empire *rond*, voulant par là faire entendre que Dieu gouverne le ciel et Satan le monde, il faut savoir que saint Jean, dans l'Apocalypse, dit : « *Civitas Dei in quadro posita.* »

Il y aurait mille autres remarques à faire de cette espèce, surtout à une époque où les trois quarts des lecteurs ne connaissent pas plus l'Écriture sainte et les Pères de l'Église qu'ils ne savent le chinois.

Jamais style ne fut plus figuré que celui de Milton : ce n'est point Ève qui est douée d'une majesté virginale, c'est la *majestueuse virginité* qui se trouve dans Ève ; Adam n'est point inquiet, c'est l'*inquiétude* qui agit sur Adam : Satan ne rencontre pas Ève par hasard, c'est le *hasard* de Satan qui rencontre Ève ; Adam ne veut pas empêcher Ève de s'absenter, il cherche à dissuader l'*absence* d'Ève. Les comparaisons, à cause même de ces tours, sont presque intraduisibles : assez rarement empruntées des images de la nature, elles sont prises des usages de la société, des travaux du laboureur et du matelot, des réminiscences de l'histoire et de la mythologie ; ce qui rappelle, pour le dire en passant, que Milton était aveugle, et qu'il tirait de ses souvenirs une partie de son génie. Une comparaison admirable et qui n'appartient qu'à lui, est celle de cet homme sorti un matin des fumées d'une grande ville pour se promener dans les fraîches campagnes, au milieu des moissons, des troupeaux, et rencontrant une jeune fille plus belle que tout cela : c'est Satan échappé du gouffre de l'enfer qui rencontre Ève au milieu des retraites fortunées d'Éden. On voit aussi par la vie de Milton qu'il remémore dans cette comparaison le temps de sa jeunesse : dans une des promenades matinales qu'il faisait autour de Londres s'offrit à sa vue une jeune femme d'une beauté extraordinaire : il en devint passionnément amoureux, ne la retrouva jamais, et fit le serment de ne plus aimer.

Au reste, Milton n'est pas toujours logique ; il ne faudra pas croire ma traduction fautive quand les idées manqueront de conséquence et de justesse.

Ce qu'il faut demander au chantre d'Éden, c'est de la poésie, et de la poésie la plus haute à laquelle il soit donné à l'esprit humain d'atteindre ; tout vit chez cet homme, les êtres moraux comme les êtres matériels : dans un combat, ce ne sont pas les dards qui voûtent le ciel ou qui forment une voûte enflammée, ce ne sont les *sifflements* mêmes de ces dards ; les personnages n'accomplissent pas des actions, ce sont leurs *actions* qui agissent comme si elles étaient elles-mêmes des personnages. Lorsqu'on est si divinement poëte, qu'on habite au plus sublime sommet de l'Olympe, la critique est ridicule en essayant de monter là : les reproches que l'on peut faire à Milton sont des reproches d'une nature inférieure ; ils tiennent de la terre où ce dieu n'habite pas. Que dans un homme une qualité s'élève à une hauteur qui domine tout, il n'y a point de taches que cette qualité ne fasse disparaître dans son éclat immense.

Si Milton, très-admiré en Angleterre, est assez peu lu ; s'il est moins populaire que Shakespeare, qui doit une partie de cette popularité au rajeunissement qu'il reçoit chaque jour sur la scène, cela tient à la gravité du poëte, au sérieux du poëme et à la difficulté de l'idiome miltonien. Milton, comme Homère, parle une langue qui n'est pas la langue vulgaire ; mais avec cette différence que la langue d'Homère est une langue simple, naturelle, facile à apprendre, au lieu que la langue de Milton est une langue composée, savante, et dont la lecture est un véritable travail. Quelques morceaux choisis du *Paradis perdu* sont dans la mémoire de tout le monde ; mais, à l'exception d'un millier de vers de cette sorte, il reste onze mille vers qu'on a lus rapidement, péniblement, ou qu'on n'a jamais lus.

Voilà assez de *remarques* pour les personnes qui savent l'anglais et qui attachent quelque prix à ces choses-là ; en voilà beaucoup trop pour la foule des lecteurs : à ceux-ci il importe fort peu qu'on ait fait ou qu'on n'ait pas fait un contre-sens, et ils se contenteraient tout aussi bien d'une version commune, amplifiée ou tronquée.

On dit que de nouvelles traductions de Milton doivent bientôt paraître ; tant mieux ! on ne saurait trop multiplier un chef-d'œuvre : mille peintres copient tous les jours les tableaux de Raphaël et de Michel-Ange. Si les nouveaux traducteurs ont suivi mon système, ils reproduiront à peu près ma traduction ; ils feront ressortir les endroits où je puis m'être trompé : s'ils ont pris le système de la traduction libre, le mot à mot de mon humble travail sera comme le germe de la belle fleur qu'ils auront habilement développée.

Me serait-il permis d'espérer que si mon essai n'est pas trop malheureux, il pourra amener quelque jour une révolution dans la manière de traduire ? Du temps d'Ablancourt les traductions s'appelaient de *belles infidèles ;* depuis ce temps-là on a vu beaucoup d'infidèles qui n'étaient pas toujours belles : on en viendra peut-être à trouver que la fidélité, même quand la beauté lui manque, a son prix.

Il est des génies heureux qui n'ont besoin de consulter personne, qui produisent sans effort avec abondance des choses parfaites : je n'ai rien de cette facilité naturelle, surtout en littérature ; je n'arrive à quelque chose qu'avec de longs efforts ; je refais vingt fois la même page, et j'en suis toujours mécontent : mes *manuscrits* et mes *épreuves* sont, par la multitude des corrections et des renvois, de véritables broderies dont j'ai moi-même beaucoup de peine à retrouver le fil [1]. Je n'ai pas la moindre confiance en moi ; peut-être même ai-je trop de facilité à recevoir les avis qu'on veut bien me donner ; il dépend presque du premier venu de me faire changer ou supprimer tout un passage : je crois toujours que l'on juge et que l'on voit mieux que moi.

Pour accomplir ma tâche, je me suis environné de toutes les disquisitions des scoliastes ; j'ai lu toutes les traductions françaises, italiennes et latines que j'ai pu trouver. Les traductions latines, par la facilité qu'elles ont à rendre *littéralement* les mots et à suivre les inversions, m'ont été très-utiles.

J'ai quelques amis que depuis trente ans je suis accoutumé à consulter ; je leur ai encore proposé mes doutes dans ce dernier travail ; j'ai reçu leurs notes et leurs observations ; j'ai discuté avec eux les points difficiles ; souvent je me suis rendu à leur opinion ; quelquefois ils sont revenus à la mienne. Il m'est arrivé, comme à Louis Racine, que des Anglais m'ont avoué ne pas comprendre le passage sur lequel je les interrogeais. Heureux encore une fois ces esprits qui savent tout et n'ont besoin de personne ; moi, faible, je cherche des appuis, et je n'ai point oublié le précepte du maître :

> Faites choix d'un censeur solide et salutaire
> Que la raison conduise et le savoir éclaire,
> Et dont le crayon sûr d'abord aille chercher
> L'endroit que l'on sent faible et qu'on se veut cacher.

Dans tout ce que je viens de dire, je ne fais point mon apologie, je cherche seulement une excuse à mes fautes. Un traducteur n'a droit à aucune gloire ; il faut seulement qu'il montre qu'il a été patient, docile et laborieux.

Si j'ai eu le bonheur de faire connaître Milton à la France, je ne me plaindrai pas des fatigues que m'a causées l'excès de ces études : tant il y a cependant que pour éviter de nouveau l'avenir probable d'une vie fidèle, je ne recommencerais pas un pareil travail ; j'aimerais mieux mille fois subir toute la rigueur de cet avenir.

---

[1] C'est l'excuse pour les fautes d'impression si nombreuses dans mes ouvrages. Les compositeurs fatigués se trompent, malgré eux, par la multitude des changements, des retranchements ou des additions.

VERS.

Le vers héroïque anglais consiste dans la mesure sans rime, comme le vers d'Homère en grec et de Virgile en latin : la rime n'est ni une adjonction nécessaire, ni le véritable ornement d'un poëme ou de bons vers, spécialement dans un long ouvrage : elle est l'invention d'un âge barbare, pour relever un méchant sujet ou un mètre boiteux. A la vérité elle a été embellie par l'usage qu'en ont fait depuis quelques fameux poëtes modernes, cédant à la coutume ; mais ils l'ont employée à leur grande vexation, gêne et contrainte, pour exprimer plusieurs choses (et souvent de la plus mauvaise manière) autrement qu'ils ne les auraient exprimées. Ce n'est donc pas sans cause que plusieurs poëtes du premier rang, italiens et espagnols, ont rejeté la rime des ouvrages longs ou courts. Ainsi a-t-elle été bannie depuis longtemps de nos meilleures tragédies anglaises, comme une chose d'elle-même triviale, sans vraie et agréable harmonie pour toute oreille juste. Cette harmonie naît du convenable nombre, de la convenable quantité des syllabes, et du sens passant avec variété d'un vers à un autre vers ; elle ne résulte pas du tintement de terminaisons semblables ; faute qu'évitaient les doctes anciens, tant dans la poésie que dans l'éloquence oratoire. L'omission de la rime doit être comptée si peu pour défaut (quoiqu'elle puisse paraître telle aux lecteurs vulgaires) qu'on la doit regarder plutôt comme le premier exemple offert en anglais, de l'ancienne liberté rendue au poëme héroïque affranchi de l'incommode et moderne entrave de la rime.

THE VERSE.

« The measure is English heroic verse without rime, as that of Homer in Greek, and of Virgil in Latin ; rime being no necessary adjunct or true ornament of poem or good verse, in longer works especially, but the invention of a barbarous age, to set off wretched matter and lame metre ; graced indeed since by the use of some famous modern poets, carried away by custom, but much to their own vexation, hinderance, and constraint, to express many things otherwise, and for the most part worse, than else they would have expressed them. Not without cause, therefore, some both Italian and Spanish poets of prime note have rejected rime both in longer and shorter works, as have also, long since, our best English tragedies ; as a thing of itself, to all judicious ears, trivial and of no true musical delight, which consists only in apt numbers, fit quantity of syllables, and the sense variously drawn out from one verse into another, not in the jingling sound of like endings, a fault avoided by the learned ancients both in poetry and all good oratory. This neglect then of rime so little is to be taken for a defect (though it may seem so perhaps to vulgar reader), that it rather is to be esteemed an example set, the first in English, of ancient liberty recovered to heroic poem from the troublesome and modern bondage of riming. »

LIVRE PREMIER.

ARGUMENT.

Ce premier livre expose d'abord brièvement tout le sujet, la désobéissance de l'homme, et d'après cela la perte du Paradis où l'homme était placé. Ce livre parle ensuite de la pre-

BOOK THE FIRST.

THE ARGUMENT.

This first book proposes, first in brief, the whole subject, man's disobedience, and the loss thereupon of Paradise, wherein he was placed : then touches the prime cause of his fall,

mière cause de la chute de l'homme, du serpent, ou plutôt de Satan dans le serpent, qui, se révoltant contre Dieu et attirant de son côté plusieurs légions d'anges, fut, par le commandement de Dieu, précipité du ciel avec toute sa bande dans le grand abîme. Après avoir passé légèrement sur ce fait, le poëme ouvre au milieu de l'action : il présente Satan et ses anges maintenant tombés en enfer. L'enfer n'est pas décrit ici comme placé dans le centre du monde (car le ciel et la terre peuvent être supposés n'être pas encore faits et certainement pas encore maudits), mais dans le lieu des ténèbres extérieures, plus convenablement appelé Chaos. Là, Satan avec ses anges, couché sur le lac brûlant, foudroyé et évanoui, au bout d'un certain espace de temps revient à lui comme de la confusion d'un songe. Il appelle celui qui, le premier après lui, en puissance et en dignité, gît à ses côtés: ils confèrent ensemble de leur misérable chute. Satan réveille toutes ses légions, jusqu'alors demeurées confondues de la même manière. Elles se lèvent : leur nombre, leur ordre de bataille : leurs principaux chefs, nommés d'après les idoles connues par la suite en Chanaan et dans les pays voisins. Satan leur adresse un discours, les console par l'espérance de regagner le ciel ; il leur parle enfin d'un nouveau monde, d'une nouvelle espèce de créatures qui doivent être un jour formées, selon une antique prophétie ou une tradition répandue dans le ciel. Que les anges existassent longtemps avant la création visible, c'était l'opinion de plusieurs anciens Pères. Pour discuter le sens de la prophétie, et déterminer ce qu'on peut faire en conséquence, Satan s'en réfère à un grand conseil; ses associés adhèrent à cet avis. Pandæmonium, palais de Satan, s'élève soudainement bâti de l'abîme : les pairs infernaux y siégent en conseil.

the serpent, or rather Satan in the serpent, who, revolting from God, and drawing to his side many legions of angels, was, by the command of God, driven out of Heaven, with all his crew, into the great deep. Which action passed over, the poem hastens into the midst of things, presenting Satan with his angels now falling into Hell, described here, not in the centre (for Heaven and earth may be supposed as yet not made, certainly not yet accursed), but in a place of utter darkness, fitliest called Chaos : here Satan, with his angels lying on the burning lake, thunderstruck and astonished, after a certain space recovers, as from confusion, calls up him who next in order and dignity lay by him : they confer of their miserable fall. Satan awakens all his legions, who lay till then in the same manner confounded : they rise; their numbers, array of battle ; their chief leaders named, according to the idols known afterwards in Canaan and the countries adjoining. To these Satan directs his speech, comforts them with hope yet of regaining Heaven, but tells them lastly of a new world and new kind of creature to be created, according to an ancient prophecy or report in Heaven. For that angels were, long before this visible creation, was the opinion of many ancient Fathers. To find out the truth of this prophecy, and what to determine thereon, he refers to a full council. What his associates thence attempt. Pandæmonium, the palace of Satan, rises, suddenly built out of the deep ; the infernal peers there sit in council.

I.

La première désobéissance de l'homme et le fruit de cet arbre défendu, dont le mortel goût apporta la mort dans le monde, et tous nos malheurs, avec la perte d'Éden, jusqu'à ce qu'un homme plus grand nous rétablît et reconquît le séjour bienheureux, chante, Muse céleste ! Sur le sommet secret d'Oreb et de Sinaï tu inspiras le berger qui le premier apprit à la race choisie comment, dans le commencement, le ciel et la terre sortirent du chaos. Ou si la colline de

I.

    Of Man's first disobedience, and the fruit
Of that forbidden tree, whose mortal taste
Brought death into the world, and all our woe,
With loss of Eden, till one greater Man
Restore us, and regain the blissful seat,
Sing, heavenly Muse! that on the secret top
Of Oreb, or of Sinai, didst inspire
That shepherd who first taught the chosen seed,
In the beginning, how the heavens and earth
Rose out of chaos : or, if Sion hill

Sion, le ruisseau de Siloë qui coulait rapidement près l'oracle de Dieu, te plaisent davantage, là j'invoque ton aide pour mon chant aventureux : ce n'est pas d'un vol tempéré qu'il veut prendre l'essor au-dessus des monts d'Aonie, tandis qu'il poursuit des choses qui n'ont encore été tentées ni en prose ni en vers.

Et toi, ô Esprit ! qui préfères à tous les temples un cœur droit et pur, instruis-moi, car tu sais ! Toi, au premier instant tu étais présent : avec tes puissantes ailes éployées, comme une colombe tu couvas l'immense abîme et tu le rendis fécond. Illumine en moi ce qui est obscur, élève et soutiens ce qui est abaissé, afin que de la hauteur de ce grand argument je puisse affirmer l'éternelle Providence, et justifier les voies de Dieu aux hommes.

Dis d'abord, car ni le ciel ni la profonde étendue de l'enfer ne dérobent rien à ta vue; dis quelle cause, dans leur état heureux si favorisé du ciel, poussa nos premiers parents à se séparer de leur Créateur, à transgresser sa volonté pour une seule restriction, souverains qu'ils étaient du reste du monde. Qui les entraîna à cette honteuse révolte? L'infernal serpent. Ce fut lui, dont la malice animée d'envie et de vengeance, trompa la mère du genre humain : son orgueil l'avait précipité du ciel avec son armée d'anges rebelles, par le secours desquels aspirant à monter en gloire au-dessus de ses pairs, il se flatta d'égaler le Très-Haut, si le Très-Haut s'opposait à lui. Plein de cet ambitieux projet contre le trône et la monarchie de Dieu, il alluma au ciel une guerre impie et un combat téméraire, dans une attente vaine.

Le souverain pouvoir le jeta flamboyant, la tête en bas, de la voûte éthérée;

> Delight thee more, and Siloa's brook that flow'd
> Fast by the oracle of God : I thence
> Invoke thy aid to my adventurous song,
> That with no middle flight intends to soar
> Above the Aoniam mount, while it pursues
> Things unattempted yet in prose or rhyme.
>   And chiefly thou, O Spirit, that dost prefer
> Before all temples the upright heart and pure,
> Instruct me, for thou know'st : Thou from the first
> Wast present, and with mighty wings outspread
> Dove-like sat'st brooding on the vast abyss,
> And mad'st it pregnant : what in me is dark
> Illumine, what is low raise and support;
> That to the heighth of this great argument
> I may assert eternal Providence,
> And justify the ways of God to men.
>   Say first, for Heaven hides nothing from thy view,
> Nor the deep tract of Hell; say first, what cause
> Moved our grand parents, in that happy state,
> Favour'd of Heaven so highly, to fall off
> From their Creator, and transgress his will
> For one restraint, lords of the world besides.
> Who first seduced them to that foul revolt?
> The infernal Serpent; he it was; whose guile,
> Stirr'd up with envy and revenge, deceiv'd
> The mother of mankind; what time his pride
> Had cast him out from Heaven, with all his host
> Of rebel angels, by whose aid aspiring
> To set himself in glory above his peers,
> He trusted to have equall'd the Most High,
> If he opposed; and with ambitious aim
> Against the throne and monarchy of God
> Raised impious war in Heaven and battle proud,
>   With vain attempt. Him the Almighty Power
> Hurl'd headlong flaming from the ethereal sky,

ruine hideuse et brûlante : il tomba dans le gouffre sans fond de la perdition, pour y rester chargé de chaînes de diamants, dans le feu qui punit : il avait osé défier aux armes le Tout-Puissant ! Neuf fois l'espace qui mesure le jour et la nuit aux hommes mortels, lui, avec son horrible bande, fut étendu vaincu, roulant dans le gouffre ardent, confondu, quoique immortel. Mais sa sentence le réservait encore à plus de colère, car la double pensée de la félicité perdue et d'un mal présent à jamais, le tourmente. Il promène autour de lui des yeux funestes, où se peignent une douleur démesurée et la consternation, mêlées à l'orgueil endurci et à l'inébranlable haine.

D'un seul coup d'œil et aussi loin que perce le regard des anges, il voit le lieu triste, dévasté et désert : ce donjon horrible, arrondi de toute part, comme une grande fournaise flamboyait. De ces flammes point de lumière ! mais des ténèbres visibles servent seulement à découvrir des vues de malheur ; régions de chagrins, obscurité plaintive, où la paix, où le repos, ne peuvent jamais habiter, l'espérance jamais venir, elle qui vient à tous ! mais là des supplices sans fin, là un déluge de feu, nourri d'un soufre qui brûle sans se consumer.

Tel est le lieu que l'éternelle justice prépara pour ces rebelles ; ici elle ordonna leur prison dans les ténèbres extérieures ; elle leur fit cette part trois fois aussi éloignée de Dieu et de la lumière du ciel, que le centre de la création l'est du pôle le plus élevé. Oh ! combien cette demeure ressemble peu à celle d'où ils tombèrent !

Là bientôt l'archange discerne les compagnons de sa chute, ensevelis dans

       With hideous ruin and combustion, down
       To bottomless perdition, there to dwell
       In adamantine chains and penal fire,
       Who durst defy the Omnipotent to arms.
       Nine times the space that measures day and night
       To mortal men, he with his horrid crew
       Lay vanquish'd, rolling in the fiery gulf,
       Confounded though immortal : but his doom
       Reserved him to more wrath ; for now the thought
       Both of lost happiness and lasting pain
       Torments him ; round he throws his baleful eyes,
       That witness'd huge affliction and dismay,
       Mix'd with obdurate pride and stedfast hate.
         At once, as far as angels ken, he views
       The dismal situation waste and wild ;
       A dungeon horrible, on all sides round,
       As one great furnace, flam'd ; yet from those flames
       No light, but rather darkness visible
       Served only to discover sights of woe,
       Regions of sorrow, doleful shades, where peace
       And rest can never dwell ; hope never comes,
       That comes to all ; but torture without end
       Still urges, and a fiery deluge, fed
       With ever-burning sulphur unconsum'd.
         Such place eternal justice had prepar'd
       For those rebellious ; here their prison ordain'd
       In utter darkness ; and their portion set
       As far removed from God and light of Heaven,
       As from the centre thrice to the utmost pole.
       Oh ! how unlike the place from whence they fell !
         There the companions of his fall, o'erwhelm'd
       With floods and whirlwinds of tempestuous fire,
       He soon discerns ; and weltering by his side,
       One next himself in power, and next in crime,
       Long after known in Palestine, and named

les flots et les tourbillons d'une tempête de feu. L'un d'eux se vautrait parmi les flammes à ses côtés, le premier en pouvoir après lui et le plus proche en crime : longtemps après connu en Palestine, il fut appelé Béelzébuth. Le grand ennemi (pour cela nommé Satan dans le ciel) rompant par ces fières paroles l'horrible silence, commence ainsi :

« Si tu es celui... mais combien déchu, combien différent de celui qui, re-
« vêtu d'un éclat transcendant parmi les heureux royaumes de la lumière, sur-
« passait en splendeur des myriades de brillants esprits !.. Si tu es celui qu'une
« mutuelle ligue, qu'une seule pensée, qu'un même conseil, qu'une semblable
« espérance, qu'un péril égal dans une entreprise glorieuse, unirent jadis avec
« moi, et qu'un malheur égal unit à présent dans une égale ruine, tu vois de
« quelle hauteur, dans quel abîme, nous sommes tombés ! tant IL se montra
« le plus puissant avec son tonnerre ! Mais qui jusqu'alors avait connu l'effet
« de ces armes terribles? Toutefois, malgré ces foudres, malgré tout ce que le
« vainqueur dans sa rage peut encore m'infliger, je ne me repens point, je ne
« me change point : rien (quoique changé dans mon éclat extérieur) ne chan-
« gera cet esprit fixe, ce haut dédain né de la conscience du mérite offensé,
« cet esprit qui me porta à m'élever contre le plus Puissant, entraînant dans
« ce conflit furieux la force innombrable d'esprits armés qui osèrent mépriser
« sa domination : ils me préférèrent à lui, opposant à son pouvoir suprême un
« pouvoir contraire ; et, dans une bataille indécise au milieu des plaines du
« ciel, ils ébranlèrent son trône.

« Qu'importe la perte du champ de bataille ! tout n'est pas perdu. Une vo-
« lonté insurmontable, l'étude de la vengeance, une haine immortelle, un cou-
« rage qui ne cédera, ni ne se soumettra jamais, qu'est-ce autre chose que
« n'être pas subjugué? Cette gloire, jamais sa colère ou sa puissance ne me

    Beëlzebub : to whom the arch-enemy
And thence in Heaven call'd Satan, with bold words
Breaking the horrid silence, thus began :
    « If thou beest he... but, oh ! how fallen ! how chang'd
From him, who in the happy realms of light,
Clothed with transcendent brightness, didst outshine
Myriad's, though bright!..... If he, whom mutual league,
United thoughts and counsels, equal hope
And hazard in the glorious enterprise,
Join'd with me once, now misery hath join'd
In equal ruin : into what pit thou seest
From what heighth fallen : so much the stronger prov'd
He with his thunder; and till then who knew
The force of those dire arms? Yet not for those,
Nor what the potent victor in his rage
Can else inflict, do I repent, or change,
(Though chang'd in outward lustre) that fix'd mind
And high disdain from sense of injur'd merit,
That with the Mightiest rais'd me to contend,
And to the fierce contention brought along
Innumerable force of spirits arm'd,
That durst dislike his reign; and me preferring,
His utmost power with adverse power opposed
In dubious battle on the plains of Heaven,
And shook his throne.   What though the field be lost!
All is not lost; the unconquerable will,
And study of revenge, immortal hate,
And courage never to submit or yield,
And what is else not to be overcome ?

« l'extorquera. Je ne me courberai point; je ne demanderai point grâce d'un
« genou suppliant; je ne déifierai point son pouvoir qui, par la terreur de ce
« bras, a si récemment douté de son empire. Cela serait bas en effet; cela se-
« rait une honte et une ignominie au-dessous même de notre chute! Puisque
« par le destin, la force des dieux, la substance céleste ne peut périr; puisque
« l'expérience de ce grand événement, dans les armes non affaiblies, ayant
« gagné beaucoup en prévoyance, nous pouvons, avec plus d'espoir de succès,
« nous déterminer à faire, par ruse ou par force, une guerre éternelle, irré-
« conciliable, à notre grand ennemi, qui triomphe maintenant, et qui, dans
« l'excès de sa joie, régnant seul, tient la tyrannie du ciel. »

Ainsi parlait l'ange apostat, quoique dans la douleur; se vantant à haute
voix, mais déchiré d'un profond désespoir. Et à lui répliqua bientôt son fier
compagnon :

« O prince! ô chef de tant de trônes! qui conduisis à la guerre sous ton
« commandement les séraphins rangés en bataille! qui, sans frayeur, dans de
« formidables actions, mis en péril le Roi perpétuel des cieux et à l'épreuve
« son pouvoir suprême, soit qu'il le tînt de la force, du hasard, ou du destin ;
« ô chef! je vois trop bien et je maudis l'événement fatal qui, par une triste
« déroute et une honteuse défaite, nous a ravi le ciel. Toute cette puissante
« armée est ainsi plongée dans une horrible destruction, autant que des dieux
« et des substances divines peuvent périr ; car la pensée et l'esprit demeurent
« invincibles, et la vigueur bientôt revient, encore que toute notre gloire soi
« éteinte et notre heureuse condition engouffrée ici dans une infinie misère.
« Mais quoi? Si lui notre vainqueur (force m'est de le croire le Tout-Puissant,
« puisqu'il ne fallait rien moins qu'un tel pouvoir pour dompter un pouvoir
« tel que le nôtre), si ce vainqueur nous avait laissé entiers notre esprit et notre

> That glory never shall his wrath or might
> Extort from me : to bow and sue for grace
> With suppliant knee, and deify his power,
> Who from the terrour of this arm so late
> Doubted his empire; that were low indeed;
> That were an ignominy and shame beneath
> This downfall! since, by fate, the strength of gods
> And this empyreal substance cannot fail;
> Since, through experience of this great event,
> In arms note worse, in foresight much advanced,
> We may with more successful hope resolve
> To wage by force or guile eternal war,
> Irreconcileable to our grand foe,
> Who now triumphs, and in the excess of joy,
> Sole reigning, holds the tyranny of Heaven. »
>   So spake the apostate angel, though in pain ;
> Vaunting aloud, but rack'd with deep despair :
> And him thus answer'd soon his bold compeer :
>   « O prince, o chief of many throned powers,
> That led th' embattel'd seraphim to war
> Under thy conduct, and, in dreadful deeds
> Fearless, endanger'd Heaven's perpetual King,
> And put to proof his high supremacy,
> Whether upheld by strength, or chance, or fate :
> Too well I see and rue the dire event,
> That with sad overthrow and foul defeat
> Hath lost us Heaven, and all this mighty host
> In horrible destruction laid thus low;
> As far as gods and heavenly essences
> Can perish : for the mind and spirit remains

« vigueur, afin que nous puissions endurer et supporter fortement nos peines,
« afin que nous puissions suffire à sa colère vengeresse, ou lui rendre un plus
« rude service comme ses esclaves par le droit de la guerre, ici, selon ses be-
« soins, dans le cœur de l'enfer, travailler dans le feu, ou porter ses messages
« dans le noir abîme? Que nous servirait alors de sentir notre force non di-
« minuée ou l'éternité de notre être, pour subir un éternel châtiment? »

Le grand ennemi répliqua par ces paroles rapides :

« Chérubin tombé, être faible et misérable, soit qu'on agisse ou qu'on
« souffre. Mais sois assuré de ceci : faire le bien ne sera jamais notre tâche ;
« faire toujours le mal sera notre seul délice, comme étant le contraire de la
« haute volonté de celui auquel nous résistons. Si donc sa providence cherche
« à tirer le bien de notre mal, nous devons travailler à pervertir cette fin, et
« à trouver encore dans le bien les moyens du mal. En quoi souvent nous
« pourrons réussir de manière peut-être à chagriner l'ennemi, et, si je ne
« me trompe, détourner ses plus profonds conseils de leur but marqué.

« Mais vois! le vainqueur courroucé a rappelé aux portes du ciel ses mi-
« nistres de poursuite et de vengeance. La grêle de soufre lancée sur nous dans
« la tempête passée, a abattu la vague brûlante qui du précipice du ciel nous
« reçut-tombants. Le tonnerre, avec ses ailes de rouges éclairs et son impé-
« tueuse rage, a peut-être épuisé ses traits, et cesse maintenant de mugir à
« travers l'abîme vaste et sans bornes. Ne laissons pas échapper l'occasion que

    Invincible, and vigour soon returns;
Though all our glory extinct, and happy state
Here swallow'd up in endless misery.
But what? if he our Conquerour (whom I now
Of force believe Almighty, since no less
Than such could have o'erpower'd such force as ours)
Have left us this our spirit and strength entire,
Strongly to suffer and support our pains,
That we may so suffice his vengeful ire
Or do him mightier service, as his thralls
By right of war, whate'er his business be,
Here in the heart of Hell to work in fire,
Or do his errands in the gloomy deep?
What can it then avail, though yet we feel
Strength undiminish'd, or eternal being,
To undergo eternal punishment? »
Whereto with speedy words the arch-fiend replied :
    « Fallen cherub, to be weak is miserable,
Doing or suffering : but of this be sure,
To do ought good never will be our task;
But ever to do ill our sole delight,
As being the contrary to his high will,
Whom we resist. If then his providence
Out of our evil seek to bring forth good,
Our labour must be to pervert that end,
And out of good still to find means of evil :
Which oft-times may succeed, so as perhaps
Shall grieve him, if I fail not, and disturb
His inmost counsels from their destined aim.
    But see! the angry victor hath recall'd
His ministers of vengeance and pursuit
Back to the gates of Heaven : the sulphurous hail,
Shot after us in storm, o'erblown hath laid
The fiery surge, that from the precipice
Of Heaven received us falling; and the thunder,
Wing'd with red lightning and impetuous rage,

« nous cède le dédain ou la fureur rassasiée de notre ennemi. Vois-tu au loin
« cette plaine sèche, abandonnée et sauvage, séjour de la désolation, vide de
« lumière, hors de celle que la lueur de ces flammes noires et bleues, lui jette
« pâle et effrayante? Là, tendons à sortir des ballottements de ces vagues de
« feu; là, reposons-nous, si le repos peut habiter là. Rassemblant nos légions
« affligées, examinons comment nous pourrons dorénavant nuire à notre en-
« nemi; comment nous pourrons réparer notre perte, surmonter cette affreuse
« calamité; quel renforcement nous pouvons tirer de l'espérance, sinon, quelle
« résolution du désespoir. »

Ainsi parlait Satan à son compagnon le plus près de lui, la tête levée au-dessus des vagues, les yeux étincelants; les autres parties de son corps affaissées sur le lac, étendues, longues et larges, flottaient sur un espace de plusieurs arpents. En grandeur il était aussi énorme que celui que les fables appellent, de sa taille monstrueuse, Titanien, ou né de la terre, lequel fit la guerre à Jupiter; Briarée ou Tiphon, dont la caverne s'ouvrait près de l'ancienne Tarse. Satan égalait encore cette bête de la mer, Léviathan, que Dieu, de toutes ses créatures, fit la plus grande entre celles qui nagent le cours de l'Océan : souvent la bête dort sur l'écume norwégienne; le pilote de quelque petite barque égarée au milieu des ténèbres la prend pour une île (ainsi le racontent les matelots) : il fixe l'ancre dans son écorce d'écaille, s'amarre sous le vent à son côté, tandis que la nuit investit la mer, et retarde l'aurore désirée. Ainsi,

        Perhaps hath spent his shafts, and ceases now
To bellow through the vast and boundless deep.
Let us not slip the occasion, whether scorn,
Or satiate fury yield it from our foe.
Seest thou yon dreary plain, forlorn and wild,
The seat of desolation, void of light,
Save what the glimmering of these livid flames
Casts pale and dreadful? Thither let us tend
From off the tossing of these fiery waves;
There rest, if any rest can harbour there;
And, reassembling our afflicted powers,
Consult how we may henceforth most offend
Our enemy; our own loss how repair;
How overcome this dire calamity;
What reinforcement we may gain from hope,
If not, what resolution from despair. »
        Thus Satan, talking to his nearest mate,
With head uplift above the waves, and eyes
That sparkling blaz'd; his other parts besides,
Prone on the flood, extended long and large,
Lay floating many a rood; in bulk as huge
As whom the fables name of monstrous size,
Titanian, or Earth-born, that warr'd on Jove;
Briareos or Typhon, whom the den
By ancient Tarsus held; or that sea-beast
Leviathan, which God of all his works
Created hugest that swim the ocean stream:
Him, haply, slumbering on the Norway foam,
The pilot of some small night-founder'd skiff,
Deeming some island, oft, (as seamen tell,)
With fixed anchor in his scaly rind,
Moors by his side under the lee, while night
Invests the sea, and wished morn delays.
So stretch'd out huge in length the arch-fiend lay,
Chain'd on the burning lake, nor ever thence
Had risen or heav'd his head, but that the will

énorme en longueur le chef ennemi gisait enchaîné sur le lac brûlant; jamais il n'eût pu se lever ou soulever sa tête, si la volonté et la haute permission du régulateur de tous les cieux ne l'avaient laissé libre dans ses noirs desseins ; afin que par ses crimes réitérés il amassât sur lui la damnation, alors qu'il cherchait le mal des autres; afin qu'il pût voir, furieux, que toute sa malice n'avait servi qu'à faire luire l'infinie bonté, la grâce, la miséricorde sur l'homme par lui séduit ; à attirer sur lui-même, Satan, triple confusion, colère et vengeance.

Soudain au-dessus du lac l'archange dresse sa puissante stature : de sa main droite et de sa main gauche les flammes repoussées en arrière, écartent leurs pointes aiguës, et roulées en vagues, laissent au milieu une horrible vallée. Alors, ailes déployées, il dirige son vol en haut, pesant sur l'air sombre qui sent un poids inaccoutumé, jusqu'à ce qu'il s'abatte sur la terre aride, si terre était ce qui toujours brûle d'un feu solide, comme le lac brûle d'un liquide feu. Telles apparaissent dans leur couleur (lorsque la violence d'un tourbillon souterrain a transporté une colline arrachée du Pelore ou des flancs déchirés du tonnant Etna), telles apparaissent les entrailles combustibles et inflammables qui là concevant le feu, sont lancées au ciel par l'énergie minérale à l'aide des vents, et laissent un fond brûlé, tout enveloppé d'infection et de fumée : pareil fut le sol de repos que toucha Satan de la plante de ses pieds maudits. Béelzébuth, son compagnon le plus proche, le suit, tous deux se glorifiant d'être échappés aux eaux stygiennes comme des dieux par leurs propres forces recouvrées, non par la tolérance du suprême pouvoir.

« Est-ce ici la région, le sol, le climat, dit alors l'archange perdu ; est-ce ici

    And high permission of all-ruling Heaven
Left him at large to his own dark designs;
That with reiterated crimes he might
Heap on himself damnation, while he sought
Evil to others; and enraged might see
How all his malice served but to bring forth
Infinite goodness, grace, and mercy shown
On man by him seduced; but on himself
Treble confusion, wrath, and vengeance pour'd.
    Forthwith upright he rears from off the pool
His mighty stature; on each hand the flames,
Driven backward, slope their pointing spires, and, roll'd
In billows, leave in the midst a horrid vale.
Then with expanded wings he steers his flight
Aloft, incumbent on the dusky air
That felt unusual weight, till on dry land
He lights; if it were land, that ever burn'd
With solid, as the lake with liquid fire;
And such appear'd in hue, as when the force
Of subterranean wind transports a hill
Torn from Pelorus, or the shatter'd side
Of thundering Ætna, whose combustible
And fuel'd entrails thence conceiving fire,
Sublimed with mineral fury, aid the winds,
And leave a singed bottom all involv'd
With stench and smoke : such resting found the sole
Of unblest feet. Him follow'd his next mate ;
Both glorying to have 'scaped the Stygian flood,
As gods, and by their own recover'd strength,
Not by the sufferance of supernal power.
    « Is this the region, this the soil, the clime,
Said then the lost archangel, this the seat
That we must change for Heaven? this mournful gloom

« le séjour que nous devons changer contre le ciel, cette morne obscurité contre
« cette lumière céleste? Soit ! puisque celui qui maintenant est souverain, peut
« disposer et décider de ce qui sera justice. Le plus loin de lui est le mieux,
« de lui qui, égalé en raison, s'est élevé au-dessus de ses égaux par la force.
« Adieu, champs fortunés où la joie habite pour toujours ! salut, horreurs !
« salut, monde infernal ! Et toi, profond enfer, reçois ton nouveau possesseur.
« Il t'apporte un esprit que ne changeront ni le temps ni le lieu. L'esprit est à
« soi-même sa propre demeure, il peut faire en soi un ciel de l'enfer, un en-
« fer du ciel. Qu'importe où je serai, si je suis toujours le même et ce que je
« dois être, tout, quoique moindre que celui que le tonnerre a fait plus grand !
« Ici du moins nous serons libres. Le Tout-Puissant n'a pas bâti ce lieu pour
« nous l'envier ; il ne voudra pas nous en chasser. Ici nous pourrons régner
« en sûreté ; et, à mon avis, régner est digne d'ambition, même en enfer ;
« mieux vaut régner en enfer que servir dans le ciel.

« Mais laisserons-nous donc nos amis fidèles, les associés, les copartageants
« de notre ruine, étendus, étonnés sur le lac d'oubli ? Ne les appellerons-nous
« pas à prendre avec nous la part de ce manoir malheureux, ou, avec nos
« armes ralliées, à tenter une fois de plus s'il est encore quelque chose à re-
« gagner au ciel, ou à perdre dans l'enfer ? »

Ainsi parla Satan, et Béelzébuth lui répondit :

« Chef de ces brillantes armées, qui par nul autre que le Tout-Puissant
« n'auraient été vaincues, si une fois elles entendent cette voix, le gage le plus
« vif de leur espérance au milieu des craintes et des dangers ; cette voix si
« souvent retentissante dans les pires extrémités, au bord périlleux de la ba-

> For that celestial light? Be it so, since he,
> Who now is sovran, can dispose and bid
> What shall be right : farthest from him is best,
> Whom reason hath equall'd, force hath made supreme
> Above his equals. Farewell, happy fields,
> Where joy for ever dwells! Hail, horrours; hail,
> Infernal world ! and thou, profoundest Hell,
> Receive thy new possessour; one who brings
> A mind not to be changed by place or time.
> The mind is its own place and in itself
> Can make a Heaven of Hell, a Hell of Heaven.
> What matter where, il I be still the same,
> And what I should be, all, but less than he
> Whom thunder hath made greater! Here at least
> We shall be free; the Almighty hath not built
> Here for his envy; will not drive us hence :
> Here we may reign secure; and in my choice
> To reign is worth ambition, though in Hell :
> Better to reign in Hell, than serve in Heaven.
>   « But wherefore let we then our faithful friends,
> The associates and copartners of our loss,
> Lie thus astonish'd on the oblivious pool;
> And call them not to share with us their part
> In this unhappy mansion; or once more
> With rallied arms to try what may be yet
> Regain'd in Heaven, or what more lost in Hell? »
> So Satan spake, and him Beëlzebub
> Thus answer'd : « Leader of those armies bright,
> Which but the Omnipotent none could have foil'd,
> If once they hear that voice, their liveliest pledge
> Of hope in fears and dangers, heard so oft
> In worst extremes, and on the perilous edge
> Of battle when it raged, in all assaults

« taille quand elle rugissait ; cette voix, signal le plus rassurant dans tous les
« assauts, soudain elles vont reprendre un nouveau courage et revivre, quoi-
« qu'elles languissent à présent, gémissantes et prosternées sur le lac de feu,
« comme nous tout à l'heure assourdis et stupéfaits : qui s'en étonnerait, tom-
« bées d'une si pernicieuse hauteur ! »

Béelzébuth avait à peine cessé de parler, et déjà le grand ennemi s'avançait vers le rivage : son pesant bouclier, de trempe éthérée, massif, large et rond, était rejeté derrière lui ; la large circonférence pendait à ses épaules, comme la lune dont l'orbe, à travers un verre optique, est observé le soir par l'astronome toscan, du sommet de Fiesole ou dans le Valdarno, pour découvrir de nouvelles terres, des rivières et des montagnes sur son globe tacheté. La lance de Satan (près de laquelle le plus haut pin scié sur les collines de Norwége pour être le mât de quelque grand vaisseau amiral, ne serait qu'un roseau) lui sert à soutenir ses pas mal assurés sur la marne brûlante ; bien différents de ces pas sur l'azur du ciel ! Le climat torride voûté de feu, le frappe encore d'autres plaies : néanmoins il endure tout, jusqu'à ce qu'il arrive au bord de la mer enflammée. Là, il s'arrête.

Il appelle ses légions, formes d'anges fanées, qui gisent aussi épaisses que les feuilles d'automne jonchant les ruisseaux de Vallombreuse, où les ombrages Étruriens décrivent l'arche élevée d'un berceau ; ainsi surnagent des varechs dispersés, quand Orion, armé des vents impétueux, a battu les côtes de la mer Rouge ; mer dont les vagues renversèrent Busiris et la cavalerie de Memphis, tandis qu'ils poursuivaient d'une haine perfide les étrangers de Gessen, qui

> Their surest signal, they will soon resume
> New courage, and revive, though now they lie
> Grovelling and prostrate on yon lake of fire,
> As we erewhile ; astounded and amazed :
> No wonder, fallen such a pernicious heighth. »
> He scarce had ceased, when the superiour fiend
> Was moving toward the shore ; his ponderous shield,
> Ethereal temper, massy, large, and round,
> Behind him cast ; the broad circumference
> Hung on his shoulders, like the moon, whose orb
> Through optic glass the Tuscan artist views
> At evening, from the top of Fesolé,
> Or in Valdarno, to descry new lands,
> Rivers or mountains in her spotty globe.
> His spear, to equal which the tallest pine,
> Hewn on Norwegian hills to be the mast
> Of some great admiral, were but a wand,
> He walk'd with to support uneasy steps
> Over the burning marle ; not like those steps
> On Heaven's azure : and the torrid clime
> Smote on him sore besides, vaulted with fire :
> Nathless he so endured, till on the beach
> Of that inflamed sea he stood, and call'd
> His legions, angel forms, who lay intranced,
> Thick as autumnal leaves that strow the brooks
> In Vallombrosa, where the Etrurian shades
> High over-arch'd imbower ; or scatter'd sedge
> Afloat, when with fierce winds Orion arm'd
> Hath vex'd the Red-sea coast, whose waves o'erthrew
> Busiris and his Memphian chivalry,
> While with perfidious hatred they pursued
> The sojourners of Goshen, who beheld
> From the safe shore their floating carcases
> And broken chariot-wheels : so thick bestrown,

virent du sûr rivage les carcasses flottantes, les roues des chariots brisés : ainsi semées, abjectes, perdues, les légions gisaient, couvrant le lac, dans la stupéfaction de leur changement hideux.

Satan élève une si grande voix, que tout le creux de l'enfer en retentit.

« Princes, potentats, guerriers, fleurs du ciel jadis à vous, maintenant perdu ! « une stupeur telle que celle-ci peut-elle saisir des esprits éternels, ou avez-« vous choisi ce lieu après les fatigues de la bataille, pour reposer votre valeur « lassée, pour la douceur que vous trouvez à dormir ici, comme dans les val-« lées du ciel? ou bien, dans cette abjecte posture, avez-vous juré d'adorer le « vainqueur? Il contemple à présent chérubins et séraphins, roulant dans le « gouffre, armes et enseignes brisées, jusqu'à ce que bientôt ses rapides mi-« nistres, découvrant des portes du ciel leur avantage, et descendant nous « foulent aux pieds ainsi languissants, ou nous attachent à coups de foudre « au fond de cet abîme. Éveillez-vous ! levez-vous ! ou soyez à jamais tombés ! »

Ils l'entendirent et furent honteux et se levèrent sur l'aile, comme quand des sentinelles accoutumées à veiller au devoir, surprises endormies par le commandant qu'elles craignent, se lèvent, et se remettent elles-mêmes en faction avant d'être bien éveillées. Non que ces esprits ignorent le malheureux état où ils sont réduits, ou qu'ils ne sentent pas leurs affreuses tortures ; mais bientôt ils obéissent innombrables à la voix de leur général.

Comme quand la puissante verge du fils d'Amram, au jour mauvais de l'Égypte, passa ondoyante le long du rivage, et appela la noire nuée de sauterelles, touées par le vent d'orient, qui se suspendirent sur le royaume de l'impie

> Abject and lost, lay these, covering the flood,
> Under amazement of their hideous change.
> He call'd so loud, that all the hollow deep
> Of Hell resounded : « Princes, potentates,
> Warriors, the flower of Heaven, once yours, now lost,
> If such astonishment as this can seize
> Eternal spirits : or have ye chosen this place
> After the toil of battle to repose
> Your wearied virtue, for the ease you find
> To slumber here, as in the vales of Heaven?
> Or in this abject posture have ye sworn
> To adore the Conquerour? who now beholds
> Cherub and seraph rolling in the flood,
> With scatter'd arms and ensigns, till anon
> His swift pursuers from Heaven gates discern
> The advantage, and descending tread us down
> Thus drooping, or with linked thunderbolts
> Transfix us to the bottom of this gulf.
> Awake, arise, or be for ever fallen! »
>   They heard, and were abash'd, and up they sprung
> Upon the wing; as when men wont to watch
> On duty, sleeping found by whom they dread,
> Rouse and bestir themselves ere well awake.
> Nor did they not perceive the evil plight
> In which they were, or the fierce pains not feel;
> Yet to their general's voice they soon obey'd,
> Innumerable. As when the potent rod
> Of Amram's son, in Ægypt's evil day,
> Waved round the coast, up call'd a pitchy cloud
> Of locusts, warping on the eastern wind,
> That o'er the realm of impious Pharaoh hung
> Like night, and darken'd all the land of Nile;
> So numberless were those bad angels seen,
> Hovering on wing under the cope of Hell,

Pharaon de même que la nuit, et enténébrèrent toute la terre du Nil : ainsi, sans nombre furent aperçus ces mauvais anges, planant sous la coupole de l'enfer, entre les inférieures, les supérieures et les environnantes flammes, jusqu'à ce qu'à un signal donné, la lance levée droite de leur grand sultan, ondoyant pour diriger leur course, ils s'abattent, d'un égal balancement, sur le soufre affermi, et remplissent la plaine. Ils formaient une multitude telle que le Nord populeux n'en versa jamais de ses flancs glacés pour franchir le Rhin ou le Danube, alors que ses fils barbares tombèrent comme un déluge sur le Midi, et s'étendirent, au-dessous de Gibraltar, jusqu'aux sables de la Libye.

Incontinent de chaque escadron, et de chaque bande, les chefs et les conducteurs se hâtèrent là où leur grand général s'était arrêté. Semblables à des dieux par la taille et par la forme, surpassant la nature humaine, royales dignités, puissances, qui siégeaient autrefois dans le ciel, sur des trônes : quoique dans les archives célestes on ne garde point maintenant la mémoire de leurs noms, effacés et rayés, par leur rébellion, du livre de vie. Ils n'avaient pas encore acquis leurs noms nouveaux parmi les fils d'Eve ; mais lorsque, errant sur la terre, avec la haute permission de Dieu pour l'épreuve de l'homme, ils eurent, à force d'impostures et de mensonges, corrompu la plus grande partie du genre humain, ils persuadèrent aux créatures d'abandonner Dieu leur créateur, de transformer souvent la gloire invisible de celui qui les avait faits, dans l'image d'une brute ornée de gaies religions pleines de pompes et d'or, et d'adorer les démons pour divinités : alors ils furent connus aux hommes sous différents noms et par diverses idoles, dans le monde païen.

Muse, redis-moi ces noms alors connus : qui le premier, qui le dernier se réveilla du sommeil sur ce lit de feu, à l'appel de leur grand empereur ; quels

'Twixt upper, nether, and surrounding fires :
Till, as a signal given, the uplifted spear
Of their great sultan waving to direct
Their course, in even balance down they light
On the firm brimstone, and fill all the plain.
A multitude, like which the populous North
Pour'd never from her frozen loins, to pass
Rhene or the Danaw, when her barbarous sons
Came like a deluge on the South, and spread
Beneath Gibraltar to the Libyan sands.
   Forthwith from every squadron and each band
The heads and leaders thither haste, where stood
Their great commander; godlike shapes and forms
Excelling human, princely dignities,
And powers, that erst in Heaven sat on thrones;
Though of their names in heavenly records now
Be no memorial, blotted out and raz'd
By their rebellion from the book of life.
Nor had they yet among the sons of Eve
Got them new names; till, wandering o'er the earth,
Through God's high sufferance for the trial of man,
By falsities and lies the greatest part
Of mankind they corrupted to forsake
God their creator, and the invisible
Glory of him that made them to transform
Oft to the image of a brute, adorn'd
With gay religions full of pomp and gold,
And devils to adore for deities;
Then were they known to men by various names,
And various idols through the heathen world.
   Say, Muse, their names then known, who first, who last,

chefs, les plus près de lui en mérites, vinrent un à un où il se tenait sur le rivage chauve, tandis que la foule pêle-mêle, se tenait encore au loin.

Ces chefs furent ceux qui, sortis du puits de l'enfer, rôdant pour saisir leur proie sur la terre, eurent l'audace, longtemps après, de fixer leurs siéges auprès de celui de Dieu, leurs autels contre son autel, dieux adorés parmi les nations d'alentour ; et ils osèrent habiter près de Jéhovah, tonnant hors de Sion, ayant son trône au milieu des chérubins : souvent même ils placèrent leurs châsses jusque dans son sanctuaire, abominations et avec des choses maudites, ils profanèrent ses rites sacrés, ses fêtes solennelles, et leurs ténèbres osèrent affronter sa lumière.

D'abord s'avance Moloch, horrible roi, aspergé du sang des sacrifices humains, et des larmes des pères et des mères, bien qu'à cause du bruit des tambours et des timbales retentissantes, le cri de leurs enfants ne fût pas entendu, lorsque à travers le feu ils passaient à l'idole grimée. Les Ammonites l'adorèrent dans Rabba et sa plaine humide, dans Argob et dans Basan, jusqu'au courant de l'Arnon le plus reculé : non content d'un si audacieux voisinage, il amena, par fraude, le très-sage cœur de Salomon à lui bâtir un temple droit en face du temple de Dieu, sur cette montagne d'opprobre ; et il fit son bois sacré de la riante vallée d'Hinnon, de là nommée Tophet et la noire Géenne, type de l'enfer.

Après Moloch, vint Chamos, l'obscène terreur des fils de Moab, depuis Aroer à Nébo et au désert du plus méridional Abarim ; dans Hesébon et Héronaïm, royaume de Séon, au delà de la retraite fleurie de Sibma, tapissée de vignes, et dans Éléalé, jusqu'au lac Asphaltite. Chamos s'appelait aussi Péor, lorsqu'à Sittim il incita les Israélites dans leur marche du Nil, à lui faire de lubriques oblations qui leur coûtèrent tant de maux. De là il étendit ses lascives orgies jus-

> Roused from the slumber on that fiery couch
> At their great emperour's call; as next in worth
> Came singly where he stood on the bare strand,
> While the promiscuous crowd stood yet aloof.
>   The chief were those, who, from the pit of Hell
> Roaming to seek their prey on earth, durst fix
> Their seats long after next the seat of God,
> Their altars by his altar, gods adored
> Among the nations round; and durst abide
> Jehovah thundering out of Sion, throned
> Between the cherubim : yea, often placed
> Within his sanctuary itself their shrines,
> Abominations, and with cursed things
> His holy rites and solemn feasts profaned,
> And with their darkness durst affront his light.
>   First Moloch, horrid king, besmear'd with blood
> Of human sacrifice, and parents' tears;
> Though for the noise of drums and timbrels loud
> Their children's cries unheard, that pass'd through fire
> To his grim idol. Him the Ammonite
> Worshipp'd in Rabba and her watery plain,
> In Argob, and in Basan, to the stream
> Of utmost Arnon. Nor content with such
> Audacious neighbourhood, the wisest heart
> Of Solomon he led by fraud to build
> His temple right against the temple of God,
> On that opprobrious hill; and made his grove
> The pleasant valley of Hinnom, Tophet thence
> And black Gehenna call'd, the type of Hell.
>   Next Chemos, the obscene dread of Moab's sons
> From Aroar to Nebo, and the wild

qu'à la colline du Scandale, près du bois de l'homicide Moloch, l'impudicité tout près de la haine; le pieux Josias les chassa dans l'enfer.

Avec ces divinités, vinrent celles qui, du bord des flots de l'antique Euphrate jusqu'au torrent qui sépare l'Égypte de la terre de Syrie, portent les noms généraux de Baal et d'Astaroth; ceux-là mâles, celles-ci femelles : car les esprits prennent à leur gré l'un ou l'autre sexe, ou tous les deux à la fois; si ténue et si simple est leur essence pure : elle n'est ni liée ni cadenassée par des jointures et des membres, ni fondée sur la fragile force des os, comme la lourde chair, mais dans telle forme qu'ils choisissent, dilatée ou condensée, brillante ou obscure, ils peuvent exécuter leurs résolutions aériennes, et accomplir les œuvres de l'amour ou de la haine. Pour ces divinités, les enfants d'Israël abandonnèrent souvent leur force vivante, et laissèrent infréquenté son autel légitime, se prosternant bassement devant des dieux animaux. Ce fut pour cela que leurs têtes inclinées aussi bas dans les batailles, se courbèrent devant la lance du plus méprisable ennemi.

Avec ces divinités en troupe, parut Astoreth, que les Phéniciens nomment Astarté, reine du ciel, ornée d'un croissant; à sa brillante image, nuitamment en présence de la lune, les vierges de Sidon paient le tribut de leurs vœux et de leurs chants. Elle ne fut pas aussi non chantée dans Sion, où son temple s'élevait sur le mont d'Iniquité : temple que bâtit ce roi, ami des épouses, dont

> Of southmost Abarim; in Hesebon
> And Horonaim, Seon's realm, beyond
> The flowery dale of Sibma clad with vines,
> And Elealé, to th' Asphaltic pool :
> Peor his other name, when he enticed
> Israel in Sittim, on their march from Nile,
> To do him wanton rites, which cost them woe.
> Yet thence his lustful orgies he enlarged
> Ev'n to that hill of Scandal, by the grove
> Of Moloch homicide, lust hard by hate;
> Till good Josiah drove them thence to Hell.
>   With these came they, who, from the bordering flood
> Of old Euphrates to the brook that parts
> Ægypt from Syrian ground, had general names
> Of Baalim and Ashtaroth; those male,
> These feminine : for spirits, when they please,
> Can either sex assume, or both; so soft
> And uncompounded is their essence pure;
> Not tied or manacled with joint or limb,
> Nor founded on the brittle strength of bones,
> Like cumbrous flesh; but in what shape they choose,
> Dilated or condensed, bright or obscure,
> Can execute their aery purposes,
> And works of love or enmity fulfil.
> For those the race of Israel oft forsook
> Their living strength, and unfrequented left
> His righteous altar, bowing lowly down
> To bestial gods; for which their heads as low
> Bow'd down in battle, sunk before the spear
> Of despicable foes. With these in troop
> Came Astoreth, whom the Phœnicians call'd
> Astarte, queen of Heaven, with crescent horns;
> To whose bright image nightly by the moon
> Sidoniam virgins paid their vows and songs :
> In Sion also not unsung, where stood
> Her temple on the Offensive mountain, built
> By that uxorious king, whose heart, though large,

le cœur, quoique grand, séduit par de belles idolâtres, tomba devant d'infâmes idoles.

A la suite d'Astarté vint Thammuz, dont l'annuelle blessure dans le Liban attire les jeunes Syriennes, pour gémir sur sa destinée dans de tendres complaintes, pendant tout un jour d'été; tandis que le tranquille Adonis, échappant de sa roche native, roule à la mer son onde supposée rougie du sang de Thammuz, blessé tous les ans. Cette amoureuse histoire infecta de la même ardeur les filles de Jérusalem, dont les molles voluptés sous le sacré portique, furent vues d'Ezéchiel, lorsque, conduit par la vision, ses yeux découvrirent les noires idolâtries de l'infidèle Juda.

Après Thammuz, il en vint un qui pleura amèrement quand l'Arche captive mutila sa stupide idole, tête et mains émondées dans son propre sanctuaire, sur le seuil de la porte où elle tomba à plat, et fit honte à ses adorateurs : Dagon est son nom; monstre marin, homme par le haut, poisson par le bas. Et cependant son temple, élevé haut dans Azot, fut redouté le long des côtes de la Palestine, dans Gath et Ascalon, et Accaron, et jusqu'aux bornes de la frontière de Gaza.

Suivait Rimnon, dont la délicieuse demeure était la charmante Damas sur les bords fertiles d'Abbana et de Pharphar, courants limpides. Lui aussi fut hardi contre la maison de Dieu : une fois il perdit un lépreux et gagna un roi,

> Beguiled by fair idolatresses, fell
> To idols foul. Thammuz came next behind,
> Whose annual wound in Lebanon allured
> The Syrian damsels to lament his fate
> In amorous ditties, all a summer's day;
> While smooth Adonis from his native rock
> Ran purple to the sea, supposed with blood
> Of Thammuz yearly wounded : the love-tale
> Infected Sion's daughters with like heat;
> Whose wanton passions in the sacred porch
> Ezekiel saw, when, by the vision led,
> His eye survey'd the dark idolatries
> Of alienated Judah. Next came one
> Who mourn'd in earnest, when the captive ark
> Maim'd his brute image, head and hands lopp'd off
> In his own temple, on the grunzel edge,
> Where he fell flat, and shamed his worshippers:
> Dagon his name; sea monster, upward man
> And downward fish : yet had his temple high
> Rear'd in Azotus, dreaded through the coast
> Of Palestine, in Gath, and Ascalon,
> And Accaron, and Gaza's frontier bounds.
> Him follow'd Rimmon, whose delightful sead
> Was fair Damascus, on the fertile banks
> Of Abbana and Pharphar, lucid streams.
> He also against the house of God was bold :
> A leper once he lost, and gain'd a king,
> Ahaz, his sottish conquerour, whom he drew
> God's altar to disparage, and displace
> For one of Syrian mode, whereon to burn
> His odious offerings, and adore the gods
> Whom he had vanquish'd. After these appear'd
> A crew, who under names of old renown
> Osiris, Isis, Orus, and their train,
> With monstrous shapes and sorceries abused
> Fanatic Ægypt and her priest, to seek
> Their wandering gods, disguised in brutish forms

Achaz, son imbécile conquérant, qu'il engagea à mépriser l'autel du Seigneur, et à le déplacer pour un autel à la syrienne, sur lequel Achaz brûla ses odieuses offrandes, et adora les dieux qu'il avait vaincus.

Après ces démons, parut la bande de ceux qui, sous des noms d'antique renommée, Osiris, Isis, Orus et leur train, monstrueux en figures et en sorcelleries, abusèrent la fanatique Égypte et ses prêtres qui cherchèrent leurs divinités errantes, cachées sous des formes de bêtes plutôt que sous des formes humaines.

Point n'échappa Israël à la contagion, quand d'un or emprunté il forma le veau d'Oreb. Le roi rebelle doubla ce péché à Béthel et à Dan, assimilant son Créateur au bœuf paissant; ce Jéhovah qui, dans une nuit, lorsqu'il passa dans sa marche à travers l'Égypte, rendit égaux d'un seul coup ses premiers-nés et ses dieux bêlants.

Bélial parut le dernier; plus impur esprit, plus grossièrement épris de l'amour du vice pour le vice même, ne tomba du ciel. Pour Bélial, aucun temple ne s'élevait, aucun autel ne fuma : qui cependant est plus souvent que lui dans les temples et sur les autels, quand le prêtre devient athée comme les fils d'Eli qui remplirent de prostitutions et de violences la maison de Dieu? Il règne aussi dans les palais et dans les cours, dans les villes dissolues où le bruit de la débauche, de l'injure et de l'outrage, monte au-dessus des plus hautes tours : et quand la nuit obscurcit les rues, alors vagabondent les fils de Bélial gonflés d'insolence et de vin; témoin les rues de Sodome, et cette nuit dans Gabaa, lorsque la porte hospitalière exposa une matrone pour éviter un rapt plus odieux.

Ces démons étaient les premiers en rang et en puissance; le reste serait long à dire, bien qu'au loin renommé; dieux d'Ionie que la postérité de Javan tint pour dieux, mais confessés dieux plus récents que le Ciel et la Terre, leurs pa-

    Rather than human. Nor did Israel 'scape
The infection, when their borrow'd gold compos'd
The calf in Oreb; and the rebel king
Doubled that sin in Bethel and in Dan,
Likening his Maker to the grazed ox;
Jehovah, who in one night, when he pass'd
From Ægypt marching, equall'd with one stroke
Both her first-borne and all her bleating gods.
    Belial came last, than whom a spirit more lewd
Fell not from Heaven, or more gross to love
Vice for itself : to him no temple stood
Or altar smok'd; yet who more oft than he
In temples and at altars, when the priest
Turns atheist, as did Eli's sons, who fill'd
With lust and violence the house of God?
In courts and palaces he also reigns,
And in luxurious cities, where the noise
Of riot ascends above their loftiest towers,
And injury, and outrage : ad when night
Darkens the streets, then wander forth the sons
Of Belial, flown with insolence and wine :
Witness the streets of Sodom, and that night
In Gibeah, when the hospitable door
Exposed a matron to avoid worse rape.
    These were the prime in order and in might;
The rest were long to tell, though far renown'd;
The Ionian gods, of Javan's issue, held
Gods, yet confess'd lather than Heaven and Earth,
Their boasted parents. Titan, Heaven's first born,
With his enormous brood, and birthright seized
By younger Saturn : he from mightier Jove,

rents vantés : Titan, premier-né du Ciel avec son énorme lignée et son droit d'aînesse usurpé par Saturne, plus jeune que lui; Saturne traité de la même sorte par le plus puissant Jupiter, son propre fils et fils de Rhée; ainsi Jupiter, usurpant, régna. Ces dieux d'abord connus en Crète et sur l'Ida, de là sur le sommet neigeux du froid Olympe, gouvernèrent la moyenne région de l'air, leur plus haut ciel, ou sur le rocher de Delphes, ou dans Dodone, et dans toutes les limites de la terre Dorique. L'un d'eux, avec le vieux Saturne, fuit sur l'Adriatique aux champs de l'Hespérie, et par delà la Celtique, erra dans les îles les plus reculées.

Tous ces dieux, et beaucoup d'autres, vinrent en troupe, mais avec des regards baissés et humides, tels cependant qu'on y voyait une obscure lueur de joie d'avoir trouvé leur chef non désespéré, de s'être trouvés eux-mêmes non perdus dans la perdition même. Ceci refléta sur le visage de Satan comme une couleur douteuse : mais bientôt reprenant son orgueil accoutumé, avec de hautes paroles qui avaient l'apparence, non la réalité de la dignité, il ranime doucement leur défaillant courage et dissipe leur crainte.

Alors sur-le-champ il ordonne qu'au bruit guerrier des clairons et des trompettes retentissantes, son puissant étendard soit levé. Cet orgueilleux honneur est réclamé comme un droit par Azazel, grand chérubin; il déferle de l'hast brillant l'enseigne impériale, qui haute et pleinement avancée, brille comme un météore s'écoulant dans le vent : les perles et le riche éclat de l'or y blasonnaient les armes et les trophées séraphiques. Pendant tout ce temps l'airain sonore souffle des sons belliqueux, auxquels l'universelle armée renvoie un cri qui déchire la concavité de l'enfer, et épouvante au delà l'empire du Chaos et de la vieille Nuit.

     His own and Rhea's son, like measure found;
So Jove usurping reign'd : these first in Crete
And Ida known; thence on the snowy top
Of cold Olympus, rul'd the middle air,
Their highest heaven, or on the Delphian cliff,
Or in Dodona, and through all the bounds
Of Doric land : or who with Saturn old
Fled over Adria tho the Hesperian fields,
And o'er the Celtic roam'd the utmost isles.
  All these and more came flocking, but with looks
Downcast and damp; yet such wherein appear'd
Obscure some glimpse of joy, to have found their chief
Not in despair, to have found themselves not lost
In loss itself; which on his countenance cast
Like doubtful hue : but he, his wonted pride
Soon recollecting, with high words, that bore
Semblance of worth, not substance, gently raised
Their fainting courage, and dispell'd their fears.
  Then straight commands, that at the warlike sound
Of trumpets loud and clarions, be uprear'd
His mighty standard : that proud honour claim'd
Azazel as his right, a cherub tall;
Who forthwith from the glittering staff unfurl'd
The imperial ensign, which, full high advanced,
Shone like a meteor, streaming to the wind,
With gems and golden lustre rich imblaz'd,
Seraphic arms and trophies; all the while
Sonorous metal blowing martial sounds :
At which the universal host up sent
A shout that tore Hell's concave, and beyond
Frighted the reign of Chaos and old Night.

En un moment, à travers les ténèbres, sont vues dix mille bannières qui s'élèvent dans l'air avec des couleurs orientales ondoyantes. Avec ces bannières se dresse une forêt énorme de lances; et les casques pressés apparaissent, et les boucliers se serrent dans une épaisse ligne d'une profondeur incommensurable. Bientôt les guerriers se meuvent en phalange parfaite, au mode dorien des flûtes et des suaves hautbois : un tel mode élevait à la hauteur du plus noble calme les héros antiques, s'armant pour le combat; au lieu de la fureur, il inspirait une valeur réglée, ferme, incapable d'être entraînée par la crainte de la mort, à la fuite ou à une retraite honteuse. Cette harmonie ne manque pas de pouvoir pour tempérer et apaiser, avec des accords religieux, les pensées troublées, pour chasser l'angoisse et le doute, et la frayeur, et le chagrin, et la peine des esprits mortels et immortels.

Ainsi respirant la force unie, avec un dessein fixé, marchaient en silence les anges déchus, au son du doux pipeau qui charmait leurs pas douloureux sur le sol brûlant; et alors avancés en vue, ils s'arrêtent; horrible front d'effroyable longueur, étincelant d'armes, à la ressemblance des guerriers de jadis, rangés sous le bouclier et la lance, attendant l'ordre que leur puissant général avait à leur imposer. Satan, dans les files armées, darde son regard expérimenté, et bientôt voit à travers tout le bataillon la tenue exacte de ces guerriers, leurs visages, et leurs statures comme celle des dieux : leur nombre finalement il résume.

Et alors son cœur se dilate d'orgueil, et, s'endurcissant dans sa puissance, il se glorifie. Car depuis que l'homme fut créé, jamais force pareille n'avait été réunie en corps; nommée auprès de celle-ci, elle ne mériterait pas qu'on s'y

> All in a moment through the gloom were seen
> Ten thousand banners rise into the air
> With orient colours waving : with them rose
> A forest huge of spears; and thronging helms
> Appear'd, and serried shields in thick array
> Of depth immeasurable : anon they move
> In perfect phalanx to the Dorian mood
> Of flutes and recorders; such as raised
> To heighth of noblest temper heroes old
> Arming to battle; and, instead of rage,
> Deliberate valor breathed, firm, and unmoved
> With dread of death to fligth or foul retreat
> Nor wanting power to mitigate and 'suage
> With solemn touches troubled thoughts, and chase
> Anguish, and doubt, and fear, and sorrow, and pain,
> From mortal or immortal minds.   Thus they,
> Brething united force, with fixed thought,
> Moved on in silence, to soft pipes that charm'd
> Their painful steps o'er the burnt soil : and now
> Advanced in view they stand, a horrid front
> Of dreadful length and dazzling arms, in guise
> Of warriours old with order'd spear and shield,
> Awaiting what command their mighty chief
> Had to impose : he through the armed files
> Darts his experienced eye, and soon traverse
> The whole battalion view, their order due,
> Their visages and stature as of gods;
> Their number last he sums. And now his heart
> Distends with pride, and, hardening in his strength,
> Glories; for never, since created man,
> Met such imbolied force, as nam'd with these

arrêtât plus qu'à cette petite infanterie combattue par les grues; **quand même on y ajouterait la race gigantesque de Phlégra** avec la race héroïque qui lutta devant Thèbes et Ilion, où, de l'un et de l'autre côté, se mêlaient des dieux auxiliaires ; quand on y joindrait ce que le roman ou la fable raconte du fils d'Uther, entouré de chevaliers bretons et armoricains; quand on rassemblerait tous ceux qui, depuis, baptisés ou infidèles, joutèrent dans Aspremont, ou Montauban, ou Damas, ou Maroc, ou Trébisonde, ou ceux que Biserte envoya de la rive africaine, lorsque Charlemagne avec tous ses pairs tomba près de Fontarabie.

Ainsi cette armée des esprits, loin de comparaison avec toute mortelle prouesse, respectait cependant son redoutable chef. Celui-ci, au-dessus du reste par sa taille et sa contenance, superbement dominateur, s'élevait comme une tour. Sa forme n'avait pas encore perdu toute sa splendeur originelle ; il ne paraissait rien moins qu'un archange tombé, un excès de gloire obscurcie : comme lorsque le soleil nouvellement levé, tondu de ses rayons, regarde à travers l'air horizontal et brumeux; ou tel que cet astre derrière la lune, dans une sombre éclipse, répand un crépuscule funeste sur la moitié des peuples, et par la frayeur des révolutions tourmente les rois; ainsi obscurci, brillait encore au-dessus de tous ses compagnons l'archange. Mais son visage est labouré des profondes cicatrices de la foudre, et l'inquiétude est assise sur sa joue fanée ; sous les sourcils d'un courage indompté et d'un orgueil patient, veille la vengeance. Cruel était son œil ; toutefois il s'en échappait des signes de remords et de compassion, quand Satan regardait ceux qui partagèrent, ou plutôt ceux qui suivirent son crime, (il les avait vus autrefois bien différents dans la

> Could merit more than tha, small infantry
> Warr'd on by cranes; though all the giant brood
> Of Phlegra with the heroic race were join'd
> That fought at Thebes and Ilium, on each side
> Mix'd with auxiliar gods; and what resounds
> In fable or romance of Uther's son,
> Begirt with British and Armoric knights;
> And all who since, baptiz'd or infidel,
> Jousted in Aspramont or Montalban,
> Damasco, or Morocco, or Trebisond,
> Or whom Biserta sent from Afric shore,
> When Charlemain, with all his peerage, fell
> By Fontarabia.   Thus far these beyond
> Compare of mortal prowess, yet observ'd
> Their dread commander : he, above the rest
> In shape and gesture proudly eminent,
> Stood like a tower : his form had yet not lost
> All her original brightness, nor appear'd
> Less than archangel ruin'd, and the excess
> Of glory obscur'd : as when the sun new-risen
> Looks through the horizontal misty air,
> Shorn of his beams; or from behind the moon,
> In dim eclipse, disastrous twilight sheds
> On half the nations, and with fear of change
> Perplexes monarchs : darken'd so, yet shone
> Above them all the archangel : but his face
> Deep scars of thunder had intrench'd, and care
> Sat on his faded cheek; but, under brows
> Of dauntless courage and considerate pride,
> Waiting revenge : cruel his eye, but cast
> Signs of remorse and passion, to behold

béatitude) condamnés maintenant pour toujours à avoir leur lot dans la souffrance ! millions d'esprits mis pour sa faute à l'amende du ciel, et jetés hors des éternelles splendeurs pour sa révolte, néanmoins demeurés fidèles combien que leur gloire flétrie. Comme quand le feu du ciel a écorché les chênes de la forêt ou les pins de la montagne, avec une tête passée à la flamme, leur tronc majestueux, quoique nu, reste debout sur la lande brûlée.

Satan se prépare à parler ; sur quoi les rangs doublés des bataillons se courbent d'une aile à l'autre aile, et l'entourent à demi de tous ses pairs : l'attention les rend muets. Trois fois il essaye de commencer ; trois fois, en dépit de sa fierté, des larmes telles que les anges en peuvent pleurer, débordent. Enfin des mots entrecoupés de soupirs forcent le passage.

« O myriades d'esprits immortels ! ô puissances, qui n'avez de pareils que
« le Tout-Puissant ! il ne fut pas inglorieux, ce combat, bien que l'événement
« fut désastreux, comme l'attestent ce séjour et ce terrible changement, odieux
« à exprimer. Mais quelle faculté d'esprit, prévoyant et présageant d'après la
« profondeur de la connaissance du passé ou du présent, aurait craint que la
« force unie de tant de dieux, de dieux tels que ceux-ci, fût jamais repoussée ?
« Car qui peut croire, même après cette défaite, que toutes ces légions puis-
« santes, dont l'exil a rendu le ciel vide, manqueront à se relever, et à recon-
« quérir leur séjour natal ? Quant à moi, toute l'armée céleste est témoin, si
« des conseils divers, ou des dangers par moi évités, ont ruiné nos espérances.
« Mais celui qui règne monarque dans le ciel était jusqu'alors demeuré en sû-
« reté assis sur son trône, maintenu par une ancienne réputation, par le con-
« sentement, ou l'usage ; il nous étalait en plein son faste royal, mais il nous

> The fellows of his crime, the followers rather,
> (Far other once beheld in bliss) condemn'd
> For ever now to have their lot in pain !
> Millions of spirits for his fault amerced
> Of Heaven, and from eternal splendours flung
> For his revolt ; yet faithful how they stood,
> Their glory wither'd : as when Heaven's fire
> Hath scath'd the forest oaks or mountain pines,
> With singed top, their stately growth, though bare,
> Stantds on the blasted heath.
>   He now prepar'd
> To speak ; whereat their doubled ranks they bend
> From wing to wing, and half inclose him round
> With all his peers : attention held them mute.
> Thrice he assay'd, and thrice, in spite of scorn,
> Tears, such as angels weep, burst forth ; at last
> Words interwove withs sighs found out their way :
>   « O myriads of immmortal spirits ! O powers
> Matchless, but with the Almighty, and that strife
> Was not inglorious, though the event was dire,
> As this place testifies, and this dire change
> Hateful to utter : but what power of mind,
> Foreseeing or presaging, from the depth
> Of knowledge past or present, could have fear'd
> How such united force of gods, how such
> As stood like these, could ever know repulse ?
> For who can yet believe, though after loss,
> That all these puissant legions, whose exile
> Hath empied Heaven, shall fail to reascend
> Self-rais'd, and repossess their native seat ?
> For me, be witness all the host of Heaven,
> If counsels different or dangers shunn'd

« cachait sa force, ce qui nous tenta à notre tentative et causa notre chute.
« Dorénavant nous connaissons sa puissance et nous connaissons la nôtre,
« de manière à ne provoquer ni craindre une nouvelle guerre, provoquée. Le
« meilleur parti qui nous reste est de travailler dans un secret dessein, à ob-
« tenir de la ruse et de l'artifice ce que la force n'a pas effectué, afin qu'à la
« longue il apprenne du moins ceci de nous : Celui qui a vaincu par la force,
« n'a vaincu qu'à moitié son ennemi.
« L'espace peut produire de nouveaux mondes : à ce sujet un bruit courait
« dans le ciel, qu'avant peu le Tout-Puissant avait l'intention de créer, et de
« placer dans cette création une race, que les regards de sa préférence favori-
« seraient à l'égal des fils du ciel. Là, ne fût-ce que pour découvrir, se fera
« peut-être notre première irruption; là ou ailleurs : car ce puits infernal
« ne retiendra jamais des esprits célestes en captivité, ni l'abîme ne les couvrira
« longtemps de ses ténèbres. Mais ces projets doivent être mûris en plein con-
« seil. Plus d'espoir de paix, car qui songerait à la soumission? Guerre donc!
« guerre ouverte ou cachée doit être résolue. »

Il dit; et pour approuver ses paroles, volèrent en l'air des millions d'épées
flamboyantes, tirées de dessus la cuisse des puissants chérubins ; la lueur subite
au loin à l'entour illumine l'enfer : les démons poussent des cris de rage contre
le Très-Haut, et furieux, avec leurs armes saisies, ils sonnent sur leurs boucliers retentissants le glas de la guerre, hurlant un défi à la voûte du ciel.

A peu de distance s'élevait une colline dont le sommet terrible rendait, par
intervalles, du feu et une roulante fumée ; le reste entier brillait d'une croûte
lustrée; indubitable signe que dans les entrailles de cette colline était cachée

    By me have lost our hopes : but he, who reigns
Monarch in Heaven, till then as one secure
Sat on his throne, upheld by old repute,
Consent, or custom; and his regal state
Put forth at full; but still his strenght conceal'd,
Which tempted our attempt, and wrought our fall.
    Henceforth his might we know, and know our own;
So as not either to provoke, or dread
New war, provok'd : our better part remains
To worch in close design, by fraud or guile,
What force effected not; that he no less
At length from us may find, Who overcomes
By force, hath overcome but half his foe.
    Space may produce new worlds, whereof so rife
There went a fame in Heaven, that he ere long
Intended to create, and therein plant
A generation, whom his choice regard
Should favour equal to the sons of Heaven.
Thither, if but to pry, shall be perhaps
Our first eruption; thither or elsewhere :
For this infernal pit shall never hold
Celestial spirits in bondage, nor the abyss
Longs under darkness cover. But these thoughts
Full counsel must mature : peace is despair'd;
For who can think submission? war then, war,
Open or understood, must be resolv'd. »
    He spake; and, to confirm his words, outflew
Millions of flaming swords, drawn from the thighs
Of mighty cherubim; the sudden blaze
Far round illumined Hell : highly they rag'd
Against the Highest, and fierce, with grasped arms,
Clash'd on their sounding shields the din of war,

une substance métallique, œuvre du soufre. Là, sur les ailes de la vitesse, une nombreuse brigade se hâte, de même que des bandes de pionniers armés de pics et de bêches, devancent le camp royal pour se retrancher en plaine, ou élever un rempart. Mammon les conduit ; Mammon, le moins élevé des esprits tombés du ciel, car dans le ciel même ses regards et ses pensées étaient toujours dirigées en bas ; admirant plus la richesse du pavé du ciel où les pas foulent l'or, que toute chose divine ou sacrée dont on jouit dans la vision béatifique. Par lui d'abord, les hommes aussi, et par ses suggestions enseignés, saccagèrent le centre de la terre, et avec des mains impies pillèrent les entrailles de leur mère, pour des trésors qu'il vaudrait mieux cacher. Bientôt la bande de Mammon eut ouvert une large blessure dans la montagne, et extrait de ses flancs des côtes d'or. Personne ne doit s'étonner si les richesses croissent dans l'enfer ; ce sol est le plus convenable au précieux poison. Et ici que ceux qui se vantent des choses mortelles et qui s'en émerveillant disent Babel et les ouvrages des rois de Memphis ; que ceux-là apprennent combien leurs plus grands monuments de renommée, de force et d'art, sont aisément surpassés par des esprits réprouvés : ils accomplissent en une heure ce que dans un siècle les rois, avec des labeurs incessants et des mains innombrables, achèvent à peine.

Tout auprès sur la plaine, dans maints fourneaux préparés sous lesquels passe une veine de feu liquide, éclusée du lac, une seconde troupe avec un art prodigieux fait fondre le minerai massif, sépare chaque espèce, et écume les scories des lingots d'or. Une troisième troupe aussi promptement forme dans la terre des moules variés, et de la matière des bouillants creusets, par une dérivation étonnante, remplissent chaque profond recoin : ainsi dans l'orgue,

    Hurling defiance toward the vault of Heaven.
There stood a hill not far, whose grisly top
Belch'd fire and rolling smoke; the rest entire
Shone with a glossy scurf; undoubted sign
That in his womb was hid metallic ore,
The work of sulphur. Thither, wing'd with speed,
A numerous brigad hasten'd; as when bands
Of pioneers, with spade and pickaxe arm'd,
Foerun the royal camp, to trench a field,
Or cast a rampart. Mammon led them on;
Mammon, the least erected spirit that fell
From Heaven; for ev'n in Heaven his looks and thoughts
Were alvays downward bent; admiring more
The richess of Heaven's pavement, trodden gold,
Than aught divine or holy else enjoy'd
In vision beatific : by him first,
Men also, and by his suggestion taught,
Ransack'd the centre, and with impious hands
Rifled the bowels of their mother earth
For treasures better hid. Shoon had his crew
Open'd into the hill a spacious wound,
And digg'd out ribs of gold. Let none admire
That riches grow in Hell; that soil may best
Deserve the precious bane. And here let those
Who boast in mortal things, and wondering tell
Of Babel, and the works of Menphian kings,
Learn how their greatest monuments of fame,
And strength, and art, are easily out done
By spirits reprobate; and in an hour
What in an age they with incessant toil
And hands innumerable scarce perform.
Nigh on the plain, in many cells prepar'd,

LE PARADIS PERDU. 33

pa... un seul souffle de vent divisé entre plusieurs rangs de tuyaux, tout le jeu respire.

Soudain un immense édifice s'éleva de la terre, comme une exhalaison, au son d'une symphonie charmante et de douces voix : édifice bâti ainsi qu'un temple, où tout autour étaient placés des pilastres et des colonnes doriques surchargées d'une architrave d'or : il n'y manquait ni corniches, ni frises avec des reliefs gravés en bosse. Le plafond était d'or ciselé. Ni Babylone, ni Memphis, dans toute leur gloire, n'égalèrent une pareille magnificence pour enchâsser Bélus ou Sérapis, leurs dieux, ou pour introniser leurs rois, lorsque l'Egypte et l'Assyrie rivalisaient de luxe et de richesses.

La masse ascendante arrêta fixe sa majestueuse hauteur : et sur-le-champ les portes ouvrant les battants de bronze, découvrent au large en dedans ses amples espaces sur un pavé nivelé et poli : sous l'arc de la voûte pendent, par une subtile magie, plusieurs files de lampes étoilées et d'étincelants falots qui, nourris de naphte, d'asphalte, émanent la lumière comme un firmament.

La foule empressée entre en admirant, et les uns vantent l'ouvrage, les autres l'ouvrier. La main de cet architecte fut connue dans le ciel par la structure de plusieurs hautes tours où des anges portant le sceptre faisaient leur résidence et siégeaient comme des princes : le Monarque Suprême les éleva à un tel pouvoir, et les chargea de gouverner, chacun dans sa hiérarchie, les milices brillantes.

Le même architecte ne fut point ignoré ou sans adorateurs dans l'antique Grèce; et dans la terre d'Ausonie, les hommes l'appelèrent Mulciber. Et la Fable disait comme il fut précipité du ciel, jeté par Jupiter en courroux par-

    That underneath had veins of liquid fire
    Sluic'd from the lake, a second multitude
    With wondrouss art founded the massy ore,
    Severing each kind, and scumm'd the bullion dross :
    A third as soon had form'd within the ground
    A various mould, and from the boiling cells
    By strange conveyance fill'd each hollow nook :
    As in an organ, from one blast of wind,
    To many a row of pipes the sound-board breathes.
    Anon out of the earth a fabric huge
    Rose, like an exhalation, with the sound
    Of dulcet symphonies and voices sweet;
    Built like a temple, where pilasters round
    Were set, and doric pillars overlaid
    With golden architrave : nor did there want
    Cornice or frieze with bossy sculptures graven;
    The roof was fretted gold. Not Babylon,
    Nor great Alcairo such magnificence
    Equall'd in all their glories, to inshrine
    Belus or Serapis, their gods; or seat
    Their kings, when Ægypt with Assyria strove
    In wealth and luxury. The ascending pile
    Stood fix'd her stately heighth : and straight the doors,
    Opening their brazen folds, discover wide
    Within her ample spaces o'er the smooth
    And level pavement : from the arched roof,
    Pendent by subtle magic, many a row
    Of starry lamps and blazing cressets, fed
    With naphtha and asphaltus, yielded light
    As from a sky. The hasty multitude
    Admiring enter'd, and the work some praise,
    And some the architect : his hand was known

dessus les créneaux de cristal : du matin jusqu'au midi il roula, du midi jusqu'au soir d'un jour d'été; et avec le soleil couchant, il s'abattit du zénith, comme une étoile tombante, dans Lemnos, île de l'Ægée : ainsi les hommes le racontaient, en se trompant, car la chute de Mulciber, avec cette bande rebelle, avait eu lieu longtemps auparavant. Il ne lui servit de rien à présent d'avoir élevé de hautes tours dans le ciel; il ne se sauva point à l'aide de ses machines; mais il fut envoyé la tête la première, avec sa horde industrieuse, bâtir dans l'enfer.

Cependant les hérauts ailés, par le commandement du souverain pouvoir, avec un appareil redoutable, et au son des trompettes, proclament dans toute l'armée la convocation d'un conseil solennel qui doit se tenir incontinent à Pandæmonium, la grande capitale de Satan et de ses pairs. Leurs sommations appellent de chaque bande et de chaque régiment régulier les plus dignes en rang ou en mérite; ils viennent aussitôt, par troupes de cent et de mille, avec leurs cortéges. Tous les abords sont obstrués; les portes et les larges parvis s'encombrent, mais surtout l'immense salle (quoique semblable à un champ couvert, où de vaillants champions étaient accoutumés à chevaucher en armes, et devant le siége du soudan, à défier la fleur de la chevalerie païenne, au combat à mort ou au courre d'une lance). L'essaim des esprits fourmille épais, à la fois sur la terre et dans l'air froissé du sifflement de leurs ailes bruyantes. Au printemps, quand le soleil marche avec le Taureau, des abeilles répandent en grappes autour de la ruche leur populeuse jeunesse : elles voltigent çà et là

> In Heaven by many a tower'd structure high,
> Where sceptred angels held their residence,
> And sat as princes; whom the Supreme King
> Exalted to such power, and gave to rule,
> Each in his hierarchy, the orders bright.
> Nor was his name unheard or unador'd
> In ancient Greece; and in Ausonian land
> Men call'd him Mulciber; and how he fell
> From heaven they fabled, thrown by angry Jove
> Sheer o'er the crystal battlements : from morn
> To noon he fell, from noon to dewy eve,
> A summer's day; and with the setting sun
> Dropp'd from the zenith like a falling star,
> On Lemnos, the Ægean isle : thus they relate,
> Erring; for he with this rebellious rout
> Fell long before; nor aught avail'd him now
> To have built in Heaven high towers; nor did he 'scape
> By all his engines; but was headlong sent
> With his industrious crew to build in Hell.
>   Meanwhile the winged heralds, by command
> Of sovran power, with awful ceremony
> And trumpet's sound, throughout the host proclaim
> A solemn council forthwith to be held
> At Pandæmonium, the high capital
> Of Satan and his peers : their summons call'd
> From every band and squared regiment
> By place or choice the worthiest; they anon
> With hundreds and with thousands trooping came
> Attended : all access was throng'd; the gates
> And porches wide, but chief the spacious hall,
> (Though like a cover'd field, where champions bold
> Wont ride in arm'd, and at the soldan's chair
> Defied the best of Panim chivalry
> To mortal combat, or career with lance)
> Thick swarm'd, both on the ground and in the air,

parmi la fraîche rosée et les fleurs, ou sur une planche unie, faubourg de leur citadelle de paille, nouvellement frottée de baume, elles discourent et délibèrent de leurs affaires d'État : aussi épaisse la troupe aérienne fourmillait et était serrée, jusqu'au moment du signal donné.

Voyez la merveille ! Ceux qui paraissaient à présent surpasser en grandeur les géants, fils de la Terre, à présent moindres que les plus petits nains, s'entassent sans nombre dans un espace étroit ; ils ressemblent à la race des pygmées au delà de la montagne de l'Inde, ou bien à des fées dans leur orgie de minuit, à la lisière d'une forêt, ou au bord d'une fontaine, que quelque paysan en retard voit ou rêve qu'il voit, tandis que sur sa tête la lune siége arbitre et incline plus près de la terre sa pâle course : appliquées à leurs danses et à leurs jeux, ces esprits légers charment l'oreille du paysan avec une agréable musique ; son cœur bat à la fois de joie et de frayeur.

Ainsi des esprits incorporels réduisirent à la plus petite proportion leur stature immense, et furent au large, quoique toujours sans nombre, dans la salle de cette cour infernale. Mais loin dans l'intérieur, et dans leurs propres dimensions, semblables à eux-mêmes, les grands seigneurs séraphiques et chérubins se réunissent en un lieu retiré, et en secret conclave ; mille demi-dieux assis sur des siéges d'or, conseil nombreux et complet ! Après un court silence et la semonce lue, la grande délibération commença.

Brush'd with the hiss of rustling wings. As bees
In spring-time, when the sun with Taurus rides,
Pour forth their populous youth about the hive
In clusters : they among fresh dews and flowers
Fly to and fro, or on the smoothed plank
The suburb of their straw-built citadel,
New rubb'd with balm, expatiate, and confer
Their state-affairs : so thick the aery crowd
Swarm'd and were straiten'd; till, the signal given,
Behold a wonder! They, but now who seem'd
In bigness to surpass earth's giant sons,
Now less than smallest dwarfs, in narrow room
Throng numberless, like that pygmean race
Beyond the Indian mount; or faery elves,
Whose midnight revels, by a forest-side,
Or fountain, some belated peasant sees,
Or dreams he sees, while over-head the moon
Sits arbitress, and nearer to the earth
Wheels her pale course : they, on their mirth and dance
Intent, with jocund music charm his ear :
At once with joy and fear his heart rebounds.
Thus incorporeal spirits to smallest forms
Reduc'd their shapes immense, and were at large,
Though without number still, amidst the hall
Of that infernal court. But far within,
And in their own dimensions, like themselves,
The great seraphic lords and cherubim
In close recess and secret conclave sat;
A thousand demi-gods on golden seats,
Frequent and full. After short silence then,
And summons read, the great consult began.

LIVRE SECOND.

ARGUMENT.

La délibération commencée, Satan examine si une autre bataille doit être hasardée pour recouvrer le ciel : quelques-uns sont de cet avis, d'autres en dissuadent. Une troisième proposition suggérée d'abord par Satan, est préférée ; on conclut à éclaircir la vérité de cette prophétie ou de cette tradition du ciel, concernant un autre monde, et une autre espèce de créatures égales ou peu inférieures aux anges, qui devaient être formées à peu près dans ce temps. Embarras pour savoir qui sera envoyé à cette difficile recherche. Satan, leur chef, entreprend seul le voyage ; il est honoré et applaudi. Le conseil ainsi fini, les esprits prennent différents chemins, et s'occupent à différents exercices suivant que leur inclination les y porte, pour passer le temps jusqu'au retour de Satan. Celui-ci, dans son voyage, arrive aux portes de l'enfer ; il les trouve fermées, et qui siégeait là pour les garder. Par qui enfin elles sont ouvertes. Satan découvre l'immense gouffre entre l'enfer et le ciel. Avec quelles difficultés il le traverse : dirigé par le Chaos, puissance de ce lieu, il parvient à la vue du monde nouveau qu'il cherchait.

II.

Haut, sur un trône d'une magnificence royale, qui effaçait de beaucoup en éclat la richesse d'Ormus et de l'Inde, ou des contrées du splendide Orient, dont la main la plus opulente fait pleuvoir sur ses rois barbares les perles et l'or, Satan est assis, porté par le mérite à cette mauvaise prééminence. Du désespoir si haut élevé au delà de l'espérance, il aspire encore plus haut : insatiable de poursuivre une vaine guerre contre les cieux, et non instruit par son succès, il déploya de la sorte ses imaginations orgueilleuses :

« Pouvoirs et Dominations ! divinités du ciel ! puisque aucune profondeur ne

BOOK II.

THE ARGUMENT.

The consultation begun, Satan debates whether another battle be to be hazarded for the recovery of Heaven : some advise it, others dissuade. A third proposal is preferred, mentioned before by Satan, to search the truth of that prophecy or tradition in Heaven concerning another world, and another kind of creature, equal, or not much inferiour, to themselves, about this time to be created : their doubt who shall be sent on this difficult search : Satan their chief undertakes alone the voyage, is honoured and applauded. The council thus ended, the rest betake them several ways, and to several employments, as their inclinations lead them to entertain the time till Satan return. He passes on his journey to Hell gates ; finds them shut, and who sat there to guard them ; by whom at length they ar opened, and discover to him the great gulf between Hell and Heaven : with what difficulty he passes through, directed by Chaos, the power of that place, to the sight of this new world which he sought.

II.

High on a throne of royal state, which far
Outshone the wealth of Ormus and of Ind
Or where the gorgeous East with richest hand
Showers on her kings Barbaric pearl and gold,
Satan exalted sat, by merit rais'd
To that bad eminence : and, from despair
Thus high uplifted beyond hope, aspires
Beyond thus high ; insatiate to pursue
Vain war with Heaven, and, by success untaught,
His proud imaginations thus display'd :
« Powers and Dominions, deities of Heaven,
For since no deep within her gulf can hold

« peut retenir dans ses abîmes une vigueur immortelle, quoique opprimés et
« tombés, je ne regarde pas le ciel comme perdu. De cet abaissement des ver-
« tus célestes relevées paraîtront plus glorieuses et plus redoutables que s'il
« n'y avait pas eu de chute, et rassurées par elles-mêmes contre la crainte
« d'une seconde catastrophe. Un juste droit et les lois fixées du ciel m'ont d'a-
« bord créé votre chef, ensuite un choix libre et ce qui, en outre, dans le con-
« seil ou dans le combat, a été acheté de quelque valeur : cependant notre
« malheur est du moins jusque-là assez bien réparé, puisqu'il m'a établi beau-
« coup plus en sûreté sur un trône non envié, cédé d'un plein consentement.
« Dans le ciel, le plus heureux état qu'une dignité accompagne, peut attirer la
« jalousie de chaque inférieur : mais ici qui envierait celui que la plus haute
« place expose le plus en avant, comme votre boulevard, aux coups du Fou-
« droyant, et le condamne à la plus forte part des souffrances sans terme? Là
« où il n'est aucun bien à disputer, là aucune dispute ne peut naître des fac-
« tions, car nul sûrement ne réclamera la préséance dans l'enfer; nul dont la
« portion du présent malheur est si petite, par un esprit ambitieux n'en con-
« voitera une plus grande. Donc avec cet avantage pour l'union, et cette
« constante fidélité, et cet accord plus ferme qu'il ne peut l'être dans le ciel,
« nous venons maintenant réclamer notre juste héritage d'autrefois ; plus assu-
« rés de prospérer que si la prospérité nous en assurait elle-même. Et quelle
« voie est la meilleure, la guerre ouverte, ou la guerre cachée? C'est ce que
« nous débattrons à présent. Que celui qui peut donner un avis, parle. »
Satan se tut; et près de lui Moloch, roi portant le sceptre, se leva ; Moloch,
le plus fort, le plus furieux des esprits qui combattirent dans le ciel, à présent

   Immortal vigour, though oppress'd and fall'n,
   I give not Heaven for lost. From this descent
   Celestial virtues rising, will appear
   More glorious and more dread than from no fall,
   And trust themselves to fear no second fate.
   Me though just right, and the fix'd laws of Heaven,
   Did first create your leader; next, free choice,
   With what besides, in counsel or in fight,
   Hath been achiev'd of merit : yet this loss,
   Thus far at least recover'd, hath much more
   Establish'd in a safe unenvied throne,
   Yielded with full consent. The happier state
   In Heaven, which follows dignity, might draw
   Envy from each inferior; but who here
   Vill envy whom the highest place exposes
   Foremost to stand against the Thunderer's aim,
   Your bulwark, and condemns to greatest share
   Of endless pain ? where there is then no good
   For which to strive, no strife can grow up there
   From faction; for none sure will claim in Hell
   Precedence; none, whose portion is so small
   Of present pain, that with ambitious mind
   Will covet more. With this advantage then
   To union, and firm faith, and firm accord,
   More than can be in Heaven, we now return
   To claim our just inheritance of old,
   Surer to prosper than prosperity
   Could have assur'd us : and, by what best way,
   Whether of open war or covert guile,
   We now debate : who can advise, may speak.
   He ceased; and next him Moloch, scepter'd king,
   Stood up the strongest and the fiercest spirit

plus furieux par le désespoir. Sa prétention est d'être réputé égal en force à l'Éternel, et, plutôt que d'être moins, il ne se souciait pas du tout d'exister : délivré de ce soin d'être, il était délivré de toute crainte. De Dieu ou de l'enfer, ou de pire que l'enfer, il ne tenait compte : et d'après cela, il prononça ces mots :

« Mon avis est pour la guerre ouverte : aux ruses très-inexpert, point ne
« m'en vante. Que ceux-là qui ont besoin, trament, mais quand il en est be-
« soin, non à présent. Car tandis qu'ils sont assis complotant, faudra-t-il que
« des millions d'esprits qui restent debout armés, et soupirant après le signal
« de la marche, languissent ici fugitifs du ciel et acceptent pour leur demeure
« cette sombre et infâme caverne de la honte, prison d'une tyrannie qui règne
« par nos retardements? Non : plutôt armés de la furie et des flammes de l'en-
« fer, tous à la fois, au-dessus des remparts du ciel préférons de nous frayer
« un chemin irrésistible, transformant nos tortures en des armes affreuses
« contre l'auteur de ces tortures : alors pour répondre au bruit de son foudre
« tout-puissant, il entendra le tonnerre infernal, et pour éclairs il verra un feu
« noir et l'horreur lancés d'une égale rage parmi ses anges, son trône même
« enveloppé du bitume du Tartare et d'une flamme étrange; tourments par
« lui-même inventés. Mais peut-être la route paraît difficile et roide pour esca-
« lader à tire d'aile un ennemi plus élevé ! Ceux qui se l'imaginent peuvent se
« souvenir (si le breuvage assoupissant de ce lac d'oubli ne les engourdit pas
« encore) que de notre propre mouvement nous nous élevons à notre siége na-
« tif; la descente et la chute nous sont contraires. Dernièrement, lorsque le
« fier ennemi pendait sur notre arrière-garde rompue, nous insultant, et qu'il

That fought in Heaven, now fiercer by despair :
His trust was with the Eternal to be deem'd
Equal in strength; and rather than be less
Car'd not to be at all : with that care lost
Went all his fear : of God, or Hell, or worse,
He reck'd not, and these words thereafter spake ;
 « My sentence is for open war : of wiles,
More unexpert, I boast not : them let those
Contrive who need, or when they need, not now.
For, while they sit contriving, shall the rest,
Millions that stand in arms, and longing wait
The signal to ascend, sit lingering here
Heaven's fugitives, and for their dwelling-place
Accept this dark opprobrious den of shame,
The prison of his tyranny who reigns
By our delay? no, let us rather choose,
Arm'd with Hell-flames and fury, all at once
O'er Heaven's high towers to force resistless way,
Turning our tortures into horrid arms
Against the torturer; when to meet the noise
Of his almighty engine he shall hear
Infernal thunder; and, for lightning, see
Black fire and horrour shot with equal rage
Among his angels; and his throne itself
Mix'd with Tartarean sulphur, and strange fire,
His own invented torments. But perhaps
The way seems difficult, and steep, to scale
With upright wings against a higher foe.
Let such bethink them, if the sleepy drench
Of that forgetful lake benumb not still,
That in our proper motion we ascend
Up to our native seat : descent and fall

« nous poursuivait à travers le gouffre, qui n'a senti avec quelle contrainte et
« quel vol laborieux nous nous coulions bas ainsi? L'ascension est donc aisée.
  « On craint l'événement : faudra-t-il encore provoquer notre plus fort à
« chercher quel pire moyen sa colère peut trouver à notre destruction, s'il est
« en enfer une crainte d'être détruit davantage? Que peut-il y avoir de pis que
« d'habiter ici, chassés de la félicité, condamnés dans ce gouffre abhorré à un
« total malheur; dans ce gouffre où les ardeurs d'un feu inextinguible doivent
« nous éprouver sans espérance de finir, nous les vassaux de la colère, quand
« le fouet inexorable et l'heure de la torture nous appellent au châtiment?
« Plus détruits que nous le sommes, nous serions entièrement anéantis; il nous
« faudrait expirer. Que craignons-nous donc? Pourquoi balancerions-nous à
« allumer son plus grand courroux qui, monté à la plus grande fureur, nous
« consumerait et annihilerait à la fois notre substance? beaucoup plus heureux
« que d'être misérables et éternels! Ou si notre substance est réellement di-
« vine et ne peut cesser d'être, nous sommes dans la pire condition de ce
« côté-ci du néant, et nous avons la preuve que notre pouvoir suffit pour trou-
« bler son ciel, et nous alarmer par des incursions perpétuelles son trône fa-
« tal, quoique inaccessible : si ce n'est là victoire, du moins c'est vengeance. »
  Il finit en sourcillant : et son regard dénonçait une vengeance désespérée,
une dangereuse guerre pour tout ce qui serait moins que des dieux. Du côté
opposé se leva Bélial, d'une contenance plus gracieuse et plus humaine.
  Les cieux n'ont pas perdu une plus belle créature : il semblait créé pour la
dignité et les grands exploits; mais en lui tout était faux et vide, bien que sa
langue distillât la manne, qu'il pût faire passer la plus mauvaise raison pour

> To us is adverse. Who but felt of late,
> When the fierce foe hung on our broken rear
> Insulting, and pursued us through the deep,
> With what compulsion and laborious flight
> We sunk thus low? Th' ascent is easy then
> The event is fear'd; should we again provoke
> Our stronger, some worse way his wrath may find
> To our destruction; if there be in Hell
> Fear to be worse destroy'd. What can be worse
> Than to dwell here, driven out from bliss, condemn'd
> In this abhorred deep to utter woe ;
> Where pain of unextinguishable fire
> Must exercice us, without ope of end,
> The vassals of his anger, when the scourge
> Inexorably, and the torturing hour
> Calls us to penance? More destroy'd than thus,
> We should be quite abolish'd, and expire.
> What fear we then? what doubt we to incense
> His utmost ire? which, to the highth enrag'd,
> Will either quite consume us, and reduce
> To nothing this essential; happier far
> Than miserable to have eternal being!
> Or if our substance be indeed divine,
> And cannot cease to be, we are at worst
> On this side nothing ; and by proof we fell
> Our power sufficient to disturb his Heaven,
> And with perpetual inroads to alarm,
> Though inaccessible, his fatal throne :
> Which, if not victory, is yet revenge. »
>   He ended frowning, and his look denounc'd
> Desperate revenge, and battle dangerous
> To less than gods. **On the other side up rose**

la meilleure, embrouiller et déconcerter les plus mûrs conseils. Car ses pensées étaient basses : ingénieux aux vices, mais craintif et lent aux actions plus nobles : toutefois il plaisait à l'oreille, et avec un accent persuasif il commença ainsi :

« Je serais beaucoup pour la guerre ouverte, ô pairs, comme ne restant
« point en arrière en fait de haine, si ce qui a été allégué comme principale
« raison pour nous déterminer à une guerre immédiate, n'était pas plus propre
« à m'en dissuader, et ne me semblait être de sinistre augure pour tout le suc-
« cès : celui qui excelle le plus dans les faits d'armes, plein de méfiance dans
« ce qu'il conseille et dans la chose en quoi il excelle, fonde son courage sur
« le désespoir et sur un entier anéantissement comme le but auquel il vise,
« après quelque cruelle revanche.

« Premièrement, quelle revanche? les tours du ciel sont remplies de gardes
« armés qui rendent tout accès impossible. Souvent leurs légions campent au
« bord de l'abîme ou d'une aile obscure fouillent au loin et au large les royaumes
« de la nuit, sans crainte de surprise. Quand nous nous ouvririons un chemin par
« la force; quand tout l'enfer sur nos pas se lèverait dans la plus noire insur-
« rection, pour confondre la plus pure lumière du ciel; notre grand ennemi
« tout incorruptible demeurerait encore sur son trône non souillé, et la substance
« éthérée; incapable de tache, saurait bientôt expulser son mal, et purger le
« ciel du feu intérieur victorieux.

« Ainsi repoussés, notre finale espérance est un plat désespoir : il nous faut
« exciter le Tout-Puissant vainqueur à épuiser toute sa rage et à en finir avec
« nous; nous devons mettre notre soin à n'être plus; triste soin! Car qui vou-
« drait perdre, quoique remplies de douleur, cette substance intellectuelle, ces

    Belial, in act more graceful and humane.
A fairer person lost not Heaven; he seem'd
For dignity compos'd, and high exploit :
But all was false and hollow; though his tongue
Dropt manna, and could make the worse appear
The better reason, to perplex and dash
Maturest counsels; for his thoughts were low;
To vice industrious, but to nobler deeds
Tim'rous and slothful : yet he pleas'd the ear,
And with persuasive accent thus began :
    « I should be much for open war, o peers,
As not behind in hate, if what was urged,
Main reason to persuade immediate war,
Did not dissuade me most, and seem to cast
Ominous conjecture on the whole success :
When he, who most excels in fact of arms,
In what he counsels and in what excels
Mistrustful, grounds his courage on despair
And utter dissolution, as the scope
Of all his aim, after some dire revenge.
First, what revenge? The towers of Heaven are fill'd
With armed watch, that render all access
Impregnable; oft on the bordering deep.
Encamp their legions; or, with obscure wing
Scout far and wide into the realm of night,
Scorning surprise. Or could we break our way
By force, and at our heels all Hell should rise,
With blackest insurrection, to confound
Heaven's purest light; yet our great enemy
All incorruptible, would on his throne
Sit unpolluted, and th' ethereal mould,

« pensées qui errent à travers l'éternité, pour périr englouti et perdu dans les
« larges entrailles de la nuit incréée, privé de sentiment et de mouvement? Et
« qui sait, même quand cela serait bon, si notre ennemi courroucé peut et veut
« nous donner cet anéantissement? Comment il le peut, est douteux ; comment
« il ne le voudra jamais, est sûr. Voudra-t-il, lui si sage, lâcher à la fois son
« ire, apparemment par impuissance et par distraction, pour accorder à ses
« ennemis ce qu'ils désirent et pour anéantir dans sa colère ceux que sa co-
« lère sauve afin de les punir sans fin ?

« Qui nous arrête donc, disent ceux qui conseillent la guerre? Nous sommes
« jugés, réservés, destinés à un éternel malheur. Quoi que nous fassions, que
« pouvons-nous souffrir de plus, que pouvons-nous souffrir de pis?

« Est-ce donc le pire des états que d'être ainsi siégeant, ainsi délibérant, ainsi
« en armes? Ah! quand nous fuyions vigoureusement, poursuivis et frappés
« du calamiteux tonnerre du ciel, et quand nous suppliions l'abîme de nous
« abriter, cet enfer nous paraissait alors un refuge contre ces blessures; ou
« quand nous demeurions enchaînés sur le lac brûlant, certes c'était un pire
« état! — Que serait-ce si l'haleine qui alluma ces pâles feux se réveillait, leur
« soufflait une septuple rage et nous rejetait dans les flammes ; ou si là-haut
« la vengeance intermittente réarmait sa droite rougie pour nous tourmenter?
« Que serait-ce si tous ses trésors s'ouvraient et si ce firmament de l'enfer ver-
« sait ses cataractes de feu ; horreurs suspendues menaçant un jour nos têtes
« de leur effroyable chute? Tandis que nous projetons ou conseillons une guerre
« glorieuse, saisis peut-être par une tempête brûlante, nous serons lancés et
« chacun sur un roc transfixés jouets et proies des tourbillons déchirants, ou
« plongés à jamais, enveloppés de chaînes, dans ce bouillant océan. Là nous

        Incapable of stain, would soon ex expel
        Her mischief, and purge off the baser fire,
        Victorious. Thus repulsed, our final hope
        Is flat despair. We must exasperate
        Th' Almighty victor to spend all his rage,
        And that must end us; that must be our cure,
        To be no more. Sad cure! for who would lose,
        Though full of pain, this intellectual being,
        Those thoughts that wander through eternity,
        To perish rather, swallow'd up and lost
        In the wide womb of uncreated night,
        Devoid of sense and motion? And who knows,
        Let this be good, whether our angry foe
        Can give it, or will ever? how he can,
        Is doubtful; that he never will, is sure.
        Will he, so wise, let loose at once his ire,
        Belike through impotence, or unaware,
        To give his enemies their wish, and end
        Them in his anger, whom his anger saves
        To punish endless?
                       Wherefore cease we then?
        Say they who counsel war; we are decreed,
        Reserv'd, and destin'd to eternal woe;
        Whatever doing, what can we suffer more,
        What can we suffer worse?
                       Is this then worst,
        Thus sitting, thus consulting, thus in arms?
        What, when we fled amain, pursued and struck
        With Heaven's afflicting thunder, and besought
        The deep to shelter us? this Hell then seem'd
        A refuge from those wounds : or when we lay

« y converserons avec nos soupirs éternels, sans répit, sans miséricorde, sans
« relâche, pendant des siècles dont la fin ne peut être espérée : notre condition
« serait pire.

« Ma voix vous dissuadera donc pareillement de la guerre ouverte ou ca-
« chée. Car que peut la force ou la ruse contre Dieu, ou qui peut tromper l'es-
« prit de celui dont l'œil voit tout d'un seul regard? De la hauteur des cieux il
« s'aperçoit et se rit de nos délibérations vaines, non moins tout-puissant
« qu'il est à résister à nos forces, qu'habile à déjouer nos ruses et nos complots.

« Mais vivrons-nous ainsi avilis? La race du ciel restera-t-elle ainsi foulée
« aux pieds, ainsi bannie, condamnée à supporter ici ces chaînes et ces tour-
« ments?... Cela vaut mieux que quelque chose de pire, selon moi, puisque nous
« sommes subjugués par l'inévitable sort et le décret tout-puissant, la volonté
« du vainqueur. Pour souffrir, comme pour agir, notre force est pareille; la
« loi qui en a ordonné ainsi n'est pas injuste : ceci dès le commencement aurait
« été compris, si nous avions été sages en combattant un si grand ennemi, et
« quand ce qui pouvait arriver était si douteux.

« Je ris quand ceux qui sont hardis et aventureux à la lance, se font petits
« lorsqu'elle vient à leur manquer, ils craignent d'endurer ce qu'ils savent
« pourtant devoir suivre : l'exil, ou l'ignominie, ou les chaînes, ou les châti-
« ments, loi de leur vainqueur.

« Tel est à présent notre sort; lequel si nous pouvons nous y soumettre et

    Chain'd on the burning lake? that sure was worse.
    What if the breath, that kindled those grim fires,
    Awak'd, should blow them into seven-fold rage,
    And plunge us in the flames? or, from above,
    Should intermitted vengeance arm again
    His red right hand to plague us? What if all
    Her stores were open'd, and this firmament
    Of Hell should spout her cataracts of fire,
    Impendent horrors, threatening hideous fall
    One day upon our heads? While we perhaps,
    Designing or exhorting glorious war,
    Caught in a fiery tempest shall be hurl'd
    Each on his rock transfix'd, the sport and prey
    Of wracking whirlwinds; or for ever sunk
    Under yon boiling ocean, wrapt in chains;
    There to converse with everlasting groans,
    Unrespited, unpitied, unrepriev'd,
    Ages of hopeless end? This would be worse.
      War therefore, open or conceal'd, alike
    My voice dissuades; for what can force or guile
    With him, or who deceive his mind, whose eye
    Views all things at one view? He from Heaven's highth
    All these our motions vain sees, and derides;
    Not more almighty to resist our might,
    Than wise to frustrate all our plots and wiles.
    Shall we then live thus vile? the race of Heaven,
    Thus trampled, thus expell'd to suffer here
    Chains and these torments? better these than worse
    By my advice, since fate inevitable
    Subdues us, and omnipotent decree,
    The victor's will. To suffer, as to do,
    Our strength is equal, nor the law unjust
    That so ordains : this was at first resolv'd,
    If we were wise against so great a foe
    Contending, and so doubtful what might fall.
    I laugh, when those, who at the spear are bold

« le supporter, notre suprême ennemi pourra, avec le temps, adoucir beau-
« coup sa colère; et peut-être si loin de sa présence, ne l'offensant pas, il ne
« pensera pas à nous, satisfait de la punition subie. De là ces feux cuisants se
« ralentiront, si son souffle ne ranime pas leurs flammes. Notre substance,
« pure alors, surmontera la vapeur insupportable, ou y étant accoutumée ne
« la sentira plus; ou bien encore altérée à la longue, et devenue conforme
« aux lieux en tempérament et en nature ; elle se familiarisera avec la brû-
« lante ardeur qui sera vide de peine. Cette horreur deviendra douceur, cette
« obscurité, lumière. Sans parler de l'espérance que le vol sans fin des jours
« à venir peut nous apporter, des chances, des changements valant la peine
« d'être attendus : puisque notre lot présent peut passer pour heureux, quoi-
« qu'il soit mauvais, de mauvais il ne deviendra pas pire, si nous ne nous atti-
« rons pas nous-mêmes plus de malheurs. »

Ainsi Bélial, par des mots revêtus du manteau de la raison, conseillait un ignoble repos, paisible bassesse, non la paix. Après lui, Mammon parla :

« Nous faisons la guerre (si la guerre est le meilleur parti), ou pour dé-
« trôner le Roi du ciel, ou pour regagner nos droits perdus. Détrôner le Roi
« du ciel, nous pouvons espérer cela, quand le Destin d'éternelle durée cédera
« à l'inconstant Hasard, et quand le Chaos jugera le différend. Le premier but,
« vain à espérer, prouve que le second est aussi vain ; car est-il pour nous
« une place dans l'étendue du ciel, à moins que nous ne subjuguions le Mo-

> And venturous, if that fail them, shrink and fear
> What yet they know must follow, to endure
> Exile, or ignominy, or bonds, or pain,
> The sentence of their conqueror. This is now
> Our doom; which if we can sustain and bear,
> Our supreme foe in time may much remit
> His anger; and perhaps, thus far remov'd,
> Not mind us not offending, satisfied
> With what is punish'd whence these raging fires
> Will slacken, if his breath stir not their flames.
> Our purer essence then will overcome
> Their noxious vapour; or, inured, not feel;
> Or chang'd at length, and to the place conform'd
> In temper and in nature, will receive
> Familiar the fierce heat, and void of pain;
> This horrour will grow mild, this darkness, light :
> Besides what hope the never-ending flight
> Of future days may bring, what chance, what change
> Worth waiting : since our present lot appears
> For happy though but ill, for ill not worst,
> If we procure not to ourselves more woe. »
>   Thus Belial, with words cloth'd in reason's garb,
> Counsell'd ignoble ease and peaceful sloth,
> Not peace : and after him thus Mammon spake :
>   « Either to disinthrone the King of Heaven
> We war, if war be best; or to regain
> Our own right lost. Him to unthrone we then
> May hope, when everlasting Fate shall yield
> To fickle Chance, and Chaos judge the strife :
> The former, vain to hope, argues as vain
> The latter : for what place can be for us
> Within Heaven's bounds, unless Heaven's Lord Supreme
> We overpower? Suppose he should relent
> And publish grace to all, on promise made
> Of new subjection; with what eyes could we

« narque suprême du ciel? Supposons qu'il s'adoucisse, qu'il fasse grâce à
« tous, sur la promesse d'une nouvelle soumission, de quel œil pourrions-nous
« humiliés demeurer en sa présence, recevoir l'ordre strictement imposé de
« glorifier son trône en murmurant des hymnes, de chanter à sa divinité des
« *alleluia* forcés, tandis que lui siégera impérieusement notre souverain envié;
« tandis que son autel exhalera des parfums d'ambroisie et des fleurs d'am-
« broisie, nos serviles offrandes? Telle sera notre tâche dans le ciel, telles se-
« ront nos délices! Oh! combien ennuyeuse une éternité ainsi consumée en
« adorations offertes à celui qu'on hait!

« N'essayons donc pas de ravir de force ce qui, obtenu par le consentement,
« serait encore inacceptable, même dans le ciel, l'honneur d'un splendide vas-
« selage! Mais cherchons plutôt notre bien en nous; et vivons de notre fond
« pour nous-mêmes, libres quoique dans ce vaste souterrain, ne devant compte
« à personne, préférant une dure liberté au joug léger d'une pompe servile.
« Notre grandeur alors sera beaucoup plus frappante, lorsque nous créerons
« de grandes choses avec de petites, lorsque nous ferons sortir l'utile du nui-
« sible, un état prospère d'une fortune adverse; lorsque, dans quelque lieu
« que ce soit, nous lutterons contre le mal, et tirerons l'aise de la peine, par
« le travail et la patience.

« Craignons-nous ce monde profond d'obscurité? Combien de fois parmi les
« nuages noirs et épais le souverain Seigneur du ciel s'est-il plu à résider,
« sans obscurcir sa gloire, à couvrir son trône de la majesté des ténèbres d'où
« rugissent les profonds tonnerres en réunissant leur rage : le ciel alor. res-
« semble à l'enfer! De même qu'il imite notre nuit, ne pouvons-nous, quand

        Stand in his presence humble, and receive
        Strict laws imposed, to celebrate his throne
        With warbled hymns, and to his Godhead sing
        Forced hallelujahs; while he lordly sits
        Our envied sovran, and his altar breathes
        Ambrosial odours and ambrosial flowers,
        Our servile offerings? This must be our task
        In Heaven, this our delight : how wearisome
        Eternity so spent in worship paid
        To whom we hate!
                    Let us not then pursue,
        By force impossible, by leave obtain'd
        Unacceptable, though in Heaven, our state
        Of splendid vassalage : but rather seek
        Our own good from ourselves; and from our own
        Live to ourselves; though in this vast recess,
        Free, and to none accountable, preferring
        Hard liberty before the easy yoke
        Of servile pomp. Our greatness will appear
        Then most conspicuous, when great things of small,
        Useful of hurtful, prosperous of adverse,
        We can create; and in what place soe'er
        Thrive under evil, and work ease out of pain,
        Through labour and endurance.
                        This deep world
        Of darkness do we dread? How oft amidst
        Thick clouds and dark doth heaven's all-ruling Sire
        Choose to reside, his glory unobscur'd,
        And with the majesty of darkness round
        Covers his trone, from whence deep thunders roar
        Mustering their rage, and Heaven resembles Hell!
        As he our darkness, cannot we his light

« il nous plaira, imiter sa lumière? Ce sol désert ne manque point de trésor
« caché, diamants et or; nous ne manquons point non plus d'habileté ou d'art
« pour en étaler la magnificence : et qu'est-ce que le ciel peut montrer de
« plus? Nos supplices aussi par longueur de temps, peuvent devenir notre
« élément, ces flammes cuisantes devenir aussi bénignes qu'elles sont aujour-
« d'hui cruelles; notre nature se peut changer dans la leur, ce qui doit éloi-
« gner de nous nécessairement le sentiment de la souffrance. Tout nous invite
« donc aux conseils pacifiques et à l'établissement d'un ordre stable : nous
« examinerons comment en sûreté nous pouvons le mieux adoucir nos maux
« présents, eu égard à ce que nous sommes et au lieu où nous sommes, re-
« nonçant entièrement à toute idée de guerre. Vous avez mon avis. »

A peine a-t-il cessé de parler qu'un murmure s'élève dans l'assemblée :
ainsi lorsque les rochers creux retiennent le son des vents tumultueux qui,
toute la nuit, ont soulevé la mer; alors leur cadence rauque berce les matelots
excédés de veilles, et dont la barque, ou la pinasse, par fortune, a jeté l'ancre
dans une baie rocailleuse, après la tempête : de tels applaudissements furent
ouïs quand Mammon finit; et son discours plaisait, conseillant la paix : car un
autre champ de bataille était plus craint des esprits rebelles que l'enfer; tant
la frayeur du tonnerre et de l'épée de Michel agissait encore sur eux. Et ils ne
désiraient pas moins de fonder cet empire inférieur qui pourrait s'élever par la
politique et le long progrès du temps, rival de l'empire opposé du ciel.

Quand Béelzébuth s'en aperçut (nul, Satan excepté, n'occupe un plus haut
rang), il se leva avec une contenance sérieuse, et en se levant il sembla une
colonne de l'État. Profondément sur son front sont gravés les soins publics et

> Imitate when we please? This desert soil
> Wants not her hidden lustre, gems and gold;
> Nor want we skill or art, from whence to raise
> Magnificence; and what can Heaven show more?
> Our torments also may in length of time
> Become our elements; these piercing fires
> As soft as now severe; our temper chang'd
> Into their temper; which must needs remove
> The sensible of pain. All things invite
> To peaceful counsels, and the settled state
> Of order; how in safety best we may
> Compose our present evils, with regard
> Of what we are, and where; dismissing quite
> All thoughts of war. Ye have what I advise. »
>   He scarce had finish'd, when such murmur fill'd
> The assembly, as when hollow rocks retain
> The sound of blustering winds, which all night long
> Had roused the sea, now with hoarse cadence lull
> Sea-faring men o'er-watch'd, whose bark by chance,
> Or pinnace anchors in a craggy bay
> After the tempest : such applause was heard
> As Mammon ended; and his sentence pleased,
> Advising peace : for such another field
> They dreaded worse than Hell : so much the fear
> Of thunder and the sword of Michaël
> Wrought still whitin them : and no less desire
> To found this nether empire; which might rise,
> By policy and long process of time,
> In emulation opposite to Heaven.
>   Which when Beëlzebub perceived, than whom,
> Satan except, none higher sat, with grave
> Aspect he rose, and in his rising seem'd

la réflexion ; le conseil d'un prince brillait encore sur son visage majestueux, bien qu'il ne soit plus qu'une ruine. Sévère, il se tient debout, montrant ses épaules d'Atlas capables de porter le poids des plus puissantes monarchies. Son regard commande à l'auditoire, et tandis qu'il parle, il attire l'attention calme comme la nuit, ou comme le midi d'un jour d'été.

« Trônes et puissances impériales, enfants du ciel, vertus éthérées, devons-
« nous maintenant renoncer à ces titres, et, changeant de style, nous appeler
« princes de l'enfer ? Car le vote populaire incline à demeurer ici, et à fonder
« ici un croissant empire : sans doute ! tandis que nous rêvons ! nous ne sa-
« vons donc pas que le roi du ciel nous a assigné ce lieu, notre donjon, non
« comme une retraite sûre (hors de l'atteinte de son bras puissant, pour y vivre
« affranchis de la haute juridiction du ciel dans une nouvelle ligue formée
« contre son trône); mais pour y demeurer dans le plus étroit esclavage, quoique
« si loin de lui, sous le joug inévitable réservé à sa multitude captive ? Quant
« à lui, soyez-en certains, dans la hauteur des cieux ou dans la profondeur de
« l'abîme, il régnera le premier et le dernier, seul roi, n'ayant perdu par notre
« révolte aucune partie de son royaume. Mais sur l'enfer il étendra son em-
« pire, et il nous gouvernera ici avec un sceptre de fer, comme il gouverne
« avec un sceptre d'or les habitants du ciel.

« Que signifie donc de siéger ainsi, délibérant de paix ou de guerre ? Nous
« nous étions déterminés à la guerre, et nous avons été défaits avec une perte
« irréparable. Personne n'a encore demandé ou imploré des conditions de
« paix. Car quelle paix nous serait accordée à nous esclaves, sinon durs ca-
« chots, et coups, et châtiments arbitrairement infligés ? Et quelle paix pou-

    A pillar of state : deep on his front engraven
Deliberation sat and public care;
And princely counsel in his face yet shone,
Majestic, though in ruin : sage he stood
With Atlantean shoulders, fit to bear
The weight of mightiest monarchies : his look
Drew audience and attention, still as night
Or summer's noontide air, while thus he spake :
    « Thrones and imperial Powers, Offspring of Heaven,
Ethereal virtues; or these titles now
Must we renounce, and, changing style, be call'd
Princes of Hell ? for so the popular vote
Inclines here to continue, and build up here
A growing empire : doubtless; whilewe dream,
And know not that the King of Heaven hath doom'd
This place our dungeon; not our safe retreat
Beyond his potent arm, to live exempt
From Heaven's high juridiction, in new league
Banded against his throne; but to remain
In strictest bondage, though thus far remov'd,
Under th' inevitable curb, reserv'd
His captive multitude. For he, be sure,
In highth or depth, still first and last will reign
Sole king, and of his kingdom lose no part
By our revolt; but over Hell extend
His empire, and with iron scepter rule
Us here, as with his golden those in Heaven.
    What sit we then projecting peace and war ?
War hath determin'd us, and foil'd with loss
Irreparable : terms of peace yet none
Vouchsaf'd or sought; for what peace will be given
To us enslav'd, but custody severe,

« vons-nous donner en retour, sinon celle qui est en notre pouvoir, hostilités
« et haine, répugnance invincible, et vengeance, quoique tardive ; néanmoins
« complotant toujours, chercher comment le conquérant peut moins moisson-
« ner sa conquête, et peut moins se réjouir en faisant ce qu'en souffrant nous
« sentons le plus, nos tourments ? L'occasion ne nous manquera pas ; nous
« n'aurons pas besoin, par une expédition périlleuse, d'envahir le ciel, dont les
« hautes murailles ne redoutent ni siége ni assaut, ni les embûches de l'abîme.

« Ne pourrions-nous trouver quelque entreprise plus aisée ? Si l'ancienne et
« prophétique tradition du ciel n'est pas mensongère, il est un lieu, un autre
« monde, heureux séjour d'une nouvelle créature appelée l'Homme. A peu
« près dans ce temps, elle a dû être créée semblable à nous, bien que moindre
« en pouvoir et en excellence ; mais elle est plus favorisée que celui qui règle
« tout là-haut. Telle a été la volonté du Tout-Puissant prononcée parmi les
« dieux, et qu'un serment, dont fut ébranlée toute la circonférence du ciel,
« confirma. Là doivent tendre toutes nos pensées, afin d'apprendre quelles
« créatures habitent ce monde ; quelle est leur forme et leur substance ; com-
« ment douées ; quelle est leur force et leur faiblesse ; si elles peuvent le mieux
« être attaquées par la force ou par la ruse. Quoique le ciel soit fermé et que
« son souverain arbitre siége en sûreté dans sa propre force, le nouveau sé-
« jour peut demeurer exposé aux confins les plus reculés du royaume de ce
« Monarque, et abandonné à la défense de ceux qui l'habitent : là peut-être
« pourrions-nous achever quelque aventure profitable, par une attaque sou-
« daine ; soit qu'avec le feu de l'enfer nous dévastions toute sa création en-
« tière, soit que nous nous en emparions comme de notre propre bien, et que

    And stripes, and arbitrary punishment
Inflicted ? and what peace can we return,
But to our power hostility and hate,
Untam'd reluctance, and revenge, though slow,
Yet ever plotting how the conqueror least
May reap his conquest, and may least rejoice
In doing what we most in suffering feel ?
Nor will occasion want, nor shall we need
With dangerous expedition to invade
Heaven, whose high walls fear no assault, or siege,
Or ambush from the deep.
                    What if we find
Some easier enterprise ? There is a place,
(If ancient and prophetic fame in Heaven
Err not) another world, the happy seat
Of some new race call'd Man, about this time
To be created like to us, though less
In power and excellence ; but favour'd more
Of Him who rules above : so was his will
Pronounc'd among the gods, and by an oath,
That shook Heaven's whole circumference, confirm'd.
Thither let us bend all our thoughts, to learn
What creatures there inhabit ; of what mould
Or substance ; how indued, and what their power,
And where their weakness ; how attempted best,
By force or subtlety. Though Heaven be shut,
And Heaven's high Arbitrator sit secure
In his own strength, this place may lie exposed,
The utmost border of his kingdom, left
To their defence who hold it : here perhaps
Some advantageous act may be achiev'd
By sudden onset ; either with Hell-fire

« nous en chassions (ainsi que nous avons été chassés) les faibles possesseurs.
« Ou si nous ne les chassons pas, nous pourrons les attirer à notre parti, de
« manière que leur Dieu deviendra leur ennemi, et d'une main repentante
« détruira son propre ouvrage. Ceci surpasserait une vengeance ordinaire, et
« interromprait la joie que le vainqueur éprouve de notre confusion : notre
« joie naîtrait de son trouble, alors que ses enfants chéris, précipités pour souf-
« frir avec nous, maudiraient leur frêle naissance, leur bonheur flétri, flétri si
« tôt. Avisez si cela vaut la peine d'être tenté, ou si nous devons, accroupis
« ici dans les ténèbres, couver de chimériques empires. »

Ainsi Béelzébuth donna son conseil diabolique, d'abord imaginé et en partie proposé par Satan. Car de qui, si ce n'était de l'auteur de tout mal, pouvait sortir cet avis d'une profonde malice, de frapper la race humaine dans sa racine, de mêler et d'envelopper la terre avec l'enfer, tout cela en dédain du grand Créateur?

Mais ces mépris des démons ne serviront qu'à augmenter sa gloire.

Le dessein hardi plut hautement à ces états infernaux, et la joie brilla dans tous les yeux ; on vote d'un consentement unanime. Béelzébuth reprend la parole :

« Bien avez-vous jugé, bien fini ce long débat, synode des dieux! Et vous
« avez résolu une chose grande comme vous l'êtes, une chose qui, du plus pro-
« fond de l'abîme, nous élèvera encore une fois, en dépit du sort, plus près de
« notre ancienne demeure. Peut-être à la vue de ces frontières brillantes,
« avec nos armes voisines et une incursion opportune, avons-nous des chances
« de rentrer dans le ciel, ou, du moins, d'habiter sûrement une zone tempérée,

> To waste his whole creation, or possess
> All as our own, and drive, as we were driven,
> The puny habitants, or, if not drive,
> Seduce them to our party, that their God
> May prove their foe, and with repenting hand
> Abolish his own works. This would surpass
> Common revenge, and interrupt his joy
> In our confusion, and our joy upraise
> In his disturbance : when his darling sons,
> Hurl'd headlong to partake with us, shall curse
> Their frail original and faded bliss,
> Faded so soon. Advise, if this be worth
> Attempting ; or to sit in darkness here
> Hatching vain empires. »
>   Thus Beëlzebub
> Pleaded his devilish counsel, first devis'd
> By Satan, and in part propos'd. For whence,
> But from the author of all ill, could spring
> So deep a malice, to confound the race
> Of mankind in one root, and earth with Hell
> To mingle and involve, done all to spite
> The great Creator? But their spite still serves
> His glory to augment. The bold design
> Pleas'd highly those infernal states, and joy
> Sparkled in all their eyes; with full assent
> They vote : whereat his speech thus renews :
> « Well have ye judg'd, well ended long debate,
> Synod of gods! and, like to what ye are,
> Great things resolv'd, which from the lowest deep,
> Will once more lift us up, in spite of fate,
> Nearer our ancient seat; perhaps in view
> Of those bright confines, whence, with neighbouring arms
> And opportune excursion, we may chance

« non sans être visités de la belle lumière du ciel : au rayon du brillant orient
« nous nous délivrerons de cette obscurité ; l'air doux et délicieux, pour guérir
« les escarres de ces feux corrosifs, exhalera son baume.

« Mais d'abord qui enverrons-nous à la recherche de ce nouveau monde ?
« Qui jugerons-nous capable de cette entreprise ? Qui tentera d'un pas errant
« le sombre abîme, infini, sans fond, et, à travers l'obscurité palpable, trou-
« vera son chemin sauvage ? Ou qui déploiera son vol aérien, soutenu par d'in-
« fatigables ailes sur le précipice abrupte et vaste, avant d'arriver à l'île heu-
« reuse ? Quelle force, quel art peuvent alors lui suffire ? Ou quelle fuite secrète
« le fera passer en sûreté à travers les sentinelles serrées et les stations mul-
« tipliées des anges veillants à la ronde ? Ici il aura besoin de toute sa circon-
« spection ; et nous n'avons pas besoin dans ce moment de moins de discerne-
« ment dans notre suffrage ; car sur celui que nous enverrons, reposera le
« poids de notre entière et dernière espérance. »

Cela dit, il s'assied, et l'expectation tient son regard suspendu, attendant qu'il se présente quelqu'un pour seconder, combattre ou entreprendre la périlleuse aventure : mais tous demeurent assis et muets, pesant le danger dans de profondes pensées ; et chacun, étonné, lit son propre découragement dans la contenance des autres. Parmi la fleur et l'élite de ces champions qui combattirent contre le ciel, on ne peut trouver personne assez hardi pour demander ou accepter seul le terrible voyage : jusqu'à ce qu'enfin Satan, qu'une gloire transcendante place à présent au-dessus de ses compagnons, dans un orgueil monarchique, plein de la conscience de son haut mérite, parla de la sorte sans émotion

      Re-enter Heaven ; or else in some mild zone
Dwell, not unvisited of Heaven's fair light,
Secure ; and at the brightening orient beam
Purge off this gloom : the soft delicious air,
To heal the scar of these corrosive fires,
Shall breathe her balm.
        But, first, whom shall we send
In search of this new world ? whom shall we find
Sufficient ? who shall tempt with wandering feet
The dark unbottom'd infinite abyss,
And through the palpable obscure find out
His uncouth way, or spread his aery flight,
Upborne with undefatigable wings
Over the vast abrupt, ere he arrive
The happy isle ? What strength, what art can then
Suffice, or what evasion bear him safe
Through the strict senteries and stations thick
Of angels watching round ? here he had need
All circumspection, and we now no less
Choice in our suffrage : for on whom we send,
The weight of all, and our last hope, relies. »
  This said, he sat ; and expectation held
His look suspense, awaiting who appear'd
To second, or oppose, or undertake
The perilous attempt : but all sat mute,
Pondering the danger with deep thoughts ; and each
In other's countenance read his own dismay,
Astonish'd : none among the choice and prime
Of those Heaven-warring champions could be found,
So hardy, as to proffer or accept,
Alone, the dreadful voyage ; till at last
Satan, whom now transcendent glory raised
Above his fellows, with monarchal pride,

« Postérité du ciel, Trônes empyrées, c'est avec raison que nous sommes
« saisis d'étonnement et de silence, quoique non intimidés ! Long et dur est le
« chemin qui de l'enfer conduit à la lumière; notre prison est forte; cette
« énorme convexité de feu, violent pour dévorer, nous entoure neuf fois : et
« les portes d'un diamant brûlant, barricadées contre nous, prohibent toute
« sortie. Ces portes-ci passées (si quelqu'un les passe), le vide profond d'une
« nuit informe, large bâillant, le reçoit, et menace de la destruction entière de
« son être celui qui se plongera dans le gouffre avorté. Si de là l'explorateur
« s'échappe dans un monde, quel qu'il soit, ou dans une région inconnue,
« que lui reste-t-il? des périls inconnus, une évasion difficile! Mais je con-
« viendrais mal à ce trône, ô pairs, à cette souveraineté impériale ornée de
« splendeur, armée de pouvoir, si la difficulté ou le danger d'une chose pro-
« posée et jugée d'utilité publique pouvait me détourner de l'entreprendre.
« Pourquoi assumerais-je sur moi les dignités royales? Je ne refuserais pas
« de régner et je refuserais d'accepter une aussi grande part de périls que
« d'honneur ! part également due à celui qui règne, et qui lui est d'autant plus
« due qu'il siége plus honoré au-dessus du reste !

« Allez donc, Trônes puissants, terreur du ciel, quoique tombés, allez es-
« sayer dans notre demeure (tant qu'ici sera notre demeure) ce qui peut le
« mieux adoucir la présente misère et rendre l'enfer plus supportable, s'il est
« des soins, ou un charme pour suspendre, ou tromper, ou ralentir les tour-
« ments de ce malheureux séjour. Ne cessez de veiller contre un ennemi qui
« veille, tandis qu'au loin parcourant les rivages de la noire destruction, je

Conscious of highest worth, unmov'd thus spake :
« O progeny of Heaven, empyreal Thrones,
With reason hath deep silence and demur
Seiz'd us, though undismay'd. Long is the way
And hard, that out of Hell leads up to light :
Our prison strong; this huge convex of fire,
Outrageous to devour, immures us round
Ninefold; and gates of burning adamant
Barr'd over us prohibit allegress.
These pass'd, if any pass, the void profound
Of unessential night receives him next,
Wide gaping, and with utter loss of being
Threatens him, plung'd in that abortive gulf.
If thence he 'scape into whatever world,
Or unknown region, what remains him less
Than unknown dangers and as hard escape?
But I should ill become this throne, o peers,
And this imperial sovranty, adorn'd
With splendour, arm'd with power, if ought propos'd
And judged of public moment, in the shape
Of difficulty, or danger, could deter
Me from attempting. Wherefore do I assume
These royalties, and not refuse to reign,
Refusing to accept as great a share
Of hazard as of honour, due alike
To him who reigns, and so much to him due
Of hazard more, as he above the rest
High honour'd sits?
                    « Go, therefore, mighty Powers,
Terrour of Heaven, though fall'n! intend at home,
While here shall be our home, what best may ease
The present misery, and render Hell
More tolerable, if there be cure or charm
To respite, or deceive, or slack the pain

LE PARADIS PERDU. 51

« chercherai la délivrance de tous. Cette entreprise, personne ne la partagera
« avec moi. »

Ainsi disant, le monarque se leva et prévint toute réplique : prudent il a peur
que d'autres chefs, enhardis par sa résolution, ne vinssent offrir à présent, certains d'être refusés, ce qu'ils avaient redouté d'abord : et ainsi refusés, ils seraient devenus ses rivaux dans l'opinion ; achetant à bon marché la haute renommée que lui, Satan, doit acquérir au prix de dangers immenses.

Mais les esprits rebelles ne craignaient pas plus l'aventure que la voix qui la défendait, et avec Satan ils se levèrent : le bruit qu'ils firent en se levant tous à la fois fut comme le bruit du tonnerre, entendu dans le lointain. Ils s'inclinèrent devant leur général avec une vénération respectueuse, et l'exaltèrent comme un dieu égal au Très-Haut qui est le plus élevé dans le ciel. Ils ne manquèrent pas d'exprimer par leurs louanges combien ils prisaient celui qui, pour le salut général, méprisait le sien : car les esprits réprouvés ne perdent pas toute leur vertu, de peur que les méchants ne puissent se vanter sur la terre de leurs actions spécieuses qu'excitent une vaine gloire, ou qu'une secrète ambition recouvre d'un vernis de zèle.

Ainsi se terminèrent les sombres et douteuses délibérations des démons se réjouissant dans leur chef incomparable. Comme quand du sommet des montagnes les nues ténébreuses, se répandant tandis que l'aquilon dort, couvrent la face riante du ciel, l'élément sombre verse sur le paysage obscurci la neige ou la pluie ; si par hasard le brillant soleil, dans un doux adieu, allonge son rayon du soir, les campagnes revivent, les oiseaux renouvellent leurs chants,

>   Of this ill mansion. Intermit no watch
>   Against a wakeful foe ; while I abroad
>   Through all the coasts of dark destruction seek
>   Deliverance for us all : this enterprise
>   None shall partake with me. »
>   Thus saying rose
>   The monarch, and prevented all reply ;
>   Prudent, lest from his resolution rais'd
>   Others among the chiefs might offer now,
>   Certain to be refus'd, what erst they fear'd ;
>   And, so refus'd, might in opinion stand
>   His rivals ; winning cheap the high repute,
>   Which he through hazard huge must earn.
>   But they
>   Dreaded not more the adventure, than his voice
>   Forbidding ; and at once with him they rose :
>   Their rising all at once, was as the sound
>   Of thunder heard remote. Towards him they bend
>   With awful reverence prone ; and as a god
>   Extol him equal to the Highest in Heaven.
>   Nor fail'd they to express how much they prais'd,
>   That for the general safety he despis'd
>   His own : for neither do the spirits damn'd
>   Lose all their virtue ; lest bad men should boast
>   Their specious deeds on earth, which glory excites,
>   Or close ambition varnish'd o'er with zeal.
>   Thus they their doubtful consultations dark
>   Ended, rejoicing in their matchless chief :
>   As when from mountain tops the dusky clouds
>   Ascending, while the north-wind sleeps, o'erspread
>   Heaven's cheerful face ; the louring element
>   Scowls o'er the darken'd landskip snow, or shower :
>   If chance the radiant sun with farewell sweet
>   Extend his evening-beam, the fields revive,

et les brebis bêlantes témoignent leur joie qui fait retentir les collines et les vallées. Honte aux hommes! Le démon s'unit au démon damné dans une ferme concorde; les hommes seuls, de toutes les créatures raisonnables, ne peuvent s'entendre, bien qu'ils aient l'espérance de la grâce divine; Dieu proclamant la paix, ils vivent néanmoins entre eux dans la haine, l'inimitié et les querelles; ils se font des guerres cruelles, et dévastent la terre pour se détruire les uns les autres : comme si (ce qui devrait nous réunir) l'homme n'avait pas assez d'ennemis infernaux qui jour et nuit veillent pour sa destruction.

Le concile stygien ainsi dissous, sortirent en ordre les puissants pairs infernaux : au milieu d'eux marchait leur grand souverain, et il semblait seul l'antagoniste du ciel non moins que l'empereur formidable de l'enfer : autour de lui, dans une pompe suprême et une majesté imitée de Dieu, un globe de chérubins de feu l'enferme avec des drapeaux blasonnés et des armes effrayantes. Alors on ordonne de crier au son royal des trompettes le grand résultat de la session finie. Aux quatre vents, quatre rapides chérubins approchent de leur bouche le bruyant métal dont le son est expliqué par la voix du héraut : le profond abîme l'entendit au loin, et tout l'ost de l'enfer renvoya des cris assourdissants et de grandes acclamations.

De là l'esprit plus à l'aise, et en quelque chose relevé par une fausse et présomptueuse espérance, les bataillons formés se débandèrent; chaque démon à l'aventure prend un chemin divers, selon que l'inclination ou un triste choix le conduit irrésolu; il va où il croit plus vraisemblablement faire trêve à ses pensées agitées, et passer les heures ennuyeuses jusqu'au retour du grand chef.

> The birds their notes renew, and bleating herds
> Attest their joy, that hill and valley rings.
> O shame to men! devil with devil damn'd
> Firm concord holds; men only disagree
> Of creatures rational, though under hope
> Of heavenly grace, and, God proclaiming peace,
> Yet live in hatred, enmity, and strife,
> Among themselves, and levy cruel wars,
> Wasting the earth, each other to destroy :
> As if, which might induce us to accord,
> Man had not hellish foes enow besides,
> That day and night for his destruction wait.
>   The Stygian council thus dissolv'd; and forth
> In order came the grand infernal peers;
> Midst came their mighty paramount, and seem'd
> Alone the antagonist of Heaven, nor less
> Than Hell's dread emperour, with pomp supreme
> And God-like imitated state : him round
> A globe of fiery seraphim enclosed,
> With bright imblazonry and horrent arms.
> Then of their session ended they bid cry
> With trumpets' regal sound the great result.
> Toward the four winds four speedy cherubim
> Put to their mouths the sounding alchymy,
> By herald's voice explain'd : the hollow abyss
> Heard far and wide; and all the host of Hell
> With deafening shout return'd them loud acclaim.
>   Thence more at ease their minds, and somewhat rais'd
> By false presumptuous hope, the ranged powers
> Disband; and, wandering, each his several way
> Pursues, as inclination or sad choice
> Leads him perplex'd, where he may likeliest find
> Truce to his restless thoughts, and entertain
> The irksome hours, till his great chief return.

Les uns, dans la plaine ou dans l'air sublime, sur l'aile ou dans une course rapide, se disputent, comme aux jeux Olympiques ou dans les champs pithiens ; les autres domptent leurs coursiers de feu, ou évitent la borne avec les roues rapides, ou alignent le front des brigades. Comme quand, pour avertir des cités orgueilleuses, la guerre semble régner parmi le ciel troublé, des armées se précipitent aux batailles dans les nuages ; de chaque avant-garde les cavaliers aériens piquent en avant, lances baissées, jusqu'à ce que les épaisses légions se joignent ; par des faits d'armes, d'un bout de l'empyrée à l'autre, le firmament est en feu.

D'autres esprits plus cruels avec une immense rage typhéenne, déchirent collines et rochers, et chevauchent sur l'air en tourbillons ; l'enfer peut à peine contenir l'horrible tumulte. Tel Alcide revenant d'Œchalie, couronné par la victoire, sentit l'effet de la robe empoisonnée ; de douleur il arracha par les racines les pins de la Thessalie, et du sommet de l'Œta il lança Lycas dans la mer d'Eubée.

D'autres esprits plus tranquilles, retirés dans une vallée silencieuse, chantent sur des harpes, avec des sons angéliques, leurs propres héroïques combats et le malheur de leur chute par la sentence des batailles ; ils se plaignaient de ce que le destin soumet le courage indépendant à la force ou à la fortune. Leur concert était en parties : mais l'harmonie (pouvait-elle opérer un moindre effet, quand des esprits immortels chantent?) l'harmonie suspendait l'enfer, et tenait dans le ravissement la foule pressée.

En discours plus doux encore (car l'éloquence charme l'âme, la musique, les

    Part, on the plain, or in the air sublime,
Upon the wing or in swift race contend,
As at the Olympian games, or Pythian fields:
Part curb their fiery steeds, or shun the goal
With rapid wheels, or fronted brigades form.
As when to warn proud cities war appears
Wag'd in the troubled sky, and armies rush
To battle in the clouds, before each van
Prick forth the aery knights, and couch their spears
Till thickest legions close; with feats of arms
From either end of Heaven the welkin burns.
    Others, with vast Typhœan rage more fell,
Rend up both rocks and hills, and ride the air
In whirlwind : Hell scarce holds the wild uproar.
As when Alcides, from Œchalia crown'd
With conquest, felt the envenom'd robe, and tore
Through pain up by the roots Thessalian pines;
And Lichas from the top of Œta threw
Into the Euboic sea.
    Others, more mild,
Retreated in a silent valley, sing
With notes angelical to many a harp
Their own heroic deeds, and hapless fall
By doom of battle, and complain that fate
Free virtue should enthral to force or chance.
Their song was partial; but the harmony,
(What could it less when spirits immortal sing?)
Suspended Hell, and took with ravishment
The thronging audience.
    In discourse more sweet,
(For eloquence the soul, song charms the sense)
Others apart sat on a hill retir'd,
In thoughts more elevate, and reason'd high
Of Providence, foreknowledge, wil, and fate

sens), d'autres assis à l'écart sur une montagne solitaire s'entretiennent de pensées plus élevées, raisonnent hautement sur la Providence, la prescience, la volonté et le destin : destin fixé, volonté libre, prescience absolue; ils ne trouvent point d'issue, perdus qu'ils sont dans ces tortueux labyrinthes. Ils argumentent beaucoup du mal et du bien, de la félicité et de la misère finale, de la passion et de l'apathie, de la gloire et de la honte : vaine sagesse! fausse philosophie! laquelle cependant peut, par un agréable prestige, charmer un moment leur douleur ou leur angoisse, exciter leur fallacieuse espéranc ou armer leur cœur endurci d'une patience opiniâtre comme d'un triple acier.

D'autres, en escadrons et en grosses troupes, cherchent, par de hardies aventures, à découvrir au loin si dans ce monde sinistre, quelque climat peut-être ne pourrait leur offrir une habitation plus supportable : ils dirigent par quatre chemins leur marche ailée, le long des rivages des quatre rivières infernales qui dégorgent dans le lac brûlant leurs ondes lugubres : le Styx abhorré, fleuve de la haine mortelle; le triste Achéron, profond et noir fleuve de la douleur; le Cocyte, ainsi nommé des grandes lamentations entendues sur son onde contristée; l'ardent Phlégeton, dont les vagues en torrents de feu s'enflamment avec rage.

Loin de ces fleuves, un lent et silencieux courant, le Léthé, fleuve d'oubli, déroule son labyrinthe humide. Qui boit de son eau oublie sur-le-champ son premier état et son existence, oublie à la fois la joie et la douleur, le plaisir et la peine.

Au delà du Léthé, un continent gelé s'étend sombre et sauvage, battu de tempêtes perpétuelles, d'ouragans, de grêle affreuse qui ne fond point sur la terre ferme, mais s'entasse en monceaux et ressemble aux ruines d'un ancien

> Fix'd fate, free will, foreknowledge absolute,
> And found no end, in wandering mazes lost.
> Of good and evil much they argued then,
> Of happiness and final misery,
> Passion and apathy, and glory and shame;
> Vain wisdom all, and false philosophy :
> Yet with a pleasing sorcery could charm
> Pain for a while or anguish, and excite
> Fallacious hope; or arm th' obdured breast
> With stubborn patience as with triple steel.
>   Another part, in squadrons and gross bands,
> On bold adventure to discover wide
> That dismal world, if any clime perhaps,
> Might yield them easier habitation, bend
> Four ways their flying march, along the banks
> Of four infernal rivers, that disgorge
> Into the burning lake their baleful streams
> Abhorred Styx, the flood of deadly hate;
> Sad Acheron, of sorrow black and deep;
> Cocytus, nam'd of lamentation loud
> Heard on the rueful stream; fierce Phlegethon,
> Whose waves of torrent fire inflame with rage.
>   Far off from these, a slow and silent stream,
> Lethe, the river of oblivion, rolls
> Her watery labyrinth; whereof who drinks,
> Forthwith his former state and being forgets,
> Forgets both joy and griefs pleasure and pain.
>   Beyond this flood a frozen continent
> Lies dark and wild, beat with perpetual storms
> Of whirlwind and dire hail, which on firm land
> Thaws not; but gathers heaps, and ruin seems

édifice. Partout ailleurs, neige épaisse et glace, abîme profond semblable au marais Serbonian, entre Damiette et le vieux mont Casius, où des armées entières ont été englouties. L'air desséchant brûle glacé, et le froid accomplit les effets du feu.

Là, traînés à de certaines époques par les furies aux pieds des harpies, tous les anges damnés sont conduits : ils ressentent tour à tour l'amer changement des cruels extrêmes, extrêmes devenus plus cruels par le changement. D'un lit de feu ardent transportés dans la glace où s'épuise leur douce chaleur éthérée, ils transissent quelque temps immobiles, fixés et gelés tout à l'entour ; de là ils sont rejetés dans le feu. Ils traversent dans un bac le détroit du Léthé en allant et venant ; leur supplice s'en accroît ; ils désirent et s'efforcent d'atteindre lorsqu'ils passent, l'eau tentatrice ; ils voudraient, par une seule goutte, perdre dans un doux oubli leurs souffrances et leurs malheurs, le tout en un moment et si près du bord ! Mais le destin les en écarte, et pour s'opposer à leur entreprise, Méduse, avec la terreur d'une Gorgone, garde le gué : l'eau se dérobe d'elle-même au palais de toute créature vivante, comme elle fuyait la lèvre de Tantale.

Ainsi errantes dans leur marche confuse et abandonnée, les bandes aventureuses, pâles et frissonnant d'horreur, les yeux hagards, voient pour la première fois leur lamentable lot, et ne trouvent point de repos ; elles traversent maintes vallées sombres et désertes, maintes régions douloureuses par-dessus maintes Alpes de glace et maintes Alpes de feu : rocs, grottes, lacs, mares, gouffres, antres et ombres de mort ; univers de mort, que Dieu dans sa malédiction créa mauvais, bon pour le mal seulement ; univers où toute vie meurt, où toute mort vit, où la nature perverse engendre des choses monstrueuses,

> Of ancient pile : all else deep snow and ice ;
> A gulf profound as that Serbonian bog
> Betwixt Damiata and mount Casius old,
> Where armies whole have sunk : the parching air
> Burns frore, and cold performs the effect of fire.
>   Thither by harpy-footed furies hal'd,
> At certain revolutions, all the damn'd
> Are brought, and feel by turns the bitter change
> Of fierce extremes, extremes by change more fierce,
> From beds raging fire to starve in ice
> Their soft ethereal warmth ; and there to pine
> Immovable, infix'd, and frozen round,
> Periods of time, thence hurried back to fire.
> They ferry over this Lethean sound
> Both to and fro, their sorrow to augment,
> And wish and struggle, as they pass, to reach
> The tempting stream, with one small drop to lose
> In sweet forgetfulness all pain and woe,
> All in one moment, and so near the brink
> But fate withstands, and to oppose the attempt
> Medusa, with Gorgonian terrour, guards
> The ford, and of itself the water flies
> All taste of living wight, as once it fled
> The lip of Tantalus.
>   Thus roving on
> In confus'd march forlorn, th' adventurous bands,
> With shuddering horrour pale, and eyes aghast,
> View'd first their lamentable lot, and found
> No rest : through many a dark and dreary vale
> They pass'd, and many a region dolorous,
> O'er many a frozen, many a fiery Alp,

des choses prodigieuses, abominables, inexprimables, pires que ce que la Fable inventa ou la frayeur conçut : Gorgones et Hydres et Chimères effroyables.

Cependant l'adversaire de Dieu et de l'homme, Satan, les pensées enflammées des plus hauts desseins, a mis ses ailes rapides, et vers les portes de l'enfer explore sa route solitaire : quelquefois il parcourt la côte à main droite, quelquefois la côte à main gauche; tantôt de ses ailes nivelées il rase la surface de l'abîme, tantôt pointant haut il prend l'essor vers la convexité ardente. Comme quand au loin, à la mer, une flotte découverte est suspendue dans les nuages; serrée par les vents de l'équinoxe, elle fait voile du Bengale ou des îles de Ternate et de Tidor, d'où les marchands apportent les épiceries : ceux-ci, sur les vagues commerçantes, à travers le vaste océan Éthiopien jusqu'au Cap, font route vers le pôle, malgré la marée et la nuit : ainsi se montre au loin le vol de l'ennemi ailé.

Enfin, les bornes de l'enfer s'élèvent jusqu'à l'horrible voûte, et les trois fois triples portes apparaissent : ces portes sont formées de trois lames d'airain, de trois lames de fer, de trois lames de roc de diamant, impénétrables, palissadées d'un feu qui tourne à l'entour et ne se consume point.

Là devant les portes, de l'un et de l'autre côté, sont assises deux formidables figures : l'une ressemblait jusqu'à la ceinture à une femme et à une femme belle, mais elle finissait sale en replis écailleux, volumineux et vastes, en serpent armé d'un mortel aiguillon. A sa ceinture une meute de chiens de l'enfer, ne cessant jamais d'aboyer avec de vastes gueules de Cerbère, faisait retentir un

> Rocks, caves, lakes, fens, bogs, dens, and shades of death,
> A universe of death, which God by curse
> Created evil, for evil only good;
> Where all life dies, death lives, and nature breeds,
> Perverse, all monstrous, all prodigious things,
> Abominable, inutterable, and worse
> Than fables yet have feign'd, or fear conceiv'd,
> Gorgons, and Hydras, and Chimeras dire.
>   Meanwhile, the adversary of God and man,
> Satan, with thoughts inflam'd of highest design,
> Puts on swift wings, and towards the gates of Hell
> Explores his solitary flight : sometimes
> He scours the right-hand coast, sometimes the left;
> Now shaves with level wing the deep, then soars
> Up to the fiery concave towering high.
> As when far off at sea a fleet descried
> Hangs in the clouds, by equinoctial winds
> Close sailing from Bengala, or the isles
> Of Ternate and Tidore, whence merchants bring
> Their spicy drugs : they, on the trading flood,
> Through the wide Æthiopian to the Cape,
> Ply stemming nightly toward the pole : so seem'd
> Far off the flying fiend.
>   At last appear
> Hell bounds, high reaching to the horrid roof,
> And thrice three fold the gates; three folds were brass,
> Three iron, three of adamantine rock,
> Impenetrable, impal'd with circling fire,
> Yet unconsum'd.
>   Before the gates there sat
> On either side a formidable shape ;
> The one seem'd woman to the waist, and fair,
> But ended foul in many a scaly fold,
> Voluminous and vast, a serpent arm'd

hideux fracas. Cependant si quelque chose troublait le bruit de ces dogues, ils pouvaient à volonté rentrer en rampant aux entrailles du monstre, et y faire leur chenil : toutefois, là même encore ils aboyaient et hurlaient sans être vus. Beaucoup moins abhorrés que ceux-ci étaient les chiens qui tourmentaient Scylla, lorsqu'elle se baignait dans la mer par laquelle la Calabre est séparée du rauque rivage de Trinacrie ; un cortége moins laid suit la sorcière de nuit; appelée en secret, chevauchant dans l'air, elle vient alléchée par l'odeur du sang d'un enfant, danser avec les sorciers de Laponie, tandis que la lune en travail s'éclipse à leurs enchantements.

L'autre figure, si l'on peut appeler figure ce qui n'avait rien de distinct en membres, jointures, articulations, ou si l'on peut nommer substance ce qui semblait une ombre (car chacune semblait l'une et l'autre); cette figure était noire comme la nuit, féroce comme dix furies, terrible comme l'enfer; elle brandissait un effroyable dard : ce qui paraissait sa tête portait l'apparence d'une couronne royale.

Déjà Satan approchait et le monstre se levant de son siége, s'avança aussi vite par d'horribles enjambées : l'enfer trembla à sa marche. L'indomptable ennemi regarda étonnement ce que ceci pouvait être; il s'en étonnait et ne craignait pas : excepté Dieu et son Fils, il n'estime ni ne craint chose créée, et avec un regard de dédain, il prit le premier la parole.

« D'où viens-tu, et qui es-tu, forme exécrable qui oses, quoique grimée et
« terrible, mettre ton front difforme au travers de mon chemin à ces portes ?

>With mortal sting : about her middle round
>A cry of hell-hounds never ceasing bark'd
>With wide Cerberean mouths full loud, and rung
>A hideous peal : yet, when they list, would creep,
>If ought disturb'd their noise, into her womb,
>And kennel there ; yet there still bark'd and howl'd
>Within unseen. Far less abhorr'd than these
>Vex'd Scylla, bathing in the sea that parts,
>Calabria from the hoarse Trinacrian shore :
>Nor uglier follow the night-hag, when, call'd
>In secret, riding through the air she comes,
>Lur'd with the smell of infant blood, to dance
>With Lapland witches, while the labouring moon
>Eclipses at their charms.
>   The other shape,
>If shape it might be call'd, that shape had none
>Distinguishable in member, joint, or limb;
>Or substance might be call'd that shadow seem',
>For each seem'd either; black it stood as night,
>Fierce as ten furies, terrible as Hell,
>And shook a dreadful dart; what seem'd his head
>The likeness of a kingly crown had on.
>   Satan was now at hand, and from his seat
>The monster moving onward came as fast,
>With horrid strides; Hell trembled as he strode.
>The undaunted fiend what this might be admir'd;
>Admir'd, not fear'd : God and his Son except,
>Created thing nought valued he, nor shunn'd;
>And with disdainful look thus first began :
>   « Whence and what art thou, execrable shape,
>That darest, though grim and terrible, advance
>Thy miscreated front athwart my vay
>To yonder gates? through them I mean to pass,
>That be assur'd, without leave ask'd of thee :

« Je prétends les franchir, sois-en sûre, sans t'en demander la permission.
« Retire-toi, ou sois payée de ta folie : née de l'enfer, apprends par expérience
« à ne point disputer avec les esprits du ciel.

A quoi le gobelin plein de colère, répondit :

« Es-tu cet ange traître? es-tu celui qui le premier rompit la paix et la foi
« du ciel jusqu'alors non rompues, et qui, dans l'orgueilleuse rébellion de tes
« armes, entraîna après lui la troisième partie des fils du ciel conjurés contre
« le Très-Haut? pour lequel fait, toi et eux rejetés de Dieu, êtes ici condamnés
« à consumer des jours éternels dans les tourments et la misère. Et tu te
« comptes parmi les esprits du ciel, proie de l'enfer ! Et tu exhales bravade et
« dédains, ici où je règne en roi, et, ce qui doit augmenter ta rage, où je suis
« ton seigneur et roi? Arrière ! à ton châtiment, faux fugitif. A ta vitesse ajoute
« des ailes, de peur qu'avec un fouet de scorpions je ne hâte ta lenteur, ou qu'à
« un seul coup de ce dard tu ne te sentes saisi d'une étrange horreur d'an-
« goisses non encore éprouvées. »

Ainsi dit la pâle Terreur : et ainsi parlant et ainsi menaçant, son aspect devient dix fois plus terrible et plus difforme D'un autre côté, enflammé d'indignation, Satan demeurait sans épouvante; il ressemblait à une brûlante comète qui met en feu l'espace de l'énorme Ophiucus dans le ciel arctique, et qui de sa crinière horrible secoue la peste et la guerre. Les deux combattants ajustent à la tête l'un de l'autre un coup mortel, leurs fatales mains ne comptent pas en frapper un second, et ils échangent d'affreux regards : comme quand deux noires nuées, chargées de l'artillerie du ciel, viennent mugissant sur la mer Caspienne, elles s'arrêtent un moment front à front suspendues,

Retire, or taste thy folly, and learn by proof,
Hell-born, not to contend with spirits of Heaven. »
 To whom the goblin full of wrath replied :
« Art thou that traitor angel, art thou he,
Who first broke peace in Heaven, and faith, till then
Unbroken, and in proud rebellious arms
Drew after him the third part of Heaven's sons
Conjur'd against the Highest; for which both thou
And they, outcast from God, are here condemn'd
To waste eternal days in woe and pain?
And reckon'st thou thyself with spirits of Heaven,
Hell-doom'd, and breath'st defiance here and scorn,
Where I reign king; and, to enrage thee more,
Thy king and lord? Back to thy punishment,
False fugitive, and to thy speed add wings
Lest with a whip of scorpions I pursue
Thy lingering, or with one stroke of this dart
Strange horrour seize thee, and pangs unfelt before. »
 So spake the grisly Terrour; and in shape,
So speaking, and so threatening, grew tenfold
More dreadful and deform : on the other side,
Incens'd with indignation, Satan stood
Unterrified, and like a comet burn'd,
That fires the length of Ophiuchus huge
In the artic sky, and from his horrid hair
Shakes pestilence and war. Each at the head
Levell'd his deadly aim; their fatal hands
No second stroke intend; and such a frown
Each cast at the other, as when two black clouds,
With Heaven's artillery fraught, come rattling on
Over the Caspian; then stand front to front,
Hovering a space, till winds the signal blow

LE PARADIS PERDU. 59

jusqu'à ce que le vent leur souffle le signal de se joindre dans leur noire rencontre au milieu des airs. Les puissants champions se regardent d'un œil si sombre que l'enfer devient plus obscur au froncement de leur sourcil; tant ces rivaux étaient semblables! car jamais ni l'un ni l'autre ne doivent plus rencontrer qu'une seule fois un si grand ennemi[1]. Et maintenant auraient été accomplis des faits terribles dont tout l'enfer eût retenti, si la sorcière à serpents, qui se tenait assise près de la porte infernale et qui gardait la fatale clef, se levant avec un affreux cri, ne se fût jetée entre les combattants.

« O père! que prétend ta main contre ton unique fils? quelle fureur, ô fils !
« te pousse à tourner ton dard mortel contre la tête de ton père? Et sais-tu pour
« qui? Pour celui qui est assis là-haut, et qui rit de toi, son esclave, destiné à
« exécuter quoi que ce soit que sa colère, qu'il nomme justice, te commande; sa
« colère qui un jour vous détruira tous les deux.

Elle dit : à ces mots le fantôme infernal pestiféré s'arrêta. Satan répondit alors par ces paroles :

« Ton cri si étrange et tes paroles si étranges nous ont tellement séparés que
« ma main, soudain arrêtée, veut bien ne pas encore te dire par des faits ce
« qu'elle prétend. Je veux auparavant savoir de toi quelle chose tu es, toi ainsi
« à double forme, et pourquoi, dans cette vallée de l'enfer me rencontrant
« pour la première fois, tu m'appelles ton père, et pourquoi tu appelles ce
« spectre mon fils? Je ne te connais pas; je ne vis jamais jusqu'à présent d'objet
« plus détestable que lui et toi.

La portière de l'enfer lui répliqua :

« M'as-tu donc oubliée, et semblé-je à présent à tes yeux si horrible, moi jadis

           To join their dark encounter in mid air :
So frown'd the mighty combatants; that Hell
Grew darker at their frown; so match'd they stood;
For never but once more was either like
To meet so great a foe : and now great deeds
Had been archiev'd, whereof all Hell had rung,
Had not the snaky sorceress, that sat
Fast by Hell-gate, and kept the fatal key,
Ris'n, and with hideous outcry rush'd between.
    « O father, what intends thy hand, she cried,
Against thy only son? What fury, O son,
Possesses thee, to bend that mortal dart
Against thy father's head? and know'st for whom?
For him who sits above, and laughs the while
At thee ordain'd his drudge, to execute
Whate'er his wrath, which he calls justice, bids;
His wrath, which one day will destroy ye both. »
    She spake, and at her words the hellish pest
Forbore; then these to her Satan return'd :
    « So strange thy outcry, and thy words so strange
Thou interposest, that my sudden hand,
Prevented, spares to tell thee yet by deeds
What it intends; till first I know of thee,
What thing thou art, thus double-form'd; and why,
In this infernal vale first met, thou call'st
Me father, and that phantasm call'st my son :
I know thee not, nor ever saw till now
Sight more detestable than him and thee. »
    To whom thus the portress of Hell-gate replied :
    « Hast thou forgot me then, and do I seem

---

[1] Le Christ.

« réputée si belle dans le ciel? Au milieu de leur assemblée et à la vue des
« séraphins entrés avec toi dans une hardie conspiration contre le Roi du ciel,
« tout d'un coup une douleur cruelle te saisit, tes yeux obscurcis et éblouis na-
« gèrent dans les ténèbres, tandis que ta tête jeta des flammes épaisses et ra-
« pides : elle se fendit largement du côté gauche; semblable à toi en forme et
« en brillant maintien, alors éclatante et divinement belle, je sortis de ta tête,
« déesse armée. L'étonnement saisit tous les guerriers du ciel; ils reculèrent
« d'abord effrayés et m'appelèrent Péché et me regardèrent comme un mau-
« vais présage. Mais bientôt familiarisés avec moi, je leur plus, et mes grâces
« séduisantes gagnèrent ceux qui m'avaient le plus en aversion, toi princi-
« palement. Contemplant très-souvent en moi ta parfaite image, tu devins
« amoureux, et tu goûtas en secret de telles joies, que mes entrailles conçurent
« un croissant fardeau.

« Cependant la guerre éclata et l'on combattit dans les champs du ciel. A
« notre puissant ennemi (pouvait-il en être autrement) demeura une victoire
« éclatante, à notre parti la perte et la déroute dans tout l'empyrée. En bas nos
« légions tombèrent, précipitées la tête la première du haut du ciel, en bas,
« dans cet abîme, et moi avec elles dans la chute générale. En ce temps-là,
« cette clef puissante fut remise dans mes mains, avec ordre de tenir ces portes
« à jamais fermées, afin que personne ne les passe, si je ne les ouvre.

« Pensive, je m'assis solitaire, mais je ne demeurai pas assise longtemps :
« mes flancs fécondés par toi et maintenant excessivement grossis éprouvèrent
« des mouvements prodigieux, et les poignantes douleurs de l'enfantement.

> Now in thine eye so foul, once deem'd so fair
> In Heaven? when at the assembly, and in sight
> Of all the seraphim with thee combin'd
> In bold conspiracy against Heaven's King,
> All on a sudden miserable pain
> Surpris'd thee; dim thine eyes, and dizzy swum
> In darkness, while thy head flames thick and fast
> Threw forth; till on the left side opening wide,
> Likest to thee in shape and countenance bright,
> Then shining heavenly fair, a goddess arm'd,
> Out of thy head I sprung : amazement seiz'd
> All the host of Heaven ; back they recoil'd afraid
> At first, and call'd me Sin, and for a sign
> Portentous held me : but, familiar grown,
> I pleas'd, and with attractive graces won
> The most averse, thee chiefly, who full oft
> Thyself in me thy perfect image viewing
> Becam'st enamour'd; and such joy thou took'st
> With me in secret, that my womb conceiv'd
> A growing burden. Meanwhile war arose,
> And fields were fought in Heaven; wherein remain'd
> (For what could else?) to our almighty foe
> Clear victory, to our part loss and rout
> Through all the empyrean : down they fell
> Driven headlong from the pitch of Heaven, down
> Into this deep, and in the general fall
> I also; at which time this powerful key
> Into my hand was given, with charge to keep
> These gates for ever shut, which none can pass
> Without my opening. Pensive here I sat
> Alone, but long I sat not, till my womb,
> Pregnant by thee and now excessive grown,
> Prodigious motion felt and rueful throes.

« Enfin, cet odieux rejeton que tu vois de toi engendré, se frayant la route avec
« violence, déchira mes entrailles, lesquelles étant tordues par la terreur et la
« souffrance, toute la partie inférieure de mon corps devint ainsi déformée.
« Mais lui, mon ennemi-né, en sortit, brandissant son fatal dard, fait pour
« détruire. Je fuis et je criai : Mort ! L'enfer trembla à cet horrible nom, sou-
« pira du fond de toutes ses cavernes, et répéta : Mort ! Je fuyais, mais le
« spectre me poursuivit, quoique, à ce qu'il semblait, plus enflammé de luxure
« que de rage : beaucoup plus rapide que moi, il m'atteignit, moi, sa mère,
« tout épouvantée. Dans des embrassements forcenés et souillés engendrant
« avec moi, de ce rapt vinrent ces monstres aboyants qui poussant un cri con-
« tinu m'entourent, comme tu le vois, conçus d'heure en heure, d'heure en
« heure enfantés, avec une douleur infinie pour moi. Quand ils le veulent, ils
« rentrent dans le sein qui les nourrit ; ils hurlent et rongent mes entrailles,
« leur festin ; puis sortant derechef, ils m'assiégent de si vives terreurs que je
« ne trouve ni repos ni relâche.

« Devant mes yeux, assise en face de moi, l'effrayante Mort, mon fils et mon
« ennemi, excite ces chiens. Et moi, sa mère, elle m'aurait bientôt dévorée,
« faute d'une autre proie, si elle ne savait que sa fin est enveloppée dans la
« mienne, si elle ne savait que je deviendrai pour elle un morceau amer, son
« poison, quand jamais cela arrivera : ainsi l'a prononcé le Destin. Mais toi, ô
« mon père, je t'en préviens, évite sa flèche mortelle ; ne te flatte pas vainement
« d'être invulnérable sous cette armure brillante, quoique de trempe céleste :
« car à cette pointe mortelle, hors celui qui règne là-haut, nul ne peut resister.»

At last this odious offspring whom thou seest,
Thine own begotten, breaking violent way,
Tore through my entrails, that, with fear and pain
Distorted, all my nether shape thus grew
Transform'd : but he, my inbred enemy,
Forth issued, brandishing his fatal dart
Made to destroy : I fled, and cried out, *Death !*
Hell trembled at the hideous name, and sigh'd
From all her caves, and back resounded, *Death* !
« I fled, but he pursued, though more, it seems,
Inflamed with lust than rage; and, swifter far,
Me overtook, his mother, all dismay'd;
And, in embraces forcible and foul
Engendering with me, of that rape begot
These yelling monsters, that with ceaseless cry
Surround me, as thou saw'st; hourly conceiv'd
And hourly born, with sorrow infinite
To me : for, when they list, into the womb
That bred them they return, and howl and gnaw
My bowels, their repast; then bursting forth
Afresh with conscious terrours vex me round,
That rest or intermission none I find.
« Before mine eyes in opposition sits
Grim Death, my son and foe, who sets them on;
And me his parent would full soon devour
For want of other prey, but that he knows
His end with mine involv'd; and knows that
Should prove a bitter morsel, and his bane,
Whenever that shall be; so Fate pronounc'd.
But thou, O father, I forewarn thee, shun
His deadly arrow; neither vainly hope
To be invulnerable in those bright arms,
Though temper'd heavenly; for that mortal dint,

Elle dit : et le subtil ennemi profite aussitôt de la leçon : il se radoucit et répond ainsi avec calme :

« Chère fille, puisque tu me réclames pour ton père et que tu me fais voir
« mon fils si beau (ce cher gage des plaisirs que nous avons eus ensemble dans
« le ciel, de ces joies alors douces, aujourd'hui tristes à rappeler à cause du
« changement cruel tombé sur nous d'une manière imprévue, et auquel nous
« n'avions pas pensé); chère fille, apprends que je ne viens pas en ennemi,
« mais pour vous délivrer de ce morne et affreux séjour des peines, vous deux,
« mon fils et toi, et toute la troupe des esprits célestes qui, pour nos justes pré-
« tentions armées, tombèrent avec nous. Envoyé par eux, j'entreprends seul
« cette rude course, m'exposant seul pour tous ; je vais poser mes pas solitaires
« sur l'abîme sans fond, et dans mon enquête errante, chercher à travers l'im-
« mense vide, s'il ne serait pas un lieu prédit, lequel, à en juger par le concours
« de plusieurs signes, doit être maintenant créé vaste et rond. C'est un séjour
« de délices, placé sur la lisière du ciel, habité par des êtres de droite stature,
« destinés peut-être à remplir nos places vacantes ; mais ils sont tenus plus
« éloignés, de peur que le ciel, surchargé d'une puissante multitude, ne vînt à
« exciter de nouveaux troubles. Que ce soit cela, ou quelque chose de plus
« secret, je cours m'en instruire ; le secret une fois connu, je reviendrai aus-
« sitôt et je vous transporterai, toi et la Mort, dans un séjour où vous demeu-
« rerez à l'aise, où en haut et en bas vous volerez silencieusement, sans être
« vus, dans un doux air embaumé de parfums. Là vous serez nourris et repus
« sans mesure ; tout sera votre proie. »

Il se tut, car les deux formes parurent hautement satisfaites, et la Mort gri-

    Save he who reigns above, none can resist. »
     She finish'd, and the subtle fiend his lore
    Soon learn'd, now milder, and thus answer'd smooth :
     « Dear daughter, since thou claim'st me for thy sire,
    And my fair son here show'st me, the dear pledge
    Of dalliance had with thee in Heaven, and joys
    Then sweet, now sad to mention, through dire change
    Befall'n us, unforeseen, unthought of ; know,
    I come no enemy, but to set free
    From out this dark and dismal house of pain,
    Both him and thee, and all the heavenly host
    Of spirits, that, in our just pretences arm'd,
    Fell with us from on high : from them I go
    This uncouth errand sole, and one for all
    Myself expose ; with lonely steps to tread
    Th' unsounded deep, and through the void immense
    To search with wandering quest a place foretold
    Should be, and, by concurring signs, ere now
    Created, vast and round, a place of bliss
    In the purlieus of Heaven, and therein plac'd
    A race of upstart creatures, to supply
    Perhaps our vacant room ; though more remov'd,
    Lest Heaven surcharg'd, with potent multitude,
    Might hap to move new broils. Be this, or ought
    Than this more secret, now design'd, I haste
    To know ; and, this once known, shall soon return,
    And bring ye to the place where thou and Death
    Shall dwell at ease, and up and down unseen
    Wing silently the buxom air, imbalm'd
    With odours ; there ye shall be fed and fill'd
    Immeasurably ; all things shall be your prey. »
     He ceas'd, for both seem'd highly pleas'd, and Death

maça horrible un sourire épouvantable, en apprenant que sa faim serait rassasiée ; elle bénit ses dents réservées à cette bonne heure d'abondance. Sa mauvaise mère ne se réjouit pas moins et tint ce discours à son père :

« Je garde la clef de ce puits infernal par mon droit et par l'ordre du Roi
« tout-puissant du ciel: il m'a défendu d'ouvrir ces portes adamantines : contre
« toute violence, la Mort se tient prête à interposer son dard, sans crainte d'être
« vaincue d'aucun pouvoir vivant. Mais que dois-je aux ordres d'en haut, au
« commandement de celui qui me hait, et qui m'a poussée ici en bas dans
« ces ombres du profond Tartare, pour y demeurer assise dans un emploi
« odieux, ici confinée moi habitante du ciel et née du ciel, ici plongée dans
« une perpétuelle agonie, environnée des terreurs et des clameurs de ma propre
« géniture, qui se nourrit de mes entrailles? Tu es mon père, tu es mon au-
« teur, tu m'as donné l'être : à qui dois-je obéir si ce n'est à toi? qui dois-je
« suivre ? Tu me transporteras bientôt dans ce nouveau monde de lumière et
« de bonheur, parmi les dieux qui vivent tranquilles ; où voluptueuse, assise à
« ta droite, comme il convient à ta fille et à ton amour, je régnerai sans fin. »

Elle dit, et prit à son côté la clef fatale, triste instrument de tous nos maux, et, traînant vers la porte sa croupe bestiale, elle lève sans délai l'énorme herse qu'elle seule pouvait lever, et que toute la puissance stygienne n'aurait pu ébranler. Ensuite elle tourne dans le trou de la clef les gardes compliquées, et détache sans peine les barres et les verrous de fer massif ou de solide roc. Soudain volent ouvertes, avec un impétueux recul et un son discordant, les portes infernales : leurs gonds firent gronder un rude tonnerre qui ébranla le creux le plus profond de l'Érèbe.

> Grinn'd horrible a ghastly smile, to hear
> His famine should be fill'd; and bless'd his maw
> Destin'd to that good hour : no less rejoic'd
> His mother bad, and thus bespake her sire :
> « The key of this infernal pit by due,
> And by command of Heaven's all-powerful King,
> I keep, by him forbidden to unlock
> These adamantine gates; against all force
> Death ready stands to interpose his dart,
> Fearless to be o'ermatch'd by living might.
> But what ove I to his commands above,
> Who hates me, and hath hither thrust me down
> Into this gloom of Tartarus profound,
> To sit in hateful office, here confin'd,
> Inhabitant of Heaven and heavenly-born,
> Here, in perpetual agony and pain,
> With terrours and with clamours compass'd, round
> Of mine own brood, that on my bowels feed?
> Thou art my father, thou my author, thou
> My being gav'st me; whom should I obey
> But thee? whom follow? thou wilt bring me soon
> To that new world of light and bliss, among
> The gods who live at ease ; where I shall reign
> At thy right hand voluptuous, as beseems
> Thy daughter and thy darling, without end. »
>   Thus saying, from her side the fatal key,
> Sad instrument of all our woe, she took ;
> And, towards the gate rolling her bestial train,
> Forthwith the huge portcullis high up drew,
> Wich but herself not all the Stygian powers
> Could once have mov'd; then in the key-hole turns
> The intricate wards, and every bolt and bar

Le Péché les ouvrit, mais les fermer surpassait son pouvoir ; elles demeurent toutes grandes ouvertes : une armée, ailes étendues, marchant enseignes déployées, aurait pu passer à travers avec ses chevaux et ses chars rangés en ordre sans être serrés ; si larges sont ces portes ! comme la bouche d'une fournaise, elles vomissent une surabondante fumée et une flamme rouge.

Aux yeux de Satan et des deux spectres, apparaissent soudain les secrets du vieil abîme : sombre et illimité océan, sans borne, sans dimension, où la longueur, la largeur, et la profondeur, le temps, et l'espace, sont perdus ; où la Nuit aînée et le Chaos, aïeux de la Nature, maintiennent une éternelle anarchie au milieu du bruit des éternelles guerres, et se soutiennent par la confusion.

Le chaud, le froid, l'humide, et le sec, quatre fiers champions, se disputent la supériorité, et mènent au combat leurs embryons d'atomes. Ceux-ci, autour de l'enseigne de leurs factions, dans leurs clans divers, pesamment ou légèrement armés, aigus, émoussés, rapides ou lents, essèment leurs populations aussi innombrables que les sables de Barca ou que l'arène torride de Cyrène, enlevés pour prendre partie dans la lutte des vents, et pour servir de lest à leurs ailes légères. L'atome auquel adhère un plus grand nombre d'atomes gouverne un moment. Le Chaos siége surarbitre, et ses décisions embrouillent de plus en plus le désordre par lequel il règne : après lui, juge suprême, le Hasard gouverne tout.

Dans ce sauvage abîme, berceau de la nature, et peut-être son tombeau ; dans cet abîme qui n'est ni mer, ni terre, ni air, ni feu, mais tous ces éléments

>   Of massy iron or solid rock with ease.
> Unfastens : on a sudden open fly
> With impetuous recoil and jarring sound
> The infernal doors, and on their hinges grate
> Harsh thunder, that the lowest bottom shook
> Of Erebus.
>   She open'd, but to shut
> Excell'd her power; the gates wide open stood,
> That with extended wings a banner'd host,
> Under spread ensigns marching, might pass through
> With horse and chariots rank'd in loose array ;
> So wide they stood! and like a furnace mouth
> Cast forth redounding smoke and ruddy flame.
>   Before their eyes in sudden view appear
> The secrets of the hoary deep; a dark
> Illimitable ocean, without bound,
> Without dimension, where length, breadth, and highth,
> And time, and place, are lost; where eldest Night
> And Chaos, ancestors of Nature, hold
> Eternal anarchy, amidst the noise
> Of endless wars, and by confusion stand.
> For hot, cold, moist, and dry, four champions fierce,
> Strive here for mastery, and to battle bring
> Their ambryon atoms; they around the flag
> Of each his faction, in their several clans,
> Light-arm'd or heavy sharp, smooth, swift, or slow,
> Swarm populous, unnumber'd as the sands
> Of Barca or Cyrene's torrid soil,
> Levied to side with warring winds, and poise
> Their lighter wings. To whom these most adhere,
> He rules a moment : Chaos umpire sits,
> And by decision more embroils the fray,
> By which he reigns : next him high arbiter
> Chance governs all.
>   Into this wild abyss,

qui, confusément mêlés dans leurs causes fécondes, doivent ainsi se combattre toujours, à moins que le tout-puissant Créateur n'arrange ses noirs matériaux pour former de nouveaux mondes; dans ce sauvage abîme, Satan, le prudent ennemi, arrêté sur le bord de l'enfer, regarde quelque temps : il réfléchit sur son voyage, car ce n'est pas un petit détroit qu'il lui faudra traverser. Son oreille est assourdie de bruits éclatants et destructeurs non moins violents (pour comparer les grandes choses aux petites) que ceux des tempêtes de Bellone quand elle dresse ses foudroyantes machines pour raser quelque grande cité ; ou moins grand serait le fracas si cette structure du ciel s'écroulait, et si les éléments mutinés avaient arraché de son axe la terre immobile. Enfin Satan, pour prendre son vol, déploie ses ailes égales à de larges voiles ; et, enlevé dans la fumée ascendante, il repousse du pied le sol.

Pendant plusieurs lieues porté comme sur une chaire de nuages, il monte audacieux; mais ce siége lui manquant bientôt, il rencontre un vaste vide : tout surpris, agitant en vain ses ailes, il tombe comme un plomb à dix mille brasses de profondeur. Il serait encore tombant à cette heure, si, par un hasard malheureux, la forte explosion de quelque nuée tumultueuse imprégnée de feu et de nitre ne l'eût rejeté d'autant de milles en haut : cet orage s'arrêta, éteint dans une syrte spongieuse qui n'était ni mer, ni terre sèche. Satan, presque englouti, traverse la substance crue, moitié à pied, moitié en volant ; il lui faut alors rames et voiles. Un griffon, dans le désert, poursuit d'une course ailée sur les montagnes ou les vallées marécageuses l'Arimaspien qui ravit subtile-

> The womb of nature, and perhaps her grave,
> Of neither sea, nor shore, nor air, nor fire,
> But all these in their pregnant causes mix'd
> Confus'dly, and which thus must ever fight
> Unless the Almighty Maker them ordain
> His dark materials to create more worlds;
> Into this wild abyss the wary fiend
> Stood on the brink of Hell, and look'd a while,
> Pondering his voyage; for no narrow frith
> He ad to cross. Nor was his ear less peal'd
> With noises loud and ruinous, (to compare
> Great things with small) than when Bellona storms,
> With all her battering engines bent to rase
> Some capital city; or less than if this frame
> Of Heaven were falling, and the se elements
> In mutiny had from her axle torn
> The stedfast earth. At last his sail-broad vans
> He spreads for flight, and in the surging smoke
> Uplifted spurns the ground.
>   Thence many a league,
> As in a cloudy chair, ascending rides
> Audacious; but, that seat soon failing, meets
> A vast vacuity : all unawares
> Fluttering his pennons vain, plumb down he drops
> Ten thousand fathom deep : and to this hour
> Down had been falling, had not by ill chance
> The strong rebuff of some tumultuous cloud,
> Instinct with fire and nitre, hurried him
> As many miles aloft : that fury staid,
> Quench'd in a boggy syrtis, neither sea,
> Nor good dry land : nigh founder'd on he fares,
> Treading the crude consistence, half on foot,
> Half flying; behoves him now both oar and sail.
> As when a gryphon, through the wilderness
> With winged course, o'er hill or moory dale,

ment à sa garde vigilante l'or conservé; ainsi l'ennemi continue avec ardeur sa route à travers les marais, les précipices, les détroits, à travers les éléments rudes, denses ou rares; avec sa tête, ses mains, ses ailes, ses pieds, il nage, plonge, guée, rampe, vole.

Enfin, une étrange et universelle rumeur de sons sourds et de voix confuses, née du creux des ténèbres, assaillit l'oreille de Satan avec la plus grande véhémence. Intrépide, il tourne son vol de ce côté, pour rencontrer le pouvoir quelconque ou l'esprit du profond abîme, qui réside dans ce bruit, afin de lui demander de quel côté se trouve la limite des ténèbres la plus rapprochée confinant à la lumière.

Soudain voici le trône du Chaos et son noir pavillon se déploie immense sur le gouffre de ruines. La Nuit, vêtue d'une zibeline noire, siége sur le trône à côté du Chaos : fille aînée des êtres, elle est la compagne de son règne. Auprès d'eux se tiennent Orcus et Ades, et Demogorgon au nom redouté, ensuite la Rumeur, et le Hasard, et le Tumulte, et la Confusion toute brouillée, et la Discorde aux mille bouches différentes. Satan hardiment va droit au Chaos.

« Vous pouvoirs et esprits de ce profond abîme, Chaos et antique Nuit, je
« ne viens point à dessein, en espion, explorer ou troubler les secrets de votre
« royaume; mais contraint d'errer dans ce sombre désert, mon chemin vers la
« lumière m'a conduit à travers votre vaste empire; seul et sans guide, à demi
« perdu, je cherche le sentier le plus court qui mène à l'endroit où vos ob-
« scures frontières touchent au ciel. Ou si quelque autre lieu, envahi sur votre
« domaine, a dernièrement été occupé par le roi Réthéré, c'est afin d'arriver

> Pursues the Arimaspian, who by stealth
> Had from his wakeful custody purloin'd
> The guarded gold; so eagerly the fiend
> O'er bog, or steep, through strait, rough, dense, or rare,
> With head hands, wings, or feet, pursues his way,
> And swims, or sinks, or wades, or creeps, or flies.
>   At length a universal hubbub wild
> Of stunning sounds and voices all confus'd,
> Borne through the hollow dark, assaults his ear
> With loudest vehemence : thither he plies,
> Undaunted, to meet there whatever power
> Or spirit of the nethermost abyss
> Might in that noise reside, of whom to ask
> Which way the nearest coast of darkness lies,
> Bordering on light; when straight behold the throne
> Of Chaos, and his dark pavilion spread
> Wide on the wasteful deep : with him enthron'd
> Sat sable-vested Night, eldest of things,
> The consort of his reign ; and by them stood
> Orcus and Ades, and the dreaded name
> Of Demogorgon; Rumour next, and Chance,
> And Tumult and Confusion all embroil'd;
> And Discord with a thousand various mouths.
> To whom Satan turning boldly, thus :
>   « Ye powers,
> And spirits of this nethermost abyss,
> Chaos and ancient Night, I come no spy,
> With purpose to explore or to disturb
> The secrets of your realm; but, by constraint
> Wandering this darksome desert, as my way
> Lies through your spacious empire up to light,
> Alone, and without guide, half lost, I seek
> What readiest path leads where your gloomy bounds

« là que je voyage dans ces profondeurs. Dirigez ma course : bien dirigée elle
« n'apportera pas une médiocre récompense à vos intérêts, si de cette région
« perdue toute usurpation étant chassée, je la ramène à ses ténèbres primi-
« tives et à votre sceptre (mon voyage actuel n'a pas d'autre but); j'y planterai
« de nouveau l'étendard de l'antique Nuit. A vous tous les avantages, à moi
« la vengeance. »

Ainsi Satan. Ainsi le vieil anarque, avec une voix chevrottante et un visage décomposé, lui répondit :

« Je te connais, étranger; tu es ce chef puissant des anges, qui dernièrement
« fit tête au Roi du ciel et fut renversé. Je vis et j'entendis, car une si nom-
« breuse milice ne put fuir en silence à travers l'abîme effrayé, avec ruine
« sur ruine, déroute sur déroute, confusion pire que la confusion : les portes
« du ciel versèrent par millions ses bandes victorieuses à la poursuite. Je suis
« venu résider ici sur mes frontières : tout mon pouvoir suffit à peine pour
« sauver le peu qui me reste à défendre, et sur lequel empiètent encore vos
« divisions intestines qui affaiblissent le sceptre de la vieille Nuit. D'abord
« l'enfer, votre cachot, s'est étendu long et large sous mes pieds ; ensuite der-
« nièrement, le ciel et la terre, un autre monde, pendent au-dessus de mon
« royaume, attachés par une chaîne d'or à ce côté du ciel d'où vos légions
« tombèrent. Si votre marche doit vous faire prendre cette route, vous n'avez
« pas loin ; le danger est d'autant plus près. Allez, hâtez-vous : ravages, et
« dépouilles, et ruines sont mon butin. »

Il dit, et Satan ne s'arrête pas à lui répondre : mais plein de joie que son

    Confine with Heaven ; or if some other place,
    From your dominion won, th' ethereal King
    Possesses lately, thither to arrive
    I travel this profound; direct my course;
    Directed, no mean recompense it brings
    To your behoof, if I that region lost,
    All usurpation thence expell'd reduce
    To her original darkness and your sway;
    (Which is my present journey) and once more
    Erect the standard there of ancient Night :
    Your be th' advantage all, mine the revenge. »
     Thus Satan; and him thus the anarch old,
    With faltering speech and visage incompos'd,
    Answer'd :
       « I know thee, stranger, who thou art;
    That mighty leading angel, who of late
    Made head against Heaven's King, though overthrown.
    I saw and heard; for such a numerous host
    Fled not in silence through the frighted deep,
    With ruin upon ruin, rout on rout,
    Confusion worse confounded; and Heaven-gates
    Pour'd out by millions her victorious bands
    Pursuing. I upon my frontiers here
    Keep residence; if all I can will serve,
    That little which is left so to defend,
    Encroach'd on still through your intestine broils
    Weakening the sceptre of old Night : first Hell,
    Your dungeon, stretching far and wide beneath
    Now lately Heaven, and earth, another world,
    Hung o'er my realm, link'd in a golden chain
    To that side Heaven from whence your legions fell.
    If that way be your walk, you have not far;
    So much the nearer danger : go, and speed :

océan trouve un rivage, avec une ardeur nouvelle et une force renouvelée, il s'élance dans l'immense étendue comme une pyramide de feu : à travers le choc des éléments en guerre qui l'entourent de toutes parts, il poursuit sa route, plus assiégé et plus exposé que le navire Argo quand il passa le Bosphore entre les rochers qui s'entre-heurtent; plus en péril qu'Ulysse, lorsque d'un côté évitant Charybde, sa manœuvre le portait dans un autre gouffre.

Ainsi Satan s'avançait avec difficulté et un labeur pénible ; il s'avançait avec difficulté et labeur. Mais une fois qu'il eut passé, bientôt après, quand l'homme tomba, quelle étrange altération ! le Péché et la Mort, suivant de près la trace de l'ennemi (telle fut la volonté du ciel), pavèrent un chemin large et battu sur le sombre abîme dont le gouffre bouillonnant souffrit avec patience qu'un pont d'une étonnante longueur s'étendît de l'enfer à l'orbe extérieur de ce globe fragile. Les esprits pervers, à l'aide de cette communication facile, vont et viennent pour tenter ou punir les mortels, excepté ceux que Dieu et les saints anges gardent par une grâce particulière.

Mais enfin l'influence sacrée de la lumière commence à se faire sentir, et des murailles du ciel, un rayon pousse au loin dans le sein de l'obscure nuit une aube scintillante : ici la nature commence l'extrémité la plus éloignée ; le Chaos se retire, comme de ses ouvrages avancés ; ennemi vaincu, il se retire avec moins de tumulte et moins d'hostile fracas. Satan, avec moins de fatigue, et bientôt avec aisance, guidé par une douteuse lumière, glisse sur les vagues apaisées, et comme un vaisseau battu des tempêtes, haubans et cordages brisés, il entre joyeusement au port. Dans l'espace plus vide ressemblant à l'air, l'archange balance ses ailes déployées, pour contempler de loin et à loisir le ciel

Havoc, and spoil, and ruin, are my gain. »
He ceas'd ; and Satan staid not to reply ;
But, glad that now his sea should find a shore,
With fresh alacrity and force renew'd,
Springs upward, like a pyramid of fire,
Into the wild expanse ; and through the shock
Of fighting elements, on all sides round
Environ'd, wins his way ; harder beset
And more endanger'd, than when Argo pass'd
Through Bosphorus betwixt the justling rocks :
Or when Ulysses on the larboard shunn'd
Charybdis, and by the other whirlpool steer'd.
   So be with difficulty and labour hard
Mov'd on with difficulty and labour he ;
But he once past, soon after, when man fell,
(Strange alteration !) Sin and Death amain
Following his track (such was the will of Heaven),
Pav'd after him a broad and beaten way
Over the dark abyss, whose boiling gulf
Tamely endur'd a bridge of wondrous length,
From Hell continued reaching th' utmost orb
Of this frail world ; by which the spirits perverse
With easy intercourse pass to and fro
To tempt or punish mortals except whom
God and good angels guard by special grace.
   But now at last the sacred influence
Of light appears, and from the walls of Heaven
Shoots far into the bosom of dim Night
A glimmering dawn : here Nature first begins
Her farthest verge, and Chaos to retire
As from her outmost works, a broken foe,
With tumult less and with less hostile din ;

empyrée : si grande en est l'étendue qu'il ne peut déterminer si elle est carrée ou ronde. Il découvre les tours d'opale, les créneaux ornés d'un vivant saphir, jadis sa demeure natale ; il aperçoit attaché au bout d'une chaîne d'or ce monde suspendu, égal à une étoile de la plus petite grandeur serrée près de la lune. Là Satan, tout chargé d'une pernicieuse vengeance, maudit et dans une heure maudite, se hâta.

> That Satan, with less toil, and now with ease
> Wafts on the calmer wave by dubious light;
> And, like a weather-beaten vessel, holds
> Gladly the port, though shrouds and tackle torn;
> Or in the emptier waste, resembling air,
> Weighs his spread wings, at leisure to behold
> Far off th' empyreal Heaven, extended wide
> In circuit, undetermin'd square or round,
> With opal towers and battlements adorn'd
> Of living sapphire, once hiss native seat;
> And fast by, hanging in a golden chain,
> This pendent world, in bigness as a star
> Of smallest magnitude close by the moon.
> Thither, full fraught with mischievous revenge,
> Accurs'd, and in a cursed hour, he hies.

LIVRE TROISIÈME.

ARGUMENT.

Dieu, siégeant sur son trône, voit Satan qui vole vers ce monde nouvellement créé. Il le montre à son Fils assis à sa droite. Il prédit le succès de Satan, qui pervertira l'espèce humaine. L'Éternel justifie sa justice et sa sagesse de toute imputation, ayant créé l'homme libre et capable de résister au tentateur. Cependant il déclare son dessein de faire grâce à l'homme, parce qu'il n'est pas tombé par sa propre méchanceté comme Satan, mais par la séduction de Satan. Le Fils de Dieu glorifie son Père pour la manifestation de sa grâce envers l'homme ; mais Dieu déclare encore que cette grâce ne peut être accordée à l'homme si la justice divine ne reçoit satisfaction : l'homme a offensé la majesté de Dieu en aspirant à la divinité ; et c'est pourquoi, dévoué à la mort avec toute sa postérité, il faut qu'il meure, à moins que quelqu'un ne soit trouvé capable de répondre pour son crime et de subir sa punition. Le Fils de Dieu s'offre volontairement pour rançon de l'homme. Le Père l'accepte, ordonne l'incarnation, et prononce que le Fils soit exalté au-dessus de tous, dans le ciel et sur la terre. Il commande à tous les anges de l'adorer. Ils obéissent, et chantant en chœur sur leurs harpes, ils célèbrent le Fils et le Père. Cependant Satan descend sur la

BOOK III.

THE ARGUMENT.

God, sitting on his throne, sees Satan flying towards this world, then newly created : shows him to the Son, who sat at his right hand, foretells the success of Satan in perverting mankind ; clears his own justice and wisdom from all imputation, having created man free, and able enough to have withstood his tempter ; yet declares his purpose of grace towards him, in regard he fell not of his own malice, as did Satan, but by him seduced. The Son of God renders praises to his Father for the manifestation of his gracious purpose towards man ; but God again declares, that grace cannot be extended towards man without the satisfaction of divine justice : man hath offended the majesty of God by aspiring to Godhead, and therefore, with all his progeny devoted to death must die, unless some one can be found sufficient to answer for his offence, and undergo his punishment. The Son of God freely offers himself a ransom for man ; the Father accepts him, ordains his incarnation, pronounces his exaltation above all names in Heaven and earth ; commands

convexité nue de l'orbe le plus extérieur de ce monde, où errant le premier, il trouve un lieu appelé dans la suite le limbe de vanité : quelles personnes et quelles choses volent à ce lieu. De là l'ennemi arrive aux portes du ciel. Les degrés par lesquels on y monte décrits, ainsi que les eaux qui coulent au-dessus du firmament. Passage de Satan à l'orbe du soleil. Il y rencontre Uriel, régent de cet orbe, mais il prend auparavant la forme d'un ange inférieur, et prétextant un pieux désir de contempler la nouvelle création et l'homme que Dieu y a placé, il s'informe de la demeure de celui-ci : Uriel l'en instruit. Satan s'abat d'abord sur le sommet du mont Niphates.

III.

Salut, lumière sacrée, fille du ciel, née la première, ou de l'Eternel rayon coéternel! Ne puis-je pas te nommer ainsi sans être blâmé? Puisque Dieu est la lumière, et que de toute éternité il n'habita jamais que dans une lumière inaccessible, il habita donc en toi, brillante effusion d'une brillante essence incréée. Ou préfères-tu t'entendre appeler ruisseau de pur éther? Qui dira ta source? Avant le soleil, avant les cieux, tu étais, et à la voix de Dieu tu couvris, comme d'un manteau, le monde s'élevant des eaux ténébreuses et profondes, conquête faite sur l'infini vide et sans forme.

Maintenant je te visite de nouveau d'une aile plus hardie, échappé du lac Stygien, quoique longtemps retenu dans cet obscur séjour. Lorsque, dans mon vol, j'étais porté à travers les ténèbres extérieures et moyennes, j'ai chanté, avec des accords différents de ceux de la lyre d'Orphée, le Chaos et l'éternelle Nuit. Une muse céleste m'apprit à m'aventurer dans la noire descente et à la remonter, chose rare et pénible. Sauvé, je te visite de nouveau, et je sens ta

all the angels to adore him; they obey, and, hymning to their harps in full quire, celebrate the Father and the Son. Meanwhile, Satan alights upon the bare convex of this world's outermost orb; where wandering he first finds a place, since called the Limbo of Vanity; what persons and things fly up thither; thence comes to the gate of Heaven, described ascending by stairs, and the waters above the firmament that flow about it; his passage thence to the orb of the sun; he finds there Uriel, the regent of that orb, but first changes himself into te shape of a meaner angel; and pretending a zealous desire to behold the new creation, and man whom God had placed here, inquires of him the place of his habitation, and is directed; alights first on mount Niphates.

III.

HAIL, holy Light! offspring of Heaven first-born,
Or of th' Eternal co-eternal beam,
May I express thee unblam'd? since God is light,
And never but in unapproached light
Dwelt from eternity, dwelt then in thee,
Bright effluence of bright essence increate.
Or hear'st thou rather pure ethereal stream,
Whose fountain who shall tell! Before the sun,
Before the heavens thou wert, and at the voice
Of God, as with a mantle, didst invest
The rising world of waters dark and deep,
Won from the void and formless infinite.
   Thee I revisit now with bolder wing,
Escap'd the Stygian pool, though long detain'd
In that obscure sojourn; while in my flight
Through utter and through middle darkness borne,
With other notes than to th' Orphean lyre,
I sung of Chaos and eternal Night;
Taught by the heavenly muse to venture down
The dark descent, and up to reascend,
Though hard and rare : thee I revisit safe,
And feel thy sovran vital lamp; but thou

lampe vitale et souveraine. Mais toi tu ne reviens point visiter ces yeux qui roulent en vain pour rencontrer ton rayon perçant, et ne trouvent point d'aurore, tant une goutte sereine a profondément éteint leurs orbites, ou un sombre tissu les a voilés.

Cependant je ne cesse d'errer aux lieux fréquentés des Muses, claires fontaines, bocages ombreux, collines dorées du soleil, épris que je suis de l'amour des chants sacrés. Mais toi surtout, ô Sion, toi et les ruisseaux fleuris qui baignent tes pieds saints et coulent en murmurant, je vous visite pendant la nuit. Je n'oublie pas non plus ces deux mortels, semblables à moi en malheur (puissé-je les égaler en gloire!) l'aveugle Thamyris et l'aveugle Méonides, Tirésias et Phinée, prophètes antiques. Alors je me nourris des pensées qui produisent d'elles-mêmes les nombres harmonieux, comme l'oiseau qui veille chante dans l'obscurité : caché sous le plus épais couvert, il soupire ses nocturnes complaintes.

Ainsi avec l'année reviennent les saisons; mais le jour ne revient pas pour moi; je ne vois plus les douces approches du matin et du soir, ni la fleur du printemps, ni la rose de l'été, ni les troupeaux, ni la face divine de l'homme. Des nuages et des ténèbres qui durent toujours m'environnent. Retranché des agréables voies des humains, le livre des belles connaissances ne me présente qu'un blanc universel, où les ouvrages de la nature sont effacés et rayés pour moi ; la sagesse à l'une de ses entrées m'est entièrement fermée.

Brille donc d'autant plus intérieurement, ô céleste lumière ! que toutes les puissances de mon esprit soient pénétrées de tes rayons ! mets des yeux à mon

     Revisit'st not these eyes, that roll in vain
    To find thy piercing ray, and find no dawn;
    So thick a drop serene hath quench'd their orbs,
    Or dim suffusion veil'd.
          Yet not the more,
    Cease I to wander where the Muses haunt
    Clear spring, or shady grove, or sunny hill,
    Smit with the love of sacred song; but chief
    Thee, Sion, and the flowery brooks beneath,
    That wash thy hallow'd feet, and warbling flow,
    Nightly I visit; nor sometimes forget
    Those other two equall'd with me in fate,
    So were I equall'd with them in renown,
    Blind Thamyris and blind Mæonides,
    And Tiresias and Phineus, prophets old :
    Then feed on thoughts, that voluntary move
    Harmonious numbers; as the wakeful bird
    Sings darkling, and in shadiest covert hid,
    Tunes her nocturnal not
         Thus with the year
    Seasons return, but not to me returns
    Day, or the sweet approach of even or morn,
    Or sight of vernal bloom, or summer's rose,
    Or flocks, or herds, or human face divine;
    But cloud instead, and ever-during dark
    Surrounds me, from the cheerful ways of men
    Cut off, and for the book of knowledge fair
    Presented with a universal blank
    Of nature's works, to me expung'd and ras'd,
    And wisdom at one entrance quite shut out.
     So much the rather thou, celestial Light,
    Shine inward, and the mind through all her powers
    Irradiate; there plant eyes, all mist from thence

âme, disperse et dissipe loin d'elle tous les brouillards, afin que je puisse voir et dire des choses invisibles à l'œil mortel.

Déjà le Père tout-puissant, du haut du ciel, du pur empyrée, où il siége sur un trône au-dessus de toute hauteur, avait abaissé son regard pour contempler à la fois ses ouvrages et les ouvrages de ses ouvrages. Autour de lui toutes les saintetés du ciel se pressaient comme des étoiles, et recevaient de sa vue une béatitude qui surpasse toute expression; à sa droite était assise la radieuse image de sa gloire, son Fils unique. Il aperçut d'abord sur la terre nos deux premiers parents, les deux seuls êtres de l'espèce humaine, placés dans le jardin des délices, goûtant d'immortels fruits de joie et d'amour, joie non interrompue, amour sans rival dans une heureuse solitude. Il aperçut aussi l'enfer et le gouffre entre l'enfer et la création; il vit Satan côtoyant le mur du ciel, du côté de la nuit, dans l'air sublime et sombre, et près de s'abattre, avec ses ailes fatiguées et un pied impatient, sur la surface aride de ce monde qui lui semble une terre ferme, arrondie et sans firmament : l'archange est incertain si ce qu'il voit est l'océan ou l'air. Dieu l'observant de ce regard élevé dont il découvre le présent, le passé et l'avenir, parla de la sorte à son Fils unique en prévoyant cet avenir :

« Unique Fils que j'ai engendré, vois-tu quelle rage transporte notre adver-
« saire? Ni les bornes prescrites, ni les barreaux de l'enfer, ni toutes les chaînes
« amoncelées sur lui, ni même du profond Chaos l'interruption immense, ne
« l'ont pu retenir; tant il semble enclin à une vengeance désespérée qui retom-
« bera sur sa tête rebelle. Maintenant, après avoir rompu tous ses liens, il vole
« non loin du ciel, sur les limites de la lumière, directement vers le monde

```
    Purge and disperse, that I may see and tell
Of things invisible to mortal sight.
    Now had th' almighty Father from above,
From the pure empyrean where he sits
High thron'd above all highth, bent down his eye,
His own works and their works at once to view.
About him all the sanctities of Heaven
Stood thick as stars, and from his sight receiv'd
Beatitude past utterance; on his right
The radiant image of his glory sat,
His only Son : on earth he first beheld
Our two first parents, yet the only tw
Of mankind, in the happy garden plac'd,
Reaping immortal fruits of joy and love,
Uninterrupted joy, unrivall'd love,
In blissfull solitude : he then survey'd
Hell and the gulf between, and Satan there
Coasting the wall of Heaven on this side night
In the dun air sublime, and ready now
To stoop with wearied wings, and willing feet,
On the bare outside of this world, that seem'd
Firm land imbosom'd without firmament,
Uncertain which, in ocean or in air.
Him God beholding from his prospect high,
Wherein past, present, future, he beholds,
Thus to his only Son foreseeing spake :
    « Only begotten Son, seest thou what rage
Transports our adversary? whom no bounds
Prescrib'd, no bars of Hell, nor all the chains
Heap'd on him there, nor yet the main abyss
Wide interrupt, can hold; so bent he seems
On desperate revenge, that shall redound
```

« nouvellement créé et vers l'homme placé là, dans le dessein d'essayer s'il
« pourra le détruire par la force, ou, ce qui serait pis, le pervertir par quelque
« fallacieux artifice ; et il le pervertira : l'homme écoutera ses mensonges flat-
« teurs, et transgressera facilement l'unique commandement, l'unique gage de
« son obéissance ; il tombera lui et sa race infidèle.

« A qui sera la faute? A qui, si ce n'est à lui seul! Ingrat! il avait de moi
« tout ce qu'il pouvait avoir ; je l'avais fait juste et droit, capable de se soute-
« nir, quoique libre de tomber. Je créai tels tous les pouvoirs éthérés et tous
« les esprits, ceux qui se soutinrent et ceux qui tombèrent : librement se sont
« soutenus ceux qui se sont soutenus, et tombés ceux qui sont tombés. N'étant
« pas libres, quelle preuve sincère auraient-ils pu donner d'une vraie obéis-
« sance, de leur constante foi ou de leur amour? Lorsqu'ils n'auraient fait
« seulement que ce qu'ils auraient été contraints de faire, et non ce qu'ils au-
« raient voulu, quelle louange en auraient-ils pu recevoir? quel plaisir au-
« rais-je trouvé dans une obéissance ainsi rendue, alors que la volonté et la
« raison (raison est aussi choix), inutiles et vaines, toutes deux dépouillées de
« liberté, toutes deux passives, eussent servi la nécessité et non pas moi?

« Ainsi créés, comme il appartenait de droit, ils ne peuvent donc justement
« accuser leur créateur, ou leur nature, ou leur destinée, comme si la pré-
« destination, dominant leur volonté, en disposât par un décret absolu, ou par
« une prescience suprême. Eux-mêmes ont décrété leur propre révolte, moi
« non : si je l'ai prévue, ma prescience n'a eu aucune influence sur leur faute,
« qui n'étant pas prévue n'en aurait pas moins été certaine. Ainsi sans la
« moindre impulsion, sans la moindre ombre de destinée ou de chose quel-

>Upon his own rebellious head. And now,
>Through all restraint broke loose, he wings his way
>Not far off Heaven, in the precincts of light,
>Directly towards the new-created world,
>And man there plac'd, with purpose to assay
>If him by force he can destroy, or, worse,
>By some false guile pervert; and shall pervert:
>For man will hearken to his glozing lies,
>And easily transgress the sole command,
>Sole pledge of his obedience : so will fall,
>He and his faithless progeny. « Whose fault?
>Whose but his own? Ingrate, he had of me
>All he could have : I made him just and right,
>Sufficient to have stood, though free to fall.
>Such I created all th' ethereal powers
>And spirits, both them who stood and them who fail'd
>Freely they stood who stood, and fell who fell.
>Not free, what proof could they have given sincere
>Of true allegiance, constant faith, or love?
>Where only, what they needs must do, appear'd,
>Not what they would : what praise could they receive?
>What pleasure I from such obedience paid,
>When will and reason (reason also is choice),
>Useless and vain, of freedom both despoil'd,
>Made passive both, had serv'd Necessity,
>Not me?
>   « They therefore, as to right belong'd, »
>So were created, nor can justly accuse
>Their maker, or their making, or their fate;
>As if predestination over-rul'd
>Their will, dispos'd by absolute decree
>Or high foreknowledge : they themselves decreed.

« conque par moi immuablement prévue, ils pèchent, auteurs de tout pour
« eux-mêmes, à la fois en ce qu'ils jugent et en ce qu'ils choisissent : car ainsi
« je les ai créés libres, et libres ils doivent demeurer jusqu'à ce qu'ils s'en-
« chaînent eux-mêmes. Autrement, il me faudrait changer leur nature, révo-
« quer le haut décret irrévocable, éternel, par qui fut ordonnée leur liberté :
« eux seuls ont ordonné leur chute.

« Les premiers coupables tombèrent par leur propre suggestion, tentés par
« eux-mêmes, par eux-mêmes dépravés; l'homme tombe déçu par les premiers
« coupables. L'homme, à cause de cela, trouvera grâce ; les autres n'en trou-
« veront point. Par la miséricorde et par la justice, dans le ciel et sur la terre,
« ainsi ma gloire triomphera ; mais la miséricorde, la première et la dernière,
« brillera la plus éclatante. »

Tandis que Dieu parlait, un parfum d'ambroisie remplissait tout le ciel, et
répandait parmi les bienheureux esprits élus le sentiment d'une nouvelle joie
ineffable. Au-dessus de toute comparaison, le Fils de Dieu se montrait dans une
très-grande gloire : en lui brillait tout son Père substantiellement exprimé.
Une divine compassion apparut visible sur son visage, avec un amour sans fin et
une grâce sans mesure ; il les fit connaître à son Père, en lui parlant de la sorte :

« O mon Père, miséricordieuse a été cette parole qui a terminé ton arrêt
« suprême : L'HOMME TROUVERA GRACE ! Pour cette parole le ciel et la terre pu-
« blieront hautement tes louanges par les innombrables concerts des hymnes
« et des sacrés cantiques : de ces cantiques ton trône environné retentira de toi
« à jamais béni. Car l'homme serait-il finalement perdu ? l'homme, ta créature
« dernièrement encore si aimée, ton plus jeune fils, tomberait-il circonvenu par
« la fraude, bien qu'en y mêlant sa propre folie ? Que cela soit loin de toi, que

Their own revolt, not I; if I foreknew,
Foreknowledge had no influence on their fault,
Which had no less prov'd certain unforeknown.
So without least impulse or shadow of fate,
Or aught by me immutably foreseen,
They trespass, authours to themselves in all,
Both what they judge and what they choose; for so
I form'd them free, and free they must remain,
Till they enthrall themselves; I else must change
Their nature, and revoke the high decree
Unchangeable, eternal, which ordain'd
Their freedom : they themselves ordain'd their fall.
 « The first sort by their own suggestion fell,
Self-tempted, self-deprav'd : man falls deceiv'd
By th' other first : man therefore shall find grace,
The other none : in mercy and justice both,
Through Heaven and earth, so shall my glory excel :
But mercy, first and last, shall brightest shine. »
 Thus while God spake, ambrosial fragrance fill'd
All Heaven, and in the blessed spirits elect
Sense of new joy ineffable diffus'd.
Beyond compare the Son of God was seen
Most glorious : in him all his Father shone
Substantially express'd; and in his face
Divine compassion visibly appear'd,
Love without end, and without measure grace;
Which uttering, thus he to his Father spake :
 « O Father, gracious was that word which clos'd
Thy sovran sentence, that man should find grace;
For which both Heaven and earth shall high extol
Thy praises, with th' innumerable sound

« cela soit loin de toi, ô Père, toi qui juges de toutes les choses faites, et qui seul
« juges équitablement ! Ou l'adversaire obtiendra-t-il ainsi ses fins et te frus-
« trera-t-il des tiennes ? Satisfera-t-il sa malice, et réduira-t-il ta bonté à néant?
« ou s'en retournera-t-il plein d'orgueil, quoique sous un plus pesant arrêt,
« et cependant avec une vengeance satisfaite, entraînant après lui dans l'enfer
« la race entière des humains, par lui corrompue ? Ou veux-tu toi-même abolir
« ta création, et défaire, pour cet ennemi, ce que tu as fait pour ta gloire ? Ta
« bonté et ta grandeur pourraient être mises ainsi en question, et blasphémées
« sans être défendues. »

Le grand Créateur lui répondit :

« O mon Fils ! en qui mon âme a ses principales délices, Fils de mon sein,
« Fils qui est seul mon Verbe, ma sagesse et mon effectuelle puissance, toutes
« tes paroles ont été comme sont mes pensées, toutes, comme ce que mon éter-
« nel dessein a décrété : l'homme ne périra pas tout entier, mais se sauvera
« qui voudra ; non cependant par une volonté de lui-même, mais par une grâce
« de moi, librement accordée. Une fois encore je renouvellerai les pouvoirs
« expirés de l'homme, quoique forfaits et assujettis par le péché à d'impurs et
« exorbitants désirs. Relevé par moi, l'homme se tiendra debout une fois en-
« core, sur le même terrain que son mortel ennemi ; l'homme sera par moi
« relevé, afin qu'il sache combien est débile sa condition dégradée, afin qu'il
« ne rapporte qu'à moi sa délivrance et à nul autre qu'à moi.

« J'en ai choisi quelques-uns, par une grâce particulière élus au-dessus des
« autres : telle est ma volonté. Les autres entendront mon appel ; ils seront
« souvent avertis de songer à leur état criminel, et d'apaiser au plus tôt la Di-
« vinité irritée tandis que la grâce offerte les y invite. Car j'éclairerai leurs sens

> Of hymns and sacred songs, wherewith thy throne
> Encompass'd shall resound thee ever blest.
> For should man finally be lost, should man,
> Thy creature late so lov'd, thy youngest son,
> Fall circumvented thus by fraud, hough join'd
> With his own folly? that be from thee far,
> That far be from thee, Father, who art judge
> Of all things made, and judgest only right.
> Or shall the adversary thus obtain
> His end, and frustrate thine? shall he fulfil
> His malice, and thy goodness bring to nought;
> Or proud return, though to his heavier doom,
> Yet with revenge accomplish'd, and to Hell
> Draw after him the whole race of mankind,
> By him corrupted? or wilt thou thyselft
> Abolish thy creation, and unmake,
> For him, what for thy glory thou hast made?
> So should thy goodness and thy greatness both
> Be question'd and blasphem'd without defence. »
>   To whom the great Creator thus replied :
>   « O Son in whom my soul hath chief delight,
> Son of my bosom, Son, who art alone
> My word, my wisdom, and effectual might,
> All hast thou spoken as my thoughts are; all
> As my eternal purpose hath decreed :
> Man shall not quite be lost, but sav'd who will,
> Yet not of will in him, but grace in me
> Freely vouchsaf'd : once more I will renew
> His lapsed powers, though forfeit, and enthrall'd
> By sin to foul exorbitant desires :
> Upheld by me, yet once more he shall stand

« ténébreux d'une manière suffisante, et j'amollirai leur cœur de pierre, afin
« qu'ils puissent prier, se repentir, et me rendre l'obéissance due : à la prière,
« au repentir, à l'obéissance due (quand elle ne serait que cherchée avec une in-
« tention sincère), mon oreille ne sera point sourde, mon œil fermé. Je met-
« trai dans eux, comme un guide, mon arbitre, la conscience : s'ils veulent
« l'écouter, ils atteindront lumière après lumière ; celle-ci bien employée, et eux
« persévérant jusqu'à la fin, ils arriveront en sûreté.

« Ma longue tolérance et mon jour de grâce, ceux qui les négligeront et les
« mépriseront ne les goûteront jamais ; mais l'endurci sera plus endurci, l'a-
« veugle plus aveuglé, afin qu'ils trébuchent et tombent plus bas. Et nuls que
« ceux-ci je n'exclus de la miséricorde.

« Mais cependant tout n'est pas fait : l'homme désobéissant rompt déloya-
« lement sa foi, et pèche contre la haute suprématie du ciel ; affectant la di-
« vinité, et perdant tout ainsi, il ne laisse rien pour expier sa trahison : mais
« consacré et dévoué à la destruction, lui et toute sa postérité doivent mourir.
« Lui ou la justice doit mourir, à moins que pour lui un autre ne soit capable,
« s'offrant volontairement de donner la rigide satisfaction : mort pour mort.

« Dites, pouvoirs célestes, où nous trouverons un pareil amour ? Qui de vous
« se fera mortel pour racheter le mortel crime de l'homme ? Et quel juste sau-
« vera l'injustice ? Une charité si tendre habite-t-elle dans tout le ciel ? »

Il adressait cette demande, mais tout le chœur divin resta muet, et le silence était

> On even ground against his mortal foe;
> By me upheld, that he may know how frail
> His fallen condition is, and to me owe
> All his deliverance, and to none but me.
>   « Some I have chosen of peculiar grace,
> Elect above the rest; so is my will :
> The rest shall hear me call, and oft be warn'd
> Their sinful state, and to appease betimes
> Th' incensed Deity, while offer'd grace
> Invites ; for I will clear their senses dark,
> What may suffice, and soften stony hearts
> To pray, repent, and bring obedience due.
> To prayer, repentance, and obedience due,
> Though but endeavour'd with sincere inten
> Mine ear shall not be slow, mine eye not shut.
> And I will place within them as a guide,
> My umpire, conscience, whom if they will hear,
> Light after light, well us'd, they shall attain.
> And to the end, persisting, safe arrive.
>   « This my long sufferance and my day of grace
> They who neglect and scorn, shall never taste;
> But hard be harden'd, blind be blinded more,
> That they may stumble on, and deeper fall;
> And none but such from mercy I exclude.
>   « But yet all is not done ; man disobeying
> Disloyal, breaks his fealty, and sins
> Against the high supremacy of Heaven,
> Affecting God-head, and so losing all,
> To expiate his treason hath nought left;
> But to destruction sacred and devote,
> He, with his whole posterity, must die;
> Die he or justice must; unless for him
> Some other able, and as willing, pay
> The rigid satisfaction, death for death.
>   « Say, heavenly powers, where shall we find such love ?
> Which of ye will be mortal, to redeem

dans le ciel. En faveur de l'homme ni patron ni intercesseur ne paraît, ni encore moins qui ose attirer sur sa tête la proscription mortelle, et payer rançon. Et alors, privée de rédemption, la race humaine entière eût été perdue, adjugée, par un arrêt sévère, à la mort et à l'enfer, si le Fils de Dieu, en qui réside la plénitude de l'amour divin, n'eût ainsi renouvelé sa plus chère médiation.

« Mon Père, ta parole est prononcée : L'HOMME TROUVERA GRACE. La grâce ne
« trouvera-t-elle pas quelque moyen de salut, elle qui, le plus rapide des mes-
« sagers ailés, trouve un passage pour visiter tes créatures, et venir à toutes,
« sans être prévue, sans être implorée, sans être cherchée ? Heureux l'homme
« si elle le prévient ainsi ! Il ne l'appellera jamais à son aide, une fois perdu
« et mort dans le péché : endetté et ruiné, il ne peut fournir pour lui ni ex-
« piation, ni offrande.

« Me voici donc, moi pour lui, vie pour vie; je m'offre : sur moi laisse
« tomber ta colère; compte-moi pour homme. Pour l'amour de lui, je quit-
« terai ton sein et je me dépouillerai, volontairement de cette gloire que je
« partage avec toi; pour lui je mourrai satisfait. Que la Mort exerce sur moi toute
« sa fureur : sous son pouvoir ténébreux je ne demeurerai pas longtemps vaincu.
« Tu m'as donné de posséder la vie en moi-même à jamais; par toi je vis, quoique
« à présent je cède à la Mort; je suis son dû en tout ce qui peut mourir en moi.

« Mais cette dette payée, tu ne me laisseras pas sa proie dans l'impur tom-
« beau; tu ne souffriras pas que mon âme sans tache habite là pour jamais

    Man's mortal crime, and just th' unjust to save?
Dwells in all Heaven charity so dear? »
    He ask'd, but all the heavenly quire stood mute;
And silence was in Heaven : on man's behalf
Patron or intercessor none appear'd ;
Much less that durst upon his own head draw
The deadly forfeiture, and ransom set.
And now without redemption all mankind
Must have been lost, adjudg'd to death and Hell
By doom severe, had not the Son of God,
In whom the fulness dwells of love divine,
His dearest mediation thus renew'd :
    « Father, thy word is pass'd; man shall find grace;
And shall grace not find means? that finds her way
The speediest of thy winged messengers,
To visit all thy creatures, and to all
Comes unprevented, unimplor'd, unsought?
Happy for man, so coming : he her aid
Can never seek, once dead in sins and lost;
Atonement for himself or offering meet,
Indebted and undone, hath none to bring.
    Behold me then ; me for him, life for life,
I offer : on me let thine anger fall;
Account me man; I for his sake will leave
Thy bosom, and this glory next to thee
Freely put off, and for him lastly die
Well pleas'd; on me let Death wreak all his rage;
Under his gloomy power I shall not long
Lie vanquish'd; thou hast given me to possess
Life in myself for ever; by thee I live,
Though now to Death I yield, and am his due
All that of me can die :
    « Yet that debt paid,
Thou wilt not leave me in the loathsome grave
His prey, nor suffer my unspotted soul
For ever with corruption there to dwell :

« avec la corruption; mais je ressusciterai victorieux et je subjuguerai mon
« vainqueur dépouillé de ses dépouilles vantées. La Mort recevra alors sa bles-
« sure de mort et rampera inglorieuse, désarmée de son dard mortel. Moi, à
« travers les airs, dans un grand triomphe, j'emmènerai l'enfer captif malgré
« l'enfer, et je montrerai les pouvoirs des ténèbres enchaînés. Toi, charmé à
« cette vue, tu laisseras tomber du ciel un regard, et tu souriras tandis qu'élevé
« par toi, je confondrai tous mes ennemis, la Mort la dernière, et avec sa car-
« casse je rassasierai le sépulcre. Alors, entouré de la multitude par moi ra-
« chetée, je rentrerai dans le ciel après une longue absence : j'y reviendrai, ô
« mon Père, pour contempler ta face sur laquelle aucun nuage de colère ne
« restera, mais où l'on verra la paix assurée et la réconciliation; désormais la
« colère n'existera plus, mais en ta présence la joie sera entière. »

Ici ses paroles cessèrent, mais son tendre aspect silencieux parlait encore, et respirait un immortel amour pour les hommes mortels, au-dessus duquel brillait seulement l'obéissance filiale. Content de s'offrir en sacrifice, il attend la volonté de son Père. L'admiration saisit tout le ciel, qui s'étonne de la signification de ces choses, et ne sait où elles tendent. Bientôt le Tout-Puissant répliqua ainsi :

« O toi, sur la terre et dans le ciel, seule paix trouvée pour le genre humain
« sous le coup de la colère! ô toi, unique objet de ma complaisance! tu sais
« combien me sont chers tous mes ouvrages; l'homme ne me l'est pas moins,
« quoique le dernier créé, puisque pour lui je te séparerai de mon sein et de
« ma droite, afin de sauver (en te perdant quelque temps) toute la race perdue.

> But I shall rise victorious, and subdue
> My vanquisher, spoil'd of his vaunted spoil;
> Death his death's wound shall then receive, and stoop,
> Inglorious, of his mortal sting disarm'd.
> I through the ample air in triumph high
> Shall lead Hell captive, maugre Hell, and show
> The powers of darkness bound. Thou, at the sight
> Pleas'd, out of Heaven shalt look down and smile;
> While, by thee rais'd, I ruin all my foes,
> Death last, and with his carcase glut the grave :
> Then, with the multitude of my redeem'd,
> Shall enter Heaven, long absent, and return,
> Father, to see thy face, wherein no cloud
> Of anger shall remain, but peace assur'd
> And reconcilement : wrath shall be no more
> Thenceforth, but in thy presence joy entire. »
>   His words here ended, but his meek aspect
> Silent yet spake, and breath'd immortal love
> To mortal men, above which only shone
> Filial obedience : as a sacrifice
> Glad to be offer'd, he attends the will
> Of his great Father. Admiration seiz'd
> All Heaven, what this might mean, and whither tend,
> Wondering; but soon th' Almighty thus replied :
>   « O thou, in Heaven and earth the only peace
> Found out for mankind under wrath ! O thou,
> My sole complacence! well thou know'st how dear
> To me are all my works; nor man the least,
> Though last created; that for him I spare
> Thee from my bosom and right hand, to save,
> By losing thee a while, the whole race lost.
> Thou, therefore, whom thou only canst redeem,
> Their nature also to thy nature join :

« Toi donc qui peux seul la racheter, joins à ta nature la nature humaine, et
« sois toi-même homme parmi les hommes sur la terre ; fais-toi chair, quand
« les temps seront accomplis, et sors du sein d'une vierge par une naissance
« miraculeuse. Sois le chef du genre humain dans la place d'Adam, quoique
« fils d'Adam. Comme en lui périssent tous les hommes, en toi, ainsi que d'une
« seconde racine, seront rétablis tous ceux qui doivent l'être ; sans toi, per-
« sonne. Le crime d'Adam rend coupables tous ses fils ; ton mérite, qui leur
« sera imputé, absoudra ceux qui, renonçant à leurs propres actions, justes ou
« injustes, vivront en toi transplantés, et de toi recevront une nouvelle vie.
« Ainsi l'homme, comme cela est juste, donnera satisfaction pour l'homme ; il
« sera jugé et mourra ; et en mourant il se relèvera, et en se relevant relèvera
« avec lui tous ses frères rachetés par son sang précieux. Ainsi l'amour céleste
« l'emportera sur la haine infernale, en se donnant à la mort, en mourant pour
« racheter si chèrement ce que la haine infernale a si aisément détruit, ce qu'elle
« continuera de détruire dans ceux qui, lorsqu'ils le peuvent, n'acceptent point
« la grâce.

« O mon Fils ! en descendant à l'humaine nature, tu n'amoindris ni ne dé-
« grades la tienne. Parce que tu as, quoique assis sur un trône dans la plus
« haute béatitude, égal à Dieu, jouissant également du bonheur divin, parce
« que tu as tout quitté pour sauver un monde d'une entière perdition ; parce
« que ton mérite, plus encore que ton droit de naissance, Fils de Dieu, t'a rendu
« plus digne d'être ce Fils, étant beaucoup plus encore que grand et puissant ;
« parce que l'amour a abondé en toi plus que la gloire, ton humiliation élèvera

  And be thyself man among men on earth,
  Made flesh, when time shall be, of virgin seed,
  By wondrous birth : be thou in Adam's room
  The head of all mankind, though Adam's son.
  As in him perish all men, so in thee,
  As from a second root, shall be restor'd,
  As many as are restor'd ; without thee none.
  His crime makes guilty all his sons ; thy merit,
  Imputed, shall absolve them, who renounce
  Their own both righteous and unrighteous deeds,
  And live in thee transplanted, and from thee
  Receive new life. So man, as is most just,
  Shall satisfy for man, be judged and die ;
  And dying rise, and rising with him raise
  His brethren, ransom'd with his own dear life.
  So heavenly love shall outdo hellish hate,
  Giving ot death, and dying to redeem ;
  So dearly to redeem what hellish hate
  So easily destroy'd, and still destroys
  In those who, when they may, accept not grace.
   Nor shalt thou, by descending to assume
  Man's nature, lessen or degrade thine own.
  Because thou hast, though thron'd in highest bliss
  Equal to God, and equally enjoying
  God-like fruition, quitted all to save
  A world from utter loss ; and hast been found
  By merit more than birthright, Son of God,
  Found worthiest to be so by being good,
  Far more than great or high ; because in thee
  Love hath abounded more than glory abounds
  Therefore thy humiliation shall exalt
  With thee thy manhood also to this throne ;
  Here shalt thou sit incarnate, here shalt reign

« avec toi à ce trône ton humanité. Ici tu t'assiéras incarné, ici tu régneras à
« la fois Dieu et homme, à la fois Fils de Dieu et de l'homme, établi par l'onc-
« tion Roi universel.
« Je te donne tout pouvoir : règne à jamais, et revêts-toi de tes mérites : je
« te soumets, comme chef suprême, les Trônes, les Princes, les Pouvoirs, les
« Dominations : tous les genoux fléchiront devant toi, les genoux de ceux qui
« habitent au ciel, ou sur la terre, ou sous la terre, en enfer. Quand glorieu-
« sement entouré d'un cortége céleste, tu apparaîtras sur les nuées, quand tu
« enverras les archanges, tes hérauts, annoncer ton redoutable jugement, aus-
« sitôt des quatre vents les vivants appelés, de tous les siècles passés les morts
« ajournés, se hâteront à la sentence générale ; si grand sera le bruit qui réveil-
« lera leur sommeil ! Alors dans l'assemblée des saints, tu jugeras les méchants,
« hommes et anges : convaincus, ils s'abîmeront sous ton arrêt. L'enfer, rempli
« de ses multitudes, sera fermé pour toujours. Cependant le monde sera con-
« sumé ; de ses cendres sortira un ciel nouveau, une nouvelle terre où les justes
« habiteront. Après leurs longues tribulations, ils verront des jours d'or, fertiles
« en actions d'or, avec la joie et le triomphant amour et la vérité belle. Alors
« tu déposeras ton sceptre royal, car il n'y aura plus besoin de sceptre royal;
« Dieu sera tout en tous. Mais vous, anges, adorez celui qui, pour accomplir
« tout cela, meurt; adorez le Fils et honorez-le comme moi. »

Le Tout-Puissant n'eut pas plutôt cessé de parler, que la foule des anges
(avec une acclamation forte comme celle d'une multitude sans nombre, douce
comme provenante de voix saintes) fit éclater la joie : le ciel retentit de béné-

  Both God and man, Son both of God and man,
  Anointed universal King.
      All power
  I give thee; reign for ever, and assume
  Thy merits; under thee, as head supreme,
  Thrones, Princedoms, Powers, Dominions, reduce :
  All knees to thee shall bow, of them that bide
  In Heaven, or earth, or under earth in Hell.
  When thou, attended gloriously from Heaven,
  Shalt in the sky appear, and from thee send
  The summoning archangels to proclaim
  Thy dread tribunal, forthwith from all winds
  The living, and forthwith the cited dead
  Of all past ages, to the general doom
  Shall hasten : such a peal shall rouse their sleep.
  Then, all thy saints assembled, thou shalt judge
  Bad men and angels; they arraign'd shall sink
  Beneath thy sentence; Hell, her numbers full,
  Thenceforth shall be for ever shut. Meanwhile
  The world shall burn, and from her ashes spring
  New Heaven and earth, wherein the just shall dwell,
  And after all their tribulations long
  See golden days, fruitful of golden deeds,
  With joy and love triumphing, and fair truth :
  Then thou thy regal sceptre shalt lay by,
  For regal sceptre then no more shall need;
  God shall be all in all. But, all ye gods,
  Adore him, who to compass all this dies;
  Adore the Son, and honour him as me. »
   No sooner had th' Almighty ceas'd, but all
  The multitude of angels with a shout,
  Loud as from numbers without number, sweet
  As from blest voices, uttering joy; Heaven run

dictions, et d'éclatants *hosanna* remplirent les régions éternelles. Les anges révérencieusement s'inclinèrent devant les deux trônes, et avec une solennelle adoration, ils jetèrent sur le parvis leurs couronnes entremêlées d'or et d'amarante ; immortel amarante ! Cette fleur commença jadis à s'épanouir près de l'arbre de vie, dans le paradis terrestre ; mais bientôt après le péché de l'homme elle fut reportée au ciel où elle croissait d'abord : là elle croît encore ; elle fleurit en ombrageant la fontaine de Vie et les bords du fleuve de la Félicité, qui au milieu du ciel roule son onde d'ambre sur des fleurs élysiennes. Avec ces fleurs d'amarante jamais fanées, les esprits élus attachent leur resplendissante chevelure entrelacée de rayons.

Maintenant ces guirlandes détachées sont jetées éparses sur le pavé étincelant qui brillait comme une mer de jaspe, et souriait empourpré des roses célestes. Ensuite couronnés de nouveau, les anges saisissent leurs harpes d'or toujours accordées, et qui, brillantes à leur côté, étaient suspendues comme des carquois. Par le doux prélude d'une charmante symphonie, ils introduisent leur chant sacré et éveillent l'enthousiasme sublime. Aucune voix ne se tait ; pas une voix qui ne puisse facilement se joindre à la mélodie, tant l'accord est parfait dans le ciel !

« Toi, ô Père, ils te chantèrent le premier, tout-puissant, immuable, im-
« mortel, infini, Roi éternel ; toi, auteur de tous les êtres, fontaine de lumière ;
« toi, invisible dans les glorieuses splendeurs où tu es assis sur un trône inac-
« cessible, et même lorsque tu ombres la pleine effusion de tes rayons, et qu'à
« travers un nuage arrondi autour de toi comme un radieux tabernacle, les

  With jubilee, and loud hosannas fill'd
Th' eternal regions. Lowly reverent
Towards either throne they bow, and to the ground
With solemn adoration down they cast
Their crowns inwove with amaranth and gold
Immortal amaranth ! a flower which once
In Paradise, fast by the tree of life,
Began to bloom ; but soon for man's offence
To Heaven remov'd, where first it grew, there grows,
And flowers aloft shading the fount of Life,
And where the river of Bliss through midst of Heaven
Rolls o'er elysian flowers her amber stream ;
With these, that never fade, the spirits elect
Bind their resplendent locks inwreath'd with beams ;
Now in loose garlands thick thrown off, the bright
Pavement, that like a sea of jasper shone,
Impurpled with celestial roses smil'd.
Then crown'd again their golden harps they took,
Harps ever tun'd, that glittering by their side
Like quivers hung, and with preamble sweet
Of charming symphony they introduce
Their sacred song, and waken raptures high ;
No voice exempt, no voice but well could join
Melodious part : such concord is in Heaven !
  « Thee, Father, first they sung, omnipotent,
Immutable, immortal, infinite,
Eternal King ; thee, authour of all being,
Fountain of light, thyself invisible
Amidst the glorious brightness where thou sit
Thron'd inaccessible ; but when thou shad'st
The full blaze of thy beams, and through a cloud
Drawn round about thee like a radiant shrine,
Dark with excessive bright thy skirts appear,

« bords de tés vêtements, obscurcis par leur excessif éclat, apparaissent : ce-
« pendant encore le ciel est ébloui, et les plus brillants séraphins ne s'approchent
« qu'en voilant leurs yeux de leurs deux ailes.

« Ils te chantèrent ensuite, ô toi, le premier de toute la création, Fils engendré,
« divine ressemblance sur le clair visage de qui brille le Père tout-puissant,
« sans nuage rendu visible, qu'aucune créature ne pourrait autrement regarder
« ailleurs. En toi imprimée la splendeur de sa gloire habite ; transfusé dans
« toi son vaste esprit réside. Par toi il créa le ciel des cieux et toutes les puis-
« sances qu'il renferme, et par toi il précipita les ambitieuses Dominations. Ce
« jour-là, tu n'épargnas point le terrible tonnerre de ton Père : tu n'arrêtas
« pas les roues de ton chariot flamboyant, qui ébranlaient la structure éternelle
« du ciel, tandis que tu passais sur le cou des anges rebelles dispersés : revenu
« de la poursuite, tes saints, par d'immenses acclamations, t'exaltèrent, toi
« unique Fils de la puissance de ton Père, exécuteur de sa fière vengeance sur
« ses ennemis ! Non pas de même sur l'homme !..... Tu ne condamnas pas avec
« tant de rigueur l'homme tombé par la malice des esprits rebelles, ô Père de
« grâce et de miséricorde ; mais tu inclines beaucoup plus à la pitié. Ton cher
« et unique Fils n'eut pas plutôt aperçu ta résolution de ne pas condamner avec
« tant de rigueur l'homme fragile, mais d'incliner beaucoup plus à la pitié,
« que pour apaiser ta colère, pour finir le combat entre la miséricorde et la jus-
« tice, que l'on discernait sur ta face, ton Fils, sans égard à la félicité dont il
« jouissait assis près de toi, s'offrit lui-même à la mort, pour l'offense de l'homme.
« O amour sans exemple, amour qui ne pouvait être trouvé que dans l'amour
« divin ! Salut, Fils de Dieu, Sauveur des hommes ! Ton nom dorénavant sera

  Yet dazzle Heaven; that brightest seraphim
Approach not, but with both wings veil their eyes.
  Thee next they sung of all creation first,
Begotten Son, divine similitude,
In whose conspicuous countenance, without cloud
Made visible, th' almighty Father shines,
Whom else no creature can behold : on thee
Impress'd the effulgence of his glory abides;
Transfus'd on thee his ample spirit rests.
He Heaven of Heavens and all the powers therein
By thee created, and by thee threw down
Th' aspiring Dominations : thou that day
Thy Father's dreadful thunder didst not spare,
Nor stop thy flaming chariot-wheels, that shook
Heaven's everlasting frame; while o'er the necks
Thou drovest of warring angels disarray'd.
Back from pursuit thy powers with loud acclaim
Thee only extoll'd, Son of thy Father's might,
To execute fierce vengeance on his foes;
Not so on man; him, through their malice fall'n,
Father of mercy and grace, thou didst not doom
So strictly; but much more to pity incline.
No sooner did thy dear and only Son
Perceive thee purpos'd not to doom frail man
So strictly, but much more to pity inclin'd;
He, to appease thy wrath; and end the strife
Of mercy and justice in thy face discern'd,
Regardless of the bliss wherein he sat
Second to thee, offer'd himself to die
For man's offense. O unexampled love,
Love no where to be found, less than divine
Hail, Son of God! Saviour of men! Thy name.

« l'ample matière de mon chant! Jamais ma harpe n'oubliera ta louange, ni
« ne la séparera de la louange de ton Père. »

Ainsi les anges dans le ciel, au-dessus de la sphère étoilée, passaient leurs heures fortunées dans la joie à chanter des hymnes. Cependant descendu sur le ferme et opaque globe de ce monde sphérique, Satan marche sur la première convexité qui, enveloppant les orbes inférieurs lumineux, les sépare du chaos et de l'invasion de l'antique nuit. De loin, cette convexité semblait un globe; de près elle semble un continent sans bornes, sombre, désolé et sauvage, exposé aux tristesses d'une nuit sans étoiles et aux orages toujours menaçants du chaos qui gronde à l'entour; ciel inclément, excepté du côté de la muraille du ciel quoique très-éloignée; là quelque petit reflet d'une clarté débile se glisse, moins tourmenté par la tempête mugissante.

Ici marchait à l'aise l'ennemi dans un champ spacieux. Quand un vautour, élevé sur l'Immaüs (dont la chaîne neigeuse enferme le Tartare vagabond), quand ce vautour abandonne une région dépourvue de proie, pour se gorger de la chair des agneaux ou des chevreaux d'un an sur les collines qui nourrissent les troupeaux, il vole vers les sources du Gange ou de l'Hydaspe, fleuves de l'Inde; mais, dans son chemin, il s'abat sur les plaines arides de Séricane, où les Chinois conduisent, à l'aide du vent et des voiles, leurs légers chariots de roseaux : ainsi, sur cette mer de terre battue du vent, l'ennemi marchait seul çà et là, cherchant sa proie; seul, car de créature vivante ou sans vie, on n'en trouve aucune dans ce lieu, aucune encore; mais là, dans la suite, montèrent de la terre, comme une vapeur aérienne, toutes les choses vaines et transitoires, lorsque le péché eut rempli de vanité les œuvres des hommes.

Shall be the copious matter of my song
Henceforth, and never shall my harp thy praise
Forget, nor from thy Father's praise disjoin. »
   Thus they in Heaven, above the starry sphere,
Their happy hours in joy and hymning spent.
Meanwhile upon the firm opacous globe
Of this round world, whose first convex divides
The luminous inferiour orbs, inclos'd
From chaos and the inroad of darkness old,
Satan alighted walks : a globe far off
It seem'd, now seems a boundless continent,
Dark, waste, and wild, under the frown of night
Starless, expos'd, and ever-threatening storms
Of chaos blustering round, inclement sky;
Save on that side, which from the wall of Heaven,
Though distant far, some small reflection gains
Of glimmering air, less vex'd with tempest loud :
Here walk'd the fiend at large in spacious field.
   As when a vulture on Imaus bred,
Whose snowy ridge the roving Tartar bounds,
Dislodging from a region scarce of prey
To gorge the flesh of lambs or yeanling kids,
On hills where flocks are fed, flies toward the springs
Of Ganges or Hydaspes, Indian streams;
But in his way lights on the barren plains
Of Sericana, where Chineses drive
With sails and wind their cany waggons light :
So on this windy sea of land the fiend
Walk'd up and down alone, bent on his prey;
Alone, for other creature in this place,
Living or lifeless, to be found was none;
None yet, but store hereafter from the earth

Là volèrent à la fois et les choses vaines et ceux qui sur les choses vaines bâtissent leurs confiantes espérances de gloire, de renommée durable, ou de bonheur dans cette vie ou dans l'autre; tous ceux qui sur la terre ont leur récompense, fruit d'une pénible superstition ou d'un zèle aveugle, ne cherchant rien que les louanges des hommes, trouvent ici une rétribution convenable, vide comme leurs actions. Tous les ouvrages imparfaits des mains de la nature, les ouvrages avortés, monstrueux, bizarrement mélangés, après s'être dissous sur la terre, fuient ici, errent ici vainement jusqu'à la dissolution finale. Ils ne vont pas dans la lune voisine, comme quelques-uns l'ont rêvé : les habitants de ces champs d'argent sont plus vraisemblablement des saints transportés ou des esprits tenant le milieu entre l'ange et l'homme.

Ici arrivèrent d'abord de l'ancien monde, les enfants des fils et des filles mal assortis, ces géants avec leurs vains exploits quoique alors renommés : après eux arrivèrent les bâtisseurs de Babel dans la plaine de Sannaar, lesquels toujours remplis de leur vain projet bâtiraient encore s'ils avaient avec quoi, de nouvelles Babels. D'autres, vinrent un à un : celui qui pour être regardé comme un dieu, sauta de gaieté de cœur dans les flammes de l'Etna, Empédocles; celui qui pour jouir de l'Élysée de Platon, se jeta dans la mer, Cléombrote. Il serait trop long de dire les autres, les embryons, les idiots, les ermites, les moines blancs, noirs, gris, avec toutes leurs tromperies. Ici rôdent les pèlerins qui allèrent si loin chercher mort sur le Golgotha, celui qui vit dans le ciel ; ici se retrouvent les hommes qui, pour être sûrs du paradis, mettent en mourant la

> Up hither like aërial vapours flew
> Of all things transitory and vain, when sin
> With vanity had fill'd the works of men :
> Both all things vain, and all who in vain things
> Built their fond hopes of glory or lasting fame,
> Or happiness in this or th' other life;
> All who have their reward on earth, the fruits
> Of painful superstition and blind zeal,
> Nought seeking, but the praise of men, here find
> Fit retribution, empty as their deeds :
> All the unaccomplish'd works of nature's hand,
> Abortive, monstrous, or unkindly, mix'd,
> Dissolv'd on earth, fleet hither, and in vain,
> Till final dissolution, wander here :
> Not in the neighbouring moon, as some have dream'd;
> Those argent fields more likely habitants,
> Translated saints, or middle spirits hold
> Betwixt the angelical and human kind.
>   Hither, of ill-join'd sons and daughters born,
> First from the ancient world those giants came
> With many a vain exploit, though then renown'd :
> The builders next of Babel on the plain
> Of Sennaar, and still with vain design
> New Babels, had they wherewithal, would build :
> Others came single; he, who to be deem'd
> A god, leap'd fondly into Ætna flames,
> Empedocles; and he who, to enjoy
> Plato's Elysium, leap'd into the sea,
> Cleombrotus; and many more too long,
> Embryos and idiots, eremites and friars,
> White, black, and gray, with all their trumpery.
> Here pilgrims roam, that stray'd so far to seek
> In Golgotha him dead, who lives in Heaven;
> And they, who to be sure of Paradise,

robe d'un dominicain ou d'un franciscain, et s'imaginent entrer ainsi déguisés. Ils passent les sept planètes; ils passent les étoiles fixes, et cette sphère cristalline dont le balancement produit la trépidation dont on a tant parlé, et ils passent ce ciel qui le premier fut mis en mouvement. Déjà saint Pierre, au guichet du ciel, semble attendre les voyageurs avec ses clefs; maintenant au bas des degrés du ciel, ils lèvent le pied pour monter, mais regardez! Un vent violent et croisé, soufflant en travers de l'un et de l'autre côté, les jette à dix mille lieues à la renverse dans le vague de l'air. Alors vous pourriez voir capuchons, couvre-chefs, robes, avec ceux qui les portent, ballottés et déchirés en lambeaux; reliques, chapelets, indulgences, dispenses, pardons, bulles, jouets des vents. Tout cela pirouette en haut et vole au loin par-dessus le dos du monde, dans le limbe vaste et large, appelé depuis le *paradis des fous;* lieu qui dans la suite des temps a été inconnu à peu de personnes, mais qui alors n'était ni peuplé ni frayé.

L'ennemi, en passant, trouva ce globe ténébreux; il le parcourut longtemps, jusqu'à ce qu'enfin la lueur d'une lumière naissante attira en hâte de ce côté ses pas voyageurs. Il découvre au loin un grand édifice qui par des degrés magnifiques s'élève à la muraille du ciel. Au sommet de ces degrés apparaît, mais beaucoup plus riche, un ouvrage semblable à la porte d'un royal palais, embelli d'un frontispice de diamants et d'or. Le portique brillait de perles orientales étincelantes, inimitables sur la terre par aucun modèle ou par le pinceau. Les degrés étaient semblables à ceux sur lesquels Jacob vit monter et descendre

    Dying put on the weeds of Dominick,
Or in Franciscan think to pass disguis'd;
They pass the planets seven, and pass the fix'd,
And that crystalline sphere whose balance weighs
The trepidation talk'd, and that first mov'd:
And now saint Peter at Heav'n's wicket seems
To wait them with his keys, and now at foot
Of Heav'n's ascent they lift their feet, when, lo!
A violent cross wind from either coast
Blows them transverse ten thousand leagues awry
Into the devious air: then might ye see
Cowls, hoods, and habits, with their wearers, toss'd
And flutter'd into rags; then reliques, beads,
Indulgences, dispenses, pardons, bulls,
The sport of winds: all these, upwhirl'd aloft,
Fly o'er the backside of the world far off,
Into a limbo large and broad, since call'd
The Paradise of Fools, to few unknown
Long after, now unpeopled, and untrod.
    All this dark globe the fiend found as he pass'd,
And long he wander'd, till at last a gleam
Of dawning light turn'd thitherward in haste
His travell'd steps: far distant he descries,
Ascending by degrees magnificent
Up to the wall of Heaven, a structure high;
At top whereof, but far more rich, appear'd
The work as of a kingly palace gate,
With frontispiece of diamond and gold
Imbellish'd; thick with sparkling orient gems
The portal shone, inimitable on earth
By model or by shading pencil, drawn.
The stairs were such as whereon Jacob saw
Angels ascending and descending, bands
Of guardians bright, when he from Esau fled

des anges (cohorte de célestes gardiens) lorsque pour fuir Ésaü, allant à Padan-Aram, il rêva la nuit dans la campagne de Luza, sous le ciel ouvert, et s'écria en s'éveillant : « C'est ici la porte du ciel. »

Chaque degré renfermait un mystère : cette échelle des degrés n'était pas toujours là ; mais elle était quelquefois retirée invisible dans le ciel : au-dessous roulait une brillante mer de jaspe ou de perles liquides, sur laquelle ceux qui, dans la suite, vinrent de la terre, faisaient voile conduits par des anges, ou volaient au-dessus du lac, ravis dans un char que tiraient des coursiers de feu. Les degrés descendaient alors en bas, soit pour tenter l'ennemi par une ascension aisée, soit pour aggraver sa triste exclusion des portes de la béatitude.

Directement en face de ces portes et juste au-dessus de l'heureux séjour du paradis, s'ouvrait un passage à la terre ; passage large, beaucoup plus large que ne le fut dans la suite des temps celui qui, quoique spacieux, descendait sur le mont-Sion et sur la terre promise, si chère à Dieu. Par ce chemin pour visiter les tribus heureuses, les anges porteurs des ordres suprêmes passaient et repassaient fréquemment : d'un œil de complaisance le Très-Haut regardait lui-même les tribus depuis Panéas, source des eaux du Jourdain, jusqu'à Bersabée, où la Terre-Sainte confine à l'Égypte et au rivage d'Arabie. Telle paraissait cette vaste ouverture où des limites étaient mises aux ténèbres, semblables aux bornes qui arrêtent le flot de l'océan. De là parvenu au degré inférieur de l'escalier, qui par des marches d'or monte à la porte du ciel, Satan regarde en bas : il est saisi d'étonnement à la vue soudaine de l'univers.

Quand un espion a marché toute une nuit avec péril, à travers des sentiers

> To Padan-Aram in the field of Luz,
> Dreaming by night under the open sky,
> And waking cried, « This is the gate of Heaven. »
>   Each stair mysteriously was meant, nor stood
> There always, but drawn up to Heaven sometimes
> Viewless ; and underneath a bright sea flow'd
> Of jasper, or of liquid pearl, whereon
> Who after came from earth, sailing arriv'd,
> Wafted by angels ; or flew o'er the lake,
> Rapt in a chariot drawn by fiery steeds.
> The stairs were then let down, whether to dare
> The fiend by easy ascent, or aggravate
> His sad exclusion from the doors of bliss.
>   Direct against which open'd from beneath
> Just o'er the blissful seat of Paradise,
> A passage down to th' earth, a passage wide ;
> Wider by far than that of after-times
> Over mount Sion, and, though that were large,
> Over the Promis'd Land, to God so dear ;
> By which, to visit oft those happy tribes,
> On high behests his angels to and fro
> Pass'd frequent, and his eye with choice regard,
> From Paneas, the fount of Jordan's flood,
> To Beërsaba, where the Holy Land
> Borders on Ægypt and the Arabian shore ;
> So wide the opening seem'd, where bounds were set
> To darkness, such as bound the ocean vawe.
> Satan from hence, now on the lower stair,
> That scal'd by steps of gold to Heaven-gate,
> Looks down with wonder at the sudden view
> Of all this world at once.
>   As when a scout,
> Through dark and desert ways with peril gone

obscurs et déserts ; au réveil de la réjouissante aurore, il gagne enfin le sommet de quelque colline haute et roide : inopinément à ses yeux se découvre l'agréable perspective d'une terre étrangère vue pour la première fois, ou d'une métropole fameuse ornée de pyramides et de tours étincelantes que le soleil levant dore de ses rayons : l'esprit malin fut frappé d'un pareil étonnement, quoiqu'il eût autrefois vu le ciel; mais il éprouve beaucoup moins d'étonnement que d'envie, à l'aspect de tout ce monde qui paraît si beau.

Il regardait l'espace tout à l'entour (et il le pouvait facilement étant placé si haut au-dessus du pavillon circulaire de l'ombre vaste de la nuit), depuis le point oriental de la Balance jusqu'à l'étoile laineuse qui porte Andromède loin des mers atlantiques au delà de l'horizon ; ensuite il regarde en largeur d'un pôle à l'autre, et, sans plus tarder, droit en bas dans la première région du monde il jette son vol précipité. Il suit avec aisance, à travers le pur marbre de l'air, sa route oblique parmi d'innombrables étoiles, qui de loin brillaient comme des astres, mais qui de près semblaient d'autres mondes ; ce sont d'autres mondes ou des îles de bonheur, comme ces jardins des Hespérides renommés dans l'antiquité : champs fortunés, bocages, vallées fleuries, îles trois fois heureuses ! Mais qui habitait là heureux ? Satan ne s'arrêta pas pour s'en enquérir.

Au-dessus de toutes les étoiles, le soleil d'or, égal au ciel en splendeur, attire ses regards : vers cet astre il dirige sa course dans le calme firmament ; mais si ce fut par le haut ou par le bas, par le centre ou par l'excentrique ou par la longitude, c'est ce qu'il serait difficile de dire. Il s'avance au lieu d'où le grand luminaire dispense de loin la clarté aux nombreuses et vulgaires constellations,

> All night, at last by break of cheerful dawn
> Obtains the brow of some high-climbing hill,
> Which to his eye discovers unaware
> The goodly prospect of some foreign land
> First seen, or some renown'd metropolis,
> With glistering spires and pinnacles adorn'd,
> Which now the rising sun gilds with his beams :
> Such wonder seiz'd, though after Heaven seen,
> The spirit malign, but much more envy seiz'd,
> At sight of all this world beheld so fair.
>   Round he surveys, (and well might, where he stood
> So high above the circling canopy
> Of night's extended shade) from eastern point
> Of Libra to the fleecy star that bears
> Andromeda far off Atlantic seas
> Beyond th' horizon : then from pole to pole
> He views in breadth ; and without longer pause
> Downright into the world's first region throws
> His flight precipitant; and winds with ease
> Through the pure marble air his oblique way
> Amongst innumerable stars, that shone
> Stars distant, but nigh hand seem'd other worlds ;
> Or other worlds they seem'd, or happy isles,
> Like those Hesperian gardens, fam'd of old,
> Fortunate fields; and groves and flowery vales,
> Thrice happy isles ; but who dwelt happy there
> He stay'd not to inquire.
>   Above them all,
> The golden sun, in splendour likest Heaven,
> Allur'd his eye : thither his course he bends
> Through the calm firmament; but up or down,
> By centre or eccentric, hard to tell,
> Or longitude, where the great luminary,

qui se tiennent à une distance convenable de l'œil de leur seigneur. Dans leur marche elles forment leur danse étoilée en nombres qui mesurent les jours, les mois et les ans ; elles se pressent d'accomplir leurs mouvements variés vers son vivifiant flambeau, ou bien elles sont tournées par son rayon magnétique qui échauffe doucement l'univers, et qui dans toute partie intérieure avec une bénigne pénétration, quoique non aperçu, darde une invisible vertu jusqu'au fond de l'abîme ; tant fut merveilleusement placée sa station brillante !

Là aborde l'ennemi : une pareille tache n'a peut-être jamais été aperçue de l'astronome, à l'aide de son verre optique, dans l'orbe luisant du soleil. Satan trouva ce lieu éclatant au delà de toute expression, comparé à quoi que ce soit sur la terre, métal ou pierre. Toutes les parties n'étaient pas semblables, mais toutes étaient également pénétrées d'une lumière rayonnante, comme le fer ardent l'est du feu : métal, partie semblait d'or, partie d'argent fin ; pierre, partie paraissait escarboucle ou chrysolithe, partie rubis ou topaze, tels qu'aux douze pierres qui brillaient sur le pectoral d'Aaron : ou c'est encore la pierre souvent imaginée plutôt que vue ; pierre que les philosophes ici-bas ont en vain si longtemps cherchée : quoique par leur art puissant, ils fixent le volatil Hermès, évoquent de la mer sous ses différentes figures le vieux Protée réduit à travers un alambic à sa forme primitive.

Quelle merveille y a-t-il donc si ces champs, si ces régions exhalent un élixir pur, si les rivières roulent l'or potable, quand par la vertu d'un seul toucher le grand alchimiste, le soleil (tant éloigné de nous) produit, mêlées avec les

> Aloof the vulgar constellations thick,
> That from his lordly eye keep distance due,
> Dispenses light from far; they, as they move
> Their starry dance in numbers that compute
> Days, months, and years, towards his all-cheering lamp
> Turn swift their various motions; or are turn'd
> By his magnetic beam, that gently warms
> The universe, and to each inward part
> With gentle penetration, though unseen,
> Shoots invisible virtue even to the deep;
> So wondrously was set his station bright.
> There lands the fiend; a spot like which perhaps
> Astronomer in the sun's lucent orb
> Through his glaz'd optic tube yet never saw.
> The place he found beyond expression bright,
> Compar'd with aught on earth, metal or stone;
> Not all parts like, but all alike inform'd
> With radiant light, as glowing iron with fire :
> If metal, part seem'd gold, part silver clear;
> If stone, carbuncle most or chrysolite,
> Ruby or topaz, to the twelve that shone
> In Aaron's breast-plate; and a stone besides
> Imagin'd rather oft than elsewhere seen,
> That stone, or like to that, which here below
> Philosophers in vain so long have sought,
> In vain, though by their powerful art they bind
> Volatil Hermes, and call up unbound
> In various shapes old Proteus from the sea,
> Drain'd through alimbeck to his native form.
> What wonder then if fields and regions here
> Breathe forth elixir pure, and rivers run
> Potable gold; when with one virtuous touch,
> Th' arch-chymic sun (so far from us remote)
> Produces, with terrestrial humour mix'd,

LE PARADIS PERDU. 89

humeurs terrestres, ici dans l'obscurité, tant de précieuses choses de couleurs si vives, et d'effets si rares !

Ici le démon, sans être ébloui, rencontre de nouveaux sujets d'admirer ; son œil commande au loin, car la vue ne rencontre ici ni obstacle, ni ombre, mais tout est soleil : ainsi quand à midi ses rayons culminants tombent du haut de l'équateur, comme alors ils sont dardés perpendiculaires, sur aucun lieu à l'entour l'ombre d'un corps opaque ne peut descendre.

Un air qui n'est nulle part aussi limpide, rendait le regard de Satan plus perçant pour les objets éloignés : il découvre bientôt, à portée de la vue, un ange glorieux qui se tenait debout, le même ange que saint Jean vit aussi dans le soleil. Il avait le dos tourné, mais sa gloire n'était point cachée. Une tiare d'or des rayons du soleil couronnait sa tête ; non moins brillante, sa chevelure sur ses épaules où s'attachent des ailes, flottait ondoyante : il semblait occupé de quelque grande fonction, ou plongé dans une méditation profonde. L'esprit impur fut joyeux, dans l'espoir de trouver à présent un guide qui pût diriger son vol errant au paradis terrestre ; séjour heureux de l'homme, fin du voyage de Satan et où commencèrent nos maux.

Mais d'abord l'ennemi songe à changer sa propre forme qui pourrait autrement lui susciter péril ou retard ; soudain il devient un adolescent chérubin, non de ceux du premier ordre, mais cependant tel que sur son visage souriait une céleste jeunesse, et que sur tous ses membres était répandue une grâce convenable, tant il sait bien feindre ! Sous une petite couronne ses cheveux roulés

    Here in the dark so many precious things,
Of colour glorious and effect so rare?
    Here matter new to gaze the devil met.
Undazzled; far and wide his eye commands;
For sight no obstacle found here, nor shade,
But all sun-shine : as when his beams at noon
Culminate from th' equator, as they now
Shot upward still direct, whence no way round
Shadow from body opaque can fall : and th' air,
No where so clear, sharpen'd his visual ray
To objects distant far; whereby he soon
Saw within ken a glorious angel stand,
The same whom John saw also in the sun :
His back was turn'd, but not his brightness hid;
Of beaming sunny rays a golden tiar
Circled his head; nor less his locks behind
Illustrious on his shoulders fledg'd with wings
Lay waving, round : on some great charge employ'd
He seem'd, or fix'd, in cogitation deep.
Glad was the spirit impure, as now in hope
To find who might direct his wandering flight
    To Paradise, the happy seat of man,
His journey's end, and our beginning woe.
    But first he casts to change his proper shape,
Which else might work him danger or delay :
And now a stripling cherub he appears,
Not of the prime, yet such as in his face
Youth smil'd celestial, and to every limb
Suitable grace diffus'd, so well he feign'd ;
Under a coronet his flowing hair
In curls on either cheek play'd; wings he wore
Of many a colour'd plume, sprinkled with gold ;
His habit fit for speed succinct; and held
Before his decent steps a silver wand.

en boucles se jouaient sur ses deux joues; il portait des ailes dont les plumes de diverses couleurs étaient semées de paillettes d'or; son habit court était fait pour une marche rapide, et il tenait devant ses pas pleins de décence une baguette d'argent.

Il ne s'approcha pas sans être entendu; comme il avançait, l'ange brillant, averti par son oreille, tourna son visage radieux : il fut reconnu sur-le-champ pour l'archange Uriel, l'un des sept qui, en présence de Dieu et les plus voisins de son trône, se tiennent prêts à son commandement. Ces sept archanges sont les yeux de l'Éternel; ils parcourent tous les cieux, ou en bas à ce globe ils portent ses prompts messages sur l'humide et sur le sec, sur la terre et sur la mer. Satan aborde Uriel et lui dit :

« Uriel, toi qui, des sept esprits glorieusement brillants qui se tiennent debout
« devant le trône élevé de Dieu, es accoutumé, interprète de sa grande volonté,
« à la transmettre le premier au plus haut ciel où tous ses fils attendent ton
« ambassade! ici sans doute, par décret suprême, tu obtiens le même honneur,
« et comme un des yeux de l'Éternel, tu visites souvent cette nouvelle création.
« Un désir indicible de voir et de connaître les étonnants ouvrages de Dieu,
« mais particulièrement l'homme, objet principal de ses délices et de sa faveur,
« l'homme pour qui il a ordonné tous ces ouvrages si merveilleux; ce désir
« m'a fait quitter les chœurs de chérubins, errant seul ici. O le plus brillant
« des séraphins, dis dans lequel de ces deux orbes l'homme a sa résidence
« fixée, ou si, n'ayant aucune demeure fixe il peut habiter à son choix tous ces
« orbes éclatants; dis-moi où je puis trouver, où je puis contempler, avec un
« secret étonnement, ou avec une admiration ouverte, celui à qui le Créateur a

He drew not nigh unheard; the angel bright,
Ere he drew nigh, his radiant visage turn'd,
Admonish'd by his ear, and straight was known
Th' archangel Uriel, one of the seven
Who in God's presence nearest to his throne
Stand ready at command, and are his eyes
That run through all the Heavens, or down to th' earth
Bear his swift errands, over moist and dry,
O'er sea and land : him Satan thus accosts;
 « Uriel, for thou of those seven spirits that stand
In sight of God's high throne, gloriously bright,
The first art wont his great authentic will
Interpreter through highest Heaven to bring,
Where all his sons thy embassy attend;
And here art likeliest by supreme decree
Like honour to obtain, and as his eye
To visit oft this new creation round;
Unspeakable desire to see, and know
All these his wondrous works, but chiefly man,
His chief delight and favour, him for whom
All these his works so wondrous he ordain'd,
Hath brought me from the quires of cherubim
Alone thus wandering. Brightest seraph, tell
In which of all these shining orbs hath man
His fixed seat, or fixed seat hath none,
But all these shining orbs his choice to dwell;
That I may find him, and, with secret gaze
Or open admiration, him behold,
On whom the great Creator hath bestow'd
Worlds, and on whom hath all these graces pour'd;
That both in him and all things, as is meet,
The universal Maker we may praise;

« prodigué des mondes, et sur qui il a répandu toutes ces grâces. Tous deux
« ensuite et dans l'homme et dans toutes choses, nous pourrons, comme il con-
« vient, louer le Créateur universel qui a justement précipité au plus profond
« de l'enfer ses ennemis rebelles, et qui, pour réparer cette perte, a créé cette
« nouvelle et heureuse race d'hommes pour le mieux servir : sages sont toutes
« ses voies! »

Ainsi parla le faux dissimulateur sans être reconnu, car ni l'homme ni l'ange ne peuvent discerner l'hypocrisie : c'est le seul mal qui dans le ciel et sur la terre marche invisible, excepté à Dieu et par la permission de Dieu : souvent, quoique la Sagesse veille, le Soupçon dort à la porte de la Sagesse et résigne sa charge à la Simplicité : la Bonté ne pense point au mal, là où il ne semble pas y avoir de mal. Ce fut cela qui cette fois trompa Uriel, bien que régent du soleil et regardé comme l'esprit des cieux dont la vue est la plus perçante. A l'impur et perfide imposteur, il répondit dans sa sincérité :

« Bel ange, ton désir qui tend à connaître les œuvres de Dieu, afin de glori-
« fier par là le grand Ouvrier, ne conduit à aucun excès qui encoure le blâme;
« au contraire, plus ce désir paraît excessif, plus il mérite de louanges, puis-
« qu'il t'amène seul ici de ta demeure empyrée, pour t'assurer par le témoi-
« gnage de tes yeux de ce que peut-être quelques-uns se sont contentés d'en-
« tendre seulement raconter dans le ciel. Car merveilleux, en vérité, sont les
« ouvrages du Très-Haut, charmants à connaître, et tous dignes d'être à ja-
« mais gardés avec délices dans la mémoire! Quel esprit créé pourrait en cal-
« culer le nombre, ou comprendre la sagesse infinie qui les enfanta, mais qui
« en cacha les causes profondes ?

> Who justly hath driven out his rebel foes
> To deepest Hell, and, to repair that loss,
> Created this new happy race of men
> To serve him better : wise are all his ways. »
>   So spake the false dissembler unperceiv'd;
> For neither man or angel can discern
> Hypocrisy, the only evil that walks
> Invisible, except to God alone,
> By his permissive will, through Heaven and earth :
> And oft, though Wisdom wake, Suspicion sleeps
> At Wisdom's gate, and to Simplicity
> Resigns her charge, while Goodness thinks no ill
> Where no ill seems; which now for once beguil'd
> Uriel, though regent of the sun, and held
> The sharpest-sighted spirit of all in Heaven :
> Who to the fraudulent impostor foul,
> In his uprightness, answer thus return'd :
>   « Fair angel, thy desire which tends to know
> The works of God, thereby to glorify
> The great Work-master, leads to no excess
> That reaches blame, but rather merits praise
> The more it seems excess, that led thee hither
> From thy empyreal mansion thus alone,
> To witness with thine eyes what some perhaps,
> Contented with report, hear only in Heaven
> For wonderful indeed are all his works,
> Pleasant to know, and worthiest to be all
> Had in remembrance always with delight :
> But what created mind can comprehend
> Their number; or the wisdom infinite
> That brought them forth, but hid their causes deep?
>   « I saw, when at his word the formless mass,

« Je le vis, quand, à sa parole, la masse informe, moule matériel de ce
« monde, se réunit en monceau, la Confusion entendit sa voix, le farouche
« Tumulte se soumit à des règles, le vaste infini demeura limité. A sa seconde
« parole les ténèbres fuirent, la lumière brilla, l'ordre naquit du désordre.
« Rapides à leurs différentes places se hâtèrent les éléments grossiers, la terre,
« l'eau, l'air, le feu : la quintessence éthérée du ciel s'envola en haut; animée
« sous différentes formes, elle roula orbiculaire et se convertit en étoiles sans
« nombre, comme tu le vois : selon leur motion chacune eut sa place assignée,
« chacune sa course ; le reste en circuit mure l'univers.

« Regarde en bas ce globe, dont ce côté brille de la lumière réfléchie qu'il
« reçoit d'ici : ce lieu est la terre, séjour de l'homme. Cette lumière est le jour
« de la terre, sans quoi la nuit envahirait cette moitié du globe terrestre, comme
« l'autre hémisphère. Mais la lune voisine (ainsi est appelée cette belle pla-
« nète opposée) interpose à propos son secours : elle trace son cercle d'un mois
« toujours finissant, toujours renouvelant au milieu du soleil, par une lumière
« empruntée, sa face triforme. De cette lumière elle se remplit et elle se vide
« tour à tour pour éclairer la terre; sa pâle domination arrête la nuit.

« Cette tache que je te montre est le paradis, demeure d'Adam ; ce grand
« ombrage est son berceau : tu ne peux manquer ta route ; la mienne me
« réclame. »

Il dit et se retourna. Satan s'inclinant profondément devant un esprit supérieur, comme c'est l'usage dans le ciel où personne ne néglige de rendre le
respect et les honneurs qui sont dus, prend congé : vers la côte au-dessous,
il se jette en bas de l'écliptique : rendu plus agile par l'espoir du succès, il

This worl'ds material mould, came to a heap :
Confusion heard his voice, and wild Uproar
Stood rul'd; stood vast infinitude confin'd;
Till at his second bidding darkness fled,
Light shone, and order from disorder sprung.
Swift to their several quarters hasted then
The cumbrous elements, earth, flood, air, fire;
And this ethereal quintessence of Heaven
Flew upward, spirited with various forms,
That roll'd orbicular, and turn'd to stars
Numberless, as thou seest, and how they move;
Each had his place appointed, each his course;
The rest in circuit walls this universe.
    Look downward on that globe, whose hither side
With light from hence, though but reflected, shines;
That place is earth, the seat of man; that light
His day, which else, as th' other hemisphere,
Night would invade; but there the neighbouring moon,
So call that opposite fair star, her aid
Timely interposes; and her monthly round
Still ending, still renewing, through mid Heaven,
With borrow'd light her countenance triform,
Hence fills and empties to enlighten th' earth;
And in her pale dominion checks the night.
That spot to which I point, is Paradise,
Adam's abode; those lofty shades his bower.
Thy way thou canst not miss, me mine requires. »
    Thus said, he turn'd; and Satan, bowing low,
As to superiour spirits is wont in Heaven,
Where honour due and reverence none neglects,
Took leave ; and toward the coast of earth beneath,
Down from th' ecliptic, sped with hop'd success,

précipite son vol perpendiculaire en tournant comme une roue aérienne; il ne s'arrêta qu'au moment où sur le mont du Niphates il s'abattit.

> Throws his steep flight in many an aery wheel
> Nor stay'd till on Niphate's top he light

LIVRE QUATRIÈME.

ARGUMENT.

Satan, à la vue d'Éden et près du lieu où il doit tenter l'entreprise hardie qu'il a seul projetée contre Dieu et contre l'homme, flotte dans le doute et est agité de plusieurs passions, la frayeur, l'envie et le désespoir. Mais enfin il se confirme dans le mal; il s'avance vers le paradis, dont l'aspect extérieur et la situation sont décrits. Il en franchit les limites; il se repose sous la forme d'un cormoran, sur l'arbre de vie, comme le plus haut du jardin, pour regarder autour de lui. Description du jardin; première vue d'Adam et d'Ève par Satan; son étonnement à l'excellence de leur forme et à leur heureux état; sa résolution de travailler à leur chute. Il entend leurs discours; il apprend qu'il leur était défendu sous peine de mort de manger du fruit de l'arbre de science : il projette de fonder là-dessus sa tentation en leur persuadant de transgresser l'ordre : il les laisse quelque temps pour en apprendre davantage sur leur état par quelque autre moyen. Cependant Uriel descendant sur un rayon du soleil, avertit Gabriel (qui avait sous sa garde la porte du paradis) que quelque mauvais esprit s'est échappé de l'abîme, qu'il a passé à midi par la sphère du soleil sous la forme d'un bon ange, qu'il est descendu au paradis et s'est trahi après par ses gestes furieux sur la montagne : Gabriel promet de le trouver avant le matin. La nuit venant, Adam et Ève parlent d'aller à leur repos. Leur bosquet décrit; leur prière du soir. Gabriel faisant sortir ses escadrons de veilles de nuit pour faire la ronde dans le paradis, détache deux forts anges vers le berceau d'Adam, de peur que le malin esprit ne fût là faisant du mal à Adam et Ève endormis. Là ils trouvent Satan à l'oreille d'Ève, occupé à la tenter dans un songe, et ils l'amènent, quoiqu'il ne le voulût pas, à Gabriel. Questionné par celui-ci, il répond dédaigneusement, se prépare à la résistance; mais empêché par un signe du ciel, il fuit hors du paradis.

BOOK IV.

THE ARGUMENT.

Satan, now in prospect of Eden, and nigh the place where he must now attempt the bold enterprise which he undertook alone against God and man, falls into many doubts with himself, and many passions, fear, envy, and despair; but at length confirms himself in evil; journeys on to Paradise, whose outward prospect and situation is described; overleaps the bounds : sits in the shape of a cormorant on the tree of Life, as the highest in the garden, to look about him. The garden described; Satan's first sight of Adam and Eve : his wonder at their excellent form and happy state, but with resolution to work their fall; overhears their discourse, thence gathers that the tree of Knowledge was forbidden them to eat of, under penalty of death; and thereon intends to found his temptation, by seducing them to transgress : then leaves them awhile to know further of their state by some other means. Meanwhile, Uriel, descending on a sunbeam, warns Gabriel, who had in charge the gate of Paradise, that some evil spirit had escaped the deep, and passed at noon by his sphere in the shape of a good angel down to Paradise, discovered after by his furious gestures in the mount. Gabriel promises to find him ere morning. Night coming on, Adam and Eve discourse of going to the irrest : their bower described; their evening, worship. Gabriel, drawing forth his bands of nightwatch to walk the rounds of Paradise, appoints two strong angels to Adam's bower, lest the evil spirit should be there doing some harm to Adam or Eve sleeping; there they find him at the ear of Eve, tempting her in a dream, and bring him, though unwilling, to Gabriel; by whom questioned, he scornfully answers, prepares resistance; but, hindered by a sign from Heaven, flies out of Paradise.

IV.

Oh ! que ne se fît-elle entendre, cette voix admonitrice dont l'apôtre qui vit l'Apocalypse fut frappé quand le dragon, mis dans une seconde déroute, accourut furieux pour se venger sur les hommes ; voix qui criait avec force dans le ciel : *Malheur aux habitants de la terre !* Alors, tandis qu'il en était temps, nos premiers parents eussent été avertis de la venue de leur secret ennemi ; ils eussent peut-être ainsi échappé à son piége mortel. Car à présent Satan, à présent enflammé de rage, descendit pour la première fois sur la terre ; tentateur avant d'être accusateur du genre humain, il vint pour faire porter la peine de sa première bataille perdue, et de sa fuite dans l'enfer, à l'homme innocent et fragile. Toutefois, quoique téméraire et sans frayeur, il ne se réjouit pas dans sa vitesse ; il n'a point de sujet de s'enorgueillir en commençant son affreuse entreprise. Son dessein, maintenant près d'éclore, roule et bouillonne dans son sein tumultueux, et, comme une machine infernale, il roule sur lui-même.

L'horreur et le doute déchirent les pensées troublées de Satan, et jusqu'au fond soulèvent l'enfer au dedans de lui ; car il porte l'enfer en lui et autour de lui ; il ne peut pas plus fuir lui-même en changeant de place. La conscience éveille le désespoir qui sommeillait, éveille dans l'archange le souvenir amer de ce qu'il fut, de ce qu'il est, et de ce qu'il doit être : de pires actions doivent amener de plus grands supplices. Quelquefois sur Éden, qui maintenant se déploie agréable à sa vue, il attache tristement son regard malheureux ; quelquefois il le fixe sur le ciel et sur le soleil, resplendissant alors dans sa haute tour du

IV.

O for that warning voice, which he, who saw
Th' Apocalypse, heard cry in Heaven aloud,
Then when the dragon, put to second rout,
Came furious down to be reveng'd on men,
« Woe to th' inhabitants on earth ! » that now,
While time was, our first parents had been warn'd
The coming of their secret foe, and 'scap'd,
Haply so 'scap'd his mortal snare ; for now
Satan, now first inflam'd with rage, came down,
The tempter ere th' accuser of mankind,
To wreak on innocent frail man his loss
Of that first battle, and his flight to Hell :
Yet not rejoicing in his speed, though bold,
Far off and fearless, nor with cause to boast,
Begins his dire attempt ; which, nigh the birth,
Now rolling boils in his tumultuous breast,
And like a devilish engine back recoils
Upon himself : horrour and doubt distract
His troubled thoughts, and from the bottom stir
The Hell within him ; for within him Hell
He brings, and round about him, nor from Hell
One step, no more than from himself, can fly
By change of place : now conscience wakes despair
That slumber'd ; wakes the bitter memory
Of what he was, what is, and what must be
Worse ; of worse deeds worse sufferings must ensue.
Sometimes towards Eden, which now in his view
Lay pleasant, his griev'd look he fixes sad ;
Sometimes towards Heaven and the full-blazing sun,
Which now sat high in his meridian tower.

midi. Après avoir tout repassé dans son esprit, il s'exprima de la sorte avec des soupirs :

« O toi qui, couronné d'une gloire incomparable, regarde du haut de ton
« empire solitaire comme le Dieu de ce monde nouveau ! toi, à la vue duquel
« toutes les étoiles cachent leurs têtes amoindries ; je crie vers toi, mais non
« avec une voix amie ; je ne prononce ton nom, ô soleil, que pour te dire
« combien je hais tes rayons ! Ils me rappellent l'état dont je suis tombé et
« combien autrefois je m'élevais au-dessus de ta sphère.

« L'orgueil et l'ambition m'ont précipité : j'ai fait la guerre dans le ciel au
« Roi du ciel, qui n'a point d'égal. Ah ! pourquoi ? il ne méritait pas de moi
« un pareil retour, lui qui m'avait créé ce que j'étais dans un rang éminent ; il
« ne me reprochait aucun de ses bienfaits ; son service n'avait rien de rude.
« Que pouvais-je faire de moins que de lui offrir des louanges, hommage si
« facile ! que de lui rendre des actions de grâces ? combien elles lui étaient
« dues ! Cependant toute sa bonté n'a opéré en moi que le mal, n'a produit
« que la malice. Élevé si haut, j'ai dédaigné la sujétion ; j'ai pensé qu'un degré
« plus haut je deviendrais le Très-Haut ; que dans un moment j'acquitterais la
« dette immense d'une reconnaissance éternelle, dette si lourde ; toujours
« payer, toujours devoir. J'oubliais ce que je recevais toujours de lui ; je ne
« compris pas qu'un esprit reconnaissant en devant ne doit pas, mais qu'il paie
« sans cesse, à la fois endetté et acquitté. Était-ce donc là un fardeau ? Oh !
« que son puissant destin ne me créa-t-il un ange inférieur ! je serais encore
« heureux ; une espérance sans bornes n'eût pas fait naître l'ambition. Cepen-
« dant, pourquoi non ? quelque autre pouvoir aussi grand aurait pu aspirer au

Then, much revolving, thus in sighs began :
« O thou, that, with surpassing glory crown'd,
Look'st from thy sole dominion like the God
Of this new world ; at whose sight all the stars
Hide their diminish'd heads ; to thee I call,
But with no friendly voice ; and add thy name,
O sun, to tell thee how I hate thy beams,
That bring to my remembrance from what state
I fell, how glorious once above thy sphere ;
Till pride and worse ambition threw me down,
Warring in Heaven against Heaven's matchless King.
Ah, wherefore ? he deserv'd no such return
From me, whom he created what I was
In that bright eminence, and with his good
Upbraided none ; nor was his service hard.
What could be less than to afford him praise,
The easiest recompense, and pay him thanks,
How due ! yet all his good prov'd ill in me,
And wrought but malice ; lifted up so high,
I'sdain'd subjection, and thought one step higher
Would set me highest, and in a moment quit
The debt immense of endless gratitude,
So burdensome ; still paying, still to owe :
Forgetful what from him I still receiv'd ;
And understood not that a grateful mind
By owing owes not, but still pays, at once
Indebted and discharg'd : what burden then ?
O ! had his powerful destiny ordain'd
Me some inferiour angel, I had stood
Then happy ; no unbounded hope had rais'd
Ambition ! Yet why not ? some other power
As great might have aspir'd, and me, though mean,

« trône et m'aurait, malgré mon peu de valeur, entraîné dans son parti. Mais
« d'autres pouvoirs aussi grands ne sont pas tombés; ils sont restés inébranla-
« bles, armés au dedans et au dehors contre toute tentation. N'avais-tu pas
« la même volonté libre et la même force pour résister? Tu l'avais; qui donc
« et quoi donc pourrais-tu accuser, si ce n'est le libre amour du ciel qui agit
« également envers tous?

« Qu'il soit donc maudit cet amour, puisque l'amour ou la haine, pour moi
« semblables, m'apportent l'éternel malheur! Non! sois maudit toi-même,
« puisque par ta volonté contraire à celle de Dieu, tu as choisi librement ce
« dont tu te repens si justement aujourd'hui!

« Ah! moi, misérable! par quel chemin fuir la colère infinie et l'infini
« désespoir? Par quelque chemin que je fuie, il aboutit à l'enfer; moi-même
« je suis l'enfer; dans l'abîme le plus profond est au dedans de moi un plus
« profond abîme, qui, large ouvert, menace sans cesse de me dévorer; auprès
« de ce gouffre, l'enfer où je souffre semble le ciel.

« Oh! ralentis tes coups! n'est-il aucune place laissée au repentir, aucune
« à la miséricorde? aucune, il faut la soumission. Ce mot, l'orgueil et ma
« crainte de la honte aux yeux des esprits de dessous me l'interdisent; je les
« séduisis avec d'autres promesses, avec d'autres assurances que des assu-
« rances de soumission, me vantant de subjuguer le Tout-Puissant! Ah! mal-
« heureux que je suis! ils savent peu combien chèrement je paye cette jac-
« tance si vaine, sous quels tourments intérieurement je gémis, tandis qu'ils
« m'adorent sur le trône de l'enfer! Le plus élevé avec le sceptre et le dia-
« dème, je suis tombé le plus bas, seulement supérieur en misères! telle est
« la joie que trouve l'ambition.

> Drawn to his part; but other powers as great
> Fell not, but stand unshaken, from within
> Or from without, to all temptations arm'd.
> Hadst thou the same free will and power to stand?
> Thou hadst: whom hast thou then or what to accuse,
> But Heaven's free love dealt equally to all?
> Be then his love accursed; since love or hate,
> To me alike, it deals eternal woe.
> Nay, curs'd be thou; since against his thy will
> Chose freely what it now so justly rues.
> Me miserable! which way shall I fly
> Infinite wrath, and infinite despair?
> Which way I fly is Hell; myself am Hell;
> And in the lowest deep, a lower deep
> Still threatening to devour me opens wide,
> To which the Hell I suffer seems a Heaven.
> O! then at last relent: is there no place
> Left for repentance, none for pardon left?
> None left, but by submission; and that word
> Disdain forbids me, and my dread of shame
> Among the spirits beneath; whom I seduc'd
> With other promises and other vaunts
> Than to submit; boasting I could subdue
> Th' Omnipotent. Ah me! they little know
> How dearly I abide that boast so vain,
> Under what torments inwardly I groan,
> While they adore me on the throne of Hell.
> With diadem and sceptre high advanc'd,
> The lower still I fall; only supreme
> In misery: such joy ambition finds.
> But say I could repent, and could obtain

« Mais suppose qu'il soit possible que je me repente, que j'obtienne par un
« acte de grâce mon premier état, ah ! la hauteur du rang ferait bientôt re-
« naître la hauteur des pensées : combien serait rétracté vite ce qu'une feinte
« soumission aurait juré ! L'allégement du mal désavouerait comme nuls et
« arrachés par la violence des vœux prononcés dans la douleur. Jamais une
« vraie réconciliation ne peut naître là où les blessures d'une haine mortelle
« ont pénétré si profondément. Cela ne me conduirait qu'à une pire infidélité,
« et à une chute plus pesante. J'achèterais cher une courte intermission payée
« d'un double supplice. Il le sait celui qui me punit ; il est aussi loin de m'ac-
« corder la paix que je suis loin de la mendier. Tout espoir exclu, voici qu'au
« lieu de nous rejetés, exilés, il a créé l'homme, son nouveau délice, et pour
« l'homme ce monde. Ainsi, adieu espérance, et avec l'espérance, adieu crainte,
« adieu remords. Tout bien est perdu pour moi. Mal, sois mon bien ; par toi
« au moins je tiendrai l'empire divisé entre moi et le Roi du ciel ; par toi je
« régnerai peut-être sur plus d'une moitié de l'univers, ainsi que l'homme et
« ce monde nouveau l'apprendront en peu de temps. »

Tandis qu'il parlait de la sorte, chaque passion obscurcissait son visage trois fois changé par la pâle colère, l'envie et le désespoir, passions qui défiguraient son visage emprunté, et auraient trahi son déguisement si quelque œil l'eût aperçu, car les esprits célestes sont toujours exempts de ces honteux désordres. Satan s'en ressouvint bientôt et couvrit ses perturbations d'un dehors de calme : artisan de fraude, ce fut lui qui le premier pratiqua la fausseté sous une appa- rence sainte, afin de cacher sa profonde malice renfermée dans la vengeance. Toutefois il n'était pas encore assez exercé dans son art pour tromper Uriel une fois prévenu : l'œil de cet archange l'avait suivi dans la route qu'il avait prise ;

   By act of grace my former state ; how soon
   Would highth recall high thoughts, how soon unsay
   What feign'd submission swore ! Ease would recant
   Vows made in pain, as violent and void.
   For never can true reconcilement grow
   Where wounds of deadly hate have pierc'd so deep;
   Which would but lead me to a worse relapse
   And heavier fall : so should I purchase dear
   Short intermission bought with double smart.
   This knows my punisher ; therefore as far
   From granting he, as I from begging peace :
   All hope excluded thus, behold, instead
   Of us out-cast, exil'd, his new delight,
   Mankind created, and for him this world.
   So, farewell, hope : and with hope, farewell, fear ;
   Farewell, remorse : all good to me is lost ;
   Evil, be thou my good ; by thee at least
   Divided empire with Heaven's King I hold,
   By thee, and more than half perhaps will reign ;
   As man ere long and this new world shall know. »
    Thus while he spake, each passion dimm'd his face
   Thrice chang'd with pale ire, envy, and despair ;
   Which marr'd his borrow'd visage, and betray'd
   Him counterfeit, if any eye beheld :
   For heavenly minds from such distempers foul
   Are ever clear. Whereof he soon aware,
   Each perturbation smooth'd with outward calm,
   Artificer of fraud ; and was the first
   That practis'd falsehood under saintly show,
   Deep malice to conceal, couch'd with revenge :
   Yet not enough had practis'd to deceive

il le vit sur le mont Assyrien plus défiguré qu'il ne pouvait convenir à un esprit bienheureux ; il remarqua ses gestes furieux, sa contenance égarée alors qu'il se croyait seul, non observé, non aperçu.

Satan poursuit sa route et approche de la limite d'Éden. Le délicieux paradis, maintenant plus près, couronne de son vert enclos, comme d'un boulevard champêtre, le sommet aplati d'une solitude escarpée; les flancs hirsutes de ce désert, hérissés d'un buisson épais, capricieux et sauvage, défendent tout abord. Sur sa cime croissaient à une insurmontable hauteur les plus hautes futaies de cèdres, de pins, de sapins, de palmiers, scène sylvaine ; et comme leurs rangs superposent ombrages sur ombrages, ils forment un théâtre de forêts de l'aspect le plus majestueux. Cependant, plus haut encore que leurs cîmes, montait la muraille verdoyante du paradis : elle ouvrait à notre premier père une vaste perspective sur les contrées environnantes de son empire.

Et plus haut que cette muraille, qui s'étendait circulairement au-dessous de lui, apparaissait un cercle des arbres les meilleurs et chargés des plus beaux fruits. Les fleurs et les fruits dorés formaient un riche émail de couleurs mêlées : le soleil y imprimait ses rayons avec plus de plaisir que dans un beau nuage du soir, ou dans l'arc humide, lorsque Dieu arrose la terre.

Ainsi charmant était ce paysage. A mesure que Satan s'en approche, il passe d'un air pur dans un air plus pur qui inspire au cœur des délices et des joies printanières, capables de chasser toute tristesse, hors celle du désespoir. De douces brises, secouant leurs ailes odoriférantes, dispensaient des parfums naturels, et révélaient les lieux auxquels elles dérobèrent ces dépouilles embaumées.

    Uriel once warn'd; whose eye pursued him down
The way he went, and on th' Assyrian mount
Saw him disfigur'd, more than could befall
Spirit of happy sort : his gestures fierce
He mark'd, and mad demeanour, then alone,
As he supposed, all unobserv'd, unseen.
    So on he fares, and to the border comes
Of Eden, where delicious Paradise,
Now nearer, crowns with her enclosure green,
As with a rural mound, the champaign head
Of a steep wilderness, whose hairy sides
With thicket overgrown, grotesque and wild,
Access denied; and over-head up grew
Insuperable highth of loftiest shade,
Cedar, and pine, and fir, and branching palm,
A sylvan scene; and, as the ranks ascend
Shade above shade, a woody theatre
Of stateliest view. Yet higher than their tops
The verdurous wall of Paradise up sprung;
Which to our general sire gave prospect large
Into his nether empire neighbouring round :
And higher than that wall a circling row
Of goodliest trees, loaden with fairest fruit,
Blossoms and fruits at once of golden hue,
Appear'd, with gay enamell'd colours mix'd :
On which the sun more glad impress'd his beams,
Than in fair evening cloud, or humid bow,
When God hath shower'd the eart.
                      So lovely seem'd
That landscape : and of pure, now purer air
Meets his approach, and to the heart inspires
Vernal delight and joy, able to drive
All sadness but despair : now gentle gales,

LE PARADIS PERDU.

Comme aux matelots qui ont cinglé au delà du cap de Bonne-Espérance, et ont déjà passé Mozambique, les vents du nord-est apportent, loin en mer, les parfums de Saba du rivage aromatique de l'Arabie Heureuse ; charmés du retard, ces navigateurs ralentissent encore leur course ; et, pendant plusieurs lieues, réjoui par la senteur agréable, le vieil Océan sourit : ainsi ces suaves émanations accueillent l'ennemi qui venait les empoisonner. Il en était plus satisfait que ne le fut Asmodée de la fumée du poisson qui le chassa, quoique amoureux, d'auprès de l'épouse du fils de Tobie ; la vengeance le força de fuir de la Médie jusqu'en Égypte, où il fut fortement enchaîné.

Pensif et avec lenteur, Satan a gravi le flanc de la colline sauvage et escarpée ; mais bientôt il ne trouve plus de route pour aller plus loin ; tant les épines entrelacées comme une haie continue, et l'exubérance des buissons, ferment toute issue à l'homme ou à la bête qui prend ce chemin. Le paradis n'avait qu'une porte, et elle regardait l'orient du côté opposé ; ce que l'archifélon ayant vu, il dédaigna l'entrée véritable ; par mépris, d'un seul bond léger il franchit toute l'enceinte de la colline et de la plus haute muraille, et tombe en dedans sur ses pieds.

Comme un loup rôdant, contraint par la faim de chercher les nouvelles traces d'une proie, guette le lieu où les pasteurs ont enfermé leurs troupeaux dans des parcs en sûreté, le soir au milieu des champs ; il saute facilement pardessus les claies, dans la bergerie : ou comme un voleur âpre à débarrasser de son trésor un riche citadin dont les portes épaisses, barrées et verrouillées, ne redoutent aucun assaut ; il grimpe aux fenêtres ou sur les toits : ainsi le pre-

> Fanning their odoriferous wings, dispense
> Native perfumes, and whisper whence they stole
> Those balmy spoils. As when to them who sail
> Beyond the cape of Hope, and now are pass'd
> Mozambic, off at sea north-east winds blow
> Sabean odours from the spicy shore
> Of Araby the bless'd; with such delay
> Well pleas'd they slack their course, and many a league
> Cheer'd with the grateful smell old Ocean smiles :
> So entertain'd those odorous sweets the fiend
> Who came their bane : though with them better pleas'd,
> Than Asmodëus with the fishy fume,
> That drove him, though enamour'd, from the spouse
> Of Tobit's son, and with a vengeance sent
> From Media post to Ægypt, there fast bound.
>   Now to th' ascent of that steep savage hill
> Satan had journey'd on, pensive and slow;
> But further way found none; so thick entwin'd,
> As one continued brake, the undergrowth
> Of shrubs and tangling bushes had perplex'd
> All path of man or beast that pass'd that way.
> One gate there only was, and that look'd east
> On the other side : which when the arch-felon saw,
> Due entrance he disdain'd; and, in contempt,
> At one slight bound high overleap'd all bound
> Of hill or highest wall, and sheer within
> Lights on his feet. As when a prowling wolf,
> Whom hunger drives to seek new haunt for prey,
> Watching where shepherds pen their flocks at eve
> In hurdled cotes amid the field secure,
> Leaps o'er the fence with ease into the fold :
> Or as a thief, bent to unhoard the cash

mier grand voleur escalade le bercail de Dieu, ainsi depuis escaladèrent son Église les impurs mercenaires.

Satan s'envola, et sur l'arbre de vie (l'arbre du milieu et l'arbre le plus haut du paradis) il se posa semblable à un cormoran. Il n'y regagna pas la véritable vie, mais il médita la mort de ceux qui vivaient; il ne pensa point à la vertu de l'arbre qui donne la vie, et dont le bon usage eût été le gage de l'immortalité; mais il se servit seulement de cet arbre pour étendre sa vue au loin; tant il est vrai que nul ne connaît, Dieu seul excepté, la juste valeur du bien présent; mais on pervertit les meilleures choses par le plus lâche abus, ou par le plus vil usage.

Au-dessous de lui, avec une nouvelle surprise, dans un étroit espace, il voit renfermée pour les délices des sens de l'homme, toute la richesse de la nature, ou plutôt il voit un ciel sur la terre; car ce bienheureux paradis était le jardin de Dieu, par lui-même planté à l'orient d'Éden. Éden s'étendait à l'est depuis Auran jusqu'aux tours royales de la Grande-Séleucie, bâtie par les rois grecs, ou jusqu'au lieu où les fils d'Éden habitèrent longtemps auparavant, en Telassar. Sur ce sol agréable, Dieu traça son plus charmant jardin; il fit sortir de la terre féconde les arbres de la plus noble espèce pour la vue, l'odorat et le goût. Au milieu d'eux était l'arbre de vie, haut, élevé, épanouissant son fruit d'ambroisie d'or végétal. Tout près de la vie, notre mort, l'arbre de la science, croissait; science du bien acheté cher par la connaissance du mal.

Au midi, à travers Éden passait un large fleuve; il ne changeait point de

>   Of some rich burgher, whose substantial doors,
>   Cross-barr'd and bolted fast, fear no assault,
>   In at the window climbs, or o'er the tiles :
>   So clomb this first grand thief into God's fold;
>   So since into his church lewd hirelings climb.
>   Thence up he flew; and on the tree of Life,
>   The middle tree and highest there that grew,
>   Sat like a cormorant; yet not true life
>   Thereby regain'd, but sat devising death
>   To them who liv'd; nor on the virtue thought
>   Of that life-giving plant, but only us'd
>   For prospect, what well us'd had been the pledge
>   Of immortality. So little knows
>   Any, but God alone, to value right
>   The good before him; but perverts best things
>   To worst abuse, or to their meanest use.
>   Beneath him with new wonder now he views,
>   To all delight of human sense expos'd,
>   In narrow room, nature's whole wealth, yea more,
>   A Heaven on earth : for blissful Paradise
>   Of God the garden was, by him in th' east
>   Of Eden planted; Eden stretch'd her line
>   From Auran eastward to the royal towers
>   Of great Seleucia, built by Grecian kings;
>   Or where the sons of Eden long before
>   Dwelt in Telassar. In this pleasant soil
>   His far more pleasant garden God ordain'd :
>   Out of the fertile ground he caus'd to grow
>   All trees of noblest kind for sight, smell, taste;
>   And all amid them stood the tree of Life,
>   High eminent, blooming ambrosial fruit
>   Of vegetable gold; and next to life,
>   Our death, the tree of Knowledge, grew fast by,
>   Knowledge of good, bought dear by knowing ill.

LE PARADIS PERDU.

cours, mais sous la montagne raboteuse il se perdait engouffré : Dieu avait jeté cette montagne comme le sol de son jardin élevé sur le rapide courant. L'onde, à travers les veines de la terre poreuse qui l'attirait en haut par une douce soif, jaillissait fraîche fontaine, et arrosait le jardin d'une multitude de ruisseaux. De là, ces ruisseaux réunis tombaient d'une clairière escarpée et rencontraient au-dessous le fleuve qui ressortait de son obscur passage : alors divisé en quatre branches principales, il prenait des routes diverses, errant par des pays et des royaumes fameux, dont il est inutile ici de parler.

Disons plutôt, si l'art le peut dire, comment de cette fontaine de saphir les ruisseaux tortueux roulent sur des perles orientales et des sables d'or; comment, en sinueuses erreurs sous les ombrages abaissés, ils épandent le nectar, visitent chaque plante, et nourrissent des fleurs dignes du paradis. Un art raffiné n'a point arrangé ces fleurs en couches, ou en bouquet curieux; mais la nature libérale les a versées avec profusion sur la colline, dans le vallon, dans la plaine, là où le soleil du matin échauffe d'abord la campagne ouverte, et là où le feuillage impénétrable rembrunit à midi les bosquets.

Tel était ce lieu; asile heureux et champêtre d'un aspect varié, bosquet dont les arbres riches pleurent des larmes de baumes et de gommes parfumées; bocages dont le fruit, d'une écorce d'or poli, se suspend aimable et d'un goût délicieux; fables vraies de l'Hespérie si elles sont vraies, c'est seulement ici. Entre ces bosquets sont interposés des clairières, des pelouses rases, des troupeaux paissant l'herbe tendre; ou bien des monticules plantés de palmiers s'é-

> Southward through Eden went a river large,
> Nor chang'd his course, but through the shaggy hill
> Pass'd underneath ingulf'd; for God had thrown
> That mountain as his garden-mould, high rais'd
> Upon the rapid current, which through veins
> Of porous earth with kindly thirst up drawn,
> Rose a fresh fountain, and with many a rill
> Water'd the garden; thence united fell
> Down the steep glade, and met the nether flood,
> Which from his darksome passage now appears,
> And now, divided into four main streams,
> Runs diverse, wandering many a famous realm
> And country, whereof here needs no account;
> But rather to tell how, if art could tell,
> How from that sapphire fount the crisped brooks,
> Rolling on orient pearl and sands of gold,
> With mazy errour under pendent shades
> Ran nectar, visiting each plant, and fed
> Flowers worthy of Paradise; which not nice art
> In beds and curious knots, but nature boon
> Pour'd forth profuse on hill, and dale, and plain;
> Both where the morning sun first warmly smote
> The open field, and were the unpierc'd shade
> Imbrown'd the noontide bowers.
>   Thus was this place
> A happy rural seat of various view :
> Groves whose rich trees wept odorous gums and balm;
> Others, whose fruit, burnish'd with golden rind,
> Hung amiable, Hesperian fables true,
> If true, here only, and of delicious taste.
> Betwixt them lawns, or level downs, and flocks
> Grazing the tender herb, were interpos'd;
> Or palmy hillock, or the flowery lap
> Of some irriguous valley spread her store :

lèvent; le giron fleuri de quelque vallon arrosé déploie ses trésors; fleurs de toutes couleurs, et la rose sans épines.

D'un autre côté sont des antres et des grottes ombragées qui servent de fraîches retraites; la vigne, les enveloppant de son manteau, étale ses grappes de pourpre, et rampe élégamment opulente. En même temps des eaux sonores tombent de la déclivité des collines; elles se dispersent, ou dans un lac qui étend son miroir de cristal à un rivage dentelé et couronné de myrtes, elles unissent leur cours. Les oiseaux s'appliquent à leur chœur; des brises, de printanières brises, soufflant les parfums des champs et des bocages, accordent à l'unisson les feuilles tremblantes, tandis que l'universel Pan, dansant avec les Grâces et les Heures, conduit un printemps éternel. Ni la charmante campagne d'Enna, où Proserpine cueillant des fleurs, elle-même fleur plus belle, fut cueillie par le sombre Pluton (Cérès, dans sa peine, la chercha par toute la terre); ni l'agréable bois de Daphné, près l'Oronte, ni la source inspirée de Castalie, ne peuvent se comparer au paradis d'Éden; encore moins l'île Nisée qu'entoure le fleuve Triton, où le vieux Cham (appelé Ammon par les Gentils, et Jupiter Lydien) cacha Amalthée et son fils florissant, le jeune Bacchus, loin des yeux de Rhéa sa marâtre. Le mont Amar où les rois d'Abyssinie gardent leurs enfants (quoique supposé par quelques-uns le véritable paradis); ce mont, sous la ligne Éthiopique, près de la source du Nil, entouré d'un roc brillant que l'on met tout un jour à monter, est loin d'approcher du jardin d'Assyrie, où l'ennemi vit sans plaisir tous les plaisirs, toutes les créatures vivantes, nouvelles et étranges à la vue.

Deux d'entre elles, d'une forme bien plus noble, d'une stature droite et éle-

  Flowers of all hue, and without thorn the rose.
 Another side, umbrageous grots and caves
Of cool recess, o'er which the mantling vine
Lays forth her purple grape, and gently creeps
Luxuriant : meanwhile murmuring waters fall
Down the slope hills, dispersd, or in a lake,
That to the fringed bank with myrtle crown'd
Her crystal mirrour holds, unite their streams.
The birds their quire apply; airs, vernal airs,
Breathing the smell of field and grove, attune
The trembling leaves; while universal Pan,
Knit with the Graces and the Hours in dance,
Led on th' eternal spring. Not that fair field
Of Enna, where Proserpine gathering flowers,
Herself a fairer flower, by gloomy Dis
Was gather'd, which cost Ceres all that pain
To seek her through the world; nor that sweet grove
Of Daphne by Orontes, and th' inspir'd
Castalian spring, might with this Paradise
Of Eden strive; nor that Nyseian isle
Girt with the river Triton, where old Cham,
Whom Gentiles Ammon call, and Libyan Jove,
Hid Amalthea, and her florid son,
Young Bacchus, from his stepdame Rhea's eye;
Nor where Abassin kings their issue guard,
Mount Amara, though this by some suppos'd
True Paradise, under the Etiop line
By Nilus head, enclos'd with shining rock,
A whole day's journey high, but wide remote
From this Assyrian garden, where the fiend
Saw, undelighted, all delight, all kind
Of living creatures, new to sight and strange.
 Two of far nobler shape, erect and tall,

vée, droite comme celle des dieux, vêtues de leur dignité native dans une majesté nue, paraissent les seigneurs de tout, et semblaient dignes de l'être. Dans leurs regards divins brillait l'image de leur glorieux auteur, avec la raison, la sagesse, la sainteté sévère et pure ; sévère, mais placée dans cette véritable liberté filiale qui fait la véritable autorité dans les hommes. Ces deux créatures ne sont pas égales, de même que leurs sexes ne sont pas pareils : Lui formé pour la contemplation et le courage ; Elle pour la mollesse et la grâce séduisante ; Lui pour Dieu seulement ; Elle pour Dieu en Lui. Le beau et large front de l'homme et son œil sublime annoncent la suprême puissance ; ses cheveux d'hyacinthe, partagés sur le devant, pendent en grappe d'une manière mâle, mais non au-dessous de ses fortes épaules.

La femme porte comme un voile sa chevelure d'or qui descend éparse et sans ornement jusqu'à sa fine ceinture, se roule en capricieux anneaux, comme la vigne replie ses attaches ; symbole de la dépendance, mais d'une dépendance demandée avec une douce autorité, par la femme accordée, par l'homme mieux reçue ; accordée avec une soumission contenue, un décent orgueil, une tendre résistance, un amoureux délai. Aucune partie mystérieuse de leurs corps n'était alors cachée ; alors la honte coupable n'existait point : honte déshonnête des ouvrages de la nature, honneur déshonorable, enfant du péché, combien avez-vous troublé la race humaine avec des apparences, de pures apparences de pureté ! Vous avez banni de la vie de l'homme sa plus heureuse vie, la simplicité et l'innocence sans tache !

Ainsi passait le couple nu ; il n'évitait ni la vue de Dieu, ni celle des anges,

> Godlike, erect, with native honour clad,
> In naked majesty, seem'd lords of all ;
> And worthy seem'd : for in their looks divine
> The image of their glorious Maker shone,
> Truth, wisdom, sanctitude severe and pure ;
> Severe, but in true filial freedom plac'd ;
> Whence true authority in men : though both
> Not equal, as their sex not equal, seem'd ;
> For contemplation he and valour form'd,
> For softness she and sweet attractive grace ;
> He for God only, she for God in him.
> His fair large front and eye sublime declar'd
> Absolute rule ; and hyacinthine locks
> Round from his parted forelock manly hung
> Clustering, but not beneath his shoulders broad :
> She, as a veil, down to the slender waist
> Her unadorned golden tresses wore
> Dishevell'd, but in wanton ringlets wav'd
> As the vine curls her tendrils ; which implied
> Subjection, but requir'd with gentle sway,
> And by her yielded, by him best receiv'd ;
> Yielded with coy submission, modest pride,
> And sweet, reluctant, amorous delay.
> Nor those mysterious parts were then conceal'd ;
> Then was not guilty shame : dishonest shame
> Of nature's works, honour dishonourable,
> Sin-bred, how have ye troubled all mankind
> With shows instead, mere shows of seeming pure,
> And banish'd from man's life his happiest life,
> Simplicity and spotless innocence !
>   So pass'd they naked on, nor shunn'd the sight
> Of God or angel ; for they thought no ill :
> So hand in hand they pass'd, the loveliest pair

car il ne songeait point au mal; ainsi passait, en se tenant par la main, le plus beau couple qui depuis s'unit jamais dans les embrassements de l'amour : Adam, le meilleur des hommes qui furent ses fils; Ève, la plus belle des femmes qui naquirent ses filles.

Sous un bouquet d'ombrage, qui murmure doucement sur un gazon vert, ils s'assirent au bord d'une limpide fontaine. Ils ne s'étaient fatigués au labeur de leur riant jardinage, qu'autant qu'il le fallait pour rendre le frais zéphyr plus agréable, le repos plus paisible, la soif et la faim plus salutaires. Ils cueillirent les fruits de leur repas du soir; fruits délectables que cédaient les branches complaisantes, tandis qu'ils reposaient inclinés sur le mol duvet d'une couche damassée de fleurs. Ils suçaient des pulpes savoureuses, et à mesure qu'ils avaient soif, ils buvaient dans l'écorce des fruits l'eau débordante.

A ce festin ne manquaient ni les doux propos, ni les tendres sourires, ni les jeunes caresses naturelles à des époux si beaux, enchaînés par l'heureux lien nuptial, et qui étaient seuls. Autour d'eux folâtraient les animaux de la terre, depuis devenus sauvages, et que l'on chasse dans les bois ou dans les déserts, dans les forêts ou dans les cavernes. Le lion en jouant se cabrait, et dans ses griffes berçait le chevreau; les ours, les tigres, les léopards, les panthères gambadaient devant eux; l'informe éléphant, pour les amuser, employait toute sa puissance, et contournait sa trompe flexible; le serpent rusé, s'insinuant tout auprès, entrelaçait en nœud gordien sa queue repliée, et donnait de sa fatale astuce une preuve non comprise. D'autres animaux couchés sur le gazon et rassasiés de pâture, regardaient au hasard, ou ruminaient à moitié endormis. Le soleil baissé hâtait sa carrière inclinée vers les îles de l'Océan, et dans l'é-

> That ever since in love's embraces met;
> Adam the goodliest man of men since born
> His sons, the fairest of her daughters Eve.
>   Under a tuft of shade, that on a green
> Stood whispering soft, by a fresh fountain-side
> They sat them down; and, after no more toil
> Of their sweet gardening labour, than suffic'd
> To recommend cool zephyr, and made ease
> More easy, wholesome thirst and appetite
> More grateful, to their supper-fruits they fell;
> Nectarine fruits, which the compliant boughs
> Yielded them, side-long as they sat recline
> On the soft downy bank damask'd with flowers.
> The savoury pulp they chew, and in the rind,
> Still as they thirsted, scoop the brimming stream :
> Nor gentle purpose nor endearing smiles
> Wanted, nor youthful dalliance, as beseems
> Fair couple, link'd in happy nuptial league,
> Alone as they. About them frisking play'd
> All beasts of th' earth, since wild, and of all chase
> In wood or wilderness, forest or den :
> Sporting the lion ramp'd, and in his paw
> Dandled the kid; bears, tigers, ounces, pards,
> Gamboll'd before them; the unwieldy elephant,
> To make them mirth, used all his might, and wreath'd
> His lithe proboscis : close the serpent sly,
> Insinuating, wove with Gordian twine
> His braided train, and of his fatal guile
> Gave proof unheeded; others on the grass
> Couch'd, and now fill'd with pasture gazing sat,
> Or bedward ruminating; for the sun,
> Declin'd, was hasting now with prone career

chelle ascendante du ciel, les étoiles qui introduisent la nuit se levaient. Le triste Satan, encore dans l'étonnement où il avait été d'abord, put à peine recouvrer sa parole faillie.

« O enfer ! qu'est-ce que mes yeux voient avec douleur ? à notre place et si
« haut dans le bonheur sont élevées des créatures d'une autre substance, nées
« de la terre peut-être et non purs esprits, cependant peu inférieures aux bril-
« lants esprits célestes. Mes pensées s'attachent à elles avec surprise ; je pour-
« rais les aimer, tant la divine ressemblance éclate vivement en elles, et tant
« la main qui les pétrit a répandu de grâces sur leur forme ! Ah ! couple char-
« mant, vous ne vous doutez guère combien votre changement approche ;
« toutes vos délices vont s'évanouir et vous livrer au malheur : malheur d'au-
« tant plus grand que vous goûtez maintenant plus de joie ! Couple heureux !
« mais trop mal gardé pour continuer longtemps d'être si heureux : ce séjour
« élevé, votre ciel, est mal fortifié pour un ciel, et pour forclore un ennemi tel
« que celui qui maintenant y est entré : non que je sois votre ennemi décidé ;
« je pourrais avoir pitié de vous ainsi abandonnés, bien que de moi on n'ait
« pas eu pitié.

« Je cherche à contracter avec vous une alliance, une amitié mutuelle, si
« étroite, si resserrée, qu'à l'avenir j'habite avec vous ou que vous habitiez
« avec moi. Ma demeure ne plaira peut-être pas à vos sens autant que ce beau
« paradis ; cependant telle qu'elle est, acceptez-la ; c'est l'ouvrage de votre
« Créateur ; il me donna ce qu'à mon tour libéralement je donne. L'enfer, pour
« vous recevoir tous les deux, ouvrira ses plus larges portes, et enverra au-
« devant de vous tous ses rois. Là, vous aurez la place que vous n'auriez pas

    To th' ocean isles, and in th' ascending scale
Of Heaven the stars that usher evening rose ;
When Satan still in gaze, as first he stood,
Scarce thus at length faill'd speech recover'd sad :
    « O Hell ! what do mine eyes with grief behold ?
Into our room of bliss thus high advanc'd
Creatures of other mould, earth-born perhaps,
Not spirits, yet to heavenly spirits bright
Little inferiour ; whom my thoughts pursue
With wonder, and could love ; so lively shines
In them divine resemblance, and such grace
The hand that form'd them on their shape hath pour'd.
Ah ! gentle pair, ye little think how nigh
Your change approaches, when all these delights
Will vanish, and deliver ye to woe ;
More woe, the more your taste is now of joy ;
Happy, but for so happy ill secur'd
Long to continue ; and this high seat your Heaven
Ill fenc'd for Heaven to keep out such a foe
As now is enter'd : yet no purpos'd foe
To you, whom I could pity thus forlorn,
Though I unpitied.
               League with you I seek,
And mutual amity, so strait, so close,
That I with you must dwell, or you with me
Henceforth : my dwelling haply may not please,
Like this fair Paradise, your sense ; yet such
Accept your Maker's work ; he gave it me,
Which I as freely give : Hell shall unfold,
To entertain you two, her widest gates,
And send forth all her kings : there will be room,
Not like these narrow limits, to receive

« dans ces enceintes étroites, pour loger votre nombreuse postérité. Si le lieu
« n'est pas meilleur, remerciez celui qui m'oblige, malgré ma répugnance, à
« me venger sur vous qui ne m'avez fait aucun tort, de lui qui m'outragea.
« Et quand je m'attendrirais à votre inoffensive innocence (comme je le fais) une
« juste raison publique, l'honneur, l'empire que ma vengeance agrandira par
« la conquête de ce nouveau monde, me contraindraient à présent de faire
« ce que sans cela j'abhorrerais, tout damné que je suis. »

Ainsi s'exprima l'ennemi, et par la nécessité (prétexe des tyrans) excusa son projet diabolique.

De sa haute station sur le grand arbre, il s'abattit parmi le troupeau folâtre des quadrupèdes : lui-même devenu tantôt l'un d'entre eux, tantôt l'autre, selon que leur forme sert mieux son dessein. Il voit de plus près sa proie; il épie, sans être découvert, ce qu'il peut apprendre encore de l'état des deux époux par leurs paroles ou par leurs actions. Il marche autour d'eux, lion à l'œil étincelant; il les suit comme un tigre, lequel a découvert par hasard deux jolis faons, jouant à la lisière d'une forêt : la bête cruelle se rase, se relève, change souvent la couche de son guet : comme un ennemi il choisit le terrain d'où s'élançant, il puisse saisir plus sûrement les deux jeunes faons chacun dans une de ses griffes. Adam, le premier des hommes, adressant ce discours à Ève, la première des femmes, rendit Satan tout oreille, pour entendre couler les paroles d'une langue nouvelle.

« Unique compagne qui seule partages avec moi tous ces plaisirs et qui m'es
« plus chère que tout, il faut que le pouvoir qui nous a faits, et qui a fait pour
« nous ce vaste monde, soit infiniment bon, et qu'il soit aussi généreux qu'il
« est bon et aussi libre dans sa bonté qu'il est infini. Il nous a tirés de la pous-

  Your numerous offspring : if no better place,
Thank him who puts me loth to this revenge
On you, who wrong me not, for him who wrong'd.
And should I at your harmless innocence
Melt, as I do, yet public reason just,
Honour and empire with revenge enlarg'd,
By conquering this new world, compels me now
To do what else, though damn'd, I should abhor. »
  So spake the fiend, and with necessity,
The tyrant's plea, excus'd his devilish deeds.
  Then from his lofty stand on that high tree
Down he alights among the sportful herd
Of those four-footed kinds; himself now one,
Now other, as their shape served best his end,
Nearer to view his prey, and unespied,
To mark what of their state he more might learn,
By word or action mark'd : about them round
A lion now he stalks with fiery glare;
Then as a tiger, who by chance hath spied
In some purlieu two gentle fawns at play,
Straight couches closes; then, rising, changes oft
His couchant watch, as one who chose his ground,
Whence rushing he might surest seize them both,
Grip'd in each paw : when Adam, first of men,
To first of women, Eve, thus moving speech,
Turn'd him all ear to hear new utterance flow :
  « Sole partner and sole part of all these joys,
Dearer thyself than all; needs must the Power
That made us, and for us this ample world,
Be infinitely good, and of his good
As liberal and free as infinite;

« sière et placés ici dans toute cette félicité, nous qui n'avons rien mérité de sa
« main, et qui ne pouvons rien faire dont il ait besoin : il n'exige autre chose
« de nous que ce seul devoir, que cette facile obligation ; de tous les arbres
« du paradis qui portent des fruits variés et délicieux, nous ne nous interdirons
« que l'arbre de science, planté près de l'arbre de vie ; si près de la vie croît
« la mort ! Qu'est-ce que la mort ? quelque chose de terrible sans doute ; car,
« tu le sais, Dieu a prononcé que goûter à l'arbre de science c'est la mort.
« Voilà la seule marque d'obéissance qui nous soit imposée, parmi tant de
« marques de pouvoir et d'empire à nous conférées, et après que la domination
« nous a été donnée sur toutes les autres créatures qui possèdent la terre, l'air
« et la mer. Ne trouvons donc pas rude une légère prohibition, nous qui avons
« d'ailleurs le libre et ample usage de toutes choses, et le choix illimité de tous
« les plaisirs. Mais louons Dieu à jamais, glorifions sa bonté ; continuons, dans
« notre tâche délicieuse, à élaguer ces plantes croissantes, à cultiver ces fleurs ;
« tâche qui, fût-elle fatigante, serait douce avec toi. »

Eve répondit :

« O toi, pour qui et de qui j'ai été formée, chair de ta chair, et sans qui mon
« être est sans but ! ô mon guide et mon chef, ce que tu as dit est juste et rai-
« sonnable. Nous devons en vérité à notre Créateur des louanges et des ac-
« tions de grâce journalières : moi principalement qui jouis de la plus heureuse
« part en te possédant ; toi supérieur par tant d'imparités et qui ne peux trou-
« ver un compagnon semblable à toi.

« Souvent je me rappelle ce jour où je m'éveillai du sommeil pour la pre-
« mière fois ; je me trouvai posée à l'ombre sur des fleurs, ne sachant, étonnée,
« ce que j'étais, où j'étais, d'où et comment j'avais été portée là. Non loin de ce

That rais'd us from the dust, and plac'd us here
In all this happiness; who at his hand
Have nothing merited, nor can perform
Aught whereof he hath need; he who requires
From us no other service than to keep
This one, this easy charge; of all the trees
In Paradise that bear delicious fruit
So various, not to taste that only tree
Of Knowledge, planted by the tree of Life;
So near grows death to life, whate'er death is;
Some dreadful thing no doubt: for well thou know'st
God hath pronounc'd it death to taste that tree;
The only sign of our obedience left
Among so many signs of power and rule
Conferr'd upon us; and dominion given
Over all other creatures that possess
Earth, air, and sea. Then let us not think hard
One easy prohibition, who enjoy
Free leave so large to all things else, and choice
Unlimited of manifold delights :
But let us ever praise Him, and extol
His bounty; following our delightful task
To prune these growing plants, and tend these flowers;
Which, were it toilsome, yet with thee were sweet. »
    To whom thus Eve replied :
                        « O thou, for whom
And from whom I was form'd, flesh of thy flesh,
And without whom am to no end, my guide
And head! what thou hast said is just and right :
For we to Him indeed all praises owe,
And daily thanks : I chiefly, who enjoy

« lieu, le son murmurant des eaux sortait d'une grotte, et les eaux se dé-
« ployaient en nappe liquide : alors elles demeuraient tranquilles et pures
« comme l'étendue du ciel. J'allai là avec une pensée sans expérience; je me
« couchai sur le bord verdoyant, pour regarder dans le lac uni et clair qui
« me semblait un autre firmament. Comme je me baissais pour me regarder,
« juste à l'opposé, une forme apparut dans le cristal de l'eau, s'y penchant
« pour me regarder; je tressaillis en arrière : elle tressaillit en arrière; char-
« mée, je revins bientôt; charmée, elle revint aussitôt avec des regards de
« sympathie et d'amour. Mes yeux seraient encore attachés sur cette image, je
« m'y serais consumée d'un vain désir, si une voix ne m'eût ainsi avertie :
    « Ce que tu vois, belle créature, ce que tu vois là, est toi-même; avec toi
« cet objet vient et s'en va : mais suis-moi, je te conduirai là où ce n'est point
« une ombre qui attend ta venue et tes doux embrassements. Celui dont tu es
« l'image, tu en jouiras inséparablement. Tu lui donneras une multitude d'en-
« fants semblables à toi-même, et tu seras appelée la mère du genre humain.
    « Que pouvais-je faire, sinon suivre, invisiblement conduite? Je t'entrevis,
« grand et beau en vérité, sous un platane, et cependant tu me semblas moins
« beau, d'une grâce moins attrayante, d'une douceur moins aimable que cette
« molle image des eaux. Je retourne sur mes pas, tu me suis et tu t'écries :
« — Reviens, belle Eve! qui fuis-tu? De celui que tu fuis, tu es née; tu es sa
« chair, ses os. Pour te donner l'être, je t'ai prêté de mon propre côté, du plus
« près de mon cœur, la substance et la vie, afin que tu sois à jamais à mon

        So far the happier lot, enjoying thee,
        Pre-eminent by so much odds; while thou
        Like consort to thyself canst no where find.
          « That day I oft remember, when from sleep
        I first awak'd, and found myself repos'd
        Under a shade on flowers; much wondering where
        And what I was, whence thither brought, and how.
        Not distant far from thence a murmuring sound
        Of waters issued from a cave, and spread
        Into a liquid plain; then stood unmov'd,
        Pure as th' expanse of Heaven : I thither went
        With unexperienc'd thought, and laid me down
        On the green bank, to look into the clear
        Smooth lake, that to me seem'd another sky.
        As I bent down to look, just opposite
        A shape within the watery gleam appear'd,
        Bending to look on me : I started back,
        It started back; but pleas'd I soon return'd,
        Pleas'd it return'd as soon with answering looks
        Of sympathy and love : there I had fix'd
        Mine eyes till now, and pin'd with vain desire,
        Had not a voice thus warn'd me : « What thou seest,
        What there thou seest, fair creature, is thyself;
        With thee it came and goes, but follow me,
        And I will bring thee where no shadow stays
        Thy coming, and thy soft embraces; he
        Whose image thou art, him thou shalt enjoy
        Inseparably thine; to him shalt bear
        Multitudes like thyself, and thence be call'd
        Mother of human race. »
                      What could I do,
        But follow straight, invisibly thus led?
        Till I espied thee, fair indeed and tall,
        Under a platane; yet, methought, less fair,
        Less winning soft, less amiably mild,

« côté, consolation inséparable et chérie. Partie de mon âme, je te cherche! je
« réclame mon autre moitié. — De ta douce main tu saisis la mienne ; je cédai,
« et depuis ce moment j'ai vu combien la beauté est surpassée par une grâce
« mâle, et par la sagesse qui seule est vraiment belle. »

Ainsi parla notre commune mère, et avec des regards pleins d'un charme conjugal non repoussé, dans un tendre abandon elle s'appuie embrassant à demi notre premier père; la moitié de son sein gonflé et nu caché sous l'or flottant de ses tresses éparses, vient rencontrer le sein de son époux. Lui, ravi de sa beauté et de ses charmes soumis, Adam sourit d'un amour supérieur, comme Jupiter sourit à Junon lorsqu'il féconde les nuages qui répandent les fleurs de mai : Adam presse d'un baiser pur les lèvres de la mère des hommes. Le démon détourne la tête d'envie; toutefois d'un œil méchant et jaloux il les regarde de côté et se plaint ainsi à lui-même :

« Vue odieuse, spectacle torturant! ainsi ces deux êtres emparadisés dans
« les bras l'un de l'autre, se formant un plus heureux Éden, posséderont leur
« pleine mesure de bonheur sur bonheur, tandis que moi je suis jeté à l'enfer
« où ne sont ni joie, ni amour, mais où brûle un violent désir (de nos tour-
« ments, tourment qui n'est pas le moindre), désir qui, n'étant jamais satis-
« fait, se consume dans le supplice de la passion ! »

« Mais que je n'oublie pas ce que j'ai appris de leur propre bouche ; il pa-
« raît que tout ne leur appartient pas : un arbre fatal s'élève ici et est appelé
« l'arbre de la science ; il leur est défendu d'y goûter. La science défendue ?

   Than that smooth watery image. Back turn'd;
Thou following cry'dst aloud : « Return, fair Eve;
Whom fly'st thou ? whom thou fly'st, of him thou art,
His flesh, his bone; to give thee being I lent
Out of my side to thee, nearest my heart,
Substantial life; to have thee by my side
Henceforth an individual solace dear :
Part of my soul, I seek thee, and thee claim,
My other half : « with that thy gentle hand
Seiz'd mine : I yielded : and from that time see
How beauty is excell'd by manly grace
And wisdom, which alone is truly fair. »
  So spake our general mother; and, with eyes
Of conjugal attraction unreprov'd
And meek surrender, half-embracing lean'd
On our first father; half her swelling breast
Naked met his, under the flowing gold
Of her loose tresses hid : he in delight
Both of her beauty and submissive charms,
Smil'd with superiour love; as Jupiter
On Juno smiles, when he impregns the clouds
That shed May-flowers; and press'd her matron lip
With kisses pure. Aside the devil turn'd
For envy; yet with jealous leer malign
Ey'd them askance, and to himself thus plain'd :
  « Sight hateful, sight tormenting ! thus these two,
Imparadis'd in one another's arms,
The happier Eden, shall enjoy their fill
Of bliss on bliss; while I to Hell am thrust,
Where neither joy nor love, but fierce desire,
Among our other torments not the least,
Still unfulfill'd, with pain of longing pines.
  Yet let me not forget what I have gain'd
From their own mouths; all is not theirs, it seems
One fatal tree there stands, of Knowledge call'd

« cela est suspect, déraisonnable. Pourquoi leur maître leur envierait-il la
« science? Est-ce un crime de connaître? Est-ce la mort? Existent-ils seule-
« ment par ignorance? Est-ce là leur état fortuné, preuve de leur obéissance
« et de leur foi? Quel heureux fondement posé pour y bâtir leur ruine! Par
« là j'exciterai dans leur esprit un plus grand désir de savoir et de rejeter un
« commandement envieux, inventé dans le dessein de tenir abaissés ceux que
« la science élèverait à la hauteur des dieux : aspirant à devenir tels ils goûtent
« et meurent! Quoi de plus vraisemblable? Mais d'abord avec de minutieuses
« recherches, marchons autour de ce jardin et ne laissons aucun recoin sans
« l'avoir examiné. Le hasard, mais le hasard seul, peut me conduire là où je
« rencontrerai quelque esprit du ciel, errant au bord d'une fontaine, ou retiré
« dans l'épaisseur de l'ombre; j'apprendrai de lui ce que j'ai encore à ap-
« prendre. Vivez, tandis que vous le pouvez encore, couple heureux encore!
« jouissez, jusqu'à ce que je revienne, de ces courts plaisirs; de longs mal-
« heurs vont les suivre ! »

Ainsi disant il tourne dédaigneusement ailleurs ses pas superbes, mais avec une circonspection artificieuse, et il commença sa recherche à travers les bois et les plaines, sur les collines et dans les vallées.

Cependant aux extrémités de l'occident, où le ciel rencontre l'océan et la terre, le soleil couchant descendait avec lenteur, et frappait horizontalement de ses rayons du soir la porte orientale du paradis. C'était un roc d'albâtre montant jusqu'aux nues, et que l'on découvrait de loin. Un sentier tortueux, accessible du côté de la terre, menait à une entrée élevée; le reste était un pic escarpé qui surplombait en s'élevant et qu'on ne pouvait gravir.

> Forbidden them to taste : knowledge forbidden?
> Suspicious, reasonless. Why should their Lord
> Envy them that? can it be sin to know?
> Can it be death? and do they only stand
> By ignorance? is that their happy state,
> The proof of their obedience and their faith?
> Oh! fair foundation laid whereon to build
> Their ruin! Hence I will excite their minds
> With more desire to know, and to reject
> Envious commands, invented with design
> To keep them low, whom knowledge might exalt
> Equal with gods; aspiring to be such,
> They taste and die : what likelier can ensue?
> But first with narrow search I must walk round
> This garden, and no corner leave unspied ;
> A chance but chance may lead where I may meet
> Some wandering spirit of Heaven by fountain-side,
> Or in thick shade retir'd, from him to draw
> What further would be learn'd. Live while ye may,
> Yet happy pair; enjoy, till I return,
> Short pleasures; for long woes are to succeed. »
>   So saying, his proud step he scornful turn'd,
> But with sly circumspection, and began
> Through wood, through waste, o'er hill, o'er dale, his roam.
>   Meanwhile in utmost longitude, where Heaven
> With earth and ocean meets, the setting sun
> Slowly descended, and with right aspect
> Against the eastern gate of Paradise
> Level'd his evening rays : it was a rock
> Of alabaster, pil'd up to the clouds,
> Conspicuous far, winding with one ascent
> Accessible from earth, one entrance high ;

Entre les deux piliers du roc, se tenait assis Gabriel, chef des gardes angéliques ; il attendait la nuit. Autour de lui s'exerçait à des jeux héroïques la jeunesse du ciel désarmée ; mais près d'elle des armures divines, des cuirasses, des boucliers, des casques et des lances suspendues en faisceaux, brillaient du feu du diamant et de l'or.

Là descendit Uriel glissant à travers le soir sur un rayon du soleil, rapide comme une étoile qui tombe en automne à travers la nuit, lorsque des vapeurs enflammées sillonnent l'air ; elle apprend au marinier de quel point de la boussole il se doit garder des vents impétueux. Uriel adresse à Gabriel ces paroles hâtées :

« Gabriel, ton rang t'a fait obtenir pour ta part l'emploi de veiller avec exac« titude à ce qu'aucune chose nuisible ne puisse approcher ou entrer dans cet « heureux séjour. Aujourd'hui, vers le haut du midi, est venu à ma sphère un « esprit, désireux, en apparence, de connaître un plus grand nombre des ou« vrages du Tout-Puissant, et surtout l'homme, la dernière image de Dieu. Je « lui ai tracé sa route toute rapide, et j'ai remarqué sa démarche aérienne. « Mais sur la montagne qui s'élève au nord d'Éden, et où il s'est d'abord ar« rêté, j'ai bientôt découvert ses regards étrangers au ciel, obscurcis par de « mauvaises passions. Je l'ai encore suivi des yeux, mais je l'ai perdu de vue « sous l'ombrage. Quelqu'un de la troupe bannie, je le crains, s'est aventuré « hors de l'abîme pour élever de nouveaux troubles : ton soin est de le trouver. »

Le guerrier ailé lui répondit :

« Uriel, il n'est pas étonnant qu'assis dans le cercle brillant du soleil, ta vue « parfaite s'étende au loin et au large. A cette porte personne ne passe, la vi-

      The rest was craggy cliff, that overhung
Still as it rose, impossible to climb.
   Betwixt these rocky pillars Gabriel sat,
Chief of the angelic guards, awaiting night;
About him exercis'd heroic games
Th' unarm'd youth of Heaven ; but nigh at hand
Celestial armory, shields, helms, and spears,
Hung high, with diamond flaming and with gold.
   Thither came Uriel, gliding through the even
On a sun-beam, swift as a shooting star
In autumn thwarts the night, when vapours fir'd
Impress the air, and shows the mariner
From what point of his compass to beware
Impetuous winds : he thus began in haste :
   « Gabriel, to thee thy course by lot hath given
Charge and strict watch, that to this happy place
No evil thing approach or enter in
This day at highth of noon came to my sphere
A spirit, zealous, as he seem'd, to know
More of th' Almighty's works, and chiefly man,
God's latest image : I describ'd his way,
Bent all on speed, and mark'd his aery gait ;
But in the mount that lies from Eden north,
Where he first lighted, soon discern'd his looks
Alien from Heaven, with passions foul obscur'd :
Mine eye pursued him still, but under shade
Lost sight of him : one of the banish'd crew,
I fear, hath ventured from the deep, to raise
New troubles ; him thy care must be to find. »
   To whom the winged warriour thus return'd :
   « Uriel, no wonder if thy perfect sight,
Amid the sun's bright circle where thou sit'st,

« gilance ici placée, personne qui ne soit bien connu comme venant du ciel :
« depuis l'heure du midi, aucune créature du ciel ne s'est présentée : si un
« esprit d'une autre espèce a franchi pour quelque projet ces limites de terre,
« il est difficile, tu le sais, d'arrêter une substance spirituelle par une barrière
« matérielle ; mais si dans l'enceinte de ces promenades s'est glissé un de ceux
« que tu dis, sous quelque forme qu'il se soit caché, je le saurai demain au lever
« du jour. »

Ainsi le promit Gabriel, et Uriel retourna à son poste sur ce même rayon lumineux dont la pointe, maintenant élevée, le porte obliquement en bas au soleil tombé au-dessous des Açores ; soit que le premier orbe, incroyablement rapide, eût roulé jusque-là dans sa révolution diurne, soit que la terre moins vite, par une fuite plus courte vers l'est, eût laissé là le soleil, peignant de reflets de pourpre et d'or les nuages qui sur son trône occidental lui font cortége.

Maintenant le soir s'avançait tranquille, et le crépuscule grisâtre avait revêtu tous les objets de sa grave livrée ; le silence l'accompagnait, les animaux et les oiseaux étaient retirés, ceux-là à leurs couches herbeuses, ceux-ci dans leurs nids. Le rossignol seul veillait ; toute la nuit il chanta sa complainte amoureuse, le silence était ravi.

Bientôt le firmament étincela de vivants saphirs. Hespérus, qui conduisait la milice étoilée, marcha le plus brillant, jusqu'à ce que la lune se levant dans une majesté nuageuse, reine manifeste, dévoila sa lumière de perle, et jeta son manteau d'argent sur l'ombre.

Adam s'adressant à Ève :

    See far and wide : in at this gate none pass
The vigilance here plac'd, but such as come
Well known from Heaven ; and since meridian hour
No creature thence. If spirit of other sort,
So minded, have o'erlap'd these earthly bounds
On purpose, hard thou know'st it to exclude
Spiritual substance with corporeal bar.
But if within the circuit of these walks
In whatsoever shape he lurk, of whom
Thou tell'st, by morrow dawning I shall know. »
    So promis'd he ; and Uriel to his charge
Return'd on that bright beam, whose point now rais
Bore him slope downward to the sun, now fallen
Beneath the Azores; whether the prime orb,
Incredible how swift, had thither roll'd
Diurnal; or this less voluble earth,
By shorter flight to th' east, had left him there,
Arraying with reflected purple and gold
The clouds that on his western throne attend.
    Now came still evening on, and twilight gray
Had in her sober livery all things clad ;
Silence accompanied : for beast and bird,
They to their grassy couch, these to their nests,
Were slunk, all but the wakeful nightingale ;
She all night long her amorous descant sung;
Silence was pleas'd.
            Now glow'd the firmament
With living sapphires : Hesperus, that led
The starry host, rode brightest, till the moon,
Rising in clouded majesty, at length,
Apparent queen, unveil'd her peerless light,
And o'er the dark her silver mantle threw.
    When Adam thus to Eve :

« Belle compagne, l'heure de la nuit, et toutes choses allées au repos, nous
« invitent à un repos semblable. Dieu a rendu le travail et le repos, comme
« le jour et la nuit, alternatifs pour l'homme : la rosée du sommeil tombant à
« propos avec sa douce et assoupissante pesanteur, abaisse nos paupières. Les
« autres créatures tout le long du jour errent oisives, non employées, et ont
« moins besoin de repos : l'homme a son ouvrage quotidien assigné de corps
« ou d'esprit, ce qui déclare sa dignité et l'attention que le ciel donne à toutes
« ses voies. Les animaux au contraire rôdent à l'aventure désœuvrés, et Dieu
« ne tient pas compte de ce qu'ils font. Demain, avant que le frais matin an-
« nonce dans l'orient la première approche de la lumière, il faudra nous lever
« et retourner à nos agréables travaux. Nous avons à émonder là-bas ces ber-
« ceaux fleuris, ces allées vertes, notre promenade à midi, qu'embarrasse
« l'excès des rameaux : ils se rient de notre insuffisante culture et demande-
« raient plus de mains que les nôtres pour élaguer leur folle croissance. Ces
« fleurs aussi, et ces gommes qui tombent, restent à terre, raboteuses et désa-
« gréables à la vue ; elles veulent être enlevées, si nous désirons marcher à l'aise :
« maintenant, selon la volonté de la nature, la nuit nous commande le repos. »
Ève, ornée d'une parfaite beauté, lui répondit :
« Mon auteur et mon souverain, tu commandes, j'obéis : ainsi Dieu l'ordonne;
« Dieu est ta loi, tu es la mienne. N'en savoir pas davantage est la gloire de la
« femme, et sa plus heureuse science. En causant avec toi j'oublie le temps ;
« les heures et leurs changements également me plaisent. Doux est le souffle
« du matin ; doux le lever du matin avec le charme des oiseaux matineux ;

                    « Fair consort, th' hour
Of night, and all things now retir'd to rest,
Mind us of like repose; since God hath set
Labour and rest, as day and night, to men
Successive; and the timely dew of sleep,
Now falling with soft slumbrous weight, inclines
Our eyelids : other creatures all day long
Rove idle, unemploy'd, and less need rest :
Man hath his daily work of body or mind
Appointed, which declares his dignity,
And the regard of Heaven on all his ways;
While other animals unactive range,
And of their doings God takes no account.
To-morrow, ere fresh morning streak the east
With first approach of light, we must be risen,
And at our pleasant labour, to reform
Yon flowery arbours, yonder alleys green,
Our walk at noon, with branches overgrown,
That mock our scant manuring, and require
More hands than ours to lop their wanton growth :
Those blossoms also, and those dropping gums,
That lie bestrown, unsightly and unsmooth,
Ask riddance, if we mean to tread with ease;
Meanwhile, as nature wills, night bids us rest. »
    To whom thus Eve, with perfect beauty adorn'd :
  « My authour and disposer, what thou bid'st
Unargued I obey; so God ordains;
God is thy law, thou mine : to know no more .
Is woman's happiest knowledge and her praise.
With thee conversing, I forget all time;
All seasons, and their change, all please alike.
Sweet is the breath of morn, her rising sweet,
With charm of earliest birds; pleasant the sun,

« agréable est le soleil lorsque, dans ce délicieux jardin, il déploie ses premiers
« rayons sur l'herbe, l'arbre, le fruit et la fleur brillante de rosée ; parfumée
« est la terre fertile après de molles ondées ; charmant est le venir d'un soir
« paisible et gracieux ; charmante la nuit silencieuse avec son oiseau solennel,
« et cette lune si belle et ces perles du ciel qui forment sa cour étoilée : mais
« ni le souffle du matin quand il monte avec le charme des oiseaux matineux,
« ni le soleil levant sur ce délicieux jardin, ni l'herbe, ni le fruit, ni la fleur
« qui brille de rosée, ni le parfum après une ondée, ni le soir paisible et gra-
« cieux, ni la nuit silencieuse avec son oiseau solennel, ni la promenade aux
« rayons de la lune ou à la tremblante lumière de l'étoile, n'ont de douceur
« sans toi.

« Mais pourquoi ces étoiles brillent-elles la nuit entière? Pour qui ce glorieux
« spectacle, quand le sommeil a fermé tous les yeux? »

Notre commun ancêtre répliqua :

« Fille de Dieu et de l'homme, Eve accomplie, ces astres ont leur course à
« finir, autour de la terre, du soir au lendemain : de contrée en contrée, afin
« de dispenser la lumière préparée pour des nations qui ne sont pas nées en-
« core, ils se couchent et se lèvent, car il serait à craindre que des ténèbres
« totales ne regagnassent pendant la nuit leur antique possession, et qu'elles
« n'éteignissent la vie dans la nature et en toutes choses. Non-seulement ces
« feux modérés éclairent ; mais, par une chaleur amie de diverse influence, ils
« fomentent, échauffent, tempèrent, nourrissent, ou bien ils communiquent une
« partie de leur vertu stellaire à toutes les espèces d'êtres qui croissent sur la
« terre, et les rendent plus aptes à recevoir la perfection du plus puissant rayon

> When first on this delightful land he spreads
> His orient beams, on herb, tree, fruit, and flower,
> Glistering with dew; fragrant the fertile earth
> After soft showers ; and sweet the coming on
> Of grateful evening mild ; then silent night,
> With this her solemn bird, and this fair moon,
> And these the gems of Heaven, her starry train :
> But neither breath of morn, when she ascends
> With charm of earliest birds; nor rising sun
> On this delightful land; nor herb, fruit, flower,
> Glistering with dew; nor fragrance after showers;
> Nor grateful evening mild : nor silent night,
> With this her solemn bird; nor walk by moon,
> Or glittering starlight, without thee is sweet.
> But where fore all night long shine these? for whom
> This glorious sight, when sleep hath shut all eyes? »
>   To whom our general ancestor replied :
> « Daughter of God and man, accomplish'd Eve,
> These have their course to finish round the earth,
> By morrow evening; and from land to land
> In order, though to nations yet unborn,
> Ministering light prepar'd, they set and rise
> Lest total darkness should by night regain
> Her old possession, and extinguish life
> In nature and all things; which these soft fires
> Not only enlighten, but with kindly heat
> Of various influence foment and warm,
> Temper or nourish, or in part shed down
> Their stellar virtue on all kinds that grow
> On earth, made hereby apter to receive
> Perfection from the sun's more potent ray.
> These then, though unbeheld in deep of night,

« du soleil. Ces astres, quoique non aperçus dans la profondeur de la nuit, ne
« brillent donc pas en vain. Ne pense pas que s'il n'était point d'homme, le
« ciel manquât de spectateurs, et Dieu, de louanges : des millions de créatures
« spirituelles marchent invisibles dans le monde, quand nous veillons et quand
« nous dormons ; par des cantiques sans fin elles louent les ouvrages du Très-
« Haut qu'elles contemplent jour et nuit. Que de fois sur la pente d'une colline
« à écho, ou dans un bosquet, n'avons-nous pas entendu des voix célestes à
« minuit (seules ou se répondant les unes aux autres) chanter le grand Créateur !
« Souvent en troupes quand ils sont de veilles, ou pendant leurs rondes noc-
« turnes, au son d'instruments divinement touchés, les anges joignent leurs
« chants en pleine harmonie, ces chants divisent la nuit, et élèvent nos pensées
« vers le ciel. »

Ils parlent ainsi, et main en main ils entrent solitaires sous leur fortuné berceau : c'était un lieu choisi par le Planteur souverain, quand il forma toutes choses pour l'usage délicieux de l'homme. La voûte de l'épais couvert était un ombrage entrelacé de laurier et de myrte, et ce qui croissait plus haut était d'un feuillage aromatique et ferme. De l'un et de l'autre côté l'acanthe et des buissons odorants et touffus élevaient un mur de verdure ; de belles fleurs, l'iris de toutes les nuances, les roses et le jasmin, dressaient leurs tiges épanouies et formaient une mosaïque. Sous les pieds la violette, le safran, l'hyacinthe, en riche marqueterie brodaient la terre, plus colorée qu'une pierre du plus coûteux dessin.

Aucune autre créature, quadrupède, oiseau, insecte ou reptile, n'osait entrer en ce lieu ; tel était leur respect pour l'homme. Jamais, même dans les fictions

> Shine not in vain; nor think, though men were none,
> That Heaven would want spectators, God want praise :
> Millions of spiritual creatures walk the earth
> Unseen, both when we wake, and when we sleep :
> All these with ceaseless praise his works behold
> Both day and night. How often from the steep
> Of echoing hill or thicket have we heard
> Celestial voices to the midnight air,
> Sole, or responsive each to other's note,
> Singing their great Creator! oft in bands
> While they keep watch, or nightly rounding walk,
> With Heavenly touch of instrumental sounds,
> In full harmonic number join'd, their songs
> Divide the night, and lift our thoughts to Heaven. »
>   Thus talking, hand in hand along they pass'd
> On to their blissful bower : it was a place
> Chosen by the sovran Planter, when he fram'd
> All things to man's delightful use : the roof
> Of thickest covert was inwoven shade,
> Laurel and myrtle, and what higher grew
> Of firm and fragrant leaf : on either side
> Acanthus and each odorous bushy shrub
> Fenc'd up the verdant wall; each beauteous flower,
> Iris all hues, roses, and jessamine,
> Rear'd high their flourish'd heads between, and wrought
> Mosaic; underfoot the violet,
> Crocus, and hyacinth, with rich inlay
> Broider'd the ground, more colour'd than with stone
> Of costliest emblem.   Other creature here,
> Bird, beast, insect, or worm, durst enter none,
> Such was their awe of man. In shadier bower,

de la Fable, sous un berceau ombragé, plus sacré, et plus écarté ; jamais Pan ou Sylvain ne dormirent, Nymphe ni Faune n'habitèrent. Là, dans un réduit fermé avec des fleurs, des guirlandes et des herbes d'une suave odeur, Ève épousée embellit pour la première fois sa couche nuptiale, et les chœurs célestes chantèrent l'épithalame. Ce jour-là, l'ange de l'hymen amena Ève à notre père dans sa beauté nue, plus ornée, plus charmante que Pandore que les dieux dotèrent de tous leurs dons (oh ! trop semblable à elle par le triste événement), alors que conduite par Hermès au fils imprudent de Japhet, elle enlaça l'espèce humaine dans ses beaux regards, afin de venger Jupiter de celui qui avait dérobé le feu authentique.

Ainsi arrivés à leur berceau ombragé, Ève et Adam tous deux s'arrêtèrent, tous deux se retournèrent, et sous le ciel ouvert ils adorèrent le Dieu qui fit à la fois le ciel, l'air, la terre, le ciel qu'ils voyaient, le globe resplendissant de la lune, et le pôle étoilé.

« Tu as aussi fait la nuit, Créateur tout-puissant ! et tu as fait le jour que
« nous avons employé et fini dans notre travail prescrit, heureux de notre assis-
« tance mutuelle, et de notre mutuel amour, couronne de toute cette félicité
« ordonnée par toi ! Et tu as fait ce lieu délicieux trop vaste pour nous, où l'a-
« bondance manque de partageants et tombe sur le sol non moissonnée. Mais
« tu nous as promis une race issue de nous qui remplira la terre, qui glorifiera
« avec nous ta bonté infinie, et quand nous nous éveillons, et quand nous cher-
« chons, comme à cette heure, le sommeil, ton présent. »

Ils dirent ainsi unanimes, n'observant d'autres rites qu'une adoration pure

More sacred and sequester'd, though but feign'd,
Pan or Sylvanus never slept ; nor Nymph,
Nor Faunus haunted. Here, in close recess,
With flovers, garlands, and sweet-smelling h rbs,
Espoused Eve deck'd first her nuptial bed ;
And Heavenly quires the hymenæan sung,
What day the genial angel to our sire
Brought her in naked beauty more adorn'd,
More lovely, than Pandora, whom the gods
Endow'd with all their gifts ; and, oh ! too like
In sad event, when to th' unwiser son
Of Japhet brought by Hermes she ensnar'd
Mankind with her fair looks, to be aveng'd
On him who had stole Jove's authentic fire.
Thus, at their shady lodge arriv'd, both stood,
Both turn'd, and under open sky ador'd
The God that made both sky, air, earth, and Heaven,
Which they beheld, the moon's resplendent globe,
And starry pole.
    « Thou also madest the night,
Maker omnipotent, and thou the day,
Which we, in our appointed work employ'd,
Have finish'd, happy in our mutual help
And mutual love, the crown of all our bliss
Ordain'd by thee : and this delicious place,
For us too large, where thy abundance wants
Partakers, and uncropt falls to the ground.
But thou hast promis'd from us two a race
To fill the earth, who shall with us extol
Thy goodness infinite ; both when we wake,
And when we seek, as now, thy gift of sleep. »
    This said unanimous, and other rites
Observing none, but adoration pure,

que Dieu aime le mieux. Ils entrèrent en se tenant par la main dans l'endroit le plus secret de leur berceau, et n'ayant point la peine de se débarrasser de ces incommodes déguisements que nous portons, ils se couchèrent l'un près de l'autre. Adam ne se détourna pas, je pense, de sa belle épouse, ni Ève ne refusa pas les rites mystérieux de l'amour conjugal, malgré tout ce que disent austèrement les hypocrites de la pureté, du paradis, de l'innocence, diffamant comme impur ce que Dieu déclare pur, ce qu'il commande à quelques-uns, ce qu'il permet à tous. Notre Créateur ordonna de multiplier : qui ordonne de s'abstenir, si ce n'est notre destructeur, l'ennemi de Dieu et de l'homme?

Salut, amour conjugal, mystérieuse loi, véritable source de l'humaine postérité, seule propriété dans le paradis où tous les autres biens étaient en commun! Par toi l'ardeur adultère fut chassée des hommes et reléguée parmi le troupeau des bêtes; par toi, fondées sur la raison loyale, juste et pure, les relations chéries et toutes les charités du père, du fils et du frère, furent connues pour la première fois. Loin de moi d'écrire que tu sois un péché ou une honte, ou de penser que tu ne conviennes pas au lieu le plus sacré, toi, source perpétuelle des douceurs domestiques, toi, dont le lit a été déclaré chaste et insouillé pour le présent et pour le passé, et dans lequel sont entrés les saints et les patriarches. Ici l'Amour emploie ses flèches dorées, ici il allume son flambeau durable et agite ses ailes de pourpre; ici il règne et se délecte. Il n'est point dans le sourire acheté des prostituées sans passion, sans joie et que rien ne rend chères; il n'est point dans des jouissances passagères, ni parmi les favorites de cour, ni dans une danse mêlée, ni sous le masque lascif, ni dans le bal de minuit, ni dans la

> Which God likes best, into their inmost bower
> Handed they went; and, cas'd the putting off
> These troublesome disguises which we wear,
> Straight side by side were laid; nor turn'd, I ween,
> Adam from his fair spouse, nor Eve the rites
> Mysterious of connubial love refus'd :
> Whatever hypocrites austerely talk
> Of purity, and place, and innocence;
> Defaming as impure what God declares
> Pure, and commands to some, leaves free to all.
> Our Maker bids increase; who bids abstain,
> But our destroyer, foe to God and man?
>
>   Hail, wedded love, mysterious law, true source
> Of human offspring, sole propriety
> In Paradise of all things common else!
> By thee adulterous lust was driven from men
> Among the bestial herds to range; by thee
> Founded in reason, loyal, just, and pure,
> Relations dear, and all the charities
> Of father, son, and brother, first were known.
> Far be it that I should write thee sin or blame,
> Or think thee unbefitting holiest place;
> Perpetual fountain of domestic sweets,
>   Whose bed is undefil'd and chaste pronounc'd,
> Present, or past, as saints and patriarchs us'd.
> Here Love his golden shafts employs, here lights
> His constant lamp, and waves his purple wings;
> Reigns here and revels; not in the bought smile
> Of harlots, loveless, joyless, unendear'd,
> Casual fruition; nor in court-amours,
> Mix'd dance, or wanton mask, or midnight ball,
> Or serenate, which the starved lover sings
> To his proud fair, best quitted with disdain.

148 LE PARADIS PERDU.

sérénade que chante un amant affamé, à sa fière beauté, qu'il ferait mieux de quitter avec dédain. Bercés par les rossignols, Adam et Eve dormaient en se tenant embrassés ; sur leurs membres nus le dôme fleuri faisait pleuvoir des roses, dont le matin réparait la perte. Dors, couple béni ! O toujours plus heureux si tu ne cherches pas un plus heureux état, et si tu sais ne pas savoir davantage !

Déjà la nuit de son cône ténébreux avait mesuré la moitié de sa course vers le plus haut de cette vaste voûte sublunaire ; et les chérubins, sortant de leur porte d'ivoire à l'heure accoutumée, étaient armés pour leurs veilles nocturnes dans une tenue de guerre ; lorsque Gabriel dit à celui qui approchait le plus de son pouvoir :

« Uzziel, prends la moitié de ces guerriers et côtoie le midi avec la plus stricte
« surveillance ; l'autre moitié tournera au nord : notre ronde se rencontrera à
« l'ouest. »

Ils se divisent comme la flamme, la moitié tournant sur le bouclier, l'autre sur la lance. Gabriel appelle deux esprits adroits et forts qui se tenaient près de lui, et il leur donne cet ordre :

« Ithuriel et Zéphon, de toute la vitesse de vos ailes, parcourez ce jardin ; ne
« laissez aucun coin sans l'avoir visité, mais surtout l'endroit où habitent ces
« deux belles créatures qui dorment peut-être à présent, se croyant à l'abri du
« mal. Ce soir, vers le déclin du soleil, quelqu'un est arrivé ; il dit d'un infernal
« esprit lequel a été vu dirigeant sa marche vers ce lieu (qui l'aurait pu penser ?),
« échappé des barrières de l'enfer et à mauvais dessein sans doute : en quelque
« endroit que vous le rencontriez, saisissez-le et amenez-le ici. »

En parlant de la sorte il marchait à la tête de ses files radieuses qui éclipsaient la lune. Ithuriel et Zéphon vont droit au berceau, à la découverte de celui qu'ils

    These, lull'd by nightingales, embracing slept,
And on their naked limbs the flowery roof
Shower'd roses, which the morn repair'd. Sleep on,
Blest pair ; and, O yet happiest, if ye seek
No happier state, and know to know no more!
    Now had night measur'd with her shadowy cone
Half way up hill this vast sublunar vault,
And from their ivory port the cherubim,
Forth issuing at th' accustom'd hour, stood arm'd
To their night-watches in warlike parade ;
When Gabriel to his next in power thus spake :
    « Uzziel, half these draw off, and coast the south
With strictest watch ; these other wheel the north :
Our circuit meets full west. »
                  As flame they part,
Half wheeling to the shield, half to the spear.
From these two strong and subtle spirits he call'd
That near him stood, and gave them thus in charge :
    « Ithuriel and Zephon, with wing'd speed
Search through this garden, leave unsearch'd no nook
But chiefly where those two fair creatures lodge,
Now laid perhaps asleep, secure of harm.
This evening from the sun's decline arriv'd,
Who tells of some infernal spirit seen
Hitherward bent (who could have thought?) escap'd
The bars of Hell, on errand bad not doubt :
Such, where ye find, seize fast, and hither bring. »
    So saying, on he led his radiant files,
Dazzling the moon ; these to the bower direct
In search of whom they sought : him they found
Squat like a toad, close at the ear of Eve,

cherchaient. Là ils le trouvèrent tapi comme un crapaud, tout près de l'oreille d'Ève, essayant par son art diabolique d'atteindre les organes de son imagination et de forger avec eux des illusions à son gré, de fantômes et songes ; ou bien en soufflant son venin, il tâchait d'infecter les esprits vitaux qui s'élèvent du pur sang, comme de douces haleines s'élèvent d'une rivière pure : de là du moins pourraient naître ces pensées déréglées et mécontentes, ces vaines espérances, ces projets vains, ces désirs désordonnés, enflés d'opinions hautaines qui engendrent l'orgueil.

Tandis qu'il était ainsi appliqué, Ithuriel le touche légèrement de sa lance, car aucune imposture ne peut endurer le contact d'une trempe céleste, et elle retourne de force à sa forme naturelle. Découvert et surpris, Satan tressaille : comme quand une étincelle tombe sur un amas de poudre nitreuse préparée pour le tonneau, afin d'approvisionner un magasin sur un bruit de guerre ; le grain noir, dispersé par une soudaine explosion, embrase l'air : de même éclata dans sa propre forme, l'ennemi. Les deux beaux anges reculèrent d'un pas à demi étonnés de voir si subitement le terrible monarque. Cependant non émus de frayeur, ils l'accostent bientôt :

« Lequel es-tu de ces esprits rebelles adjugés à l'enfer ? Viens-tu échappé
« de ta prison ? Et pourquoi transformé, te tiens-tu comme un ennemi en em-
« buscade, veillant ici au chevet de ceux qui dorment ? »

« Vous ne me connaissez donc pas, reprit Satan plein de dédain ; vous ne
« me connaissez pas, moi ? vous m'avez pourtant connu autrefois, non votre
« camarade, mais assis où vous n'osiez prendre l'essor. Ne pas me connaître,
« c'est vous avouer vous-mêmes inconnus, et les plus infimes de votre bande.
« Ou si vous me connaissez, pourquoi m'interroger et commencer d'une ma-

    Assaying by his devilish art to reach
The organs of her fancy, and with them forge
Illusions, as he list, phantasms and dreams;
Or if, inspiring venom, he might taint
Th' animal spirits, that from pure blood arise
Like gentle breaths from rivers pure, thence raise
At least distemper'd, discontented thoughts,
Vain hopes, vain aims, inordinate desires,
Blown up with high conceits ingendering pride.
    Him thus intent Ithuriel with his spear
Touch'd lightly; for no falsehood can endure
Touch of celestial temper, but returns
Of force to its own likeness : up he starts
Discover'd and surpris'd. As when a spark
Lights on a heap of nitrous powder, laid
Fit for the tun, some magazine to store
Against a rumour'd war ; the smutty grain,
With sudden blaze diffus'd, inflames the air;
So started up in his own shape the fiend.
Back stepp'd those two fair angels, half amaz'd
So sudden to behold the grisly king;
Yet thus, unmov'd with fear, accost him soon :
    « Which of those rebel spirits adjudg'd to Hell
Com'st thou, escap'd thy prison ? and, transform'd,
Why sat'st thou like an enemy in wait,
Here watching at the head of these that sleep ? »
    «Know ye not then, said Satan, fill'd with scorn,
Know ye not me? ye knew me once no mate
For you, there sitting where ye durst not soar :
Not to know me argues yourselves unknown,
The lowest of your throng; or, if ye know,

« nière superflue votre mission, qui finira d'une manière aussi vaine? »
Zéphon lui rendant mépris pour mépris :
« Ne crois pas, esprit révolté, que ta forme restée la même, ou que ta splen-
« deur non diminuée, doivent être connues, comme lorsque tu te tenais dans le
« ciel droit et pur. Cette gloire quand tu cessas d'être bon, se sépara de toi. Tu
« ressembles à présent à ton péché, et à la demeure obscure et souillée de ta
« condamnation. Mais viens; car il faudra, sois-en sûr, que tu rendes compte
« à celui qui nous envoie, et dont la charge est de conserver ce lieu inviolable,
« et de préserver ceux-ci de tout mal. »

Ainsi parla le chérubin : sa grave réprimande, sévère dans une beauté pleine de jeunesse, lui donnait une grâce invincible. Le démon resta confus; il sentait combien la droiture est imposante, et il voyait combien dans sa forme, la vertu est aimable; il le voyait, et gémissait de l'avoir perdue, mais surtout de trouver qu'on s'était aperçu de l'altération sensible de son éclat. Toutefois il paraissait encore intrépide.

« Si je dois combattre, dit-il, que ce soit le chef contre le chef, contre celui
« qui envoie, non contre celui qui est envoyé, ou contre tous à la fois : plus de
« gloire sera gagnée, ou moins perdue. »
« Ta frayeur, dit le hardi Zéphon, nous épargnera l'épreuve de ce que
« le moindre d'entre nous peut faire seul contre toi, méchant, et par consé-
« quent faible. »

L'ennemi ne répliqua point, étouffant de rage; mais, comme un orgueilleux coursier dans ses freins, il marche la tête haute, rongeant son mors de fer : combattre ou fuir lui parut inutile ; une crainte d'en haut avait dompté son

    Why ask ye, and superfluous begin
Your message, like to end as much in vain? »
    To whom thus Zephon, answering scorn with scorn :
    « Think not, revolted spirit, thy shape the same,
Or undiminish'd brightness, to be known,
As when thou stood'st in Heaven upright and pure;
That glory then, when thou no more wast good
Departed from thee : and thou resemblest now
Thy sin and place of doom obscure and foul.
But come, for thou, be sure, shalt give account
To him who sent us, whose charge is to keep
This place inviolable, and these from harm. »
    So spake the cherub ; and his grave rebuke,
Severe in youthful beauty, added grace
Invincible : abash'd the devil stood,
And felt how awful goodness is, and saw
Virtue in her shape how lovely ; saw, and pin'd
His loss : but chiefly to find here observ'd
His lustre visibly impair'd ; yet seem'd
Undaunted.
    « If I must contend, said he,
Best with the best, the sender, not the sent,
Or all at once ; more glory will be won,
Or less be lost. »
    « Thy fear, said Zephon bold,
Will save us trial what the least can do
Single against thee, wicked, and thence weak. »
    The fiend replied not, overcome with rage;
But, like a proud steed rein'd, went haughty on,
Champing his iron curb : to strive or fly
He held it vain ; awe from above had quell'd
His heart, not else dismay'd. Now drew they nigh

cœur, non autrement étonné. Maintenant ils approchaient du point occidental où les gardes de demi-ronde s'étaient tout juste rencontrés, et réunis ils formaient un escadron attendant le prochain ordre. Gabriel, leur chef, placé sur le front, leur crie :

« Amis, j'entends le bruit d'un pied agile qui se hâte par ce chemin, et à
« une lueur je discerne maintenant Ithuriel et Zéphon à travers l'ombre. Avec
« eux s'avance un troisième personnage d'un port de roi, mais d'une splendeur
« pâle et fanée : à sa démarche, et à sa farouche contenance, il paraît être le
« prince de l'enfer, qui probablement ne partira pas d'ici sans conteste : de-
« meurez fermes, car son regard se couvre et nous défie. »

A peine a-t-il fini de parler, qu'Ithuriel et Zéphon le joignent, lui racontent brièvement qui ils amènent, où ils l'ont trouvé, comment occupé, sous quelle forme et dans quelle posture il était couché. Gabriel parla de la sorte avec un regard sévère :

« Pourquoi, Satan, as-tu franchi les limites prescrites à tes révoltes ? Pourquoi
« viens-tu troubler dans leur emploi ceux qui ne veulent pas se révolter à ton
« exemple ? Mais ils ont le pouvoir et le droit de te questionner sur ton entrée
« audacieuse dans ce lieu, où tu t'occupais, à ce qu'il semble, à violer le som-
« meil et à inquiéter ceux dont Dieu a placé la demeure ici dans la félicité. »

Satan répondit avec un sourcil méprisant :

« Gabriel, tu avais dans le ciel la réputation d'être sage, et je te tenais pour
« tel ; mais la question que tu me fais me met en doute. Qu'il vive en enfer
« celui qui aime son supplice ! Qui ne voudrait, s'il en trouvait le moyen,
« s'échapper de l'enfer, quoiqu'il y soit condamné? Toi-même tu le voudrais

  The western point, where those half-rounding guards
Just met, and closing stood in squadron join'd,
Awaiting next command. To whom their chief,
Gabriel, from the front thus call'd aloud :
 « O friends ! I hear the tread of nimble feet
Hasting this way, and now by glimpse discern
Ithuriel and Zephon through the shade ;
And with them comes a third of regal port,
But faded splendour wan ; who by his gait
And fierce demeanour seems the prince of Hell,
Not likely to part hence without contest :
Stand firm ; for in his look defiance lours. »
 He scarce had ended, when those two approach'd,
And brief related whom they brought, where found,
How busied, in what form and posture couch'd.
 To whom with stern regard thus Gabriel spake :
 « Why hast thou, Satan, broke the bounds prescrib'd
To thy transgressions? and disturb'd the charge
Of others, who approve not to transgress
By thy example, but have power and right
To question thy bold entrance on this place ;
Employ'd, it seems, violate sleep, and those
Whose dwelling God hath planted here in bliss? »
 To whom thus Satan, with contemptuous brow :
 « Gabriel, thou hadst in Heaven th' esteem of wise,
And such I held thee ; but this question ask'd
Puts me in doubt. Lives there who loves his pain !
Who would not, finding way, break loose from Hell,
Though thither doom'd? thou wouldst thyself, no doubt,
And boldly venture to whatever place
Farthest from pain, where thou mightst hope to change
Torment with ease, and soonest recompense

« sans doute ; tu t'aventurerais hardiment vers le lieu, quel qu'il fût, le plus
« éloigné de la douleur, où tu pusses espérer changer la peine en plaisir, et
« remplacer le plus tôt possible la souffrance par la joie : c'est ce que j'ai cher-
« ché dans ce lieu. Ce ne sera pas là une raison pour toi, qui ne connais que
« le bien, et n'as pas essayé du mal. M'objecteras-tu la volonté de celui qui
« nous enchaîna? Qu'il barricade plus sûrement ses portes de fer, s'il prétend
« nous retenir dans cette sombre géhenne ! En voilà trop pour la question. Le
« reste est vrai : ils m'ont trouvé où ils le disent; mais cela n'implique ni
« violence ni tort. »

Il dit ainsi avec dédain. L'ange guerrier ému, moitié souriant avec mépris,
lui répliqua :

« Ah ! quelle perte a faite le ciel d'un juge pour juger ce qui est sage, depuis
« que Satan est tombé, renversé par sa folie ! Maintenant il revient échappé
« de sa prison, gravement en doute s'il doit tenir pour sages, ou non, ceux qui
« lui demandent quelle audace l'a conduit ici sans permission, hors des limites
« de l'enfer à lui prescrites; tant il juge sage de fuir la peine, n'importe com-
« ment, et de se dérober à son châtiment ! Présomptueux, juge ainsi, jusqu'à
« ce que la colère que tu as encourue en fuyant, rencontre sept fois ta fuite, et
« qu'à coups de fouet elle reconduise à l'enfer cette sagesse qui ne t'a pas en-
« core assez appris qu'aucune peine ne peut égaler la colère infinie provoquée.
« Mais pourquoi es-tu seul ? Pourquoi tout l'enfer déchaîné n'est-il pas venu
« avec toi ? Le supplice est-il moins supplice pour les compagnons? est-il moins
« à fuir, ou bien es-tu moins ferme qu'eux à l'endurer ? Chef courageux ! le
« premier à te soustraire aux tourments, si tu avais allégué à ton armée dé-
« sertée par toi cette raison de fuite certainement tu ne serais pas venu seul
« fugitif. »

Dole with delight; which in this place I sought
To thee no reason, who know'st only good,
But evil hast not tried : and wilt object
His will who bounds us? Let him surer bar
His iron gates, if he intends our stay
In that dark durance : thus much what was ask'd.
The rest is true, they found me where they say;
But that implies not violence or harm. »
    Thus he in scorn. The warlike angel moved,
Disdainfully half smiling, thus replied :
    « Oh ! loss of one in Heaven to judge of wise,
Since Satan fell, whom folly overthrew;
And now returns him from his prison 'scap'd,
Gravely in doubt whether to hold them wise
Or not, who ask what boldness brought him hither
Unlicens'd from his bounds in Hell prescrib'd :
So wise he judges it to fly from pain
However, and to 'scape his punishment !
So judge thou still, presomptuous; till the wrath,
Which thou incurr'st by flying, meet thy flight
Sevenfold, and scourge that wisdom back to Hell,
Which taught thee yet no better, that no pain
Can equal anger infinite provok'd.
But wherefore thou alone? wherefore with thee
Came not all Hell broke loose? is pain to them
Less pain, less to be fled; or thou than they
Less hardy to endure? Courageous chief !
The first in flight from pain ! hadst thou alledg'd
To thy deserted host this cause of flight,
Thou surely hadst not come sole fugitive. »

A quoi l'ennemi répondit sourcillant, terrible :

« Tu sais bien, ange insultant, que je n'ai pas moins de courage à suppor-
« ter la peine, et que je ne recule pas devant elle : j'ai bravé la plus grande
« fureur, quand dans la bataille la noire volée du tonnerre vint à ton aide en
« toute hâte, et seconda ta lance autrement non redoutée. Mais les paroles jetées
« au hasard, comme toujours, montrent ton inexpérience de ce qu'il convient
« de faire à un chef fidèle, d'après les durs essais et les mauvais succès du passé :
« il ne doit pas tout risquer dans les chemins du péril, qu'il n'a pas lui-même
« reconnus. Ainsi donc j'ai entrepris le premier de voler seul à travers l'abîme
« désolé, et de découvrir ce monde nouvellement créé, sur lequel, dans l'en-
« fer, la renommée n'a pas gardé le silence. Ici je suis venu dans l'espoir de
« trouver un séjour meilleur, d'établir sur la terre ou dans le milieu de l'air
« mes puissances affligées ; dussions-nous, pour en prendre possession, essayer
« encore une fois ce que toi et tes élégantes légions oseront contre nous. Ce
« leur est une besogne plus facile de servir leur Seigneur au haut du ciel, de
« chanter des hymnes à son trône, de s'incliner à des distances marquées, que
« de combattre ! »

L'ange guerrier répondit aussitôt :

« Dire et se contredire, prétendre d'abord qu'il est sage de fuir la peine,
« professer ensuite l'espionnage, montre non un chef, mais un menteur avéré,
« Satan. Et oses-tu te donner le titre de fidèle ? O nom, nom sacré de fidélité
« profanée ! Fidèle à qui ? à la bande rebelle, armée de pervers, digne corps
« d'une digne tête ! Etait-ce là votre discipline et votre foi jurée, votre obéis-
« sance militaire, de rompre notre serment d'allégeance au Pouvoir suprême
« reconnu ? Et toi, rusé hypocrite, aujourd'hui champion de la liberté, qui ja-
« dis plus que toi flatta, s'inclina, et servilement adora le redoutable Monarque

>   To which the fiend thus answer'd, frowning ster
>   « Not that I less endure, or shrink from pain,
>   Insulting angel ! well thou know'st I stood
>   Thy fiercest; when in battle to thy aid
>   The blasting vollied thunder made all speed,
>   And seconded thy else not dreaded spear.
>   But still thy words at random, as before,
>   Argue thy inexperience what behoves
>   From hard assays and ill successes past
>   A faithful leader ; not to hazard all
>   Through ways of danger by himself un ried :
>   I, therefore, I alone first undertook
>   To wing the desolate abyss, and spy
>   This new-created world, whereof in Hell
>   Fame is not silent; here in hope to find
>   Better abode, and my afflicted powers
>   To settle here on earth or in mid air ;
>   Though for possession put to try once more
>   What thou and thy gay legions dare against ;
>   Whose easier business were to their Lord
>   High up in Heaven, with songs to hymn his throne,
>   And practis'd distances to cringe, not fight. »
>   To whom the warriour angel soon replied :
>   « To say and straight unsay, pretending first
>   Wise to fly pain, professing next the spy,
>   Argues no leader, but a liar trac'd,
>   Satan, and couldst thou faithful add ?   O name,
>   O sacred name of faithfulness profan'd !
>   Faithful to whom ? to thy rebellious crew ?
>   Army of fiends, fit body to fit head.

« du ciel ? Pourquoi, sinon dans l'espoir de le déposséder et de régner toi-même ?
« Mais écoute à présent ce que je te conseille : Loin d'ici ! fuis là d'où tu as
« fui : si à compter de cette heure tu te montres dans ces limites sacrées, je te
« traîne enchaîné au puits infernal ; je t'y scellerai de manière que désormais
« tu ne mépriseras plus les faciles portes de l'enfer, trop légèrement barrées. »

Ainsi il menaçait : mais Satan ne fait aucune attention à ces menaces, mais sa rage croissant, il répliqua :

« Alors que je serai ton captif, parle de chaînes, fier chérubin de frontière ;
« mais, avant cela, attends-toi toi-même à sentir le poids beaucoup plus pesant
« de mon bras vainqueur, bien que le Roi du ciel chevauche sur tes ailes, et
« qu'avec tes compères, façonnés au joug, tu tires ses roues triomphantes dans
« sa marche sur le chemin du ciel pavé d'étoiles. »

Tandis qu'il parle, les angéliques escadrons devinrent rouges de feu ; aiguisant en croissant les pointes de leur phalange, ils commencent à l'entourer de leurs lances en arrêt : telle, dans un champ de Cérès mûr pour la moisson, une forêt barbelée d'épis ondoie et s'incline de quelque côté que le vent la balaye ; le laboureur inquiet regarde ; il craint que, sur l'aire, les gerbes, son espérance, ne laissent que du chaume. De son côté, Satan, alarmé, rassemblant toute sa force, s'élève dilaté, inébranlable comme le Ténériffe ou l'Atlas. Sa tête atteint le ciel, et sur son casque l'horreur siége comme un panache ; sa main ne manquait point de ce qui semblait une lance et un bouclier.

    Was this your discipline and faith engag'd,
Your military obedience, to dissolve
Allegiance to th' acknowledg'd Power supreme?
And thou, sly hypocrite, who now wouldst seem
Patron of liberty! who more than thou
Once fawn'd, and cring'd, and servilely ador'd
Heaven's awful Monarch? wherefore, but in hope
To dispossess him, and thyself to reign?
But mark what I aread thee now : Avaunt,
Fly thither whence thou fled'st : if from this hour
Within these hallow'd limits thou appear,
Back to th' infernal pit I drag thee chain'd,
And seal thee so, as henceforth notto scorn
The facile gates of Hell, too slightly barr'd. »
    So threaten'd he : but Satan to no threats
Gave heed, but waxing more in rage replied :
    « Then, when I am thy captive, talk of chains,
Proud limitary cherub; but ere then
Far heavier load thyself expect to feel
From my prevailing arm ; though Heaven's King
Ride on thy wings, and thou with thy compeers,
Us'd to the yoke, draw'st his triumphant wheels
In progress through the road of Heaven star-pav'd. »
    While thus he spake, th' angelic squadron bright
Turn'd fiery red, sharpening in mooned horns
Their phalanx, and began to hem him round
With ported spears, as thick as when a field
Of Ceres, ripe for harvest, waving bends
Her bearded grove of ears, which way the wind
Sways them; the careful plowman doubting stands,
Lest on the threshing floor his hopeful sheaves
Prove chaff. On th' other side, Satan, alarm'd,
Collecting all his might, dilated stood,
Like Teneriff or Atlas, unremov'd :
His stature reach'd the sky, and on his crest
Sat horrour plum'd, nor wanted in his grasp

Des faits terribles se fussent accomplis ; non-seulement le paradis dans cette commotion, mais peut-être la voûte étoilée du ciel, ou au moins tous les éléments, seraient allés en débris, confondus et déchirés par la violence de ce combat, si l'Éternel, pour prévenir cet horrible tumulte, n'eût aussitôt suspendu ses balances d'or, que l'on voit encore entre Astrée et le signe du Scorpion. Dans ses balances, le Créateur pesa d'abord toutes les choses créées, la terre ronde et suspendue avec l'air pour contre-poids ; maintenant, il y pèse les événements, les batailles et les royaumes : il mit deux poids dans les bassins, dans l'un le départ, dans l'autre le combat ; le dernier bassin monta rapidement et frappa le fléau. Gabriel s'en apercevant, dit à l'ennemi :

« Satan, je connais ta force et tu connais la mienne ; ni l'une ni l'autre ne
« nous est propre, mais elles nous ont été données. Quelle folie donc de vanter
« ce que les armes peuvent faire, puisque ni ta force, ni la mienne ne sont
« que ce que permet le ciel, quoique la mienne soit à présent doublée, afin
« que je te foule aux pieds comme la fange ! Pour preuve regarde en haut, lis
« ton destin dans ce signe céleste où tu es pesé, et vois combien tu es léger,
« combien faible si tu résistes. »

L'ennemi leva les yeux, et reconnut que son bassin était monté en haut. C'en est fait ; il fuit en murmurant, et avec lui fuirent les ombres de la nuit.

     What seem'd both spear and shield.
            Now dreadful deeds
Might have ensued ; nor only Paradise
In this commotion, but the starry cope
Of Heaven perhaps, or all the elements
At least had gone to wrack, distbur'd and torn
With violence of this conflict ; had not soon
Th' Eternal, to prevent such horrid fray,
Hung forth in Heaven his golden scales, yet seen
Betwixt Astrea and the Scorpion sign,
Wherein all things created first he weigh'd,
The pendulous round earth with balanc'd air
In counterpoise ; now ponders all events,
Battles and realms : in these he put two weights,
The sequel each of parting and of fight :
The latter quick upflew and kick'd the beam ;
Which Gabriel spying, thus bespake the fiend :
 « Satan, I know thy strength, and thou know'st mine ;
Neither our own, but given : what folly then
To boast what arms can do ? since thine no more
Than Heaven permits, nor mine, though doubl'd now
To tramble thee as mire : for proof look up,
And read thy lot in yon celestial sign ;
Where thou art weigh'd, and shown how light, how weak,
If thou resist. »
     The fiend look'd up, and knew
His mounted scale aloft : nor more ; but fled
Murmuring, and with him fled the shades of night.

LIVRE CINQUIÈME.

ARGUMENT.

Le matin approchait; Ève raconte à Adam son rêve fâcheux. Il n'aime pas ce rêve; cependant il la console. Ils sortent pour leurs travaux du jour : leur hymne du matin à la porte de leur berceau. Dieu, afin de rendre l'homme inexcusable, envoie Raphaël pour l'exhorter à l'obéissance, lui rappeler son état libre, le mettre en garde contre son ennemi qui est proche, lui apprendre quel est cet ennemi, pourquoi il est son ennemi, et tout ce qu'il est utile en outre à Adam de connaître. Raphaël descend au paradis ; sa figure décrite ; sa venue découverte au loin par Adam, assis à la porte de son berceau. Adam va à la rencontre de l'ange, l'amène à sa demeure et lui offre les fruits.les plus choisis cueillis par Eve ; leurs discours à table. Raphaël accomplit son message, fait souvenir Adam de son état et de son ennemi ; à la demande d'Adam il raconte quel est cet ennemi, comment il l'est devenu : en commençant son récit à la première révolte de Satan dans le ciel, il dit la cause de cette révolte; comment l'esprit rebelle entraîna ses légions après lui dans les parties du Nord ; comment il les incita à se révolter avec lui, les persuada tous, excepté Abdiel, le séraphin, qui combat ses raisons, s'oppose à lui et l'abandonne.

V.

Déjà le Matin avançant ses pas de rose dans les régions de l'est, semait la terre de perles orientales, lorsque Adam s'éveilla, telle était sa coutume ; car son sommeil léger comme l'air, entretenu par une digestion pure et des vapeurs douces et tempérées, était légèrement dispersé par le seul bruit des ruisseaux fumants, des feuilles agitées (éventail de l'Aurore), et par le chant matinal et animé des oiseaux sur toutes les branches : il est d'autant plus étonné de trouver

BOOK V.

THE ARGUMENT.

Morning approached, Eve relates to Adam her troublesome dream; he likes it not, yet comforts her : they come forth to their day-labours : their morning hymn at the door of their bower. God, to render man inexcusable, sends Raphael to admonish him of his obedience, of his free estate, of his enemy near at hand; who he is, and why his enemy, and whatever else may avail Adam to know. Raphael comes down to Paradise; his appearance described ; his coming discerned by Adam afar off, sitting at the door of his bower ; he goes out to meet him, brings him to his lodge, entertains him with the choicest fruits of Paradise got together by Eve; their discourse at table : Raphael performs his message, minds Adam of his state and of his enemy; relates, at Adam's request, who that enemy is, and how he came to be so, beginning from his first revolt in Heaven, and the occasion thereof; how he drew his legions after him to the parts of the north, and there incited them to rebel with him, persuading all but olny Abdiel, a seraph, who in argument dissuades and opposes him, then forsakes him.

V.

Now Morn, her rosy steps in th' eastern clime
Advancing, sow'd the earth with orient pearl,
When Adam wak'd, so custom'd; for his sleep
Was aery-light, from pure digestion bred,
And temperate vapours bland, which th' only sound
Of leaves and fuming rills, Aurora's fan,
Lightly dispers'd, and the shrill matin song
Of birds on every bough : so much the more
His wonder was to find unwaken'd Eve
With tresses discompos'd, and glowing cheek
As through unquiet rest : he, on his side
Leaning half-rais'd, with looks of cordial love

Ève non éveillée, la chevelure en désordre et les joues rouges comme dans un repos inquiet. Il se soulève à demi, appuyé sur le coude; penché amoureusement sur elle, il contemple avec des regards d'un cordial amour la beauté qui, éveillée ou endormie, brille de grâces particulières. Alors d'une voix douce, comme quand Zéphyr souffle sur Flore, touchant doucement la main d'Ève, il murmure ces mots :

« Éveille-toi, ma très-belle, mon épouse, mon dernier bien trouvé, le meil-
« leur et le dernier présent du ciel, mon délice toujours nouveau ! Éveille-toi!
« Le matin brille, et la fraîche campagne nous appelle; nous perdons les pré-
« mices du jour, le moment de remarquer comment poussent nos plantes soi-
« gnées, comment fleurit le bocage de citronnier, d'où coule la myrrhe, et ce
« que distille le balsamique roseau, comment la nature peint ses couleurs,
« comment l'abeille se pose sur la fleur pour en extraire la douceur liquide. »

Ainsi murmurant, il l'éveille : mais jetant sur Adam un œil effrayé, et l'embrassant, elle parla ainsi :

« O toi, le seul en qui mes pensées trouvent tout repos, ma gloire, ma per-
« fection ! que j'ai de joie de voir ton visage et le matin revenu ! Cette nuit (jus-
« qu'à présent je n'ai jamais passé une nuit pareille), je rêvais (si je rêvais),
« non de toi comme je le fais souvent, non des ouvrages du jour passé, ou du
« projet du lendemain, mais d'offense et de trouble que mon esprit ne connut
« jamais avant cette nuit accablante. Il m'a semblé que quelqu'un, attaché à
« mon oreille, m'appelait avec une voix douce, pour me promener; je crus que
« c'était la tienne; elle disait : « Pourquoi dors-tu, Ève ? Voici l'heure char-
« mante, fraîche, silencieuse, sauf où le silence cède à l'oiseau harmonieux
« de la nuit, qui maintenant éveillé soupire sa plus douce chanson, enseignée

Hung over her enamour'd, and beheld
Beauty, which, whether waking or asleep,
Shot forth peculiar graces; then with voice
Mild, as when Zephyrus on Flora breathes,
Her hand soft touching, whisper'd thus :
                                « Awake,
My fairest, my espous'd, my latest found,
Heaven's last, best gift, my ever-new delight !
Awake; the morning shines, and the fresh field
Calls us; we lose the prime, to mark how spring
Our tended plants, how blows the citron-grove,
What drops the myrrh, and what the balmy reed,
How nature paints her colours, how the bee
Sits on the bloom extracting liquid sweet. »
  Such whispering wak'd her, but with startled eye
On Adam, whom embracing, thus she spake :
« O sole in whom my thoughts find all repose,
My glory, my perfection ! glad I see
Thy face, and morn return'd; for I this night
(Such night till this I never pass'd) have dream'd,
(If dream'd) not, as I oft am wont, of thee,
Works of day past, or morrow's next design;
But of offence and trouble, which my mind
Knew never till this irksome night. Methought
Close at mine ear one call'd me forth to walk
With gentle voice; I thought it thine : it said,
« Why sleep'st thou, Eve ? now is the pleasant time,
The cool, the silent, save where silence yields
To the night-warbling bird, that now awake
Tunes sweetest his love-labour'd song; now reigns
Full-orb'd the moon, and with more pleasing light

« par l'amour. La lune, remplissant tout son orbe, règne, et avec une plus
« agréable clarté fait ressortir sur l'ombre la face des choses ; c'est en vain si
« personne ne regarde. Le ciel veille avec tous ses yeux, pour qui contempler,
« si ce n'est toi, ô désir de la nature ? A ta vue, toutes les choses se réjouissent,
« attirées par ta beauté pour l'admirer toujours avec ravissement. »

« Je me suis levée à ton appel, mais je ne t'ai point trouvé. Pour te chercher,
« j'ai dirigé alors ma promenade ; il m'a semblé que je passais seule des che-
« mins qui m'ont conduite tout à coup à l'arbre de la science défendue; il pa-
« raissait beau, beaucoup plus beau à mon imagination que pendant le jour.
« Et comme je le regardais en m'étonnant, une figure se tenait auprès, sem-
« blable par la forme et les ailes à l'un de ceux-là du ciel que nous avons vus
« souvent : ses cheveux humides de rosée exhalaient l'ambroisie ; il contem-
« plait l'arbre aussi ;

« Et il disait : « O belle plante, de fruit surchargée, personne ne daigne-t-il
« te soulager de ton poids et goûter de ta douceur, ni Dieu, ni homme ? La
« science est-elle si méprisée? L'envie, ou quelque réserve, défend-elle de
« goûter? Le défende qui voudra, nul ne me privera plus longtemps de ton
« bien offert : pourquoi autrement est-il ici ? »

« Il dit et ne s'arrêta pas; mais d'une main téméraire il arrache, il goûte.
« Moi je fus glacée d'une froide horreur à des paroles si hardies, confirmées
« par une si hardie action. Mais lui, transporté de joie :

« O fruit divin, doux par toi-même, mais beaucoup plus doux ainsi cueilli;
« défendu ici ce semble, comme ne convenant qu'à des dieux, et cependant
« capable de faire dieux des hommes ! Et pourquoi pas, puisque plus le bien
« est communiqué, plus il croît abondant; puisque l'auteur de ce bien n'est pas

    Shadowy sets off the face of things ; in vain,
If none regard : Heaven wakes with all his eyes,
Whom to behold but thee, nature's desire?
In whose sight all things joy, with ravishment
Attracted by thy beauty still to gaze. »
    I rose as at thy call, but found thee not :
To find thee I directed then my walk;
And on, methought, alone I pass'd through ways
That brought me on a sudden to the tree
Of interdicted knowledge : fair it seem'd,
Much fairer to my fancy than by day :
And, as I wondering look'd, beside it stood
One shap'd and wing'd like one of those from Heaven
By us oft seen ; his dewy locks distill'd
Ambrosia; on that tree he also gaz'd :
    And, « O fair plant, said he, with fruit surchar'd,
Deigns none to ease thy load, and taste thy sweets;
Nor God, nor man? is knowledge so despis'd?
Or envy, or what reserve forbids to taste?
Forbid who will, none shall from me withhold
Longer thy offer'd good; why else set here?
    This said; he paus'd not, but with venturous arm
He pluck'd, he tasted; me damp horrour chill'd
At such bold words vouch'd with a deed so bold :
But he thus, overjoy'd :
               « O fruit divine,
Sweet of thyself, but much more sweet thus cropt;
Forbidden here, it seems, as only fit
For gods, yet able to make gods of men :
And why not gods of men, since good, the more
Communicated, more abundant grows,

« offensé, mais honoré davantage? Ici, créature heureuse ! Ève, bel ange, par-
« tage avec moi : quoique tu sois heureuse, tu peux être plus heureuse encore,
« bien que tu ne puisses être plus digne du bonheur. Goûte ceci et sois désor-
« mais parmi les dieux, toi-même déesse, non plus à la terre confinée, mais
« comme nous tantôt tu seras dans l'air, tantôt tu monteras au ciel par ton propre
« mérite, et tu verras de quelle vie vivent là les dieux, et tu vivras d'une pa-
« reille vie. »

« Parlant ainsi il approche, et me porte jusqu'à la bouche la partie de ce
« même fruit qu'il tenait et qu'il avait arraché : l'odeur agréable et savoureuse
« éveilla si fort l'appétit, qu'il me parut impossible de ne pas goûter. Aussitôt,
« je m'envole avec l'esprit au haut des nues, et au-dessous de moi je vois la
« terre se déployer immense ; perspective étendue et variée. Dans cette extrême
« élévation, m'étonnant de mon vol et de mon changement, mon guide dispa-
« raît tout à coup ; et moi, ce me semble, je suis précipitée en bas, et je tombe
« endormie. Mais, oh ! que je fus heureuse lorsque je me réveillai, de trouver
« que cela n'était qu'un songe ! »

Ainsi Ève raconta sa nuit, et ainsi Adam lui répondit attristé :

« Image la plus parfaite de moi-même, et ma plus chère moitié, le trouble
« de tes pensées cette nuit dans le sommeil m'affecte comme toi ; je ne puis
« aimer ce songe décousu provenu du mal, je le crains : cependant le mal,
« d'où viendrait-il ? Aucun mal ne peut habiter en toi, créature si pure. Mais
« sache que dans l'âme il existe plusieurs facultés inférieures qui servent la
« raison comme leur souveraine. Entre celles-ci, l'imagination exerce le prin-
« cipal office : de toutes les choses extérieures que représentent les cinq sens
« éveillés, elle se crée des fantaisies, des formes aériennes, que la raison as-

>   The authour not impair'd, but honour'd more?
>   Here, happy creature, fair angelic Eve;
>   Partake thou also ; happy though thou art,
>   Happier thou mayst be, worthier canst not be :
>   Taste this, and be henceforth among the gods
>   Thyself a goddess ; not to earth confin'd,
>   But sometimes in the air, as we ; sometimes
>   Ascend to Heaven, by merit thine, and see
>   What life the gods live there, and such live thou : »
>   So saying, he drew nigh, and to me held,
>   Even to my mouth of that same fruit held part
>   Which he had pluck'd : the pleasant savoury smell
>   So quicken'd appetite, that I, methought,
>   Could not but taste. Forthwith up to the clouds
>   With him I flew ; and underneath beheld
>   The earth outstretch'd immense, a prospect wide
>   And various. Wondering at my flight and change
>   To this high exaltation ; suddenly
>   My guide was gone, and I, methought, sunk down,
>   And fell asleep : but, oh ! how glad I wak'd
>   To find this but a dream! » Thus Eve her night
>   Related, and thus Adam answer'd sad :
>   « Best image of myself, and dearer half,
>   The trouble of thy thoughts this night in sleep
>   Affects me equally ; nor can I like
>   This uncouth dream, of evil sprung, I fear :
>   Yet evil whence ? in thee can harbour none,
>   Created pure. But know, that in the soul
>   Are many lesser faculties, that serve
>   Reason as chief ; among these fancy next
>   Her office holds ; of all external things,

« semble ou sépare, et dont elle compose tout ce que nous affirmons, ou ce
« que nous nions, et ce que nous appelons notre science ou notre opinion. La
« raison se retire dans sa cellule secrète, quand la nature repose : souvent pen-
« dant son absence l'imagination, qui se plaît à contrefaire, veille pour l'imiter;
« mais joignant confusément les formes, elle produit souvent un ouvrage bi-
« zarre, surtout dans les songes, assortissant mal des paroles et des actions ré-
« centes, ou depuis longtemps passées.

« Je trouve ainsi, à ce qu'il me paraît, quelques traces de notre dernière
« conversation du soir dans ton rêve, mais avec une addition étrange. Cepen-
« dant ne sois pas triste; le mal peut aller et venir dans l'esprit de Dieu ou
« de l'homme sans leur aveu, et n'y laisser ni tache ni blâme; ce qui me donne
« l'espoir que ce que tu abhorrais de rêver dans le sommeil, éveillée tu ne con-
« sentirais jamais à le faire. N'aie donc pas le cœur abattu ; ne couvre pas de
« nuages ces regards qui ont coutume d'être plus radieux et plus sereins que
« ne l'est à la terre le premier sourire d'un beau matin. Levons-nous pour nos
« fraîches occupations parmi les bocages, les fontaines et les fleurs, qui entr'ou-
« vrent à présent leur sein rempli des parfums les plus choisis, réservés de la
« nuit, et gardés pour toi. »

Il ranimait ainsi sa belle épouse, et elle était ranimée; mais silencieusement ses yeux laissèrent tomber un doux pleur; elle les essuya avec ses cheveux; deux autres précieuses larmes se montraient déjà à leur source de cristal; Adam les cueillit dans un baiser avant leur chute, comme les signes gracieux d'un tendre remords et d'une timidité pieuse qui craignait d'avoir offensé.

Ainsi tout fut éclairci, et ils se hâtèrent vers la campagne. Mais au moment

Which the five watchful senses represent,
She forms imaginations, aery shapes,
Which reason, joining or disjoining, frames
All what we affirm or what deny, and call
Our knowledge or opinion; then retires
Into her private cell, when nature rests.
Oft in her absence mimic fancy wakes
To imitate her ; but, misjoining shapes,
Wild work produces oft, and most in dreams;
Ill matching words and deeds long past, or late.
  Some such resemblances, methinks, I find
Of our last evening's talk in this thy dream,
But with addition strange; yet be not sad :
Evil into the mind of God or man
May come and go, so unapprov'd; and leave
No spot or blame behind : which gives me hope
That what in sleep thou didst abhor to dream,
Waking thou never wilt consent to do.
Be not dishearten'd then; nor cloud those looks,
That wont to be more cheerful and serene
Than when fair morning first smiles on the world :
And let us to our fresh employments rise
Among the groves, the fountains, and the flowers,
That open now their choicest bosom'd smells,
Reserv'd from night, and kept for thee in store. »
  So cheer'd he his fair spouse, and she was cheer'd,
But silently a gentle tear let fall
From either eye, and wip'd them with her hair :
Two other precious drops, that ready stood,
Each in their crystal sluice, he ere they fell
Kiss'd, as the gracious signs of sweet remorse,
And pious awe that fear'd to have offended.

où ils sortirent de dessous la voûte de leur berceau d'arbres, ils se trouvèrent d'abord en pleine vue du jour naissant et du soleil, à peine levé, qui effleurait encore des roues de son char l'extrémité de l'océan, lançait parallèles à la terre ses rayons remplis de rosée, découvrant dans un paysage immense tout l'orient du paradis et les plaines heureuses d'Éden : ils s'inclinèrent profondément, adorèrent, et commencèrent leurs prières, chaque matin dûment offertes en différent style; car ni le style varié, ni le saint enthousiasme, ne leur manquaient pour louer leur Créateur en justes accords prononcés, ou chantés, sans préparation aucune. Une éloquence rapide coulait de leurs lèvres, en prose ou en vers nombreux, si remplis d'harmonie qu'ils n'avaient besoin ni du luth ni de la harpe pour ajouter à leur douceur.

« Ce sont là tes glorieux ouvrages, Père du bien, ô Tout-Puissant ! Elle est
« tienne cette structure de l'univers, si merveilleusement belle ! Quelle mer-
« veille es-tu donc toi-même, Être inénarrable, toi qui, assis au-dessus des
« cieux, es pour nous ou invisible, ou obscurément entrevu dans tes ouvrages
« les plus inférieurs, lesquels pourtant font éclater au delà de toute pensée ta
« bonté et ton pouvoir divin !

« Parlez, vous qui pouvez mieux dire, vous, fils de la lumière, anges ! car
« vous le contemplez, et avec des cantiques et des chœurs de symphonies,
« dans un jour sans nuit, plein de joie, vous entourez son trône, vous dans
« le ciel !

« Sur la terre, que toutes les créatures le glorifient, lui le premier, lui le
« dernier, lui le milieu, lui sans fin !

« O la plus belle des étoiles, la dernière du cortége de la nuit, si plutôt tu

. So all was clear'd, and to the field they haste.
But first, from under shady arborous roof
Soon as they forth were come to open sight
Of day-spring and the sun, who, scarce up-risen,
With wheels yet hovering o'er the ocean-brim,
Shot parallel to th' earth his dewy ray,
Discovering in wide landskip all the east
Of Paradise and Eden's happy plains,
Lowly they bow'd adoring, and began
Their orisons, each morning duly paid
In various style; for neither various style
Nor holy rapture wanted they to praise
Their Maker, in fit strains pronounc'd, or sung
Unmeditated; such prompt eloquence
Flow'd from their lips, in prose or numerous verse,
More tuneable than needed lute or harp
To add more sweetness; and they thus began :
 « These are thy glorious works, Parent of good,
Almighty! Thine this universal frame,
Thus wondrous fair; thyself how wondrous then!
Unspeakable, who sit'st above these Heavens,
To us invisible, or dimly seen
In these thy lowest works; yet these declare
Thy goodness beyond thought, and power divine.
 « Speak, ye who best can tell, ye sons of light,
Angels; for ye behold him, and with songs
And choral symphonies, day without night,
Circle his throne rejoicing : ye in Heaven;
On earth join all ye creatures to extol
Him first, him last, him midst, and without end.
 « Fairest of stars, last in the train of night,
If better thou belong not to the dawn,

« n'appartiens pas à l'aurore, gage assuré du jour, toi dont le cercle brillant
« couronne le riant matin, célèbre le Seigneur dans ta sphère, quand l'aube se
« lève, à cette charmante première heure!

« Toi, soleil, à la fois l'œil et l'âme de ce grand univers, reconnais-le plus
« grand que toi, fais retentir sa louange dans ta course éternelle, et quand tu
« gravis le ciel, et quand tu atteins la hauteur du midi, et lorsque tu tombes!

« Lune, qui tantôt rencontres le soleil dans l'orient, qui tantôt fuis avec les
« étoiles fixes, fixées dans leur orbe qui fuit; et vous, autres feux errants, qui
« tous cinq figurez une danse mystérieuse, non sans harmonie, chantez la
« louange de celui qui des ténèbres appela la lumière!

« Air, et vous, éléments, les premiers-nés des entrailles de la nature, vous
« qui dans un quaternaire parcourez un cercle perpétuel; vous qui, multiformes,
« mélangez et nourrissez toutes choses, que vos changements sans fin varient
« de notre grand Créateur la nouvelle louange!

« Vous, brouillards et exhalaisons qui en ce moment, gris ou ternes, vous
« élevez de la colline ou du lac fumeux, jusqu'à ce que le soleil peigne d'or vos
« franges laineuses, levez-vous en honneur du grand Créateur du monde! et
« soit que vous tendiez de nuages le ciel décoloré, soit que vous abreuviez le
« sol altéré avec des pluies tombantes, en montant ou en descendant, répandez
« toujours sa louange!

« Sa louange, vous, ô vents qui soufflez des quatre parties de la terre, sou-
« pirez-la avec douceur ou force! Inclinez vos têtes, vous, pins. Vous, plantes
« de chaque espèce, en signe d'adoration, balancez-vous!

« Fontaines, et vous qui gazouillez tandis que vous coulez, mélodieux mur-
« mures, en gazouillant dites sa louange!

« Unissez vos voix, vous toutes, âmes vivantes : oiseaux qui montez en chan-

 Sure pledge of day, that crown'st the smiling morn
With thy bright circlet; praise him in thy sphere
While day arises, that sweet hour of prime.
 « Thou sun, of this great world both eye and soul,
Acknowledge him thy greater; sound his praise
In thy eternal course, both when thou climb'st,
And when high noon hast gain'd, and when thou fall
 « Moon, that now meet'st the orient sun, now fly'st,
With the fix'd stars, fix'd in their orb that flies;
And ye five other wandering fires, that move
In mystic dance not without song, resound
His praise, who out of darkness call'd up light.
 « Air, and ye elements, the eldest birth
Of nature's womb, that in quaternion run
Perpetual circle, multiform, and mix
And nourish all things; let your ceaseless change
Vary to our great Maker still new praise.
 « Ye mists and exhalations, that now rise
From hill or streaming lake, dusky or gray,
Till the sun paint your fleecy skirts with gold,
In honour to th' world's great Authour rise;
Whether to deck with clouds th' uncolour'd sky,
Or wet the thirsty earth with falling showers,
Rising or falling, still advance his praise.
 « His praise, ye winds, that from four quarters blow
Breathe soft or loud; and wave your tops, ye pines,
With every plant, in sign of worship, wave.
 « Fountains, and ye that warble, as ye flow,
Melodious murmurs, warbling tune his praise.
 « Join voices, all ye living souls : ye birds,

LE PARADIS PERDU.

« tant à la porte du ciel, sur vos ailes et dans vos hymnes, élevez sa louange !

« Vous qui glissez dans les eaux, et vous qui vous promenez sur la terre,
« qui la foulez avec majesté, ou qui rampez humblement, soyez témoins que
« je ne garde le silence ni le matin, ni le soir; je prête ma voix à la colline ou
« à la vallée, à la fontaine ou au frais ombrage, et mon chant les instruit de sa
« louange.

« Salut, universel Seigneur! sois toujours libéral pour ne nous donner que
« le bien. Et si la nuit a recueilli ou caché quelque chose de mal, disperse-le,
« comme la lumière chasse maintenant les ténèbres. »

Innocents ils prièrent, et leurs pensées recouvrèrent promptement une paix ferme et le calme accoutumé. Ils s'empressèrent à leur ouvrage champêtre du matin, parmi la rosée et les fleurs, là où quelques rangs d'arbres fruitiers, surchargés de bois, étalaient trop leurs branches touffues, et avaient besoin qu'une main réprimât leurs embrassements inféconds; ils amènent la vigne pour la marier à son ormeau; elle, épousée, entrelace autour de lui ses bras nubiles et lui apporte en dot ses grappes adoptées, afin d'orner son feuillage stérile. Le puissant Roi du ciel vit avec pitié nos premiers parents occupés de la sorte; il appelle à lui Raphaël, esprit sociable qui daigna voyager avec Tobie et assura son mariage avec la vierge sept fois mariée.

« Raphaël, dit-il, tu sais quel désordre sur la terre Satan, échappé de l'enfer
« à travers le gouffre ténébreux, a élevé dans le paradis; tu sais comment il
« a troublé cette nuit le couple humain, et comment il projette de perdre en
« lui du même coup la race humaine. Va donc; cause la moitié de ce jour avec
« Adam comme un ami avec un ami ; tu le trouveras dans quelque berceau ou
« sous quelque ombrage, retiré à l'abri de la chaleur du midi pour se délasser
« un moment de son travail quotidien, par la nourriture ou par le repos. Tiens-

    That singing up to Heaven-gate ascend,
Bear on your wings and in your notes his praise.
  « Ye that in waters glide, and ye that walk
The earth, and stately tread, or lowly creep;
Witness if I be silent, morn or even,
To hill or valley, fountain or fresh shade,
Made vocal by my song, and taught his praise.
  « Hail; universal Lord! be bounteous still
To give us only good; and if the night
Have gather'd aught of evil or conceal'd,
Disperse it, as now light dispels the dark. »
  So pray'd they innocent, and to their thoughts
Firm peace recover'd soon, and wonted calm.
On to their morning's rural work they haste,
Among sweet dews and flowers, where any row
Of fruit-trees over-woody reach'd too far
Their pamper'd boughs, and needed hands to check
Fruitless embraces : or they led the vine
To wed her elm; she, spous'd, about him twines
Her marriageable arms, and with her brings
Her dower, the adopted clusters, to adorn
His barren leaves. Them thus employ'd beheld
With pity Heaven's high King, and to him call'd
Raphael, the sociable spirit, that deign'd
To travel with Tobias, and secur'd
His marriage with the seven-times-wedded maid.
  « Raphael, said he, thou hear'st what stir on earth
Satan, from Hell 'scap'd through the darksome gulf,
Hath rais'd in Paradise; and how disturb'd
This night the human pair; how he designs

« lui des discours tels qu'ils lui rappellent son heureux état, le bonheur qu'il
« possède laissé libre à volonté, laissé à sa propre volonté libre, à sa volonté
« qui, quoique libre, est changeante ; avertis-le de prendre garde de s'égarer
« par trop de sécurité. Dis-lui surtout son danger et de qui il vient ; dis-lui quel
« ennemi, lui-même récemment tombé du ciel, complote à présent de faire
« tomber les autres d'un pareil état de félicité : par la violence ? non, car elle
« serait repoussée ; mais par la fraude et les mensonges. Fais-lui connaître tout
« cela, de peur qu'ayant volontairement transgressé, il n'allègue la surprise,
« n'ayant été ni averti ni prévenu. »

Ainsi parla l'éternel Père, et il accomplit toute justice. Le saint ailé ne diffère pas après avoir reçu sa mission ; mais du milieu de mille célestes ardeurs où il se tenait voilé de ses magnifiques ailes, il s'élève léger et vole à travers le ciel. Les chœurs angéliques, s'écartant des deux côtés, livrent un passage à sa rapidité à travers toutes les routes de l'empyrée, jusqu'à ce qu'arrivé aux portes du ciel, elles s'ouvrent largement d'elles-mêmes, tournant sur leurs gonds d'or : ouvrages divins du souverain Architecte. Aucun nuage, aucune étoile interposés n'obscurcissant sa vue, il aperçoit la terre, toute petite qu'elle est, et ressemblant assez aux autres globes lumineux ; il découvre le jardin de Dieu couronné de cèdres au-dessus de toutes les collines : ainsi, mais moins sûrement, pendant la nuit le verre de Galilée observe dans la lune des terres et des régions imaginaires ; ainsi le pilote parmi les Cyclades voyant d'abord apparaître Délos ou Samos, les prend pour une tache de nuage. Là en bas Raphaël hâte son vol précipité, et, à travers le vaste firmament éthéré, vogue entre des mondes et

In them at once to ruin all mankind :
Go therefore, half this day as friend with friend
Converse with Adam ; in what bower or shade
Thou find'st him from the heat of noon retir'd,
To respite his day-labour with repast,
Or with repose ; and such discourse bring on,
As may advise him of his happy state,
Happiness in his power left free to will,
Left to his own free will ; his will through free,
Yet mutable ; whence warn him to beware
He swerve not, too secure : tell him withal
His danger, and from whom ; what enemy,
Late fall'n himself from Heaven, is plotting now
The fall of others from like state of bliss ;
By violence ? no, for that shall be withstood ;
But by deceit and lies : this let him know,
Lest, wilfully transgressing, he pretend
Surprisal, unadmonish'd, unforewarn'd. »
   So spake th' Eternal Father ; and fulfill'd
All justice : nor delay'd the winged saint
After his charge receiv'd ; but from among
Thousand celestial ardours, where he stood
Veil'd with his gorgeous wings, up springing light
Flew through the midst of Heaven : th' angelic quires
On each hand parting, to his speed gave way
Through all th' empyreal road ; till, at the gate
Of Heaven arriv'd, the gate self-open'd wide
On golden hinges turning, as by work
Divine the sovran Architect had fram'd.
From hence no cloud, or, to obstruct his sight,
Star interpos'd, however small, he sees,
Not unconform to other shining globes,
Earth, and the garden of God, with cedars crown'd

des mondes. Tantôt l'aile immobile, il est porté sur les vents polaires ; tantôt son aile, éventail vivant, frappe l'air élastique, jusqu'à ce que parvenu à la hauteur de l'essor des aigles, il semble à tous les volatiles un phénix, regardé par tous avec admiration comme cet oiseau unique alors que pour enchâsser ses reliques dans le temple brillant du Soleil, il vole vers la Thèbes d'Égypte.

Tout à coup, sur le sommet oriental du paradis, l'ange s'abat et reprend sa propre forme, séraphin ailé. Pour ombrager ses membres divins il porte six ailes ; la paire qui revêt chacune de ses larges épaules revient, ornement royal, comme un manteau sur sa poitrine ; la paire du milieu entoure sa taille ainsi qu'une zone étoilée, borde ses reins et ses cuisses d'un duvet d'or, et de couleurs trempées dans le ciel, la dernière paire ombrage ses pieds, et s'attache à ses talons en plume maillée, couleur du firmament : semblable au fils de Maïa, il se tient debout et secoue ses plumes qui remplissent d'un parfum céleste la vaste enceinte d'alentour.

Incontinent toutes les troupes d'anges de garde le reconnurent et se levèrent en honneur de son rang et de son message suprême, car elles pressentirent qu'il était chargé de quelque haut message. Il passe leurs tentes brillantes et il entre dans le champ fortuné au travers des bocages de myrrhe, des odeurs florissantes de la cassie, du nard et du baume ; désert de parfums. Ici la nature folâtrait dans son enfance et se jouait à volonté dans ses fantaisies virginales, versant abondamment sa douceur, beauté sauvage au-dessus de la règle et de l'art ; ô énormité de bonheur !

Raphaël s'avançait dans la forêt aromatique ; Adam l'aperçut ; il était assis

>   Above all hills : as when by night the glass
>   Of Galileo, less assur'd, observes
>   Imagin'd lands and regions in the moon;
>   Or pilot, from amidst the Cyclades
>   Delos or Samos first appearing, kens
>   A cloudy spot. Down thither prone in flight
>   He speeds and through the vast ethereal sky
>   Sails between worlds and worlds, with steady wing :
>   Now on the polar winds, then with quick fan
>   Winnows the buxom air; till, within soar
>   Of towering eagles, to all the fowls he seems
>   A phœnix, gaz'd by all as that sole bird,
>   When, to enshrine his reliques in the Sun's
>   Bright temple, to Egyptian Thebes he flies.
>   At once on th' eastern cliff of Paradise
>   He lights, and to his proper shape returns
>   A seraph wing'd : six wings he wore, to shade
>   His lineaments divine : the pair that clad
>   Each shoulder broad, came mantling o'er his breast
>   With regal ornament : the middle pair
>   Girt like a starry zone his waist, and round
>   Skirted his loins and thighs with downy gold
>   And colours dipt in Heaven ; the third his feet
>   Shadow'd from either heel with feather'd mail,
>   Sky-tinctur'd grain. Like Maia's son he stood,
>   And shook his plumes, that heavenly fragrance fill d
>   The circuit wide.
>   Straight knew him all the bands
>   Of angels under watch; and to his state,
>   And to his message high, in honour rise :
>   For on some message high they guess'd him bound
>   Their glittering tents he pass'd, and now is come
>   Into the blissful field, through groves of myrrh,

à la porte de son frais berceau, tandis que le soleil à son midi dardait à plomb ses rayons brûlants pour échauffer la terre dans ses plus profondes entrailles (chaleur plus forte qu'Adam n'avait besoin) : Ève, dans l'intérieur du berceau, attentive à son heure, préparait pour le dîner des fruits savoureux, d'un goût à plaire au véritable appétit et à ne pas ôter par intervalles, la soif d'un breuvage de nectar que fournissent le lait, la baie ou la grappe. Adam appelle Ève.

« Accours ici, Ève ; contemple quelque chose digne de ta vue : à l'orient,
« entre ces arbres, quelle forme glorieuse s'avance par ce chemin ! elle semble
« une autre aurore levée à midi. Ce messager nous apporte peut-être quelque
« grand commandement du ciel et daignera ce jour être notre hôte. Mais va
« vite, et ce que contiennent tes réserves apporte-le ; prodigue l'abondance
« convenable pour honorer et recevoir notre divin étranger. Nous pouvons
« bien offrir leurs propres dons à ceux qui nous les donnent, et répandre lar-
« gement ce qui nous est largement accordé, ici où la nature multiplie sa fer-
« tile production et en s'en débarrassant devient plus féconde ; ce qui nous
« enseigne à ne point épargner. »

Ève lui répond :

« Adam, moule sanctifié d'une terre inspirée de Dieu, peu de provisions
« sont nécessaires, là où ces provisions en toutes les saisons mûrissent pour
« l'usage suspendues à la branche, excepté des fruits qui, dans une réserve
« frugale, acquièrent de la consistance pour nourrir, et perdent une humidité
« superflue. Mais je me hâterai, et de chaque rameau et de chaque tige, de

> And flowering odours, cassia, nard, and balm ;
> A wilderness of sweets : for nature here
> Wanton'd as in her prime, and play'd at will
> Her virgin fancies, pouring forth more sweet,
> Wild above rule or art, enormous bliss.
> Him through the spicy forest onward come
> Adam discern'd, as in the door he sat
> Of his cool bower, while now the mounted sun
> Shot down direct his fervid rays to warm
> Earth's inmost womb, more warmth than Adam needs :
> And Eve within, due at her hour prepar'd
> For dinner savoury fruits, of taste to please
> True appetite, and not disrelish thirst
> Of nectarous draughts between, from milky stream,
> Berry or grape : to whom thus Adam call'd :
> « Haste hither, Eve, and worth thy sight behold,
> Eastward among those trees, what glorious shape
> Comes this way moving ; seems another morn
> Ris'n on mid-noon ; some great behest from Heaven
> To us perhaps he brings, and will vouchsafe
> This day to be our guest. But go with speed,
> And, what thy stores contain, bring forth ; and pour
> Abundance, fit to honour and receive
> Our heavenly stranger : well we may afford
> Our givers their own gifts, and large bestow
> From large bestow'd, where nature multiplies
> Her fertile growth, and by disburdening grows
> More fruitful ; which instructs us not to spare. »
> To whom thus Eve :
> « Adam, earth's hallow'd mould
> Of God inspir'd ; small store will serve, where store,
> All seasons, ripe for use hangs on the stalk ;
> Save what by frugal storing firmness gains
> To nourish, and superfluous moist consumes :

« chaque plante et de chaque courge succulente, j'arracherai un tel choix pour
« traiter notre hôte angélique, qu'en le voyant il avouera qu'ici sur la terre
« Dieu a répandu ses bontés comme dans le ciel. »

Elle dit et part à la hâte avec des regards empressés, préoccupée de pensées hospitalières. Comment choisir ce qu'il y a de plus délicat? quel ordre suivre pour ne pas mêler les goûts, pour ne pas les assortir inélégants, mais pour qu'une saveur succède à une saveur relevée par le changement le plus agréable? Ève court, et de chaque tendre tige elle cueille ce que la terre, cette mère qui porte tout, donne à l'Inde orientale ou occidentale, aux rivages du milieu, dans le Pont, sur la côte punique, ou sur les bords qui virent régner Alcinoüs; fruits de toute espèce, d'une écorce raboteuse ou d'une peau unie, renfermé dans une bogue ou dans une coquille ; large tribut qu'Ève recueille et qu'elle amoncelle sur la table d'une main prodigue. Pour boisson elle exprime de la grappe un vin doux inoffensif; elle écrase différentes baies, et des douces amandes pressées, elle mélange une crème onctueuse : elle ne manque point de vases convenables et purs pour contenir ces breuvages. Puis elle sème la terre de roses, et des parfums de l'arbrisseau qui n'ont point été exhalés par le feu.

Cependant notre premier père pour aller à la rencontre de son hôte céleste s'avance hors du berceau, sans autre suite que celle de ses propres perfections : en lui était toute sa cour; cour plus solennelle que l'ennuyeuse pompe que traînent les princes, alors que leur riche et long cortége de pages chamarrés

> But I will haste, and from each bough and brake,
> Each plant and juiciest gourd, will pluck such choice
> To entertain our angel-guest, as he
> Beholding shall confess, that here on earth
> God hath dispens'd his bounties as in Heaven. »
>   So saying, with dispatchful looks in haste
> She turns, on hospitable thoughts intent :
> What choice to choose for delicacy best,
> What order, so contrived as not to mix
> Tastes, not well join'd, inelegant; but bring
> Taste after taste upheld with kindliest change :
> Bestirs her then, and from each tender stalk,
> Whatever earth, all-bearing mother, yields
> In India East or West, or middle shore
> In Pontus or the Punic coast, or where
> Alcinous reign'd; fruit of all kinds, in coat
> Rough, or smooth rind, or bearded husk, or shell,
> She gathers, tribute large, and on the board
> Heaps with unsparing hand. For drink the grape
> She crushes, inoffensive must, and meathe
> From many a berry, and from sweet kernels press'd
> She tempers dulcet creams; nor these to hold
> Wants her fit vessels pure; then strows the ground
> With rose and odours from the shrub unfum'd.
>   Meanwhile our primitive great sire, to meet
> His god-like guest, walks forth; without more train
> Accompanied than with his own complete
> Perfections : in himself was all his state;
> More solemn than the tedious pomp that waits
> On princes, when their rich retinue long
> Of horses led, and grooms besmear'd with gold,
> Dazzles the crowd, and sets them all agape.
> Nearer his presence Adam, though not aw'd,
> Yet with submiss approach and reverence meek,

d'or, de chevaux conduits en main, éblouit les spectateurs et les laisse la bouche béante. Dès qu'il fut en présence de l'archange, Adam, quoique non intimidé, toutefois avec un abord soumis et une douceur respectueuse, s'inclinant profondément comme devant une nature supérieure, lui dit :

« Natif du ciel (car aucun autre lieu que le ciel ne peut renfermer une si
« glorieuse forme) puisque en descendant des trônes d'en haut tu as consenti
« à te priver un moment de ces demeures fortunées, et à honorer celles-ci,
« daigne avec nous, qui ne sommes ici que deux, et qui cependant par un
« don souverain, possédons cette terre spacieuse, daigne te reposer sous l'om-
« brage de ce berceau : viens t'asseoir pour goûter ce que ce jardin offre de
« plus choisi, jusqu'à ce que la chaleur du midi soit passée, et que le soleil
« plus refroidi décline. »

L'angélique vertu lui répondit avec douceur :

« Adam, c'est pour cela même que je viens ici : tu es créé tel, ou tu as ici
« un tel séjour pour demeure, que cela peut souvent inviter les esprits même
« du ciel à te visiter. Conduis-moi donc où ton berceau surombrage; car de
« ces heures du milieu du jour jusqu'à ce que le soir se lève, je puis disposer. »

Ils arrivèrent à la demeure silvaine qui, semblable à la retraite de Pomone, souriait parée de fleurs et de senteurs charmantes. Mais Ève, non parée excepté d'elle-même (plus aimablement belle qu'une nymphe des bois, ou que la plus belle des trois déesses fabuleuses qui luttèrent nues sur le mont Ida), Ève se tenait debout pour servir son hôte du ciel : couverte de sa vertu, elle n'avait pas besoin de voile; aucune pensée infirme n'altérait sa joue. L'ange lui donna le salut, la sainte salutation employée longtemps après pour bénir Marie, seconde Eve.

As to a superiour nature bowing low,
Thus said :
  « Native of Heaven; for other place
None can than Heaven such glorious shape contain;
Since, by descending from the thrones above,
Those happy places thou hast deign'd awhile
To want, and honour these; vouchsafe with us
Two only, who yet by sovran gift possess
This spacious ground, in yonder shady bower
To rest; and what the garden choicest bears
To sit and taste, till this meridian heat
Be over, and the sun more cool decline. »
 Whom thus the angelic Virtue answer'd mild :
« Adam, I therefore came; nor art thou such
Created, or such place hast here to dwell,
As may not oft invite, though spirits of Heaven,
To visit thee : lead on then where thy bower
O'ershades; for these mid-hours till evening rise,
I have at will. »
  So to the sylvan lodge
They came, that like Pomona's arbour smil'd,
With flowerets deck'd, and fragrant smells; but Eve,
Undeck'd save with herself, more lovely fair
Than wood-nymph, or the fairest goddess feign'd
Of three that in mount Ida naked strove,
Stood to entertain her guest from Heaven ; no veil
She needed, virtue-proof; no thought infirm
Alter'd her cheek. On whom the angel Hail
Bestow'd ; the holy salutation us'd
Long after to blest Mary, second Eve :
« Hail, mother of mankind, whose fruitful womb

« Salut, mère des hommes; dont les entrailles fécondes rempliront le monde
« de tes fils, plus nombreux que ces fruits variés dont les arbres de Dieu ont
« chargé cette table ! »

Leur table était un gazon élevé et touffu, entouré de siéges de mousse. Sur son ample surface carrée, d'un bout à l'autre, tout l'automne était entassé, quoique alors le printemps et l'automne dansassent ici main en main. Adam et l'ange discoururent quelque temps (ils ne craignent pas que les mets refroidissent). Notre père commença de la sorte :

« Céleste étranger, qu'il te plaise goûter ces bontés que notre nourricier, de
« qui tout bien parfait descend sans mesure, a ordonné à la terre de nous céder
« pour aliment et pour délice; nourriture peut-être insipide pour des natures
« spirituelles.
« Je sais seulement ceci : un Père céleste donne à tous. »

L'ange répondit :

« Ainsi ce qu'il donne (sa louange soit à jamais chantée), à l'homme en
« partie spirituel, peut n'être pas trouvé une ingrate nourriture par les plus purs
« esprits. Les substances intellectuelles demandent la nourriture comme vos
« substances rationnelles; les unes et les autres ont en elles la faculté infé-
« rieure des sens au moyen desquels elles écoutent, voient, sentent, touchent
« et goûtent : le goût raffine, digère, assimile, et transforme le corporel en in-
« corporel.

« Sache que tout ce qui a été créé a besoin d'être soutenu et nourri : parmi
« les éléments, le plus grossier alimente le plus pur : la terre nourrit la mer,
« la terre et la mer nourrissent l'air, l'air nourrit ces feux éthérés, et d'abord
« la lune, comme le plus abaissé : de là sur sa face ronde ces taches, vapeurs

Shalt fill the world more numerous with thy sons,
Than with these various fruits the trees of God
Have heap'd this table ! »
          Rais'd of grassy turf
Their table was, and mossy seats had round,
And on her ample square from side to side
All autumn pil'd ; though spring and autumn here
Danc'd hand in hand. A while discourse they hold ;
No fear lest dinner cool; when thus began
Our authour :
      « Heavenly stranger, please to taste
These bounties, which our Nourisher, from whom
All perfect good, unmeasured out, descends,
To us for food and for delight hath caus'd
The earth to yield; unsavoury food, perhaps,
To spiritual natures : only this I know,
That one celestial Father gives to all. »
    To whom the angel :
       « Therefore what he gives
(Whose praise be ever sung) to man in part
Spiritual, may of purest spirits be found
No ingrateful food : and food alike those pure
Intelligential substances require,
As doth your rational ; and both contain
Within them every lower faculty
Of sense, whereby they hear, see, smell, touch, taste ;
Tasting concoct, digest, assimilate,
And corporeal to incorporeal turn.
   « For know, whatever was created needs
To be sustain'd and fed : of elements
The grosser feeds the purer; earth the sea ;

« non purifiées qui ne sont point encore converties en sa substance. La lune,
« de son continent humide, exhale aussi l'aliment des orbes supérieurs. Le so-
« leil, qui dispense la lumière à tous, reçoit de tous en humides exhalaisons
« ses récompenses alimentaires, et le soir il fait son repas avec l'Océan. Quoique
« dans le ciel les arbres de vie portent un fruitage d'ambroisie et que les vignes
« donnent le nectar; quoique chaque matin nous enlevions sur les rameaux
« des rosées de miel, que nous trouvions le sol couvert d'un grain perlé; ce-
« pendant ici Dieu a varié sa bonté avec tant de nouvelles délices, qu'on peut
« comparer ce jardin au ciel; et pour ne pas goûter à ces dons, ne pense pas
« que je sois assez difficile. »

Ainsi l'Ange et Adam s'assirent et tombèrent sur leurs mets. L'Ange mangea non pas en apparence, en fumée, le dire commun des théologiens, mais avec la vive hâte d'une faim réelle et la chaleur digestive pour transsubstantier : ce qui surabonde transpire facilement à travers les esprits. Il ne faut pas s'en étonner, si, par le feu du noir charbon, l'empirique alchimiste peut transmuer, ou croit qu'il est possible de transmuer les métaux les plus grossiers en or aussi parfait que celui de la mine.

Cependant à table Eve servait nue, et couronnait d'agréable liqueur leurs coupes à mesure qu'elles se vidaient. Oh! innocence digne du paradis! Si jamais les fils de Dieu eussent pu avoir une excuse pour aimer, c'eût été alors; c'eût été à cette vue! Mais dans ces cœurs, l'amour pudique régnait et ils ignoraient la jalousie, l'enfer de l'amant outragé.

Earth and the sea feed air; the air those fires
Ethereal; and as lowest first the moon;
Whence in her visage round those spots, unpurg'd
Vapours not yet into her substance turn'd.
Nor doth the moon no nourishment exhale
From her moist continent to higher orbs.
The sun, that light imparts to all, receives
From all his alimental recompense
In humid exhalations, and at even
Sups with the Ocean. Though in Heaven the trees
Of life, ambrosial fruitage bear, and vines
Yield nectar; though from off the boughs each morn
We brush mellifluous dews; and find the ground
Cover'd with pearly grain : yet God hath here
Varied his bounty so with new delights,
As may compare with Heaven; and to taste
Think not I shall be nice. »
    So down they sat,
And to their viands fell; nor seemingly
The angel, nor in mist, the common gloss
Of theologians; but with keen dispatch
Of real hunger, and concoctive heat
To transubstantiate : what redounds, transpires
Through spirits with ease; nor wonder; if by fire
Of sooty coal th' empiric alchemist
Can turn, or holds it possible to turn,
Metals of drossiest ore to perfect gold,
As from the mine.
    Meanwhile at table Eve
Minister'd naked, and their flowing cups
With pleasant liquours crown'd. O innocence
Deserving Paradise! if ever, then,
Then had the sons of God excuse to have been
Enamour'd at that sight; but in those hearts

Quand ils furent rassasiés de mets et de breuvages, sans surcharger la nature, soudain il vint à la pensée d'Adam de ne pas laisser passer l'occasion que lui donnait ce grand entretien, de s'instruire des choses au-dessus de sa sphère, de s'enquérir des êtres qui habitent dans le ciel, dont il voyait l'excellence l'emporter de si loin sur la sienne, et dont les formes radieuses (splendeur divine), dont la haute puissance, surpassaient de si loin les formes et la puissance humaines. Il adresse ainsi ce discours circonspect au ministre de l'empyrée :

« Toi qui habites avec Dieu, je connais bien à présent ta bonté dans cet hon-
« neur fait à l'homme, sous l'humble toit duquel tu as daigné entrer et goûter
« ces fruits de la terre qui, n'étant pas nourriture d'anges, sont néanmoins
« acceptés par toi, de sorte que tu sembles ne pas avoir été nourri aux grands
« festins du ciel : cependant quelle comparaison ! »

Le hiérarque ailé répliqua :

« O Adam, il est un seul Tout-Puissant, de qui toutes choses procèdent et à
« qui elles retournent, si leur bonté n'a pas été dépravée : toutes ont été créées
« semblables en perfection ; toutes formées d'une seule matière première,
« douées de diverses formes, de différents degrés de substance, et de vie dans
« les choses qui vivent. Mais ces substances sont plus raffinées, plus spiritua-
« lisées et plus pures, à mesure qu'elles sont plus rapprochées de Dieu; ou
« qu'elles tendent à s'en rapprocher plus, chacune dans leurs diverses sphères
« actives assignées, jusqu'à ce que le corps s'élève à l'esprit dans les bornes
« proportionnées à chaque espèce.

    Love unlibidinous reign'd, nor jealousy
    Was understood, the injur'd lover's Hell.
     Thus when with meats and drinks they had suffic'd,
    Not burden'd nature, sudden mind arose
    In Adam, not to let th' occasion pass,
    Given him by this great conference, to know
    Of things above his world, and of their being
    Who dwell in Heaven, whose excellence he saw
    Transcend his own so far; whose radiant forms,
    Divine effulgence, whose high power, so far
    Exceeded human; and his wary speech
    Thus to th' empyreal minister he fram'd :
     « Inhabitant with God, now know I well
    Thy favour, in this honour done to man;
    Under whose lowly roof thou hast vouchsaf'd
    To enter, and these earthly fruits to taste,
    Food not of angels, yet accepted so;
    As that more willingly thou couldst not seem
    At Heaven's high feasts to have fed ; yet what compare? »
     To whom the winged hierarch replied :
    « O Adam, one Almighty is, from whom
    All things proceed, and up to him return,
    If not deprav'd from good, created all
    Such to perfection, one first matter all,
    Endued with various forms, various degrees
    Of substance, and, in things that live, of life;
    But more refin'd, more spirituous and pure,
    As nearer to him plac'd, or nearer tending
    Each in their several active spheres assign'd,
    Till body up to spirit work, in bounds
    Proportion'd to each kind.
         So from the root
    Springs lighter the green stalk, from thence the leaves
    More aery, last the bright consummate flower

« Ainsi de la racine s'élance plus légère la verte tige; de celle-ci sortent les feuilles plus aériennes, enfin la fleur parfaite exhale ses esprits odorants.

« Les fleurs et leur fruit, nourriture de l'homme, volatilisés dans une échelle graduelle, aspirent aux esprits vitaux, animaux, intellectuels; ils donnent à la fois la vie et le sentiment, l'imagination et l'entendement, d'où l'âme reçoit la raison.

« La raison discursive ou intuitive est l'essence de l'âme : la raison discursive vous appartient le plus souvent, l'intuitive appartient surtout à nous; ne différant qu'en degrés, en espèce elles sont les mêmes. Ne vous étonnez donc pas que ce que Dieu a vu bon pour vous, je ne le refuse pas, mais que je le convertisse, comme vous, en ma propre substance. Un temps peut venir où les hommes participeront à la nature des anges, où ils ne trouveront ni diète incommode, ni nourriture trop légère. Peut-être nourris de ces aliments corporels, vos corps pourront à la longue devenir tout esprit, perfectionnés par le laps du temps, et sur des ailes s'envoler comme nous dans l'éther; ou bien ils pourront habiter, à leur choix, ici ou dans le paradis céleste, si vous êtes trouvés obéissants, si vous gardez inaltérable un amour entier et constant à celui dont vous êtes la progéniture. En attendant, jouissez de toute la félicité que cet heureux état comporte, incapable qu'il est d'une plus grande. »

Le patriarche du genre humain répliqua :

« O esprit favorable, hôte propice, tu nous as bien enseigné le chemin qui peut diriger notre savoir, et l'échelle de nature qui va du centre à la circonférence; de là en contemplation des choses créées nous pouvons monter par degrés jusqu'à Dieu. Mais dis-moi ce que signifie cet avertissement ajouté :

Spirits odorous breathes : flowers and their fruit,
Man's nourishment, by gradual scale sublim'd,
To vital spirits aspire, to animal,
To intellectual; give both life and sense,
Fancy and understanding : whence the soul
Reason receives; and reason is her being,
Discursive or intuitive : discourse
Is oftest yours, the latter most is ours,
Differing but in degree, of kind the same.
Wonder not then, what God for you saw good
If I refuse not, but convert, as you,
To proper substance. Time may come, when men
With angels may participate, and find
No inconvenient diet, nor too light fare :
And from these corporal nutriments perhaps
Your bodies may at last turn all to spirit,
Improv'd by tract of time, and, wing'd, ascend
Ethereal, as we; or may, at choice,
Here or in heavenly Paradise dwell;
If ye be found obedient, and retain
Unalterably firm his love entire,
Whose progeny you are. Meanwhile enjoy
Your fill what happiness this happy state
Can comprehend, incapable of more. »
  To whom the patriarch of mankind replied :
« O favourable spirit, propitious guest,
Well hast thou taught the way that might direct
Our knowledge, and the scale of nature set
From centre to circumference; whereon,
In contemplation of created things,
By steps we may ascend to God. But say,

« Si vous êtes trouvés obéissants? Pouvons-nous donc lui manquer d'obéissance,
« ou nous serait-il possible de déserter l'amour de celui qui nous forma de la
« poussière, et nous plaça ici, comblés au delà de toute mesure d'un bonheur
« au delà de celui que les désirs humains peuvent chercher ou concevoir? »
L'Ange :
« Fils du ciel et de la terre, écoute! Que tu sois heureux, tu le dois à Dieu ;
« que tu continues de l'être, tu le devras à toi-même, c'est-à-dire à ton obéis-
« sance : reste dans cette obéissance. C'est là l'avertissement que je t'ai donné :
« retiens-le. Dieu t'a fait parfait, non immuable ; il t'a fait bon, mais il t'a laissé
« maître de persévérer; il a ordonné que ta volonté fût libre par nature, qu'elle
« ne fût pas réglée par le destin inévitable, ou par l'inflexible nécessité. Il de-
« mande notre service volontaire, non pas notre service forcé : un tel service
« n'est et ne peut être accepté par lui : car comment s'assurer que des cœurs
« non libres agissent volontairement ou non, eux qui ne veulent que ce que
« la destinée les force de vouloir, et qui ne peuvent faire un autre choix? Moi-
« même et toute l'armée des anges qui restons debout en présence du trône
« de Dieu, notre heureux état ne dure, comme vous le vôtre, qu'autant que
« dure notre obéissance : nous n'avons point d'autre sûreté. Librement nous
« servons parce que nous aimons librement, selon qu'il est dans notre volonté
« d'aimer ou de ne pas aimer; par ceci nous nous maintenons ou nous tom-
« bons. Quelques-uns sont tombés, parce qu'ils sont tombés dans la désobéis-
« sance; et ainsi du haut du ciel ils ont été précipités dans le plus profond
« enfer : ô chute! de quel haut état de béatitude dans quel malheur! »
Notre grand ancêtre :
« Attentif à tes paroles, divin instructeur, je les ai écoutées d'une oreille plus

What meant that caution join'd, If ye be found
Obedient? Can we want obedience then
To him, or possibly his love desert,
Who form'd us from the dust, and plac'd us here
Full to the utmost measure of what bliss
Human desires can seek or apprehend? »
    To whom the angel :
                        « Son of Heaven and earth,
Attend : That thou art happy, owe to God;
That thou continuest such, owe to thyself,
That is to thy obedience; therein stand.
This was that caution given thee; be advis'd.
God made thee perfect, not immutable;
And good he made thee, but to persevere
He left it in thy power; ordain'd thy will
By nature free, not over-rul'd by fate
Inextricable, or strict necessity :
Our voluntary service he requires,
Not our necessitated; such with him
Finds no acceptance, nor can find; for how
Can hearts, not free, be tried whether they serve
Willing or no, who will but what they must
By destiny, and can no other choose?
Myself, and all th' angelic host, that stand
In sight of God, enthron'd, our happy state
Hold, as you yours, while our obedience holds;
On other surety none : freely we serve,
Because we freely love, as in our will
To love or not; in this we stand or fall :
And some are fall'n, to disobedience fall'n,
And so from Heaven to deepest Hell; O fall

« ravie que du chant des chérubins, quand la nuit, des côteaux voisins, ils en-
« voient une musique aérienne. Je n'ignorais pas avoir été créé libre de vo-
« lonté et d'action, nous n'oublierons jamais d'aimer notre Créateur; d'obéir
« à celui dont l'unique commandement est toutefois si juste : mes constantes
« pensées m'en ont toujours assuré, et m'en assureront toujours. Cependant
« ce que tu dis de ce qui s'est passé dans le ciel, fait naître en moi quelque
« doute, mais un plus vif désir encore, si tu y consens, d'en entendre le récit
« entier; il doit être étrange et digne d'être écouté dans un religieux silence.
« Nous avons encore beaucoup de temps, car à peine le soleil achève la moitié
« de sa course, et commence à peine l'autre moitié dans la grande zone du ciel. »

Telle fut la demande d'Adam : Raphaël, consentant après une courte pause, parla de la sorte :

« Quel grand sujet tu m'imposes, ô premier des hommes! tâche difficile et
« triste, car comment retracerai-je aux sens humains les invisibles exploits
« d'esprits combattant? comment, sans en être affligé, raconter la ruine d'un
« si grand nombre d'anges autrefois glorieux et parfaits, tant qu'ils restèrent
« fidèles! Comment enfin dévoiler les secrets d'un autre monde, qu'il n'est
« peut-être pas permis de révéler! Cependant pour ton bien toute dispense est
« accordée. Ce qui est au-dessus de la portée du sens humain, je le décrirai
« de manière à l'exprimer le mieux possible, en comparant les formes spi-
« rituelles aux formes corporelles : si la terre est l'ombre du ciel, les choses,
« dans l'une et l'autre, ne peuvent-elles se ressembler plus qu'on ne le croit
« sur la terre?

From what high state of bliss, into what woe! »
To whom our great progenitor :
« Thy words
Attentive, and with more delighted ear,
Divine instructor, I have heard, than when
Cherubic songs by night from neighbouring hills
Aerial music send : nor knew I not
To be both will and deed created free;
Yet that we never shall forget to love
Our Maker, and obey him whose command
Single is yet so just, my constant thoughts
Assur'd me, and still assure : though what thou tell'st
Hath pass'd in Heaven, some doubt within me move,
But more desire to hear, if thou consent,
The full relation, which must needs be strange,
Worthy of sacred silence to be heard;
And we have yet large day; for scarce the sun
Hath finish'd half his journey, and scarce begins
His other half in the great zone of Heaven. »
Thus Adam made request; and Raphael,
After short pause assenting, thus began :
« High matter thou enjoin'st me, O prime of men
Sad task and hard; for how shall I relate
To human sense th' invisible exploits
Of warring spirits? how, without remorse,
The ruin of so many glorious once
And perfect while they stood? how last unfold
The secrets of another world, perhaps
Not lawful to reveal? yet for thy good
This is dispens'd; and what surmounts the reach
Of human sense, I shall delineate so,
By likening spiritual to corporeal forms,
As may express them best; though what if earth

« Alorsque ce monde n'était pas encore, le Chaos informe régnait où roulent
« à présent les cieux, où la terre demeure à présent en équilibre sur son
« centre : un jour (car le temps, quoique dans l'éternité, appliqué au mouve-
« ment, mesure toutes les choses qui ont une durée par le présent, le passé et
« l'avenir), un de ces jours qu'amène la grande année du ciel, les armées cé-
« lestes des anges, appelées de toutes les extrémités du ciel par une convoca-
« tion souveraine, s'assemblèrent innombrables devant le trône du Tout-
« Puissant, sous leurs hiérarques, en ordres brillants. Dix mille bannières levées
« s'avancèrent ; étendards et gonfalons entre l'arrière et l'avant-garde flottaient
« en l'air, et servaient à distinguer les hiérarchies, les rangs et les degrés, ou
« dans leurs tissus étincelants portaient blasonnés de saints mémoriaux, les
« actes éminents de zèle et d'amour, recordés. Lorsque dans des cercles d'une
« circonférence indicible, les légions se tinrent immobiles, orbes dans orbes, le
« Père infini, près duquel était assis le Fils dans le sein de la béatitude, parla,
« comme du haut d'un mont flamboyant dont l'éclat avait rendu le sommet
« invisible :
« Écoutez tous, vous, anges, race de la lumière, Trônes, Dominations, Princi-
« pautés, Vertus, Puissances, écoutez mon décret qui demeurera irrévocable :
« ce jour j'ai engendré celui que je déclare mon Fils unique, et sur cette sainte
« montagne j'ai sacré celui que vous voyez maintenant à ma droite. Je l'ai
« établi votre chef et j'ai juré par moi-même que tous les genoux dans les
« cieux fléchiraient devant lui, et le confesseraient Seigneur. Sous le règne de
« ce grand vice-gérant demeurez unis, comme une seule âme indivisible, à

    Be but the shadow of Heaven, and thing therein
    Each to other like, more than on earth is thought
     « As yet this world was not, and Chaos wild
    Reign'd where these Heavens now roll, where earth now rests
    Upon her centre pois'd; when on a day,
    (For time, though in eternity, applied
    To motion, measures all things durable
    By present, past, and future) on such day
    As Heaven's great year brings forth, the empyreal host
    Of angels, by imperial summons call'd,
    Innumerable before the Almighty's throne
    Forthwith, from all the ends of Heaven, appear'd
    Under their hierarchs in orders bright :
    Ten thousand thousand ensigns high advanc'd,
    Standards and gonfalons 'twixt van and rear
    Stream in the air, and for distinction serve
    Of hierarchies, of orders, and degrees ;
    Or in their glittering tissues bear imblaz'd
    Holy memorials, acts of zeal and love
    Recorded eminent. Thus when in orbs
    Of circuit inexpressible they stood,
    Orb within orb, the Father infinite,
    By whom in bliss imbosom'd sat the Son,
    Amidst, as from a flaming mount, whose top
    Brightness had made invisible, thus spake :
     « Hear, all ye angels, progeny of light,
    Thrones, Dominations, Princedoms, Virtues, Powers;
    Hear my decree, which unrevok'd shall stand :
    This day I have begot whom I declare
    My only Son, and on this holy hill
    Him have anointed, whom ye now behold
    At my right hand ; your head I him appoint;
    And by myself have sworn, to him shall bow

« jamais heureux. Qui lui désobéit me désobéit, rompt l'union : ce jour-là,
« rejeté de Dieu et de la vision béatifique, il tombe profondément abîmé dans
« les ténèbres extérieures, sa place ordonnée sans rédemption, sans fin. —
« Ainsi dit le Tout-Puissant. Tous parurent satisfaits de ces paroles; tous le
« parurent, mais tous ne l'étaient pas.

« Ce jour, comme les autres jours solennels, ils l'employèrent en chants et
« en danses autour de la colline sacrée (danses mystiques que la sphère
« étoilée des planètes et des étoiles fixes, dans toutes ses révolutions, imite de
« plus près par ses labyrinthes tortueux, excentriques, entrelacés, jamais plus
« réguliers que quand ils paraissent le plus irréguliers); dans leurs mouve-
« ments l'harmonie divine adoucit si bien ses tons enchanteurs, que l'oreille
« de Dieu même écoute charmée.

« Le soir approchait (car nous avons aussi notre soir et notre matin, non par
« nécessité, mais pour variété délectable) : après les danses, les esprits furent
« désireux d'un doux repas. Comme ils se tenaient tous en cercle, des tables
« s'élevèrent et furent soudain chargées de la nourriture des anges. Le nectar
« couleur de rubis, fruit des vignes délicieuses qui croissent dans le ciel, coule
« dans des coupes de perles, de diamants et d'or massif. Couchés sur les fleurs
« et couronnés de fraîches guirlandes, ils mangent, ils se désaltèrent, et dans
« une aimable communion, boivent à longs traits l'immortalité et la joie. Au-
« cune surabondance n'est à craindre là où une pleine mesure est la seule li-
« mite à l'excès, en présence du Dieu de toute bonté, qui leur versait d'une
« main prodigue, se réjouissant de leur plaisir.

> All knees in Heaven, and shall confess him Lord;
> Under his great vice-gerent reign abide
> United, as one individual soul,
> For ever happy : him who disobeys,
> Me disobeys, breaks union ; and that day,
> Cast out from God and blessed vision, falls
> Into utter darkness, deep ingulf'd, his place
> Ordain'd without redemption, without end. »
> « So spake th' Omnipotent, and with his words
> All seem'd well pleas'd; all seem'd, but were not all,
> That day, as other solemn days, they spent
> In song and dance about the sacred hill;
> Mystical dance, which yonder starry sphere
> Of planets, and of fix'd, in all her wheels
> Resembles nearest, mazes intricate,
> Eccentric, intervolv'd, yet regular
> Then most, when most irregular they seem;
> And in their motions harmony divine
> So smooth her charming tones, that God's own ear
> Listens delighted.
> « Evening now approach'd;
> (For we have also our evening and our morn,
> We ours for change delectable, not need)
> Forthwith from dance to sweet repast they turn
> Desirous; all in cercles as they stood,
> Tables are set, and on a sudden pil'd
> With angels' food; and rubied nectar flows
> In pearl, in diamond, and massy gold,
> Fruit of delicious vines, the growth of Heaven.
> On flowers repos'd, and with fresh flowerets crown'd,
> They eat, they drink, and in communion sweet
> Quaff immortality and joy, secure
> Of surfeit, where full measure only bounds

« Cependant la nuit d'ambroisie, exhalée avec les nuages de cette haute
« montagne de Dieu, d'où sortent la lumière et l'ombre, avait changé la face
« brillante du ciel en un gracieux crépuscule (car la nuit ne vient point là sous
« un plus sombre voile), et une rosée parfumée de rose disposa tout au repos,
« hors les yeux de Dieu qui ne dorment jamais. Dans une vaste plaine, beau-
« coup plus vaste que ne le serait le globe de la terre déployé en plaine (tels
« sont les parvis de Dieu), l'armée angélique, dispersée par bandes et par files,
« étendit son camp le long des ruisseaux vivants, parmi les arbres de vie ; pa-
« villons sans nombre soudain dressés; célestes tabernacles où les anges som-
« meillent caressés de fraîches brises, excepté ceux qui, dans leur course, al-
« ternent toute la nuit, autour du trône suprême, des hymnes mélodieux.

« Mais il ne veillait pas de la sorte, Satan (ainsi l'appelle-t-on maintenant,
« son premier nom n'est plus prononcé dans le ciel.) Lui parmi les premiers,
« sinon le premier des archanges, grand en pouvoir, en faveur, en préémi-
« nence, lui cependant saisi d'envie contre le Fils de Dieu, honoré ce jour-là
« de son Père, et proclamé Messie Roi consacré, ne put par orgueil supporter
« cette vue, et il se crut dégradé. De là concevant un dépit et une malice pro-
« fonde, aussitôt que minuit eut amené l'heure obscure la plus amie du sommeil
« et du silence, il résolut de se retirer avec toutes ses légions, et, contempteur
« du trône suprême, à le laisser désobéi et inadoré. Il éveilla son premier su-
« bordonné, et lui parla ainsi à voix basse :

« — Dors-tu, compagnon cher? quel sommeil peut clore tes paupières ? ne
« te souvient-il plus du décret d'hier, échappé si tard aux lèvres du Souve-

    Excess, before the all-bounteous King, who shower'd
With copious hand, rejoicing in their joy.
  « Now when ambrosial night with clouds exhal'd
From that high mount of God, whence light and shad
Spring both, the face of brightest Heaven had chang'd
To grateful twilight, (for night comes not there
In darker veil) and roseate dews dispos'd
All but th' unsleeping eyes of God to rest;
Wide over all the plain, and wider far
Than all this globous earth in plain outspread,
(Such are the courts of God) the angelic throng,
Dispers'd in bands and files, their camp extend
By living streams among the trees of life,
Pavilions numberless and sudden rear'd,
Celestial tabernacles, where they slept
Fann'd with cool winds ; save those, who, in their course,
Melodious hymns about the sovran throne
Alternate all night long.
              « But not so wak'd
Satan; so call him now; his former name
Is heard no more in Heaven : he of the first,
If not the first archangel, great in power,
In favour and pre-eminence, yet fraught
With envy against the Son of God, that day
Honour'd by his great Father, and proclaim'd
Messiah King anointed, could not bear
Through pride that sight, d thought himself impair'd.
Deep malice thence conceiving and disdain,
Soon as mid night brought on the dusky hour
Friendliest to sleep and silence, he resolv'd
With all his legions to dislodge, and leave
Unworshipt, unobey'd, the throne supreme,
Contemptuous; and his next subordinate

« rain du ciel ? Tu es accoutumé à me communiquer tes pensées ; je suis ha
« bitué à te faire part des miennes : éveillés nous ne faisons qu'un ; comment
« donc ton sommeil pourrait-il à présent nous rendre dissidents ? De nouvelles
« lois, tu le vois, nous sont imposées : de nouvelles lois de celui qui règne
« peuvent faire naître, en nous qui servons, de nouveaux sentiments et de
« nouveaux conseils pour débattre les chances qui peuvent suivre : dans ce lieu
« il ne serait pas sûr d'en dire davantage. Assemble les chefs de toutes ces
« myriades que nous conduisons ; dis-leur que par ordre, avant que la nuit
« obscure ait retiré son ombrageux nuage, je dois me hâter, avec tous ceux
« qui sous moi font flotter leurs bannières, de revoler promptement vers le
« lieu où nous possédons les quartiers du nord, pour faire les préparatifs con-
« venables à la réception de notre Roi, le grand Messie, et de ses nouveaux
« commandements : son intention est de passer promptement en triomphe au
« milieu de toutes hiérarchies et de leur dicter des lois. —

« Ainsi parla le perfide archange, et il versa une maligne influence dans le
« sein inconsidéré de son compagnon : celui-ci appelle ensemble, ou l'un
« après l'autre, les chefs qui commandent, sous lui-même commandant. Il
« leur dit, comme il en était chargé, que par ordre du Très-Haut, avant que
« la nuit, avant que la sombre nuit ait abandonné le ciel, le grand étendard
« hiérarchique doit marcher en avant ; il leur en dit la cause suggérée, et jette
« parmi eux des mots ambigus et jaloux, afin de sonder ou de corrompre leur
« intégrité. Tous obéirent au signal accoutumé, et à la voix supérieure de leur
« grand potentat ; car grand en vérité était son nom, et haut son rang dans le

  Awakening, thus to him in secret spake : —
 « Sleep'st thou, companion dear ? what sleep can close
Thy eyelids ? and remember'st what decree
Of yesterday, so late hath pass'd she lips
Of Heaven's Almighty ? Thou to me thy thoughts
Wast wont, I mine to thee was wont to impart :
Both waking we were one ; how then can now
Thy sleep dissent ? New laws thou seest impos'd ;
New laws from him who reigns, new minds may raise
In us who serve, new counsels, to debate
What doubtful may ensue : more in this place
To utter is not safe. Assemble thou
Of all those myriads which we lead the chief ;
Tell them, that by command, ere yet dim night
Her shadowy cloud withdraws, I am to haste,
And all who under me their banners wave,
Homeward, with flying march, where we possess
The quarters of the north ; there to prepare
Fit entertainment to receive our King,
The great Messiah, and his new commands,
Who speedily through all the hierarchies
Intends to pass triumphant, and give laws. » —
 « So spake the false archangel, and infus'd
Bad influence into th' unwary breast
Of his associate : he together calls,
Or several one by one, the regent powers,
Under him regent ; he tells, as was taught,
That the Most High commanding, now ere night,
Now ere dim night had disincumber'd Heaven,
The great hierarchal standard was to move ;
Tells the suggested cause, and cats between
Ambiguous words and jealousies, to sound
Or taint integrity : but all obey'd

« ciel : son air, pareil à celui de l'étoile du matin qui guide le troupeau étoilé,
« les séduisit, et ses impostures entraînèrent à sa suite la troisième partie de
« l'ost du ciel.

« Cependant l'œil éternel dont le regard découvre les plus secrètes pensées,
« du haut de sa montagne sainte et du milieu des lampes d'or qui brûlent nui-
« tamment devant lui, vit, sans leur lumière, la rébellion naissante ; il vit en
« qui elle se formait, comment elle se répandait parmi les fils du matin, quelles
« multitudes se liguaient pour s'opposer à son auguste décret. Et souriant, il
« dit à son Fils unique :

« — Fils, en qui je vois ma gloire dans toute sa splendeur, héritier de tout
« mon pouvoir ! une chose maintenant nous touche de près ; il s'agit de notre
« omnipotence, des armes que nous prétendons employer pour maintenir ce
« que de toute ancienneté nous prétendons de divinité et d'empire. Un ennemi
« s'élève avec l'intention d'ériger son trône égal aux nôtres, dans tout le vaste
« septentrion. Non content de cela, il a en pensée d'éprouver dans une ba-
« taille ce qu'est notre force ou notre droit. Songeons-y donc, et dans ce dan-
« ger, rassemblons promptement les forces qui nous restent ; servons-nous-en
« dans notre défense, de crainte de perdre par mégarde notre haute place,
« notre sanctuaire, notre montagne. —

« Le Fils lui répondit d'un air calme et pur, ineffable, serein et brillant de
« divinité :

« — Père tout-puissant, tu as justement tes ennemis en dérision ; dans ta
« sécurité tu ris de leurs vains projets, de leurs vains tumultes, sujet de gloire

> The wonted signal and superiour voice
> Of their great potentate; for great indeed
> His name, and high was his degree in Heaven
> His countenance, as the morning-star that guides
> The starry flock, allur'd them ; and with lies
> Drew after him the third part of Heaven's host.
> « Meanwhile th' eternal eye, whose sight discerns
> Abstrusest thoughts, from forth his holy mount,
> And from within the golden lamps that burn
> Nightly before him saw without their light
> Rebellion rising; saw in whom, how spread
> Among the sons of morn, what multitudes
> Were banded to oppose his high decree;
> And, smiling, to his only Son thus said : —
> « Son, thou in whom my glory I behold
> In full resplendence, heir of all my might,
> Nearly it now concerns us to be sure
> Of our omnipotence, and with what arms
> We mean to hold what anciently we claim
> Of deity or empire : such a foe
> Is rising, who intends to erect his throne
> Equal to ours, thoughout the spacious north;
> Nor so content, hath in his thought to try
> In battle, what our power is, or our right.
> Let us advise, and to this hazard draw
> With speed what force is left, and all employ
> In our defence; lest unawares we lose
> This our high place, our sanctuary, our hill. »
> « To whom the Son, with calm aspect and clear,
> Lightning divine, ineffable, serene,
> Made answer : —
> « Mighty Father, thou thy foes
> Justly hast in derision, and, secure,

« pour moi, qu'illustre leur haine, quand ils verront toute la puissance royale
« à moi donnée pour dompter leur orgueil, et pour leur apprendre par l'évé-
« nement si je suis habile à réprimer les rebelles, ou si je dois être regardé
« comme le dernier dans le ciel. —

« Ainsi parla le Fils.

« Mais Satan avec ses forces était déjà avancé dans sa course ailée : armée
« innombrable comme les astres de la nuit, ou comme ces gouttes de rosée,
« étoiles du matin, que le soleil convertit en perles sur chaque feuille et sur
« chaque fleur. Ils passèrent des régions, puissantes régences de séraphins, de
« potentats et de Trônes dans leurs triples degrés ; régions auxquelles ton em-
« pire, Adam, n'est pas plus que ce jardin n'est à toute la terre et à toute la
« mer, au globe entier étendu en longueur.

« Ces régions passées, ils arrivèrent enfin aux limites du nord, et Satan à
« son royal séjour, placé haut sur une colline, étincelant au loin comme une
« montagne élevée sur une montagne avec des pyramides et des tours taillées
« dans des carrières de diamants et dans des rochers d'or; palais du grand Lu-
« cifer (ainsi cette structure est appelée dans la langue des hommes), que peu
« de temps après affectant l'égalité avec Dieu, en imitation de la montagne où
« le Messie fut proclamé à la vue du ciel, Satan nomma la *montagne d'Alliance;*
« car ce fut là qu'il assembla toute sa suite, prétendant qu'il en avait reçu
« l'ordre, pour délibérer sur la grande réception à faire à leur Roi, prêt à ve-

Laugh'st at their vain designs and tumults vain,
Matter to me of glory, whom their hate
Illustrates, when they see all regal power
Given me to quell their pride, and in event
Know whether I be dextrous to subdue
Thy rebels, or be found the worst in Heaven. »
« So spake the Son.
            « But Satan, with his powers
Far was advanc'd on winged speed : an host
Innumerable as the stars of night,
Or stars of morning, dew-drops, which the sun
Impearls on every leaf and every flower.
Regions they pass'd, the mighty regencies
Of seraphim, and potentates, and Thrones,
In their triple degrees ; regions, to which
All thy dominion, Adam, is no more
Than what this garden is to all the earth,
And all the sea, from one entire globose
Stretch'd into longitude ; which having pass'd
At length into the limits of the north
They came; and Satan to his royal seat,
High on a hill, far blazing, as a mount
Rais'd on a mount, with pyramids and towers
From diamond quarries hewn and rocks of gold;
The palace of great Lucifer, (so call
That structure in the dialect of men
Interpreted) which not long after, he,
Affecting all equality with God,
In imitation of that mount whereon
Messiah was declar'd in sight of Heaven,
The mountain of the Congregation call'd;
For thither he assembled all his train,
Pretending so commanded to consult
About the great reception of their King,
Thither to come ; and with calumnious art
Of counterfeited truth thus held their ears : —

« nir. Avec cet art calomnieux qui contrefait la vérité, il captiva ainsi leurs
« oreilles :
« — Trônes, Dominations, Principautés, Vertus, Puissances, si ces titres
« magnifiques restent encore, et ne sont pas purement de vains noms, depuis
« que par décret un autre s'est enflé de tout pouvoir, et nous a éclipsés par
« son titre de Roi consacré ! pour lui nous avons fait en toute hâte cette marche
« de minuit, nous nous sommes assemblés ici en désordre, uniquement pour
« délibérer avec quels nouveaux honneurs nous pouvons le mieux recevoir
« celui qui vient de recevoir de nous le tribut du genou, non encore payé, vile
« prosternation ! A un seul, c'était déjà trop ; mais le payer double, comment
« l'endurer? le payer au premier et à son image maintenant proclamée ! Mais
« qu'importe si de meilleurs conseils élèvent nos esprits, et nous apprennent
« à rejeter ce joug? Voulez-vous tendre le cou? Préférez-vous fléchir un genou
« assoupli? Vous ne le voudrez pas, si je me flatte de vous bien connaître, ou
« si vous vous connaissez vous-mêmes pour natifs et fils du ciel que personne
« ne posséda avant nous. Si nous ne sommes pas tous égaux, nous sommes
« tous libres, également libres : car les rangs et les degrés ne jurent pas avec
« la liberté, mais s'accordent avec elle. Qui donc, en droit ou en raison, peut
« s'arroger la monarchie parmi ceux qui, de droit, vivent ses égaux, sinon
« en pouvoir et en éclat, du moins en liberté? Qui peut introduire des lois et
« des édits parmi nous, nous qui, même sans lois, n'errons jamais? Beaucoup

« Thrones, Dominations, Princedoms, Virtues, Powers;
If these magnific titless yet remain
Not merely titular, since by decree
Another now hath to himself ingross'd
All power, and us eclips'd under the name
Of King anointed, for whom all this haste
Of midnight march, and hurried meeting here,
This only to consult how we may best,
With what may be devis'd of honours new,
Receive him coming to receive from us
Knee-tribute yet unpaid, prostration vile!
Too much to one! but double how endur'd,
To one, and to his image now proclaim'd?
But what if better counsels might erect
Our minds, and teach us to cast off this yoke?
Will ye submit your necks, and choose to bend
The supple knee? Ye will not, if I trust
To know ye right, or if ye know yourselves
Natives and sons of Heaven, possess'd before
By none; and if not equal all, yet free,
Equally free; for orders and degrees
Jar not with liberty, but well consist.
Who can in reason then, or right, assume
Monarchy over such as live by right
His equals, if in power and splendour less,
In freedom equal? or can introduce
Law and edicton us, who without law
Err not : much less for this to be our lord,
And look for adoration, to th' abuse
Of those imperial titles, which assert
Our being ordain'd to govern, not to serve. »
« Thus far his bold discourse without controul
Had audience; when among the seraphim,
Abdiel, than whom none with more zeal ador'd
The Deity, and divine commands obey'd,
Stood up, and in a flame of zeal severe

« moins celui-ci peut-il être notre maître, et prétendre à notre adoration au dé-
« triment de ces titres impériaux, qui attestent que notre être est fait pour gou-
« verner, non pour servir ! —

« Jusque-là ce hardi discours avait été écouté sans contrôle, lorsque parmi
« les séraphins Abdiel (personne avec plus de ferveur n'adorait Dieu et n'obéis-
« sait aux divins commandements). se leva, et dans le feu d'un zèle sévère
« s'opposa ainsi au torrent de la furie de Satan.

« — O argument blasphématoire, faux et orgueilleux ! paroles qu'aucune
« oreille ne pouvait s'attendre à écouter dans le ciel, moins encore de toi que
« de tous les autres, ingrat, élevé si haut toi-même au-dessus de tes pairs ?
« Peux-tu, avec une obliquité impie, condamner ce juste décret de Dieu, pro-
« noncé et juré : que devant son Fils unique, investi par droit du sceptre royal,
« toute âme dans le ciel ploiera le genou, et par cet honneur dû le confessera
« Roi légitime ? Il est injuste, dis-tu, tout net injuste de lier par des lois celui
« qui est libre, et de laisser l'égal régner sur des égaux, un sur tous avec un
« pouvoir auquel nul autre ne succédera.

« Donneras-tu des lois à Dieu ? Prétends-tu discuter des points de liberté
« avec celui qui t'a fait ce que tu es, qui a formé les puissances du ciel comme
« il lui a plu, et qui a circonscrit leur être ? Cependant, enseignés par l'expé-
« rience, nous savons combien il est bon, combien il est attentif à notre bien
« et à notre dignité, combien il est loin de sa pensée de nous amoindrir, incliné
« qu'il est plutôt à exalter notre heureux état, en nous unissant plus étroite-
« ment sous un chef. Mais, quand on t'accorderait qu'il est injuste que l'égal
« règne monarque sur des égaux, toi-même, quoique grand et glorieux,

    The current of his fury thus oppos'd :
   « O argument blasphemous, false and proud,
  Words which no ear ever to hear in Heaven
  Expected, least of all from thee, ingrate,
  In place thyself so high above thy peers.
  Canst thou with impious obloquy condemn
  The just decree of God, pronounc'd and sworn.
  That to his only Son by right endued
  With regal sceptre, every soul in Heaven
  Shall bend the knee, and in that honour due
  Confess him rightful King ? unjust, thou say'st,
  Flatly unjust, to bind with laws the free,
  And equal over equals to let reign,
  One over all with unsucceeded power.
   « Shalt thou give law to God ? shalt thou dispute
  With him the points of liberty, who made
  Thee what thou art, and form'd the powers of Heaven
  Such as he pleas'd, and circumscrib'd their being ?
  Yet, by experience taught we know how good,
  And of our good and of our dignity
  How provident he is ; how far from thought
  To make us less, bent rather to exalt
  Our happy state, under one head more near
  United. But to grant it thee unjust,
  That equal over equals monarch reign :
  Thyself, though great and glorious, dost thou count,
  Or all angelic nature join'd in one,
  Equal to him begotten Son ? by whom,
  As by his word, the mighty Father made
  All things, ev'n thee ; and all the spirits of Heaven
  By him created in their bright degrees ;
  Crown'd them with glory, and to their glory nam'd

« penses-tu que toi ou toutes les natures angéliques réunies en une seule,
« égalent son Fils engendré? Par lui comme par sa parole, le Père tout-puis-
« sant a fait toutes choses, même toi et tous les esprits du ciel, créés par lui
« dans leurs ordres brillants ; il les a couronnés de gloire, et à leur gloire les
« a nommés Trônes, Dominations, Principautés, Vertus, Puissances ; essen-
« tielles Puissances ! non par son règne obscurcies, mais rendues plus illustres,
« puisque lui, notre chef, ainsi réduit, devient un de nous. Ses lois sont nos
« lois ; tous les honneurs qu'on lui rend nous reviennent. Cesse donc cette rage
« impie et ne tente pas ceux-ci ; hâte-toi d'apaiser le Père irrité et le Fils irrité,
« tandis que le pardon, imploré à temps, peut être obtenu.

« Ainsi parla l'ange fervent ; mais son zèle non secondé fut jugé hors de
« saison ou singulier et téméraire. L'apostat s'en réjouit et lui répliqua avec
« plus de hauteur :

« — Nous avons donc été formés, dis-tu, œuvre de seconde main, transfé-
« rés par tâche du Père à son Fils? Assertion étrange et nouvelle ! Nous vou-
« drions bien savoir où tu as appris cette doctrine : qui a vu cette création
« lorsqu'elle eut lieu? Te souviens-tu d'avoir été fait, et quand le Créateur te
« donna l'être ? Nous ne connaissons point de temps où nous n'étions pas
« comme à présent ; nous ne connaissons personne avant nous : engendrés de
« nous-mêmes, sortis de nous-mêmes par notre propre force vive, lorsque le
« cours de la fatalité eut décrit son plein orbite, et que notre naissance fut
« mûre, nous naquîmes de notre ciel natal, fils éthérés. Notre puissance est de
« nous ; notre droite nous enseignera les faits les plus éclatants, pour éprouver
« celui qui est notre égal. Tu verras alors si nous prétendons nous adresser à

   Thrones, Dominations, Princedoms, Virtues, Powers,
   Essential Powers ; nor by his reign obscur'd,
   But more illustrious made ; since he the head
   One of our number thus reduc'd becomes ;
   His laws our laws ; all honour to him done
   Returns our own. Cease then this impious rage,
   And tempt not these ; but hasten to appease
   Th' incensed Father and th' incensed Son,
   While pardon may be found in time besought. »
    « So spake the fervent angel ; but his zeal
   None seconded, as out of season judg'd,
   Or singular and rash : whereat rejoic'd
   Th' apostate, and, more haughty, thus replied : —
    « That we were form'd then, say'st thou? and the work
   Of secondary hand by task transferr'd
   From Father to his Son? strange point and new !
   Doctrine which we would know whence learn'd : who saw
   When this creation was? Remember'st thou
   Thy making, while the Maker gave thee being?
   We know no time when we were not as now ;
   Know none before us ; self-begot, self-rais'd
   By our own quickening power, when fatal course
   Had circled his full orb, the birth mature
   Of this our native Heaven, ethereal sons.
   Our puissance is our own ; our own right hand
   Shall teach us highest deeds, by proof to try
   Who is our equal : then thou shalt behold
   Whether by supplication we intend
   Address, and to begirt the almighty throne
   Beseeching or besieging. This report,
   These tidings carry to th' anointed King ;
   And fly, ere evil intercep, thy flight. »

« lui par supplications, et environner le trône suprême en le suppliant, ou en
« l'assiégeant. Ce rapport, ces nouvelles, porte-les à l'Oint du Seigneur, et fuis
« avant que quelque malheur n'interrompe ta fuite. —

« Il dit : et comme le bruit des eaux profondes, un murmure rauque répon-
« dit à ces paroles applaudies de l'ost innombrable. Le flamboyant séraphin
« n'en fut pas moins sans crainte, quoique seul et entouré d'ennemis ; intrépide,
« il réplique :

« — O abandonné de Dieu, ô esprit maudit, dépouillé de tout bien ! je vois
« ta chute certaine ; et ta bande malheureuse, enveloppée dans cette perfidie,
« est atteinte de la contagion de ton crime et de ton châtiment. Désormais ne
« t'agite plus pour savoir comment tu secoueras le joug du Messie de Dieu ; ces
« indulgentes lois ne seront plus désormais invoquées : d'autres décrets sont
« déjà lancés contre toi sans appel. Ce sceptre d'or, que tu repousses, est mainte-
« nant une verge de fer pour meurtrir et briser ta désobéissance. Tu m'as
« bien conseillé : je fuis, non toutefois par ton conseil et devant tes menaces;
« je fuis ces tentes criminelles et réprouvées, dans la crainte que l'imminente
« colère éclatant dans une flamme soudaine, ne fasse aucune distinction.
« Attends-toi à sentir bientôt sur ta tête son tonnerre, feu qui dévore. Alors tu
« apprendras, en gémissant, à connaître celui qui t'a créé quand tu connaîtras
« celui qui peut t'anéantir. —

« Ainsi parle le séraphin Abdiel, trouvé fidèle parmi les infidèles, fidèle seul.
« Chez d'innombrables imposteurs, immuable, inébranlé, non séduit, non ter-
« rifié, il garda sa loyauté, son amour et son zèle. Ni le nombre ni l'exemple
« ne purent le contraindre à s'écarter de la vérité, ou à altérer, quoique seul,

« He said; and, as the sound of waters deep,
Hoarse murmur echo'd to his words applause
Through the infinite host; nor less for that
The flaming seraph fearless, though alone,
Encompass'd round with foes, thus answer'd bold : —
« O alienate from God, O spirit accurs'd,
Forsaken of all good ! I see thy fall
Determin'd, and thy hapless crew, involv'd
In this perfidious fraud, contagion spread
Both of thy crime and punishment. Henceforth
No more be troubled how to quit the yoke
Of God's Messiah; those indulgent laws
Will not be now vouchsaf'd; other decrees
Against thee are gone forth without recall :
That golden sceptre, which thou dids reject,
Is now an iron rod, to bruise and break
Thy disobedience. Well thou didst advise :
Yet not for thy advice or threats I fly
These wicked tents devoted; lest the wrath
Impendent, raging into sudden flame,
Distinguish not : for soon expect to feel
His thunder on thy head, devouring fire.
Then who created thee lamenting learn;
When, who can uncreate thee, thou shalt know. »
« So spake the seraph Abdiel, faithful found
Among the faithless, faithful only he;
Among innumerable false, unmov'd,
Unshaken, unseduc'd, unterrified,
His loyalty he kept, his love, his zeal :
Nor number nor example with him wrought
To swerve from truth, or change his constant mind,
Though single. From amidst them forth he pass'd,

« la constance de son esprit. Il se retira du milieu de cette armée : pendant un
« long chemin, il passa à travers les dédains ennemis ; il les soutint, supérieur
« à l'injure, ne craignant rien de la violence ; avec un mépris rendu, il tourna
« le dos à ces orgueilleuses tours vouées à une prompte destruction. »

> Long way through hostile scorn; which he sustain'd
> Superiour, nor of violence fear'd aught;
> And, with retorted scorn, his back he turn'd
> On those proud towers to swift destruction doom'd. »

LIVRE SIXIÈME.

ARGUMENT.

Raphaël continue à raconter comment Michel et Gabriel furent envoyés pour combattre contre Satan et ses anges. La première bataille décrite. Satan, avec ses puissances, se retire pendant la nuit : il convoque un conseil, invente des machines diaboliques qui, au second jour de la bataille, mirent en désordre Michel et ses anges. Mais à la fin, arrachant les montagnes, ils ensevelirent les forces et les machines de Satan. Cependant le tumulte ne cessant pas, Dieu, le troisième jour, envoya son fils le Messie, auquel il avait réservé la gloire de cette victoire. Le Fils, dans la puissance de son Père, venant au lieu du combat, ordonnant à toutes ses légions de rester tranquilles des deux côtés, se précipitant avec son char et son tonnerre au milieu des ennemis, les poursuit, incapables qu'ils étaient de résister, vers la muraille du ciel. Le ciel s'ouvrant, ils tombent en bas avec horreur et confusion, au lieu du châtiment préparé pour eux dans l'abîme : le Messie retourne triomphant à son Père

VI.

« Toute la nuit, l'ange intrépide, non poursuivi, continua sa route à travers
« la vaste plaine du ciel, jusqu'à ce que le Matin, éveillé par les Heures qui
« marchent en cercle, ouvrit avec sa main de rose les portes de la lumière. Il
« est sous le mont de Dieu et tout près de son trône, une grotte qu'habitent et

BOOK VI.

THE ARGUMENT.

Raphael continues to relate how Michael and Gabriel were sent forth to battle against Satan and his angels. The first fight described : Satan and his powers retire under night : he calls a council; invents devilish engines, which, in the second day's fight, put Michael and his angels to some disorder; but they at length, pulling up mountains, overwhelmed both the force and machines of Satan : yet, the tumult not so ending, God, on the third day, sends Messiah his son, for whom he had reserved the glory of that victory. He, in the power of his Father, coming to the place, and causing all his legions to stand still on either side, with his chariot and thunder driving into the midst of his enemies, pursues them, unable to resist, towards the wall of Heaven; which opening, they leap down with horrour and confusion into the place of punishment prepared for them in the deep. Messiah returns with triumph to his Father.

VI.

> « All night the dreadless angel, unpursued,
> Through Heaven's wide champain held his way; till Morn
> Wak'd by the circling Hours, with rosy hand
> Unbarr'd the gates of light. There is a cave
> Within the mount of God, fast by his throne,
> Where light and darkness in perpetual round

« déshabitent tour à tour la lumière et les ténèbres en perpétuelle succession,
« ce qui produit dans le ciel une agréable vicissitude pareille au jour et à la
« nuit. La lumière sort, et par l'autre porte entrent les ténèbres obéissantes,
« attendant l'heure de voiler les cieux, bien que là les ténèbres ressemblent
« au crépuscule ici. »

« Maintenant l'aurore se levait telle qu'elle est dans le plus haut ciel, vêtue de
« l'or de l'empyrée; devant elle s'évanouissait la nuit percée des rayons de
« l'orient : soudain toute la campagne, couverte d'épais et brillants escadrons
« rangés en bataille, de chariots, d'armes flamboyantes, de chevaux de feu, ré-
« fléchissant éclairs sur éclairs, frappe la vue d'Abdiel; il aperçut la guerre,
« la guerre dans son appareil, et il trouva déjà connue la nouvelle qu'il croyait
« apporter. Il se mêla, plein de joie, à ces puissances amies, qui reçurent avec
« allégresse et avec d'immenses acclamations le seul qui, de tant de myriades
« perdues, le seul qui revenait sauvé. Elles le conduisent hautement applaudi
« à la montagne sacrée et le présentent au trône suprême. Une voix, du mi-
« lieu d'un nuage d'or, fut doucement entendue.

« — Serviteur de Dieu, tu as bien fait; tu as bien combattu dans le meilleur
« combat, toi, qui seul as soutenu contre des multitudes révoltées la cause de
« la vérité, plus puissant en paroles qu'elles ne le sont en armes. Et pour
« rendre témoignage à la vérité, tu as bravé le reproche universel, pire à sup-
« porter que la violence; car ton unique soin était de demeurer approuvé du
« regard de Dieu, quoique des mondes te jugeassent pervers. Un triomphe plus
« facile maintenant te reste, aidé d'une armée d'amis : c'est de retourner chez

    Lodge and dislodge by turns, which makes through Heaven
Grateful vicissitude, like day and night;
Light issues forth, and at the other door
Obsequious darkness enters, till her hour
To veil the Heaven, though darkness there might well
Seem twilight here : and now went forth the morn,
Such as in highest Heaven, array'd in gold
Empyreal : from before her vanish'd night,
Shot through with orient beams; when all the plain,
Cover'd with thick embattel'd squadrons bright,
Chariots and flaming arms, and fiery steeds,
Reflecting blaze on blaze, first met his view;
War he perceiv'd, war in procinct; and found
Already known what he for news had thought
To have reported : gladly then he mix'd
Among those friendly powers, who him receiv'd
With joy and acclamations loud, that one,
That of so many myriads fallen, yet one
Return'd, not lost. On to the sacred hill
They led him high applauded, and present
Before the seat supreme; from whence a voice,
From midst a golden cloud, thus mild was heard :
    « Servant of God, well done; well hast thou fought
The better fight, who single hast maintain'd
Against revolted multitudes the cause
Of truth, in word mightier than they in arms;
And for the testimony of truth hast borne
Universal reproach, far worse to bear
Than violence; for this was all thy care,
To stand approv'd in sight of God, though worlds
Judg'd thee perverse : the easier conquest now
Remains thee, aided by this host of friends,
Back on thy foes more glorious to return,

« les ennemis plus glorieux que tu n'en fus méprisé quand tu les quittas, de
« soumettre par la force ceux qui refusent la raison pour leur loi, la droite
« raison pour leur loi, et pour leur roi le Messie, régnant par droit de mérite.
« Va, Michel, prince des armées célestes, et toi immédiatement après lui en
« achèvements militaires, Gabriel : conduisez au combat ceux-ci, mes *invin-
« cibles* enfants ; conduisez mes saints armés, rangés par milliers et millions
« pour la bataille, égaux en nombre à cette foule rebelle et sans dieu. Assaillez-
« les sans crainte avec le feu et les armes hostiles, en les poursuivant jusqu'au
« bord du ciel, chassez-les de Dieu et du bonheur vers le lieu de leur châti-
« ment, le gouffre du Tartare, qui déjà ouvre large son brûlant chaos pour
« recevoir leur chute. —
« Ainsi parla la voix souveraine, et les nuages commencèrent à obscurcir
« toute la montagne, et la fumée à rouler en noirs torses, en flammes retenues,
« signal du réveil de la colère. Avec non moins de terreur, l'éclatante trompette
« éthérée commence à souffler d'en haut ; à ce commandement les puissances
« militantes qui tenaient pour le ciel (formées en puissant carré dans une union
« irrésistible) avancèrent en silence leurs brillantes légions, au son de l'instru-
« mentale harmonie qui inspire l'héroïque ardeur des actions aventureuses,
« sous des chefs immortels, pour la cause de Dieu et de son Messie. Elles
« avancent fermes et sans se rompre : ni haute colline, ni vallée rétrécie, ni
« bois, ni ruisseau, ne divisent leurs rangs parfaits, car elles marchent élevées
« au-dessus du sol, et l'air obéissant soutient leur pas agile : comme l'espèce
« entière des oiseaux rangés en ordre sur leur aile, furent appelés dans Éden

    Than scorn'd thou disdt depart; and to subdue
By force, who reason for their law refuse,
Right reason for their law, and for their King'
Messiah, who by right of merit reigns:
Go, Michael, of celestial armies prince;
And thou, in military prowess next,
Gabriel, lead forth to battle these my sons
Invincible; lead forth my armed saints,
By thousands and by millions, rang'd for fight
Equal in number to that godless crew
Rebellious : them with fire and hostile arms
Fearless assault; and, to the brow of Heaven
Pursuing, drive them out from God and bliss,
Into their place of punishment, the gulf
Of Tartarus, which ready opens wide
His fiery chaos to receive their fall. »
    « So spake the sovran voice, and clouds began
To darken all the hill, and smoke to roll
In dusky wreaths, reluctant flames, the sign
Of wrath awak'd; nor with less dread the loud
Ethereal trumpet from on high 'gan blow :
At which command the Powers militant,
That stood for Heaven, in mighty quadrate join'd
Of union irresistible, mov'd on
In silence their bright legions, to the sound
Of instrumental harmony, that breath'd
Heroic ardour to adventurous deeds
Under their godlike leaders, in the cause
Of God and his Messiah. On they move
Indissolubly firm; nor obvious hill,
Nor straitening vale, nor wood, nor stream, divides
Their perfect ranks ; for high above the ground
Their march was, and the passive air upbore

« pour recevoir leurs noms de toi, ô Adam, ainsi les légions parcoururent maints
« espaces dans le ciel, maintes provinces dix fois grandes comme la longueur
« de la terre.

« Enfin loin à l'horizon du nord se montra, d'une extrémité à l'autre, une
« région de feu, étendue sous la forme d'une armée. Bientôt en approchant
« apparurent les puissances liguées de Satan, hérissées des rayons innombrables
« des lances droites et inflexibles ; partout casques pressés, boucliers variés
« peints d'insolents emblèmes : ces troupes se hâtaient avec une précipitation
« furieuse, car elles se flattaient d'emporter ce jour-là même, par combat ou
« surprise, le mont de Dieu, et d'asseoir sur son trône le superbe aspirant, en-
« vieux de son empire : mais au milieu du chemin leurs pensées furent reconnues
« folles et vaines. Il nous sembla d'abord extraordinaire que l'ange fît la guerre
« à l'ange, qu'ils se rencontrassent dans une furieuse hostilité ceux-là accou-
« tumés à se rencontrer si souvent unis aux fêtes de la joie et de l'amour,
« comme fils d'un seul maître, et chantant l'éternel Père ; mais le cri de la bataille
« s'éleva, et le bruit rugissant de la charge mit fin à toute pensée plus douce.

« Au milieu des siens, l'apostat, élevé comme un dieu, était assis sur son
« char de soleil, idole d'une majesté divine, entouré de chérubins flamboyants
« et de boucliers d'or. Bientôt il descendit de ce trône pompeux, car il ne resta
« déjà plus entre les deux armées qu'un espace étroit (intervalle effrayant!)
« et front contre front elles présentaient arrêtées une terrible ligne d'une affreuse
« longueur. A la sombre avant-garde, sur le rude bord des bataillons, avant

    Their nimble tread : as when the total kind
    Of birds, in orderly array on wing,
    Came summon'd over Eden to receive
    Their names of thee ; so over many a tract
    Of Heaven they march'd, and many a province wide,
    Tenfold the length of this terrene.
             « At last,
    Far in the horizon to the north appear'd
    From skirt to skirt a fiery region, stretch'd
    In battailous aspect, and nearer view
    Bristled with upright beams innumerable
    Of rigid spears, and helmets throng'd, and shields
    Various, with boastful argument portray'd,
    The banded powers of Satan hasting on
    With furious expedition ; for they ween'd
    That self-same day, by fight, or by surprise,
    To win the mount of God, and on his throne
    To set the envier of his state, the proud
    Aspirer ; but their thoughts prov'd fond and vain
    In the mid way. Though strange to us it seem'd
    At first, that angel should with angel war,
    And in fierce hosting meet, who wont to meet
    So oft in festivals of joy and love
    Unanimous, as sons of one great Sire,
    Hymning th' Eternal Father : but the shout
    Of battel now began, and rushing sound
    Of onset ended soon each milder thought.
     « High in the midst, exalted as a god,
    Th' apostate in his sun-bright chariot sat,
    Idol of majesty divine, enclos'd
    With flaming cherubim and golden shields ;
    Then lighted from his gorgeous throne, for now
    'Twixt host and host but narrow space was left,
    A dreadful interval, and front to front

« qu'ils se joignissent, Satan à pas immenses et superbes, couvert d'une ar-
« mure d'or et de diamant, s'avançait comme une tour. Abdiel ne put supporter
« cette vue ; il se tenait parmi les plus braves, et se préparait aux plus grands
« exploits ; il sonde ainsi son cœur résolu :

« — O ciel ! une telle ressemblance avec le Très-Haut peut-elle rester où la
« foi et la réalité ne restent plus ? Pourquoi la puissance ne défaut-elle pas là
« où la vertu a failli, ou pourquoi le plus présomptueux n'est-il pas le plus
« faible ? Quoique à le voir Satan semble invincible, me confiant au secours du
« Tout-Puissant, je prétends éprouver la force de celui dont j'ai déjà éprouvé
« la raison fausse et corrompue : n'est-il pas juste que celui qui l'a emporté
« dans la lutte de la vérité l'emporte dans les armes, vainqueur pareillement
« dans les deux combats ? Si le combat est brutal et honteux quand la raison se
« mesure avec la force, encore il est d'autant plus juste que la raison triomphe.—

« Ainsi réfléchissant il sort à l'opposite du milieu de ses pairs armés ; il ren-
« contre à mi-voie son audacieux ennemi, qui se voyant prévenu en devient
« plus furieux ; il le défie ainsi avec assurance :

« — Superbe, vient-on au-devant de toi ? Ton espérance était d'atteindre
« inopposé la hauteur où tu aspires, d'atteindre le trône de Dieu non gardé et
« son côté abandonné par la terreur de ton pouvoir ou de ta langue puissante.
« Insensé ! tu ne songeais pas combien il est vain de se lever en armes contre
« le Tout-Puissant, contre celui qui des plus petites choses aurait pu lever sans
« fin d'incessantes armées pour écraser ta folie ; ou, de sa main solitaire attei-

Presented stood in terrible array
Of hideous length. Before they cloudy van,
On the rough edge of battle ere it join'd,
Satan, with vast and haughty strides advanc'd,
Came towering, arm'd in adamant and gold.
Abdiel that sight endur'd not, where he stood
Among the mightiest, bent on highest deeds;
And thus his own undauntel heart explores : —
 « O Heaven ! that such resemblance of the Highest
Should yet remain, where faith and realty
Remain not : wherefore should not strength and might
There fail where virtue fails? or weakest prove
Where boldest, though to sight unconquerable?
His puissance, trusting in th' Almighty's aid,
I mean to try, whose reason I have tried
Unsound and false : nor is it aught but just,
That he, who in debate of truth hath won,
Should win in arms, in both disputes alike
Victor; though brutish that contest and foul,
When reason hath to deal with force; yet so
Most reason is that reason overcome. » —
 « So pondering, and, from his armed peers
Forth stepping opposite, half-way he met
His daring foe, at this prevention more
Incens'd, and thus securely him defied : —
 « Proud, art thou met ? thy hope was to have reach'd
The highth of thy aspiring unnoppos'd :
The throne of God unguarded, and his side
Abandon'd, at the terrour of thy power
Or potent tongue : fool ! not to think how vain
Against th' Omnipotent to rise in arms;
Who out of smallest things could, without end,
Have rais'd incessant armies to defeat
Thy folly ; or with solitary hand

« gnant au delà de toute limite, il pourrait d'un seul coup, sans assistance, te
« finir, et ensevelir tes légions sous les ténèbres. Mais t'en aperçois-tu? tous ne
« sont pas à ta suite ; il en est qui préfèrent la foi et piété envers Dieu, bien
« qu'ils te fussent invisibles alors qu'à ton monde je semblais être dans l'erreur,
« en différant seul de l'avis de tous. Tu la vois ma secte maintenant : apprends
« trop tard que quelques-uns peuvent savoir, quand des milliers se trompent. —
 « Le grand ennemi le regardant de travers d'un œil de dédain :
 « — À la male heure pour toi, mais à l'heure désirée de ma vengeance, toi
« que je cherchais le premier, tu reviens de ta fuite, ange séditieux, pour re-
« cevoir ta récompense méritée, pour faire le premier essai de ma droite pro-
« voquée, puisque ta langue inspirée de la contradiction osa la première s'opposer
« à la troisième partie des dieux réunis en synode pour assurer leurs divinités.
« Ceux qui sentent en eux une vigueur divine, ne peuvent accorder l'omnipo-
« tence à personne. Mais tu te portes en avant de tes compagnons, ambitieux
« que tu es de m'enlever quelques plumes, pour que ton succès puisse annoncer
« la destruction du reste : je m'arrête un moment, de peur que tu ne te vantes
« qu'on n'ait pu te répondre ; je veux t'apprendre ceci : je crus d'abord que
« liberté et ciel ne faisaient qu'un pour les âmes célestes ; mais je vois à présent
« que plusieurs, par bassesse, préfèrent servir ; esprits domestiques traînés
« dans les fêtes et les chansons! Tels sont ceux que tu as armés, les ménétriers
« du ciel, l'esclavage pour combattre la liberté : ce que sont leurs actions com-
« parées, ce jour le prouvera. —
 « Le sévère Abdiel répond brièvement :

    Reaching beyond all limit, at one blow,
    Unaided, could have finish'd thee, and whelm'd
    Thy legions under darkness : but thou seest
    All are not of thy train ; there be, who faith
    Prefer, and piety to God, though then
    To thee not visible, when I alone
    Seem'd in thy world erroneous to dissent
    From all : my sect thou seest; now learn too late
    How few sometimes may know, when thousands err. »
     « Whom the grand foe, with scornful eye askance,
    Thus answer'd :
        « Ill for thee, but in wish'd hour
    Of my revenge, first sought for, thou return'st
    From flight, seditious angel! to receive
    Thy merited reward, the first assay
    Of this right hand provok'd, since first that tongue,
    Inspir'd with contradiction, durst oppose
    A third part of the gods, in synod met
    Their deities to assert ; who, while they feel
    Vigour divine within them, can allow
    Omnipotence to none. But well thou com'st
    Before thy fellows, ambitiously to win
    From me some plume, that thy success may show
    Destruction to the rest : this pause between,
    (Unanswer'd lest thou boast to let thee know,
    At first I thought that liberty and Heaven
    To heavenly souls had been all one ; but now
    I see that most through sloth had rather serve,
    Minist'ring spirits, train'd up in feast and song!
    Such hast thou arm'd, the minstrelsy of Heaven,
    Servility with freedom to contend,
    As both their deeds compar'd this day shall prove. »
     « To whom in brief thus Abdiel stern replied :

« — Apostat, tu te trompes encore : éloigné de la voie de la vérité, tu ne
« cesseras plus d'errer. Injustement tu flétris du nom de servitude l'obéissance
« que Dieu ou la nature ordonne. Dieu et la nature commandent la même
« chose, lorsque celui qui gouverne est le plus digne, et qu'il excelle sur ceux
« qu'il gouverne. La servitude est de servir l'insensé ou celui qui s'est révolté
« contre un plus digne que lui, comme les tiens te servent à présent, toi non
« libre, mais esclave de toi-même. Et tu oses effrontément insulter à notre
« devoir ! Règne dans l'enfer, ton royaume ; laisse-moi servir dans le ciel Dieu
« à jamais béni, obéir à son divin commandement qui mérite le plus d'être
« obéi ; toutefois attends dans l'enfer, non des royaumes, mais des chaînes.
« Cependant revenu de ma fuite, comme tu le disais tout à l'heure, reçois ce
« salut sur ta crête impie. —
« A ces mots, il lève un noble coup qui ne resta pas suspendu, mais tomba
« comme la tempête sur la crête orgueilleuse de Satan : ni la vue, ni le mou-
« vement de la rapide pensée, moins encore le bouclier, ne purent prévenir la
« ruine. Dix pas énormes il recule ; au dixième, sur son genou fléchi il est
« soutenu par sa lance massive, comme si, sur la terre, des vents sous le sol ou
« des eaux forçant leur passage eussent poussé obliquement hors de sa place
« une montagne, à moitié abîmée avec tous ses pins. L'étonnement saisit les
« Trônes rebelles, mais une rage plus grande encore, quand ils virent ainsi
« abattu le plus puissant d'entre eux. Les nôtres, remplis de joie et de l'ardent
« désir de combattre, poussèrent un cri, présage de la victoire. Michel ordonne
« de sonner l'archangélique trompette ; elle retentit dans le vaste du ciel, et

« Apostate, still thou err'st, nor end wilt find
Of erring, from the path of truth remote :
Unjustly thou deprav'st it with the name
Of servitude, to serve whom God ordains,
Or nature : God and nature bid the same,
When he who rules is worthiest, and excels
Them whom he governs. This is servitude,
To serve th' unwise, or him whom hath rebell'd
Against his worthier, as thine now serve thee,
Thyself not free, but to thyself enthrall'd,
Yet lewdly dar'st our minist'ring upbraid.
Reign thou in Hell, thy kingdom; let me serve
In Heaven God ever blest, and his divine
Behests obey, worthiest to be obey'd :
Yet chains in Hell, not realms, expect : meanwhile
From me return'd, as erst thou saidst, from flight,
This greeting on thy impious crest receive. »
« So saying, a noble stroke he lifted high,
Which hung not, but so swift with tempest fell
On the proud crest of Satan, that no sight,
Nor motion of swift thought, less could his shield,
Such ruin intercept : ten paces huge
He back recoil'd ; the tenth on bended knee
His massy spear upstaid : as if on earth,
Winds under ground, or waters forcing way,
Sidelong had push'd a mountain from his seat,
Half sunk with all his pines. Amazement seiz'd
The rebel Thrones, but greater rage, to see
Thus foil'd their mightiest; ours joy fill'd, and shout,
Presage of victory, and fierce desire
Of battel : whereat Michael bid sound
Th' archangel trumpet; through the vast of Heaven
It sounded, and, the faithful armies rung

« les anges fidèles chantent Hosanna au Très-Haut. De leur côté, les légions
« adverses ne restèrent pas à nous contempler ; non moins terribles, elles se
« joignirent dans l'horrible choc.

« Alors s'élevèrent une orageuse furie et des clameurs telles qu'on n'en avait
« jamais jusqu'alors entendu dans le ciel. Les armes heurtant l'armure crient
« en horrible désaccord ; les roues furieuses des chariots d'airain rugissent avec
« rage : terrible est le bruit de la bataille ! Sur nos têtes les sifflements aigus
« des dards embrasés volent en flamboyantes volées, et en volant voûtent de
« feu les deux osts. Sous cette coupole ardente, se précipitaient au combat les
« corps d'armées, dans un assaut funeste et une fureur inextinguible ; tout le
« ciel retentissait ; si la terre eût été alors, toute la terre eût tremblé jusqu'à son
« centre. Faut-il s'en étonner quand de l'un et de l'autre côté, fiers adversaires,
« combattaient des millions d'anges dont le plus faible pourrait manier les élé-
« ments, et s'armer de la force de toutes leurs régions ? Combien donc deux
« armées combattant l'une contre l'autre avaient-elles plus de pouvoir pour
« allumer l'épouvantable combustion de la guerre, pour bouleverser, sinon
« pour détruire leur fortuné séjour natal, si le Roi tout-puissant et éternel,
« tenant le ciel d'une main ferme, n'eût dominé et limité leur force ! En nombre,
« chaque légion ressemblait à une nombreuse armée ; en force, chaque main
« armée valait une légion. Conduit au combat, chaque soldat paraissait un chef,
« chaque chef, un soldat ; ils savaient quand avancer ou s'arrêter, quand dé-
« tourner le fort de la bataille, quand ouvrir et quand fermer les rangs de la
« hideuse guerre. Ni pensée de fuite, ni pensée de retraite, ni action malséante

Hosanna to the Highest : nor stood at gaze
The adverse legions, nor less hideous join'd
The horrid shock.
« Now storming fury rose,
And clamour such as heard in Heaven till now
Was never ; arms on armour clashing bray'd
Horrible discord, and the madding wheels
Of brazen chariots rag'd : dire was the noise
Of conflict ; over head the dismal hiss
Of fiery darts in flaming vollies flew,
And flying vaulted either host with fire.
So under fiery cope together rush'd
Both battles main, with ruinous assault
And inextinguishable rage. All Heaven
Resounded ; and had earth been then, all earth
Had to her centre shook. What wonder ? when
Millions of fierce encountering angels fought
On either side, the least of whom could wied
These elements, and arm him with the force
Of all their regions : how much more of power
Army against army numberless to raise
Dreadful combustion warring ; and disturb,
Though not destroy, their happy native seat :
Had not th' eternal King omnipotent,
From his strong hold of Heaven, high overrul'd
And limited their might ; though number'd such,
As each divided legion might have seem'd
A numerous host ; in strength each armed band
A legion ; led in fight, yet leader seem'd
Each warriour single as in chief ; expert
When to advance, or stand, or turn the sway
Of battel, open when, and when to close,
The ridges of grim war : no thought of flight,

… LE PARADIS PERDU.

« qui marquât la peur : chacun comptait sur soi, comme si de son bras seul
« dépendait le moment de la victoire.
   « Des faits d'une éternelle renommée furent accomplis, mais sans nombre ;
« car immense et variée se déployait cette guerre ; tantôt combat maintenu sur
« un terrain solide ; tantôt prenant l'essor sur une aile puissante, et tourmentant
« tout l'air : alors tout l'air semblait un feu militant. La bataille en balance
« égale fut longtemps suspendue, jusqu'à ce que Satan, qui ce jour-là avait
« montré une force prodigieuse, et ne rencontrait point d'égal dans les armes ;
« jusqu'à ce que Satan, courant de rang en rang à travers l'affreuse mêlée des
« séraphins en désordre, vit enfin le lieu où l'épée de Michel fauchait et abat-
« tait des escadrons entiers.
   « Michel tenait à deux mains avec une force énorme cette épée qu'il bran-
« dissait en l'air : l'horrible tranchant tombait, dévastant au large. Pour arrêter
« une telle destruction, Satan se hâte et oppose au fer de Michel l'orbe impé-
« nétrable de dix feuilles de diamant, son ample bouclier, vaste circonférence.
« A son approche, le grand archange sursit à son travail guerrier ; ravi, dans
« l'espoir de terminer ici la guerre intestine du ciel (le grand ennemi étant
« vaincu ou traîné captif dans les chaînes), il fronce un sourcil redoutable, et,
« le visage enflammé, il parle ainsi le premier :
   « — Auteur du mal, inconnu et sans nom dans le ciel jusqu'à ta révolte,
« aujourd'hui abondant, comme tu le vois, à ces actes d'une lutte odieuse,
« odieuse à tous, quoique par une juste mesure elle pèse le plus sur toi et sur
« tes adhérents. Comment as-tu troublé l'heureuse paix du ciel et apporté dans

>   None of retreat, no unbecoming deed
>   That argued fear ; each on himself relied,
>   As only in his arm the moment lay
>   Of victory.
>   « Deeds of eternal fame
>   Were done, but infinite ; for wide was spread
>   That war and various ; sometimes on firm ground
>   A standing fight ; then, soaring on main wing,
>   Tormented all the air ; all air seem'd then
>   Conflicting fire. Long time in even scale
>   The battel hung ; till Satan, who that day
>   Prodigious power had shown, and met in arms
>   No equal, ranging through the dire attack
>   Of fighting seraphim confus'd, at length
>   Saw where the sword of Michael smote, and fell'd
>   Squadrons at once.
>   « With huge two-handed sway
>   Brandish'd aloft, the horrid edge came down
>   Wide-wasting : such destruction to withstand
>   He hasted, and oppos'd the rocky orb
>   Of tenfold adamant, his ample shield ;
>   A vast circumference. At his approach,
>   The great archangel from his warlike toil
>   Surceas'd, and glad, as hoping here to end
>   Intestine war in Heaven, th' arch-foe subdued
>   Or captive dragg'd in chains, with hostile frown
>   And visage all inflam'd, first thus began : —
>   « Authour of evil, unknown till thy revolt,
>   Unnam'd in Heaven ; now plenteous as thou seest
>   These acts of hateful strife, hateful to all,
>   Though heaviest by just measure on thyself
>   And thy adherents : how hast thou disturb'd
>   Heaven's blessed peace, and into nature brought

« la nature la misère, incréée avant le crime de ta rébellion ! combien as-tu
« empoisonné de la malice des milliers d'anges, jadis droits et fidèles, mainte-
« nant devenus traîtres ! Mais ne crois pas bannir d'ici le saint repos ; le ciel te
« rejette de toutes ses limites ; le ciel, séjour de la félicité, n'endure point les
« œuvres de la violence et de la guerre. Hors d'ici donc ! Que le mal, ton fils,
« aille avec toi au séjour du mal, l'enfer, avec toi et ta bande perverse ! Là
« fomente des troubles ; mais n'attends pas que cette épée vengeresse commence
« ta sentence, ou que quelque vengeance plus soudaine à qui Dieu donnera des
« ailes, ne te précipite avec des douleurs redoublées. —

« Ainsi parle le prince des anges. Son adversaire répliqua :

« — Ne pense pas, par le vent de tes menaces, imposer à celui à qui tu ne
« peux imposer par tes actions. Du moindre de ceux-ci as-tu causé la fuite ? ou
« si tu les forças à la chute, ne se sont-ils pas relevés invaincus ? Espérerais-tu
« réussir plus aisément avec moi, arrogant, et avec tes menaces me chasser
« d'ici ? Ne t'y trompe pas : il ne finira pas ainsi le combat que tu appelles mal,
« mais que nous appelons combat de gloire. Nous prétendons le gagner, ou
« transformer ce ciel dans l'enfer, dont tu dis des fables. Ici du moins nous ha-
« biterons libres, si nous ne régnons. Toutefois, je ne fuirais pas ta plus grande
« force, quand celui qu'on nomme le Tout-Puissant viendrait à ton aide : de
« près comme de loin je t'ai cherché. —

« Ils cessèrent de parler, et tous deux se préparèrent à un combat inexpri-
« mable : qui pourrait le raconter, même avec la langue des anges ? à quelles

    Misery, uncreated till the crime
    Of thy rebellion ! how hast thou instill'd
    Thy malice into thousands, once upright
    And faithful, now prov'd false ! But think not here
    To trouble holy rest ; Heaven casts thee out
    From all her confines : Heaven, the seat of bliss,
    Brooks not the works of violence and war.
    Hence then, and evil go with thee along,
    Thy offspring, to the place of evil, Hell ;
    Thou and thy wicked crew ! there mingle broils,
    Ere this avenging sword begin thy doom ;
    Or some more sudden vengeance, wing'd from God,
    Precipitate thee with augmented pain. »
      « So spake the prince of angels ; to whom thus
    The adversary :
           « Nor think thou with wind
    Of aery threats to awe, whom yet with deeds
    Thou canst not. Hast thou turn'd the least of these
    To flight ? or if to fall, but that they rise
    Unvanquish'd ; easier to transact with me
    That thou shouldst hope, imperious, and with threats
    To chase me hence ? err not, that so shall end
    The strife which thou call'st evil, but we style
    The strife of glory; which we mean to win,
    Or turn this Heaven itself into the Hell
    Thou fablest ; here however to dwell free,
    If not to reign : meanwhile thy utmost force,
    And join him nam'd Almighty to thy aid,
    I fly not ; but have sought thee far and nigh. »
      They ended parle, and both address'd for fight
    Unspeakable ; for who, though with the tongue
    Of angels, can relate, or to what things
    Liken on earth conspicuous, that may lift
    Human imagination to such highth

LE PARADIS PERDU.

« choses pourrait-on le comparer sur la terre, qui fussent assez remarquables
« pour élever l'imagination humaine à la hauteur d'un pouvoir semblable à
« celui d'un Dieu?'Car ces deux chefs, soit qu'ils marchassent, ou demeurassent
« immobiles, ressemblaient à des dieux par la taille, le mouvement, les armes,
« faits qu'ils étaient pour décider de l'empire du grand ciel. Maintenant leurs
« flamboyantes épées ondoient et décrivent dans l'air des cercles affreux ; leurs
« boucliers, deux larges soleils, resplendissent opposés, tandis que l'attente reste
« dans l'horreur. De chaque côté la foule des anges se retira précipitamment
« du lieu où la mêlée était auparavant la plus épaisse, et laissa un vaste champ
« où il n'y avait pas sûreté dans le vent d'une pareille commotion.

« Telles, pour faire comprendre les grandes choses par les petites, si la con-
« corde de la nature se rompait, si parmi les constellations la guerre était dé-
« clarée, telles deux planètes, précipitées sous l'influence maligne de l'opposition
« la plus violente, combattraient au milieu du firmament, et confondraient
« leurs sphères ennemies.

« Les deux chefs lèvent ensemble leurs menaçants bras qui approchent en
« pouvoir de celui du Tout-Puissant ; ils ajustent un coup capable de tout ter-
« miner, et qui, n'ayant pas besoin d'être répété, ne laisse pas le pouvoir
« indécis. En vigueur ou en agilité, ils ne paraissent pas inégaux ; mais l'épée
« de Michel, tirée de l'arsenal de Dieu, lui avait été donnée trempée de sorte
« que nulle autre, par la pointe ou la lame, ne pouvait résister à ce tranchant.
« Elle rencontre l'épée de Satan ; et, descendant pour frapper avec une force

Of godlike power? for likest gods they seem'd,
Stood they or mov'd, in stature, motion, arms,
Fit to decide the empire of great Heaven.
Now wav'd their fiery swords, and in the air
Made horrid circles; two broad suns their shields
Blaz'd opposite, while expectation stood
In horrour : from each hand with speed retir'd,
Where erst was thickest fight, the angelic throng,
And left large field, unsafe within the wind
Of such commotion;
    Such as, to set forth
Great things by small, if, nature's concord broke,
Among the constellations war were sprung,
Two planets, rushing from aspect malign
Of fiercest opposition, in mid sky
Should combat, and their jarring spheres confound.
« Together both, with next t' almighty arm
Uplifted imminent, one stroke they aim'd
That might determine, and not need repeat,
As not of power at once; nor odds appear'd
In might or swift prevention : but the sword.
Of Michael from the armoury of God
Was given him temper'd so, that neither keen
Nor solid might resist that edge : it met
The sword of Satan, with steep force to smite
Descending, and in half cut sheer; nor staid,
But with swift wheel reverse, deep entering, shar'd
All his right side.
   « Then Satan first knew pain,
And writh'd him to and fro convolv'd ; so sore
The griding sword with discontinuous wound
Pass'd through him : but th' ethereal substance clos'd,
Not long divisible; and from the gash
A stream of nectarous humour issuing flow'd

« précipitée, la coupe net par la moitié : elle ne s'arrête pas ; mais d'un rapide
« revers, entrant profondément, elle fend tout le côté droit de l'archange.
« Alors pour la première fois Satan connut la douleur, et se tordit çà et là
« convulsé ; tant la tranchante épée, dans une blessure continue, passa cruelle
« à travers lui ! Mais la substance éthérée, non longtemps divisible, se réunit :
« un ruisseau de nectar sortit de la blessure, se répandit, couleur de sang (de
« ce sang tel que les esprits célestes peuvent en répandre) et souilla son armure,
« jusqu'alors si brillante. Aussitôt à son aide accoururent de tous côtés un grand
« nombre d'anges vigoureux qui interposèrent leur défense ; tandis que d'autres
« l'emportent sur leurs boucliers à son char, où il demeura retiré loin des
« rangs de la guerre. Là ils le déposèrent grinçant des dents de douleur, de
« dépit et de honte, de trouver qu'il n'était pas sans égal : son orgueil était hu-
« milié d'un pareil échec, si fort au-dessous de sa prétention d'égaler Dieu en
« pouvoir.
« Toutefois il guérit vite ; car les esprits qui vivent en totalité, vivant entiers
« dans chaque partie (non comme l'homme frêle, dans les entrailles, le cœur
« ou la tête, le foie ou les reins), ne sauraient mourir que par l'anéantissement :
« ils ne peuvent recevoir de blessure mortelle dans leur tissu liquide, pas plus
« que n'en peut recevoir l'air fluide ; ils vivent tout cœur, toute tête, tout œil,
« tout oreille, tout intellect, tout sens ; ils se donnent à leur gré des membres,
« et ils prennent la couleur, la forme et la grosseur qu'ils aiment le mieux,
« dense ou rare.
« Cependant des faits semblables, et qui méritaient d'être remémorés, se
« passaient ailleurs, là où la puissance de Gabriel combattait : avec de fières
« enseignes, il perçait les bataillons profonds de Moloch, roi furieux qui le dé-

  Sanguine, such as celestial spirits may bleed,
  And all his armour stain'd, erewhile so bright.
  Forthwith on all sides to his aid was run
  By angels many and strong, who interpos'd
  Defence ; while others bore him on their shields
  Back to his chariot, where it stood retir'd
  From off the files of war : there they him laid
  Gnashing for anguish, and despite, and shame,
  To find himself not matchless, and his pride
  Humbled by such rebuke : so far beneath
  His confidence to equal God in power.
  « Yet soon he heal'd ; for spirits that live throughout
  Vital in every part, not as frail man
  In entrails, heart or head, liver or reins,
  Cannot but by annihilating die ;
  Nor in their liquid texture mortal wound
  Receive, no more than can the fluid air :
  All heart they live, all head, all eye, all ear,
  All intellect, all sense ; and, as they please,
  They limb themselves, and colour, shape, or size
  Assume, at likes them best, condense or rare.
  « Meanwhile in other parts like deeds deserv'd
  Memorial, where the might of Gabriel fought,
  And with fierce ensigns pierc'd the deep array
  Of Moloch, furious king ; who him defied,
  And at his chariot-wheels to drag him bound
  Threaten'd, nor from the Holy-One of Heaven
  Refrain'd his tongue blasphemous ; but anon,
  Down cloven to the waist, with shatter'd arms
  And uncouth pain fled bellowing.
        « On each wing,

« fuit, et qui menaçait de le traîner attaché aux roues de son char; la langue
« blasphématrice de cet ange n'épargnait pas même l'unité sacrée du ciel. Mais
« tout à l'heure fendu jusqu'à la ceinture, ses armes brisées et dans une af-
« freuse douleur, il fuit en mugissant.

« A chaque aile, Uriel et Raphaël vainquirent d'insolents ennemis, Adra-
« maleck et Asmodée, quoique énormes et armés de rochers de diamant; deux
« puissants Trônes qui dédaignaient d'être moins que des dieux; leur fuite leur
« enseigna des pensées plus humbles, broyés qu'ils furent par des blessures
« effroyables, malgré la cuirasse et la cotte de mailles. Abdiel n'oublia pas de
« fatiguer la troupe athée; à coups redoublés il renversa Ariel, Arioc, et la
« violence de Ramiel, écorché et brûlé.

« Je pourrais parler de mille autres et éterniser leurs noms ici sur la terre;
« mais ces anges élus, contents de leur renommée dans le ciel, ne cherchent
« pas l'approbation des hommes. Quant aux autres, bien qu'étonnants en
« puissance, en actions de guerre, et avides de renommée, comme ils sont par
« arrêt effacés du ciel et de la mémoire sacrée, laissons-les habiter sans nom
« le noir oubli. La force séparée de la vérité et de la justice, indigne de louange,
« ne mérite que reproche et ignominie : toutefois, vaine et arrogante, elle as-
« pire à la gloire, et cherche à devenir fameuse par l'infamie : que l'éternel
« silence soit son partage!

« Et maintenant, leurs plus puissants chefs abattus, l'armée plia, par plu-
« sieurs charges enfoncée : la déroute informe et le honteux désordre y entrèrent;
« le champ de bataille était semé d'armes brisées; les chars et leurs conduc-
« teurs, les coursiers de flammes écumants, étaient renversés en monceaux.
« Ce qui reste debout recule et accablé de fatigue dans l'ost satanique exténué

   Uriel, and Raphael, his vaunting foe,
   Though huge, and in a rock of diamond arm'd
   Vanquish'd Adramelech and Asmadai,
   Two potent Thrones, that to be less than gods
   Disdain'd, but meaner thoughts learn'd in their flight,
   Mangled with ghastly wounds through plate and mail.
   Nor stood unmindful Abdiel to annoy
   The atheist crew, but with redoubled blow
   Ariel, and Arioch, and the violence
   Of Ramiel scorch'd and blasted, overthrew.
    « I might relate of thousands, and their names
   Eternize here on earth; but those elect
   Angels, contented with their fame in Heaven,
   Seek not the praise of men : the other sort,
   In might though wondrous and in acts of war,
   Nor of renow less eager, yet by doom.
   Cancell'd from Heaven and sacred memory,
   Nameless in dark oblivion let them dwell :
   For strength from truth divided and from just,
   Illaudable, naught merits but dispraise
   And ignominy, yet to glory aspires
   Vain-glorious, and through infamy seeks fame.
   Therefore, eternal silence be their doom.
    « And now, their mightiest quell'd, the battel swerv'd,
   With many an inroad gor'd; deformed rout
   Enter'd, and foul disorder; all the ground
   With shiver'd armour strown, and on a heap
   Chariot and charioteer lay overturn'd,
   And fiery foaming steeds; what stood, recoil'd
   O'er-wearied, through the faint Satanic host,
   Defensive scarce; or with pale fear surpris'd,

« qui se défend à peine; surpris par la pâle frayeur, pour la première fois sur-
« pris par la frayeur et par le sentiment de la douleur, ces anges fuient ignomi-
« nieusement, amenés à ce mal par le péché de la désobéissance : jusqu'à cette
« heure, ils n'avaient été assujettis ni à la crainte, ni à la fuite, ni à la douleur.

« Il en était tout autrement des inviolables saints ; d'un pas assuré, en pha-
« lange carrée, ils avançaient entiers, invulnérables, impénétrablement armés :
« tel était l'immense avantage que leur donnait leur innocence sur leurs ennemis;
« pour n'avoir pas péché, pour n'avoir pas désobéi, au combat ils demeuraient
« sans fatigue, inexposés à souffrir des blessures, bien que de leur rang par la
« violence écartés.

« La nuit à présent commençait sa course; répandant dans le ciel l'obscurité,
« elle imposa le silence, et une agréable trêve à l'odieux fracas de la guerre :
« sous son abri nébuleux se retirèrent le vainqueur et le vaincu. Michel et ses
« anges, restés les maîtres, campent sur le champ de bataille, posent leurs
« sentinelles à l'entour, chérubins agitant des flammes. De l'autre part, Satan
« avec ses rebelles disparut, au loin retiré dans l'ombre. Privé de repos, il ap-
« pelle de nuit ses potentats au conseil; au milieu d'eux et non découragé, il
« leur parle ainsi :

« — O vous, à présent par le danger éprouvés, à présent connus dans les
« armes pour ne pouvoir être dominés, chers compagnons, trouvés dignes non-
« seulement de la liberté (trop mince prétention), mais, ce qui nous touche
« davantage, dignes d'honneur, d'empire, de gloire et de renommée ! vous
« avez soutenu pendant un jour dans un combat douteux (si pendant un jour,
« pourquoi pas pendant des jours éternels?), vous avez soutenu l'attaque de ce

Then first with fear surpris'd, and sense of pain,
Fled ignominious, to such evil brought
By sin of disobedience; till that hour
Not liable to fear, or flight, or pain.
« Far otherwise the inviolable saints,
In cubic phalanx firm, advanc'd entire,
Invulnerable, impenetrably arm'd;
Such high advantages their innocence
Gave them above their foes; not to have sinn'd,
Not to have disobey'd; in fight they stood
Unwearied, unobnoxious to be pain'd
By wound, though from their place by violence mov'd.
« Now night her course began, and, over Heaven
Inducing darkness, grateful truce impos'd,
And silence on the odious din of war :
Under her cloudy covert both retir'd,
Victor and vanquish'd. On the foughten field
Michael and his angels prevalent
Encamping, plac'd in guard their watches round,
Cherubic waving fires : on the other part,
Satan with his rebellious disappear'd,
Far in the dark dislodg'd; and, void of rest,
His potentates to council call'd by night;
And in the midst thus undismay'd began :
« O now in danger tried, now known in arms
Not to be overpower'd, companions dear,
Found worthy not of liberty alone,
Too mean pretence! but what we more affect,
Honour, dominion, glory, and renown ;
Who have sustain'd, one day in doubtful fight,
(And if one day, why not eternal days ?)
What Heaven's Lord had powerfullest to send

« que le Seigneur du ciel, d'autour de son trône, avait à envoyer de plus puis-
« sant contre nous, ce qu'il avait jugé suffisant pour nous soumettre à sa vo-
« lonté : il n'en est pas ainsi arrivé !..... Donc, ce me semble, nous pouvons
« le regarder comme faillible lorsqu'il s'agit de l'avenir, bien que jusqu'ici on
« avait cru à son omniscience. Il est vrai, moins fortement armés, nous avons
« eu quelques désavantages, nous avons enduré quelques souffrances jusqu'alors
« inconnues; mais aussitôt qu'elles ont été connues, elles ont été méprisées,
« puisque nous savons maintenant que notre forme empyrée, ne pouvant rece-
« voir d'atteinte mortelle, est impérissable; quoique percée de blessures, elle se
« referme bientôt, guérie par sa vigueur native. A un mal si léger regardez
« donc le remède comme facile. Peut-être des armes plus valides, des armes
« plus impétueuses, serviront dans la prochaine rencontre à améliorer notre
« position, à rendre pire celle de nos ennemis, ou à égaliser ce qui fait entre
« nous l'imparité, qui n'existe pas dans la nature. Si quelque autre cause ca-
« chée les a laissés supérieurs, tant que nous conservons notre esprit entier
« et notre entendement sain, une délibération et une active recherche décou-
« vriront cette cause.

« Il s'assit, et dans l'assemblée se leva Nisroc, le chef des principautés; il se
« leva comme un guerrier échappé d'un combat cruel : travaillé de blessures,
« ses armes fendues et hachées jusqu'à destruction; d'un air sombre il parla
« en répondant ainsi :

« — Libérateur, toi qui nous délivras des nouveaux maîtres, guide à la libre
« jouissance de nos droits comme dieux, il est dur cependant pour des dieux,
« nous la trouvons trop inégale la tâche de combattre dans la douleur contre

> Against us from about his throne, and judg'd
> Sufficient to subdue us to his will,
> But proves not so : then fallible, it seems,
> Of future we may deem him, though till now
> Omniscient thought. True is, less firmly arm'd,
> Some disadvantage we endur'd, and pain
> Till now not known, but, known, as soon contemn'd;
> Since now we find this our empyreal form
> Incapable of mortal injury,
> Imperishable, and, though pierc'd with wounds,
> Soon closing, and by native vigour heal'd.
> Of evil then so small, as easy think
> The remedy; perhaps more valid arms,
> Weapons more violent, when next we meet,
> May serve to better us, and worse our foes,
> Or equal what between us made the odds,
> In nature none : if other hidden cause
> Left them superiour, while we can preserve
> Unhurt our minds, and understanding sound,
> Due search and consultation will disclose. »
> « He sat; and in th' assembly next upstood
> Nisroch, of principalities the prime;
> As one he stood escap'd from cruel fight,
> Sore toil'd, his riven arms to havoc hewn,
> And, cloudy in aspect, thus answering spake :
> « Deliverer from new lords, leader to free
> Enjoyment of our right as gods; yet hard
> For gods, and too unequal work we find,
> Against unequal arms to fight in pain,
> Against unpain'd, impassive; from which evil
> Ruin must needs ensue; for what avails
> Valour or strength, though matchless, quell'd with pain

« des armes inégales, contre des ennemis exempts de douleur et impassibles.
« De ce mal, notre ruine doit nécessairement advenir; car que sert la valeur
« ou la force, quoique sans pareilles, lorsqu'on est dompté par la douleur qui
« subjugue tout et fait lâcher les mains aux plus puissants? Peut-être pour-
« rions-nous retrancher de la vie le sentiment du plaisir et ne pas nous plaindre,
« mais vivre contents, ce qui est la vie la plus calme ; mais la douleur est la
« parfaite misère, le pire des maux, et si elle est excessive, elle surmonte toute
« patience. Celui qui pourra donc inventer quelque chose de plus efficace,
« pour porter des blessures à nos ennemis encore invulnérables, ou qui saura
« nous armer d'une défense pareille à la leur, ne méritera pas moins de moi
« que celui auquel nous devons notre délivrance.

« Satan, avec un visage composé, répliqua :
« — Ce secours, non encore inventé, que tu crois justement si essentiel à
« nos succès, je te l'apporte. Qui de nous contemple la brillante surface de ce
« terrain céleste sur lequel nous vivons, ce spacieux continent du ciel, orné
« de plante, de fruit, de fleur d'ambroisie, de perles et d'or; qui de nous re-
« garde assez superficiellement ces choses pour ne pas comprendre d'où elles
« germent profondément sous la terre, matériaux noirs et crus d'une écume
« spiritueuse et ignée, jusqu'à ce que, touchées et pénétrées d'un rayon des
« cieux, elles poussent si belles et s'épanouissent à la lumière ambiante?

« Ces semences, dans leur noire nativité, l'abîme nous les cédera, fécon-
« dées d'une flamme infernale. Foulées dans des machines creuses, longues
« et rondes, à l'autre ouverture dilatées et embrasées par le toucher du feu,
« avec le bruit du tonnerre, elles enverront de loin à notre ennemi de tels

    Which all subdues, and makes remiss the hands
    Of mightiest? Sense of pleasure we may well
    Spare out of life perhaps, and not repine,
    But live content, which is the calmest life :
    But pain is perfect misery, the worst
    Of evils, and, excessive, overturns
    All patience. He who therefore can invent
    With what more forcible we may offend
    Our yet unwounded enemies, or arm
    Ourselves with like defence, to me deserves
    No less than for deliverance what we owe. »
    « Whereto, with look compos'd, Satan replied : —
    « Not uninvented that, which thou aright
    Believ'st so main to our success, I bring.
    Which of us, who beholds the bright surface
    Of this ethereous mould whereon we stand,
    This continent of spacious Heaven, adorn'd
    With plant, fruit, flower ambrosial, gems, and gold;
    Whos eye so superficially surveys
    These things, as not to mind from whence they grow
    Deep under ground, materials dark and crude,
    Of spiritous and fiery spume, till, touch'd
    With Heaven's ray, and temper'd, they shoot forth
    So beauteous, opening to the ambient light?
    « These in their dark nativity the deep
    Shall yield us, pregnant with infernal flame,
    Which, into hollow engines, long and round,
    Thick-ramm'd, at the other bore with touch of fire
    Dilated and infuriate, shall send forth
    From far, with thundering noise, among our foes
    Such implements of mischief, as shall dash
    To pieces and o'erwhelm whatever stands

« instruments de désastre, qu'ils abîmeront, mettront en pièces tout ce qui s'é-
« lèvera à l'opposé; nos adversaires craindront que nous n'ayons désarmé le
« Dieu tonnant de son seul trait redoutable. Notre travail ne sera pas long:
« avant le lever du jour l'effet remplira notre attente. Cependant revivons!
« Quittons la frayeur : à la force et à l'habileté réunies songeons que rien
« n'est difficile, encore moins désespéré. —
« Il dit : ses paroles firent briller leur visage abattu et ravivèrent leur lan-
« guissante espérance. Tous admirent l'invention; chacun s'étonne de n'avoir
« pas été l'inventeur; tant paraît aisée, une fois trouvée, la chose qui non
« trouvée aurait été crue impossible! Par hasard, dans les jours futurs (si
« la malice doit abonder), quelqu'un de ta race, ô Adam, appliqué à la per-
« versité, ou inspiré par une machination diabolique, pourrait inventer un pa-
« reil instrument pour désoler les fils des hommes entraînés par le péché à la
« guerre et au meurtre.
« Les démons, sans délai, volent du conseil à l'ouvrage; nul ne demeura
« discourant; d'innombrables mains sont prêtes; en un moment ils retournent
« largement le sol céleste, et ils aperçoivent dessous les rudiments de la nature
« dans leur conception brute; ils rencontrent des écumes sulfureuses et ni-
« treuses, les marient, et par un art subtil les réduisent, adustes et cuites, en
« grains noirs, et les mettent en réserve.
« Les uns fouillent les veines cachées des métaux et des pierres (cette terre
« a des entrailles assez semblables) pour y trouver leurs machines et leurs
« balles, messagères de ruine; les autres se pourvoient de roseaux allumés,
« pernicieux par le seul toucher du feu. Ainsi avant le point du jour ils finirent

Adverse, that they shall fear we disarm'd
The Thunderer of his only dreaded bolt.
Nor long shall be our labour; yet ere dawn
Effect shall end our wish. Meanwhile revive;
Abandon fear; to strength and counsel join'd
Think nothing hard, much less to be despair'd. »
« He ended, and his words their drooping cheer
Enlighten'd, and their languish'd hope reviv'd :
Th' invention all admir'd, and each, how he
To be th' inventor miss'd; so easy it seem'd
Once found, which yet unfound most would have thought
Impossible : yet, haply, of thy race
In future days, if malice should abound,
Some one, intent on mischief, or inspir'd
With devilish machination, might devise
Like instrument to plague the sons of men
For sin, on war and mutual slaughter bent.
« Forthwith from council to the work they flew :
None arguing stood; innumerable hands
Were ready; in a moment up they turn'd
Wide the celestial soil, and saw beneath
The originals of nature in their crude
Conception; sulphurous and nitrous foam
They found, they mingled, and, with subtle art,
Concocted and adjusted they reduc'd
To blackest grain, and into store convey'd.
« Part hidden veins digg'd up (nor hath this earth
Entrails unlike) of mineral and stone,
Whereof to found their engines and their balls
Of missive ruin; part incentive reed
Provide, pernicious with one touch to fire.
So all, ere day-spring, under conscious night,

« tout en secret, la nuit le sachant, et se rangèrent en ordre avec une silen-
« cieuse circonspection, sans être aperçus.

« Dès que le bel et matinal orient apparut dans le ciel, les anges victorieux
« se levèrent, et la trompette du matin chanta : Aux armes ! Ils prirent leurs
« rangs en panoplie d'or ; troupe resplendissante, bientôt réunie. Quelques-
« uns du haut des collines de l'aurore, regardent à l'entour ; et des éclaireurs
« légèrement armés rôdent de tous côtés dans chaque quartier, pour découvrir
« le distant ennemi, pour savoir dans quel lieu il a campé ou fui, si pour com-
« battre il est en mouvement, ou fait halte. Bientôt ils le rencontrèrent ban-
« nières déployées, s'approchant en bataillon lent, mais serré. En arrière,
« d'une vitesse extrême, Zophiel, des chérubins l'aile la plus rapide, vient vo-
« lant et crie du milieu des airs :

« — Aux armes ! guerriers, aux armes pour le combat ! l'ennemi est près ;
« ceux que nous croyions en fuite nous épargneront, ce jour, une longue pour-
« suite : ne craignez pas qu'ils fuient ; ils viennent aussi épais qu'une nuée,
« et je vois fixée sur leur visage la morne résolution et la confiance. Que cha-
« cun endosse bien sa cuirasse de diamant, que chacun enfonce bien son casque,
« que chacun embrasse fortement son large bouclier, baissé ou levé ; car ce
« jour, si j'en crois mes conjectures, ne répandra pas une bruine, mais un
« orage retentissant de flèches barbelées de feu. —

« Ainsi Zophiel avertissait ceux qui d'eux-mêmes étaient sur leurs gardes.
« En ordre, libres de toutes entraves, s'empressant sans trouble, ils vont
« au cri d'alarme, et s'avancent en bataille. Quand voici venir à peu de dis-
« tance, à pas pesants, l'ennemi s'approchant épais et vaste, traînant dans

Secret they finish'd, and in order set,
With silent circumspection, unespied.
« Now when fair morn orient in Heaven appear'd,
Up rose the victor-angels, and to arms
The matin trumpet sung : in arms they stood
Of golden panoply, refulgent host,
Soon banded ; others from the dawning hills
Look'd round, and scouts each coast light-armed scour,
Each quarter ; to descry the distant foe,
Where lodg'd, or whither fled ; or if for fight,
In motion or in halt : him soon they met
Under spread ensigns moving nigh, in slow
But firm battalion. Back with speediest sail,
Zophiel, of cherubim the swiftest wing,
Came flying, and in mid air aloud thus cried : —
« Arm, warriours, arm for fight ; the foe at hand,
Whom fled we thought, will save us long pursuit
This day ; fear not his flight ; so thick a cloud
He comes, and settled in his face I see
Sad resolution, and secure. Let each
His adamantine coat gird well, and each
Fit well his helm, gripe fast his orbed shield,
Borne even or high ; for this day will pour down,
If I conjecture aught , no drizzling shower,
But rattling storm of arrows barb'd with fire. »
« So warn'd he them, aware themselves, and soon
In order, quit of all impediment,
Instant without disturb they took alarm,
And onward mov'd embattled ; when, behold !
Not distant far, with heavy pace the foe
Approaching gross and huge ; in hollow cube
Training his devilish enginery, impal'd

« un carré creux ses machines diaboliques enfermées de tous côtés par des
« escadrons profonds qui voilaient la fraude. Les deux armées s'apercevant,
« s'arrêtent quelque temps; mais soudain Satan parut à la tête de la sienne,
« et fut entendu commandant ainsi à haute voix :
« — Avant-garde ! à droite et à gauche, déployez votre front, afin que tous
« ceux qui nous haïssent puissent voir combien nous cherchons la paix et la
« conciliation, combien nous sommes prêts à les recevoir à cœur ouvert, s'ils
« accueillent nos ouvertures, et s'ils ne nous tournent pas le dos méchamment;
« mais je le crains. Cependant témoin le ciel!... ô ciel, sois témoin à cette
« heure, que nous déchargeons franchement notre cœur! Vous qui, désignés,
« vous tenez debout, acquittez-vous de votre charge; touchez brièvement ce
« que nous proposons, et haut, que tous puissent entendre. —

« Ainsi se raillant en termes ambigus, à peine a-t-il fini de parler, qu'à
« droite et à gauche le front se divise, et sur l'un et l'autre flanc se retire : à
« nos yeux se découvre, chose nouvelle et étrange ! un triple rang de colonnes
« de bronze, de fer, de pierre, posées sur des roues, car elles auraient res-
« semblé beaucoup à des colonnes ou à des corps creux faits de chêne ou de
« sapin émondé dans le bois, ou abattu sur la montagne, si le hideux orifice
« de leur bouche n'eût bâillé largement devant nous, pronostiquant une fausse
« trêve. Derrière chaque pièce se tenait un séraphin; dans sa main se balan-
« çait un roseau allumé, tandis que nous demeurions en suspens, réunis et
« préoccupés dans nos pensées.

« Ce ne fut pas long : car soudain tous à la fois les séraphins étendent leurs
« roseaux, et les appliquent à une ouverture étroite qu'ils touchent légèrement.

On every side with shadowing squadrons deep,
To hide the fraud. At interview both stood
Awhile; but suddenly at head appear'd
Satan, and thus was heard commanding loud : —
 « Vanguard, to right and left the front unfold;
That all may see, who hate us, how we seek
Peace and composure, and with open breast
Stand ready to receive them, if they like
Our overture, and turn not back perverse :
But that I doubt; however, witness Heaven!
Heaven, witness thou anon, while we discharge
Freely our part : ye, who appointed stand,
Do as you have in charge, and briefly touch
What we propound, and loud that all may hear. »
 « So scoffing in ambiguous words, he scarce
Had ended, when to right and left the front
Divided, and to either flank retir'd :
Which to our eyes discover'd, new and strange,
A triple mounted row of pillars laid
On wheels; (for like to pillars most they seem'd,
Or hollow'd bodies made of oak or fir,
 With branches lopt, in wood or mountain fell'd)
Brass, iron, stony mould, had not their mouths
With hideous orifice gap'd on us wide,
Portending hollow truce : at each behind
A seraph stood, and in his hand a reed
Stood waving tipt with fire; while we, suspense,
Collected stood, within our thoughts amus'd,
Not long; for sudden all at once their reeds
Put forth, and to a narrow vent applied
With nicest touch. Immediate in a flame,
But soon obscur'd with smoke, all Heaven appear'd,

« A l'instant tout le ciel apparut en flamme, mais aussitôt obscurci par la fu-
« mée, flamme vomie de ces machines à la gorge profonde, dont le rugisse-
« ment effondrait l'air avec un bruit furieux, et déchirait toutes ses entrailles,
« dégorgeant leur surabondance infernale, des tonnerres ramés, des grêles de
« globes de fer. Dirigés contre l'ost victorieux, ils frappent avec une furie telle-
« ment impétueuse, que ceux qu'ils touchent ne peuvent rester debout, bien
« qu'autrement ils seraient restés fermes comme des rochers. Ils tombent par
« milliers, l'ange roulé sur l'archange, et plus vite encore à cause de leurs
« armes : désarmés ils auraient pu aisément, comme esprits, s'échapper rapides
« par une prompte contraction ou par un déplacement ; mais alors il s'ensuivit
« une honteuse dispersion, et une déroute forcée. Il ne leur servit de rien de
« relâcher leurs files serrées : que pouvaient-ils faire ? Se précipiteraient-ils
« en avant ? Une répulsion nouvelle, une indécente chute répétée les feraient
« mépriser davantage et les rendraient la risée de leurs ennemis ; car on aper-
« cevait rangée une autre ligne de séraphins, en posture de faire éclater leur
« second tir de foudre : reculer battus, c'est ce qu'abhorraient le plus les anges
« fidèles. Satan vit leur détresse, et s'adressant en dérision à ses compagnons :

« — Amis, pourquoi ces superbes vainqueurs ne marchent-ils pas en avant ?
« Tout à l'heure ils s'avançaient fiers, et quand, pour les bien recevoir avec
« un front et un cœur ouverts (que pouvons-nous faire de plus ?), nous leur
« proposons des termes d'accommodement, soudain ils changent d'idée, ils
« fuient, et tombent dans d'étranges folies, comme s'ils voulaient danser ! Toute-
« fois pour une danse ils semblent un peu extravagants et sauvages ; peut-être
« est-ce de joie de la paix offerte. Mais je suppose que si une fois de plus nos

   From those deep-throated engines belch'd, whose roar
   Embowel'd with outrageous noise the air,
   And all her entrails tore, disgorging foul
   Their devilish glut, chain'd thunderbolts and hail
   Of iron globes; which, on the victor host
   Levell'd, with such impetuous fury smote,
   That, whom they hit, none on their feet might stand,
   Though standing else as rocks, but down they fell
   By thousands, angel on archangel roll'd;
   The sooner for their arms : unarm'd, they might
   Have easily, as spirits, evaded swift
   By quick contraction or remove; but now
   Foul dissipation follow'd, and forc'd rout;
   Nor serv'd it to relax their serried files.
   What should they do ? if on they rush'd, repulse
   Repeated, and indecent overthrow
   Doubled, would render them yet more despis'd,
   And to their foes a laughter; for in view
   Stood rank'd of seraphim another row,
   In posture to displode their second tire
   Of thunder : back defeated to return
   They worse abhorr'd. Satan beheld their plight,
   And to his mates thus in derision call'd : —

    « O friends, why come not on these victors proud ?
   Erewhile they fierce were coming ; and when we,
   To entertain them fair with open front
   And breast, (what could we more ?) propounded terms
   Of composition, straight they chang'd their minds,
   Flew off, and into strange vagaries fell,
   As they would dance ; yet for a dance they seem'd
   Somewhat extravagant and wild, perhaps
   For joy of offer'd peace : but I suppose,

« propositions étaient entendues, nous les pourrions contraindre à une prompte
« résolution. —
« Bélial sur le même ton de plaisanterie :
« — Général, les termes d'accommodement que nous leur avons envoyés
« sont des termes de points, d'un contenu solide, et pleins d'une force qui
« porte coup. Ils sont tels, comme nous pouvons le voir, que tous en ont été
« amusés et plusieurs étourdis ; celui qui les reçoit en face est dans la néces-
« sité, de la tête aux pieds, de les bien comprendre ; s'ils ne sont pas compris,
« ils ont du moins l'avantage de nous faire connaître quand nos ennemis ne
« marchent pas droit. —
« Ainsi, dans une veine de gaieté, ils bouffonnaient entre eux, élevés dans
« leurs pensées au-dessus de toute incertitude de victoire ; ils présumaient si
« facile d'égaler par leurs inventions l'éternel Pouvoir, qu'ils méprisaient son
« tonnerre, et qu'ils riaient de son armée tandis qu'elle resta dans le trouble.
« Elle n'y resta pas longtemps : la rage inspira enfin les légions fidèles, et leur
« trouva des armes à opposer à cet infernal malheur.
« Aussitôt (admire l'excellence et la force que Dieu a mises dans ses anges
« puissants !) ils jettent au loin leurs armes ; légers comme le sillon de l'éclair,
« ils courent, ils volent aux collines (car la terre tient du ciel cette variété
« agréable de colline et de vallée) ; ils les ébranlent en les secouant çà et là
« dans leurs fondements, arrachent les montagnes avec tout leur poids, ro-
« chers, fleuves, forêts, et les enlevant par leurs têtes chevelues, les portent
« dans leurs mains. L'étonnement et, sois-en sûr, la terreur, saisirent les re-
« belles quand, venant si redoutables vers eux, ils virent le fond des montagnes

    If our proposals once again were heard,
We should compel them to a quick result.
    « To whom thus Belial, in like gamesome mood : —
    « Leader, the terms we sent were terms of weight,
Of hard contents, and full of force urg'd home ;
Such as we might perceive amus'd them all,
And stumbled many : who receives them right,
Had need from head to foot well understand ;
Not understood, this gift they have besides,
They shew us when our foes walk not upright. »
    « So they among themselves in pleasant vein
Stood scoffing, heighten'd in their thoughts beyond
All doubt of victory ; Eternal Might
To match with their inventions they presum'd
So easy, and of his thunder made a scorn,
And all his host derided, while they stood
Awhile in trouble : but they stood not long ;
Rage prompted them at length, and found them arms
Against such hellish mischief fit to oppose.
    « Forthwith (behold the excellence, the power,
Which God hath in his mighty angels plac'd !)
Their arms away they threw, and to the hills,
(For earth hath this variety from Heaven
Of pleasure situate in hill and dale)
Light as the lightning glimpse, they ran, they flew ;
From their foundations loosening to and fro,
They pluck'd the seated hills, with all their load,
Rocks, waters, woods, and by the shaggy tops
Uplifting, bore them in their hands. Amaze,
Be sure, and terrour, seiz'd the rebel host,
When coming towards them so dread they saw
The bottom ob the mountains upward turn'd ;

« tourné en haut, jusqu'à ce que lancées sur le triple rang des machines mau-
« dites, ces machines et toute la confiance des ennemis furent profondément
« ensevelies sous le faix de ces monts. Les ennemis eux-mêmes furent envahis
« après ; au-dessus de leurs têtes volaient de grands promontoires qui venaient
« dans l'air répandant l'ombre, et accablaient des légions entières armées.
« Leurs armures accroissaient leur souffrance : leur substance, enfermée de-
« dans, était écrasée et broyée, ce qui les travaillait d'implacables tourments
« et leur arrachait des gémissements douloureux. Longtemps ils luttèrent sous
« cette masse avant de pouvoir s'évaporer d'une telle prison, quoique esprits
« de la plus pure lumière ; la plus pure naguère, maintenant devenue grossière
« par le péché.

« Le reste de leurs compagnons, nous imitant, saisit de pareilles armes, et
« arracha les coteaux voisins ; ainsi les monts rencontrent dans l'air les monts
« lancés de part et d'autre avec une projection funeste, de sorte que sous la
« terre on combat dans une ombre effrayante ; bruit infernal ! la guerre res-
« semble à des jeux publics, auprès de cette rumeur. Une horrible confusion
« entassée sur la confusion s'éleva, et alors tout le ciel serait allé en débris et
« se serait couvert de ruines, si le Père tout-puissant, qui siége enfermé dans
« son inviolable sanctuaire des cieux, pesant l'ensemble des choses, n'avait prévu
« ce tumulte et n'avait tout permis pour accomplir son grand dessein : honorer
« son Fils consacré, vengé de ses ennemis, et déclarer que tout pouvoir lui
« était transféré.

« A ce Fils, assesseur de son trône, il adresse ainsi la parole :

« — Splendeur de ma gloire, Fils bien-aimé, Fils sur le visage duquel est

> Till on those cursed engines, triple row
> They saw them whelm'd, and all their confidence
> Under the weight of mountains buried deep;
> Themselves invaded next, and on their heads
> Main promontories flung, which in the air
> Came shadowing, and oppress'd whole legions arm'd.
> Their armour help'd their harm, crush'd in and bruis'd
> Into their substance pent, which wrought them pain
> Implacable, and many a dolorous groan;
> Long struggling underneath, ere they could wind
> Out of such prison, though spirits of purest light,
> Purest at first, now gross by sinning grown.
> « The rest, in imitation, to like arms
> Betook them, and the neighbouring hills uptore :
> So hills amid the air encounter'd hills,
> Hurl'd to and fro with jaculation dire;
> That under ground they fought in dismal shade;
> Infernal noise! war seem'd a civil game
> To this uproar : horrid confusion heap'd
> Upon confusion rose : and now all Heaven
> Had gone to wrack, with ruin overspread;
> Had not th' Almighty Father, where he sits
> Shrin'd in his sanctuary of Heaven secure,
> Consulting on the sum of things, foreseen
> This tumult, and permitted all, advis'd :
> That his great purpose he might so fulfil,
> To honour his anointed Son aveng'd
> Upon his enemies; and to declare
> All power on him transferr'd : whence to his Son,
> Th' assessour of his throne, he thus began :
> « Effulgence of my glory, Son belov'd;
> Son, in whose face invisible is beheld

« vu visiblement ce que je suis invisible dans ma divinité, toi dont la main
« exécute ce que je fais par décret, seconde omnipotence ! deux jours sont déjà
« passés (deux jours tels que nous comptons les jours du ciel) depuis que Mi-
« chel est parti avec ses puissances pour dompter ces désobéissants. Le combat
« a été violent, comme il était très-probable qu'il le serait, quand deux pareils
« ennemis se rencontrent en armes : car je les ai laissés à eux-mêmes, et tu sais
« qu'à leur création je les fis égaux, et que le péché seul les a dépareillés, lequel
« encore a opéré insensiblement, car je suspends leur arrêt : dans un perpé-
« tuel combat il leur faudrait donc nécessairement demeurer sans fin, et aucune
« solution ne serait trouvée.

« La guerre lassée a accompli ce que la guerre peut faire, et elle a lâché les
« rênes à une fureur désordonnée, se servant de montagnes pour armes ;
« œuvre étrange dans le ciel et dangereuse à toute la nature. Deux jours se
« sont donc écoulés ; le troisième est tien : à toi je l'ai destiné, et j'ai pris pa-
« tience jusqu'ici afin que la gloire de terminer cette grande guerre t'appar-
« tienne, puisque nul autre que toi ne la peut finir. En toi j'ai transfusé une
« vertu, une grâce si immense, que tous, au ciel et dans l'enfer, puissent con-
« naître ta force incomparable : cette commotion perverse ainsi apaisée, ma-
« nifestera que tu es le plus digne d'être héritier de toutes choses, d'être héri-
« tier et d'être roi par l'onction sainte, ton droit mérité. Va donc, toi, le plus
« puissant dans la puissance de ton Père ; monte sur mon chariot, guide les
« roues rapides qui ébranlent les bases du ciel ; emporte toute ma guerre, mon
« arc et mon tonnerre ; revêts mes toutes-puissantes armes, et suspends mon
« épée à ta forte cuisse. Poursuis ces fils des ténèbres, chasse-les de toutes les

    Visibly, what by Deity I am;
And in whose hand what by decree I do,
Second Omnipotence ! two days are past,
Two days, as we compute the days of Heaven,
Since Michael and his powers went forth to tame
These disobedient : sore hath been their fight,
As likeliest was, when two such foes met arm'd :
For to themselves I left them ; and thou know'st,
Equal in their creation they were form'd,
Save what sin hath impair'd ; which yet hath wrought
Insensibly, for I suspend their doom :
Whence in perpetual fight they needs must last
Endless, and no solution will be found.
    « War wearied hath perform'd what war can do,
And to disorder'd rage let loose the reins,
With mountains, as with weapons, arm'd ; which makes
Wild work in Heaven, and dangerous to the main.
Two days are therefore past, the third is thine :
For thee I have ordain'd it ; and thus far
Have suffer'd, that the glory may be thine
Of ending this great war, since none but thou
Can end it. Into thee such virtue and such grace
Immense I have transfus'd, that all may know
In Heaven and Hell thy power above compare ;
And, this perverse commotion govern'd thus,
To manifest thee worthiest to be heir
Of all things ; to be heir, and to be king
By sacred unction, thy deserved right.
Go then, thou Mightiest, in thy Father's might ;
Ascend my chariot, guide the rapid wheels
That shake Heaven's basis, bring forth all my war,
My bow and thunder ; my almighty arms

« limites du ciel dans l'abîme extérieur. Là, qu'ils apprennent, puisque cela
« leur plaît, à mépriser Dieu, et le Messie son roi consacré. —

« Il dit, et sur son Fils ses rayons directs brillent en plein ; lui reçut ineffa-
« blement sur son visage tout son Père pleinement exprimé, et la Divinité
« filiale répondit ainsi :

« — O Père ! ô Souverain des Trônes célestes ! le Premier, le Très-Haut, le
« Très-Saint, le Meilleur ! tu as toujours cherché à glorifier ton Fils ; moi, tou-
« jours à te glorifier, comme il est très-juste. Ceci est ma gloire, mon élévation,
« et toute ma félicité, que, te complaisant en moi, tu déclares ta volonté accom-
« plie : l'accomplir est tout mon bonheur. Le sceptre et le pouvoir, ton pré-
« sent, je les accepte, et avec plus de joie je te les rendrai, lorsqu'à la fin des
« temps tu seras tout en tout, et moi en toi pour toujours, et en moi tous ceux
« que tu aimes.

« Mais celui que tu hais, je le hais et je puis me revêtir de tes terreurs, comme
« je me revêts de tes miséricordes, image de toi en toutes choses. Armé de ta
« puissance, j'affranchirai bientôt le ciel de ces rebelles, précipités dans leur
« mauvaise demeure préparée ; ils seront livrés à des chaînes de ténèbres et
« au ver qui ne meurt point, ces méchants qui ont pu se révolter contre
« l'obéissance qui t'est due, toi à qui obéir est la félicité suprême ! alors ces
« saints, sans mélange, et séparés loin des impurs, entoureront ta montagne
« sacrée, te chanteront des *alleluia* sincères, des hymnes de haute louange,
« et avec eux, moi leur chef. —

« Il dit : s'inclinant sur son sceptre, il se leva de la droite de gloire où il

Gird on, and sword upon thy puissant thigh ;
Pursue these sons of darkness ; drive them out
From all Heaven's bounds into the utter deep :
There let them learn, as likes them, to despise
God, and Messiah his anointed king. »
« He said, and on his Son with rays direct
Shone full : he all his Father full express'd
Ineffably into his face receiv'd ;
And thus the Filial Godhead answering spake :
« O Father, O Supreme of heavenly Thrones,
First, Highest, Holiest, Best ; thou always seek'st
To glorify thy Son ; I always thee,
As is most just : this I my glory account,
My exaltation, and my whole delight,
That thou, in me well pleas'd, declar'st thy will
Fulfill'd, which to fulfil is all my bliss.
Sceptre and power, thy giving, I assume ;
And gladlier shall resign, when in the end
Thou shalt be all in all, and I in thee
For ever ; and in me all whom thou lov'st :
But whom thou hat'st, I hate ; and can put on
Thy terrours, as I put thy mildness on,
Image of thee in all things ; and shall soon,
Arm'd with thy might, rid Heaven of these rebell'd,
To their prepar'd ill mansion driven down,
To chains of darkness, and th' undying worm ;
That from thy obedience could revolt,
Whom to obey is happiness entire.
Then shall thy saints unmix'd, and from th' impure
Far separate, circling thy holy mount,
Unfeigned halleluiahs to thee sing,
Hymns of high praise, and I among them chief. »
« So said, he, o'er his sceptre bowing, rose

« siége : et le troisième matin sacré perçant à travers le ciel, commençait à
« briller. Soudain s'élance, avec le bruit d'un tourbillon, le chariot de la Divi-
« nité paternelle, jetant d'épaisses flammes, roues dans des roues, char non
« tiré, mais animé d'un esprit, et escorté de quatre formes de chérubins. Ces
« figures ont chacune quatre faces surprenantes ; tout leur corps et leurs ailes
« sont semés d'yeux semblables à des étoiles ; les roues de béril ont aussi des
« yeux, et dans leur course le feu en sort de tous côtés. Sur leurs têtes est un
« firmament de cristal où s'élève un trône de saphir marqueté d'ambre pur et
« des couleurs de l'arc pluvieux.

« Tout armé de la panoplie céleste du radieux Urim, ouvrage divinement
« travaillé, le Fils monte sur ce char. A sa main droite est assise la Victoire aux
« ailes d'aigle; à son côté pendent son arc et son carquois rempli de trois car-
« reaux de foudre ; et autour de lui roulent des flots furieux de fumée, de
« flammes belliqueuses et d'étincelles terribles.

« Accompagné de dix mille mille saints il s'avance : sa venue brille au loin,
« et vingt mille chariots de Dieu (j'en ai ouï compter le nombre) sont vus à
« l'un et à l'autre de ses côtés. Lui, sur les ailes des chérubins est porté su-
« blime dans le ciel de cristal, sur un trône de saphir éclatant au loin. Mais les
« siens l'aperçurent les premiers ; une joie inattendue les surprit quand flam-
« boya, porté par des anges, le grand étendard du Messie, son signe dans le
« ciel. Sous cet étendard Michel réunit aussitôt ses bataillons, répandus sur les
« deux ailes, et sous leur chef ils ne forment plus qu'un seul corps.

« Devant le Fils la puissance divine préparait son chemin : à son **ordre les**

    From the right hand of glory where he sat;
And the third sacred morn began to shine,
Dawning through Heaven. Forth rush'd with whirlwind sound
The chariot of paternal Deity,
Flashing thick flames, wheel within wheel undrawn,
Itself instinct with spirit, but convoy'd
By four cherubic shapes; four faces each
Had wondrous; as with stars, their bodies all
And wings were set with eyes; with eyes the wheels
Of beryl, and careering fires between :
Over their heads a crystal firmament,
Whereon a sapphire throne, inlaid with pure
Amber, and colours of the showery arch.
    « He, in celestial panoply all arm'd
Of radiant Urim, work divinely wrought,
Ascended; at his right hand Victory
Sat eagle-wing'd; beside him hung his bow
And quiver with three-bolted thunder stor'd,
And from about him fierce effusion roll'd
Of smoke, and bickering flame, and sparkles dire.
    « Attended with ten thousand thousand saints,
He onward came; far off his coming shone :
And twenty thousand (I their number heard)
Chariots of God, half on each hand, were seen :
He on the wings of cherub rode sublime
On the crystalline sky, in sapphire thron'd,
Illustrious far and wide; but by his own
First seen : them unexpected joy surpris'd,
When the great ensign of Messiah blaz'd
Aloft by angels borne, his sign in Heaven;
Under whose conduct Michael soon reduc'd
His army, circumfus'd on either wing,
Under their Head imbodied all in one.

« montagnes déracinées se retirèrent chacune à leur place ; elles entendirent
« sa voix, s'en allèrent obéissantes ; le ciel renouvelé reprit sa face accoutumée,
« et avec des fraîches fleurs la colline et le vallon sourirent.

« Ils virent cela les malheureux ennemis ; mais ils demeurèrent endurcis, et
« pour un combat rallièrent leurs puissances : insensés ! concevant l'espérance
« du désespoir ! Tant de perversité peut-elle habiter dans des esprits célestes ?
« Mais pour convaincre l'orgueilleux à quoi servent les prodiges, ou quelles
« merveilles peuvent porter l'opiniâtre à céder ? Ils s'obstineront davantage par
« ce qui devait le plus les ramener : désolés de la gloire du Fils, à cette vue
« l'envie les saisit ; aspirant à sa hauteur, ils se remirent fièrement en bataille,
« résolus par force ou par fraude de réussir et de prévaloir à la fin contre Dieu
« et son Messie, ou de tomber dans une dernière et universelle ruine : maintenant
« ils se préparent au combat décisif, dédaignant la fuite ou une lâche retraite,
« quand le grand Fils de Dieu à toute son armée, rangée à sa droite et à sa
« gauche, parla ainsi :

« — Restez toujours tranquilles dans cet ordre brillant, vous, saints ; restez
« ici, vous, anges armés ; ce jour reposez-vous de la bataille. Fidèle a été
« votre vie guerrière, et elle est acceptée de Dieu ; sans crainte dans sa cause
« juste, ce que vous avez reçu vous avez employé invinciblement. Mais le châ-
« timent de cette bande maudite appartient à un autre bras : la vengeance est
« à lui, ou à celui qu'il en a seul chargé. Ni le nombre ni la multitude ne sont
« appelés à l'œuvre de ce jour ; demeurez seulement et contemplez l'indigna-
« tion de Dieu, versée par moi sur ces impies. Ce n'est pas vous, c'est moi,
« qu'ils ont méprisé, moi qu'ils ont envié ; contre moi est toute leur rage,

« Before him Power Divine his way prepar'd ;
At his command th' uprooted hills retir'd
Each to his place ; they heard his voice, and went
Obsequious : Heaven his wonted face renew'd,
And with fresh flowerets hill and valley smil'd.
« This saw his hapless foes, but stood obdur'd,
And to rebellious fight rallied their powers,
Insensate, hope conceiving from despair.
In heavenly spirits could such perverseness dwell?
But to convince the proud what signs avail,
Or wonders move th' obdurate to relent?
They, harden'd more by what might most reclaim,
Grieving to see his glory, at the sight
Took envy ; and, aspiring to his highth,
Stood re-embattled fierce, by force or fraud
Weening to prosper, and at length prevail
Against God and Messiah, or to fall
In universal ruin last ; and now
To final battle drew, disdaining flight,
Or faint retreat ; when the great Son of God
To all his host on either hand thus spake :
« Stand still in bright array, ye saints ; here stand,
Ye angels arm'd ; this day from battel rest :
Faithful hath been your warfare, and of God
Accepted, fearless in his righteous cause ;
And as ye receiv'd, so have ye done,
Invincibly : but of this cursed crew
The punishment to other hand belongs ;
Vengeance is his, or whose he sole appoints :
Number to this day's work is not ordain'd,
Nor multitude ; stand only, and behold
God's indignation on these godless pour'd

« parce que le Père, à qui, dans le royaume suprême du ciel, la puissance
« et la gloire appartiennent, m'a honoré selon sa volonté. C'est donc pour cela
« qu'il m'a chargé de leur jugement, afin qu'ils aient ce qu'ils souhaitent, l'oc-
« casion d'essayer avec moi, dans le combat, qui est le plus fort, d'eux tous
« contre moi, ou de moi seul contre eux. Puisqu'ils mesurent tout par la force,
« qu'ils ne sont jaloux d'aucune autre supériorité, que peu leur importe qui
« les surpasse autrement, je consens à n'avoir pas avec eux d'autre dispute. —
   « Ainsi parla le Fils, et en terreur changea sa contenance, trop sévère pour
« être regardée; rempli de colère, il marche à ses ennemis. Les quatre figures
« déploient à la fois leurs ailes étoilées avec une ombre formidable et conti-
« nue; et les orbes de son char de feu roulèrent avec le fracas du torrent des
« grandes eaux, ou d'une nombreuse armée. Lui sur ses impies adversaires
« fond droit en avant, sombre comme la nuit. Sous ses roues brûlantes l'im-
« mobile empyrée trembla dans tout son entier; tout excepté le trône même
« de Dieu. Bientôt il arrive au milieu d'eux; dans sa main droite tenant dix
« mille tonnerres, il les envoie devant lui tels qu'ils percent de plaies les âmes
« des rebelles. Étonnés ils cessent toute résistance, ils perdent tout courage :
« leurs armes inutiles tombent. Sur les boucliers et les casques, et les têtes des
« Trônes et des puissants séraphins prosternés, le Messie passe; ils souhaitent
« alors que les montagnes soient encore jetées sur eux comme un abri contre
« sa colère! Non moins tempestueuses, des deux côtés ses flèches partent des
« quatre figures à quatre visages semés d'yeux, et sont jetées par les roues vi-
« vantes également semées d'une multitude d'yeux. Un esprit gouvernait ces
« roues; chaque œil lançait des éclairs, et dardait parmi les maudits une per-

    By me; not you, but me, they have despis'd,
    Yet envied; against me is all their rage,
    Because the Father, to whom in Heaven supreme
    Kingdom, and power, and glory appertains,
    Hath honour'd me according to his will.
    Therefore to me their doom he hath assign'd;
    That they may have their wish, to try with me
    In battel which the stronger proves; they all,
    Or I alone against them; since by strength
    They measure all, of other excellence
    Not emulous, nor care who them excels;
    Nor other strife with them do I vouchsafe. »
     « So spake the Son; and into terrour chang'd
    His countenance, too severe to be beheld,
    And full of wrath bent his enemies.
    At once the four spread out their starry wings
    With dreadful shades contiguous, and the orbs
    Of his fierce chariot roll'd, as with the sound
    Of torrent floods, or of a numerous host.
    He on his impious foes right onward drove,
    Gloomy as night; under his burning wheels
    The stedfast empyrean shook throughout,
    All but the throne itself of God. Full soon
    Among them he arriv'd; in his right hand
    Grasping ten thousand thunders, which he sent
    Before him, such as in their souls infix'd
    Plagues: they, astonish'd, all resistance lost,
    All courage; down their idle weapons dropt:
    O'er shields, and helms, and helmed heads he rode
    Of Thrones and mighty seraphim prostrate,
    That wish'd the mountains now might be again
    Thrown on them, as a shelter from his ire.

« nicieuse flamme qui flétrissait toute leur force, desséchait leur vigueur accou-
« tumée, et les laissait épuisés, découragés, désolés, tombés. Encore le Fils de
« Dieu n'employa-t-il pas la moitié de sa force, mais retint à moitié son ton-
« nerre: car son dessein n'était pas de les détruire, mais de les déraciner du
« ciel. Il releva ceux qui étaient abattus, et comme une horde de boucs, ou un
« troupeau timide pressé ensemble, il les chasse devant lui foudroyés, pour-
« suivis par les Terreurs et les Furies, jusqu'aux limites et à la muraille
« de cristal du ciel. Le ciel s'ouvre, se roule en dedans, et laisse à découvert,
« par une brèche spacieuse, l'abîme dévasté. Cette vue monstrueuse les frappe
« d'horreur; ils reculent, mais une horreur bien plus grande les repousse :
« tête baissée, ils se jettent eux-mêmes en bas du bord du ciel : la colère éter-
« nelle brûle après eux dans le gouffre sans fond.

« L'enfer entendit le bruit épouvantable; l'enfer vit le ciel croulant du ciel;
« il aurait fui effrayé; mais l'inflexible destin avait jeté trop profondément ses
« bases ténébreuses, et l'avait trop fortement lié.

« Neuf jours ils tombèrent; le chaos confondu rugit, et sentit une décuple
« confusion dans leur chute à travers sa féroce anarchie; tant cette énorme
« déroute l'encombra de ruines! L'enfer béant les reçut tous enfin, et se re-
« ferma sur eux; l'enfer, leur convenable demeure, l'enfer pénétré d'un feu
« inextinguible; maison de malheur et de tourment. Le ciel soulagé se réjouit;
« Il répara bientôt la brèche de sa muraille, en retournant au lieu d'où il s'é-
« tait replié.

>Nor less on either side tempestuous fell
>His arrows, from the fourfold-visag'd four,
>Distinct with eyes, and from the living wheels
>Distinct alike with multitude of eyes;
>One spirit in them rul'd; and every eye
>Glar'd lightning, and shot forth pernicious fire
>Among th' accurs'd, that wither'd all their strength,
>And of their wonted vigour left them drain'd,
>Exhausted, spiritless, afflicted, fall'n.
>Yet half his strength he put not forth, but check'd
>His thunder in mid volley, for he meant
>Not to destroy, but root them out of Heaven :
>The overthrown he rais'd ; and as a herd
>Of goats or timorous flock together throng'd,
>Drove them before him thunder-struck, pursued
>With Terrours and with Furies to the bounds
>And crystal wall of Heaven; which, opening wide,
>Roll'd inward, and a spacious gap disclos'd
>Into the wasteful deep : the monstrous sight
>Struck them with horrour backward, but far worse
>Urg'd them behind : headlong themselves they threw
>Down from the verge of Heaven : eternal wrath
>Burnt after them to the bottomless pit.
>
>« Hell heard th' unsufferable noise; Hell saw
>Heaven ruining from Heaven, and would have fled
>Affrighted; but strict fate had cast too deep
>Her dark foundations, and too fast had bound.
>
>« Nine days they fell : confounded Chaos roar'd,
>And felt tenfold confusion in their fall
>Through his wild anarchy; so huge a rout
>Incumber'd him with ruin : Hell as last
>Yawning receiv'd them whole, and on them clos'd;
>Hell, their fit habitation, fraught with fire
>Unquenchable, the house of woe and pain.

« Seul vainqueur par l'expulsion de ses ennemis, le Messie ramena son char
« de triomphe.

« Tous ses saints, qui silencieux furent témoins oculaires de ses actes
« tout-puissants, pleins d'allégresse au-devant de lui s'avancèrent; et dans
« leur marche, ombragés de palmes, chaque brillante hiérarchie chantait le
« triomphe, le chantait lui, Roi victorieux, Fils, Héritier et Seigneur. A Lui
« tout pouvoir est donné ; de régner il est le plus digne !

« Célébré, il passe triomphant au milieu du ciel, dans les parvis et dans le
« temple de son Père tout-puissant élevé sur un trône; son Père le reçut dans
« la gloire où maintenant il est assis à la droite de la béatitude.

« C'est ainsi que (mesurant les choses du ciel aux choses de la terre), à ta
« demande, ô Adam, et pour que tu sois en garde par ce qui s'est passé, je t'ai
« révélé ce qui autrement aurait pu demeurer caché à la race humaine : la dis-
« corde survenue et la guerre dans le ciel entre les puissances angéliques, et
« la chute profonde de ceux qui, aspirant trop haut, se révoltèrent avec Satan :
« il est maintenant jaloux de ton état, et complote pour te détourner aussi de
« l'obéissance, afin qu'avec lui privé de félicité, tu partages son châtiment,
« l'éternelle misère.

« Ce serait toute sa consolation et sa vengeance, s'il pouvait, comme une
« peine faite au Très-Haut, t'obtenir une fois pour compagnon de son mal-
« heur. Mais ne prête pas l'oreille à ses tentations; avertis ta plus faible;
« profite d'avoir appris d'un exemple terrible la récompense de la désobéis-

>   Disburden'd Heaven rejoic'd, and soon repair'd
>   Her mural breach, returning whence it roll'd.
>   « Sole victor, from th' expulsion of his foes,
>   Messiah his triumphal chariot turn'd :
>   To meet him all his saints, who silent stood
>   Eye-witnesses of his almighty acts,
>   With jubilee advinc'd; and, as they went,
>   Shaded with braching palm, each order bright,
>   Sung triumph, and him sung victorious King,
>   Son, Heir, and Lord, to him dominion given,
>   Worthiest to reign.
>   He, celebrated, rode
>   Triumphant through mid Heaven, into the courts
>   And temple of his mighty Father thron'd
>   On high; who into glory him receiv'd,
>   Where now he sits at the right hand of bliss.
>   « Thus, measuring things in Heaven by things on earth,
>   At thy request, and that thou may'st beware
>   By what is past, to thee I have reveal'd
>   What might have else to human race been hid;
>   The discord which befell, and war in Heaven
>   Among th' angelic powers, and the deep fall
>   Of those too high aspiring, who rebell'd
>   With Satan; he who envies now thy state,
>   Who now is plotting how he may seduce
>   Thee also from obedience, that, with him
>   Bereav'd of happiness, thou may'st partake
>   His punishment, eternal misery ;
>   Which would be all his solace and revenge,
>   As a despite done against the Most High,
>   Thee once to gain companion of his woe.
>   But listen not to his temptations; warn
>   Thy weaker : let it profit thee t'have heard,
>   By terrible example, the reward

« sance : ils auraient pu demeurer fermes ; cependant ils tombèrent : qu'il
« t'en souvienne, et crains de transgresser. »

>Of disobedience : firm they might have stood,
>Yet fell : remember, and fear to transgress. »

LIVRE SEPTIÈME.

ARGUMENT.

Raphaël, à la demande d'Adam, raconte comment et pourquoi ce monde a été d'abord créé : Dieu, ayant expulsé du ciel Satan et ses anges, déclara que son plaisir était de créer un autre monde et d'autres créatures pour y habiter. Il envoie son Fils dans la gloire et avec un cortége d'anges, pour accomplir l'œuvre de la création en six jours. Les anges célèbrent par des cantiques cette création, et la réascension du Fils au ciel.

VII.

Descends du ciel, Uranie, si de ce nom tu es justement appelée ? En suivant ta voix divine, j'ai pris mon essor au-dessus de l'Olympe, au-dessus du vol de l'aile de Pégase. Ce n'est pas le nom, c'est le sens de ce nom que j'invoque ; car tu n'es pas une des neuf Muses, et tu n'habites pas le sommet du vieil Olympe ; mais née du ciel, avant que les collines parussent ou que la fontaine coulât, tu conversais avec l'éternelle Sagesse, la Sagesse ta sœur, et tu jouais avec elle en présence du Père tout-puissant qui se plaisait à ton chant céleste. Enlevé par toi, je me suis hasardé dans le ciel des cieux, moi hôte de la terre, et j'ai respiré l'air de l'empyrée que tu tempérais : avec la même sûreté guidé en bas,

BOOK VII.

THE ARGUMENT.

Raphael, at the request of Adam, relates how and wherefore this world was first created ; that God, after the expelling of Satan and his angels out of Heaven, declared his pleasure to create another world, and other creatures to dwell therein ; sends his Son with glory, and attendance of angels, to perform the work of creation in six days ; the angels celebrate with hymns the performance thereof, and his reascension into Heaven.

VII.

Descend from Heaven, Urania, by that name
If rightly thou art call'd, whose voice divine
Following, above th' Olympian hill I soar,
Above the flight of Pegasean wing.
The meaning, not the name, I call : for thou
Nor of the Muses nine, nor on the top
Of old Olympus dwell'st ; but, heavenly-born,
Before the hills appeard, or fountain flow'd,
Thou with Eternal Wisdom dist converse,
Wisdom thy sister, and with her didst play
In presence of th' Almighty Father, pleas'd
With the celestial song. Up-led by thee
Into thy Heaven of Heavens I have presum'd,
An earthly guest, and drawn empyreal air,
Thy tempering : with like safety guided down,
Return me to my native element ;
Lest from this flying steed unrein'd, (as once

rends-moi à mon élément natal, de peur que, démonté par ce coursier volant sans frein (comme autrefois Bellérophon dans une région plus abaissée), je ne tombe sur le champ Aélien, pour y errer égaré et abandonné.

La moitié de mon sujet reste encore à chanter, mais dans les bornes plus étroites de la sphère diurne et visible. Arrêté sur la terre, non ravi au-dessus du pôle, je chanterai plus sûrement d'une voix mortelle; elle n'est devenue ni enrouée ni muette, quoique je sois tombé dans de mauvais jours, dans de mauvais jours quoique tombé parmi des langues mauvaises, parmi les ténèbres et la solitude, et entouré de périls. Cependant je ne suis pas seul, lorsque la nuit tu visites mes sommeils, ou lorsque le matin empourpre l'orient.

Préside toujours à mes chants, Uranie! et trouve un auditoire convenable, quoique peu nombreux. Mais chasse au loin la barbare dissonance de Bacchus et de ses amis de la joie; race de cette horde forcenée qui déchira le barde de la Thrace sur le Rhodope, où l'oreille des bois et des rochers était ravie, jusqu'à ce que la clameur sauvage eût noyé la harpe et la voix : la muse ne put défendre son fils. Tu ne manqueras pas ainsi, Uranie, à celui qui t'implore; car, toi, tu es un songe céleste; elle, un songe vain.

Dis, ô déesse, ce qui suivit après que Raphaël, l'archange affable, eut averti Adam de se garder de l'apostasie, par l'exemple terrible de ce qui arriva dans le ciel à ces apostats, de peur qu'il n'en arrivât de même dans le paradis à Adam et à sa race (chargés de ne pas toucher à l'arbre interdit) s'ils transgressaient et méprisaient ce seul commandement si facile à observer, au milieu du

> Bellerophon, though from a lower clime,)
> Dismounted, on th' Aleian field I fall,
> Erroneous there to wander, and forlorn.
>   Half yet remains unsung, but narrower bound
> Within the visible diurnal sphere:
> Standing on earth, not rapt above the pole,
> More safe I sing with mortal voice, unchang'd
> To hoarse or mute, though fall'n on evil days,
> On evil days though fall'n, and evil tongues;
> In darkness, and with dangers compass'd round,
> And solitude; yet not alone, while thou
> Visit'st my slumbers nightly, or when morn
> Purples the east.   Still govern thou my song,
> Urania, and fit audience find, though few.
> But drive far off the barbarous dissonance
> Of Bacchus and his revellers, the race
> Of that wild rout that tore the Thracian bard
> In Rhodope, where woods and rocks had ears
> To rapture, till the savage clamour drown'd
> Both harp and voice; nor could the Muse defend
> Her son. So fail not thou, who thee implores:
> For thou art heavenly, she an empty dream.
>   Say, goddess, what ensued, when Raphael,
> The affable archangel, had forewarn'd
> Adam, by dire example, to beware
> Apostasy, by what befell in Heaven
> To those apostates : lest the like befall
> In Paradise to Adam or his race,
> Charg'd not to touch the interdicted tree,
> If they transgress, and slight that sole command,
> So easily obey'd amid the choice
> Of all tastes else to please their appetite,
> Though wandering.

choix de tous les autres goûts qui pouvaient plaire à leurs appétits, quel qu'en fût le caprice.

Adam, avec Eve sa compagne, avait écouté attentivement l'histoire ; il était rempli d'admiration et plongé dans une profonde rêverie en écoutant des choses si élevées et si étranges ; choses à leur pensée si inimaginables, la haine dans le ciel, la guerre si près de la paix de Dieu dans le bonheur, avec une telle confusion ! Mais bientôt le mal chassé retombait comme un déluge sur ceux dont il avait jailli, impossible à mêler à la béatitude.

Maintenant Adam réprima bientôt les doutes qui s'élevaient dans son cœur, et il est conduit (encore sans péché) par le désir de connaître ce qui le touche de plus près : comment ce monde visible du ciel et de la terre commença ; quand et d'où il fut créé ; pour quelle cause ; ce qui fut fait en dedans ou en dehors d'Eden, avec ce dont il a souvenir. Comme un homme de qui l'altération est à peine soulagée, suit de l'œil le cours du ruisseau dont le liquide murmure entendu excite une soif nouvelle, Adam procède de la sorte à interroger son hôte céleste :

« De grandes choses et pleines de merveilles, bien différentes de celles de
« ce monde, tu as révélées à nos oreilles, interprète divin, par faveur envoyé
« de l'empyrée pour nous avertir à temps de ce qui aurait pu causer notre
« perte, s'il nous eût été inconnu, l'humaine connaissance n'y pouvant at-
« teindre. Nous devons des remercîments immortels à l'infinie bonté, et nous
« recevons son avertissement avec une résolution solennelle d'observer inva-
« riablement sa volonté souveraine, la fin de ce que nous sommes. Mais puis-
« que tu as daigné avec complaisance nous faire part, pour notre instruc-

<pre>
                    He, with his consorted Eve,
        The story heard attentive, and was fill'd
        With admiration and deep muse, to hear
        Of things so high and strange; things, to their thought
        So unimaginable, as hate in Heaven,
        And war so near the peace of God in bliss,
        With such confusion : but the evil soon,
        Driven back, redounded as a flood on those
        From whom it sprung; impossible to mix
        With blessedness.
                          Whence Adam soon repeal'd
        The doubts that in his heart arose; and now
        Led on, yet sinless, with desire to know
        What nearer might concern him ; how this world
        Of Heaven and earth conspicuous first began ;
        When, and whereof created ; for what cause ;
        What within Eden, or without, was done
        Before his memory : as one, whose drought
        Yet scarce allay'd, still eyes the current stream,
        Whose liquid murmur heard new thirst excites,
        Proceeded thus to ask his heavenly guest :
           « Great things and full of wonder in our ears,
        Far differing from this world, thou hast reveal'd,
        Divine interpreter ! by favour sent
        Down from the empyrean, to forewarn
        Us timely of what might else have been our loss,
        Unknown, which human knowledge could not reach ;
        For which to th' infinitely Good we owe
        Immortal thanks, and his admonishment
        Receive, with solemn purpose to observe
        Immutably his sovran will, the end
        Of what we are. But since thou hast vouchsaf'd
</pre>

« tion, de choses au-dessus de la pensée terrestre (choses qu'il nous im-
« portait de savoir comme il l'a semblé à la suprême Sagesse), daigne main-
« tenant descendre plus bas, et nous raconter ce que peut-être il ne nous est
« pas moins utile de savoir : quand commença le ciel que nous voyons si dis-
« tant et si haut, orné de feux mouvants et innombrables; qu'est-ce que cet
« air ambiant qui donne ou remplit tout espace, cet air largement répandu,
« embrassant tout autour cette terre fleurie ; quelle cause mut le Créateur, dans
« son saint repos de toute éternité, à bâtir si tard dans le chaos; et comment
« l'ouvrage commencé fut tôt achevé? S'il ne t'est pas défendu, tu peux nous
« dévoiler ce que nous demandons, non pour sonder les secrets de son éternel
« empire, mais pour glorifier d'autant plus ses œuvres que nous les connaî-
« trons davantage.

« Et la grande lumière du jour a encore à parcourir beaucoup de sa car-
« rière, quoique déjà sur son déclin : suspendu dans le ciel, le soleil retenu
« par ta voix, écoute ta voix puissante; il s'arrêtera plus longtemps pour te
« ouïr raconter son origine, et le lever de la nature du sein du confus abîme.
« Ou si l'étoile du soir et la lune à ton audience se hâtent, la Nuit avec elle
« amènera le silence; le Sommeil en t'écoutant veillera, ou bien nous pour-
« rons lui commander l'absence jusqu'à ce que ton chant finisse, et te renvoie
« avant que brille le matin. »

Ainsi Adam supplia son hôte illustre, et ainsi l'ange, semblable à un Dieu,
lui répondit avec douceur :

« Que cette demande faite avec prudence te soit accordée; mais pour ra-
« conter les œuvres du Tout-Puissant, quelles paroles, quelle langue de séra-

> Gently, for our instruction, to impart
> Things above earthly thought which yet concern'd
> Our knowing, as to highest Wisdom seem'd ;
> Deign to descend now lower, and relate
> What may no less perhaps avail us known;
> How first began this Heaven which we behold
> Distant so high, with moving fires adorn'd
> Innumerable ; and this which yields or fills
> All space, the ambient air wide interfus'd,
> Embracing round this florid earth : what cause
> Mov'd the Creator, in his holy rest
> Through all eternity, so late to build
> In chaos; and the work begun, how soon
> Absolv'd; if unforbid thou may'st unfold
> What we, not to explore the secrets ask
> Of his eternal empire, but the more
> To magnify his works, the more we know.
> « And the great light of day yet wants to run
> Much of his race, though steep ; suspense in Heaven,
> Held by thy voice, thy potent voice, he hears;
> And longer will delay to hear thee tell
> His generation, and the rising birth
> Of nature from the unapparent deep :
> Or if the star of evening and the moon
> Haste to thy audience, Night with her will bring
> Silence; and Sleep, listening to thee, will watch;
> Or we can bid his absence, till thy song
> End, and dismiss thee ere the morning shine. »
> Thus Adam his illustrious guest besought;
> And thus the godlike angel answer'd mild :
> « This also thy request, with caution ask'd,
> Obtain; though to recount Almighty works

« phins peuvent suffire, ou quel cœur d'homme suffirait à les comprendre?
« Cependant ce que tu peux atteindre, ce qui peut le mieux servir à glorifier
« le Créateur et è te rendre aussi plus heureux, ne sera pas soustrait à ton
« oreille. J'ai reçu la commission d'en haut de répondre à ton désir de savoir,
« dans certaines limites : au delà, abstiens-toi de demander ; ne laisse pas tes
« propres imaginations espérer des choses non révélées, que le Roi invisible,
« seul omniscient, a ensevelies dans la nuit, incommunicables à personne sur
« la terre ou dans le ciel : assez reste en dehors de cela à chercher et à con-
« naître. Mais la science est comme la nourriture; elle n'a pas moins besoin
« de tempérance pour en régler l'appétit et pour savoir en quelle mesure
« l'esprit la peut bien supporter; autrement elle oppresse par son excès et
« change bientôt la sagesse en folie, comme la nourriture en fumée.

« Sache donc : après que Lucifer (ainsi appelé parce qu'il brillait autrefois
« dans l'armée des anges plus que cette étoile parmi les étoiles) eut été préci-
« pité du ciel dans son lieu avec ses légions brûlantes, à travers l'abîme, le
« Fils étant retourné victorieux avec ses saints, le Tout-Puissant, éternel Père,
« contempla de son trône leur multitude, et parla de la sorte à son Fils :

« — Du moins notre jaloux ennemi s'est trompé, lui qui croyait que tous
« comme lui seraient rebelles : par leur secours il se flattait (nous une fois
« dépossédés) de saisir cette inaccessible et haute forteresse, siége de la Divinité
« suprême. Dans sa trahison, il a entraîné plusieurs dont la place ici n'est plus
« connue. Cependant la plus grande partie, je le vois, garde toujours son
« poste : le ciel, peuplé encore, conserve un nombre suffisant d'habitants pour

> What words or tongue of seraph can suffice,
> Or heart of man suffice to comprehend?
> Yet what thou canst attain, which best may serve
> To glorify the Maker, and infer
> Thee also happier, shall not be withheld
> Thy hearing; such commission from above
> I have receiv'd, to answer thy desire
> Of knowledge within bounds; beyond, abstain
> To ask; nor let thine own inventions hope
> Things not reveal'd, which th' invisible King,
> Only omniscient, hath suppress'd in night,
> To none communicable in earth or Heaven :
> Enough is left besides to search and know :
> But knowledge is as food, and needs no less
> Her temperance over appetite, to know
> In measure what the mind may well contain ;
> Oppresses else with surfeit, and soon turns
> Wisdom to folly, as nourishment to wind.
>   « Know then, that, after Lucifer from Heaven
> (So call him, brighter once amidst the host
> Of angels, than that star the stars among)
> Fell with his flaming legions through the deep
> Into his place, and the great Son return'd
> Victorious with his saints, th' omnipotent
> Eternal Father from his throne beheld
> Their multitude, and to his Son thus spake :
>   « At least our envious foe hath fail'd, who thought
> All like himself rebellious; by whose aid
> This inaccessible high strength, the seat
> Of Deity supreme, us disposses'd,
> He trusted to have seiz'd, and into fraud
> Drew many, whom their place knows here no more;
> Yet far the greater part have kept, I see,

« remplir ses royaumes, quoique vastes pour fréquenter ce haut temple avec
« des observances dues et des rites solennels. Mais de peur que le cœur de
« l'ennemi ne s'enfle du mal déjà fait en dépeuplant le ciel (ce qu'il estime
« follement être un dommage pour moi), je puis réparer ce dommage, si c'en
« est un de perdre ce qui est perdu de soi-même. Dans un moment je créerai
« un autre monde ; d'un seul homme je créerai une race d'hommes innom-
« brables, pour habiter là, non ici, jusqu'à ce qu'élevés par degrés de mérite,
« éprouvés par une longue obéissance, ils s'ouvrent eux-mêmes enfin le che-
« min pour monter ici, et que la terre changée dans le ciel, et le ciel dans la
« terre, ne forme plus qu'un royaume, en joie et en union sans fin.

« En attendant, demeurez moins pressés, vous pouvoirs célestes ; et toi mon
« Verbe, Fils engendré, par toi, j'opère ceci : parle, et qu'il soit fait ! Avec toi
« j'envoie ma puissance et mon esprit qui couvre tout de son ombre. Va et or-
« donne à l'abîme, dans des limites fixées, d'être terre et ciel. L'abîme est sans
« bornes parce que je suis : l'infini est rempli par moi ; l'espace n'est pas vide.
« Quoique moi-même je ne sois circonscrit dans aucune étendue, je me retire
« et n'étends pas partout ma bonté, qui est libre d'agir ou de n'agir pas. Néces-
« sité et hasard n'approchent pas de moi ; ce que je veux est destin. —

« Ainsi parla le Tout-Puissant, et ce qu'il avait dit, son Verbe, la Divinité
« filiale, l'exécuta. Immédiats sont les actes de Dieu, plus rapides que le temps
« et le mouvement ; mais à l'oreille humaine ils ne peuvent être dits que par
« la succession du discours, et dits de telle sorte que l'intelligence terrestre
« puisse les recevoir.

    Their station; Heaven, yet populous, retains
Number sufficient to possess her realms
Though wide, and this high temple to frequent
With ministeries due, and solemn rites :
But, lest his heart exalt him in the harm
Already done, to have dispeopled Heaven,
My damage fondly deem'd, I can repair
That detriment, if such it be to lose
Self-lost; and in a moment will create
Another world, out of one man a race
Of men innumerable, there to dwell,
Not here, till by degrees of merit rais'd,
They open tho themselves at lenght they way
Up hither, under long obedience tried ;
And earth be chang'd to Heaven, and Heaven to earth,
One kingdom, joy and union without end.
    « Meanwhile inhabit lax, ye powers of Heaven;
And thou, my Word, begotten Son, by thee
This I perform; speak thou, and be it done;
My overshadowing spirit and might with thee
I send along : ride forth, and bid the deep
Within appointed bounds be Heaven and earth;
Boundless the deep, because I am who fill
Infinitude, nor vacuous the space ;
Though I, uncircumscrib'd myself, retire,
And put not forth my goodness, which is free
To act or not : necessity and chance
Approach not me, and what I will is fate. »
    « So spake th' Almighty, and to what he spake
His Word, the filial Godhead, gave effect.
Immediate are the acts of God, more swift
Than time or motion ; but to human ears
Cannot without process of speech be told,

« Grand triomphe et grande réjouissance furent aux cieux, quand la volonté
« du Tout-Puissant entendue, fut ainsi déclarée. Ils chantèrent :
« — Gloire au Très-Haut! bonne volonté aux hommes à venir, et paix dans
« leur demeure! Gloire à celui dont la juste colère vengeresse a chassé le mé-
« chant de sa vue et des habitations du juste! A lui gloire et louange, dont la
« sagesse a ordonné de créer le bien du mal : au lieu des malins esprits, une
« race meilleure sera mise dans leur place vacante, et sa bonté se répandra
« dans des mondes et dans des siècles sans fin. —
« Ainsi chantaient les hiérarchies.
« Cependant le Fils parut pour sa grande expédition, ceint de la toute-puis-
« sance, couronné des rayons de la majesté divine : la sagesse et l'amour im-
« mense, et tout son Père brillaient en lui. Autour de son char se répandaient
« sans nombre Chérubins, Séraphins, Potentats, Trônes, Vertus, esprits ailés,
« et les chars ailés de l'arsenal de Dieu : ces chars de toute antiquité placés
« par myriades entre deux montagnes d'airain, étaient réservés pour un jour
« solennel, tout prêts, harnachés, équipages célestes; maintenant ils se pré-
« sentent spontanément (car en eux vit un esprit) pour faire cortége à leur
« Maître. Le ciel ouvrit, dans toute leur largeur, ses portes éternelles tournant
« sur leurs gonds d'or avec un son harmonieux, pour laisser passer le Roi de
« gloire dans son puissant Verbe et dans son Esprit, qui venait créer de nou-
« veaux mondes.
« Ils s'arrêtèrent tous sur le sol du ciel, et contemplèrent du bord l'incom-
« mensurable abîme, orageux comme une mer, sombre, dévasté, sauvage,

  So told as earthly notion can receive.
 « Great triumph and rejoicing was in Heaven,
When such was heard declar'd th' Almighty's will :
 « Glory, they sung, to the Most High! good will
To future men, and in their dwellings peace!
Glory to him, whose just avenging ire
Has driven out th' ungodly from his sight
And th' habitations of the just; to him
Glory and praise! whose wisdom had ordain'd
Good out of evil to create; instead
Of spirits malign, a better race to bring
Into their vacant room, and thence diffuse
His good to worlds and ages infinite. »
 « So sang the hierarchies :
        Meanwhile the Son
On his great expedition now appear'd,
Girt with omnipotence, with radiance crown'd
Of majesty divine : sapience and love
Immense, and all his Father in him shone.
About his chariot numberless were pour'd
Cherub and Seraph, Potentates and Thrones,
And virtues, winged spirits, and chariots wing'd
From th' armoury of God; where stand of old
Myriads, between two brazen mountains lodg'd
Against a solemn day, harness'd at hand,
Celestial equipage; and now came forth
Spontaneous; for within them spirit liv'd,
Attendant on their Lord : Heaven open'd wide
Her ever-during gates, harmonious sound,
On golden hinges moving, to let forth
The King of Glory, in his powerful Word
And Spirit, coming to create new worlds.
 « On heavenly ground they stood; and from the shore

« bouleversé jusqu'au fond par des vents furieux, enflant des vagues comme
« des montagnes, pour assiéger la hauteur du ciel et pour confondre le centre
« avec le pôle.
   « — Silence, vous vagues troublées! et toi, abîme, paix! dit le Verbe qui
« fait tout; cessez vos discordes! —
   « Il ne s'arrêta point, mais enlevé sur les ailes des chérubins, plein de la
« gloire paternelle, il entra dans le chaos et dans le monde qui n'était pas né;
« car le chaos entendit sa voix : le cortége des anges le suivait dans une pro-
« cession brillante, pour voir la création et les merveilles de sa puissance. Alors
« il arrête les roues ardentes, et prend dans sa main le compas d'or, préparé
« dans l'éternel trésor de Dieu, pour tracer la circonférence de cet univers et
« de toutes les choses créées. Une pointe de ce compas il appuie au centre, et
« tourne l'autre dans la vaste et obscure profondeur, et il dit :
   « Jusque-là étends-toi, jusque-là vont tes limites; que ceci soit ton exacte
« circonférence, ô monde! —
   « Ainsi Dieu créa le ciel, ainsi il créa la terre; matière informe et vide. De
« profondes ténèbres couvraient l'abîme : mais sur le calme des eaux l'Esprit
« de Dieu étendit ses ailes paternelles, et infusa la vertu vitale et la chaleur
« vitale à travers la masse fluide; mais il précipita en bas la lie noire, tarta-
« réenne, froide, infernale, opposée à la vie. Alors il réunit, alors il congloba
« les choses semblables avec les choses semblables; il répartit le reste en plu-
« sieurs places, et étendit l'air entre les objets : la terre, d'elle-même balancée,
« sur son centre posa :

> They view'd the vast immeasurable abyss
> Outrageous as a sea, dark, wasteful, wild,
> Up from the bottom turn'd by furious winds
> And surging waves, as mountains, to assault
> Heaven's highth, and with the centre mix the pole.
>   « Silence, ye troubled waves, and thou deep, peace,
> Said then th' omnific Word; your discord end ! »
>   « Nor staid; but, on the wings of cherubim
> Uplifted, in paternal glory rode
> Far into Chaos, and the world unborn;
> For Chaos heard his voice : him all his train
> Follow'd in bright procession, to behold
> Creation, and the wonders of his might.
> Then staid the fervid wheels; and in his hand
> He took the golden compasses, prepared
> In God's eternal store to circumscribe
> This universe, and all created things :
> One foot he center'd, and the other turn'd
> Round through the vast profundity obscure;
> And said :
>   « Thus far extend, thus far thy bounds;
> This be thy just circumference, O world ! »
>   « Thus God the Heaven created, thus the earth,
> Matter unform'd and void : darkness profound
> Cover'd th' abyss; but on the wat'ry calm
> His brooding wings the Spirit of God outspread,
> And vital virtue infus'd, and vital warmth,
> Throughout the fluid mass; but downward purg'd
> The black, tartareous, cold, infernal dregs,
> Adverse to life : then founded, then conglob'd
> Like things to like; the rest to several place
> Disparted, and between spun out the air ;
> And earth, self-balanc'd, on her centre hung.

« — Que la lumière soit! dit Dieu. —
« Soudain la lumière éthérée, première des choses, quintessence pure, jaillit
« de l'abîme, et, partie de son orient natal, elle commença à voyager à travers
« l'obscurité aérienne, enfermée dans un nuage sphérique rayonnant, car le
« soleil n'était pas encore : dans ce nuageux tabernacle elle séjourna quelque
« temps.
« Dieu vit que la lumière était bonne, et il sépara la lumière des ténèbres
« par hémisphères : il donna à la lumière le nom de jour, et aux ténèbres le
« nom de nuit. Et du soir et du matin se fit le premier jour. Il ne passa pas
« sans être célébré, ce jour, sans être chanté par les chœurs célestes, lorsqu'ils
« virent l'orient pour la première fois exhalant la lumière des ténèbres; jour
« de naissance du ciel et de la terre. Ils remplirent de joie et d'acclamations
« l'orbe universel; ils touchèrent leurs harpes d'or, glorifiant par des hymnes
« Dieu et ses œuvres : ils le chantèrent Créateur, quand le premier soir fut,
« et quand fut le premier matin.
« Dieu dit derechef :
« — Que le firmament soit au milieu des eaux, et qu'il sépare les eaux
« d'avec les eaux. —
« Et Dieu fit le firmament, étendue d'air élémentaire, liquide, pur, trans-
« parent, répandu en circonférence jusqu'à la convexité la plus reculée de son
« grand cercle; division ferme et sûre, séparant les eaux inférieures de celles
« qui sont au-dessus. Car, ainsi que la terre, Dieu bâtit le monde sur les eaux
« calmes circonfluentes, dans un large océan de cristal, et fort éloigné du

« Let there be light, » said God :
« And forthwith light
Ethereal, first of things, quintessence pure,
Sprung from the deep; and from her native east
To journey through the aery gloom began,
Spher'd in a radiant cloud, for yet the sun
Was not; she in a cloudy tabernacle
Sojourn'd the while.
« God saw the light was good;
And light from darkness by the hemisphere
Divided : light the day, and darkness night,
He nam'd. Thus was the first day even and morn :
Nor past uncelebrated, nor unsung
By the celestial quires, when orient light
Exhaling first from darkness they beheld;
Birth-day of Heaven and earth : with joy and shout
The hollow universal orb they fill'd,
And touch'd their golden harps, and hymning prais'd
God and his works; Creator him they sung,
Both when first evening was, and when first morn.
« Again, God said :
« Let there be firmament
Amid the waters, and let it divide
The waters from the waters : »
« And God made
The firmament, expanse of liquid, pure,
Transparent, elemental air, diffus'd
In circuit to the uttermost convex
Of this great round; partition firm and sure,
The waters underneath from those above
Dividing : for as earth, so he the world
Built on circumfluous waters calm, in wide
Crystalline ocean, and the loud misrule

« bruyant désordre du chaos, de peur que ses rudes extrémités contiguës ne
« dérangeassent la structure entière de ce monde : et Dieu donna au firmament
« le nom de ciel. Ainsi du soir et du matin, le chœur chanta le second jour.

« La terre était créée, mais encore ensevelie, embryon prématuré, dans les
« entrailles des eaux; elle n'apparaissait pas : sur toute la surface de la terre
« le plein océan s'étendit non inutile, car par une humidité tiède et prolifique,
« attendrissant tout le globe de la terre, il faisait fermenter cette mère commune
« pour qu'elle pût concevoir, saturée d'une moiteur vivifiante.

« Dieu dit alors : — Que les eaux qui sont sous le ciel se rassemblent dans
« un seul lieu, et que l'élément aride paraisse. —

« Aussitôt apparaissent les montagnes énormes, émergentes, et leurs larges
« dos pelés se soulevant jusqu'aux nues; leurs têtes montent dans le ciel. Aussi
« hautes que s'élevèrent les collines intumescentes, aussi bas s'affaissa un bas-
« sin creux, vaste et profond, ample lit des eaux. Elles y courent avec une
« précipitation joyeuse, enroulées comme des gouttes sur la poussière, qui se
« forment en globules par l'aridité. Une partie de ces eaux avec hâte s'élève en
« mur de cristal, ou en montagne à pic : telle fut la vitesse que le grand com-
« mandement imprima aux flots agiles. Comme des armées, à l'appel des trom-
« pettes (car tu as entendu parler d'armées), s'attroupent autour de leurs
« étendards, ainsi la multitude liquide roule vague sur vague là où elle trouve
« une issue, dans la pente escarpée torrent impétueux, dans la plaine courant
« paisible. Ni les rochers ni les collines n'arrêtent ces ondes; mais sous la terre,
« ou en longs circuits promenant leurs sinueuses erreurs, elles se frayent un

Of chaos far remov'd; lest fierce extremes
Contiguous might distemper the whole frame:
And Heaven he nam'd the firmament : so even
And morning chorus sung the second day.
« The earth was form'd, but in the womb as yet
Of waters, embryon immature involv'd,
Appear'd not : over all the face of earth
Main ocean flow'd, not idle; but, with warm
Prolific humour softening all her globe,
Fermented the great mother to conceive,
Satiate with genial moisture;
« When God said :
« Be gather'd now, ye waters under Heaven,
Into one place, and let dry land appear. »
« Immediately the mountains huge appear
Emergent, and their broad bare backs upheave
Into the clouds; their tops ascend the sky :
So high as heav'd the tumid hills, so low
Down sunk a hollow bottom broad and deep,
Capacious bed of waters : thither they
Hasted with glad precipitance, uproll'd,
As drops on dust conglobing from the dry :
Part rise in crystal wall, or ridge direct,
For haste; such flight the great command impress'd
On the swift floods : as armies at the call
Of trumpets (for of armies thou hast heard)
Troop to their standard, so the wat'ry throng,
Wave rolling after wave, where way they found,
If steep, with torrent rapture; if through plain,
Soft-ebbing : nor withstood them rock or hill;
But they, or under ground, or circuit wide
With serpent errour wandering, found their way,
And on the washy ooze deep channels wore;

« chemin, et percent dans le sol limoneux de profonds canaux ; chose facile
« avant que Dieu eût ordonné à la terre de devenir sèche partout, excepté entre
« ces bords où coulent aujourd'hui les fleuves qui entraînent incessamment
« leur humide cortége.

« Dieu appela la terre l'élément aride, et le grand réservoir des eaux ras-
« semblées il l'appela mer ; il vit que cela était bon, et dit :

« — Que la terre produise de l'herbe verte, l'herbe qui porte de la graine,
« et les arbres fruitiers qui portent des fruits, chacun selon son espèce, et qui
« renferment leur semence en eux-mêmes sur la terre. —

« A peine a-t-il parlé que la terre nue (jusqu'alors déserte et chauve, sans
« ornement, désagréable à la vue), poussa une herbe tendre qui revêtit uni-
« versellement sa surface d'une charmante verdure ; alors les plantes de diffé-
« rentes feuilles, qui soudain fleurirent en déployant leurs couleurs variées,
« égayèrent son sein suavement parfumé. Et celles-ci étaient à peine épanouies
« que la vigne fleurit, chargée d'une multitude de grappes, la courge enflée
« rampa, le chalumeau du blé se rangea en bataille dans son champ, l'humble
« buisson et l'arbrisseau mêlèrent leur chevelure hérissée. Enfin s'élevèrent,
« comme en cadence, les arbres majestueux, et ils déployèrent leurs branches
« surchargées, enrichies de fruit ou emperlées de fleurs. Les collines se cou-
« ronnèrent de hautes forêts ; les vallées et les fontaines, de touffes de bois ;
« les fleuves, de bordures le long de leurs cours. La terre à présent parut un
« ciel, séjour où les dieux pouvaient habiter, errer avec délices, et se plaire à
« fréquenter ses sacrés ombrages.

« Cependant Dieu n'avait pas encore fait tomber la pluie sur la terre, et il

Easy, ere God had bid the ground be dry,
All but within those banks, where rivers now
Stream, and perpetual draw their humid train.
« The dry land, earth ; and the great receptacle
Of congregated waters, he call'd seas :
And saw that it was good ; and said :
« Let the earth
Put forth the verdant grass, herb yielding seed,
And fruit-tree yielding fruit after her kind,
Whose seed is in herself upon the earth. »
« He scarce had said, when the bare earth, till then
Desert and bare, unsightly, unadorn'd,
Brought forth the tender grass, whose verdure clad
Her universal face with pleasant green;
Then herbs of every leaf, that sudden flower'd,
Opening their various colours, and made gay
Her bosom, smelling sweet : and, these scarce blown,
Forth flourish'd thick the clustering vine, forth crept
The swelling gourd, up stood the corny reed
Embattled in her field, and th' humble shrub,
And bush with frizzled hair implicit : last
Rose, as in dance, the stately trees, and spread
Their branches hung with copious fruit, or gemm'd
With blossoms : with high woods the hills were crown'd;
With tufts the valleys, and each fountain side;
With borders long the rivers : that earth now
Seem'd like to Heaven, a seat where gods might dwell,
Or wander with delight, and love to haunt
Her sacred shades :
« Though God had yet not rain'd
Upon the earth, and man to till the ground
None was; but from the earth a dewy mist

LE PARADIS PERDU.

« n'y avait encore aucun homme pour labourer les champs ; mais il s'élevait
« du sol une vapeur de rosée qui humectait toute la terre, et toutes les plantes
« des champs, que Dieu créa avant qu'elles fussent dans la terre, toutes les
« herbes avant qu'elles grandissent sur la verte tige. Dieu vit que cela était
« bon. Et le soir et le matin célébrèrent le troisième jour.

« Le Tout-Puissant parla encore.

« — Que des corps de lumière soient faits dans la haute étendue du ciel,
« afin qu'ils séparent le jour de la nuit : et qu'ils servent de signes pour les
« saisons et pour les jours et le cours des années, et qu'ils soient pour flam-
« beaux ; comme je l'ordonne, leur office dans le firmament du ciel sera de
« donner la lumière à la terre ! — Et cela fut fait ainsi.

« Et Dieu fit deux grands corps lumineux (grands par leur utilité pour
« l'homme), le plus grand pour présider au jour, le plus petit pour présider à
« la nuit. Et il fit les étoiles et les mit dans le firmament du ciel pour illuminer
« la terre, et pour régler le jour, et pour régler la nuit dans leur vicissitude,
« et pour séparer la lumière d'avec les ténèbres. Dieu vit, en contemplant son
« grand ouvrage, que cela était bon.

« Car le soleil, sphère puissante, fut celui des corps célestes qu'il fit le pre-
« mier, non lumineux d'abord, quoique de substance éthérée. Ensuite il
« forma la lune globuleuse et les étoiles de toutes grandeurs : et il sema le
« ciel d'étoiles comme un champ. Il prit la plus grande partie de la lumière
« dans son tabernacle de nuée, il la transplanta et la plaça dans l'orbe du so-
« leil, fait poreux pour recevoir et boire la lumière liquide, fait compacte pour
« retenir ses rayons recueillis, aujourd'hui grand palais de la lumière. Là,

> Went up, and water'd all the ground, and each
> Plant of the field ; which, ere it was in the earth,
> God made, and every herb, before it grew
> On the green stem : God saw that it was good :
> So even and morn recorded the third day.
>   « Again th' Almighty spake : « Let there be lights
> High in th' expanse of Heaven, to divide
> The day from night ; and let them be for signs,
> For seasons, and for days, and circling years ;
> And let them be for lights, as I ordain
> Their office in the firmament of Heaven,
> To give light on the earth ; » and it was so.
>   And God made two great lights, great for their use
> To man, the greater to have rule by day,
> The less by night, altern ; and made the stars,
> And set them in the firmament of Heaven
> To illuminate the earth, and rule the day
> In their vicissitude, and rule the night,
> And light from darkness to divide. God saw,
> Surveying his great work, that it was good :
>   « For of celestial bodies first the sun,
> A mighty sphere, he had fram'd, unlightsome first,
> Though of ethereal mould : then form'd the moon
> Globose, and every magnitude of stars,
> And sow'd with stars the Heaven, thick as a field :
> Of light by far the greater part he took,
> Transplanted from her cloudy shrine, and plac'd
> In the sun's orb, made porous to receive
> And drink the liquid light ; firm to retain
> Her gather'd beams, great palace now of light.
> Hither, as to their fountain, other stars
> Repairing, in their golden urns draw light,

« comme à leur fontaine, les autres astres se réparant, puisent la lumière dans
« leurs urnes d'or, et c'est là que la planète du matin dore ses cornes. Par
« impression ou par réflexion ces astres augmentent leur petite propriété, bien
« que, si loin de l'œil humain, on ne les voie que diminués. D'abord dans son
« orient se montra le glorieux flambeau, régent du jour; il investit tout l'ho-
« rizon de rayons étincelants, joyeux de courir vers son occident sur le grand
« chemin du ciel : le pâle crépuscule et les pléiades formaient des danses de-
« vant lui, répandant une bénigne influence.

« Moins éclatante, mais à l'opposite, sur le même niveau dans l'ouest, la
« lune était suspendue; miroir du soleil, elle en emprunte la lumière sur sa
« pleine face; dans cet aspect, elle n'avait besoin d'aucune autre lumière, et
« elle garda cette distance jusqu'à la nuit; alors elle brilla à son tour dans
« l'orient, sa révolution étant accomplie sur le grand axe des cieux : elle régna
« dans son divisible empire avec mille plus petites lumières, avec mille et
« mille étoiles ! elles apparurent alors semant de paillettes l'hémisphère qu'or-
« naient, pour la première fois, leurs luminaires radieux qui se couchèrent et
« se levèrent. Le joyeux soir et le joyeux matin couronnèrent le quatrième jour.

« Et Dieu dit :
« — Que les eaux engendrent les reptiles, abondants en frai, créatures vi-
« vantes. Et que les oiseaux volent au-dessus de la terre, les ailes déployées
« sous le firmament ouvert du ciel. —

« Et Dieu créa les grandes baleines et tous les animaux qui ont la vie, tous
« ceux qui glissent dans les eaux et qu'elles produisent abondamment chacun
« selon son espèce; il créa aussi les poissons pourvus d'ailes, chacun selon son
« espèce ; et il vit que cela était bon, et il le bénit en disant :

And hence the morning-planet gilds her horns;
By tincture or reflection they augment
Their small peculiar, though from human sight
So far remote, with diminution seen.
First in his east the glorious lamp was seen,
Regent of day, and all the horizon round
Invested with bright rays, jocund to run
His longitude through Heaven's high road; the gra
Dawn, and the Pleiades, before him danc'd,
Shedding sweet influence : less bright the moon,
But opposite in levell'd west was set,
His mirrour, with full face borrowing her light
From him ; for other light she needed none
In that aspect, and still that distance keeps
Till night; then in the east her turn she shines,
Revolv'd on Heaven's great axle, and her reign
With thousand lesser lights dividual holds,
With thousand thousand stars, that then appear'd
Spangling the hemisphere : then first adorn'd
With their bright luminaries that set and rose,
Glad evening and glad morn crown'd the fourth day.

« And God said : —
            Let the waters generate
Reptiles with spawn abundant, living soul :
And let fowl fly above the earth, with wings
Display'd on th' open firmament of Heaven. »

« And God created the great whales, and each
soul living, each that crept, which plenteously
The waters generated by their kinds :
And every bird of wing after his kind;
And saw that it was good, and bless'd them, saying : —

« — Croissez et multipliez; remplissez les eaux de la mer, des lacs et des
« rivières; que les oiseaux se multiplient sur la terre. —
« Aussitôt les détroits et les mers, chaque golfe et chaque baie, fourmillent
« de frai innombrable et d'une multitude de poissons qui, avec leurs nageoires
« et leurs brillantes écailles, glissent sous la verte vague ; leurs troupes for-
« ment souvent des bancs au milieu de la mer. Ceux-ci, solitaires ou avec
« leurs compagnons, broutent l'algue leur pâture, et s'égarent dans des grottes
« de corail, ou se jouant, éclair rapide, montrent au soleil leur robe ondée
« parsemée de gouttes d'or; ceux-là, à l'aise dans leur coquille de nacre, atten-
« dent leur humide aliment, ou, dans une armure qui les couvre, épient leur
« proie sous les rochers. Le veau marin et les dauphins voûtés folâtrent sur
« l'eau calme : des poissons d'une masse prodigieuse, d'un port énorme, se
« vautrant pesamment, font une tempête dans l'océan. Là Léviathan, la plus
« grande des créatures vivantes, étendu sur l'abîme comme un promontoire,
« dort ou nage, et semble une terre mobile ; ses ouïes attirent en dedans et ses
« naseaux rejettent au dehors une mer.

« Cependant les antres tièdes, les marais, les rivages, font éclore leur couvée
« nombreuse de l'œuf qui bientôt se brisant, laisse apercevoir par une favo-
« rable fracture les petits tout nus; bientôt emplumés, et en état de voler, ils
« ont toutes leurs ailes; et avec un cri de triomphe, prenant l'essor dans l'air
« sublime, ils dédaignent la terre qu'ils voient en perspective sous un nuage.
« Ici l'aigle et la cigogne, sur les roches escarpées et sur la cime des cèdres,
« bâtissent leurs aires.

« Une partie des oiseaux plane indolemment dans la région de l'air; d'autres
« plus sages, formant une figure, tracent leur chemin en commun : intelligents

« Be fruitful, multiply, and in the seas,
And lakes, and running streams, the waters fill;
And let the fowl be multiplied on th' earth. »
« Forthwith the sounds and seas, each creek and bay,
With fry innumerable swarm, and shoals
Of fish that with their fins, and shining scales,
Glide under the green wave, in sculls that oft
Bank the mid sea : part single, or with mate,
Graze the sea-weed their pasture, and through groves
Of coral stray ; or, sporting with quick glance,
Show to the sun their wav'd coats dropt with gold;
Or, in their pearly shells at ease, attend
Moist nutriment; or under rocks their food
In jointed armour watch : on smooth the seal
And bended dolphins play; part huge of bulk,
Wallowing unwieldy, enormous in their gait,
Tempest the ocean : there Leviathan,
Hugest of living creatures, on the deep
Stretch'd like a promontory, sleeps, or swims,
And seems a moving land ; and at his gills
Draws in, and at his trunk spouts out, a sea.
« Meanwhile the tepid caves, and fens, and shores,
Their brood as numerous hatch, from th' egg that soon
Bursting with kindly rupture forth disclos'd
Their callow young; but feather'd soon and fledge,
They summ'd their pens ; and, soaring th' air sublime,
With clang despis'd the ground, under a cloud
In prospect ; there the eagle and the stork
On cliffs and cedar-tops their eyries build :
Part loosely wing the region; part, more wise,
In common, rang'd in figure, wedge their way,

« des saisons, ils font partir leurs caravanes aériennes, qui volent au-dessus
« des terres et des mers, et d'une aile mutuelle facilitent leur fuite : ainsi que
« les prudentes cigognes, portées sur les vents, gouvernent leur voyage de
« chaque année; l'air flotte tandis qu'elles passent, vanné par des plumes in-
« nombrables.

« De branche en branche les oiseaux plus petits solacient les bois de leur
« chant, et déploient jusqu'au soir leurs ailes peinturées : alors même le ros-
« signol solennel ne cesse pas de chanter, mais toute la nuit il soupire ses ten-
« dres lais.

« D'autres oiseaux encore baignent dans les lacs argentés et dans les rivières
« leur sein duveteux. Le cygne, au cou arqué, entre deux ailes blanches,
« manteau superbe, fait nager sa dignité avec ses pieds en guise de rames :
« souvent il quitte l'humide élément, et s'élevant sur ses ailes tendues, il
« monte dans la moyenne région de l'air. D'autres sur la terre marchent
« fermes : le coq crêté dont le clairon sonne les heures silencieuses, et cet
« oiseau qu'orne sa brillante queue, enrichie des couleurs vermeilles de l'arc-
« en-ciel et d'yeux étoilés. Ainsi les eaux remplies de poissons et l'air d'oi-
« seaux, le matin et le soir solennisèrent le cinquième jour.

« Le sixième et dernier jour de la création se leva enfin au son des harpes
« du soir et du matin, quand Dieu dit :

« — Que la terre produise des animaux vivants, chacun selon son espèce ;
« les troupeaux, et les reptiles, et les bêtes de la terre, chacun selon son
« espèce ! —

« La terre obéit : et soudain, ouvrant ses fertiles entrailles, elle enfanta

> Intelligent of seasons, and set forth
> Their aery caravan, high over seas
> Flying, and over lands, with mutual wing
> Easing their flight; so steers the prudent crane
> Her annual voyage, borne on winds; the air
> Floats as they pass, fann'd with unnumber'd plumes.
>   « From branch to branch the smaller birds with song
> Solac'd tho woods, and spread their painted wings
> Till even; nor then the solemn nightingale
> Ceas'd warbling, but all night tun'd her soft lays.
>   « Others, on silver lakes and rivers, bath'd
> Their downy breast; the swan with arched neck,
> Between her white wings mantling proudly, rows
> Her state with oary feet; yet oft they quit
> The dank, and, rising on stiff pennons, tower
> The mid aereal sky : others on ground
> Walk'd firm; the crested cock whose clarion sounds
> The silent hours, and th' other whose gay train
> Adorns him, colour'd with the florid hue
> Of rainbows and starry eyes. The waters thus
> With fish replenish'd, and the air with fowl,
> Evening and morn solemniz'd the fifth day.
>   « The sixth, and of creation last, arose
> With evening harps and matin; when God said : —
>   « Let th' earth bring forth soul living in her kind,
> Cattle, and creeping things, and beast of the earth,
> Each in their kind. » The earth obey'd, and straight
> Opening her fertile womb, teem'd at a birth
> Innumerous living creatures, perfect forms,
> Limb'd and full grown : out of the ground up rose,
> As from his lair, the wild beast, where he wons
> In forest wild, in thicket, bracke, or den;

« dans une seule couche d'innombrables créatures vivantes, de formes par-
« faites, pourvues de membres et en pleine croissance. Du sol, comme de son
« gîte, se leva la bête fauve là où elle se tient d'ordinaire, dans la forêt déserte,
« le buisson, la fougeraie ou la caverne; elles se levèrent par couple sous les
« arbres : elles marchèrent, le bétail dans les champs et les prairies vertes,
« ceux-ci rares et solitaires, ceux-là en troupeaux pâturant à la fois, et jaillis
« du sol en bandes nombreuses. Tantôt les grasses mottes de terre mettent bas
« une génisse; tantôt paraît à moitié un lion roux, grattant pour rendre libre
« la partie postérieure de son corps : alors il s'élance comme échappé de ses
« liens, et, se dressant, secoue sa crinière tavelée. L'once, le léopard et le
« tigre, se soulevant comme la taupe, jettent par-dessus eux en monticules la
« terre émiettée. Le cerf rapide de dessous le sol lève sa tête branchue. A peine
« Béhémot, le plus gros des fils de la terre, peut dégager de son moule son
« vaste corps. Les brebis laineuses et bêlantes poussent comme des plantes :
« le cheval marin et le crocodile écailleux restent indécis entre la terre et l'eau.

« A la fois fut produit tout ce qui rampe sur la terre, insecte ou ver : les
« uns, en guise d'ailes agitent leurs souples éventails, et décorent leurs plus
« petits linéaments réguliers de toutes les livrées de l'orgueil de l'été, taches
« d'or et de pourpre, d'azur et de vert; les autres tirent comme une ligne leur
« longue dimension, rayant la terre d'une sinueuse trace. Ils ne sont pas tous
« les moindres de la nature : quelques-uns de l'espèce du serpent, étonnants
« en longueur et en grosseur, entrelacent leurs tortueux replis, et y ajoutent
« des ailes.

« D'abord chemine l'économe fourmi, prévoyante de l'avenir; dans un petit

> Among the trees in pairs they rose, they walk'd :
> The cattle in the fields and meadows green :
> Those rare and solitary, these in flocks
> Pasturing at once, and in broad herds upsprung.
> The grassy clods now calv'd; now half appear'd
> The tawny lion, pawing to get free
> His hinder parts, then springs, as broke from bonds,
> And rampant shakes his brinded mane : the ounce,
> The libbard, and the tiger, as the mole
> Rising, the crumbled earth above them threw
> In hillocks : the swift stag from under ground
> Bore up his branching head : scarce from his mould,
> Behemoth, biggest born of earth, upheav'd
> His vastness : fleec'd the flocks and bleating, rose
> As plants; ambiguous between sea and land
> The river-horse, and scaly crocodile.
> « At once came forth whatever creeps the ground,
> Insect or worm : those wav'd their limber fans
> For wings, and smallest lineaments exact
> In all the liveries deck'd of summer's pride,
> With spots of gold and purple, azure and green :
> These as a line, their long dimension drew,
> Streaking the ground with sinuous trace; not all
> Minims of nature; some of serpent-kind,
> Wondrous in length and corpulence, involv'd
> Their snaky folds, and added wings.
> « First crept
> The parsimonious emmet, provident
> Of future; in small room large heart enclos'd;
> Pattern of just equality, perhaps
> Hereafter, join'd in her popular tribes
> Of commonalty : swarming next appear'd

« corps elle renferme un grand cœur ! modèle peut-être à l'avenir de la juste
« égalité, elle unit en communauté ses tribus populaires. Ensuite parut en
« essaim l'abeille femelle qui nourrit délicieusement son mari fainéant, et
« bâtit ses cellules de cire remplies de miel. Le reste est sans nombre, et tu
« sais leur nature, et tu leur donnas des noms inutiles à te répéter. Il ne t'est
« pas inconnu, le serpent (la bête la plus subtile des champs); d'une énorme
« étendue quelquefois, il a des yeux d'airain, une crinière hirsute et terrible,
« quoiqu'il ne te soit point nuisible, et qu'il obéisse à ton appel.

« Les cieux brillaient maintenant dans toute leur gloire, et roulaient selon
« les mouvements que la main du grand premier moteur imprima d'abord à
« leur cours. La terre achevée dans son riche appareil, souriait charmante;
« l'air, l'eau, la terre, étaient fréquentés par l'oiseau qui vole, le poisson
« qui nage, la bête qui marche : et le sixième jour n'était pas encore accompli.

« Il y manquait le chef-d'œuvre, la fin de tout ce qui avait été fait, un être
« non courbé, non brute comme les autres créatures, mais qui, doué de la
« sainteté de la raison, pût dresser sa stature droite, et avec un front serein,
« se connaissant soi-même, gouverner le reste ; un être qui, magnanime, pût
« correspondre d'ici avec le ciel, mais reconnaître, dans sa gratitude, d'où son
« bien descend, et le cœur, la voix, les yeux dévotement dirigés là, adorer,
« révérer le Dieu suprême qui le fit chef de tous ses ouvrages. C'est pourquoi
« le Père tout-puissant, éternel (car où n'est-il pas présent ?) distinctement à
« son Fils parla de la sorte :

« — Faisons à présent l'homme à notre image et à notre ressemblance ; et
« qu'il commande aux poissons de la mer, aux oiseaux du ciel, aux bêtes des

> The female bee, that feeds her husband drone
> Deliciously, and builds her waxen cells
> With honey stor'd : the rest are numberless,
> And thou their natures know'st, and gav'st them names
> Needless to thee repeated; nor unknown
> The serpent, subtlest beast of all the field,
> Of huge extent sometimes, with brazen eyes
> And hairy mane terrific, though to thee
> Not noxious, but obedient at thy call.
> « Now Heaven in all her glory shone, and roll'd
> Her motions, as the great first Mover's hand
> First wheel'd their course : earth, in her rich attire
> Consummate lovely smil'd; air, water, earth,
> By fowl, fish, beast, was flown, was swum, was walk'd,
> Frequent; and of the sixth day yet remain'd :
> There wanted yet the master-work, the end
> Of all yet done; a creature, who, not prone
> And brute as other creatures, but endued
> With sanctity of reason, might erect
> His stature, and upright with front serene
> Govern the rest, self-knowing; and from thence
> Magnanimous to correspond with Heaven,
> But grateful to acknowledge whence his good
> Descends, thither vith heart, and voice, and eyes,
> Directed in devotion, to adore
> And worship God Supreme, who made him chief
> Of all his works : therefore th' Omnipotent
> Eternal Father (for where is not he
> Present?) thus to his Son audibly spake : —
> « Let us make now man in our image, man
> In our similitude; and let them rule
> Over the fish and fowl of sea and air,

« champs, à toute la terre et à tous les reptiles qui se remuent sur la terre. —
« Cela dit, il te forma toi, Adam ; toi, ô homme poussière de la terre ! et il
« souffla dans tes narines le souffle de vie : il te créa à sa propre image, à
« l'image exacte de Dieu, et tu devins une âme vivante. Mâle il te créa, mais
« il créa femelle ta compagne, pour ta race. Alors il bénit le genre humain,
« et dit :
« —Croissez, multipliez; et remplissez la terre et vous l'assujettissez, et dominez
« sur les poissons de la mer, sur les oiseaux du ciel, et sur tous les animaux
« vivants qui se meuvent sur la terre, partout où ils ont été créés, car aucun
« lieu n'est encore désigné par un nom. — De là, comme tu sais, il te porta
« dans ce délicieux bocage. dans ce jardin planté des arbres de Dieu, délecta-
« bles à voir et à goûter. Et il te donna libéralement tout leur fruit agréable
« pour nourriture (ici sont réunies toutes les espèces que porte toute la terre,
« variété infinie !); mais du fruit de l'arbre qui goûté produit la connaissance
« du bien et du mal, tu dois t'abstenir ; le jour où tu en manges, tu meurs. La
« mort est la peine imposée; prends garde, et gouverne bien ton appétit, de
« peur que le péché ne te surprenne, et sa noire suivante, la mort.

« Ici Dieu finit : et tout ce qu'il avait fait, il le regarda, et vit que tout était
« entièrement bon : ainsi le soir et le matin accomplirent le sixième jour;
« toutefois non pas avant que le Créateur cessant son travail, quoique non
« fatigué, retournât en haut, en haut au ciel des cieux, sa sublime demeure,
« pour contempler de là ce monde nouvellement créé, cette addition à son
« empire, pour voir comment il se montrait en perspective de son trône,
« combien bon, combien beau, répondant à sa grande idée. »

Beast of the field and over all the earth,
And every creeping thing that creeps the ground. »
« This said, he form'd thee, Adam; thee, O man!
Dust of the ground, and in thy nostrils breath'd
The breath of life ; in his own image he
Created thee, in the image of God
Express; and thou becam'st a living soul.
Male he created thee; but thy consort
Female, for race; then bless'd mankind, and said : —
« Be fruitful, multiply, and fill the earth;
Subdue it, and throughout dominion hold
Over fish of the sea, and fowl of the air,
And every living thing that moves on th' earth,
Wherever thus created (for no place
Is yet distinct by name). Thence, as thou know'st,
He brought thee into this delicious grove,
This garden, planted with the trees of God,
Delectable both to behold and taste;
And freely all their pleasant fruit for food
Gave thee : all sorts are here that all th' earth yields,
Variety without end; but of the tree,
Which, tasted, works knowledge of good and evil,
Thou may'st not; in the day thou eat'st, thou diest :
Death his the penalty impos'd; beware,
And govern well thy appetite ; lest Sin
Surprise thee, and her black attendant, Death.
« Here finish'd he, and all that he had made
View'd, and behold all was entirely good;
So even and morn accomplish'd the sixth day :
Yet not till the Creator, from his work
Desisting, though unwearied, up return'd,
Up to the Heaven of Heavens, his high abode;

« Il s'enleva, suivi d'acclamations, et au son mélodieux de dix mille harpes
« qui faisaient entendre d'angéliques harmonies. La terre, l'air, résonnaient
« (tu t'en souviens, car tu les entendis) ; les cieux et toutes les constellations
« retentirent, les planètes s'arrêtèrent dans leur station pour écouter, tandis
« que la pompe brillante montait en jubilation. Ils chantaient :

« — Ouvrez-vous, portes éternelles; ouvrez, ô cieux, vos portes vivantes !
« laissez entrer le grand Créateur, revenu magnifique de son ouvrage, de son
« ouvrage de six jours, un monde ! Ouvrez-vous, et désormais ouvrez-vous
« souvent; car Dieu délecté daignera souvent visiter les demeures des hommes
« justes, et par une fréquente communication il y enverra ses courriers ailés,
« pour les messages de sa grâce suprême. —

« Ainsi chantait le glorieux cortége dans son ascension : le Verbe à travers
« le ciel, qui ouvrit dans toute leur grandeur ses portes éclatantes, suivit le
« chemin direct jusqu'à la maison éternelle de Dieu ; chemin large et ample
« dont la poussière est d'or et le pavé d'étoiles, comme les étoiles que tu vois
« dans Galaxie, cette voie lactée que tu découvres, la nuit, comme une zone
« poudrée d'étoiles.

« Et maintenant, sur la terre, le septième soir se leva dans Éden, car le
« soleil s'était couché, et le crépuscule, avant-coureur de la nuit, venait de
« l'orient, quand au saint mont, sommet élevé du ciel, trône impérial de la
« Divinité, à jamais fixe, ferme et sûr, la puissance filiale arriva et s'assit
« avec son Père. Car lui aussi, quoiqu'il demeurât à la même place (tel est le

> Thence to behold this new-created world,
> Th'.addition of his empire, how it show'd
> In prospect from his throne, how good, how fair,
> Answering his great idea.
>   « Up he rode,
> Follow'd with acclamation, and the sound
> Symphonious of ten thousand harps, that tun'd
> Angelic harmonies : the earth, the air
> Resounded (thou remember'st, for thou heard'st),
> The Heavens and all the constellations rung,
> The planets in their station listening stood,
> While the bright pomp ascended jubilant : —
> « Open, ye everlasting gates! they sung;
> Open, ye Heavens! your living doors; let in
> The great Creator, from his work return'd
> Magnificent, his six days' work, a world!
> Open, and henceforth oft; for God will deign
> To visit oft the dwellings of just men,
> Delighted ; and with frequent intercourse
> Thither will send his winged messengers
> On errands of supernal grace. »
>   « So sung
> The glorious train ascending : he through Heaven,
> That open'd wide her blazing portals, led
> To God's eternal house direct the way;
> A broad and ample road, whose dust is gold
> And pavement stars, as tars to thee appear,
> Seen in the galaxy, that milky way,
> Which nightly, as a circling zone, thou seest
> Powder'd with stars.
>   « And now on earth the seventh
> Evening arose in Eden, for the sun
> Was set, and twilight from the east came on,
> Forerunning night; when at the holy mount

« privilége de l'Omniprésence), était allé invisible à l'ouvrage ordonné, lui
« commencement et fin de toutes choses. Et se reposant alors du travail, il
« bénit et sanctifia le septième jour, parce qu'il se reposa ce jour-là de tout
« son ouvrage. Mais il ne fut pas chômé dans un sacré silence ; la harpe eut
« du travail, ne se reposa pas ; la flûte grave, le tympanon, toutes les orgues
« au clavier mélodieux, tous les sons touchés sur la corde ou le fil d'or, con-
« fondirent de doux accords entremêlés de voix en chœur ou à l'unisson. Des
« nuages d'encens, fumant dans des encensoirs d'or, cachèrent la montagne.
« La création et l'œuvre de six jours furent chantées.

« — Grands sont les ouvrages, ô Jéhovah ! infini ton pouvoir ! quelle
« pensée te peut mesurer, quelle langue te raconter? Plus grand maintenant
« dans ton retour, qu'après le combat des anges géants : toi, ce jour-là tes
« foudres te magnifièrent, mais il est plus grand de créer que de détruire ce
« qui est créé. Qui peut te nuire, Roi puissant, ou borner ton empire? Facile-
« ment as-tu repoussé l'orgueilleuse entreprise des esprits apostats et dissipé
« leurs vains conseils, lorsque dans leur impiété ils s'imaginèrent te diminuer,
« te retirer de toi la foule de tes adorateurs. Qui cherche à t'amoindrir ne sert,
« contre son dessein, qu'à manifester d'autant plus ta puissance ; tu emploies
« la méchanceté de ton ennemi, et tu en fais sortir le bien : témoin ce monde
« nouvellement créé, autre ciel non loin de la porte du ciel, fondé, en vue,
« sur le pur cristallin, la mer de verre ; d'une étendue presque immense, ce
« ciel a de nombreuses étoiles, et chaque étoile a peut-être un monde destiné

Of Heaven's high-seated top, th' imperial throne
Of Godhead, fix'd for ever firm and sure,
The Filial Power arriv'd, and sat him down
With his great Father ; for he also went
Invisible, yet staid, (such privilege
Hath Omnipresence) and the work ordain'd,
Authour and End of all things ; and, from work
Now resting, bless'd and hallow'd the seventh day,
As resting on that day from all his work,
But not in silence holy kept : the harp
Had work, and rested not ; the solemn pipe,
And dulcimer, all organs of sweet stop,
All sounds on fret by string or golden wire,
Temper'd soft tunings, intermix'd with voice
Choral or unison : of incense clouds,
Fuming from golden censers, hid the mount.
Creation and the six days' acts they sung :
« Great are thy works, Jehovah ! infinite
Thy power ! what thought can measure thee, or tongue
Relate thee? Greater now in thy return
Than from the giant angels : thee that day
Thy thunders magnified ; but to create
Is greater than created to destroy.
Who can impair thee, Mighty King, or bound
Thy empire? easily the proud attempt
Of spirits apostate, and their counsels vain,
Thou hast repell'd ; while impiously they thought
Thee to diminish, and from thee withdraw
The number of thy worshippers. Who seeks
To lessen thee, against his purpose serves
To manifest the more thy might : his evil
Thou usest, and from thence creat'st more good.
Witness this new-made world, another Heaven
From Heaven-gate not far, founded in view

« à être habité : mais tu connais leurs temps. Au milieu de ces mondes se
« trouve la terre, demeure des hommes, leur séjour agréable avec son océan
« inférieur répandu à l'entour. Trois fois heureux les hommes et les fils des
« hommes que Dieu a favorisés ainsi ! qu'il a créés à son image, pour habiter
« là et pour l'adorer, et en récompense régner sur toutes ses œuvres, sur la
« terre, la mer ou l'air, et multiplier une race d'adorateurs saints et justes !
« Trois fois heureux s'ils connaissent leur bonheur, et s'ils persévèrent dans
« la justice ! —
  « Ils chantaient ainsi, et l'empyrée retentit d'*alleluia*; ainsi fut gardé le
« jour du sabbat.
  « Je pense maintenant, ô Adam, avoir pleinement satisfait à ta requête qui
« demanda comment ce monde, et la face des choses, commencèrent d'a-
« bord, et ce qui fut fait avant ton souvenir, dès le commencement, afin que
« la postérité, instruite par toi, le pût apprendre. Si tu as à rechercher quelque
« autre chose ne surpassant pas l'intelligence humaine, parle. »

On the clear hyaline, the glassy sea ;
Of amplitude almost immense, with stars
Numerous, and every star perhaps a world
Of destin'd habitation; but thou know'st
Their seasons : among these the seat of men,
Earth, with her nether ocean circumfus'd,
Their pleasant dwelling-place. Thrice happy men,
And sons of men, whom God hath thus advanc'd !
Created in his image, there to dwell
And worship him; and in reward to rule
Over his works, on earth, in sea, or air,
And multiply a race of worshippers
Holy and just : thrice happy, if they know
Their happiness, and persevere upright ! »
  « So sung they, and the empyrean rung
With halleluiahs : thus was sabbath kept.
  « And thy request think now fulfill'd, that ask'd
How first this world and face of things began,
And what before thy memory was done
From the beginning ; that posterity,
Inform'd by thee, might know : if else thou seek'st
Aught, not surpassing human measure, say. »

LIVRE HUITIÈME.

ARGUMENT.

Adam s'enquiert des mouvements célestes; il reçoit une réponse douteuse et est exhorté à chercher de préférence des choses plus dignes d'être connues. Adam y consent ; mais désirant encore retenir Raphaël, il lui raconte les choses dont il se souvient, depuis sa propre création ; sa translation dans le paradis ; son entretien avec Dieu touchant la solitude et

BOOK VIII.

THE ARGUMENT.

Adam inquires concerning celestial motions : is doubtfully answered, and exhorted to search rather things more worthy of knowledge : Adam assents ; and, still desirous to detain Raphael, relates to him what he remembered since his own creation ; his placing in Paradise ;

une société convenable; sa première rencontre et ses noces avec Ève. Son discours là-dessus avec l'Ange, qui part après des admonitions répétées.

VIII.

L'ange finit, et dans l'oreille d'Adam laisse sa voix si charmante que, pendant quelque temps, croyant qu'il parlait encore, il restait encore immobile pour l'écouter. Enfin, comme nouvellement éveillé, il lui dit, plein de reconnaissance :

« Quels remercîments suffisants, ou quelle récompense proportionnée ai-je
« à t'offrir, divin historien, qui as si abondamment étanché la soif que j'avais
« de connaître, qui as eu cette condescendance amicale de raconter des choses
« autrement pour moi inscrutables, maintenant entendues avec surprise, mais
« avec délice, et, comme il est dû, avec une gloire attribuée au souverain
« Créateur ! Néanmoins quelque doute me reste que ton explication peut seule
« résoudre.

« Lorsque je vois cette excellente structure, ce monde, composé du ciel et de
« la terre, et que je calcule leurs grandeurs, cette terre est une tache, un grain,
« un atome, comparée avec le firmament, et tous ses astres comptés, qui sem-
« blent rouler dans des espaces incompréhensibles, car leur distance et leur
« prompt retour diurne le prouvent. Quoi! uniquement pour administrer la
« lumière l'espace d'un jour et d'une nuit autour de cette terre opaque, de
« cette tache d'un point, eux, dans toute leur vaste inspection d'ailleurs inu-
« tiles! En raisonnant j'admire souvent comment la nature sobre et sage a pu
« commettre de pareilles disproportions, a pu, d'une main prodigue, créer les

his talk with God concerning solitude and fit society; his first meeting nuptials with Eve; his discourse with the angel thereupon; who, after admonitions repeated, departs.

VIII.

The angel ended; and in Adam's ear
So charming left his voice, that he awhile
Thought him still speaking, still stood fix'd to hear;
Then, as new wak'd, thus gratefully replied :
 « What thanks sufficient, or what recompense
Equal, have I to render thee, divine
Historian! who thus largely hast allay'd
The thirst I had of knowledge, and vouchsaf'd
This friendly condescension to relate
Things, else by me unsearchable; now heard
With wonder, but delight, and, as is due,
With glory attributed to the high
Creator? Something yet of doubt remains,
Which only thy solution can resolve.
 « When I behold this goodly frame, this world,
Of Heaven and earth consisting, and compute
Their magnitudes; this earth, a spot, a grain,
An atom, with the firmament compar'd
And all her number'd stars, that seem to roll
Spaces incomprehensible (for such
Their distance argues, and their swift return
Diurnal), merely to officiate light
Round this opacous earth, this punctual spot,
One day and night; in all their vast survey
Useless besides; reasoning I oft admire,
How Nature, wise and frugal, could commit
Such disproportions, with superfluous hand

« corps les plus beaux, multiplier les plus grands pour ce seul usage (à ce
« qu'il paraît), et imposer à leurs orbes de telles révolutions sans repos, jour
« par jour répétées. Et cependant la terre sédentaire (qui pourrait se mouvoir
« mieux dans un cercle beaucoup moindre), servie par plus noble qu'elle,
« atteint ses fins sans le plus petit mouvement et reçoit la chaleur et la lumière,
« comme le tribut d'une course incalculable, apporté avec une rapidité incor-
« porelle, rapidité telle que les nombres manquent pour l'exprimer. »

Ainsi parla notre premier père, et il sembla par sa contenance entrer dans des pensées studieuses et abstraites ; ce qu'Ève apercevant du lieu où elle était assise retirée en vue, elle se leva avec une modestie majestueuse et une grâce qui engageaient celui qui la voyait à souhaiter qu'elle restât. Elle alla parmi ses fruits et ses fleurs pour examiner comment ils prospéraient, bouton et fleur, ses élèves : ils poussèrent à sa venue, et, touchés par sa belle main, grandirent plus joyeusement. Cependant elle ne se retira point comme non charmée de tels discours, ou parce que son oreille n'était pas capable d'entendre ce qui était élevé ; mais elle se réservait ce plaisir, Adam racontant, elle seule auditrice ; elle préférait à l'ange son mari le narrateur, et elle aimait mieux l'interroger ; elle savait qu'il entremêlerait d'agréables digressions, et résoudrait les hautes difficultés par des caresses conjugales : des lèvres de son époux les paroles ne lui plaisaient pas seules. Oh ! quand se rencontre à présent un pareil couple, mutuellement uni en dignité et en amour? Ève s'éloigna avec la démarche d'une déesse ; elle n'était pas sans suite, car près d'elle comme une reine, un

    So many nobler bodies to create,
Greater so manifold, to this one use,
For aught appears, and on their orbs impose
Such restless revolution day by day
Repeated ; while the sedentary earth,
That better might with far less compass move,
Serv'd by more noble than herself, attains
Her end without least motion, and receives,
As tribute, such a sumless journey brought
Of incorporeal speed, her warmth and light ;
Speed, to describe whose swiftness number fails. »
   So spake our sire, and by his countenance seem'd
Entering on studious thoughts abstruse ; which Eve
Perceiving, where she sat retir'd in sight,
With lowliness majestic from her seat,
And grace that won who saw to wish her stay,
Rose, and went forth among her fruits and flowers,
To visit how they prosper'd, bud and bloom,
Her nursery ; they at her coming sprung,
And, touch'd by her fair tendance, gladlier grew.
Yet went she not, as not with such discourse
Delighted, or not capable her ear
Of what was high : such pleasure she reserv'd,
Adam relating, she sole auditress :
Her husband the relater she preferr'd
Before the angel, and of him to ask
Chose rather ; he, she knew, would intermix
Grateful digressions, and solve high dispute
With conjugal caresses : from his lip
Not words alone pleas'd her. O ! when meet now
Such pairs, in love and mutual honour join'd ?
With goddess-like demeanour forth she went,
Not unattended ; for on her, as queen,
A pomp of winning graces waited still,

cortége de grâces attrayantes se tient toujours; et d'autour d'elle jaillissaient dans tous les yeux des traits du désir qui faisait souhaiter encore sa présence.

Et Raphaël, bienveillant et facile, répond à présent au doute qu'Adam avait proposé :

« De demander ou de t'enquérir, je ne te blâme pas, car le ciel est comme
« le livre de Dieu ouvert devant toi, dans lequel tu peux lire ses merveilleux
« ouvrages et apprendre ses saisons, ses heures, ou ses jours, ou ses mois, ou
« ses années : pour atteindre à ceci, que le ciel ou la terre se meuvent, peu
« importe si tu comptes juste. Le grand Architecte a fait sagement de cacher
« le reste à l'homme ou à l'ange, de ne pas divulguer ses secrets pour être
« scrutés par ceux qui doivent plutôt les admirer; ou s'ils veulent hasarder
« des conjectures, il a livré son édifice des cieux à leurs disputes, afin peut-être
« d'exciter son rire par leurs opinions vagues et subtiles, quand dans la suite
« ils viendront à mouler le ciel et à calculer les étoiles. Comme ils manieront
« la puissante structure ! comme ils bâtiront, débâtiront, s'ingénieront pour
« sauver les apparences ! comme ils ceindront la sphère de cercles concentriques
« et excentriques, de cycles et d'épicycles, d'orbes dans des orbes, mal écrits
« sur elle! Déjà je devine ceci par ton raisonnement, toi qui dois guider ta
« postérité, et qui supposes que des corps plus grands et lumineux n'en doivent
« pas servir de plus petits privés de lumière, ni le ciel parcourir de pareils
« espaces, tandis que la terre, assise tranquille, reçoit seule le bénéfice de
« cette course.

  And from about her shot darts of desire
Into all eyes, to wish her still in sight.
  And Raphael now, to Adam's doubt propos'd,
Benevolent and facile thus replied :
  « To ask or search, I blame thee not ; for Heaven
Is as the book of God before thee set,
Wherein to read his wondrous works, and learn
His seasons, hours, or days, or months, or years :
This to attain, whether Heaven move or earth,
Imports not, if thou reckon right; the rest
From man or angel the great Architect
Did wisely to conceal, and not divulge
His secrets to be scann'd by them, who ought
Rather admire; or, if they list to try
Conjecture, he his fabric of the Heavens
Hath left to their disputes, perhaps to move
His laughter at their quaint opinions wide
Hereafter, when they come to model Heaven
And calculate the stars; how they will wield
The mighty frame; how build, unbuild, contrive,
To save appearances; how gird the sphere
With centric and eccentric scribbled o'er,
Cycle and epicycle, orb in orb.
Already by thy reasoning this I guess,
Who art to lead thy offspring, and supposest
That bodies bright and greater should not serve
The less not bright; nor Heaven such journeys run,
Earth sitting still, when she alone receives
The benefit.
    « Consider first, that great
Or bright infers not excellence : the earth,
Though, in comparison of Heaven, so small,
Nor glistering, may of solid good contain
More plenty than the sun that barren shines,

« Considère d'abord que grandeur ou éclat ne supposent pas excellence : la
« terre, bien qu'en comparaison du ciel, si petite et sans lumière, peut contenir
« des qualités solides en plus d'abondance que le soleil qui brille stérile, et
« dont la vertu n'opère pas d'effet sur lui-même, mais sur la terre féconde : là
« ses rayons reçus d'abord (inactifs ailleurs) trouvent leur vigueur. Encore,
« ces éclatants luminaires ne sont pas serviables à la terre, mais à toi, habitant
« de la terre.

« Quant à l'immense circuit du ciel, qu'il raconte la haute magnificence du
« Créateur, lequel a bâti d'une manière si vaste, et étendu ses lignes si loin,
« afin que l'homme puisse savoir qu'il n'habite pas chez lui; édifice trop grand
« pour qu'il le remplisse, logé qu'il est dans une petite portion : le reste est
« formé pour des usages mieux connus de son souverain Seigneur. Attribue la
« vitesse de ces cercles, quoique sans nombre, à l'omnipotence de Dieu, qui
« pourrait ajouter à des substances matérielles une rapidité presque spirituelle.
« Tu ne me crois pas lent, moi qui, depuis l'heure matinale parti du ciel où
« Dieu réside, suis arrivé dans Éden avant le milieu du jour, distance inexpri-
« mable dans des nombres qui aient un nom.

« Mais j'avance ceci, en admettant le mouvement des cieux, pour montrer
« combien a peu de valeur ce qui te porte à en douter; non que j'affirme ce
« mouvement, quoiqu'il te semble tel, à toi qui as ta demeure ici sur la terre.
« Dieu, pour éloigner ses voies du sens humain, a placé le ciel tellement loin
« de la terre, que la vue terrestre, si elle s'aventure, puisse se perdre dans
« des choses trop sublimes, et n'en tirer aucun avantage.

« Quoi ? si le soleil est le centre du monde, et si d'autres astres (par sa vertu

Whose virtue on itself works no effect,
But in the fruitful earth; there first receiv'd,
His beams, unactive else, their vigour find.
Yet not to earth are those bright luminaries
Officious; but to thee, earth's habitant.
        « And for the Heaven's wide circuit, let it speak
The Maker's high magnificence, who built
So spacious, and his line stretch'd out so far,
That man may know he dwells not in his own;
An edifice too large for him to fill,
Lodg'd in a small partition; and the rest
Ordain'd for uses to his Lord best known.
The swiftness of those circles attribute,
Though numberless, to his omnipotence,
That to corporeal substances could add
Speed almost spiritual : me thou think'st not low,
Who since the morning-hour set out from Heaven
Where God resides, and ere mid-day arriv'd
In Eden; distance inexpressible
By numbers that have name.
            « But this I urge,
Admitting motion in the Heavens, to show
Invalid that which thee to doubt it mov'd;
Not that I so affirm, though so it seem
To thee, who hast thy dwelling here on earth.
God, to remove his ways from human sense,
Plac'd Heaven from earth so far, that earthly sight,
If it presume, might err in things too high,
And no advantage gain.
            « What if the sun
Be centre to the world; and other stars,
By his attractive virtue and their own

« attractive et par la leur même incités) dansent autour de lui des rondes va-
« riées? Tu vois dans six planètes leur course errante, maintenant haute,
« maintenant basse, tantôt cachée, progressive, rétrograde ou demeurant sta-
« tionnaire; que serait-ce si la septième planète, la terre (quoiqu'elle semble
« si immobile), se mouvait insensiblement par trois mouvements divers? Sans
« cela ces mouvements, ou tu les dois attribuer à différentes sphères mues en
« sens contraire croisant leurs obliquités, ou tu dois sauver au soleil sa fatigue,
« ainsi qu'à ce rhombe rapide supposé nocturne et diurne, invisible d'ailleurs
« au-dessus de toutes les étoiles, roue du jour et de la nuit. Tu n'aurais plus
« besoin d'y croire si la terre, industrieuse d'elle-même, cherchait le jour en
« voyageant à l'orient, et si de son hémisphère opposé au rayon du soleil elle
« rencontrait la nuit, son autre hémisphère étant encore éclairé de la lumière
« du jour. Que serait-ce si cette lumière reflétée par la terre à travers la vaste
« transparence de l'air, était comme la lumière d'un astre pour le globe ter-
« restre de la lune, la terre éclairant la lune pendant le jour, comme la lune
« éclaire la terre pendant la nuit? Réciprocité dans le cas où la lune aurait
« une terre, des champs et des habitants. Tu vois ses taches comme des nuages;
« les nuages peuvent donner de la pluie, et la pluie peut produire des fruits
« dans le sol amolli de la lune, pour nourrir ceux qui sont placés là.

« Peut-être découvriras-tu d'autres soleils accompagnés de leurs lunes, com-
« muniquant la lumière mâle et femelle; ces deux grands sexes animent le
« monde, peut-être rempli dans chacun de ses orbes par quelque créature qui
« vit. Car qu'une aussi vaste étendue de la nature soit privée d'âmes vivantes;
« qu'elle soit déserte, désolée, faite seulement pour briller, pour payer à peine

    Incited, dance about him various rounds?
Their wandering course, now high, now low, then hid,
Progressive, retrograde, or standing still,
In six thou seest; and what if seventh to these
The planet earth, so stedfast though she seem,
Insensibly three different motions move?
Which else to several spheres thou must ascribe,
Mov'd contrary with thwart obliquities;
Or save the sun his labour, and that swift
Nocturnal and diurnal rhomb suppos'd,
Invisible else above all stars, the wheel
Of day and night: which needs not thy belief,
If earth, industrious of herself, fetch day
Travelling east, and with her part averse
From the sun's beam meet night, her other part
Still luminous by his ray. What if that light
Sent from her through the wide transpicuous air,
To the terrestrial moon be as a star,
Enlightening her by day, as she by night
This earth? reciprocal, if land be there,
Fields and inhabitants : her spots thou seest
As clouds, and clouds may rain, and rain produce
Fruits in her soften'd soil, for some to eat
Allotted there.
        « And other suns perhaps,
With their attendant moons, thou wilt descry,
Communicating male and female light;
Which two great sexes animate the world,
Stor'd in each orb perhaps with some that live.
For such vast room in nature unpossess'd
By living soul, desert and desolate,
Only to shine, yet scarce to contribute

« à chaque orbe une faible étincelle de lumière envoyée si loin, en bas à cet
« orbe habitable qui lui renvoie cette lumière, c'est ce qui sera une éternelle
« matière de dispute.

« Mais que ces choses soient ou ne soient pas ainsi ; que le soleil dominant
« dans le ciel se lève sur la terre, ou que la terre se lève sur le soleil ; que le
« soleil commence dans l'orient sa carrière ardente, ou que la terre s'avance
« de l'occident dans une course silencieuse, à pas inoffensifs, dorme sur son
« axe doux, tandis qu'elle marche d'un mouvement égal et l'emporte molle-
« ment avec l'atmosphère tranquille ; ne fatigue pas tes pensées de ces choses
« cachées ; laisse-les au Dieu d'en haut ; sers-le et crains-le. Qu'il dispose
« comme il lui plaît des autres créatures, quelque part qu'elles soient placées.
« Réjouis-toi dans ce qu'il t'a donné, ce paradis et ta belle Ève. Le ciel est pour
« toi trop élevé pour que tu puisses savoir ce qui s'y passe. Sois humblement
« sage : pense seulement à ce qui concerne toi et ton être ; ne rêve point d'autres
« mondes, des créatures qui y vivent de leur état, de leur condition ou degré :
« sois content de ce qui t'a été révélé jusqu'ici, non-seulement de la terre, mais
« du plus haut ciel. »

Adam, éclairci sur ses doutes, lui répliqua :

« Combien pleinement tu m'as satisfait, pure intelligence du ciel, ange se-
« rein ! et combien, délivré de sollicitudes, tu m'as enseigné, pour vivre, le
« chemin le plus aisé ! tu m'as appris à ne point interrompre avec des imagi-
« nations perplexes la douceur d'une vie dont Dieu a ordonné à tous soucis pé-
« nibles d'habiter loin, et de ne pas nous troubler, à moins que nous ne les
« cherchions nous-mêmes par des pensées errantes et des notions vaines. Mais

   Each orb a glimpse of light, convey'd so far
   Down to this habitable, which returns
   Light back to them, is obvious to dispute.
    « But whether thus these things, or whether not;
   Whether the sun, predominant in Heaven,
   Rise on the earth ; or earth rise on the sun ;
   He from the east his flaming road begin ;
   Or she from west her silent course advance,
   With inoffensive pace that spinning sleeps
   On her soft axle, while she paces even,
   And bears thee soft with the smooth air along ;
   Solicit not thy thoughts with matters hid ;
   Leave them to God above, him serve and fear.
   Of other creatures, as him pleases best,
   Wherever plac'd, let him dispose ; joy thou
   In what he gives to thee, this Paradise
   And thy fair Eve ; Heaven is for thee too high
   To know what passes there ; be lowly wise :
   Think only what concerns thee, and thy being ;
   Dream not of other worlds ; what creatures there
   Live, in what state, condition, or degree :
   Contented that thus far hath been reveal'd,
   Not of earth only, but of highest Heaven. »
    To whom thus Adam, clear'd of doubt, replied :
    « How fully hast thou satisfied me, pure
   Intelligence of Heaven, angel serene !
   And, freed from intricacies, taught to live
   The easiest way ; nor with perplexing thoughts
   To interrupt the sweet of life from which
   God hath bid dwell far off all anxious cares,
   And not molest us ; unless we ourselves
   Seek them with wandering thoughts and notions vain.

« l'esprit, ou l'imagination, est apte à s'égarer sans retenue; il n'est point de
« fin à ses erreurs, jusqu'à ce que avertie, ou enseignée par l'expérience, elle
« apprenne que la première sagesse n'est pas de connaître amplement les ma-
« tières obscures, subtiles et d'un usage éloigné, mais ce qui est devant nous
« dans la vie journalière ; le reste est fumée, ou vanité, ou folle extravagance,
« et nous rend, dans les choses qui nous concernent le plus, sans expérience,
« sans habitude, et cherchant toujours. Ainsi descendons de cette hauteur,
« abaissons notre vol et parlons des choses utiles près de nous, d'où, par ha-
« sard, peut naître l'occasion de te demander quelque chose non hors de saison,
« m'accordant ta complaisance et ta faveur accoutumée.

« Je t'ai entendu raconter ce qui a été fait avant mon souvenir; à présent
« écoute-moi raconter mon histoire que tu ignores peut-être. Le jour n'est
« pas encore dépensé; jusqu'ici tu vois de quoi je m'avise subtilement pour te
« retenir, t'invitant à entendre mon récit; folie! si ce n'était dans l'espoir de
« ta réponse : car tandis que je suis assis avec toi, je me crois dans le ciel ; ton
« discours est plus flatteur à mon oreille que les fruits les plus agréables du
« palmier ne le sont à la faim et à la soif, après le travail, à l'heure du doux
« repas : ils rassasient et bientôt lassent, quoique agréables; mais tes paroles,
« imbues d'une grâce divine, n'apportent à leur douceur aucune satiété. »

Raphaël répliqua célestement doux :

« Tes lèvres ne sont pas sans grâce, père des hommes, ni ta langue sans
« éloquence, car Dieu avec abondance a aussi répandu ses dons sur toi exté-
« rieurement et intérieurement, toi sa brillante image : parlant ou muet, toute
« beauté et toute grâce t'accompagnent, et forment chacune de tes paroles, cha-

> But apt the mind or fancy is to rove
> Uncheck'd, and of her roving is no end ;
> Till warn'd, or by experience taught, she learn,
> That not to know at large of things remote
> From use, obscure and subtle; but to know
> That which before us lies in daily life,
> Is the prime wisdom : what is more, is fume,
> Or emptiness, or fond impertinence;
> And renders us, in things that most concern,
> Unpractis'd, unprepar'd, and still to seek.
> Therefore, from this high pitch let us descend
> A lower flight, and speak of things at hand
> Useful; whence, haply, mention may arise
> Of something not unseasonable to ask,
> By sufferance, and thy wonted favour, deign'd.
>   « Thee I have heard relating what was done
> Ere my remembrance; now, hear me relate
> My story, which perhaps thou hast not heard ;
> And day is not yet spent, till then thou seest
> How subtly to detain thee I devise;
> Inviting thee to hear while I relate;
> Fond ! were it not in hope of thy reply :
> For, while I sit with thee, I seem in Heaven ;
> And sweeter thy discourse is to my ear
> Than fruits of palm-tree pleasantest to thirst
> And hunger both, from labour, at the hour
> Of sweet repast; they satiate, and soon fill,
> Though pleasant; but thy words, with grace divine
> Imbued, bring to their sweetness no satiety. »
>   To whom thus Raphael answer'd heavenly meek :
>   « Nor are thy lips ungraceful, sire of men,
> Nor tongue ineloquent; for God on thee

« cun de tes mouvements. Dans le ciel, nous ne te regardons pas moins que
« comme notre compagnon de service sur la terre, et nous nous enquérons
« avec plaisir des voies de Dieu dans l'homme; car Dieu, nous le voyons, t'a
« honoré, et a placé dans l'homme son égal amour.

« Parle donc, car il arriva que le jour où tu naquis j'étais absent, engagé
« dans un voyage difficile et ténébreux, au loin dans une excursion vers les
« portes de l'enfer. En pleine légion carrée (ainsi nous en avions reçu l'ordre),
« nous veillâmes à ce qu'aucun espion ou aucun ennemi ne sortît de là, tandis
« que Dieu était à son ouvrage, de peur que lui, irrité par cette irruption au-
« dacieuse, ne mêlât la destruction à la création. Non que les esprits rebelles
« osassent sans sa permission rien tenter, mais il nous envoya pour établir ses
« hauts commandements comme souverain Roi, et pour nous accoutumer à
« une prompte obéissance.

« Nous trouvâmes étroitement fermées les horribles portes, étroitement fer-
« mées et barricadées fortement : mais longtemps avant notre approche, nous
« entendîmes au dedans un bruit autre que le son de la danse et du chant :
« tourment, et haute lamentation, et rage furieuse ! Contents, nous retour-
« nâmes aux rivages de la lumière avant le soir du sabbat; tel était notre
« ordre. Mais ton récit à présent : car je l'attends, non moins charmé de tes
« paroles que toi des miennes. »

Ainsi parla ce pouvoir semblable à un Dieu, et alors notre premier père :

« Pour l'homme, dire comment la vie humaine commença, est difficile, car
« qui connut soi-même son commencement? Le désir de converser plus long-
« temps encore avec toi m'induit à parler.

    Abundantly his gifts hath also pour'd
    Inward and outward both, his image fair :
    Speaking or mute, all comeliness and grace
    Attends thee; and each word, each motion forms:
    Nor less think we in Heaven of thee on earth
    Than of our fellow-servant, and inquire
    Gladly into the ways of God with man :
    For God, we see, hath honour'd thee, and set
    On man his equal love.
        « Say therefore on;
    For I that day was absent, as befell,
    Bound on a voyage uncouth and obscure,
    Far on excursion toward the gates of Hell;
    Squar'd in full legion, (such command we had)
    To see that none thence issued forth a spy,
    Or enemy, while God was in his work;
    Lest he, incens'd at such eruption bold,
    Destruction with creation might have mix'd.
    Not that they durst without his leave attempt :
    But us he sends upon his high behests
    For state, as sovran King; and to inure
    Our prompt obedience.
        « Fast we found, fast shut,
    The dismal gates, and barricado'd strong;
    But long ere our approaching, heard within
    Noise, other than the sound of dance or song,
    Torment, and loud lament, and furious rage.
    Glad we return'd up to the coasts of light
    Ere sabbath-evening : so we had in charge.
    But thy relation now; for I attend,
    Pleas'd with thy words no less than thou with mine. »
    So spake the godlike power, and thus our sire :

« Comme nouvellement éveillé du plus profond sommeil, je me trouvai
« couché mollement sur l'herbe fleurie, dans une sueur embaumée, que par
« ses rayons le soleil sécha en se nourrissant de la fumante humidité. Droit
« vers le ciel, je tournai mes yeux étonnés, et contemplai quelque temps le fir-
« mament spacieux, jusqu'à ce que levé par une rapide et instinctive impul-
« sion, je bondis, comme m'efforçant d'atteindre là, et je me tins debout sur
« mes pieds.

« Autour de moi, j'aperçus une colline, une vallée, des bois ombreux, des
« plaines rayonnantes au soleil, et une liquide chute de ruisseaux murmu-
« rants; dans ces lieux j'aperçus des créatures qui vivaient et se mouvaient,
« qui marchaient ou volaient; des oiseaux gazouillant sur les branches : tout
« souriait; mon cœur était noyé de joie et de parfum.

« Je me parcours alors moi-même, et membre à membre je m'examine, et
« quelquefois je marche, et quelquefois je cours avec des jointures flexibles,
« selon qu'une vigueur animée me conduit : mais qui j'étais, où j'étais, par
« quelle cause j'étais, je ne le savais pas. J'essayai de parler, et sur-le-champ
« je parlai; ma langue obéit et put nommer promptement tout ce que je voyais.

« Toi, soleil, dis-je, belle lumière! et toi, terre éclairée, si fraîche et si
« riante! vous, collines et vallées; vous, rivières, bois et plaines; et vous qui
« vivez et vous mouvez, belles créatures, dites, dites, si vous l'avez vu, com-
« ment suis-je ainsi venu, comment suis-je ici? Ce n'est de moi-même; c'est
« donc par quelque grand créateur prééminent en bonté et en pouvoir. Dites-
« moi comment je puis le connaître, comment l'adorer celui par qui je me
« meus, je vis, et sens que je suis plus heureux que je ne le sais ?

« For man to tell how human life began
Is hard; for who himself beginning knew?
Desire with thee still longer to converse
Induc'd me.
 « As new wak'd from soundest sleep,
Soft on the flowery herb I found me laid,
In balmy sweat; which with his beams the sun
Soon dried, and on the reeking moisture fed.
Straight toward Heaven my wondering eyes I turn'd,
And gaz'd awhile the ample sky; till, rais'd
By quick instinctive motion, up I sprung
As thitherward endeavouring, and upright
Stood on my feet.
 « About me round I saw
Hill, dale, and shady woods, and sunny plains,
And liquid lapse of murmuring streams; by these
Creatures that liv'd and mov'd and walk'd, or flew;
Birds on the branches warbling; all things smil'd;
With fragrance and with joy my heart o'erflow'd.
 « Myself I then perus'd, and limb by limb
Survey'd, and sometimes went, and sometimes ran
With supple joints, as lively vigour led :
But who I was, or where, or from what cause,
Knew not : to speak I tried, and forthwith spake;
My tongue obey'd, and readily could name
Whate'er I saw.
 « Thou sun, said I, fair light,
And thou enlighten'd earth, so fresh and gay,
Ye hills, and dales, ye rivers, woods, and plains,
And ye that live and move, fair creatures, tell,
Tell, if ye saw, how I came thus, how here?
Not of myself; by some great Maker then,

« Pendant que j'appelais de la sorte et que je m'égarais je ne sais où, loin
« du lieu où j'avais d'abord respiré l'air et vu d'abord cette lumière fortunée,
« comme aucune réponse ne m'était faite, je m'assis pensif sur un banc vert,
« ombragé et prodigue de fleurs. Là, un agréable sommeil s'empara de moi
« pour la première fois, et accabla d'une douce oppression mes sens assoupis,
« non troublés, bien qu'alors je me figurasse repasser à mon premier état
« d'insensibilité et me dissoudre.

« Quand soudain à ma tête se tint un songe dont l'apparition intérieure in-
« clina doucement mon imagination à croire que j'avais encore l'être et que je
« vivais. Quelqu'un vint, ce me semble, de forme divine, et me dit :

« — Ta demeure te manque, Adam ; lève-toi, premier homme, toi destiné
« à devenir le premier père d'innombrables hommes ! Appelé par toi, je viens,
« ton guide au jardin de béatitude, ta demeure préparée. —

« Ainsi disant, il me prit par la main et me leva : et sur les campagnes et
« les eaux doucement glissant comme dans l'air sans marcher, il me trans-
« porta enfin sur une montagne boisée, dont le sommet était une plaine ; circuit
« largement clos, planté d'arbres les meilleurs, de promenades et de bosquets ;
« de sorte que ce que j'avais vu sur la terre auparavant semblait à peine
« agréable. Chaque arbre chargé du plus beau fruit, qui pendait en tentant
« l'œil, excitait en moi un désir soudain de cueillir et de manger. Sur quoi je
« m'éveillai, et trouvai devant mes yeux, en réalité, ce que le songe m'avait
« vivement offert en image. Ici aurait recommencé ma course errante, si celui

In goodness and in power pre-eminent :
Tell me, how may I know him, how adore ;
From whom I have that thus I move and live,
And feel that I am happier than I know.
 « While thus I call'd, and stray'd I knew not whither,
From where I first drew air, and first beheld
This happy light ; when answer none return'd,
On a green shady bank, profuse of flowers,
Pensive I sat me down : there gentle sleep
First found me, and with soft oppression seiz'd
My drowsed sense ; untroubled, though I thought
I then was passing to my former state
Insensible, and forthwith to dissolve :
When suddenly stood at my head a dream,
Whose inward apparition gently mov'd
My fancy to believe I yet had being,
And liv'd : one came, methought, of shape divine,
And said :
 « Thy mansion wants thee, Adam ; rise,
First man, of men innumerable ordain'd
First father ! call'd by thee, I come thy guide
To the garden of bliss, thy seat prepar'd. »
 « So saying, by the hand he took me rais'd,
And over fields and waters, as in air
Smooth-sliding without step, last led me up
A woody mountain ; whose high top was plain,
A circuit wide, enclos'd with goodliest trees,
Planted with walks and bowers ; that what I saw
Of earth before scarce pleasant seem'd. Each tree
Loaden with fairest fruit that hung to th' eye
Tempting, stirr'd in me sudden appetite
To pluck and eat ; whereat I wak'd, and found
Before mine eyes all real, as the dream
Had lively shadow'd : here had new begun
My wandering, had not he, who was my guide

« qui était mon guide à cette montagne n'eût apparu parmi les arbres ; pré-
« sence divine ! Rempli de joie, mais avec une crainte respectueuse, je tombai
« soumis en adoration à ses pieds. Il me releva, et :

« — Je suis celui que tu cherches, me dit-il avec douceur ; auteur de tout
« ce que tu vois au-dessus, ou autour de toi, ou au-dessous. Je te donne ce
« paradis ; regarde-le comme à toi pour le cultiver et le bien tenir, et en
« manger le fruit. De chaque arbre qui croît dans le jardin, mange librement
« et de bon cœur ; ne crains point ici de disette ; mais de l'arbre dont l'opéra-
« tion apporte la connaissance du bien et du mal, arbre que j'ai planté, comme
« le gage de ton obéissance et de ta foi, dans le jardin auprès de l'arbre de vie
« (souviens-toi de ce dont je t'avertis), évite de goûter et évite la conséquence
« amère. Car sache que le jour où tu en mangeras, ma seule défense étant
« transgressée, inévitablement tu mourras, mortel de ce jour ; et tu perdras
« ton heureuse situation, chassé d'ici dans un monde de malheur et de misère. —

« Il prononça sévèrement cette rigoureuse sentence qui résonne encore ter-
« rible à mon oreille, bien qu'il ne dépende que de moi de ne pas l'encourir.
« Mais il reprit bientôt son aspect serein, et renouvela de la sorte son gracieux
« propos :

« — Non-seulement cette belle enceinte, mais la terre entière, je la donne
« à toi et à ta race. Possédez-la comme seigneurs, et toutes les choses qui
« vivent dedans, ou qui vivent dans la mer, ou dans l'air, animaux, poissons,
« oiseaux. En signe de quoi, voici les animaux et les oiseaux, chacun selon son

Up hither, from among the trees appear'd,
Presence divine ! Rejoicing, but with awe,
In adoration at his feet I fell
Submiss. He rear'd me, and :
     « Whom thou sought'st I am,
Said mildly, authour of all this thou seest
Above, or round about thee, or beneath.
This Paradise I give thee ; count it thine
To till and keep, and of the fruit to eat :
Of every tree that in the garden grows
Eat freely with glad heart ; fear here no dearth :
But of the tree whose operation brings
Knowledge of good and ill, which I have set
The pledge of thy obedience and thy faith,
Amid the garden, by the tree of Life,
Remember what I warn thee, shun to taste
And shun the bitter consequence : for know,
The day thou eat'st thereof, my sole command
Transgress'd, inevitably thou shalt die ;
From that day mortal ; and this happy state
Shalt lose, expell'd from hence into a world
Of woe and sorrow. » —
    « Sternly he pronounc'd
The rigid interdiction, which resounds
Yet dreadful in mine ear, though in my choice
Not to incur : but soon his clear aspect
Return'd, and gracious purpose thus renew'd :
« Not only these fair bounds, but all the earth
To thee and to thy race I give ; as lords
Possess it, and all things that therein live,
Or live in sea or air ; beast, fish, and fowl.
In sign whereof, each bird and beast behold
After their kinds ; I bring them to receive
From thee their names, and pay thee fealty
With low subjection ; understand the same

« espèce ; je te les amène pour recevoir leurs noms de toi, et pour te rendre
« foi et hommage avec une soumission profonde. Entends la même chose des
« poissons dans leur aquatique demeure, non semoncés ici, parce qu'ils ne
« peuvent changer leur élément pour respirer un air plus subtil. —

« Comme il parlait, voici les animaux et les oiseaux s'approchant deux à
« deux ; les animaux fléchissant humblement le genou avec des flatteries, les
« oiseaux abaissés sur leurs ailes. Je les nommai à mesure qu'ils passaient, et
« je comprenais leur nature (tant était grand le savoir dont Dieu avait doué ma
« soudaine intelligence !); mais, parmi ces créatures, je ne trouvai pas ce qui
« me semblait manquer encore, et je m'adressai ainsi à la céleste vision :

« — Oh ! de quel nom t'appeler ? car toi au-dessus de toutes ces créatures,
« au-dessus de l'espèce humaine, ou au-dessus de ce qui est plus haut que
« l'espèce humaine, tu surpasses beaucoup tout ce que je puis nommer. Com-
« ment puis-je t'adorer, auteur de cet univers et de tout ce bien donné à
« l'homme, pour le bien-être duquel, si largement et d'une main libérale, tu
« as pourvu à toutes choses ? Mais avec moi, je ne vois personne qui partage.
« Dans la solitude est-il un bonheur ? qui peut jouir seul ? ou en jouissant de
« tout, quel contentement trouver ? —

« Ainsi je parlais présomptueux, et la vision comme avec un sourire, plus
« brillante, répliqua ainsi :

« — Qu'appelles-tu solitude ? La terre et l'air ne sont-ils pas remplis de di-
« verses créatures vivantes, et toutes celles-ci ne sont-elles pas à ton comman-
« dement pour venir jouer devant toi ? ne connais-tu pas leur langage et leurs
« mœurs ? elles savent aussi, et ne raisonnent pas d'une manière méprisable.

> Of fish within their wat'ry residence,
> Not hither summon'd, since they cannot change
> Their element, to draw the thinner air. » —
> « As thus he spake, each bird and beast behold
> Approaching two and two; these cowering low
> With blandishment : each bird stoop'd on his wing.
> Unam'd them as they pass'd, and understood
> Their nature ; with such knowledge God endued
> My sudden apprehension : but in these
> I found not what methought I wanted still;
> And to the heavenly Vision thus presum'd : —
> « O, by what name, for thou above all these,
> Above mankind, or aught than mankind higher,
> Surpassest far my naming; how may I
> Adore thee, Authour of this universe,
> And all this good to man? for whose wel being
> So amply, and with hands so liberal,
> Thou hast provided all things : but with me
> I see not who partakes. In solitude
> What happiness ? who can enjoy alone :
> Or, all enjoying, what contentment find ? » —
> « Thus I presumptuous; and the Vision bright,
> As with a smile more brighten'd, thus replied : —
> « What call'st thou solitude ? Is not the earth
> With various living creatures, and the air
> Replenish'd, and all these at thy command
> To come and play before thee ? Know'st thou not
> Their language and their ways ? They also know,
> And reason not contemptibly : with these
> Find pastime, and bear rule ; thy realm is large. » —
> « So spake the Universal Lord, and seem'd
> So ordering ; I, with leave of speech implor'd,

« Trouve un passe-temps avec elles et domine sur elles ; ton royaume est vaste.—
« Ainsi parla l'universel Seigneur et sembla dicter des ordres. Moi, ayant
« imploré par une humble prière la permission de parler, je répliquai :
« — Que mes discours ne t'offensent pas, céleste puissance ; mon Créateur,
« sois propice tandis que je parle. Ne m'as-tu pas fait ici ton représentant, et
« n'as-tu pas placé bien au-dessous de moi ces inférieures créatures ? Entre
« inégaux quelle société, quelle harmonie, quel vrai délice peuvent s'assortir ?
« Ce qui doit être mutuel doit être donné et reçu en juste proportion ; mais en
« disparité, si l'un est élevé, l'autre toujours abaissé, ils ne peuvent bien se
« convenir l'un à l'autre, mais ils se deviennent bientôt également ennuyeux.
« Je parle d'une société telle que je la cherche, capable de participer à tout
« délice rationnel, dans lequel la brute ne saurait être la compagne de l'homme :
« les brutes se réjouissent chacune avec leur espèce ; le lion avec la lionne ;
« si convenablement tu les as unies deux à deux! L'oiseau peut encore moins
« converser avec le quadrupède, le poisson avec l'oiseau, le singe avec le
« bœuf ; l'homme peut donc encore moins s'associer à la bête, et il le peut le
« moins de tous.
« A quoi le Tout-Puissant, non offensé, répondit :
« — Tu te proposes, je le vois, un bonheur fin et délicat dans le choix de
« tes associés, Adam, et dans le sein du plaisir, tu ne goûteras aucun plaisir,
« étant seul. Que penses-tu donc de moi et de mon état ? te semblé-je, ou non,
« posséder suffisamment de bonheur, moi qui suis seul de toute éternité ? car
« je ne me connais ni second, ni semblable, d'égal beaucoup moins. Avec
« qui donc puis-je converser, si ce n'est avec les créatures que j'ai faites, et

And humble deprecation, thus replied : —
« Let not my words offend thee, heavenly Power ;
My Maker, be propitious while I speak
Hast thou not made me here thy substitute,
And these inferiour far beneath me set?
Among unequals what society
Can sort ; what harmony, or true delight?
Which must be mutual, in proportion due
Given and receiv'd : but, in disparity,
The one intense, the other still remiss,
Cannot well suit with either, but soon prove
Tedious alike : of fellowship I speak,
Such as I seek, fit to participate
All rational delight ; wherein the brute
Cannot be human consort : they rejoice
Each with their kind, lion with lioness ;
So fitly them in pairs thou hast combin'd :
Much less can bird with beast, or fish with fowl
So well converse, nor with the ox the ape ;
Worse then can man with beast, and least of all. » —
« Whereto th' Almighty answer'd, not displeas'd : —
« A nice and subtle happiness, I see,
Thou to thyself proposest, in the choice
Of thy associates, Adam, and wilt taste
No pleasure, though in pleasure, solitary.
What think'st thou then of me, and this my state?
Seem I to thee sufficiently possess'd
Of happiness, or not? who am alone
From all eternity ; for none I know
Second to me or like, equal much less.
How have I then with whom to hold converse,
Save with the creatures which I made, and those

« celles-ci, à moi inférieures, descendent infiniment plus au-dessous de moi,
« que les autres créatures au-dessous de toi. —
« Il se tut ; je repris humblement :
« — Pour atteindre la hauteur et la profondeur de tes voies éternelles,
« toutes pensées humaines sont courtes. Souverain des choses ! tu es parfait
« en toi-même, et on ne trouve rien en toi de défectueux : l'homme n'est pas
« ainsi ; il ne se perfectionne que par degrés : c'est la cause de son désir de
« société avec son semblable pour aider ou consoler ses insuffisances. Tu n'as
« pas besoin de te propager, déjà infini, et accompli dans tous les nombres,
« quoique tu sois un. Mais l'homme par le nombre doit manifester sa parti-
« culière imperfection, et engendrer son pareil de son pareil, en multipliant son
« image défectueuse en unité, ce qui exige un amour mutuel et la plus tendre
« amitié. Toi dans ton secret, quoique seul, supérieurement accompagné de
« toi-même, tu ne cherches pas de communication sociale : cependant, si cela
« te plaisait, tu pourrais élever ta créature déifiée à quelque hauteur d'union
« ou de communion que tu voudrais : moi en conversant je ne puis redresser
« ces brutes courbées, ni trouver ma complaisance dans leurs voies. —
« Ainsi enhardi, je parlai ; et j'usai de la liberté accordée, et je trouvai ac-
« cueil : ce qui m'obtint cette réponse de la gracieuse voix divine :
« — Jusqu'ici, Adam, je me suis plu à t'éprouver, et j'ai trouvé que tu
« connaissais non-seulement les bêtes, que tu as proprement nommées, mais
« toi-même ; exprimant bien l'esprit libre en toi, mon image, qui n'a point
« été départie à la brute, dont la compagnie pour cela ne peut te convenir ; tu

> To me inferiour, infinite descents
> Beneath what other creatures are to thee ? » —
> « He ceased ; I lowly answer'd : — « To attain
> The highth and depth of thy eternal ways
> All human thoughts come short, Supreme of things !
> Thou in thyself art perfect, and in thee
> Is no deficience found : not so is man,
> But in degree ; the cause of his desire
> By conversation with his like to help,
> Or solace his defects. No need that thou
> Shouldst propagate, already Infinite,
> And through numbers absolute, though One :
> But man by number is to manifest
> His single imperfection, and beget
> Like of his like, his image multiplied,
> In unity defective ; which requires
> Collateral love, and dearest amity.
> Thou in thy secresy, although alone,
> Best with thyself accompanied, seek'st not
> Social communication ; yet, so pleas'd,
> Canst raise thy creature to what highth thou wilt
> Of union or communion, deified .
> I, by converting, cannot these erect
> From prone ; nor in their ways complacence find. »
> « Thus I embolden'd spake, and freedom us'd
> Permissive, and acceptance found : which gain'd
> This answer from the gracious Voice divine :
> « Thus far to try thee, Adam, I was pleas'd ;
> And find thee knowing, not of beasts alone,
> Which thou hast rightly nam'd, but of thyself ;
> Expressing well the spirit within thee free,
> My image, not imparted to the brute,
> Whose fellowship therefore unmeet for thee ;

« avais une bonne raison pour la désapprouver franchement : pense toujours
« de même. Je savais, avant que tu parlasses, qu'il n'est pas bon pour l'homme
« d'être seul ; une compagnie telle que tu la voyais alors, je ne t'ai pas desti-
« née ; je te l'ai présentée seulement comme une épreuve, pour voir comment
« tu jugerais du juste et du convenable. Ce que je te vais maintenant apporter
« te plaira, sois-en sûr ; c'est ta ressemblance, ton aide convenable, ton autre
« toi-même, ton souhait exactement selon le désir de ton cœur.

« Il finit ou je ne l'entendis plus, car alors ma nature terrestre accablée par
« sa nature céleste (sous laquelle elle s'était tenue longtemps exaltée à la hau-
« teur de ce colloque divin et sublime), ma nature éblouie et épuisée comme
« quand un objet surpasse les sens, s'affaissa, et chercha la réparation du som-
« meil qui tomba à l'instant sur moi, appelé comme en aide par la nature, et
« il ferma mes yeux.

« Mes yeux il ferma, mais laissa ouverte la cellule de mon imagination, ma
« vue intérieure, par laquelle, ravi comme en extase, je vis, à ce qu'il me
« sembla, quoique dormant où j'étais, je vis la forme toujours glorieuse devant
« qui je m'étais tenu éveillé, laquelle se baissant, m'ouvrit le côté gauche, y
« prit une côte toute chaude des esprits du cœur, et le sang de la vie coulant
« frais : large était la blessure, mais soudain remplie de chair et guérie.

« La forme pétrit et façonna cette côte avec ses mains ; sous ses mains créa-
« trices se forma une créature semblable à l'homme, mais de sexe différent, si
« agréablement belle que ce qui semblait beau dans tout le monde semblait
« maintenant chétif, ou paraissait réuni en elle, contenu en elle et dans ses

> Good reason was thou freely shouldst dislike;
> And be so minded still : I, ere thou spak'st,
> Knew it not good for man to be alone;
> And no such company as then thou saw'st
> Intended thee; for trial only brought,
> To see how thou couldst judge of fit and meet :
> What next I bring shall please thee, be assur'd,
> Thy likeness, thy fit help, thy other self,
> Thy wish exactly to thy heart's desire. »
> « He ended, or I heard no more; for now
> My earthly by his heavenly overpower'd,
> Which it had long stood under, strain'd to th' highth
> In that celestial colloquy sublime,
> As with an object that excels the sense,
> Dazzled and spent, sunk down; and sought repair
> Of sleep, which instantly fell on me, call'd
> By nature as in aid, and clos'd mine eyes.
> Mine eyes he clos'd, but open left the cell
> Of fancy, my internal sight; by which,
> Abstract as in a trance, methought I saw
> Though sleeping, where I lay, and saw the shape
> Still glorious before whom awake I stood;
> Who stooping, open'd my left side, and took
> From thence a rib, with cordial spirits warm,
> And life-blood streaming fresh; wide was the wound,
> But suddenly with flesh fill'd up and heal'd :
> The rib he form'd and fashion'd with his hands;
> Under his forming hands a creature grew,
> Man-like, but different sex; so lovely fair,
> That what seem'd fair in all the world, seem'd now
> Mean, or in her summ'd up, in her contain'd
> And in her looks; which from that time infus'd
> Sweetness into my heart, unfelt before,

« regards, qui depuis ce temps ont épanché dans mon cœur une douceur jus-
« qu'alors non éprouvée ; son air inspira à toutes choses l'esprit d'amour et un
« amoureux délice. Elle disparut, et me laissa dans les ténèbres. Je m'éveillai
« pour la trouver, ou pour déplorer à jamais sa perte, et abjurer tous les autres
« plaisirs.

« Lorsque j'étais hors d'espoir, la voici non loin, telle que je la vis dans
« mon songe, ornée de ce que toute la terre ou le ciel pouvaient prodiguer
« pour la rendre aimable. Elle vient conduite par son céleste Créateur (quoique
« invisible) et guidée par sa voix. Elle n'était pas ignorante de la nuptiale
« sainteté et des rites du mariage : la grâce était dans tous ses pas, le ciel, dans
« ses yeux ; dans chacun de ses mouvements, la dignité et l'amour. Transporté
« de joie je ne pus m'empêcher de m'écrier à voix haute :

« — Cette fois tu m'as dédommagé ! tu as rempli ta promesse, Créateur
« généreux et plein de bénignité, donateur de toutes les choses belles ; mais
« celui-ci est le plus beau de tous tes présents ! et tu ne me l'as pas envié. Je
« vois maintenant l'os de mes os, la chair de ma chair, moi-même devant
« moi. La femme est son nom ; son nom est tiré de l'homme : c'est pourquoi
« l'homme quittera son père et sa mère, et s'attachera à sa femme, et ils seront
« une chair, un cœur, une âme. —

« Ma compagne m'entendit : et quoique divinement amenée, cependant
« l'innocence, et la modestie virginale, sa vertu, et la conscience de son prix
« (prix qui doit être imploré, et ne doit pas être accordé sans être recherché,
« qui ne s'offrant pas, ne se livrant pas lui-même, est d'autant plus désirable

> And into all things from her air inspir'd
> The spirit of love and amorous delight.
> She disappear'd, and left me dark ; I wak'd
> To find her, or for ever to deplore
> Her loss, and other pleasures all abjure :
> When out of hope, behold her, not far off,
> Such as I saw her in my dream, adorn'd
> With what all earth or Heaven could bestow
> To make her amiable : on she came
> Led by her heavenly Maker, though unseen,
> And guided by his voice ; nor uninform'd
> Of nuptial sanctity, and marriage rites :
> Grace was in all her steps, Heaven in her eye,
> In every gesture dignity and love.
> I, overjoy'd, could not forbear aloud :
> « This turn hath made amends ; thou hast fulfill'd
> Thy words, Creator bounteous and benign,
> Giver of all things fair ! but fairest this
> Of all thy gifts ! nor enviest. I now see
> Bone of my bone, flesh of my flesh, myself
> Before me : Woman is her name ; of man
> Extracted ; for this cause he shall forego
> Father and mother, and t' his wife adhere ;
> And they shall be one flesh, one heart, one soul.
> « She heard me thus ; and though divinely brought,
> Yet innocence, and virgin modesty,
> Her virtue, and the conscience of her worth,
> That would be woo'd, and not unsought be won,
> Not obvious, not obtrusive, but retir'd,
> The more desirable ; or, to say all,
> Nature herself, though pure of sinful thought,
> Wrought in her so, that, seeing me, she turn'd :
> I follow'd her ; she what was honour knew

« qu'il est plus retiré), pour tout dire enfin, la nature elle-même (quoique
« pure de pensée pécheresse) agit tellement en elle, qu'en me voyant elle se
« détourna. Je la suivis; elle connut ce que c'était qu'honneur, et avec une
« condescendante majesté elle approuva mes raisons alléguées. Je la conduisis
« au berceau nuptial, rougissante comme le matin : tout le ciel, et les constel-
« lations fortunées, versèrent sur cette heure leur influence la plus choisie; la
« terre et ses collines donnèrent un signe de congratulation; les oiseaux furent
« joyeux; les fraîches brises, les vents légers murmurèrent cette union dans
« les bois, et leurs ailes en se jouant nous jetèrent des roses, nous jetèrent les
« parfums du buisson embaumé, jusqu'à ce que l'amoureux oiseau de la nuit
« chantât les noces, et ordonnât à l'étoile du soir de hâter ses pas sur le sommet
« de sa colline, pour allumer le flambeau nuptial.

« Ainsi je t'ai raconté toute ma condition, et j'ai amené mon histoire jus-
« qu'au comble de la félicité terrestre dont je jouis : je dois avouer que, dans
« toutes les autres choses, je trouve à la vérité du plaisir, mais tel que goûté
« ou non, il n'opère dans mon esprit ni changement ni véhément désir : je parle
« de ces délicatesses de goût, de vue, d'odorat, d'herbes, de fruits, de fleurs,
« de promenades et de mélodie des oiseaux.

« Mais ici bien autrement : transporté je vois, transporté je touche! Ici pour
« la première fois je sentis la passion, commotion étrange! supérieur et calme
« dans toutes les autres jouissances, ici faible uniquement contre le charme
« du regard puissant de la beauté. Ou la nature a failli en moi, et m'a laissé
« quelque partie non assez à l'épreuve pour résister à un pareil objet; ou dans

> And with obsequious majesty approv'd
> My pleaded reason. To the nuptial bower,
> I led her blushing like the morn : all Heaven
> And happy constellations, on that hour
> Shed their selectest influence; the earth
> Gave sign of gratulation, and each hill;
> Joyous the birds; fresh gales and gentle airs
> Whisper'd it to the woods, and from their wings
> Flung rose, flung odours from the spicy shrub,
> Disporting, till the amorous bird of night
> Sung spousal, and bid haste the evening-star
> On his hill-top, to light bridal lamp.
> « Thus have I told thee all my state, and brought
> My story to the sum of earthly bliss,
> Which I enjoy; and must confess to find
> In all things else delight indeed, but such
> As, us'd or not, works in the mind no change,
> Nor vehement desire; these delicacies
> I mean of taste, sight, smell, herbs, fruits, and flowers,
> Walks, and the melody of birds :
>   But here
> Far otherwise, transported I behold,
> Transported touch; here passion first I felt,
> Commotion strange! in all enjoyments else
> Superiour and unmov'd; here only weak
> Against the charm of beauty's powerful glance.
> Or nature fail'd in me, and left some part
> Not proof enough such object to sustain;
> Or, from my side subducting, took perhaps
> More than enough; at least on her bestow'd
> Too much of ornament, in outward show
> Elaborate, of inward less exact :
> For well I understand in the prime end

« ce qu'on a soustrait de mon côté, on m'a peut-être pris plus qu'il ne fallait :
« du moins on a prodigué à la femme trop d'ornement, à l'extérieur achevée,
« à l'intérieur moins finie. Je comprends bien que, selon le premier dessein de
« la nature, elle est l'inférieure par l'esprit et les facultés intérieures qui
« excellent le plus ; extérieurement aussi elle ressemble moins à l'image de
« celui qui nous fit tous deux, et elle exprime moins le caractère de cette do-
« mination donnée sur les autres créatures. Cependant, quand j'approche de
« ses séductions, elle me semble si parfaite et en elle-même si accomplie, si
« instruite de ses droits, que ce qu'elle veut faire ou dire paraît le plus sage,
« le plus vertueux, le plus discret, le meilleur. Toute science plus haute tombe
« abaissée en sa présence ; la sagesse, discourant avec elle, se perd déconcertée
« et paraît folie. L'autorité et la raison la suivent, comme si elle avait été pro-
« jetée là première, non faite la seconde occasionnellement : pour achever
« tout, la grandeur d'âme et la noblesse établissent en elle leur demeure la
« plus charmante, et créent autour d'elle un respect mêlé de frayeur, comme
« une garde angélique. »

L'ange fronçant le sourcil, lui répondit :

« N'accuse point la nature ; elle a rempli sa tâche ; remplis la tienne, et ne
« te défie pas de la sagesse ; elle ne t'abandonnera pas, si tu ne la renvoies
« quand tu aurais le plus besoin d'elle près de toi, alors que tu attaches trop
« de prix à des choses moins excellentes, comme tu t'en aperçois toi-même.

« Aussi bien qu'admires-tu ? qu'est-ce qui te transporte ainsi ? Des dehors !
« beaux sans doute et bien dignes de ta tendresse, de ton hommage, et de ton
« amour, non de ta servitude. Pèse-toi avec la femme, ensuite évalue : sou-

> Of nature her th' inferiour, in the mind
> And inward faculties, which most excel :
> In outward also her resembling less
> His image who made both, and less expressing
> The character of that dominion given
> O'er other creatures : yet, when I approach
> Her loveliness, so absolute she seems,
> And in herself complete, so well to know
> Her own, that what she wills to do or say,
> Seems wisest, virtuousest discreetest, best :
> All higher knowledge in her presence falls
> Degraded ; wisdom in discourse with her
> Loses discount'nanc'd, and like folly shows ;
> Authority and reason on her wait,
> As one intended first, not after made
> Occasionally ; and to consummate all,
> Greatness of mind, and nobleness, their seat
> Build in her loveliest, and create an awe
> About her, as a guard angelic plac'd. »
>   To whom the angel with contracted brow :
>   « Accuse not nature ; she hath done her part ;
> Do thou but thine ; and be not diffident
> Of wisdom ; she deserts thee not, if thou
> Dismiss not her, when most thou need'st her nigh,
> By attributing overmuch to things
> Less excellent, as thou thyself perceiv'st.
>   « For, what admir'st thou, what transports thee so ?
> An outside ? fair, no doubt, and worthy well
> Thy cherishing, thy honouring, and thy love ;
> Not thy subjection : weigh with her thyself ;
> Then value : oft-times nothing profits more
> Than self-esteem, grounded on just and right

« vent rien n'est plus profitable que l'estime de soi-même bien ménagée, et
« fondée en justice et en raison. Plus tu connaîtras de cette science, plus ta
« compagne te reconnaîtra pour son chef, à des réalités cédera toutes ses ap-
« parences. Elle est faite ainsi ornée pour te plaire davantage, ainsi imposante
« pour que tu puisses aimer avec honneur ta compagne, qui voit quand tu
« parais le moins sage.

« Mais si le sens du toucher, par lequel l'espèce humaine est propagée, te
« paraît un délice cher au-dessus de tout autre, songe que le même sens a été
« accordé au bétail et à chaque bête : lequel ne leur aurait pas été révélé et
« rendu commun si quelque chose existait là dedans, digne de subjuguer l'âme
'homme ou de lui inspirer la passion.

« Ce que tu trouves d'élevé, d'attrayant, de doux, de raisonnable, dans la
« société de ta compagne, aime-le toujours ; en aimant tu fais bien ; dans la
« passion, non, car en celle-ci le véritable amour ne consiste pas. L'amour
« épure les pensées et élargit le cœur ; il a son siége dans la raison, et il est
« judicieux ; il est l'échelle par laquelle tu peux monter à l'amour céleste, n'é-
« tant pas plongé dans le plaisir charnel : c'est pour cette cause que parmi les
« bêtes aucune compagne ne t'a été trouvée. »

Adam, à demi honteux répliqua :

« Ni l'extérieur de la femme, formé si beau, ni rien de la procréation com-
« mune à toutes les espèces (quoique je pense du lit nuptial d'une manière
« beaucoup plus élevée et avec un mystérieux respect), ne me plaisent autant
« dans ma compagne que ces manières gracieuses, ces mille décences sans
« cesse découlant de toutes ses paroles, de toutes ses actions mêlées d'amour,

> Well manag'd; of that skill the more thou know'st,
> The more she will acknowledge thee her head,
> And to realities yield all her shows :
> Made to adorn for thy delight the more,
> So awful, that with honour thou may'st love
> Thy mate, who sees when thou art seen least wise.
> « But if the sense of touch, whereby mankind
> Is propagated, seem such dear delight
> Beyond all other ; think the same vouchsaf'd
> To cattle and each beast; which would not be
> To them made common and divulg'd, if aught
> Therein enjoy'd were worthy to subdue
> The soul of man, or passion in him move.
> « What higher in her society thou find'st
> Attractive, human, rational, love still ;
> In loving thou dost well, in passion not,
> Wherein true love consists not : love refines
> The thoughts, and heart enlarges; hath his seat
> In reason, and is judicious ; is the scale
> By which to heavenly love thou may'st ascend,
> Not sunk in carnal pleasure ; for which cause,
> Among the beasts no mate for thee was found. »
> To whom thus, half abash'd, Adam replied :
> « Neither her outside form'd so fair, nor aught
> In procreation common to all kinds,
> (Though higher of the genial bed by far,
> And with mysterious reverence I deem)
> So much delights me, as those graceful acts,
> Those thousand decencies, that daily flow
> From all her words and actions, mix'd with love
> And sweet compliance, which declare unfeign'd
> Union of mind, or in us both one soul;

« de douce complaisance, qui révèlent une union sincère d'esprit, ou une
« seule âme entre nous deux : harmonie de deux époux, plus agréable à voir
« qu'un son harmonieux à entendre.

« Toutefois ces choses ne me subjuguent pas : je te découvre ce que je sens
« intérieurement, sans pour cela que je sois vaincu, moi qui rencontre des
« objets divers, diversement représentés par les sens; cependant, toujours
« libre, j'approuve le meilleur, et je suis ce que j'approuve. Tu ne me blâmes
« pas d'aimer, car l'amour, tu le dis, nous élève au ciel; il en est à la fois le
« chemin et le guide. Souffre-moi donc, si ce que je demande est permis : les
« esprits célestes n'aiment-ils point? Comment expriment-ils leur amour? Par
« regards seulement? Ou mêlent-ils leur lumière rayonnante par un toucher
« virtuel ou immédiat? »

L'ange, avec un sourire qu'animait la rougeur des roses célestes, propre couleur de l'amour, lui répondit :

« Qu'il te suffise de savoir que nous sommes heureux, et que sans amour il
« n'y a point de bonheur. Tout ce que tu goûtes de plaisir pur dans ton corps
« (et tu fus créé pur), nous le goûtons dans un degré plus éminent : nous ne
« trouvons point d'obstacles de membrane, de jointure, ou de membre, bar-
« rières exclusives. Plus aisément que l'air avec l'air, si les esprits s'embrassent,
« ils se confondent, le pur désirant l'union avec le pur : ils n'ont pas besoin
« d'un moyen de transmission borné, comme la chair pour s'unir à la chair ou
« l'âme à l'âme.

« Mais je ne puis à présent rester davantage : le soleil, s'abaissant au delà
« des terres du cap Vert et des îles ondoyantes de l'Hespérie, se couche : c'est

> Harmony to behold in wedded pair
> More grateful than harmonious sound to th' ear.
> « Yet these subject not : I to thee disclose
> What inward thence I feel, not therefore foil'd,
> Who meet with various objects, from the sense
> Variously representing; yet, still free,
> Approve the best, and follow what I approve.
> To love, thou blam'st me not; for love, thou say'st,
> Leads up to Heaven, is both the way and guide;
> Bear with me then!, if lawful what I ask :
> Love not the heavenly spirits, and how their love
> Express they? by looks only? or do they mix
> Irradiance, virtual or immediate touch? »
> To whom the angel, with a smile that glow'd
> Celestial rosy red, loves proper hue,
> Answer'd :
> « Let it suffice thee that thou know'st
> Us happy, and without love no happiness.
> Whatever pure thou in the body enjoy'st,
> (And pure thou wert created) we enjoy
> In eminence; and obstacle find none
> Of membrane, joint, or limb, exclusive bars
> Easier than air with air, if spirits embrace,
> Total they mix, union of pure with pure
> Desiring; nor restrain'd conveyance need,
> As flesh to mix with flesh, or soul with soul.
> « But I can now no more; the parting sun,
> Beyond the earth's Green cape and verdant isles
> Hesperian sets, my signal to depart.
> Be strong, live happy, and love! but, first of all,
> Him, whom to love is to obey, and keep
> His great command; take heed lest passion sway

« le signal de mon départ. Sois ferme ; vis heureux et aime ! mais aime Dieu
« avant tout; lui obéir, c'est l'aimer. Observe son grand commandement :
« prends garde que la passion n'entraîne ton jugement à faire ce qu'autrement
« ta volonté libre n'admettrait pas. Le malheur ou le bonheur de toi et de tes
« fils est en toi placé. Sois sur tes gardes ; moi, et tous les esprits bienheureux,
« nous nous réjouirons dans ta persévérance. Tiens-toi ferme : rester debout
« ou tomber dépend de ton libre arbitre. Parfait intérieurement, ne cherche
« pas de secours extérieur, et repousse toute tentation de désobéir. »
  Il dit, et se leva. Adam le suivait avec des bénédictions :
  « Puisqu'il te faut partir, va, hôte céleste, messager divin, envoyé de celui
« dont j'adore la bonté souveraine ! Douce et affable a été pour moi ta con-
« descendance ; elle sera honorée à jamais dans ma reconnaissante mémoire.
« Sois toujours bon et amical pour l'espèce humaine, et reviens souvent ! »
  Ainsi ils se séparèrent : de l'épais ombrage l'ange retourna au ciel, et Adam
à son berceau.

    Thy judgment to do aught, which else free will
    Would not admit : thine, and of all thy sons,
    The weal or woe in thee is plac'd ; beware !
    I in thy persevering shall rejoice,
    And all the blest : stand fast ; to stand or fall
    Free in thine own arbitrement it lies.
    Perfect within, no outward aid require ;
    And all temptation to transgress repel. »
     So saying, he arose; whom Adam thus
    Follow'd with benediction :
        « Since to part,
    Go, heavenly guest, ethereal messenger,
    Sent from whose sov'ran goodness I adore !
    Gentle to me and affable hath been
    Thy condescension, and shall be honour'd ever
    With grateful memory : thou to mankind
    Be good and friendly still, and oft return ! »
     So parted they ; the angel up to Heaven
    From the thick shade, and Adam to his bower.

LIVRE NEUVIÈME.

ARGUMENT.

Satan ayant parcouru la terre avec une fourberie méditée, revient de nuit comme un brouillard dans le paradis ; il entre dans le serpent endormi. Adam et Eve sortent au matin pour
leurs ouvrages, qu'Eve propose de diviser en différents endroits, chacun travaillant à part.
Adam n'y consent pas, alléguant le danger, de peur que l'ennemi dont ils ont été avertis
ne la tentât quand il la trouverait seule. Eve offensée de n'être pas crue ou assez circon-
specte, ou assez ferme, insiste pour aller à part, désireuse de mieux faire preuve de sa force.

BOOK IX.

THE ARGUMENT.

Satan having compassed the earth, with meditated guile returns, as a mist, by night into
Paradise ; enters into the serpent sleeping. Adam and Eve in the morning go forth to their
labours, which Eve proposes to divide in several places, each labouring apart : Adam con-
sents not, alleging the danger, lest that enemy, of whom they were forewarned, should
attempt her found alone : Eve, loth to be thought not circumspect or firm enough, urges
her going apart, the rather desirous to make trial of her strength : Adam at last yields.

Adam cède enfin; le serpent la trouve seule : sa subtile approche, d'abord contemplant ensuite parlant, et avec beaucoup de flatterie élevant Eve au-dessus de toutes les autres créatures. Eve, étonnée d'entendre le serpent parler, lui demande comment il a acquis la voix humaine et l'intelligence qu'il n'avait pas jusqu'alors. Le serpent répond qu'en goûtant d'un certain arbre dans le paradis il a acquis à la fois la parole et la raison qui lui avaient manqué jusqu'alors. Eve lui demande de la conduire à cet arbre, et elle trouve que c'est l'arbre de la science défendue. Le serpent, à présent devenu plus hardi, par une foule d'astuces et d'arguments, l'engage à la longue à manger. Elle, ravie du goût, délibère un moment si elle en fera part ou non à Adam ; enfin elle lui porte du fruit, elle raconte ce qui l'a persuadée d'en manger. Adam, d'abord consterné, mais voyant qu'elle était perdue, se résout, par véhémence d'amour, à périr avec elle, et atténuant la faute, il mange aussi du fruit : ses effets sur tous deux. Ils cherchent à couvrir leur nudité, ensuite ils tombent en désaccord et s'accusent l'un l'autre.

IX.

Plus de ces entretiens dans lesquels Dieu ou l'ange, hôtes de l'homme, comme avec leur ami avaient accoutumé de s'asseoir, familiers et indulgents, et de partager son champêtre repas, durant lequel ils lui permettaient sans blâme des discours excusables. Désormais il me faut passer de ces accents aux accents tragiques : de la part de l'homme, honteuse défiance et rupture déloyale, révolte et désobéissance; de la part du ciel (maintenant aliéné) éloignement et dégoût, colère et juste réprimande, et arrêt prononcé, lequel arrêt fit entrer dans ce monde un monde de calamités, le péché, et son ombre la mort, et la misère, avant-coureur de la mort.

Triste tâche! cependant sujet non moins élevé, mais plus héroïque que la colère de l'implacable Achille contre son ennemi, poursuivi trois fois fugitif autour des murs de Troie, ou que la rage de Turnus pour Lavinie démariée,

The serpent finds her alone : his subtle approach, first gazing, then speaking; with much flattery extolling Eve above all other creatures. Eve, wondering to hear the serpent speak, asks how he attained to human speech, and such understanding, hot till now; the serpent answers, that by tasting of a certain tree in the garden he attained both to speech and reason, till then void of both. Eve requires him to bring her to that tree, and finds it to be the tree of knowledge forbidden; the serpent, now grown bolder, with many wiles and arguments induces her at length to eat; she, pleased with the taste, deliberates awhile whether to impart thereof to Adam or not; at last brings him of the fruit; relates what persuaded her to eat thereof : Adam, at first amazed, but perceiving her lost, resolves, through vehemence of love, to perish with her ; and, extenuating the trespass, eats also of the fruit : the effects thereof in them both; they seek to cover their nakedness, then fall to variance and accusation of one another.

IX.

No more of talk where God or angel guest
With man, as with his friend, familiar us'd
To sit indulgent, and with him partake
Rural repast; permitting him the while
Venial discourse unblam'd. I now must change
Those notes to tragic; foul distrust, and breach
Disloyal on the part of man, revolt,
And disobedience : on the part of Heaven
Now alienated, distance and distaste,
Anger and just rebuke, and judgment given,
That brought into this world, a world of woe,
Sin and her shadow death, and misery
Death's harbinger. Sad task ! yet argument
Not less, but more heroic, than the wrath
Of stern Achilles on his foe pursued
Thrice fugitive about Troy-wall ; or rage

ou que le courroux de Neptune et celui de Junon qui, si longtemps, persécuta le Grec et le fils de Cythérée ; sujet non moins élevé, si je puis obtenir de ma céleste patronne un style approprié, de cette patronne qui daigne, sans être implorée, me visiter la nuit, et qui dicte à mon sommeil, ou inspire facilement mon vers non prémédité.

Ce sujet me plut d'abord pour un chant héroïque, longtemps choisi, commencé tard. La nature ne m'a point rendu diligent à raconter les combats, regardés jusqu'ici comme le seul sujet héroïque. Quel chef-d'œuvre ! disséquer avec un long et ennuyeux ravage des chevaliers fabuleux dans des batailles feintes (et le plus noble courage de la patience, et le martyre héroïque demeurent non chantés !), ou décrire des courses et des jeux, des appareils de pas d'armes, des boucliers blasonnés, des devises ingénieuses, des caparaçons et des destriers, des housses et des harnais de clinquant, de superbes chevaliers aux joutes et aux tournois, puis des festins ordonnés, servis dans une salle par des écuyers tranchants et des sénéchaux ! L'habileté dans un art ou dans un travail chétif n'est pas ce qui donne justement un nom héroïque à l'auteur ou au poëme.

Pour moi (de ces choses ni instruit ni studieux), un sujet plus haut me reste, suffisant de lui-même pour immortaliser mon nom, à moins qu'un siècle trop tardif, le froid climat ou les ans n'engourdissent mon aile humiliée : ils le pourraient, si tout cet ouvrage était le mien, non celui de la Divinité qui chaque nuit l'apporte à mon oreille.

Le soleil s'était précipité, et après lui l'astre d'Hespérus, dont la fonction est d'amener le crépuscule à la terre, conciliateur d'un moment entre le jour et la nuit, et à présent l'hémisphère de la nuit avait voilé d'un bout à l'autre le cercle

> Of Turnus for Lavinia disespous'd ;
> Or Neptune's ire, or Juno's, that so long
> Perplex'd the Greek and Cytherea's son :
> If answerable style I can obtain
> Of my celestial patroness, who deigns
> Her nightly visitation unimplor'd,
> And dictates to me slumbering ; or inspires
> Easy my unpremeditated verse :
> Since first this subject for heroic song
> Pleas'd me, long choosing and beginning late ;
> Not sedulous by nature to indite
> Wars, hitherto the only argument
> Heroic deem'd ; chief mastery to dissect
> With long and tedious havoc fabled knights,
> In battles feign'd ; the better fortitude
> Of patience and heroic martyrdom
> Unsung : or to describe races and games,
> Or tilting furniture, imblazon'd shields,
> Impresses quaint, caparisons and steeds,
> Bases and tinsel trappings, gorgeous knights
> At joust and tournament ; then marshall'd feast
> Serv'd up in hall with sewers and seneschals ;
> The skill of artifice or office mean,
> Not that which justly gives heroic name
> To person or to poem.
>   Me, of these
> Nor skill'd nor studious, higher argument
> Remains ; sufficient of itself to raise
> That name, unless an age too late, or cold
> Climate, or years, damp my intended wing
> Depress'd ; and much they may, if all be mine,

de l'horizon, quand Satan, qui dernièrement s'était enfui d'Éden devant les menaces de Gabriel, maintenant perfectionné en fraude méditée et en malice, acharné à la destruction de l'homme, malgré ce qui pouvait arriver de plus aggravant pour lui-même, revint sans frayeur. Il s'envola de nuit, et revint à minuit, ayant achevé le tour de la terre, se précautionnant contre le jour, depuis qu'Uriel, régent du soleil, découvrit son entrée dans Éden et en prévint les chérubins qui tenaient leur veille. De là chassé plein d'angoisse, il rôda pendant sept nuits continues avec les ombres. Trois fois il circula autour de la ligne équinoxiale; quatre fois il croisa le char de la nuit de pôle en pôle, en traversant chaque colure. A la huitième nuit il retourna, et du côté opposé de l'entrée du paradis, ou de la garde des chérubins, il trouva d'une manière furtive un passage non suspecté.

Là était un lieu qui n'existe plus (le péché, non le temps, opéra d'abord ce changement), d'où le Tigre, du pied du paradis, s'élançait dans un gouffre sous la terre, jusqu'à ce qu'une partie de ses eaux ressortît en fontaine auprès de l'arbre de vie. Satan s'abîme avec le fleuve, et se relève avec lui, enveloppé dans la vapeur émergente. Il cherche ensuite où se tenir caché : il avait exploré la mer et la terre depuis Éden jusqu'au Pont-Euxin et les Palus-Méotides, par delà le fleuve d'Oby, descendant aussi loin que le pôle antarctique; en longueur à l'occident, depuis l'Oronte jusqu'à l'Océan que barre l'isthme de Darien, et de là jusqu'au pays où coulent le Gange et l'Indus.

Ainsi il avait rôdé sur le globe avec une minutieuse recherche, et considéré

Not hers, who brings it nightly to my ear.
    The sun was sunk, and after him the star
Of Hesperus, whose office is to bring
Twilight upon the earth, short arbiter
'Twixt day and night; and now from end to end
Night's hemisphere had veil'd the horizon round :
When Satan, who late fled before the threats
Of Gabriel out of Eden, now improv'd
In meditated fraud and malice, bent
On man's destruction, maugre what might hap
Of heavier on himself, fearless return'd.
By night he fled, and at midnight return'd
From compassing the earth; cautious of day,
Since Uriel, regent of the sun, descried
His entrance, and forewarn'd the cherubim
That kept their watch; thence full of anguish driven,
The space of seven continued nights he rode
With darkness; thrice the equinoctial line
He circled; four times cross'd the car of night
From pole to pole, traversing each colure ;
On th' eighth return'd ; and, on the coast averse
From entrance or cherubic watch, by stealth
Found unsuspected way.
            There was a place,
Now not, though sin, not time, first wrought the change,
Where Tigris, at the foot of Paradise,
Into a gulf shot under ground; till part
Rose up a fountain by the tree of Life :
In whit the river sunk, and with it rose,
Satan, involv'd in rising mist; then sought
Where to lie hid : sea he had search'd, and land,
From Eden over Pontus, and the Pool
Mæotis, up beyond the river Ob;
Downward as far antarctic; and in length,

avec une inspection profonde chaque créature, pour découvrir celle qui serait la plus propre de toutes à servir ses artifices ; et il trouva que le serpent était le plus fin de tous les animaux des champs. Après un long débat, irrésolu et tournoyant dans ses pensées, Satan, par une détermination finale, choisit la plus convenable greffe du mensonge, le vase convenable dans lequel il pût entrer et cacher ses noires suggestions au regard le plus perçant : car dans le rusé serpent toutes les finesses ne seraient suspectes à personne, comme procédant de son esprit et de sa subtilité naturelle, tandis que, remarquées dans d'autres animaux, elles pourraient engendrer le soupçon d'un pouvoir diabolique, actif en eux et surpassant l'intelligence de ces brutes. Satan prit cette résolution ; mais d'abord de sa souffrance intérieure, sa passion éclatant, s'exhala en ces plaintes :

« O terre ! combien tu ressembles au ciel, si tu ne lui es plus justement pré« férée ! Demeure plus digne des dieux, comme étant bâtie par les secondes
« pensées, réformant ce qui était vieux. Car, quel Dieu voudrait élever un pire
« ouvrage, après en avoir bâti un meilleur ? Terrestre ciel autour duquel se
« meuvent d'autres cieux qui brillent : encore leurs lampes officieuses ap« portent-elles lumière sur lumière, pour toi seul, comme il semble, concen« trant en toi tous leurs précieux rayons d'une influence sacrée ! De même
« que dans le ciel Dieu est centre et toutefois s'étend à tout, de même toi centre
« tu reçois de tous ces globes : en toi, non en eux-mêmes, toute leur vertu connue
« apparaît productive dans l'herbe, dans la plante et dans la plus noble nais-

> West from Orontes to the ocean barr'd
> At Darien ; thence to the land where flows
> Ganges and Indus :
>   Thus the orb he roam'd
> With narrow search ; and with inspection deep
> Consider'd every creature, which of all
> Most opportune might serve his wiles ; and found
> The serpent subtlest beast of all the field.
> Him, after long debate irresolute
> Of thoughts revolv'd, his final sentence chose ;
> Fit vessel, fittest imp of fraud, in whom
> To enter, and his dark suggestions hide
> From sharpest sight ; for, in the wily snake
> Whatever sleights, none would suspicious mark,
> As from his wit and native subtlety
> Proceeding ; which, in other beasts observ'd,
> Doubt might beget of diabolic power
> Active within, beyond the sense of brute.
> Thus he resolv'd, but first from inward grief
> His bursting passion into plaints thus pour'd :
> « O earth, how like to Heaven, if not preferr'd
> More justly, seat worthier of gods, as built
> With second thoughts, reforming what was old !
> For what God, after better, worse would build ?
> Terrestrial Heaven, danc'd round by other Heavens
> That shine, yet bear their bright officious lamps,
> Light above light, for thee alone, as seems ;
> In thee concentring all their precious beams
> Of sacred influence ! As God in Heaven
> Is centre, yet extends to all ; so thou,
> Centring, receiv'st from all those orbs : in thee,
> Not in themselves, all their known virtue appears
> Productive in herb, plant, and nobler birth
> Of creatures animate with gradual life.

« sance des êtres animés d'une graduelle vie : la végétation, le sentiment, la
« raison, tous réunis dans l'homme.

« Avec quel plaisir j'aurais fait le tour de la terre, si je pouvais jouir de
« quelque chose ! Quelle agréable succession de collines, de vallées, de ri-
« vières, de bois et de plaines ! à présent la terre, à présent la mer, des ri-
« vages couronnés de forêts, des rochers, des antres, des grottes ! Mais je n'y
« ai trouvé ni demeure ni refuge ; et plus je vois de félicités autour de moi,
« plus je sens de tourments en moi, comme si j'étais le siége odieux des con-
« traires ; tout bien pour moi devient poison, et dans le ciel ma condition se-
« rait encore pire.

« Mais, je ne cherche à demeurer ni ici, ni dans le ciel, à moins que je n'y
« domine le souverain Maître des cieux. Je n'espère point être moins misé-
« rable par ce que je cherche ; je ne veux que rendre d'autres tels que je suis,
« dussent par là redoubler mes maux ; car c'est seulement dans la destruction
« que je trouve un adoucissement à mes pensées sans repos. L'homme, pour
« qui tout ceci a été fait, étant détruit, ou porté à faire ce qui opérera sa perte
« entière, tout ceci le suivra bientôt, comme enchaîné à lui en bonheur ou
« malheur ; en malheur donc ! Qu'au loin la destruction s'étende ! A moi seul,
« parmi les pouvoirs infernaux, appartiendra la gloire d'avoir corrompu dans
« un seul jour ce que celui nommé le Tout-Puissant continua de faire pendant
« six nuits et six jours. Et qui sait combien de temps auparavant il l'avait mé-
« dité ? Quoique peut-être ce ne soit que depuis que dans une seule nuit, j'ai
« affranchi d'une servitude inglorieuse près de la moitié des races angéliques,
« et éclairci la foule de ses adorateurs.

« Lui, pour se venger, pour réparer ses nombres ainsi diminués, soit que

Of growth, sense, reason, all summ'd up in man.
« With what delight could I have walk'd thee round,
If I could joy in aught ! sweet interchange
Of hill, and valley, rivers, woods, and plains,
Now land, now sea, and shores with forest crown'd,
Rocks, dens, and caves ! But I in none of these
Find place or refuge ; and the more I see
Pleasures about me, so much more I feel
Torment within me, as from the hateful siege
Of contraries : all good to me becomes
Bane, and in Heaven much worse would be my state.
« But neither here seek I, no, nor in Heaven
To dwell, unless by mastering Heaven's Supreme :
Nor hope to be myself less miserable
By what I seek, but others to make such
As I, though thereby worse to me redound :
For only in destroying I find ease
To my relentless thoughts; and, him destroy'd,
Or won to what may work his utter loss,
For whom all this was made ; all this will soon
Follow, as to him link'd in weal or woe :
In woe then; that destruction wide may range :
To me shall be the glory sole among
Th' infernal powers, in one day to have marr'd
What he, Almighty styl'd, six nights and days
Continued making ; and who knows how long
Before had been contriving ? though perhaps
Not longer than since I, in one night, freed
From servitude inglorious well nigh half
Th' angelic name, and thinner left the throng
Of his adorers.

« sa vertu de longtemps épuisée lui manquât maintenant pour créer d'autres anges
« (si pourtant ils sont sa création), soit que pour nous dépiter davantage il se dé-
« terminât à mettre en notre place une créature formée de terre : il l'enrichit (elle
« sortie d'une si basse origine !) de dépouilles célestes, nos dépouilles. Ce qu'il
« décréta, il l'accomplit : il fit l'homme, et lui bâtit ce monde magnifique, et
« de la terre, sa demeure, il le proclama seigneur. Oh ! indignité ! il assu-
« jettit au service de l'homme les ailes de l'ange, il astreignit des ministres
« flamboyants à veiller et à remplir leur terrestre fonction.

« Je crains la vigilance de ceux-ci ; pour l'éviter, enveloppé ainsi dans le
« brouillard et la vapeur de minuit, je glisse obscur, je fouille chaque buisson,
« chaque fougeraie où le hasard peut me faire trouver le serpent endormi, afin
« de me cacher dans ses replis tortueux, moi et la noire intention que je
« porte. Honteux abaissement ! moi qui naguère combattis les dieux pour
« siéger le plus haut, réduit aujourd'hui à m'unir à un animal, et, mêlé à la
« fange de la bête, à incarner cette essence, à abrutir celui qui aspirait à la
« hauteur de la Divinité ! Mais à quoi l'ambition et la vengeance ne peuvent-
« elles pas descendre ! Qui veut monter, doit ramper aussi bas qu'il a volé
« haut, exposé tôt ou tard aux choses les plus viles. La vengeance, quoique
« douce d'abord, amère avant peu, sur elle-même recule. Soit ! peu m'importe,
« pourvu que le coup éclate bien miré : puisque en ajustant plus haut je suis
« hors de portée, je vise à celui qui le second provoque mon envie, à ce nou-
« veau favori du ciel, à cet homme d'argile, à ce fils du dépit, que, pour nous
« marquer plus de dédain, son auteur éleva de la poussière : la haine par la
« haine est mieux payée. »

Il dit : à travers les buissons humides ou arides, comme un brouillard noir

« He, to be aveng'd,
And to repair his numbers thus impair'd ;
Whether such virtue spent of old now fail'd
More angels to create, if they at least
Are his created; or, to spite us more,
Determined to advance into our room
A creature form'd of earth ; and him endow,
Exalted from so base original,
With heavenly spoils, our spoils : what he decreed,
He effected ; man he made, and for him built
Magnificent this world, and earth his seat,
Him lord pronounc'd ; and, O indignity !
Subjected to his service angel-wings,
And flaming ministres to watch and tend
Their earthly charge.
             « Of these the vigilance
I dread ; and, to elude, thus wrapt in mist
Of midnight vapour glide obscure ; and pry
In every bush and brake, where hap may find
The serpent sleeping ; in whose mazy folds
To hide me, and the dark intent I bring.
O foul descent ! that I, who erst contended
With gods to sit the highest, am now constrain'd
Into a beast ; and, mix'd with bestial slime,
This essence to incarnate and imbrute,
That to the higthh of deity aspir'd !
But what will not ambition and revenge
Descend to ? Who aspires, must down as low
As high he soar'd ; obnoxious, first or last,
To basest things. Revenge, at first though sweet,
Bitter ere long, back on itself recoils :

et rampant, il poursuit sa recherche de minuit pour rencontrer le serpent le plus tôt possible. Il le trouva bientôt profondément endormi, roulé sur lui-même dans un labyrinthe de cercles, sa tête élevée au milieu et remplie de fines ruses. Non encore dans une ombre horrible ou un repaire effrayant, non encore nuisible, sur l'herbe épaisse, sans crainte et non craint, il dormait. Le démon entra par sa bouche, et s'emparant de son instinct brutal dans la tête ou dans le cœur, il lui inspira bientôt des actes d'intelligence; mais il ne troubla point son sommeil, attendant, ainsi renfermé, l'approche du matin.

Déjà la lumière sacrée commençait de poindre dans Éden parmi les fleurs humides qui exhalaient leur encens matinal, alors que toutes les choses qui respirent sur le grand autel de la terre élèvent vers le Créateur des louanges silencieuses et une odeur qui lui est agréable : le couple humain sortit de son berceau, et joignit l'adoration de sa bouche au chœur des créatures privées de voix. Cela fait, nos parents profitent de l'heure, la première pour les plus doux parfums et les plus douces brises. Ensuite ils délibèrent comment ce jour-là ils peuvent le mieux s'appliquer à leur croissant ouvrage, car cet ouvrage dépassait de beaucoup l'activité des mains des deux créatures qui cultivaient une si vaste étendue. Eve la première parla de la sorte à son mari :

« Adam, nous pouvons nous occuper encore à parer ce jardin, à relever
« encore la plante, l'herbe et la fleur, agréable tâche qui nous est imposée.
« Mais jusqu'à ce qu'un plus grand nombre de mains viennent nous aider,
« l'ouvrage sous notre travail augmente, prodigue par contrainte : ce que,
« pendant le jour, nous avons taillé de surabondant, ou ce que nous avons

> Let it; I reck not, so it light well aim'd,
> Since higher I fall short, on him who next
> Provokes my envy, this new favourite
> Of Heaven, this man of clay, son of despite,
> Whom, us the more to spite, his Maker rais'd
> From dust; spite then with spite is best repaid.
>   So saying, through each thicket dank or dry,
> Like a black mist low-creeping, he held on
> His midnight search, where soonest he might find
> The serpent : him fast sleeping soon he found
> In labyrinth of many a round self-roll'd,
> His head the midst, well stor'd with subtle wiles :
> Not yet in horrid shade or dismal den,
> Nor nocent yet; but, on the grassy herb,
> Fearless unfear'd he slept : in at his mouth
> The devil enter'd; and his brutal sense,
> In heart or head, possessing, soon inspir'd
> With act intelligential; but his sleep
> Disturb'd not, waiting close th' approach of morn.
>   Now, when as sacred light began to dawn
> In Eden on the humid flowers, that breath'd
> Their morning incense, when all things, that breathe,
> From th' earth's great altar send up silent praise
> To the Creator, and his nostrils fill
> With grateful smell, forth came the human pair,
> And join'd their vocal worship to the quire
> Of creatures wanting voice; that done, partake
> The season, prime for sweetest scents and airs :
> Then commune, how that day the best may ply
> Their growing work; for much their work outgrew
> The hands' dispatch of two, gardening so wide;
> And Eve first to her husband thus began :
>   « Adam, well may we labour still to dress

« élagué, ou appuyé, ou lié, en une nuit ou deux, par un fol accroissement,
« se rit de nous et tend à redevenir sauvage. Avise donc à cela maintenant, ou
« écoute les premières idées qui se présentent à mon esprit.

« Divisons nos travaux : toi, va où ton choix te guide, ou du côté qui ré-
« clame le plus de soin, soit pour tourner le chèvre-feuille autour de ce ber-
« ceau, soit pour diriger le lierre grimpant là où il veut monter; tandis que
« moi, là-bas, dans ce plant de roses entremêlées de myrtes, je trouverai jus-
« qu'à midi des choses à redresser. Car lorsque ainsi nous choisissons tout le
« jour notre tâche si près l'un de l'autre, faut-il s'étonner qu'étant si près, des
« regards et des sourires interviennent, ou qu'un objet nouveau ramène un
« entretien imprévu qui réduit notre travail du jour interrompu à peu de chose,
« bien que commencé matin ? alors arrive l'heure du souper non gagné. »

Adam lui fit cette douce réponse :

« Ma seule Eve, ma seule associée, à moi sans comparaison plus chère que
« toutes les créatures vivantes, bien as-tu proposé, bien as-tu employé tes pen-
« sées pour découvrir comment nous pourrions accomplir le mieux ici l'ou-
« vrage que Dieu nous a assigné. Tu ne passeras pas sans être louée de moi,
« car rien n'est plus aimable dans une femme que d'étudier le devoir de fa-
« mille et de pousser son mari aux bonnes actions. Cependant notre Maître ne
« nous a pas si étroitement imposé le travail, qu'il nous interdise le délasse-
« ment quand nous en avons besoin, soit par la nourriture, soit par la conver-
« sation entre nous (nourriture de l'esprit), soit par ce doux échange des re-
« gards et des sourires ; car les sourires découlent de la raison ; refusés à la

> This garden, still to tend plant, herb, and flower,
> Our pleasant task enjoin'd; but, till more hands
> Aid us, the work under our labour grows,
> Luxurious by restraint : what we by day
> Lop overgrown, or prune, or prop, or bind,
> One night or two with wanton growth derides,
> Tending to wild. Thou therefore now advise,
> Or hear what to my mind first thoughts present :
> « Let us divide our labours; thou, where choice
> Leads thee, or where most needs; whether to wind
> The woodbine round this arbour, or direct
> The clasping ivy where to climb : while I,
> In yonder spring of roses intermix'd
> With myrtle, find what to redress till noon:
> For, while so near each other thus all day
> Our task we choose, what wonder if so near
> Looks intervene and smiles, or object new
> Casual discourse draw on ; which intermits
> Our day's work, brought to little, though begun
> Early, and th' hour of supper comes unearn'd? »
> To whom mild answer Adam thus return'd :
> « Sole Eve, associate sole, to me beyond
> Compare above all living creatures dear !
> Well hast thou motion'd, well thy thoughts employ'd
> How we might best fulfil the work which here
> God hath assign'd us ; nor of me shalt pass
> Unprais'd; for nothing lovelier can be found
> In woman, than to study household good,
> And good works in her husband to promote.
> Yet not so strictly hath our Lord impos'd
> Labour, as to debar us when we need
> Refreshment, whether food, or talk between,
> Food of the mind, or this sweet intercourse

« brute, ils sont l'aliment de l'amour : l'amour n'est pas la fin la moins noble
« de la vie humaine. Dieu ne nous a pas faits pour un travail pénible, mais
« pour le plaisir, et pour le plaisir joint à la raison. Ne doute pas que nos
« mains unies ne défendent facilement contre le désert ces sentiers et ces ber-
« ceaux, dans l'étendue dont nous avons besoin pour nous promener, jusqu'à
« ce que de plus jeunes mains viennent avant peu nous aider.

« Mais si trop de conversation peut-être te rassasie, je pourrais consentir à
« une courte absence, car la solitude est quelquefois la meilleure société, et
« une courte séparation précipite un doux retour. Mais une autre inquiétude
« m'obsède ; j'ai peur qu'il ne t'arrive quelque mal quand tu seras sevrée de
« moi ; car tu sais de quoi nous avons été avertis, tu sais quel malicieux en-
« nemi, enviant notre bonheur et désespérant du sien, cherche à opérer notre
« honte et notre misère par une attaque artificieuse ; il veille sans doute quelque
« part près d'ici, dans l'avide espérance de trouver l'objet de son désir et son
« plus grand avantage, nous étant séparés ; il est sans espoir de nous circon-
« venir réunis, parce qu'au besoin nous pourrions nous prêter l'un à l'autre un
« rapide secours. Soit qu'il ait pour principal dessein de nous détourner de la
« foi envers Dieu, soit qu'il veuille troubler notre amour conjugal, qui excite
« peut-être son envie plus que tout le bonheur dont nous jouissons ; que ce
« soit là son dessein, ou quelque chose de pis, ne quitte pas le côté fidèle qui
« t'a donné l'être, qui t'abrite encore et te protége. La femme, quand le danger
« ou le déshonneur l'épie, demeure plus en sûreté et avec plus de bienséance
« auprès de son mari qui la garde ou endure avec elle toutes les extrémités. »

  Of looks and smiles; for smiles from reason flow,
To brute denied, and are of love the food;
Love, not the lowest end of human life.
For not to irksome toil, but to delight,
He made us, and delight to reason join'd.
These paths and bowers doubt not but our joint hands
Will keep from wilderness with ease, as wide
As we need walk, till younger hands ere long
Assist us : but if much converse perhaps
Thee satiate, to short absence I could yield;
For solitude sometimes is best society,
And short retirement urges sweet return,
But other doubt possesses me, lest harm
Befall thee sever'd from me, for thou know'st
What hath been warn'd us; what malicious foe,
Envying our happiness, and of his own
Despairing, seeks to work us woe and shame
By sly assault; and somewhere nigh at hand
Watches, no doubt, with greedy hope to find
His wish and best advantage, us asunder;
Hopeless to circumvent us join'd, where each
To other speedy aid might lent at need :
Whether his first design be to withdraw
Our fealty from God; or to disturb
Conjugal love, than which perhaps no bliss
Enjoy'd by us excites his envy more;
Or this, or worse, leave not the faithful side
That gave the being, still shades thee, and protects.
The wife, where danger or dishonour lurks,
Safest and seemliest by her husband stays,
Who guards her, or with her the worst endures. »
  To whom the virgin majesty of Eve,
As one who loves, and some unkindness meets,

La majesté virginale d'Eve, comme une personne qui aime et qui rencontre quelque rigueur, lui répondit avec une douce et austère tranquillité :

« Fils de la terre et du ciel, et souverain de la terre entière, que nous ayons
« un ennemi qui cherche notre ruine, je l'ai su de toi et de l'ange, dont je
« surpris les paroles à son départ, lorsque je me tenais en arrière dans un en-
« foncement ombragé, tout juste alors revenue au fermer des fleurs du soir.
« Mais que tu doutes de ma constance envers Dieu ou envers toi, parce que
« nous avons un ennemi qui la peut tenter, c'est ce que je ne m'attendais pas
« à ouïr. Tu ne crains pas la violence de l'ennemi ; étant tels que nous sommes,
« incapables de mort et de douleur, nous ne pouvons recevoir ni l'une ni
« l'autre, ou nous pouvons les repousser. Sa fraude cause donc ta crainte ? d'où
« résulte clairement ton égale frayeur de voir mon amour et ma constante fidé-
« lité ébranlés ou séduits par sa ruse. Comment ces pensées ont-elles trouvé
« place dans ton sein, ô Adam ? as-tu pu mal penser de celle qui t'est si chère ? »

Adam, par ces paroles propres à la guérir, répliqua :

« Fille de Dieu et de l'homme, immortelle Eve, car tu es telle, non encore
« entamée par le blâme et le péché ; ce n'est pas en défiance de toi que je te
« dissuade de l'absence loin de ma vue, mais pour éviter l'entreprise de notre
« ennemi. Celui qui tente, même vainement, répand du moins le déshonneur
« sur celui qu'il a tenté ; il a supposé sa foi non incorruptible, non à l'épreuve
« de la tentation. Toi-même tu ressentirais avec dédain et colère l'injure
« offerte, quoique demeurée sans effet. Ne te méprends donc pas si je travaille
« à détourner un pareil affront de toi seule ; un affront qu'à nous deux à la

  With sweet austere composure thus replied :
   « Offspring of Heaven and earth, and all earth's lord !
That such an enemy we have, who seeks
Our ruin, both by thee inform'd I learn,
And from the parting angel overheard,
As in a shady nook I stood behind,
Just then return'd at shut of evening flowers.
But, that thou shouldst my firmness therefore doubt
To God or thee, because we have a foe
May tempt it, I expected not to hear.
His violence thou fear'st not ; being such
As we, not capable of death or pain,
Can either not receive, or can repel.
His fraud is then thy fear ; which plain infers
Thy equal fear, that my firm faith and love
Can by his fraud be shaken or seduc'd ;
Thoughts, which how found they harbour in thy breast
Adam, mis-thought of her to thee so dear ? »
  To whom with healing words Adam replied :
   « Daughter of God and man, immortal Eve !
For such thou art ; from sin and blame entire :
Not diffident of thee do I dissuade
Thy absence from my sight, but to avoid
Th' attempt itself, intended by our foe.
For he who tempts, though in vain, at least asperses
The tempted with dishonour foul ; suppos'd
Not incorruptible of faith, not proof
Against temptation : thou thyself with scorn
And anger wouldst resent the offer'd wrong,
Though ineffectual found : misdeem not then,
If such affront I labour to avert
From thee alone, which on us both at once
The enemy, though bold, will hardly dare ;

« fois l'ennemi, bien qu'audacieux, oserait à peine offrir, ou, s'il l'osait, l'as-
« saut s'adresserait d'abord à moi : ne méprise pas sa malice et sa perfide ruse ;
« il doit être astucieux, celui qui a pu séduire des anges. Ne pense pas que le
« secours d'un autre soit superflu. L'influence de tes regards me donne accès
« à toutes les vertus : à ta vue, je me sens plus sage, plus vigilant, plus fort ;
« s'il était nécessaire de force extérieure, tandis que tu me regarderais, la honte
« d'être vaincu ou trompé soulèverait ma plus grande vigueur, et la soulève-
« rait tout entière. Pourquoi ne sentirais-tu pas au dedans de toi la même im-
« pression quand je suis présent, et ne préférerais-tu pas subir ton épreuve
« avec moi, moi le meilleur témoin de ta vertu éprouvée ? »

Ainsi parla Adam, dans sa sollicitude domestique et son amour conjugal ;
mais Eve qui pensa qu'on n'accordait pas assez à sa foi sincère, renouvela sa
repartie avec un doux accent :

« Si notre condition est d'habiter ainsi dans une étroite enceinte, resserrés par
« un ennemi subtil ou violent (nous n'étant pas doués séparément d'une force
« égale pour nous défendre partout où il nous rencontrera), comment sommes-
« nous heureux, toujours dans la crainte du mal? mais le mal ne précède point
« le péché : seulement notre ennemi, en nous tentant, nous fait un affront par
« son honteux mépris de notre intégrité. Son honteux mépris n'attache point
« le déshonneur à notre front, mais retombe honteusement sur lui.

« Pourquoi donc serait-il évité et craint par nous qui gagnons plutôt un double
« honneur de sa prénotion prouvée fausse, qui trouvons dans l'événement la
« paix intérieure et la faveur du ciel, notre témoin? Et qu'est-ce que la fidélité,

   Or daring, first on me th' assault shall light.
   Nor thou his malice and false guile contemn :
   Subtle he needs must be, who could seduce
   Angels; nor think superfluous others' aid.
   I, from the influence of thy looks, receive
   Access in every virtue ; in thy sight
   More wise, more watchful; stronger, if need were
   Of outward strength; while shame, thou looking on,
   Shame to be overcome or over-reach'd,
   Would utmost vigour raise, and rais'd unite.
   Why shouldst not thou like sense within thee feel
   When I am present, and thy trial choose
   With me, best witness of thy virtue tried? »
    So spake domestic Adam in his care
   And matrimonial love; but Eve, who thought
   Less attributed to her faith sincere,
   Thus her reply with accent sweet renew'd.
   « If this be our condition, thus to dwell
   In narrow circuit straiten'd by a foe
   Subtle or violent, we not endued
   Single with like defence, wherever met ;
   How are we happy, still in fear of harm ?
   But harm precedes not sin : only our foe,
   Tempting, affronts us with his foul esteem
   Of our integrity : his foul esteem
   Sticks no dishonour on our front, but turns
   Foul on himself : then wherefore shunn'd or fear'd
   By us? who rather double honour gain
   From his surmise prov'd false ; find peace within,
   Favour from Heaven, our witness, from th' event.
   And what is faith, love, virtue, unassay'd
   Alone, without exterior help sustain'd ?
   Let us not then suspect our happy state

« l'amour, la vertu, essayés seuls, sans être soutenus d'un secours extérieur ?
« Ne soupçonnons donc pas notre heureux état d'avoir été laissé si imparfait
« par le sage Créateur, que cet état ne soit pas assuré, soit que nous soyons sé-
« parés ou réunis. Fragile est notre félicité s'il en est de la sorte ! Ainsi exposé,
« Éden ne serait plus Éden. »

Adam, avec ardeur, répliqua :

« Femme, toutes choses sont pour le mieux, comme la volonté de Dieu les a
« faites. Sa main créatrice n'a laissé rien de défectueux ou d'incomplet dans
« tout ce qu'il a créé, et beaucoup moins dans l'homme ou dans ce qui peut
« assurer son heureux état, garanti contre la force extérieure. Le péril de
« l'homme est en lui-même, et c'est aussi dans lui qu'est sa puissance : contre
« sa volonté, il ne peut recevoir aucun mal; mais Dieu a laissé la volonté libre;
« car qui obéit à la raison est libre; et Dieu a fait la raison droite ; mais il lui
« a commandé d'être sur ses gardes, et toujours debout, de peur que surprise
« par quelque belle apparence de bien, elle ne dicte faux et n'informe mal la
« volonté, pour lui faire faire ce que Dieu a défendu expressément.

« Ce n'est donc point la méfiance, mais un tendre amour qui ordonne, à moi
« de t'avertir souvent, à toi aussi de m'avertir. Nous subsistons affermis ; ce-
« pendant il est possible que nous nous égarions, puisqu'il n'est pas impossible
« que la raison, par l'ennemi subornée, puisse rencontrer quelque objet spé-
« cieux, et tomber surprise dans une déception imprévue, faute d'avoir conservé
« l'exacte vigilance, comme elle en avait été avertie. Ne cherche donc point la ten-
« tation qu'il serait mieux d'éviter, et tu l'éviteras probablement si tu ne te sé-

    Left so imperfect by the Maker wise,
As not secure to single or combin'd.
Frail is our happiness, if this be so,
And Eden were no Eden, thus expos'd. »
    To whom thus Adam fervently replied :
    « O woman, best are all things as the will
Of God ordain'd them : his creating hand
Nothing imperfect or deficient left
Of all that he created, much less man,
Or aught that might his happy state secure,
Secure from outward force : within himself
The danger lies, yet lies within his power :
Against his will he can receive no harm.
But God left free the will; for what obeys
Reason, is free; and reason he made right,
But bid her well beware, and still erect;
Lest, by some fair-appearing good surpris'd
She dictate false, and mis-inform the will
To do what God expressly hath forbid.
    « Not then mistrust, but tender love, enjoins,
That I should mind thee oft; and mind thou me.
Firm we subsist, yet possible to swerve;
Since reason not impossibly may meet
Some specious object by the foe suborn'd,
And fall into deception unaware,
Not keeping strictest watch, as she was warn'd.
Seek not temptation then, which to avoid
Were better, and most likely, if from me
Thou sever not : trial will come unsought.
Wouldst thou approve thy constancy? approve
First thy obedience; th' other who can know,
Not seeing thee attempted, who attest?
But if thou think, trial unsought may find

« pares pas de moi : l'épreuve viendra sans être cherchée. Veux-tu prouver
« ta constance? prouve d'abord ton obéissance. Mais qui connaîtra la première,
« si tu n'as point été tentée? qui l'attestera? Si tu penses qu'une épreuve non
« cherchée peut nous trouver tous deux plus en sûreté qu'il ne te semble que
« nous le sommes, toi ainsi avertie... va! car ta présence, contre ta volonté,
« te rendrait plus absente : va dans ton innocence native! appuie-toi sur ce
« que tu as de vertu! réunis-la toute! car Dieu envers toi a fait son devoir,
« fais le tien. »

Ainsi parla le patriarche du genre humain; mais Eve persista. Et, quoique soumise, elle répliqua la dernière :

« C'est donc avec ta permission, ainsi prévenue et surtout à cause de ce que
« tes dernières paroles pleines de raison n'ont fait que toucher : l'épreuve
« étant moins cherchée, nous trouverait peut-être moins préparés; c'est pour
« cela que je m'éloigne plus volontiers. Je ne dois pas beaucoup m'attendre
« qu'un ennemi aussi fier s'adresse d'abord à la plus faible; s'il y était enclin,
« il n'en serait que plus honteux de sa défaite. »

Ainsi disant, elle retire doucement sa main de celle de son époux, et comme une nymphe légère des bois, Oréade, ou Dryade, ou du cortège de la déesse de Délos, elle vole aux bocages. Elle surpassait Diane elle-même par sa démarche et son port de déesse, quoiqu'elle ne fût point armée comme elle de l'arc et du carquois, mais de ces instruments de jardinage, tels que l'art, simple encore et innocent du feu, les avait formés, ou tels qu'ils avaient été apportés par les anges. Ornée comme Palès ou Pomone, elle leur ressemblait : à Pomone quand elle fuit Vertumne, à Cérès dans sa fleur, lorsqu'elle était vierge encore de Proserpine qu'elle eut de Jupiter. Adam était ravi, son œil la suivit longtemps d'un regard enflammé; mais il désirait davantage qu'elle fût restée. Souvent

> Us both securer, than thus warn'd thou seem'st,
> Go; for thy stay, not free, absents thee more;
> Go in thy native innocence, rely
> On what thou hast of virtue; summon all!
> For God towards thee hath done his part, do thine. »
>   So spake the patriarch of mankind; but Eve
> Persisted; yet submiss, though last, replied :
> « With thy permission then, and thus forewarn'd
> Chiefly by what thy own last reasoning words
> Touch'd only; that our trial, when least sought,
> May find us both perhaps far less prepar'd;
> The willinger I go, nor much expect
> A foe so proud will first the weaker seek;
> So bent, the more shall shame him his repulse. »
>   Thus saying, from her husband's hand her hand
> Soft she withdrew, and, like a wood-nymph light,
> Oread or Dryad, or of Delia's train,
> Betook her to the groves; but Delia's self
> In gait surpass'd, and goddess-like deport,
> Though not as she with bow and quiver arm'd,
> But with such gardening tools as art, yet rude,
> Guiltless of fire, had form'd, or angels brought.
> To Pales, or Pomona, thus adorn'd,
> Likest she seem'd; Pomona, when she fled
> Vertumnus; or to Ceres in her prime,
> Yet virgin of Proserpina from Jove.
> Her long with ardent look his eye pursu'd
> Delighted, but desiring more her stay.
> Oft he to her his charge of quick return
> Repeated : she to him as oft engag'd

il lui répète l'ordre d'un prompt retour ; aussi souvent elle s'engage à revenir à midi au berceau, à mettre toute chose dans le meilleur ordre, pour inviter Adam au repas du milieu du jour ou au repos de l'après-midi.

Oh ! combien déçue, combien trompée, malheureuse Ève, sur ton retour présumé ! événement pervers ! A compter de cette heure, jamais tu ne trouveras dans le paradis ni doux repas ni profond repos ! une embûche est dressée parmi ces fleurs et ces ombrages ; tu es attendue par une rancune infernale qui menace d'intercepter ton chemin, ou de te renvoyer dépouillée d'innocence, de fidélité, de bonheur !...

Car maintenant, et depuis l'aube du jour, l'ennemi, (simple serpent en apparence) était venu, cherchant le lieu où il pourrait rencontrer plus vraisemblablement les deux seuls de l'espèce humaine, mais en eux toute leur race, sa proie projetée. Il cherche dans le bocage et dans la prairie, là où quelque bouquet de bois, quelque partie de jardin, objet de leur soin ou de leur plantation, se montrent plus agréables pour leurs délices ; au bord d'une fontaine ou d'un petit ruisseau ombragé, il les cherche tous deux ; mais il désirerait que son destin pût rencontrer Ève séparée d'Adam ; il le désirait, mais non avec l'espérance de ce qui arrivait si rarement, quand, selon son désir et contre son espérance, il découvre Ève seule, voilée d'un nuage de parfums, là où elle se tenait, à demi aperçue, tant les roses épaisses et touffues rougissaient autour d'elle ; souvent elle se baissait pour relever les fleurs d'une faible tige, dont la tête quoique d'une vive carnation, empourprée, azurée ou marquetée d'or, pendait sans support ; elle les redressait gracieusement avec un lien de myrte, sans songer qu'elle-même, la fleur la plus belle, était non soutenue, son meilleur appui si loin, la tempête si proche !

Le serpent s'approchait ; il franchit mainte avenue du plus magnifique cou-

> To be return'd by noon amid the bower,
> And all things in best order to invite
> Noontide repast, or afternoon's repose.
>   O much deceiv'd, much failing ! hapless Eve,
> Of thy presum'd return ! event perverse !
> Thou never from that hour in Paradise
> Found'st either sweet repast or sound repose ;
> Such ambush, hid among sweet flowers and shades,
> Waited with hellish rancour imminent
> To intercept thy way, or send thee back
> Despoil'd of innocence, of faith, of bliss !
>   For now, and since first break of dawn, the fiend,
> Mere serpent in appearance, forth was come ;
> And on his quest, where likeliest he might find
> The only two of mankind, but in them
> The whole included race, his purpos'd prey.
> In bower and field he sought, where any tuft
> Of grove or garden-plot more pleasant lay,
> Their tendance, or plantation for delight ;
> By fountain or by shady rivulet
> He sought them both, but wish'd his hap might find
> Eve separate ; he wish'd, but not with hope
> Of what so seldom chanc'd ; when to his whis,
> Beyond his hope, Eve separate he spies,
> Veil'd in a cloud of fragrance, where she stood,
> Half spied, so thick the roses blushing round
> About her glow'd, oft stooping to support
> Each flower of slender stalk, whose head, though gay
> Carnation, purple, azure, or speck'd with gold,
> Hung drooping unsustain'd ; them she upstays

vert, cèdre, pin, ou palmier : tantôt ondoyant et hardi, tantôt caché, tantôt vu parmi les arbustes entrelacés et les fleurs formant bordure des deux côtés, ouvrage de la main d'Ève : retraite plus délicieuse que ces fabuleux jardins d'Adonis ressuscité, ou d'Alcinoüs renommé, hôte du fils du vieux Laërte; ou bien encore que ce jardin, non mystique, dans lequel le sage roi se livrait à de mutuelles caresses avec la belle Égyptienne, son épouse.

Satan admire le lieu, encore plus la personne. Comme un homme longtemps enfermé dans une cité populeuse dont les maisons serrées et les égouts corrompent l'air; par un matin d'été, il sort pour respirer dans les villages agréables et dans les fermes adjacentes ; de toutes choses qu'il rencontre il tire un plaisir, l'odeur des blés ou de l'herbe fauchée, ou celle des vaches et des laiteries, chaque objet rustique, chaque bruit champêtre, tout le charme; si d'aventure une belle vierge, au pas de nymphe, vient à passer, ce qui plaisait à cet homme lui plaît davantage à cause d'elle ; elle l'emporte sur tout, et dans son regard elle réunit toutes les délices : le serpent prenait un pareil plaisir à voir ce plateau fleuri, doux abri d'Eve ainsi matineuse, ainsi solitaire ! Sa forme angélique et céleste, mais plus suave et plus féminine, sa gracieuse innocence, toute la façon de ses gestes, ou de ses moindres mouvements, intimident la malice de Satan, et par un doux larcin dépouillent sa violence de l'intention violente qu'il apportait. Dans cet intervalle le mal unique demeure abstrait de son propre mal, et pendant ce temps demeura stupidement bon, désarmé qu'il était d'inimitié, de fourberie, de haine, d'envie, de vengeance. Mais l'enfer ardent qui brûle toujours en lui, quoique dans un demi-ciel, finit bientôt ses délices, et le tor-

> Gently with myrtle-band, mindless the while
> Herself, though fairest unsupported flower,
> From her best prop so far, and storm so night!
>   Nearer he drew, and many a walk travers'd
> Of stateliest covert, cedar, pine, or palm;
> Then voluble and bold, now hid, now seen,
> Among thick-woven arborest, and flowers
> Imborder'd on each bank, the hand of Eve :
> Spot more delicious than those gardens feign'd
> Or of reviv'd Adonis, or renown'd
> Alcinous, host of old Laertes' son;
> Or that, not mystic, where the sapient king
> Held dalliance with his fair Egyptian spouse.
>   Much he the place admir'd, the person more.
> As one who long in populous city pent,
> Where houses thick and sewers annoy the air,
> Forth issuing on a summer's morn, to breathe
> Among the pleasant villages and farms
> Adjoin'd, from each thing met conceives delight,
> The smell of grain, or tedded grass, or kine,
> Or dairy, each rural sight, each rural sound;
> If chance, with nymph-like step, fair virgin pass,
> What pleasing seem'd, for her now pleases more;
> She most, and in her look sums all delight :
> Such pleasure took the serpent to behold
> This flowery plat, the sweet recess of Eve
> Thus early, thus alone : her heavenly form,
> Angelic, but more soft and feminine,
> Her graceful innocence, her every air
> Of gesture, or least action, overaw'd
> His malice, and with rapine sweet bereav'd
> His fierceness of the fierce intent it brought
> That space the evil-one abstracted stood

ture d'autant plus qu'il voit plus de plaisir non destiné pour lui. Alors il rappelle la haine furieuse, et, caressant ses pensées de malheur, il s'excite de la sorte :

« Pensées, où m'avez-vous conduit! par quelle douce impulsion ai-je été
« poussé à oublier ce qui nous a amené ici ! La haine ! non l'amour, ni l'es-
« poir du paradis pour l'enfer, ni l'espoir de goûter ici le plaisir, mais de dé-
« truire tout plaisir, excepté celui qu'on éprouve à détruire : toute autre joie
« pour moi est perdue. Ainsi ne laissons pas échapper l'occasion qui me rit à
« présent : voici la femme seule, exposée à toutes les attaques ; son mari (car
« je vois au loin tout à l'entour) n'est pas auprès d'elle ; j'évite davantage sa
« plus haute intelligence et sa force; d'un courage fier, bâti de membres hé-
« roïques quoique moulés en terre, ce n'est point un ennemi peu redoutable;
« lui exempt de blessures, moi non ! tant l'enfer m'a dégradé, tant la souf-
« france m'a fait déchoir de ce que j'étais dans le ciel ! Eve est belle, divine-
« ment belle, faite pour l'amour des dieux ; elle n'a rien de terrible, bien qu'il
« y ait de la terreur dans l'amour et dans la beauté, quand elle n'est pas ap-
« prochée par une haine plus forte; haine d'autant plus forte qu'elle est mieux
« déguisée sous l'apparence de l'amour : c'est le chemin que je tente pour la
« ruine d'Eve. »

Ainsi parle l'ennemi du genre humain, mauvais hôte du serpent dans lequel il était renfermé, et vers Eve il poursuit sa route. Il ne se traînait pas alors sur la terre en ondes dentelées comme il a fait depuis; mais il se dressait sur sa croupe, base circulaire de replis superposés qui montaient en forme de tour,

    From his own evil, and for the time remain'd
    Stupidly good; of enmity disarm'd,
    Of guile, of hate, of envy, of revenge :
    But the hot hell that always in him burns,
    Though in mid Heaven, soon ended his delight,
    And tortures him now more, the more he sees
    Of pleasure, not for him ordain'd : then soon
    Fierce hate he recollets, and all his thoughts
    Of mischief, gratulating, thus excites :
      « Thoughts, whither have ye led me ! with what sweet
    Compulsion thus transported, to forget
    What hither brought us! hate, not love; nor hope
    Of Paradise for Hell, hope here to taste
    Of pleasure; but all pleasure to destroy,
    Save what is in destroying : other joy
    To me is lot. Then, let me not let pass
    Occasion which now smiles; behold alone
    The woman, opportune to all attempts :
    Her husband (for I view far round) not nigh,
    Whose higher intellectual more I shun,
    And strength, of courage haughty and of limb
    Heroic built, though of terrestrial mould;
    Foe not informidable! exempt from wound,
    I not; so much hath Hell debas'd, and pain
    Enfeebled me, to what I was in Heaven.
    She fair, divinely fair, fit love for gods !
    Not terrible, though terror be in love
    And beauty, not approach'd by stronger hate,
    Hate stronger, under show of love well feign'd;
    The way which to her ruin now I tend. »
      So spake the enemy of mankind, enclos'd
    In serpent, inmate bad! and toward Eve
    Address'd his way : not with indented wave,

orbe sur orbe, labyrinthe croissant ! Une crête s'élevait haute sur sa tête; ses yeux étaient d'escarboucle; son cou était d'un or vert bruni; il se tenait debout au milieu de ses spirales arrondies qui sur le gazon flottaient redondantes. Agréable et charmante était sa forme : jamais serpents depuis n'ont été plus beaux, ni celui dans lequel furent changés en Illyrie Hermione et Cadmus, ni celui qui fut le dieu d'Epidaure, ni ceux en qui transformés furent vus Jupiter Ammon et Jupiter Capitolin, le premier avec Olympias, le second avec celle qui enfanta Scipion, la grandeur de Rome.

D'une course oblique, comme quelqu'un qui cherche accès auprès d'une personne, mais qui craint de l'interrompre, il trace d'abord son chemin de côté : tel qu'un vaisseau manœuvré par un pilote habile à l'embouchure d'une rivière ou près d'un cap, autant de fois que le vent tourne, autant de fois il vire de bord et change sa voile; ainsi Satan variait ses mouvements, et de sa queue formait de capricieux anneaux à la vue d'Ève, pour amorcer ses regards.

Occupée, elle entendit le bruit des feuilles froissées; mais elle n'y fit aucune attention, accoutumée qu'elle était dans les champs à voir se jouer devant elle toutes les bêtes, plus soumises à sa voix que ne le fut à la voix de Circé le troupeau métamorphosé.

Plus hardi alors, le serpent non appelé se tint devant Ève, mais comme dans l'étonnement de l'admiration : souvent d'une manière caressante il abaissait sa crête superbe, son cou poli et émaillé, et léchait la terre qu'Ève avait foulée. Sa gentille expression muette amène enfin les regards d'Ève à remarquer son badinage. Ravi d'avoir fixé son attention, Satan, avec la langue organique

    Prone on the ground, as since; but on his rear,
    Circular base of rising folds, that tower'd
    Fold above fold, a surging maze ! his head
    Crested aloft, and carbuncle his eyes;
    With burnish'd neck of verdant gold, erect
    Amidst his circling spires, that on the grass
    Floated redundant : pleasing was his shape
    And lovely; never since of serpent-kind
    Lovelier ; not those that in Illyria chang'd
    Hermione and Cadmus, or the god
    In Epidaurus; nor to which transform'd
    Ammonian Jove, or Capitoline, was seen;
    He with Olympias; this with her who bore
    Scipio, the highth of Rome. With tract oblique
    At first, as one who sought access, but fear'd
    To interrupt, side-long he works his way.
    As when a ship, by skilful steersman wrought
    Nigh river's mouth or foreland, where the wind
    Veers oft, as oft so steers, and shifts her sail :
    So varied he, and of his tortuous train
    Curl'd many a wanton wreath in sight of Eve,
    To lure her eye.
         She, busied, heard the sound
    Of rustling leaves, but minded not, as us'd
    To such disport before her through the field,
    From every beast; more duteous at her call,
    Than at Circean call the herd disguis'd.
    He, bolder now, uncall'd before her stood,
    But as in gaze admiring : oft he bow'd
    His turret crest, and sleek enamell'd neck,
    Fawning; and lick'd the ground whereon she trod.
    His gentle dumb expression turn'd at length
    The eye of Eve, to mark his play; he, glad

du serpent, ou par l'impulsion de l'air vocal, commença de la sorte sa tentation astucieuse :

« Ne sois pas émerveillée, maîtresse souveraine, si tu peux l'être, toi qui
« es la seule merveille. Encore moins n'arme pas de mépris ton regard, ciel
« de la douceur, irritée que je m'approche de toi et que je te contemple insa-
« tiable : moi ainsi seul, je n'ai pas craint ton front, plus imposant encore
« ainsi retirée. O la plus belle ressemblance de ton beau Créateur ! toi, toutes
« les choses vivantes t'admirent, toutes les choses qui t'appartiennent en don
« adorent ta beauté céleste contemplée avec ravissement. La beauté est con-
« sidérée davantage là où elle est universellement admirée; mais ici, dans cet
« enclos sauvage, parmi ces bêtes (spectateurs grossiers et insuffisants pour
« discerner la moitié de ce qui en toi est beau), un homme excepté, qui te
« voit ? Et qu'est-ce qu'un seul à te voir, toi qui devrais être vue déesse parmi
« les dieux, adorée et servie des anges sans nombre, ta cour journalière ! »

Telles étaient les flatteries du tentateur, tel fut le ton de son prélude : ses paroles firent leur chemin dans le cœur d'Ève, bien qu'elle s'étonnât beaucoup de la voix. Enfin, non sans cesser d'être surprise, elle répondit :

« Qu'est-ce que ceci ? le langage de l'homme prononcé, la pensée humaine
« exprimée par la langue d'une brute ? je croyais du moins que la parole avait
« été refusée aux animaux, que Dieu au jour de leur création les avait faits
« muets pour tout son articulé. Quant à la pensée, je doutais; car dans les re-
« gards et dans les actions des bêtes, souvent paraît beaucoup de raison. Toi,
« serpent, je te connaissais bien pour le plus subtil des animaux des champs,

> Of her attention gain'd, with serpent-tongue
> Organic, or impulse of vocal air,
> His fraudulent temptation thus began :
>   « Wonder not, sovran mistress, if perhaps
> Thou canst, who art sole wonder ! much less arm
> Thy looks, the Heaven of mildness, with disdain,
> Displeas'd that I approach thee thus, and gaze
> Insatiate; I thus single; nor have fear'd
> Thy awful brow, more awful thus retir'd.
> Fairest resemblance of thy Maker fair,
> Thee all things living gaze on, all things thine
> By gift, and thy celestial beauty adore
> With ravishment beheld ! there best beheld,
> Where universally admir'd; but here
> In this enclosure wild, these beasts among,
> Beholders rude, and shallow to discern
> Half what in thee is fair, one man except,
> Who sees thee ? (and what is one ?), who shoulds be seen
> A goddess among gods, ador'd and serv'd
> By angels numberless, thy daily train. »
>   So gloz'd the tempter, and his proem tun'd :
> Into the heart of Eve his words made way,
> Though at the voice much marvelling; at length,
> Not unamaz'd, she thus in answer spake :
>   « What may this mean ? language of man pronounc'd
> By tongue of brute, and human sense express'd ?
> The first, at least, of these I thought denied
> To beasts; whom God, on their creation-day,
> Created mute to all articulate sound :
> The latter I demur; for in their looks
> Much reason, and in their actions, oft appears.
> Thee, serpent, subtlest beast of all the field
> I knew, but not with human voice endued :

« mais j'ignorais que tu fusses doué de la voix humaine. Redouble donc ce
« miracle, et dis comment tu es devenu parlant de muet que tu étais, et com-
« ment tu es devenu plus mon ami que le reste de l'espèce brute qui est jour-
« nellement sous mes yeux. Dis, car une telle merveille réclame l'attention
« qui lui est due. »

L'astucieux tentateur répliqua de la sorte :

« Impératrice de ce monde beau, Ève resplendissante, il m'est aisé de te dire
« tout ce que tu ordonnes; il est juste que tu sois obéie.

« J'étais d'abord comme sont les autres bêtes qui paissent l'herbe foulée
« aux pieds ; mes pensées étaient abjectes et basses comme l'était ma nourri-
« ture ; je ne pouvais discerner que l'aliment ou le sexe, et ne comprenais rien
« d'élevé : jusqu'à ce qu'un jour, roulant dans la campagne, je découvris au
« loin, par hasard, un bel arbre chargé de fruit des plus belles couleurs mê-
« lées, pourpre et or. Je m'en approchais pour le contempler, quand des ra-
« meaux s'exhala un parfum savoureux, agréable à l'appétit ; il charma mes
« sens plus que l'odeur du doux fenouil, plus que la mamelle de la brebis, ou
« de la chèvre, qui laisse échapper le soir le lait non sucé de l'agneau ou du
« chevreau occupés de leurs jeux.

« Pour satisfaire le vif désir que je ressentais de goûter à ces belles pommes,
« je résolus de ne pas différer : la faim et la soif, conseillères persuasives, ai-
« guisées par l'odeur de ce fruit séducteur, me pressaient vivement. Soudain
« je m'entortille au tronc moussu, car pour atteindre aux branches élevées au-
« dessus de la terre, cela demanderait ta haute taille ou celle d'Adam. Autour
« de l'arbre se tenaient toutes les autres bêtes qui me voyaient ; languissant

  Redouble then this miracle, and say,
How cam'st thou speakable of mute, and how
To me so friendly grown above the rest
Of brutal kind, that daily are in sight?
Say, for such wonder claims attention due. »
  To whom the guileful tempter thus replied :
  « Empress of this fair world, resplendent Eve !
Easy to me it is to tell thee all
What thou command'st; and right thou shouldst be obey'd.
  « I was at first as other beasts that graze
The trodden herb, of abject thoughts and low,
As was my food; nor aught but food discern'd
Or sex, and apprehended nothing high :
Till, on a day reving the field, I chanc'd
A goodly tree far distant to behold
Loaden with fruit of fairest colours mix'd,
Ruddy and gold : I nearer drew to gaze;
When from the boughs a savoury odour blown,
Grateful to appetite, more pleas'd my sense
Than smell of sweetest fennel, or the teats
Of ewe or goat dropping with milk at even,
Unsuck'd of lamb or kid, that tend their play.
  « To satisfy the sharp desire I had
Of tasting those fair apples, I resolv'd
Not to defer; hunger and thirst at once,
Powerful persuaders, quicken'd at the scent
Of that alluring fruit, urg'd me so keen.
About the mossy trunk I wound me soon ;
For, high from ground, the branches would require
Thy utmost reach or Adam's : round the tree
All other beasts that saw, with like desire
Longing and envying stood, but could not reach.

« d'un pareil désir elles me portaient envie, mais ne pouvaient arriver au
« fruit. Déjà parvenu au milieu de l'arbre où pendait l'abondance si tentante
« et si près, je ne me fis faute de cueillir et de manger à satiété, car jusqu'à cette
« heure je n'avais jamais trouvé un pareil plaisir aux aliments ou à la fontaine.

« Rassasié enfin, je ne tardai pas d'apercevoir en moi un changement étrange
« au degré de raison de mes facultés intérieures ; la parole ne me manqua pas
« longtemps, quoique je conservasse ma forme. Dès ce moment, je tournai mes
« pensées vers des méditations élevées ou profondes, et je considérai d'un es-
« prit étendu toutes les choses visibles dans le ciel, sur la terre ou dans l'air,
« toutes les choses bonnes et belles. Mais tout ce qui est beau et bon, dans ta
« divine image et dans le rayon céleste de ta beauté je le trouve réuni. Il n'est
« point de beauté à la tienne pareille ou seconde ! elle m'a contraint, quoique
« importun peut-être, à venir, à te contempler, à t'adorer, toi qui de droit es
« déclarée souveraine des créatures, dame universelle ! »

Ainsi parle l'animé et rusé serpent ; et Ève, encore plus surprise, lui répliqua, imprudente :

« Serpent, les louanges excessives me laissent en doute de la vertu de ce
« fruit sur toi le premier éprouvée. Mais, dis-moi, où croît l'arbre ? est-il loin
« d'ici ? Car nombreux sont les arbres de Dieu qui croissent dans le paradis,
« et plusieurs nous sont encore inconnus : une telle abondance s'offre à notre
« choix, que nous laissons un grand trésor de fruits sans les toucher ; ils res-
« tent suspendus incorruptibles jusqu'à ce que les hommes naissent pour les
« cueillir, et qu'un plus grand nombre de mains nous aident à soulager la
« nature de son enfantement. »

>   Amid the tree now got, where plenty hung
>   Tempting so nigh, to pluck and eat my fill
>   I spar'd not; for such pleasure till that hour,
>   At feed or fountain, never had I found.
>   « Sated at length, ere long I might perceive
>   Strange alteration in me, to degree
>   Of reason in my inward powers; and speech
>   Wanted not long; though to this shape retain'd.
>   Thenceforth to speculations high or deep
>   I turn'd my thoughts, and with capacious mind
>   Consider'd all things visible in Heaven,
>   Or earth, or middle; all things fair and good :
>   But all that fair and good in thy divine
>   Semblance, and in thy beauty's heavenly ray,
>   United I beheld; no fair to thine
>   Equivalent or second! which compell'd
>   Me thus, though importune perhaps, to come
>   And gaze, and worship thee, of right declar'd
>   Sovran of creatures, universal dame! »
>   So talk'd the spirited sly snake ; and Eve,
>   Yet more amaz'd, unwary thus replied :
>   « Serpent, thy overpraising leaves in doubt
>   The virtue of that fruit, in thee first prov'd :
>   But say : where grows the tree? from hence how far?
>   For many are the trees of God that grow
>   In Paradise, and various, yet unknown
>   To us; in such abundance lies our choice,
>   As leaves a greater store of fruit untouch'd
>   Still hanging incorruptible, till men
>   Grow up to their provision, and more hands
>   Help to disburden Nature of her birth. »
>   To whom the wily adder, blithe and glad :

L'insidieuse couleuvre joyeuse et satisfaite :

« Impératrice, le chemin est facile et n'est pas long; il se trouve au delà
« d'une allée de myrtes, sur une pelouse, tout près d'une fontaine, quand on
« a passé un petit bois exhalant la myrrhe et le baume. Si tu m'acceptes pour
« conducteur, je t'y aurai bientôt menée.

« — Conduis-moi donc, » dit Ève.

Le serpent, guide, roule rapidement ses anneaux, et les fait paraître droits quoique entortillés, prompt qu'il est au crime. L'espérance l'élève, et la joie enlumine sa crête : comme un feu follet, formé d'une onctueuse vapeur que la nuit condense et que la frigidité environne, s'allume en une flamme par le mouvement (lequel feu accompagne souvent, dit-on, quelque malin esprit); voltigeant et brillant d'une lumière trompeuse, il égare de sa route le voyageur nocturne étonné; il le conduit dans des marais et des fondrières, à travers des viviers et des étangs où il s'engloutit et se perd loin de tout secours : ainsi reluisait le serpent fatal, et par supercherie menait Ève, notre mère crédule, à l'arbre de prohibition, racine de tout notre malheur. Dès qu'elle le vit, elle dit à son guide :

« Serpent, nous aurions pu éviter notre venir ici, infructueux pour moi,
« quoique le fruit soit ici en abondance. Le bénéfice de sa vertu sera seul pour
« toi; vertu merveilleuse en vérité, si elle produit de pareils effets! Mais nous
« ne pouvons à cet arbre ni toucher, ni goûter : ainsi Dieu l'a ordonné, et il
« nous a laissé cette défense, la seule fille de sa voix : pour le reste, nous vi-
« vons loi à nous-mêmes; notre raison est notre loi. »

Le tentateur, plein de tromperie, répliqua :

« En vérité! Dieu a donc dit que du fruit de tous les arbres de ce jardin

« Empress, the way is ready, and not long;
Beyond a row of myrtles, on a flat,
Fast by a fountain, one small thicket past
Of blowing myrrh and balm : if thou accept
My conduct, I can bring thee thither soon. »
« Lead then, » said Eve.   He, leading, swiftly roll'd
In tangles, and made intricate seem straight,
To mischief swift. Hope elevates, and joy
Brightens his crest. As when a wandering fire,
Compact of unctuous vapour, which the night
Condenses, and the cold environs round,
Kindled through agitation to a flame,
Which oft, they say, some evil spirit attends,
Hovering and blazing with delusive light,
Misleads th' amaz'd night-wanderer from his way
To bogs and mires, and oft through pond or pool;
There swallow'd up and lost, from succour far :
So glister'd the dire snake, and into fraud
Led Eve, our credulous mother, to the tree
Of prohibition, root of all our woe;
Which when she saw, thus to her guide she spake :
« Serpent, we might have spar'd our coming hither,
Fruitless to me, though fruit be here t' excess,
The credit of whose virtue rest with thee;
Wondrous indeed, if cause of such effects.
But of this tree we may not taste nor touch;
God so commanded, and left that command
Sole daughter of his voice : the rest, we live
Law to ourselves; our reason is our law. »
To whom the tempter guilefully replied :
« Indeed! hath God then said that of the fruit

« vous ne mangerez pas, bien que vous soyez déclarés seigneurs de tout sur
« la terre et dans l'air? »

Eve, encore sans péché :

« Du fruit de chaque arbre de ce jardin nous pouvons manger, mais du
« fruit de ce bel arbre dans le jardin Dieu a dit : Vous n'en mangerez point;
« vous n'y toucherez point, de peur que vous ne mouriez. »

A peine a-t-elle dit brièvement, que le tentateur, maintenant plus hardi (mais avec une apparence de zèle et d'amour pour l'homme, d'indignation pour le tort qu'on lui faisait), joue un rôle nouveau. Comme touché de compassion, il se balance troublé, pourtant avec grâce, et il se lève posé comme prêt à traiter quelque matière importante : au vieux temps, dans Athènes et dans Rome libre, où florissait l'éloquence (muette depuis !), un orateur renommé, chargé de quelque grande cause, se tenait debout en lui-même recueilli, tandis que chaque partie de son corps, chacun de ses mouvements, chacun de ses gestes obtenaient audience avant sa parole; quelquefois il débutait avec hauteur, son zèle pour la justice ne lui permettait pas le délai d'un exorde : ainsi s'arrêtant, se remuant, se grandissant de toute sa hauteur, le tentateur, tout passionné, s'écria :

« O plante sacrée, sage et donnant la sagesse, mère de la science, à présent
« je sens au dedans de moi mon pouvoir qui m'éclaire, non-seulement pour
« discerner les choses dans leurs causes, mais pour découvrir les voies des
« agents suprêmes, réputés sages cependant. Reine de cet univers, ne crois
« pas ces rigides menaces de mort : vous ne mourrez point : comment le
« pourriez-vous? Par le fruit? Il vous donnera la vie de la science. Par l'au-
« teur de la menace? Regardez-moi, moi qui ai touché et goûté; cependant

      Of all these garden-trees ye shall not eat,
      Yet lords declar'd of all in earth or air? »
          To whom thus Eve, yet sinless :
                           « Of the fruit
      Of each tree in the garden we may eat;
      But of the fruit of this fair tree amidst
      The garden, God hath said, Ye shall not eat
      Thereof, nor shall ye touch it, lest ye die. »
         She scarce had said, though brief, when now more bold
      The tempter, but with show of zeal and love
      To man, and indignation at his wrong,
      New part puts on; and, as to passion mov'd,
      Fluctuates disturb'd, yet comely and in act
      Rais'd, as of some great matter to begin.
      As when of old some orator renown'd,
      In Athens, or free Rome, where eloquence
      Flourish'd, since mute, to some great cause address'd,
      Stood in himself collected; while each part,
      Motion, each act, won audience ere the tongue;
      Sometimes in highth began, as no delay
      Of preface brooking, through his zeal of right :
      So standing, moving, or to highth up grown,
      The tempter, all impassion'd, thus began :
         « O sacred, wise, and wisdom-giving plant,
      Mother of science! now I feel thy power
      Within me clear; not only to discern
      Things in their causes, but to trace the ways
      Of highest agents, deem'd however wise.
      Queen of this universe! do not believe
      Those rigid threats of death : ye shall not die;
      How should you? by the fruit? it gives you life

« je vis, j'ai même atteint une vie plus parfaite que celle que le sort me des-
« tinait, en osant m'élever au-dessus de mon lot. Serait-il fermé à l'homme, ce
« qui est ouvert à la bête? Ou Dieu allumera-t-il sa colère pour une si légère
« offense? Ne louera-t-il pas plutôt votre courage indompté qui, sous la
« menace de la mort dénoncée (quelque chose que soit la mort), ne fut point
« détourné d'achever ce qui pouvait conduire à une plus heureuse vie, à la
« connaissance du bien et du mal. Du bien? quoi de plus juste! Du mal (si ce
« qui est mal est réel)? pourquoi ne pas le connaître, puisqu'il en serait plus
« facilement évité! Dieu ne peut donc vous frapper et être juste: s'il n'est pas
« juste, il n'est pas Dieu; il ne faut alors ni le craindre, ni lui obéir. Votre
« crainte elle-même écarte la crainte de la mort.

« Pourquoi donc fut ceci défendu? Pourquoi, sinon pour vous effrayer?
« Pourquoi, sinon pour vous tenir bas et ignorants, vous ses adorateurs? Il
« sait que le jour où vous mangerez du fruit, vos yeux, qui semblent si clairs,
« et qui cependant sont troubles, seront parfaitement ouverts et éclaircis, et
« vous serez comme des dieux, connaissant à la fois le bien et le mal, comme
« ils le connaissent. Que vous soyez comme des dieux, puisque je suis comme
« un homme, comme un homme intérieurement, ce n'est qu'une juste pro-
« portion gardée, moi de brute devenu homme, vous d'hommes devenus
« dieux.

« Ainsi, vous mourrez peut-être, en vous dépouillant de l'homme pour re-
« vêtir le Dieu : mort désirable quoique annoncée avec menaces, puisqu'elle
« ne peut amener rien de pis que ceci! Et que sont les dieux pour que l'homme

To knowledge; by the threatener? look divine
Me, who have touch'd and tasted; yet both live,
And life more perfect have attain'd than fate
Meant me, by venturing higher than my lot.
Shall that be shut to man, which to the beast
Is open? or will God incense his ire
For such a petty trespass? and not praise
Rather your dauntless virtue, whom the pain
Of death denounc'd, whatever thing death be,
Deterr'd not from achieving what might lead
To happier life, knowledge of good and evil;
Of good, how just? of evil, if what is evil
Be real, why not known, since easier shunn'd?
God therefore cannot hurt ye, and be just;
Not just, not God; not fear'd then, nor obey'd
Your fear itself of death removes the fear.
« Why then was this forbid? Why, but to awe?
Why, but to keep ye low and ignorant,
His worshippers? He knows, that in the day
Ye eat thereof, your eyes, that seem so clear,
Yet are but dim, shall perfectly be then
Open'd and clear'd, and ye shall be as gods,
Knowing both good and evil, as they know.
That ye shall be as gods, since I as man,
Internal man, is but proportion meet;
I, of brute, human; ye, of human, gods.
« So ye shall die perhaps, by putting off
Human, to put on gods; death to be wish'd,
Though threaten'd, which no worse than this can bring.
And what are gods, that man may not become
As they, participating godlike food?
The gods are first, and that advantage use
On our belief, that all from them proceeds:

« ne puisse devenir comme eux, en participant à une nourriture divine? Les
« dieux existèrent les premiers, et ils se prévalent de cet avantage pour nous
« faire croire que tout procède d'eux : j'en doute; car je vois cette belle terre
« échauffée par le soleil, et produisant toutes choses; eux, rien. S'ils pro-
« duisent tout, qui donc a renfermé la connaissance du bien et du mal dans
« cet arbre, de manière que quiconque mange de son fruit acquiert aussitôt
« la sagesse sans leur permission? En quoi serait l'offense, que l'homme par-
« vînt ainsi à connaître? En quoi votre science pourrait-elle nuire à Dieu, ou
« que pourrait communiquer cet arbre contre sa volonté, si tout est à lui?
« Agirait-il par envie? L'envie peut-elle habiter dans les cœurs célestes? Ces
« raisons, ces raisons et beaucoup d'autres prouvent le besoin que vous avez
« de ce beau fruit. Divinité humaine, cueille et goûte librement. »

Il dit, et ses paroles, grosses de tromperie, trouvèrent dans le cœur d'Eve une entrée trop facile. Les yeux fixes, elle contemplait le fruit qui, rien qu'à le voir, pouvait tenter : à ses oreilles retentissait encore le son de ces paroles persuasives qui lui paraissaient remplies de raison et de vérité. Cependant l'heure de midi approchait et réveillait dans Eve un ardent appétit qu'excitait encore l'odeur si savoureuse de ce fruit; inclinée qu'elle était maintenant à le toucher et à le goûter, elle y attachait avec désir son œil avide. Toutefois elle s'arrête un moment et fait en elle-même ces réflexions :

« Grandes sont tes vertus sans doute, ô le meilleur des fruits! Quoique tu
« sois interdit à l'homme, tu es digne d'être admiré, toi dont le suc, trop long-
« temps négligé, a donné dès le premier essai la parole au muet, et a enseigné

I question it ; for this fair earth I see,
Warm'd by the sun, producing every kind;
Them, nothing : if they all things, who enclos'd
Knowledge of good and evil in this tree,
That whoso eats thereof, forthwith attains
Wisdom without their leave : and wherein lies
Th' offence, that man should thus attain to know?
What can your knowledge hurt him, or this tree
Impart against his will, if all be his?
Or is it envy? and can envy dwell
In heavenly breasts? These, these, and many more
Causes import your need of this fair fruit.
Goddess humane, reach then, and freely taste. »
   He ended; and his words, replete with guile,
Into her heart too easy entrance won :
Fix'd on the fruit she gaz'd, which to behold
Might tempt alone, and in her ears the sound
Yet rung of his persuasive words, impregn'd
With reason, to her seeming, and with truth :
Meanwihle the hour of noon drew on, and wak'd
An eager appetite, rais'd by the smell
So savoury of that fruit, which with desire,
Inclinable now grown to touch or taste,
Solicited her longing eye; yet first
Pausing awhile, thus to herself she mus'd :
   « Great are thy virtues, doubtless, best of fruits,
Though kept from man, and worthy to be admir'd ;
Whose taste, too long forborne, at first assay
Gave elocution to the mute, and taught
The tongue not made for speech to speak thy praise :
Thy praisehe also, who forbids thy use,
Conceals not from us, naming thee the tree
Of Knowledge, Knowledge both of good and evil;

« à une langue incapable de discours, à publier ton mérite. Celui qui nous
« interdit ton usage ne nous a pas caché non plus ton mérite en te nommant
« l'arbre de la science; science à la fois et du bien et du mal. Il nous a dé-
« fendu de te goûter, mais sa défense te recommande davantage, car elle
« conclut le bien que tu communiques et le besoin que nous en avons : le bien
« inconnu assurément on ne l'a point, ou si on l'a, et qu'il reste encore in-
« connu, c'est comme si on ne l'avait pas du tout.

« En termes clairs, que nous défend-il lui? de connaître ; il nous défend
« le bien; il nous défend d'être sages. De telles prohibitions ne lient pas.....
« Mais si la mort nous entoure des dernières chaînes, à quoi nous profitera
« notre liberté intérieure? Le jour où nous mangerons de ce beau fruit, tel
« est notre arrêt, nous mourrons..... Le serpent est-il mort? il a mangé et il
« vit, et il connaît, et il parle, et il raisonne, et il discerne, lui jusqu'alors
« irraisonnable. La mort n'a-t-elle été inventée que pour nous seuls ? ou cette
« intellectuelle nourriture, à nous refusée, n'est-elle réservée qu'aux bêtes ?
« qu'aux bêtes ce semble : mais l'unique brute qui la première en a goûté, loin
« d'en être avare, communique avec joie le bien qui lui en est échu, conseillère
« non suspecte, amie de l'homme, éloignée de toute déception et de tout artifice.
« Que crains-je donc ? ou plutôt sais-je ce que je dois craindre dans cette igno-
« rance du bien ou du mal, de Dieu ou de la mort, de la loi ou de la punition?
« Ici croît le remède à tout, ce fruit divin, beau à la vue, attrayant au goût,
« et dont la vertu est de rendre sage. Qui empêche donc de le cueillir et d'en
« nourrir à la fois le corps et l'esprit? »

Elle dit, et sa main téméraire, dans une mauvaise heure, s'étend vers le
fruit : elle arrache! elle mange ! La terre sentit la blessure; la nature, sur ses

Forbids us then to taste! but his forbidding
Commends thee more, while it infers the good
By thee communicated, and our want :
For good unknown sure is not had ; or, had
And yet unknown, is as not had at all.
    « In plain then, what forbids he but to know,
Forbids us good, forbids us to be wise?
Such prohibitions bind not. But, if death
Bind us with after-bands, what profits then
Our inward freedom? In the day we eat
Of this fair fruit, our doom is, we shall die!
How dies the serpent? he hath eaten and lives,
And knows, and speaks, and reasons, and discerns,
Irrational till then. For us alone
Was death invented? or to us denied
This intellectual food, for beasts reserv'd?
For beasts it seems : yet that one beast which first
Hath tasted envies not, but brings with joy
The good befall'n him, authour unsuspect,
Friendly to man, far from deceit or guile.
What fear I then? rather, what know to fear
Under this ignorance of good or evil,
Of God or death, of law or penalty?
Here grows the cure of all, this fruit divine,
Fair to the eye, inviting to the taste,
Of virtue to make wise. What hinders then
To reach, and feed at once both body and mind »
    So saying, her rash hand in evil hour
Forth reaching to the fruit, she pluck'd, she eat!
Earth felt the wound; and nature from her seat,

fondements, soupirant à travers tous ses ouvrages, par des signes de malheur annonça que tout était perdu.

Le serpent coupable s'enfuit dans un hallier, et il le pouvait bien, car maintenant Eve, attachée au fruit tout entière, ne regardait rien autre chose. Il lui semblait que jusque-là elle n'avait jamais goûté dans un fruit un pareil délice; soit que cela fût vrai, soit qu'elle se l'imaginât dans la haute attente de la science : sa divinité ne sortait point de sa pensée. Avidement et sans retenue, elle se gorgea du fruit, et ne savait pas qu'elle mangeait la mort. Enfin rassasiée, exaltée comme par le vin, joyeuse et folâtre, pleine de satisfaction d'elle-même, elle se parle ainsi :

« O roi de tous les arbres du paradis, arbre vertueux, précieux, dont l'opé« ration bénie est la sagesse! arbre jusqu'ici ignoré dégradé, ton beau fruit « demeurait suspendu comme n'étant créé à aucune fin ! Mais dorénavant « mon soin matinal sera pour toi, non sans le chant et la louange qui te sont « dus à chaque aurore; je soulagerai les branches du poids fertile offert libé« ralement à tous, jusqu'à ce que, nourrie par toi, je parvienne à la maturité « de la science comme les dieux qui savent toutes choses, quoiqu'ils envient « aux autres ce qu'ils ne peuvent leur donner. Si le don eût été un des leurs, « il n'aurait pas crû ici.

« Expérience, que ne te dois-je pas, ô le meilleur des guides ! En ne te « suivant pas, je serais restée dans l'ignorance; tu ouvres le chemin de la sa« gesse, et tu donnes accès auprès d'elle, malgré le secret où elle se retire.

« Et moi peut-être aussi suis-je cachée? Le ciel est haut, haut, trop éloigné « pour voir de là distinctement chaque chose sur la terre : d'autres soins peut« être peuvent avoir distrait d'une continuelle vigilance notre grand prohibi-

ighing through all her works, gave signs of woe,
That all was lost.
    Back to the thicket slunk
The guilty serpent, and well might; for Eve,
Intent now wholly on her taste, nought else
Regarded; such delight till then, as seem'd,
In fruit she never tasted, whether true
Or fancied so, through expectation high
Of knowledge : nor was godhead from her thought.
Greedily she ingorg'd without restraint,
And knew not eating death. Satiate at length,
And heighten'd as with wine, jocund and boon,
Thus to herself she pleasingly began :
 « O sovran, virtuous, precious of all trees
In Paradise! of operation blest
To sapience, hitherto obscur'd, infam'd,
And thy fair fruit let hang; as to no end
Created; but henceforth my early care,
Not without song, each morning, and due praise,
Shall tend thee, and the fertile burden ease
Of thy full branches offer'd free to all;
Till, dieted by thee, I grow mature
In knowledge, as the gods, who all things know;
Though others envy what they cannot give :
For, had the gift been theirs, it had not here
Thus grown.
    « Experience, next, to thee I owe,
Best guide : not following thee, I had remain'd
In ignorance; thou open'st wisdom's way,
And giv'st access, though secret she retire.

« teur, en sûreté avec tous ses espions autour de lui.... Mais de quelle manière
« paraîtrai-je devant Adam? lui ferai-je connaître à présent mon changement?
« lui donnerai-je en partage ma pleine félicité, ou plutôt non? Garderai-je les
« avantages de la science en mon pouvoir, sans copartner, afin d'ajouter à la
« femme ce qui lui manque, pour attirer d'autant plus l'amour d'Adam, pour
« me rendre plus égale à lui, et peut-être (chose désirable) quelquefois supé-
« rieure? car inférieur, qui est libre? Ceci peut bien être..... Mais quoi? si
« Dieu a vu? si la mort doit s'ensuivre? alors je ne serai plus, et Adam, marié
« à une autre Eve, vivra en joie avec elle, moi éteinte : le penser, c'est mourir!
« confirmée dans ma résolution, je me décide : Adam partagera avec moi le
« bonheur ou la misère. Je l'aime si tendrement qu'avec lui je puis souffrir
« toutes les morts : vivre sans lui n'est pas la vie. »

Ainsi disant, elle détourna ses pas de l'arbre; mais auparavant elle lui fait une révérence profonde comme au pouvoir qui habite cet arbre, et dont la présence a infusé dans la plante une sève savante découlée du nectar, breuvage des dieux.

Pendant ce temps-là Adam, qui attendait son retour avec impatience, avait tressé une guirlande des fleurs les plus choisies, pour orner sa chevelure et couronner ses travaux champêtres comme les moissonneurs ont souvent accoutumé de couronner leur reine des moissons. Il se promettait une grande joie en pensée et une consolation nouvelle dans un retour si longtemps différé.

« And I perhaps am secret : Heaven is high,
High, and remote to see from thence distinct
Each thing on earth; and other care perhaps
May have diverted from continual watch
Our great forbidder, safe with all his spies
About him. But to Adam in what sort
Shall I appear? shall I to him make known
As yet my change, and give him to partake
Full happiness with me; or rather not,
But keep the odds of knowledge in my power
Without copartner? so to add what wants
In female sex, the more to draw his love,
And render me more equal; and perhaps,
A thing not undesirable, sometime
Superiour; for, inferiour, who is free?
This may be well : but what if God have seen,
And death ensue? then I shall be no more!
And Adam, wedded to another Eve,
Shall live with her enjoying, I extinct;
A death to think! Confirm'd then I resolve,
Adam shall share with me in bliss or woe :
So dear I love him, that with him all deaths
I could endure, without him live no life. »

So saying, from the tree her step she turn'd;
But first low reverence done, as to the power
That dwelt within, whose presence had infus'd
Into the plant sciential sap, deriv'd
From nectar, drink of gods.
     Adam the while,
Waiting desirous her return, had wove
Of choicest flowers a garland, to adorn
Her tresses, and her rural labours crown ;
As reapers oft are wont their harvest-queen.
Great joy he promis'd to his thoughts, and new
Solace in her return, so long delay'd :

Toutefois devinant quelque chose de malheureux, le cœur lui manquait ; il en sentait les battements inégaux : pour rencontrer Eve, il alla par le chemin qu'elle avait pris le matin, au moment où ils se séparèrent.

Il devait passer près de l'arbre de science ; là il la rencontra à peine revenant de l'arbre ; elle tenait à la main un rameau du plus beau fruit couvert de duvet qui souriait, nouvellement cueilli, et répandait l'odeur de l'ambroisie. Elle se hâta vers Adam ; l'excuse parut d'abord sur son visage comme le prologue de son discours, et une trop prompte apologie ; elle adresse à son époux des paroles caressantes qu'elle avait à volonté.

« N'as-tu pas été étonné, Adam, de mon retard ? je t'ai regretté ! et j'ai trouvé
« long le temps privée de ta présence ; agonie d'amour, jusqu'à présent non
« sentie et qui ne le sera pas deux fois ; car jamais je n'aurai l'idée d'éprouver
« (ce que j'ai cherché téméraire et sans expérience) la peine de l'absence, loin
« de ta vue. Mais la cause en est étrange, et merveilleuse à entendre.

« Cet arbre n'est pas, comme on nous le dit, un arbre de danger, quand on
« y goûte ; il n'ouvre pas la voie à un mal inconnu ; mais il est d'un effet divin
« pour ouvrir les yeux, et il fait dieux ceux qui y goûtent ; il a été trouvé tel
« en y goûtant. Le sage serpent (non retenu comme nous, ou n'obéissant pas),
« a mangé du fruit : il n'y a pas trouvé la mort dont nous sommes menacés ;
« mais dès ce moment il est doué de la voix humaine et du sens humain, rai-
« sonnant d'une manière admirable. Et il a agi sur moi avec tant de persua-

> Yet oft his heart, divine of something ill,
> Misgave him; he the faltering measure felt,
> And forth to meet her went, the way she took
> That morn when first they parted.   By the tree
> Of Knowledge he must pass; there he her met,
> Scarce from the tree returning; in her hand
> A bough of fairest fruit, that downy smil'd,
> New gather'd, and ambrosial smell diffus'd.
> To him she hasted; in her face excuse
> Came prologue, and apology too prompt;
> Which, with bland words at will, she thus address'd :
>   « Hast thou not wonder'd, Adam, at my stay?
> Thee I have miss'd, and thought it long, depriv'd
> Thy presence; agony of love till now
> Not felt, nor shall be twice; for never more
> Mean I to try, what rash untried I sought,
> The pain of absence from thy sight. But strange
> Hath been the cause, and wonderful to hear.
>   « This tree is not, as we are told, a tree
> Of danger tasted, nor to evil unknown
> Opening the way; but of divine effect
> To open eyes, and make them gods who taste;
> And hath been tasted such : the serpent wise,
> Or not restrain'd as we, or not obeying,
> Hath eaten of the fruit; and his become,
> Not dead, as we are threaten'd, but thenceforth
> Endued with human voice and human sense,
> Reasoning to admiration; and with me
> Persuasively hath so prevail'd, that I
> Have also tasted, and have also found
> Th' effects to correspond : opener mine eyes,
> Dim erst, dilated spirits, ampler heart,
> And growing up to godhead; which for thee,
> Chiefly I sought, without thee can despise.

« sion, que j'ai goûté, et que j'ai trouvé aussi les effets répondant à l'attente :
« mes yeux troubles auparavant, sont plus ouverts; mon esprit, plus étendu,
« mon cœur, plus ample. Je m'élève à la divinité, que j'ai cherchée principa-
« lement pour toi; sans toi je puis la mépriser. Car la félicité dont tu as ta part
« est pour moi la félicité, ennuyeuse et bientôt odieuse, avec toi non partagée.
« Goûte donc aussi à ce fruit; qu'un sort égal nous unisse dans une égale joie,
« comme dans un égal amour, de peur que si tu t'abstiens, un différent degré
« de condition ne nous sépare, et que je ne renonce trop tard pour toi à la di-
« vinité, quand le sort ne le permettra plus. »

Eve ainsi raconta son histoire d'un air animé; mais sur sa joue le désordre monte et rougit. Adam, de son côté, dès qu'il est instruit de la fatale désobéissance d'Eve, interdit, confondu, devient blanc, tandis qu'une froide horreur court dans ses veines et disjoint tous ses os. De sa main défaillante la guirlande tressée pour Eve tombe, et répand les roses flétries : il demeure pâle et sans voix, jusqu'à ce qu'enfin d'abord en lui-même il rompt son silence intérieur :

« O le plus bel être de la création, le dernier et le meilleur de tous les ou-
« vrages de Dieu, créature en qui excellait pour la vue ou la pensée, ce qui fut
« jamais formé de saint, de divin, de bon, d'aimable et de doux! comment
« es-tu perdue? comment soudain perdue, défigurée, flétrie et maintenant dé-
« volue à la mort? ou plutôt comment as-tu cédé à la tentation de transgresser
« la stricte défense, de violer le sacré fruit défendu? Quelque maudit artifice
« d'un ennemi t'a déçue, d'un ennemi que tu ne connaissais pas; et moi avec

>   For bliss, as thou hast part, to me is bliss;
>   Tedious, unshar'd with thee, and odious soon.
>   Thou therefore also taste, that equal lot
>   May join us, equal joy, as equal love;
>   Lest, thou not tasting, different degree
>   Disjoin us, and I then too late renounce
>   Deity for thee, when fate will not permit. »
>   Thus Eve with countenance blithe her story told;
>   But in her cheek distemper flushing glow'd.
>   On th' other side, Adam, soon as he heard
>   The fatal trespass done by Eve, amaz'd,
>   Astonied stood and blank, while horrour chill
>   Ran through his veins, and all his joints relax'd;
>   From his slack hand the garland wreath'd for Eve
>   Down dropt, and all the faded roses shed :
>   Speechless he stood and pale ; till thus at length
>   First to himself he inward silence broke :
>   « O fairest of creation, last and best
>   Of all God's works ! creature in whom excell'd
>   Whatever can to sight or thought be form'd,
>   Holy, divine, good, amiable, or sweet !
>   How art thou lost! how on a sudden lost,
>   Defac'd, deflower'd, and now to death devote !
>   Rather, how hast thou yielded to transgress
>   The strict forbiddance? how to violate
>   The sacred fruit forbidd'n ? Some cursed fraud
>   Of enemy hath beguil'd thee, yet unknown;
>   And me with thee hath ruin'd : for with thee
>   Certain my resolution is to die :
>   How can I live without thee? how forego
>   Thy sweet converse, and love so dearly join'd,
>   To live again in these wild woods forlorn?
>   Should God create another Eve, and I

« toi, il m'a perdu ; car certainement ma résolution est de mourir avec toi.
« Comment pourrais-je vivre sans toi? comment quitter ton doux entretien et
« notre amour si tendrement uni, pour survivre abandonné dans ces bois sau-
« vages? Dieu créât-il une autre Ève, et moi fournirais-je une autre côte, ta
« perte encore ne sortirait jamais de mon cœur. Non, non ! je me sens attiré
« par le lien de la nature : tu es la chair de ma chair, l'os de mes os ; de ton
« sort le mien ne sera jamais séparé, bonheur ou misère ! »

Ayant dit ainsi, comme un homme revenu d'une triste épouvante, et après des pensées agitées se soumettant à ce qui semble irrémédiable, il se tourne vers Ève, et lui adresse ces paroles d'un ton calme :

« Une action hardie tu as tentée, Ève aventureuse ! un grand péril tu as
« provoqué, toi qui non-seulement as osé convoiter des yeux ce fruit sacré, objet
« d'une sainte abstinence, mais qui, bien plus hardie encore, y as goûté, malgré
« la défense d'y toucher ! Mais qui peut rappeler le passé et défaire ce qui est
« fait? Ni le Dieu tout-puissant, ni le destin ne le pourraient. Cependant, peut-
« être ne mourras-tu point; peut-être l'action n'est-elle pas si détestable, à
« présent que le fruit a été goûté et profané par le serpent, qu'il en a fait un
« fruit commun, privé de sainteté, avant que nous y ayons touché. Le serpent
« n'a pas trouvé qu'il fût mortel ; le serpent vit encore ; il vit, ainsi que tu le
« dis, et il a gagné de vivre comme l'homme, d'un plus haut degré de vie ;
« puissante induction pour nous d'atteindre pareillement, en goûtant ce fruit,
« une élévation proportionnée qui ne peut être que de devenir dieux, anges ou
« demi-dieux.

    Another rib afford, yet loss of thee
Would never from my heart : no, no! I feel
The link of nature draw me : flesh of flesh,
Bone of my bone thou art, and from thy state
Mine never shall be parted, bliss or woe. »
    So having said, as one from sad dismay
Recomforted, and after thoughts disturb'd
Submitting to what seem'd remediless,
Thus in calm mood his words to Eve he turn'd :
    « Bold deed thou hast presum'd, adventurous Eve,
And peril great provok'd, who thus hast dar'd,
Had it been only coveting to eye
That sacred fruit, sacred to abstinence,
Much more to taste it, under ban to touch.
But past who can recall, or done undo ?
Not God omnipotent, nor fate : yet so
Perhaps thou shalt not die, perhaps the fact
Is not so heinous now, foretasted fruit,
Profan'd first by the serpent, by him first
Made common, and unhallow'd, ere our taste ;
Nor yet on him found deadly ; he yet lives ;
Lives, as thou saidst, and gains to live, as man,
Higher degree of life : inducement strong
To us, as likely tasting to attain
Proportional ascent ; which cannot be
But to be gods, or angels, demi-gods.
    « Nor can I think that God Creator wise,
Though threatening, will in earnest so destroy
Us his prime creatures dignified so high,
Set over all his works ; which in our fall,
For us created, needs with us must fail,
Dependent made ; so God shall uncreate,
Be frustrate, do, undo, and labour lose ;

« Je ne puis penser que Dieu, sage créateur, quoique menaçant, veuille sé-
« rieusement ainsi nous détruire, nous ses premières créatures, élevées si haut
« en dignité et placées au-dessus de tous ses ouvrages; lesquels, créés pour
« nous, doivent tomber nécessairement avec nous dans notre chute puisqu'ils
« sont faits dépendants de nous. Ainsi Dieu décréerait, serait frustré, ferait et
« deferait, et perdrait son travail : cela ne se concevrait pas bien de Dieu, qui,
« quoique son pouvoir pût répéter la création, cependant répugnerait à nous
« détruire, de peur que l'adversaire ne triomphât et ne dit : — Inconstant est
« l'état de ceux que Dieu favorise le plus! qui peut lui plaire longtemps? Il
« m'a ruiné le premier. Maintenant c'est l'espèce humaine. Qui ensuite? —
« Sujet de raillerie qui ne doit pas être donné à un ennemi. Quoi qu'il en soit,
« j'ai lié mon sort au tien, résolu à subir le même arrêt. Si la mort m'associe
« avec toi, la mort est pour moi comme la vie : tant dans mon cœur je sens
« le lien de la nature m'attirer puissamment à mon propre bien, à mon propre
« bien en toi; car ce que tu es m'appartient, notre état ne peut être séparé;
« nous ne faisons qu'un, une même chair : te perdre, c'est me perdre moi-
« même. »

Ainsi parla Adam; ainsi Eve lui répliqua :

« O glorieuse épreuve d'un excessif amour, illustre témoignage, noble
« exemple qui m'engage à l'imiter! Mais n'approchant pas de la perfection,
« comment l'atteindrai-je, ô Adam! moi qui me vante d'être issue de ton côté,
« et qui t'entends parler avec joie de notre union, d'un cœur et d'une âme
« entre nous deux? Ce jour fournit une bonne preuve de cette union, puisque
« tu déclares que, plutôt que la mort, ou quelque chose de plus terrible que la
« mort, nous sépare (nous liés d'un si tendre amour), tu es résolu à com-
« mettre avec moi la faute, le crime (s'il y a crime) de goûter ce beau fruit

 Not well conceiv'd of God, who, though his power
 Creation could repeat, yet would be loth
 Us to abolish, lest the adversary
 Triumph, and say, — Fickle their state, whom God
 Most favours; who can please him long? Me first
 He ruin'd, now mankind; whom will he next? —
 Matter of scorn, not to be given the foe.
 However I with thee have fix'd my lot,
 Certain to undergo like doom : if death
 Consort with thee, death is to me as life;
 So forcible within my heart I feel
 The bond of nature draw me to my own;
 My own in thee, for what thou art is mine;
 Our state cannot be sever'd, we are one,
 One flesh; to lose thee were to lose myself. »
   So Adam, and thus Eve to him replied :
   « O glorious trial of exceeding love,
 Illustrious evidence, example high!
 Engaging me to emulate; but short
 Of thy perfection, how shall I attain,
 Adam? from whose dear side I boast me sprung,
 And gladly of our union hear thee speak,
 One heart, one soul in both; whereof good proof
 This day affords, declaring thee resolv'd,
 Rather than death, or aught than death more dread,
 Shall separate us, link'd in love so dear,
 To undergo with me one guilt, one crime,
 If any be, of tasting this fair fruit;
 Whose virtue (for of good still good proceeds,

« dont la vertu (car le bien toujours procède du bien, directement ou indirec-
« tement) a offert cette heureuse épreuve à ton amour qui sans cela n'eût
« jamais été si excellemment connu.

« Si je pouvais croire que la mort annoncée dût suivre ce que j'ai tenté, je
« supporterais seule le pire destin, et ne chercherais pas à te persuader : plutôt
« mourir abandonnée que de t'obliger à une action pernicieuse pour ton
« repos, depuis surtout que je suis assurée d'une manière remarquable de ton
« amour si vrai, si fidèle et sans égal. Mais je sens bien autrement l'événe-
« ment : non la mort, mais la vie augmentée, des yeux ouverts, de nouvelles
« espérances, des joies nouvelles, un goût si divin que, quelque douceur qui
« ait auparavant flatté mes sens, elle me semble, auprès de celle-ci, âpre ou
« insipide. D'après mon expérience, Adam, goûte franchement, et livre aux
« vents la crainte de la mort. »

Elle dit, l'embrasse et pleure de joie tendrement ; c'était avoir beaucoup gagné qu'Adam eût ennobli son amour au point d'encourir pour elle le déplaisir divin ou la mort. En récompense (car une complaisance si criminelle méritait cette haute récompense), d'une main libérale elle lui donne le fruit de la branche attrayant et beau. Adam ne fit aucun scrupule d'en manger malgré ce qu'il savait ; il ne fut pas trompé ; il fut follement vaincu par le charme d'une femme.

La terre trembla jusque dans ses entrailles, comme de nouveau dans les douleurs, et la nature poussa un second gémissement. Le ciel se couvrit, fit entendre un sourd tonnerre, pleura quelques larmes tristes, quand s'acheva le mortel péché originel !

Adam n'y prit pas garde, mangeant à satiété. Ève ne craignit point de réitérer sa transgression première, afin de mieux charmer son époux par sa compagnie

    Direct, or by occasion,) hath presented
This happy trial of thy love, which else
So eminently never had been known.
    « Were it I thought death menac'd would ensue
This my attempt, I would sustain alone
The worst, and not persuade thee; rather die
Deserted, than oblige thee with a fact
Pernicious to thy peace : chiefly, assur'd
Remarkably so late of thy so true,
So faithul, love unequall'd : but I feel
Far otherwise th' event ; not death, but life
Augmented, open'd eyes, new hopes, new joys,
Taste so divine, that what of sweet before
Hath touch'd my sense, flat seems to this, and harsh.
On my experience, Adam, freely taste,
And fear of death deliver to the winds. »
    So saying, she embrac'd him, and for joy
Tenderly wept; much won, that he his love
Had so ennobled, as of choice t' incur
Divine displeasure for her sake, or death.
In recompense, (for such compliance bad
Such recompense, best merits) from the bough
She gave him of that fair enticing fruit
With liberal hand : he scrupled not to eat,
Against his better knowledge, not deceiv'd,
But fondly overcome with female charm.
    Earth trembled from her entrails, as again
In pangs ; and nature gave a second groan ;
Sky lour'd, and, muttering thunder, some sad drops

aimée. Tous deux à présent, comme enivrés d'un vin nouveau, nagent dans la joie ; ils s'imaginent sentir en eux la divinité qui leur fait naître des ailes avec lesquelles ils dédaigneront la terre. Mais ce fruit perfide opéra un tout autre effet, en allumant pour la première fois le désir charnel. Adam commença d'attacher sur Ève des regards lascifs ; Ève les lui rendit aussi voluptueusement : ils brûlent impudiques. Adam excite ainsi Ève aux molles caresses :

« Eve, à présent, je le vois, tu es d'un goût plus sûr et élégant, ce n'est pas
« la moindre partie de la sagesse, puisque à chaque pensée, nous appliquons
« le mot saveur, et que nous appelons notre palais judicieux : je t'en accorde
« la louange, tant tu as bien pourvu à ce jour ! Nous avons perdu beaucoup
« de plaisir en nous abstenant de ce fruit délicieux ; jusqu'ici en goûtant, nous
« n'avions pas connu le vrai goût. Si le plaisir est tel dans les choses à nous
« défendues, il serait à souhaiter qu'au lieu d'un seul arbre, on nous en eût
« défendu dix. Mais viens, si bien réparés, jouons maintenant comme il convient
« après un si délicieux repas. Car jamais ta beauté, depuis le jour que je te vis
« pour la première fois et t'épousai ornée de toutes les perfections, n'enflamma
« mes sens de tant d'ardeur pour jouir de toi, plus charmante à présent que jamais !
« O bonté de cet arbre plein de vertu ! »

Il dit, et n'épargna ni regard, ni badinage d'une intention amoureuse. Il fut compris d'Eve dont les yeux lançaient des flammes contagieuses. Il saisit sa main, et vers un gazon ombragé, qu'un toit de feuillage épais et verdoyant couvrait en berceau, il conduisit son épouse nullement résistante. De fleurs étai:

  Wept at completing of the mortal sin
  Original :
    While Adam took no thought,
  Eating his fill ; nor Eve to iterate
  Her former trespass fear'd, the more to soothe
  Him with her lov'd society ; that now,
  As with new wine intoxicated both,
  They swim in mirth, and fancy that they feel
  Divinity within them breeding wings,
  Wherewith to scorn the earth : but that false fruit
  Far other operation first display'd,
  Carnal desire inflaming : he on Eve
  Began to cast lascivious eyes ; she him
  As wantonly repaid ; in lust they burn ;
  Till Adam thus 'gan Eve to dalliance move.
   « Eve, now I see thou art exact of taste
  And elegant, of sapience no small part ;
  Since to each meaning savour we apply,
  And palate call judicious : I the praise
  Yield thee, so well this day thou hast purvey'd.
  Much pleasure we have lost, while we abstain'd
  From this delightful fruit, nor known till now
  True relish, tasting : if such pleasure be
  In things to us forbidd'n, it might be wish'd,
  For this one tree had been forbidden ten.
  But come, so well refresh'd, now let us play,
  As meetis, after such delicious fare ;
  For never did thy beauty, since the day
  I saw thee first and wedded thee, adorn'd
  With all perfections, so inflame my sense
  With ardour to enjoy thee : fairer now
  Than ever ; bounty of this virtuous tree ! »
   So said he, and forebore not glance or toy
  Of amorous intent ; well understood

la couche, pensées, violettes, asphodèles, hyacinthes; le plus doux, le plus frais giron de la terre. Là, ils s'assouvirent largement d'amour et de jeux d'amour; sceau de leur mutuel crime, consolation de leur péché, jusqu'à ce que la rosée du sommeil les opprimât, fatigués de leur amoureux déduit.

Sitôt que se fût exhalée la force de ce fruit fallacieux, dont l'enivrante et douce vapeur s'était jouée autour de leurs esprits, et avait fait errer leurs facultés intérieures; dès qu'un sommeil grossier, engendré de malignes fumées et surchargé de songes remémoratifs, les eut quittés, ils se lèvent comme d'une veille laborieuse. Il se regardèrent l'un et l'autre, et bientôt ils connurent comment leurs yeux étaient ouverts, comment leurs âmes, obscurcies! L'innocence, quide même qu'un voile leur avait dérobé la connaissance du mal, avait disparu. La juste confiance, la native droiture, l'honneur, n'étant plus autour d'eux, les avaient laissés nus à la honte coupable : elle les couvrit, mais sa robe les découvrit davantage. Ainsi le fort Danite, l'herculéen Samson se leva du sein prostitué de Dalila, la Philistine, et s'éveilla tondu de sa force : Eve et Adam s'éveillèrent nus et dépouillés de toute leur vertu. Silencieux et la confusion sur le visage, longtemps ils restèrent assis comme devenus muets, jusqu'à ce qu'Adam, non moins honteux que sa compagne, donnât enfin passage à ces paroles contraintes :

« O Eve, dans une heure mauvaise, tu prêtas l'oreille à ce reptile trompeur :
« de qui que ce soit qu'il ait appris à contrefaire la voix de l'homme, il a dit
« vrai sur notre chute, faux sur notre élévation promise, puisque en effet nous

Of Eve, whose eye darted contagious fire.
Her hand he seiz'd; and to shady bank,
Thick over-head with verdant roof imbower'd,
He led her, nothing loth; flowers were the couch,
Pansies, and violets, and asphodel,
And hyacinth; earth's freshest softest lap.
There they their fill of love and love's disport
Took largely, of their mutual guilt the seal,
The solace of their sin; till dewy sleep
Oppress'd them, wearied with their amorous play.
   Soon as the force of that fallacious fruit,
That with exhilarating vapour bland
About their spirits had play'd, and inmost powers
Made err, was now exhal'd; and grosser sleep,
Bred of unkindly fumes, with conscious dreams
Incumber'd, now had left them, up they rose
As from unrest; and, each the other viewing,
Soon found their eyes how open'd, and their minds
How darken'd; innocence, that as a veil
Had shadow'd them from knowing ill, was gone;
Just confidence, and native righteousness,
And honour, from about them, naked left
To guilty shame : he cover'd, but his robe
Uncover'd more. So rose the Danite strong,
Herculean Samson, from the harlot-lap
Of Philistean Dalilah, and wak'd
Shorn of his strength; they destitute and bare
Of all their virtue : silent, and in face
Confounded, long they sat, as stricken mute :
Till Adam, though not less than Eve abash'd,
At length gave utterance to these words constrain'd :
   « O Eve, in evil hour thou didst give ear
To that false worm, of whomsoever taught
To counterfeit man's voice; true in our fall,

« trouvons nos yeux ouverts, et trouvons que nous connaissons à la fois le bien
« et le mal, le bien perdu, le mal gagné ! Triste fruit de la science, si c'est
« science de savoir ce qui nous laisse ainsi nus, privés d'honneur, d'innocence,
« de foi, de pureté, notre parure accoutumée, maintenant souillée et tachée,
« et sur nos visages les signes évidents d'une infâme volupté, d'où s'amasse un
« méchant trésor, et même la honte, le dernier des maux ! Du bien perdu sois
« donc sûre... Comment pourrais-je désormais regarder la face de Dieu ou de
« son ange, qu'auparavant, avec joie et ravissement j'ai si souvent contem-
« plée ? Ces célestes formes éblouiront maintenant cette terrestre substance par
« leurs rayons d'un insupportable éclat. Oh ! que ne puis-je ici, dans la solitude,
« vivre sauvage en quelque obscure retraite où les plus grands bois, impéné-
« trables à la lumière de l'étoile ou du soleil, déploient leur vaste ombrage, bruni
« comme le soir ! Couvrez-moi, vous pins, vous cèdres, sous vos rameaux in-
« nombrables ; cachez-moi là où je ne puisse jamais voir ni Dieu, ni son ange !
« Mais délibérons, en cet état déplorable, sur le meilleur moyen de nous cacher
« à présent l'un à l'autre ce qui semble le plus sujet à la honte et le plus indécent
« à la vue. Les feuilles larges et satinées de quelque arbre, cousues ensemble
« et ceintes autour de nos reins, nous peuvent couvrir, afin que cette compagne
« nouvelle, la honte, ne siége pas là et ne nous accuse pas comme impurs. »
 Tel fut le conseil d'Adam ; ils entrèrent tous deux dans le bois le plus épais :
là ils choisirent bientôt le figuier, non cette espèce renommée pour son fruit, mais
celui que connaissent aujourd'hui les Indiens du Malabar et du royaume de Decan ;

   False in our promis'd rising ; since our eyes
   Open'd we find indeed, and find we know
   Both good and evil ; good lost, and evil got :
   Bad fruit of knowledge, if this be to know ;
   Which leaves us naked thus, of honour void,
   Of innocence, of faith of purity,
   Our wonted ornaments now soil'd and stain'd,
   And in our faces evident the signs
   Of foul concupiscence ; whence evil store ;
   Even shame, the last of evils : of the first
   Be sure then. How shall I behold the face
   Henceforth of God or angel, erst with joy
   And rapture so oft beheld ? Those heavenly shapes
   Will dazzle now this earthly, with their blaze
   Insufferably bright. O ! might I here
   In solitude live savage ; in some glade
   Obscur'd, where highest woods, impenetrable
   To star or sun light, spread their umbrage broad
   And brown as evening ! cover me, ye pines !
   Ye cedars, with innumerable boughs
   Hide me, where I may never see them more !
   But let us now, as in bad plight, devise
   What best may for the present serve to hide
   The parts of each from other, that seem most
   To shame oonoxious, and unseemliest seen ;
   Some tree, whose broad smooth leaves together sew'd,
   And girded on our loins, may cover round
   Those middle parts ; that this new comer, shame,
   There sit not, and reproach us as unclean. »
    So counsell'd he, and both together went
   Into the thickest wood ; there soon they chose
   The fig-tree, not that kind for fruit renown'd,
   But such as at this day, to Indians known,
   In Malabar or Deccan spreads her arms

il étend ses bras, et ses branches poussent si amples et si longues que leurs tiges courbées prennent racine ; filles qui croissent autour de l'arbre mère ; monument d'ombreé à la voûte élevée, aux promenades pleines d'échos : là souvent le pâtre indien, évitant la chaleur, s'abrite au frais et surveille ses troupeaux paissants, à travers les entaillures pratiquées dans la plus épaisse ramée.

Adam et Eve cueillirent ces feuilles larges comme un bouclier d'amazone ; avec l'art qu'ils avaient, ils les cousirent pour en ceindre leurs reins ; vain tissu ! si c'était pour cacher leur crime et la honte redoutée. Oh ! combien ils différaient de leur première et glorieuse nudité ! Tels, dans ces derniers temps, Colomb trouva les Américains portant une ceinture de plumes, nus du reste, et, sauvages parmi les arbres, dans les îles et sur les rivages couverts de bois : ainsi nos premiers parents étaient enveloppés, et, comme ils le croyaient, leur honte en partie voilée ; mais n'ayant l'esprit ni à l'aise ni en repos, ils s'assirent à terre pour pleurer.

Non-seulement des larmes débordèrent de leurs yeux, mais de grandes tempêtes commencèrent à s'élever au dedans d'eux-mêmes de violentes passions, la colère, la haine, la méfiance, le soupçon, la discorde ; elles ébranlèrent douloureusement l'état intérieur de leur esprit, région calme naguère et pleine de paix, maintenant agitée et turbulente, car l'entendement ne gouvernait plus et la volonté n'écoutait plus sa leçon ; ils étaient assujettis tous deux à l'appétit sensuel dont l'usurpation, venue d'en bas, réclamait sur la souveraine raison une domination supérieure.

Branching so broad and long, that in the ground
The bended twigs take root, and daughters grow
About the mother-tree, a pillar'd shade
High over-arch'd, and echoing walks between :
There oft the Indian herdsman, shunning heat,
Shelters in cool, and tends his pasturing herds
At loop-holes cut through thickest shade.
         Those leaves
They gather'd, broad as Amazonian targe ;
And, with what skill they had, together sew'd
To gird their waist ; vain covering, if to hide
Their guilt and dreaded shame ! O ! how unlike
To that first naked glory ! Such of late
Columbus found th' American, so girt
With feather'd cincture ; naked else, and wild
Among the trees on isles and woody shores.
Thus fenc'd, and, as they thought, their shame in part
Cover'd, but not at rest or ease of mind,
They sat them down to weep :
        Not only tears
Rain'd at their eyes, but high winds worse within
Began to rise, high passions, anger, hate,
Mistrust, suspicion, discord ; and shook sore
Their inward state of mind, calm region once
And full of peace, now tost and turbulent :
For understanding rul'd not, and the will
Heard not her lore ; both in subjection now
To sensual appetite, who from beneath
Usurping over sovran reason claim'd
Superiour sway : from thus distemper'd breast,
Adam, estrang'd in look and alter'd style,
Spreech intermitted thus to Eve renew'd :

« Would thou hadst hearken'd to my words, and staid
With me, as I besought thee, when that strange

D'un cœur troublé, avec un regard aliéné et une parole altérée, Adam reprit ainsi son discours interrompu :

« Que n'écoutas-tu mes paroles et ne restas-tu avec moi, comme je t'en
« suppliais, lorsque dans cette malheureuse matinée tu étais possédée de cet
« étrange désir d'errer qui te venait je ne sais d'où ! Nous serions alors restés
« encore heureux, et non, comme à présent, dépouillés de tout notre bien,
« honteux, nus, misérables. Que personne ne cherche désormais une inutile
« raison pour justifier la fidélité due : quand on cherche ardemment une pareille
« preuve, concluez que l'on commence à faillir. »

Eve aussitôt, émue de ce ton de reproche :

« Quels mots sévères sont échappés de tes lèvres, Adam? imputes-tu à ma
« faiblesse ou à mon envie d'errer, comme tu l'appelles, ce qui aurait pu arri-
« ver aussi mal toi présent (qui sait?) ou à toi-même peut-être? Eusses-tu été
« là, ou l'attaque ici, tu n'aurais pu découvrir l'artifice du serpent, parlant
« comme il parlait. Entre lui et nous aucune cause d'inimitié n'étant connue,
« pourquoi m'aurait-il voulu du mal et cherché à me faire du tort? Ne devais-
« je jamais me séparer de ton côté? Autant aurait valu croître là toujours, côte
« sans vie. Étant ce que je suis, toi, le chef, pourquoi ne m'as-tu pas défendu
« absolument de m'éloigner, puisque j'allais à un tel péril, comme tu le dis?
« Trop facile alors, tu ne te fis pas beaucoup contredire; bien plus, tu me per-
« mis, tu m'approuvas, tu me congédias de bon accord. Si tu eusses été ferme
« et arrêté dans ton refus, je n'aurais pas transgressé, ni toi avec moi. »

Adam, irrité pour la première fois, lui répliqua :

« Est-ce là ton amour; est-ce là la récompense du mien, Eve ingrate; de
« mon amour que je t'ai déclaré inaltérable lorsque tu étais perdue, et que je

Desire of wandering, this unhappy morn,
I know not whence possess'd thee; we had then
Remain'd still happy : not, as now, despoil'd
Of all our good, sham'd, naked, miserable!
Let none henceforth seek needless cause t' approve
The faith they owe; when earnestly they seek
Such proof, conclude they then begin to fail. »
    To whom, soon mov'd with touch of blame, thus Eve :
« What words have pass'd thy lips, Adam, severe ?
Imput'st thou that to my default, or will
Of wandering, as thou call'st it, which who knows
But might as ill have happen'd, thou being by,
Or to thyself perhaps? Hadst thou been there,
Or here th' attempt, thou couldst not have discern'd
Fraud in the serpent, speaking as he spake ;
No ground of enmity between us known,
Why he should mean me ill, or seek to harm.
Was I to have never parted from thy side?
As good have grown there still a lifeless rib.
Being as I am, why didst not thou, the head,
Command me absolutely not to go,
Going into such danger, as thou saidst ?
Too facile then, thou didst not much gainsay ;
Nay, didst permit, approve, and fair dismiss.
Hadst thou been firm and fix'd in thy dissent,
Neither had I transgressed, nor thou with me. »
    To whom, then first incens'd, Adam replied :
« Is this the love, is this the recompense
Of mine to thee, ungrateful Eve? express'd
Immutable, when thou wert lost, not I;
Who might have liv'd and joy'd immortal bliss,

« ne l'étais pas; moi qui aurais pu vivre et jouir d'un éternel bonheur, et qui
« toutefois ai volontairement préféré la mort avec toi? Et maintenant tu me re-
« proches d'être la cause de ta transgression! il te semble, que je ne t'ai pas
« retenue avec assez de sévérité! Que pouvais-je de plus? je t'avertis, je t'exhor-
« tai, je te prédis le danger, l'ennemi aux aguets placé en embuscade. Au delà
« de ceci, 1 ne restait que la force, et la force n'a point lieu contre une vo-
« lonté libre. Mais la confiance en toi-même t'a emportée, certaine que tu étais
« ou de ne pas rencontrer de péril, ou d'y trouver matière d'une glorieuse
« épreuve. Peut-être aussi ai-je erré en admirant si excessivement ce qui sem-
« blait en toi si parfait que je croyais que le mal n'oserait attenter sur toi; mais
« je maudis maintenant cette erreur devenue mon crime, et toi l'accusatrice.
« Ainsi il en arrivera à celui qui, se fiant trop au mérite de la femme, laissera
« gouverner la volonté de la femme : contrariée, la femme ne supportera au-
« cune contrainte; laissée à elle-même, si le mal s'ensuit, elle accusera d'abord
« la faible indulgence de l'homme. »

Ainsi dans une mutuelle accusation, Eve et Adam dépensaient les heures in-
fructueuses; mais ni l'un ni l'autre ne se condamnant soi-même, à leur vaine
dispute il semblait n'y avoir point de fin.

Yet willingly chose rather death with thee?
And am I now upbraided as the cause
Of thy transgressing? not enough severe,
It seems, in thy restraint : what could I more?
I warn'd thee, I admonish'd thee, foretold
The danger, and the lurking enemy
That lay in wait; beyond this, had been force;
And force upon free will hath here no place.
But confidence then bore thee on, secure
Either to meet no danger, or to find
Matter of glorious trial : and perhaps
I also err'd, in overmuch admiring
What seem'd in thee so perfect, that I thought
No evil durst attempt thee; but I rue
That errour now, which is become my crime,
And thou th' accuser. Thus it shall befall
Him, who, to worth in woman overtrusting,
Lets her will rule : restraint she will not brook,
And, left to herself, if evil thence ensue,
She first his weak indulgence will accuse. »
Thus they in mutual accusation spent
The fruitless hours, but neither self-condemning;
And of their vain contest appear'd no end.

LIVRE DIXIÈME.
ARGUMENT.

La transgression de l'homme étant connue, les anges de garde quittent le paradis et retournent au ciel pour justifier leur vigilance; ils sont approuvés Dieu déclarant que l'entrée
de Satan n'a pu être prévenue par eux. Dieu envoie son Fils pour juger les transgresseurs;

BOOK X.
THE ARGUMENT.

Man's transgression known, the guardian-angels forsake Paradise, and return up to Heaven
to approve their vigilance, and are approved; God declaring that the entrance of Satan
could not be by them prevented. He sends his Son to judge the transgressours; who des-

il descend et prononce conformément la sentence. Alors il en a pitié, les vêt tous deux et remonte vers son Père. Le Péché et la Mort, assis jusqu'alors aux portes de l'enfer, par une merveilleuse sympathie sentant le succès de Satan dans ce nouveau monde, et la faute que l'homme y a commise, se résolvent de ne pas rester plus longtemps confinés dans l'enfer et de suivre Satan, leur père, dans la demeure de l'homme. Pour faire une route plus commode pour aller et venir de l'enfer à ce monde, ils pavent çà et là un large grand chemin ou un pont au-dessus du chaos en suivant la première trace de Satan. Ensuite se préparant à gagner la terre, ils le rencontrent, fier de son succès, revenant à l'enfer. Leurs mutuelles félicitations. Satan arrive à Pandœmonium. Il raconte avec jactance, en pleine assemblée, son succès sur l'homme. Au lieu d'applaudissements il est accueilli par un sifflement général de tout son auditoire, transformé tout à coup, ainsi que lui-même, en serpents, selon sa sentence prononcée dans le paradis. Alors trompés par une apparence de l'arbre défendu qui s'élève devant eux, ils cherchent avidement à atteindre le fruit et mâchent de la poussière et des cendres amères. Progrès du Péché et de la Mort. Dieu prédit la victoire finale de son Fils sur eux et le renouvellement de toutes choses; mais pour le moment il ordonne à ses anges de faire divers changements dans les cieux et les éléments. Adam apercevant de plus en plus sa condition dégradée, se lamente tristement, et rejette la consolation d'Eve. Elle persiste, et l'apaise à la fin. Alors pour empêcher la malédiction de tomber probablement sur leur postérité, elle propose à Adam des moyens violents qu'il n'approuve pas. Mais concevant une meilleure espérance, il lui rappelle la dernière promesse qui leur fut faite, que sa race se vengera du serpent, et il l'exhorte à chercher avec lui la réconciliation de la Divinité offensée, par le repentir et la prière.

X.

Cependant l'action haineuse et méchante que Satan avait faite dans Éden était connue du ciel; on savait comment dans le serpent il avait séduit Ève, elle son mari, et l'avait engagé à goûter le fruit fatal. Car qui peut échapper à l'œil de Dieu qui voit tout, ou tromper son esprit qui sait tout? Sage et juste en toutes choses, l'Éternel n'empêcha point Satan de tenter l'esprit de l'homme

cends and gives sentence accordingly; then in pity clothes them both, and reascends. Sin and Death, sitting till then at the gates of Hell, by wondrous sympathy feeling the success of Satan in this new world, and the sin by man there committed, resolve to sit no longer confined in Hell, but to follow Satan, their sire, up to the place of man: to make the way easier from Hell to this world to and fro, they pave a broad highway or bridge over chaos, according to the track that Satan first made; then, preparing for earth, they meet him, proud of his success, returning to Hell; their mutual gratulation. Satan arrives at Pandæmonium; in full assembly relates with boasting, his success against man; instead of applause is entertained with a general hiss by all his audience, transformed with himself also suddenly into serpents, according, to his doom given in Paradise; then, deluded with a show of the forbidden tree springing up before them, they, greedily reaching to take of the fruit, chew dust and bitter ashes. The proceedings of Sin and Death; God foretels the final victory of his Son over them, and the renewing of all things; but for the present commands his angels to make several alterations in the Heavens and elements. Adam, more and more perceiving his fallen condition, heavily bewails, rejects the condolement of Eve; she persists, and at length appeases him: then, to evade the curse likely to fall on their offspring, proposes to Adam violent ways, which he approves not; but, conceiving better hope, puts her in mind of the late promise made them, that her seed should be revenged on the serpent; and exhorts her with him to seek peace of the offended Deity, by repentance and supplication.

X.

Meanwhile the heinous and despiteful act
Of Satan done in Paradise, and how
He, in the serpent, had perverted Eve,
Her husband she, to taste the fatal fruit,
Was known in Heaven; for what can 'scape the eye

armé d'une force entière et d'une volonté libre, parfaites pour découvrir et repousser les ruses d'un ennemi ou d'un faux ami. Car Adam et Eve connaissaient et devaient toujours se rappeler l'importante injonction de ne jamais toucher au fruit, qui que ce fût qui les tentât. N'obéissant pas, ils encoururent la peine : que pouvaient-ils attendre de moins ? La complication de leur péché méritait leur chute.

Les gardes angéliques du paradis se hâtèrent de monter au ciel, mornes et abattus, en songeant à l'homme, car par ceci ils connaissaient son état ; ils s'étonnaient beaucoup que le subtil ennemi sans être vu, leur eût dérobé son entrée.

Sitôt que ces fâcheuses nouvelles arrivèrent de la terre à la porte du ciel, tous ceux qui les entendirent furent affligés. Une sombre tristesse n'épargna pas dans ce moment les visages divins ; cependant mêlée de pitié, elle ne viola pas leur béatitude. Autour des nouveaux arrivés, le peuple éthéré accourut en foule, pour écouter et apprendre comment tout était advenu Ils se hâtèrent vers le trône suprême, responsables qu'ils étaient, afin d'exposer dans un juste plaidoyer leur extrême vigilance, aisément approuvée. Quand le Très-Haut, l'éternel Père, du fond de son secret nuage fit sortir ainsi sa voix dans le tonnerre :

« Anges assemblés, et vous puissances revenues d'une commission infruc« tueuse, ne soyez ni découragés, ni troublés de ces nouvelles de la terre que « vos soins les plus sincères ne pouvaient prévenir ! J'avais prédit dernière« ment ce qui arriverait, lorsque pour la première fois le tentateur, sorti de « l'enfer, traversait l'abîme. Je vous ai annoncé qu'il prévaudrait, prompt dans « son mauvais message ; que l'homme serait séduit, perdu par la flatterie, et « croyant le mensonge contre son Créateur. Aucun de mes décrets concourant « n'a nécessité sa chute, ou touché du plus léger mouvement d'impulsion sa vo-

    Of God all-seeing, or deceive his heart
Omniscient? who, in all things wise and just,
Hinder'd not Satan to attempt the mind
Of man, with strength entire, and free-will arm'd
Complete to have discover'd and repuls'd
Whatever wiles of foe or seeming friend.
For still they knew, and ought t' have still remember'd
The high injunction not to taste that fruit,
Whoever tempted ; which they not obeying,
Incurr'd (what could they less?) the penalty·
And, manifold in sin, deserv'd to fall.
    Up into Heaven from Paradise in haste
Th' angelic guards ascended, mute and sad
For man ; for of his state by this they knew,
Much wondering how the subtle fiend had stol'n
Entrance unseen.
    Soon as th' unwelcome news
From earth arriv'd at Heaven-gate, displeas'd
All were who heard, dim sadness did not spare
That time celestial visages, yet, mix'd
With pity, violated not their bliss.
About the new arriv'd in multitudes
Th' ethereal people ran, to hear and know
How all befell : they towards the throne supreme,
Accountable, made haste, to make appear,
With righteous plea, their utmost vigilance,
And easily approv'd ; when the Most High
Eternal Father, from his secret cloud

« lonté libre laissée à sa propre inclination dans un juste équilibre. Mais
« l'homme est tombé, et maintenant que reste-t-il à faire, sinon à prononcer
« l'arrêt mortel contre sa transgression, la mort dénoncée pour ce jour même?
« Il la présume déjà vaine et nulle, parce qu'elle ne lui a pas encore été in-
« fligée, comme il le craignait, par quelque coup subit; mais bientôt il trou-
« vera, avant que le jour finisse, que sursis n'est pas acquittement : la justice
« ne reviendra pas dédaignée comme la bonté..

« Mais qui enverrai-je pour juger les coupables? qui, sinon toi, vice-régent,
« mon Fils? A toi j'ai transféré tout jugement au ciel, sur la terre et dans l'en-
« fer. On verra facilement que je me propose de donner la miséricorde pour
« collègue à la justice en t'envoyant, toi l'ami de l'homme, son médiateur, à
« la fois désigné rançon et rédempteur volontaire, en t'envoyant, toi destiné à
« devenir homme pour juger l'homme tombé. »

« Ainsi parla le Père ; il entr'ouvrit brillante la droite de sa gloire, et rayonna
« sur son Fils sa divinité dévoilée. Le Fils, plein de splendeur, exprima ma-
« nifestement tout son Père, et lui répondit ainsi divinement doux :

« Eternel Père ! à toi d'ordonner, à moi de faire dans le ciel et sur la terre
« ta volonté suprême, afin que tu puisses toujours mettre ta complaisance en
« moi, ton Fils bien-aimé. Je vais juger sur la terre ceux-ci tes pécheurs;

Amidst, in thunder utter'd thus his voice:
 « Assembled angels, and ye powers return'd
From unsuccessful charge, be not dismay'd,
Nor troubled at these tidings from the earth,
Which your sincerest care could not prevent;
Foretold so lately what would come to pass,
When first this tempter cross'd the gulf from Hell.
I told ye then, he should prevail, and speed
On his bad errand; man should be seduc'd,
And flatter'd out of all, believing lies
Against his Maker; no decree of mine
Concurring, to necessitate his fall,
Or touch with lightest moment of impulse
His free-will, to her own inclining left
In even scale. But fall'n he is; and now
What rests, but that the mortal sentence pass
On his transgression, death denounc'd that day?
Which he presumes already vain and void,
Because not yet inflicted, as he fear'd,
By some immediate stroke; but soon shal find
Forbearance no acquittance, ere day end.
Justice shall not return as bounty scorn'd.
 « But whom send I to judge them? whom but thee,
Vicegerent Son? To thee I have transferr'd
All judgment, whether in Heaven, or earth, or Hell.
Easy it may be seen that I intend
Mercy colleague with justice, sending thee,
Man's friend, his mediator, his design'd
Both ransom and redeemer voluntary,
And destin'd man himself to judge man fall'n. »
 So spake the Father; and, unfolding bright
Toward the right hand his glory, on the Son
Blaz'd forth unclouded deity : he full
Resplendent all his Father manifest
Express'd, and thus divinely answer'd mild :
 « Father Eternal, thine is to decree ;
Mine, both in Heaven and earth, to do thy will
Supreme; that thou in me, thy Son belov'd,

« mais tu le sais, quel que soit le jugement, la peine la plus grande doit tomber
« sur moi, quand le temps sera accompli. Car je m'y suis engagé en ta pré-
« sence ; je ne m'en repens pas, et par cela j'obtiens le droit d'adoucir leur
« sentence sur moi dérivée : je tempérerai la justice par la miséricorde, de
« manière qu'elles seront les plus glorifiées, en étant pleinement satisfaites et
« toi apaisé. Il n'y aura besoin ni de suite ni de cortége, là où personne ne
« doit assister au jugement, excepté les deux qui seront jugés ; le troisième
« coupable, absent, n'en est que mieux condamné ; convaincu par sa fuite et
« rebelle à toutes les lois : la conviction du serpent n'importe à personne. »

Il dit, et se leva de son siége rayonnant d'une haute gloire collatérale ; les Trônes, les Puissances, les Principautés, les Dominations, ses ministres, l'accompagnèrent jusqu'à la porte du ciel, d'où l'on aperçoit Éden et toute la côte en perspective ; soudain il est descendu ; le temps ne mesure point la promptitude des dieux, bien qu'il soit ailé des plus rapides minutes.

Le soleil, dans sa chute occidentale, était alors descendu du midi ; les vents légers, à leur heure marquée pour souffler sur la terre, s'éveillaient, et introduisaient en elle la tranquille fraîcheur du soir. Dans ce moment, avec une colère plus tranquille, vint l'Intercesseur et doux Juge pour sentencier l'homme. La voix de Dieu qui se promenait dans le jardin fut portée par les suaves brises

  May'st ever rest well pleas'd. I go to judge
On earth these thy transgressours ; but thou know'st,
Whoever judg'd, the worst on me must light,
When time shall be ; for so I undertook
Before thee ; and, not repenting, this obtain
Of right, that I may mitigate their doom
On me deriv'd : yet I shall temper so
Justice with mercy, as may illustrate most
Them fully satisfied, and thee appease.
Attendance none shall need, nor train, where none
Are to behold the judgment but the judg'd,
Those two ; the third best absent is condemn'd,
Convict by flight, and rebel to all law :
Conviction to the serpent none belongs. »
 Thus saying, from his radiant seat he rose
Of high collateral glory. Him Thrones, and Powers,
Princedoms, and Dominations ministrant,
Accompanied to Heaven-gate ; from whence
Eden, and all the coast, in prospect lay.
Down he descended straight ; the speed of gods
Time counts not, with swiftest minutes wing'd
 Now was the sun in western cadence low
From noon ; and gentle airs, due at their hour,
To fan the earth now, wak'd, and usher in
The evening cool ; when he, from wrath more cool,
Came the mild Judge and Intercessour both
To sentence man. The voice of God then heard
Now walking in the garden, by soft winds
Brought to their ears, while day declin'd ; they heard,
And from his presence hid themselves among
The thickest trees, both man and wife ; till God,
Approaching, thus to Adam call'd aloud :
 « Where art thou, Adam, wont with joy to meet
My coming seen far off? I miss thee here :
Not pleas'd, thus entertain'd thus with solitude,
Where obvious duty ere while appear'd unsought :
Or come I less conspicuous? or what change
Absents thee, or what chance detains? Come forth ! »

à l'oreille d'Adam et d'Eve, au déclin du jour; ils l'entendirent, et ils se cachèrent parmi les arbres les plus touffus. Mais Dieu s'approchant appelle Adam à haute voix :

« Adam, où es-tu, toi accoutumé à rencontrer avec joie ma venue, dès que
« tu la voyais de loin? Je ne suis pas satisfait de ton absence ici. T'entretiens-tu
« avec la solitude, là où naguère un devoir empressé te faisait paraître sans
« être cherché? Me présenté-je avec moins d'éclat? Quel changement cause
« ton absence? Quel hasard t'arrête! Viens. »

Il vint, et Eve à regret avec lui, quoiqu'elle eût été la première à offenser, tous deux interdits et décomposés. L'amour n'était dans leurs regards ni pour Dieu, ni pour l'un l'autre; mais on y apercevait le crime, la honte, le trouble, le désespoir, la colère, l'obstination, la haine et la tromperie. Adam, après avoir longtemps balbutié, répond en peu de mots :

« Je t'ai entendu dans le jardin, et j'ai eu peur de ta voix parce que j'étais
« nu : c'est pourquoi je me suis caché. »

A quoi le Juge miséricordieux répliqua sans lui faire de reproche :

« Tu as souvent entendu ma voix et tu n'en as pas eu peur, mais t'a
« toujours réjoui : comment est-elle devenue pour toi si terrible? Tu es nu,
« qui te l'a dit? As-tu mangé du fruit de l'arbre dont je t'avais défendu de
« manger? »

Adam assiégé de misères, répondit :

« O ciel! dans quelle voie étroite je comparais ce jour devant mon Juge, ou
« pour me charger moi-même de tout le crime, ou pour accuser mon autre
« moi-même, la compagne de ma vie! Je devrais cacher sa faute, pendant que
« sa fidélité me reste, et ne pas l'exposer au blâme par ma plainte : mais une
« rigoureuse nécessité, une contrainte déplorable, m'obligent à parler, de peur

> He came; and with him Eve, more loth, though first
> T' offend; discountenanc'd both and discompos'd :
> Love was not in their looks, either to God
> Or to each other; but apparent guilt,
> And shame, and perturbation, and despair,
> Anger, and obstinacy, and hate, and guile.
> Whence Adam, faltering long, thus answer'd brief:
>   « I heard thee in the garden ; and of thy voice
> Afraid, being naked, hid myself. »
>   To whom
> The gracious Judge, without revile, replied :
>   « My voice thou oft hast heard, and hast not fear'd,
> But still rejoic'd ; how is it now become
> So dreadful to thee? That thou art naked, who
> Hath told thee? Hast thou eaten of the tree,
> Whereof I gave thee charge thou shouldst not eat?
>   To whom thus Adam, sore beset, replied :
>   « O Heaven! in evil strait this day I stand
> Before my Judge; either to, undergo
> Myself the total crime, or to accuse
> My other self, the partner of my life;
> Whose failing, while her faith to me remains,
> I should conceal, and not expose to blame
> By my complaint : but strict necessity
> Subdues me, and calamitous constraint;
> Lest on my head both sin and punishment,
> However insupportable, be all
> Devolv'd; though should I hold my peace, yet thou
> Wouldst easily detect what I conceal.
>   « This woman, whom thou mad'st to be my help,

« que sur ma tête à la fois le péché et le châtiment, néanmoins insupportables,
« ne soient dévolus tout entiers. Quand je garderais mon silence, tu découvri-
« rais aisément ce que je cacherais.

« Cette femme que tu fis pour être mon aide, que tu m'as donnée comme
« ton présent accompli, qui était si bonne, si convenable, si acceptable, si di-
« vine, de la main de laquelle je n'aurais pu soupçonner aucun mal, qui dans
« tout ce qu'elle faisait semblait justifier son action par la manière de la faire ;
« cette femme m'a donné du fruit de l'arbre, et j'ai mangé. »

La souveraine Présence répliqua ainsi :

« Etait-elle ton Dieu, pour lui obéir plutôt qu'à la voix de ton Créateur ?
« Avait-elle été faite pour être ton guide, ton supérieur, même ton égal, pour
« que tu lui résignasses ta virilité, et le rang où Dieu t'avait assis au-dessus
« d'elle, elle faite de toi et pour toi, dont les perfections surpassaient de si loin
« les siennes en réelle dignité ? A la vérité elle était ornée et charmante pour
« attirer ton amour, non ta dépendance. Ses qualités étaient telles qu'elles
« semblaient bonnes à être gouvernées, peu convenables pour dominer ; l'au-
« torité était ton lot, appartenant à ta personne, si tu l'eusses toi-même bien
« connue. »

Dieu ayant ainsi parlé, adressa à Ève ce peu de mots :

« Dis, femme, pourquoi as-tu fait cela ? »

La triste Ève, presque abîmée dans la honte, se confessant vite, ne fut devant son Juge ni hardie, ni diserte ; elle répondit confuse :

« Le serpent m'a trompée, et j'ai mangé. »

Ce que le Seigneur Dieu ayant entendu, il procéda sans délai au jugement du
serpent accusé, bien qu'il fût brute, incapable de rejeter son crime sur celui
qui le fit l'instrument du mal et le déprava dans les fins de sa création, juste-

    And gav'st me as thy perfect gift, so good,
So fit, so acceptable, so divine,
That from her hand I could suspect no ill,
And what she did, whatever in itself,
Her doing seem'd to justify the deed;
She gave me of the tree, and I did eat. »
    To whom the Sovran Presence thus replied :
    « Was she thy God, that her thou didst obey
Before his voice? or vas she made thy guide,
Superiour, or but equal, that to her
Thou didst resign thy manhood, and the place
Wherein God set thee above her, made of thee,
And for thee, whose perfection far excell'd
Hers in all real dignity? Adorn'd
She was indeed, and lovely, to attract
Thy love, not thy subjection; and her gifts
Were such, as under government well seem'd;
Unseemly to bear rule; which was thy part
And person, hadst thou known thyself aright. »
    So having said, he thus to Eve in few :
    « Say, woman, what is this which thou hast done ? »
To whom sad Eve, with shame nigh overwhelm'd,
Confessing soon, yet not before her Judge
Bold or loquacious, thus abash'd replied :
    « The serpent me beguil'd, and I did eat. »
Wich vhen the Lord God heard, without delay
To judgment he proceeded on th' accus'd
Serpent; though brute, unable to transfer
The guilt on him, who made him instrument
Of mischief, and polluted from the end

ment maudit alors comme vicié dans sa nature. Il n'importait pas à l'homme d'en connaître davantage, puisqu'il ne savait rien de plus ; cela n'eût pas diminué sa faute. Cependant Dieu appliqua la sentence à Satan, le premier dans le péché, mais en termes mystérieux qu'il jugea alors les meilleurs, et il laissa tomber ainsi sa malédiction sur le serpent :

« Parce que tu as fait cela, tu es maudit entre tous les animaux et toutes les
« bêtes de la terre. Tu ramperas sur le ventre et tu mangeras la terre tous les
« jours de ta vie. Je mettrai une inimitié entre toi et la femme ; entre sa race
« et la tienne ; elle te brisera la tête, et tu tâcheras de la mordre par le talon. »

Ainsi fut prononcé l'oracle, vérifié quand Jésus, fils de Marie, seconde Eve, vit comme un éclair tomber du ciel Satan, prince de l'air. Alors Jésus, sortant du tombeau, dépouilla les principautés et les puissances infernales, et triompha ouvertement en pompe : et dans une ascension glorieuse il emmena à travers les airs la captivité captive, le royaume même longtemps usurpé par Satan. Celui-là brisera enfin Satan sous nos pieds, celui-là même qui prédit à présent cette fatale meurtrissure.

Il se tourna vers la femme pour lui prononcer sa sentence :

« Je t'affligerai de plusieurs maux pendant ta grossesse, tu enfanteras dans
« la douleur, tu seras sous la puissance de ton mari, et il te dominera. »

A Adam, le dernier, il prononce ainsi son arrêt :

« Parce que tu as écouté la voix de ta femme, et que tu as mangé du fruit
« de l'arbre dont je t'avais défendu de manger en te disant : — Tu n'en man-
« geras point ; la terre sera maudite à cause de ce que tu as fait. Tu n'en tire-

    Of his creation : justly then accurs'd,
As vitiated in nature : more to know
Concern'd not man (since he no further knew),
Nor alter'd his offence, yet God at last
To Satan, first in sin, his doom applied,
Though in mysterious terms judg'd as then best :
And on the serpent thus his curse let fall :
    « Because thou hast done this, thou art accurs'd
Above all cattle, each beast of the field :
Upon thy belly groveling thou shalt go,
And dust shalt eat all the days of thy life.
Between thee and the woman I will put
Enmity ; and between thine and her seed :
Her seed shall bruise thy head, thou bruise his heel. »
    So spake this oracle, then verified,
When Jesus, son of Mary, second Eve,
Saw Satan fall, like lightning, down from Heaven,
Prince of the air ; then, rising from his grave,
Spoil'd principalities and powers, triumph'd
In open show ; and, with ascension bright,
Captivity led captive through the air,
The realm itself of Satan, long usurp'd ;
Whom he shall tread at last under our feet ;
Ev'n he, who now foretold his fatal bruise :
    And to the woman thus his sentence turn'd :
    « Thy sorrow I will greatly multiply
By thy conception ; children thou shalt bring
In sorrow forth, and to thy husband's will
Thine shall submit ; he over thee shall rule. »
    On Adam last thus judgment he pronounc'd :
    « Because thou hast hearken'd to the voice of thy wife,
And eaten of the tree, concerning which
I charg'd thee, saying : Thou shalt not eat thereof ;

« ras de quoi te nourrir pendant toute ta vie qu'avec beaucoup de travail : elle
« te produira des épines et des ronces, et tu te nourriras de l'herbe de la terre.
« Tu mangeras ton pain à la sueur de ton visage, jusqu'à ce que tu retournes
« en la terre d'où tu as été tiré. Car tu es poudre et tu retourneras en poudre. »

Ainsi jugea l'homme celui qui fut envoyé à la fois Juge et Sauveur : il recula bien loin le coup subit de la mort annoncée pour ce jour-là : ensuite ayant compassion de ceux qui se tenaient nus devant lui, exposés à l'air qui maintenant allait souffrir de grandes altérations, il ne dédaigna pas de commencer à prendre la forme d'un serviteur, comme quand il lava les pieds de ses serviteurs ; de même à présent, comme un père de famille, il couvrit leur nudité de peaux de bêtes, ou tuées, ou qui, de même que le serpent, avaient rajeuni leur peau. Il ne réfléchit pas longtemps pour vêtir ses ennemis : non-seulement il couvrit leur nudité extérieure de peaux de bêtes, mais leur nudité intérieure, beaucoup plus ignominieuse ; il l'enveloppa de sa robe de justice et la déroba aux regards de son Père. Puis il s'éleva rapidement vers lui ; reçu dans son sein bienheureux, il rentra dans la gloire comme autrefois : à son Père apaisé il raconta (quoique le Père sût tout) ce qui s'était passé avec l'homme, entremêlant son récit d'une douce intercession.

Cependant avant qu'on eût péché et jugé sur la terre, le Péché et la Mort étaient assis en face l'un de l'autre en dedans des portes de l'enfer ; ces portes étaient restées béantes vomissant au loin dans le chaos une flamme impétueuse, depuis que l'ennemi les avait passées, le Péché les ouvrant. Bientôt celui-ci commença de parler à la Mort :

  Curs'd is the ground for thy sake : thou in sorrow
Shalt eat thereof all the days of thy life;
Thorns also and thistles it shall bring thee forth
Unbid; and thou shalt eat the herb of the field :
In the sweat of thy face shalt thou eat bread,
Till thou return unto the ground; for thou
Out of the ground wast taken; know thy birth;
For dust thou art, and shalt to dust return. »
  So judg'd he man, both Judge and Saviour sent;
And th' instant stroke of death, denounc'd that day
Remov'd far off : then, pitying how they stood
Before him naked to the air, that now
Must suffer change, disdain'd not to begin
Thenceforth the form of servant to assume ;
As when he wash'd his servants' feet; so now,
As father of his family, he clad
Their nakedness with skins of beasts, or slain,.
Or, as the snake, with youthful coat repaid ;
And thought not much to clothe his enemies :
Nor he their outward only with skins
Of beasts, but inward nakedness, much more
Opprobrious, with his robe of righteousness
Arraying, cover'd from his Father's sight.
To him with swift ascent he up return'd,
Into his blissful bosom reassum'd,
In glory, as of old : to him appeas'd,
All, though all-knowing, what had pass'd with man
Recounted, mixing intercession sweet.
  Meanwhile, ere thus was sinn'd and judg'd on earth,
Within the gates of Hell sat Sin and Death,
In counterview within the gates, that now
Stood open wide, belching outrageous flame
Far into chaos, since the fiend pass'd through,

« O mon fils, pourquoi sommes-nous assis oisifs à nous regarder l'un l'autre,
« tandis que Satan, notre grand auteur, prospère dans d'autres mondes et
« cherche à nous pourvoir d'un séjour plus heureux, nous, sa chère engeance?
« Le succès l'aura sans doute accompagné : s'il lui était mésavenu, avant cette
« heure il serait retourné, chassé par la furie de ses persécuteurs, puisque au-
« cun autre lieu ne peut autant que celui-ci convenir à son châtiment ou à
« leur vengeance.

« Je crois sentir qu'une puissance nouvelle s'élève en moi, qu'il me croît
« des ailes, qu'une vaste domination m'est donnée au delà de cet abîme. Je
« ne sais quoi m'attire, soit sympathie, soit une force conaturelle pleine de
« puissance, pour unir, à la plus grande distance, dans une secrète amitié, les
« choses de même espèce par les routes les plus secrètes. Toi, mon ombre in-
« séparable, tu dois me suivre, car aucun pouvoir ne peut séparer la Mort du
« Péché. Mais, dans la crainte que notre père ne soit arrêté peut-être par la
« difficulté de repasser ce golfe impassable, impraticable, essayons (travail
« aventureux, non pourtant disproportionné à ta force et à la mienne), essayons
« de fonder sur cet océan un chemin depuis l'enfer jusqu'au monde nouveau
« où Satan maintenant l'emporte ; monument d'un grand avantage à toutes
« légions infernales, qui leur rendra d'ici le trajet facile pour leur communi-
« cation ou leur transmigration, selon que le sort les conduira. Je ne puis
« manquer le chemin, tant je suis attiré avec force par cette nouvelle attrac-
« tion et ce nouvel instinct. »

L'ombre maigre lui répondit aussitôt :

« Va où le destin et la force de l'inclination te conduisent. Je ne traînerai

Sin opening ; who thus now to Death began :
« O son, why sit we here each other viewing
Idly, while Satan, our great authour, thrives
In other worlds, and happier seat provides
For us, his offspring dear ? It cannot be
But that success attends him ; if mishap,
Ere this he had return'd, with fury driven
By his avengers ; since no place like this
Can fit his punishment, or their revenge.
« Methinks I feel new strength within me rise,
Wings growing, and dominion given me large,
Beyond this deep ; whatever draws me on,
Or sympathy, or some connatural force,
Powerful at greatest distance to unite
With secret amity, things of like kind,
By secretest conveyance. Thou, my shade
Inseparable, must with me along :
For Death from Sin no power can separate.
But, lest the difficulty of passing back
Stay his return perhaps over this gulf
Impassable, impervious, let us try
Adventurous work, yet to thy power and mine
Not unagreeable, to found a path
Over this main, from Hell to that new world,
Where Satan now prevails ; a monument
Of merit high to all th' infernal host,
Easing their passage hence, for intercourse,
Or transmigration, as their lot shall lead.
Nor can I miss the way, so trongly drawn
By this new-felt attraction and instinct. »
Whom thus the meagre shadow answer'd soon :
« Go, whither fate and inclination strong

« pas derrière, ni ne me tromperai de chemin, toi servant de guide; tant je
« respire odeur de carnage, proie innombrable; tant je goûte la saveur de la
« mort de toutes les choses qui vivent là! Je ne manquerai pas à l'ouvrage que
« tu entreprends, mais je te prêterai un mutuel secours. »

En parlant de la sorte, le monstre avec délices, renifla le parfum du mortel changement arrivé sur la terre : comme quand une bande d'oiseaux carnassiers, malgré la distance de plusieurs lieues, vient volant, avant le jour d'une bataille, au champ où campent les armées, alléchée qu'elle est par la senteur des vivantes carcasses promises à la mort le lendemain, dans un sanglant combat : ainsi éventait les trépas la hideuse figure qui, renversant dans l'air empoisonné sa large narine, flairait de si loin sa curée.

Soudain hors des portes de l'enfer, dans la vaste et vide anarchie du chaos sombre et humide, les deux fantômes s'envolèrent en sens contraire. Avec force (leur force était grande,) planant sur les eaux, ce qu'ils rencontrèrent de solide ou de visqueux, ballotté haut et bas comme dans une mer houleuse, ils le chassent ensemble amassé, et de chaque côté l'échouent vers la bouche du Tartare : ainsi deux vents polaires soufflant opposés sur la mer Cronienne, poussent ensemble des montagnes de glaces qui obstruent le passage présumé au delà de Petzora à l'orient, vers la côte opulente du Cathai.

La Mort, de sa massue pétrifiante, froide et sèche, frappe comme d'un trident la matière agglomérée, la fixe aussi ferme que Délos, jadis flottante ; le reste fut enchaîné immobile par l'inflexibilité de son regard de Gorgone.

Les deux fantômes cimentèrent avec un bitume asphaltique le rivage ramassé, large comme les portes de l'enfer et profond comme ses racines. Le môle

> Leads thee ; I shall not lag behind, nor err
> The way, thou leading; such a scent I draw
> Of carnage, prey innumerable, and taste
> The savour of death from all things there that live :
> Nor shall I to the work thou interprisest
> Be wanting, but afford thee equal aid. »
>   So saying, with deligth he snuff'd the smell
> Of mortal change on earth. As when a flock
> Of ravenous fowl, though many a league remote,
> Against the day of battle, to a field
> Where armies lie encamp'd, come flying, lur'd
> With scent of living carcasses, design'd
> For death, the following day, in bloody fight :
> So scented the grim feature, and upturn'd
> His nostril wide into the murky air,
> Sagacious of his quarry from so far.
>   Then both from out Hell gates, into the waste
> Wide anarchy of chaos, damp and dark,
> Flew diverse ; and with power (their power was great)
> Hovering upon the waters, what they met
> Solid or slimy, as in raging sea
> Tost up and down, together crowded drove,
> From each side shoaling towards the mouth of Hell :
> As when two polar winds, blowing adverse
> Upon the Cronian sea, together drive
> Mountains of ice, that stop the imagin'd way
> Beyond Petsora eastward, to the rich
> Cathaian coast.   The aggregated soil
> Death with his mace petrific, cold and dry,
> As with a trident, smote, and fix'd as firm
> As Delos, floating once; the rest his look

immense, courbé en avant, forma une arche élevée sur l'écumant abîme, pont d'une longueur prodigieuse, atteignant à la muraille inébranlable de ce monde, à présent sans défense, confisqué au profit de la Mort : de là un chemin large, doux, commode, uni, descendit à l'enfer. Tel, si les petites choses peuvent être comparées aux grandes, Xerxès, parti de son grand palais memnonien, vint de Suze jusqu'à la mer pour enchaîner la liberté de la Grèce ; il se fit, par un pont, un chemin sur l'Hellespont, joignit l'Europe à l'Asie, et frappa de verges les flots indignés.

La Mort et le Péché, par un art merveilleux, avaient maintenant poussé leur ouvrage (chaîne de rochers suspendus sur l'abîme tourmenté, en suivant la trace de Satan) jusqu'à la place même où Satan ploya ses ailes, et s'abattit, au sortir du chaos, sur l'aride surface de ce monde sphérique. Ils affermirent le tout avec des clous et des chaînes de diamant : trop ferme ils le firent et trop durable ! Alors, dans un petit espace ils rencontrèrent les confins du ciel empyrée et de ce monde ; sur la gauche était l'enfer avec un long gouffre interposé. Trois différents chemins en vue conduisaient à chacune de ces trois demeures. Et maintenant les monstres prirent le chemin de la terre qu'ils avaient aperçue, se dirigeant vers Éden : quand voici Satan, sous la forme d'un ange de lumière, gouvernant sur son zénith entre le Centaure et le Scorpion, pendant que le soleil se levait dans le Bélier. Il s'avançait déguisé ; mais ceux-ci, ses chers enfants, reconnurent vite leur père, bien que travesti.

Satan, après avoir séduit Ève, s'était jeté non remarqué dans le bois voisin, et changeant de forme pour observer la suite de l'événement, il vit son action criminelle répétée par Ève, quoique sans méchante intention, auprès de son mari ; il vit leur honte chercher des voiles inutiles ; mais quand il vit descendre

> Bound with Gorgonian rigour not to move;
> And with asphaltic slime, broad as the gate,
> Deep to the roots of Hell the gather'd beach
> They fasten'd, and the mole immense wrought on
> Over the foaming deep high-arch'd, a bridge
> Of length prodigious, joining to the wall
> Immoveable of this now fenceless world,
> Forfeit to Death; from hence a passage broad,
> Smooth, easy, inoffensive, down to Hell.
> So, if great things to small may be compar'd,
> Xerxes, the liberty of Greece to yoke,
> From Susa, his Memnonian palace high,
> Came to the sea; and, over Hellespont
> Bridging his way, Europe with Asia join'd,
> And scourg'd with many a stroke the indignant waves.
>   Now had they brought the work by wondrous art
> Pontifical, a ridge of pendant rock,
> Over the vex'd abyss, following the track
> Of Satan to the self-same place where he
> First lighted from his wing, and landed safe
> From out of chaos, to the outside bare
> Of this round world : with pins of adamant
> And chains they made all fast; too fast they made
> And durable! And now in little space
> The confines met of empyrean Heaven,
> And of this world; and, on the left hand, Hell
> With long reach interpos'd; three several ways
> In sight, to each of these three places led.
> And now their way to earth they had descried,
> To Paradise first tending; when, behold!
> Satan, in likeness of an angel bright,

le Fils de Dieu pour les juger, frappé de terreur, il fuit; non qu'il espérât échapper, mais il évitait le présent, craignant, coupable qu'il était, ce que la colère du Fils lui pouvait soudain infliger. Cela passé, il revint de nuit, et écoutant au lieu où les deux infortunés étaient assis, leur triste discours, et leur diverse plainte, il en recueillit son propre arrêt ; il comprit que l'exécution de cet arrêt n'était pas immédiate, mais pour un temps à venir : chargé de joie et de nouvelles, il retourna alors à l'enfer. Sur les bords du chaos, près du pied de ce nouveau pont merveilleux, il rencontra inespérément ceux qui venaient pour le rencontrer, ses chers rejetons. L'allégresse fut grande à leur jonction ; la vue du pont prodigieux accrut la joie de Satan : il demeura longtemps en admiration, jusqu'à ce que le Péché, sa fille enchanteresse, rompît ainsi le silence :

« O mon père, ce sont là tes magnifiques ouvrages, tes trophées que tu con-
« temples comme n'étant pas les tiens : tu en es l'auteur et le premier architecte.
« Car je n'eus pas plutôt deviné dans mon cœur (mon cœur qui par une secrète
« harmonie bat avec le tien, uni dans une douce intimité); je n'eus pas plutôt
« deviné que tu avais prospéré sur la terre, ce que tes regards manifestent à
« présent, que je me sentis (quoique séparée de toi par des mondes) attirée vers
« toi avec celui-ci, ton fils ; tant une fatale conséquence nous unit tous trois ! Ni
« l'enfer ne put nous retenir plus longtemps dans ses limites, ni ce gouffre
« obscur et impraticable nous empêcher de suivre ton illustre trace. Tu as achevé
« notre liberté : confinés jusqu'à présent au dedans des portes de l'enfer, tu nous
« as donné la force de bâtir ainsi au loin, et de surcharger de cet énorme pont
« le sombre abîme.

« Tout ce monde est tien désormais ; ta vertu a gagné ce que ta main n'a
« point bâti, ta sagesse a recouvré avec avantage ce que la guerre avait perdu,

> Betwixt the Centaur and the Scorpion steering
> His zenith, while the sun in Aries rose :
> Disguis'd he came ; but those his children dear
> Their parent soon discern'd, though in disguise.
>   He, after Eve seduc'd, unminded slunk
> Into the wood fast by ; and, changing shape,
> To observe the sequel, saw his guileful act
> By Eve, though all unweeting, seconded
> Upon her husband ; saw their shame that sough
> Vain covertures ; but when he saw descend
> The Son of God to judge them, terrified
> He fled ; not hoping to escape, but shun
> The present ; fearing, guilty, what his wrath
> Might suddenly inflict ; that past, return'd
> By night, and listening where the hapless pair
> Sat in their sad discourse and various plaint,
> Thence gather'd his own doom ; which understood
> Not instant, but of future time ; with joy
> And tidings fraught, to Hell he now return'd :
> And at the brink of chaos, near the foot
> Of this now wondrous pontifice, unhop'd
> Met, who to meet him came, his offspring dear.
> Great joy was at their meeting, and at sight
> Of that stupendous bridge his joy increas'd.
> Long he admiring stood ; till Sin, his fair
> Enchanting daughter, thus the silence broke :
>   « O parent, these are thy magnific deeds,
> Thy trophies ! which thou view'st as not thine own :
> Thou art their authour, and prime architect :
> For I no sooner in my heart divin'd
> (My heart, which by a secret harmony

« et vengé pleinement notre défaite dans le ciel. Ici tu régneras monarque, là
« tu ne régnais pas : qu'il domine encore là ton vainqueur, comme le combat
« l'a décidé, en se retirant de ce monde nouveau, aliéné par sa propre sentence.
« Désormais qu'il partage avec toi la monarchie de toutes choses divisées par
« les frontières de l'empyrée : à lui la cité de forme carrée, à toi le monde orbi-
« culaire ; ou qu'il ose t'éprouver, toi à présent plus dangereux pour son trône. »

Le prince des ténèbres lui répondit avec joie :

« Fille charmante, et toi, mon fils et petit-fils à la fois, vous avez donné au-
« jourd'hui une grande preuve que vous êtes la race de Satan, car je me glorifie
« de ce nom, antagoniste du Roi tout-puissant du ciel. Bien avez-vous mérité
« de moi et de tout l'infernal empire, vous qui si près de la porte du ciel avez
« répondu à mon triomphe par un acte triomphal, à mon glorieux ouvrage
« par cet ouvrage glorieux, et qui avez fait de l'enfer et de ce monde un seul
« royaume (notre royaume), un seul continent de communication facile.

« Ainsi pendant qu'à travers les ténèbres je vais descendre aisément par votre
« chemin chez mes puissances associées, pour leur apprendre ces succès et me
« réjouir avec elles ; vous deux, le long de cette route, parmi ces orbes nom-
« breux (tous à vous), descendez droit au paradis ; habitez-y, et régnez dans
« la félicité. De là, exercez votre domination sur la terre et dans l'air, princi-
« palement sur l'homme, déclaré le seigneur de tout : faites-en d'abord votre

Still moves with thine, join'd in connexion sweet,)
That thou on earth hadst prosper'd, which thy looks
Now also evidence, but straight I felt,
Though distant from the worlds between, yet felt
That I must after thee, with this thy son;
Such fatal consequence unites us three.
Hell could no longer hold us in our bounds,
Nor this unvoyageable-gulf obscure
Detain from following thy illustrious track :
Thou hast achiev'd our liberty, confin'd
Within Hell-gates till now; thou us impower'd
To fortify thus far, and overlay,
With this portentous bridge, the dark abyss.
« Thine now is all this world; thy virtue hath won
What thy hands builded not; thy wisdom gain'd
With odds what war hath lost; and fully aveng'd.
Our foil in Heaven : here thou shalt monarch reign,
There didst not; there let him still victor sway,
As battle hath adjudg'd; from this new world
Retiring, by his own doom alienated ;
And henceforth monarchy with thee divide
Of all things, parted by th' empyreal bounds,
His quadrature, from thy orbicular world;
Or try thee now more dangerous to his throne.
Whom thus the prince of darkness answer'd glad :
« Fair daughter, and thou son and grandchild both;
High proof ye now have given to be the race
Of Satan (for I glory in the name,
Antagonist of Heaven's Almighty King) :
Amply have merited of me, of all
Th' infernal empire, that so near Heaven's door
Triumphal with triumphal act have met,
Mine, with this glorious work; and made one realm,
Hell and this world, our realm, one continent
Of easy thoroughfare.
« Therefore, while I

« vassal assuré, et à la fin tuez-le. Je vous envoie mes substituts et je vous crée
« sur la terre plénipotentiaires d'un pouvoir sans pareil émanant de moi. —
« Maintenant de votre force unie dépend tout entière ma tenure du nouveau
« royaume que le Péché a livré à la Mort par mes exploits. Si votre puissance
« combinée prévaut, les affaires de l'enfer n'ont à craindre aucun détriment :
« allez, et soyez forts. »

Ainsi disant il les congédie; avec rapidité ils prennent leur course à travers les constellations les plus épaisses, en répandant leur poison : les étoiles infectées pâlirent, et les planètes, frappées de la maligne influence qu'elles répandent elles-mêmes, subirent alors une éclipse réelle. Par l'autre chemin, Satan descendit la chaussée jusqu'à la porte de l'enfer. Des deux côtés le chaos, divisé et surbâti, s'écria, et d'une houle rebondissante assaillit les barrières qui méprisaient son indignation.

A travers la porte de l'enfer, large ouverte et non gardée, Satan passe et trouve tout désolé à l'entour; car ceux qui avaient été commis pour siéger là avaient abandonné leur poste, s'étaient envolés vers le monde supérieur. Tout le reste s'était retiré loin dans l'intérieur, autour des murs de Pandœmonium, ville et siége superbe de Lucifer (ainsi nommé par allusion à cette étoile brillante comparée à Satan). Là veillaient les légions, tandis que les grands siégeaient au conseil, inquiets du hasard qui pouvait retenir leur empereur

>   Descend through darkness; on your road, with ease,
>   To my associate powers, them to acquaint
>   With these successes, and with them rejoice;
>   You two this way, among these numerous orbs,
>   All yours, right down to Paradise descend;
>   There dwell, and reign in bliss; thence on the earth
>   Dominion exercise and in the air,
>   Chiefly on man, sole lord of all declar'd :
>   Him first make sure your thrall, and lastly kill.
>   My substitutes I send ye, and create
>   Plenipotent on earth, of matchless might
>   Issuing from me; on your joint vigour now
>   My hold of this new kingdom all depends,
>   Through Sin to Death expos'd by my exploit.
>   If your joint power prevail, th' affairs of Hell
>   No detriment need fear : go, and be strong ! »
>   So saying, he dismiss'd them; they with speed
>   Their course through thickest constellations held,
>   Spreading their bane; the blasted stars look'd wan;
>   And planets, planet-struck, real eclipse
>   Then suffer'd. Th' other way Satan went down
>   The causey to Hell-gate : on either side
>   Disparted chaos overbuilt exclaim'd,
>   And with rebounding surge the bars assail'd,
>   That scorn'd his indignation.
>   Through the gate,
>   Wide open and unguarded, Satan pass'd,
>   And all about found desolate; for those,
>   Appointed to sit there, had left their charge,
>   Flown to the upper world; the rest were all
>   Far to th' inland retir'd, about the walls
>   Of Pandæmonium, city and proud seat
>   Of Lucifer; so by allusion call'd
>   Of that bright star to Satan paragon'd :
>   There kept their watch the legions, while the grand
>   In council sat, solicitous what chance

par eux envoyé : en partant il avait ainsi donné l'ordre, et ils l'observaient.

Comme lorsque le Tartare, loin du Russe son ennemi, par Astracan, à travers les plaines neigeuses, se retire; ou comme quand le sophi de la Bactriane, fuyant devant les cornes du croissant turc, laisse tout dévasté au delà du royaume d'Aladule, dans sa retraite vers Tauris ou Casbin : ainsi ceux-ci (l'ost, dernièrement banni du ciel) laissèrent désertes plusieurs lieues de ténèbres, dans le plus reculé de l'enfer, et se concentrèrent en garde vigilante autour de leur métropole : ils attendaient d'heure en heure le grand aventurier revenant de la recherche des mondes étrangers.

Il passa au milieu de la foule, sans être remarqué, sous la figure d'un ange militant plébéien, du dernier ordre; de la porte de la salle Plutonienne il monta invisible sur son trône élevé, lequel sous la pompe du plus riche tissu déployé, était placé au haut bout de la salle, dans une royale magnificence. Il demeura assis quelque temps, et autour de lui il vit sans être vu : enfin, comme d'un nuage, sa tête radieuse et sa forme d'étoile étincelante apparurent; ou plus brillant encore, il était revêtu d'une gloire de permission ou de fausse splendeur, qui lui avait été laissée depuis sa chute. Tout étonnée à ce soudain éclat, la troupe stygienne y porte ses regards, et reconnaît celui qu'elle désirait; son puissant chef revenu. Bruyante fut l'acclamation; en hâte se précipitèrent les pairs qui délibéraient : levés de leur sombre divan, ils s'approchèrent de Satan dans une égale joie, pour le féliciter. Lui avec la main obtient le silence et l'attention par ces paroles:

« Trônes, Dominations, Principautés, Vertus, Puissances, car je vous ap-

> Might intercept their emperour sent; so he
> Departing gave command, and they observ'd.
> As when the Tartar from his Russian foe,
> By Astracan, over the snowy plains,
> Retires; or Bactrian Sophi, from the horns,
> Of Turkish crescent, leaves all waste beyond
> The realm of Aladule, in his retreat
> To Tauris or Casbeen : so these, the late
> Heaven-banish'd host, left desert utmost Hell
> Many a dark league, reduc'd in careful watch
> Round their metropolis; and now expecting
> Each hour their great adventurer, from the search
> Of foreign worlds.   He, through the midst unmark'd,
> In show plebeian angel militant
> Of lowest order, pass'd; and from the door
> Of that Plutonian hall, invisible
> Ascended his high throne; which, under state
> Of richest texture spread, at th' upper end
> Was plac'd in regal lustre. Down awhile
> He sat, and round about him saw, unseen :
> At last, as from a cloud, his fulgent head
> And shape star-bright appear'd, or brighter; clad
> With what permissive glory since his fall
> Was left him, or false glitter : all amaz'd
> At that so sudden blaze, the Stygian throng
> Bent their aspect, and whom they wish'd beheld,
> Their mighty chief return'd : loud was the acclaim;
> Forth rush'd in haste the great consulting peers,
> Rais'd from their dark divan, and with like joy
> Congratulant approach'd him; who with hand
> Silence, and with these words attention won :
> « Thrones, Dominations, Princedoms, Virtues, Powers,

« pelle ainsi, et je vous déclare tels à présent, non-seulement de droit, mais
« par possession. Après un succès au delà de toute espérance, je suis revenu
« pour vous conduire triomphants hors de ce gouffre infernal, abominable,
« maudit; maison de misère, donjon de notre tyran! Possédez maintenant
« comme seigneurs un monde spacieux, peu inférieur à notre ciel natal, et
« que je vous ai acquis avec de grands périls, par mon entreprise ardue.

« Long serait à vous raconter ce que j'ai fait, ce que j'ai souffert, avec quelle
« peine j'ai voyagé dans la vaste profondeur de l'horrible confusion, sans
« bornes, sans réalité, sur laquelle le Péché et la Mort viennent de paver une
« large voie pour faciliter votre glorieuse marche; mais moi, je me suis labo-
« rieusement ouvert un passage non frayé, forcé de monter l'indomptable
« abîme, de me plonger dans les entrailles de la Nuit sans origine et du fa-
« rouche Chaos, qui, jaloux de leurs secrets, s'opposèrent violemment à mon
« étrange voyage par une furieuse clameur, protestant devant le destin su-
« prême.

« Je ne vous dirai point comment j'ai trouvé ce monde nouvellement créé
« que la renommée depuis longtemps avait annoncé dans le ciel; merveilleux
« édifice d'une perfection achevée, où l'homme, par notre exil, placé dans un
« paradis, fut fait heureux. J'ai éloigné l'homme, par ruse, de son Créateur;
« je l'ai séduit, et pour accroître votre surprise, avec une pomme! De cela le
« Créateur offensé (pouvez-vous n'en point rire?) a donné l'homme son bien-
« aimé, et tout le monde en proie au Péché et à la Mort, et par conséquent à
« nous qui l'avons gagné sans risque, sans travail ou alarmes, pour le par-

> For in possession such, not only of right,
> I call ye, and declare ye now; return'd
> Successful beyond hope, to lead ye forth
> Triumphant out of this infernal pit
> Abominable, accurs'd, the house of woe,
> And dungeon of our tyrant: now possess,
> As lords, a spacious world, to our native Heaven
> Little inferiour, by my adventure hard
> With peril great achiev'd.
>   « Long were to tell
> What I have done, what suffer'd; with what pain
> Voyag'd th' unreal, vast, unbounded deep
> Of horrible confusion; over which
> By Sin and Death a broad way now is pav'd,
> To expedite your glorious march; but I
> Toil'd out my uncouth passage, forced to ride
> Th' untractable abyss, plung'd in the womb
> Of unoriginal Night and Chaos wild;
> That, jealous of their secrets, fiercely oppos'd
> My journey strange, with clamorous uproar
> Protesting fate supreme: thence how I found
> The new-created world, which fame in Heaven
> Long had foretold, a fabric wonderful
> Of absolute perfection! therein man
> Plac'd in a Paradise, by our exile
> Made happy: him by fraud I have seduc'd
> From his Creator; and, the more to increase
> Your wonder, with an apple; he, thereat
> Offended, worth your laughter! hath given up
> Both his beloved man and all his world,
> To Sin and Death a prey; and so to us,
> Without our hazard, labour, or alarm,
> To range in, and to dwell, and over man

« courir, l'habiter, et dominer sur l'homme, comme sur tout ce qu'il aurait
« dominé.

« Il est vrai que Dieu m'a aussi jugé; ou plutôt il ne m'a pas jugé, mais le
« brute serpent, sous la forme duquel j'ai séduit l'homme. Ce qui m'appar-
« tient dans ce jugement est l'inimitié qu'il établira entre moi et le genre hu-
« main : je lui mordrai le talon, et sa race, on ne dit pas quand, me meur-
« trira la tête. Qui n'achèterait un monde au prix d'une meurtrissure, ou pour
« une peine beaucoup plus grande? Voilà le récit de mon ouvrage. Que vous
« reste-t-il à faire, à vous, dieux? à vous lever, et à entrer à présent en pleine
« béatitude. »

Ayant parlé de la sorte, il s'arrête un moment, attendant leur universelle
acclamation et leur haut applaudissement pour remplir son oreille, quand au
contraire il entend de tous côtés un sinistre et universel sifflement de langues
innombrables, bruit du mépris public. Il s'étonne, mais il n'en eut pas longtemps le loisir, car à présent il s'étonne plus de lui-même. Il sent son visage
détiré s'effiler et s'amaigrir; ses bras se collent à ses côtés, ses jambes s'entor-
tillent l'une dans l'autre, jusqu'à ce que, privé de ses pieds, il tombe serpent
monstrueux sur son ventre rampant; il résiste, mais en vain; un plus grand
pouvoir le domine, puni selon son arrêt, sous la figure dans laquelle il avait
péché. Il veut parler, mais avec une langue fourchue à des langues fourchues
il rend sifflement pour sifflement : car tous les démons étaient pareillement transformés, tous serpents, comme complices de sa débauche audacieuse. Terrible fut le bruit du sifflement dans la salle remplie d'une épaisse fourmilière
de monstres compliqués de têtes et de queues; scorpion, aspic, amphisbène
cruelle, céraste armé de cornes, hydre, élope sinistre, et dipsade : non jamais,

    To rule, as over all he should have rul'd.
   « True is, me also he hath judg'd, or rather
   Me not, but the brute serpent, in whose shape
   Man I deceiv'd : that which to me belongs
   Is enmity, which he will put between
   Me and mankind; I am to bruise my heel;
   His seed, when is not set, shall bruise my head.
   A world who would not purchase with a bruise,
   Or much more grievous pain? Ye have the account
   Of my performance : what remains, ye gods,
   But up, and enter now into full bliss?
    So having said, awhile he stood, expecting
   Their universal shout, and high applause,
   To fill his ear : when, contrary, he hears
   On all sides, from innumerable tongues,
   A dismal universal hiss, the sound
   Of public scorn : he wonder'd, but not long
   Had leisure, wondering at himself now more :
   His visage drawn he felt to sharp and spare;
   His arms clung to his ribs; his legs entwining
   Each other, till supplanted down he fell
   A monstrous serpent on his belly prone,
   Reluctant, but in vain; a greater power
   Now rul'd him, punish'd in the shape he sinn'd,
   According to his doom. He would have spoke,
   But hiss for hiss return'd with forked tongue
   To forked tongue; for now were all transform'd
   Alike, to serpents all, as accessories
   To his bold riot : dreadful was the din
   Of hissing trough the hall, tick-swarming now
   With complicated monsters head and tail,

un tel essaim de reptiles ne couvrit ou la terre arrosée du sang de la Gorgone, ou l'île d'Ophiuse.

Mais encore le plus grand au milieu de tous, Satan était devenu dragon, surpassant en grosseur l'énorme Python, que le soleil engendra du limon dans la vallée pythienne : il n'en paraissait pas moins encore conserver sa puissance sur le reste. Ils le suivirent tous, quand il sortit pour gagner la campagne ouverte : là ceux qui restaient des bandes rebelles tombées du ciel, étaient stationnés, ou en ordre de bataille, ravis dans l'attente de voir s'avancer en triomphe leur prince glorieux : mais ils virent un tout autre spectacle, une multitude de laids serpents! L'horreur les saisit, et en même temps une horrible sympathie; ce qu'ils voyaient ils le devinrent, subitement transformés : tombent leurs bras, tombent leurs lances et leurs boucliers, et tombent eux-mêmes aussi vite : et ils renouvellent l'affreux sifflement, et ils prennent la forme affreuse qu'ils gagnent par contagion, égaux dans la punition comme dans le crime. Aussi l'applaudissement qu'ils préparaient fut changé en une explosion de sifflements; triomphe de la honte qui, de leurs propres bouches, rejaillissait sur eux-mêmes.

Près de là était un bois élevé tout à coup au moment même de leur métamorphose, par la volonté de celui qui règne là-haut; pour aggraver leur peine, il était chargé d'un beau fruit, semblable à celui qui croissait dans Éden, amorce d'Ève employée par le tentateur. Sur cet objet étrange les démons fixèrent leurs yeux ardents, s'imaginant qu'au lieu d'un arbre défendu il en était sorti une multitude, afin de les engager plus avant dans la honte ou le malheur. Cependant dévorés d'une soif ardente et d'une faim cruelle, qui ne leur furent envoyées que pour les tromper, ils ne peuvent s'abstenir, ils roulent en

> Scorpion, and asp, and amphisbæna dire,
> Cerastes horn'd, hydrus, and elops drear,
> And dipsas (not so thick swarm'd once the soil
> Bedropt with blood of Gorgon, or the isle
> Ophiusa) :
>   But still greatest he the midst,
> Now dragon grown, larger than whom the sun
> Ingender'd in the Pythian vale of slime,
> Huge Python, and his power no less he seem'd
> Above the rest still to retain. They all
> Him follow'd, issuing forth to th' open field,
> Where all yet left of that revolted rout,
> Heaven-fall'n, in station stood or just array;
> Sublime with expectation when to see
> In triumph issuing forth their glorious chief.
> They saw, but other sight instead! a crowd
> Of ugly serpents; horrour on them fell,
> And horrid sympathy; for, what they saw,
> They felt themselves, now changing : down their arms,
> Down fell both spear and shield; down they as fast;
> And the dire hiss renew'd, and the dire form
> Catch'd, by contagion; like in punishment,
> As in their crime. Thus was th' applause they meant
> Turn'd to exploding hiss, triumph to shame
> Cast on themselves from their own mouths.
>   There stood
> A grove hard by, sprung up with this their change,
> His will who reigns above, to aggravate
> Their penance, laden with fair fruit, like that
> Which grew in Paradise, the bait of Eve
> Us'd by the tempter : on that prospect strange

monceaux, grimpent aux arbres, attachés là plus épais que les nœuds de serpents qui formaient des boucles sur la tête de Mégère. Ils arrachent avidement le fruitage beau à la vue, semblable à celui qui croît près de ce lac de bitume où Sodome brûla. Le fruit infernal, plus décevant encore, trompe le goût, non le toucher. Les mauvais esprits, espérant follement apaiser leur faim, au lieu de fruit, mâchent d'amères cendres que leur goût offensé rejette avec éclaboussure et bruit. Contraints par la faim et la soif, ils essayent d'y revenir; autant de fois empoisonnés, un abominable dégoût tord leurs mâchoires, remplies de suie et de cendres. Ils tombèrent souvent dans la même illusion, non comme l'homme dont ils triomphèrent, qui n'y tomba qu'une fois. Ainsi ils étaient tourmentés, épuisés de faim et d'un long et continuel sifflement, jusqu'à ce que par permission ils reprissent leur forme perdue. On dit qu'il fut ordonné que chaque année ils subiraient, pendant un certain nombre de jours, cette annuelle humiliation, pour briser leur orgueil et leur joie d'avoir séduit l'homme. Toutefois ils répandirent dans le monde païen quelque tradition de leur conquête; ils racontèrent, dans des fables, comment le serpent qu'ils appelèrent Ophion, avec Eurynome, qui peut-être dans des temps éloignés usurpa le nom d'Eve, régna le premier sur le haut Olympe, d'où il fut chassé par Saturne et par Ops, avant même que Jupiter Dictéen fût né.

Cependant le couple infernal arriva trop tôt dans le paradis : le Péché y

<pre>
          Their earnest eyes they fix'd, imagining
          For one forbidden tree a multitude
          Now risen, to work them further woe or shame;
          Yet, parch'd with scalding thirst and hunger fierce
          Though to delude them sent, could not abstain;
          But on they roll'd in heaps, and, up the trees
          Climbing, sat thicker than the snaky locks
          That curl'd Megæra. Greedily they pluck'd
          The fruitage fair to sight, like that which grew
          Near that bituminous lake where Sodom flam'd;
          This more delusive, not the touch, but taste
          Deceiv'd : they fondly thinking to allay
          Their appetite with gust, instead of fruit
          Chew'd bitter ashes, which th' offended taste
          With spattering noise rejected : oft they assay'd,
          Hunger and thirst constraining; drugg'd as oft,
          With hatefullest disrelish writh'd their jaws,
          With soot and cinders fill'd; so oft they fell
          Into the same illusion, not as man
          Whom they triumph'd once laps'd. Thus were they plagu'd,
          And worn with famine long and ceaseless hiss,
          Till their lost shape, permitted, they resum'd;
          Yearly enjoin'd, some say, to undergo
          This annual humbling certain number'd days,
          To dash their pride and joy for man seduc'd.
          However, some tradition they dispers'd
          Among the heathen of their purchase got,
          And fabled how the serpent, whom they call'd
          Ophion, with Eurynome, the wide-
          Encroaching Eve perhaps, had first the rule
          Of high Olympus; thence by Saturn driven
          And Ops, ere yet Dictæan Jove was born.
            Meanwhile in Paradise the hellish pair
          Too soon arriv'd; Sin, there in power before,
          Once actual; now in body, and to dwell
          Habitual habitant; behind her Death,
          Close following, pace for pace, not mounted yet
</pre>

avait été d'abord potentiel, ensuite actuel, maintenant il y entrait corporel pour y demeurer continuel habitant. Derrière lui la Mort le suivait de près pas à pas, non encore montée sur son cheval pâle. Le Péché lui dit :

« Second rejeton de Satan, Mort, qui dois tout conquérir, que penses-tu de
« notre empire nouveau, quoique nous l'ayons gagné par un travail difficile?
« Ne vaut-il pas beaucoup mieux être ici que de veiller encore assis au seuil
« du noir enfer, sans noms, sans être redoutés, et toi-même à demi morte de
« faim? »

Le monstre né du Péché lui répondit aussitôt :

« Quant à moi qui languis d'une éternelle faim, enfer, terre ou ciel, tout
« m'est égal ; je suis le mieux là où je trouve le plus de proie ; laquelle, quoique
« abondante ici, semble en tout petite pour bourrer cet estomac, ce vaste corps
« que ne resserre point la peau. »

La mère incestueuse répliqua :

« Nourris-toi donc d'abord de ces herbes, de ces fruits, de ces fleurs, ensuite
« de chaque bête, et poisson, et oiseau, bouchées friandes ; dévore sans les
« épargner toutes les autres choses que la faux du temps moissonne, jusqu'au
« jour où, après avoir résidé dans l'homme et dans sa race, après avoir infecté
« ses pensées, ses regards, ses paroles, ses actions, je l'aie assaisonné pour ta
« dernière et ta plus douce proie. »

On his pale horse; to whom Sin thus began :
 « Second of Satan sprung, all-conquering Death!
What think'st thou of our empire now, though earn'd
With travail difficult? not better far,
Than still at Hell's dark threshold to have sat watch,
Unnam'd, undreaded, and thyself half starv'd? »
 Whom thus the Sin-born monster answer'd soon :
 « To me, who with eternal famine pine,
Alike is Hell, or Paradise, or Heaven;
There best, where most with ravine I may meet :
Which here, though plenteous, all too little seems
To stuff this maw, this vast un-hidebound corpse. »
 To whom th' incestuous mother thus replied :
 « Thou therefore on these herbs, and fruits, and flowers,
Feed first ; on each beast next, and fish, and fowl ;
No homely morsels! and whatever thing
The scythe of time mows down, devour unspar'd;
Till I, in man residing, through the race,
His thoughts, his looks, words, actions, all infect;
And season him thy last and sweetest prey. »
 This said, they both betook them several ways,
Both to destroy, or unimmortal make
All kinds, and for destruction to mature
Sooner or later, which th' Almighty seeing,
From his transcendent seat the saints among,
To those bright orders utter'd thus his voice :
 « See, with what heat these dogs of Hell advance
To waste and havoc yonder world, which I
So fair and good created; and had still
Kept in that state, had not the folly of man
Let in these wasteful furies, who impute
Folly to me; so doth the prince of Hell
And his adherents, that with so much ease
I suffer them to enter and possess
A place so heavenly; and, conniving, seem
To gratify my scornful enemies,
That laugh, as if, transported with some fit

284 LE PARADIS PERDU.

Cela dit, les monstres prirent l'un et l'autre des routes différentes, l'un et l'autre afin de détruire ou de désimmortaliser les créatures, de les mûrir pour la destruction plus tôt ou plus tard; ce que le Tout-Puissant voyant du haut de son trône sublime au milieu des saints, à ces ordres brillants il fit entendre ainsi sa voix :

« Voyez avec quelle ardeur ces dogues de l'enfer s'avancent pour désoler
« et ravager ce monde, que j'avais créé si bon et si beau, et que j'aurais en-
« core maintenu tel, si la folie de l'homme n'y eût laissé entrer ces furies dé-
« vastatrices qui m'imputent cette folie : ainsi font le prince de l'enfer et ses
« adhérents, parce que je souffre avec tant de facilité qu'ils prennent et pos-
« sèdent une demeure aussi céleste, que je semble conniver à la satisfaction
« de mes insolents ennemis qui rient, comme si transporté d'un accès de co-
« lère, je leur avais tout abandonné, j'avais tout livré à l'aventure, à leur dé-
« sordre. Ils ignorent que j'ai appelé et attiré ici eux, mes chiens infernaux,
« pour lécher la saleté et l'immondice, dont le péché souillant de l'homme a
« répandu la tache sur ce qui était pur; jusqu'à ce que rassasiés, gorgés, prêts
« à crever de la desserte sucée et avalée par eux, d'un seul coup de fronde de
« ton bras vainqueur, ô Fils bien-aimé, le Péché, la Mort et le tombeau béant
« soient enfin précipités à travers le chaos, la bouche de l'enfer étant à jamais
« fermée, et scellées ses mâchoires voraces. Alors la terre et le ciel renouvelés
« seront purifiés, pour sanctifier ce qui ne recevra plus de tache. Jusqu'à ce
« moment la malédiction prononcée contre les deux coupables précédera. »

Il finit, et le céleste auditoire entonna des *alleluia* semblables au bruit des mers; la multitude chanta :

« Justes sont tes voies, équitables les décrets sur toutes tes œuvres! Qui
« pourrait t'affaiblir? »

>   Of passion, I to them had quitted all,
> At random yielded up to their misrule ;
> And know not that I call'd and drew them thither,
> My Hell-hounds, to lick up the draff and filth
> Which man's polluting sin with taint hath shed
> On what was pure; till, cramm'd and gorg'd, nigh burst
> With suck'd and glutted offal, at one sling
> Of thy victorious arm, well-pleasing Son,
> Both Sin and Death, and yawning grave, at last,
> Through chaos hurl'd, obstruct the mouth of Hell
> For ever, and seal up his ravenous jaws.
> Then Heaven and earth renew'd shall be made pure
> To sanctity, that shall receive no stain :
> Till then, the curse pronounc'd on both precedes. »
>   He ended, and the heavenly audience loud
> Sung halleluiah, as the sound of seas,
> Through multitude that sung:
>   « Just are thy ways,
> Righteous are thy decrees on all thy works ;
> Who can extenuate thee? »
>   Next, to the Son,
> Destin'd restorer of mankind, by whom
> New Heaven and earth shall to the ages rise,
> Or down from Heaven descend.
>   Such was their song;
> While the Creator, calling forth by name
> His mighty angels, gave them several charge,
> As sorted best with present things.   The sun
> Had first his precept so to move, so shine,
> As might affect the earth with cold and heat

Ensuite ils chantèrent le Fils, destiné rédempteur de l'humaine race, par qui un nouveau ciel, une nouvelle terre, s'élèveront dans les âges ou descendront du ciel.

Tel fut leur chant.

Cependant le Créateur appelant par leurs noms ses anges puissants, les chargea de diverses commissions qui convenaient le mieux à l'état présent des choses. Le soleil reçut le premier l'ordre de se mouvoir de sorte, de briller de manière à affecter la terre d'un froid et d'une chaleur à peine supportables, d'appeler du nord l'hiver décrépit et d'amener du midi l'ardeur du solstice d'été. Les anges prescrivirent à la blanche lune ses fonctions, et aux cinq autres planètes leurs mouvements et leurs aspects en sextile, quadrat, trine et opposite d'une efficacité nuisible; ils leur enseignèrent quand elles devaient se réunir dans une conjonction défavorable, et ils enseignèrent aux étoiles fixes comment verser leur influence maligne; quelles seraient celles d'entre elles qui, se levant ou se couchant avec le soleil, deviendraient orageuses. Aux vents ils assignèrent leurs quartiers, et quand avec fracas ils devaient troubler la mer, l'air et le rivage. Au tonnerre ils apprirent à rouler avec terreur dans les salles ténébreuses de l'air.

Les uns disent que le Tout-Puissant commanda a ses anges d'incliner les pôles de la terre deux fois dix degrés et plus sur l'axe du soleil; avec effort ils poussèrent obliquement ce globe central : les autres prétendent qu'il fut ordonné au soleil de tourner ses rênes dans une largeur également distante de la ligne équinoxiale, entre le Taureau, les sept Sœurs atlantiques et les Jumeaux de Sparte, en s'élevant au tropique du Cancer; de là en descendant au Capricorne par le Lion, la Vierge et la Balance, afin d'apporter à chaque climat la vicissitude des saisons. Sans cela le printemps perpétuel, avec de vernales

> Scarce tolerable, and from the north to call
> Decrepit winter; from the south to bring
> Solstitial summer's heat. To the blank moon
> Her office they prescribed; to the other five
> Their planetary motions, and aspects,
> In sextile, square, and trine, and opposite,
> Of noxious efficacy, and when to join
> In synod unbenign; and taught the fix'd
> Their influence malignant when to shower;
> Which of them rising with the sun, or falling,
> Should prove tempestuous : to the winds they set
> Their corners, when with bluster to confound
> Sea, air, and shore; the thunder when to roll
> With terrour through the dark aëreal hall.
>   Some say, he bid his angels turn askance
> The poles of earth, twice ten degrees and more,
> From the sun's axle; they with labour push'd
> Oblique the centric globe : some say, the sun
> Was bid turn reins from th' equinoctial road
> Like-distant breadth to Taurus with the seven
> Atlantic Sisters, and the Spartan Twins
> Up to the tropic Crab : thence down amain
> By Leo, and the Virgin, and the Scales,
> As deep as Capricorn, to bring in change
> Of seasons to each clime; else had the spring
> Perpetual smil'd on earth with verdant flowers,
> Equal in days and nights, except to those
> Beyond the polar circles; to them day
> Had unbenighted shone, while the low sun,
> To recompense his distance, in their sight

fleurs, aurait souri à la terre égal en jours et en nuits, excepté pour les habitants au delà des cercles polaires ; pour ceux-ci le jour eût brillé sans nuit, tandis que le soleil abaissé, en compensation de sa distance, eût tourné à leur vue autour de l'horizon, et ils n'auraient connu ni orient ni occident ; ce qui au nord eût écarté la neige de l'Estotiland glacé, et au sud, des terres magellaniques.

A l'heure où le fruit fut goûté, le soleil, comme du banquet de Thyeste, détourna sa route proposée. Autrement, comment le monde habité, quoique sans péché, aurait-il pu éviter, plus qu'aujourd'hui, le froid cuisant et la chaleur ardente? Ces changements dans les cieux, bien que lents, en produisirent de pareils dans la mer et sur la terre : tempête sidérale, vapeur, et brouillard, et exhalaison brûlante, corrompue et pestilentielle.

Maintenant du septentrion de Norumbeca et des rivages de Samoïedes, forçant leur prison d'airain, armés de glace, et de neige, et de grêle, et d'orageuses rafales et de tourbillons, Borée et Cœcias, et le bruyant Argeste et Thracias, déchirent les bois et les mers bouleversées ; elles le sont encore par les souffles contraires du midi, de Notus et d'Afer noircis des nuées tonnantes de Serraliona. Au travers de ceux-ci, avec non moins de furie, se précipitent les vents du levant et du couchant, Eurus et Zéphire, et leurs collatéraux bruyants, Siroc et Libecchio. Ainsi la violence commença dans les choses sans vie ; mais la Discorde, première fille du Péché, introduisit la Mort parmi les choses irrationnelles, au moyen de la furieuse antipathie : la bête alors fit la guerre à la bête, l'oiseau à l'oiseau, le poisson au poisson : cessant de paître l'herbe, tous les animaux vivants se dévorèrent les uns les autres et n'eurent plus de l'homme

> Had rounded still th' horizon, and not known
> Or east or west; which had forbid the snow
> From cold Estotiland, and south as far
> Beneath Magellan.
>   At that tasted fruit,
> The sun, as from Thyestean banquet, turn'd
> His course intended; else, how had the world
> Inhabited, though sinless, more than now,
> Avoided pinching cold and scorching heat?
> These changes in the Heavens, though slow, produc'd
> Like change on sea and land; sideral blast,
> Vapour, and mist, and exhalation hot,
> Corrupt and pestilent.
>   Now, from the north
> Of Norumbega, and the Samoid shore,
> Bursting their brazen dungeon, arm'd with ice,
> And snow, and hail, and stormy gust and flaw,
> Boreas, and Cæcias, and Argestes loud,
> And Thracias, rend the woods, and seas upturn;
> With adverse blast upturns them from the south
> Notus, and Afer black with thunderous clouds
> From Serraliona : thwart of these, as fierce,
> Forth rush the Levant and the Ponent winds,
> Eurus and Zephyr, with their lateral noise,
> Sirocco and Libecchio. Thus began
> Outrage from lifeless things ; but Discord first,
> Daughter of Sin, among th' irrational
> Death introduc'd, through fierce antipathy :
> Beast now with beast 'gan war, and fowl with fowl,
> And fish with fish : to graze the herb all leaving,
> Devour'd each other; nor stood much in awe
> Of man, but fled him; or, with countenance grim,
> Glar'd on him passing.

une crainte mêlée de respect, mais ils le fuirent, ou dans une contenance farouche ils le regardèrent quand il passait.

Telles étaient au dehors les croissantes misères qu'Adam entrevit déjà en partie, bien que caché dans l'ombre la plus ténébreuse et au chagrin abandonné. Mais en dedans de lui il sentait un plus grand mal ; ballotté dans une orageuse mer de passions, il cherche à soulager son cœur par ces tristes plaintes :

« Oh ! quelle misère après quelle félicité ! Est-ce donc la fin de ce monde
« glorieux et nouveau ? et moi, si récemment la gloire de cette gloire, suis-je
« devenu à présent maudit, de béni que j'étais ? Cachez-moi de la face de
« Dieu, dont la vue était alors le comble du bonheur ! Encore si c'était là que
« devait s'arrêter l'infortune : je l'ai méritée et je supporterais mes propres
« démérites ; mais ceci ne servirait à rien. Tout ce que je mange, ou bois, tout
« ce que j'engendrerai est une malédiction propagée. O parole ouïe jadis avec
« délices : *Croissez et multipliez !* aujourd'hui mortelle à entendre ! Car que
« puis-je faire croître et multiplier, si ce n'est des malédictions sur ma tête ? Qui,
« dans les âges à venir, sentant les maux par moi répandus sur lui, ne maudira
« pas ma tête ? — Périsse notre impur ancêtre ! ainsi nous te remercions, Adam !
« — Et ces remercîments seront une exécration !

« Ainsi outre la malédiction qui habite en moi, toutes celles venues de moi
« me reviendront par un violent reflux ; elles se réuniront en moi comme dans
« leur centre naturel, et avec quelle pesanteur, quoique à leur place ! O joies
« fugitives du paradis, chèrement achetées par des malheurs durables ! T'avais-je
« requis dans mon argile, ô Créateur, de me mouler en homme ? T'ai-je solli-

      These were from without
The growing miseries, which Adam saw
Already in part, though hid in gloomiest shade,
To sorrow abandon'd, but worse felt within·
And, in a troubled sea of passion tost,
Thus to disburden sought with sad complaint :
 « O miserable of happy ! is this the end
Of this new glorious world, and me, so late
The glory of that glory, who now become
Accurs'd, of blessed ? Hide me from the face
Of God, whom to behold was then my highth
Of happiness ! Yet well, if here would end
The misery ; I deserv'd it, and would bear
My own deservings ; but this will not serve :
All that I eat or drink, or shall beget,
Is propagated curse. O voice, once heard
Delightfully, *Increase and multiply ;*
Now death to hear ! for what can I increase
Or multiply, but curses on my head ?
Who of all ages to succed, but, feeling
The evil on him brought by me, will curse
My head ? Ill fare our ancestor impure !
For this we may thank Adam ! but his thanks
Shall be the execration : so, besides
Mine own that bide upon me, all from me
Shall with a fierce reflux on me rebound ;
On me, as on their natural centre, light
Heavy, though in their place. O fleeting joys
Of Paradise, dear bought with lasting woes !
Did I request thee, Maker, from my clay
To mould me man ? Did I solicit thee
From darkness to promote me, or here place
In this delicious garden ? As my will

« cité de me tirer des ténèbres, ou de me placer ici dans ce délicieux jardin?
« Comme ma volonté n'a pas concouru à mon être, il serait juste et équitable
« de me réduire à ma poussière, moi désireux de résigner, de rendre ce que
« j'ai reçu, incapable que je suis d'accomplir tes conditions trop dures, des-
« quelles je devais tenir un bien que je n'avais pas cherché. A la perte de ce
« bien, peine suffisante, pourquoi as-tu ajouté le sentiment d'un malheur sans
« fin? Inexplicable paraît ta justice....

« Mais pour dire la vérité, trop tard je conteste ainsi ; car j'aurais dû refu-
« ser les conditions, quelconques, quand elles me furent proposées. Tu les as
« acceptées, Adam ; jouiras-tu du bien, et pointilleras-tu sur les conditions?
« Dieu t'a fait sans ta permission : quoi! si ton fils devient désobéissant, et si,
« réprimandé par toi, il te répond : — Pourquoi m'as-tu engendré ? je ne te
« le demandais pas. — Admettrais-tu, en mépris de toi, cette orgueilleuse
« excuse? Cependant ton élection ne l'aurait pas engendré, mais la nécessité
« de la nature. Dieu t'a fait de son propre choix, et de son propre choix pour
« le servir : ta récompense était de sa grâce ; ton châtiment est donc justement
« de sa volonté. Qu'il en soit ainsi, car je me soumets ; son arrêt est équitable :
« poussière je suis, et je retournerai en poussière.

« O heure bienvenue, en quelque temps qu'elle vienne ! Pourquoi la main
« du Tout-Puissant tarde-t-elle à exécuter ce que son décret fixa pour ce jour?
« Pourquoi faut-il que je survive? Pourquoi la mort se rit-elle de moi, et pour-
« quoi suis-je prolongé pour un tourment immortel? Avec quel plaisir je su-
« birais la mortalité, ma sentence, et serais une terre insensible ! avec quelle

    Concurr'd not to my being, it were but right
And equal to reduce me to my dust;
Desirous to resign and render back
All I receiv'd; unable to perform
Thy terms too hard, by which I was to hold
The good I sought not. To the loss of that,
Sufficient penalty, why hast thou added
The sense of endless woes? Inexplicable
Thy justice seems.
    « Yet, to say truth, too late
I thus contest; then should have been refus'd
Those terms, whatever, when they were propos'd :
Thou didst accept them; wilt thou enjoy the good,
Then cavil the conditions? and though God
Made thee without thy leave, what if thy son
Prove disobedient, and, reprov'd, retort,
Wherefore didst thou beget me? I sought it not :
Wouldst thou admit for his contempt of thee
That proud excuse? yet him not thy election,
But natural necessity, begot.
God made thee of choice his own, and of his own
To serve him; thy reward was of his grace;
Thy punishment then justly is at his will.
Be it so, for I submit; his doom is fair,
That dust I am, and shall to dust return.
    « O welcome hour whenever! Why delays
His hand to execute what his decree
Fix'd on this day? Why do I overlive?
Why am I mock'd with death, and lengthen'd out
To deathless pain? How gladly would I meet
Mortality my sentence, and be earth
Insensible! How glad would lay me down,
As in my mother's lap! There I should rest,

« joie je me coucherais comme dans le sein de ma mère ! Là je reposerais et
« dormirais en sûreté. La terrible voix de Dieu ne tonnerait plus à mon oreille;
« la crainte d'un mal pire pour moi et pour ma postérité ne me tourmenterait
« plus par une cruelle attente...

« Cependant un doute me poursuit encore : s'il m'était impossible de mou-
« rir ; si le pur souffle de la vie, l'esprit de l'homme que Dieu lui inspira, ne
« pouvait périr avec cette corporelle argile? Alors dans le tombeau, ou dans
« quelque autre funeste lieu, qui sait si je ne mourrai pas d'une mort vivante ?
« Ô pensée horrible, si elle est vraie ! Mais pourquoi le serait-elle? Ce n'est
« que le souffle de la vie qui a péché : qui peut mourir si ce n'est ce qui eut
« vie et péché? le corps n'a proprement eu part ni à la vie, ni au péché :
« tout mourra donc de moi : que ceci apaise mes doutes, puisque la portée
« humaine ne peut savoir rien au delà.

« Et parce que le Seigneur de tout est infini, sa colère le serait-elle aussi ?
« Soit ! L'homme ne l'est pas, mais il est destiné à la mort. Comment le Très-
« Haut exercerait-il une colère sans fin sur l'homme que la mort doit finir ? peut-
« il faire la mort immortelle ? ce serait tomber dans une contradiction étrange,
« tenue pour impossible à Dieu, comme arguant de faiblesse, non de puis-
« sance. Par amour de sa colère, étendrait-il le fini jusqu'à l'infini dans l'homme
« puni, pour satisfaire sa rigueur jamais satisfaite ? Ce serait prolonger son
« arrêt au delà de la poussière et de la loi de nature, par laquelle toutes les
« causes agissent selon la capacité des êtres sur lesquels agit leur matière, non
« selon l'étendue de leur propre sphère. Mais penser que la mort n'est pas,

And sleep secure; his dreadful voice no more
Would thunder in my ears; no fear of worse
To me, and to my offspring, would torment me
With cruel expectation.
    « Yet one doubt
Pursues me still, lest all I cannot die;
Lest that pure breath of life, the spirit of man
Which God inspir'd, cannot together perish
With this corporeal clod : then, in the grave,
Or in some other dismal place, who knows
But I shall die a living death? O thought
Horrid, if true! Yet why? It was but breath
Of life that sinn'd; what dies but what had life
And sin? The body properly hath neither.
All of me then shall die : let this appease
The doubt, since human reach no farther knows.
    « For though the Lord of all be infinite,
Is his wrath also? Be it, man is not so,
But mortal doom'd. How can he exercise
Wrath without end on man, whom death must end?
Can he make deathless death? That were to make
Strange contradiction, which to God himself
Impossible is held; as argument
Of weakness, not of power. Will he draw ou
For anger's sake, finite to infinite,
In punish'd man, to satisfy his rigour
Satisfied never! That were to extend
His sentence beyond dust and nature's law;
By which all causes else, according still
To the reception of their matter, act;
Not to th' extent of their own sphere. But say
That death be not one stroke, as I suppos'd,
Bereaving sense, but endless misery

« comme je l'ai supposé, un coup qui nous prive du sentiment, mais qu'elle
« est, à compter de ce jour, une misère interminable que je commence à sen-
« tir à la fois en moi et hors de moi, et ainsi à perpétuité..... Hélas! cette
« crainte redevient foudroyante, comme une révolution terrible sur ma tête
« sans défense.

« La mort et moi nous sommes éternels et incorporés ensemble. Je n'ai pas
« ma part seul : en moi toute la postérité est maudite; beau patrimoine que je
« vous lègue, mes fils! Oh! que ne le puis-je consumer tout entier et ne vous
« en laisser rien! Ainsi déshérités, combien vous me béniriez, moi aujourd'hui
« votre maudit! Ah! pour la faute d'un seul homme, la race humaine inno-
« cente serait-elle condamnée, si toutefois elle est innocente? Car, que peut-il
« sortir de moi qui ne soit corrompu, d'un esprit et d'une volonté dépravées,
« qui ne soit non-seulement prêt à faire, mais à vouloir faire la même chose
« que moi? Comment pourraient-ils donc demeurer acquittés en présence de
« Dieu?

« Lui, après tous ces débats, je suis forcé de l'absoudre. Toutes mes vaines
« évasions, tous mes raisonnements, à travers leurs labyrinthes me ramènent
« à ma propre conviction. En premier et en dernier lieu, sur moi, sur moi
« seul comme la source et l'origine de toute corruption, tout le blâme dûment
« retombe : puisse aussi sur moi retomber toute la colère! Désir insensé! pour-
« rais-tu soutenir ce fardeau plus pesant que la terre à porter, beaucoup plus
« pesant que l'univers, bien que partagé entre moi et cette mauvaise femme!
« Ainsi ce que tu désires et ce que tu crains détruit pareillement toute espé-
« rance de refuge, et te déclare misérable au delà de tout exemple passé et
« futur, semblable seulement à Satan en crime et en destinée. O conscience!

From this day onward; which I feel begun
Both in me, and without me; and so last
To perpetuity : — Ay me! that fear
Comes thundering back with dreadful revolution
On my defenceless head.
  « Both death and I
Are found eternal, and incorporate both :
Nor I on my part single; in me all
Posterity stands curs'd : fair patrimony
That I must leave ye, sons! O! were I able
To waste it all myself, and leave ye none!
So disinherited, how would you bless
Me, now your curse! Ah! why should all mankind
For one man's fault, thus guiltless be condemn'd,
If guiltless? But from me what can proceed
But all corrupt; both mind and will deprav'd,
Not to do only, but to will the same
With me? How can they then acquitted stand
In sight of God?
  « Him, after all disputes,
Forc'd I absolve : all my evasions vain,
And reasonings, though through mazes, lead me still
But to my own conviction : first and last
On me, me only, as the source and spring
Of all corruption, all the blame lights due,
So might the wrath! Fond wish! couldst thou support
That burden, heavier than the earth to bear,
Than all the world much heavier, though divided
With that bad woman? Thus, what thou desir'st,
And what thou fear'st, alike destroys all hope
Or refuge, and concludes thee miserable

« dans quel gouffre de craintes et d'horreurs m'as-tu poussé? Pour en sortir je
« ne trouve aucun chemin, plongé d'un abîme dans un plus profond abîme! »
   Ainsi à haute voix se lamentait Adam dans la nuit calme, nuit qui n'était
plus (comme avant que l'homme tombât) saine, fraîche et douce ; mais accom-
pagnée d'un air sombre avec d'humides et redoutables ténèbres, qui à la mauvaise conscience de notre premier père présentaient toutes les choses avec une
double terreur. Il était étendu sur la terre, sur la froide terre; et il maudissait
souvent sa création; aussi souvent il accusait la mort d'une tardive exécution,
puisqu'elle avait été dénoncée le jour même de l'offense.
   « Pourquoi la mort, disait-il, ne vient-elle pas m'achever d'un coup trois
« fois heureux? La vérité manquera-t-elle de tenir sa parole? la justice divine
« ne se hâtera-t-elle pas d'être juste? Mais la mort ne vient point à l'appel;
« la justice divine ne presse point son pas le plus lent pour des prières ou des
« cris. Bois, fontaines, collines, vallées, bocages, par un autre écho naguère
« j'instruisais vos ombrages à me répondre, à retentir au loin d'un autre
« chant! »
   Lorsque la triste Eve, de l'endroit où elle était assise désolée, vit l'affliction
d'Adam, s'approchant de près, elle essaya de douces paroles contre sa violente
douleur. Mais il la repoussa d'un regard sévère.
   « Loin de ma vue, toi, serpent!... ce nom te convient le mieux à toi liguée
« avec lui, toi-même aussi fausse et aussi haïssable. Il ne te manque rien que
« d'avoir une figure semblable à la sienne et la couleur du serpent, pour an-
« noncer ta fourberie intérieure, afin de mettre à l'avenir toutes les créatures
« en garde contre toi, de crainte que cette trop céleste forme, couvrant une
« fausseté infernale, ne les prenne au piége. Sans toi j'aurais continué d'être

                    Beyond all past example and future :
                    To Satan only like both crime and doom.
                    O conscience! into what abyss of fears
                    And horrours hast thou driven me? out of which
                    I find no way, from deep to deeper plung'd! »
                       Thus Adam to himself lamented loud,
                    Through the still night ; not now, as ere man fell,
                    Wholesome, and cool, and mild, but with black air
                    Accompanied; with damps and dreadful gloom;
                    Which to his evil conscience represented
                    All things with double terrour : on the ground
                    Outstretch'd he lay, on the cold ground; and oft
                    Curs'd his creation; death as oft accus'd
                    Of tardy execution, since denounc'd
                    The day of his offence,
                                            « Why comes not death,
                    Said he, with one thrice-acceptable stroke
                    To end me? Shall truth fail to keep her word?
                    Justice divine not hasten to be just?
                    But death comes not at call; justice divine
                    Mends not her slowest pace for prayers or cries.
                    O woods, O fountains, hillocks, dales, and bowers!
                    With other echo late I taught your shades
                    To answer, and resound far other song. »
                       Whom thus afflicted when sad Eve beheld,
                    Desolate where she sat, approaching nigh,
                    Soft words to his fierce passion she assay'd;
                    But her with stern regard he thus repell'd :
                       « Out of my sight, thou serpent! That name best
                    Befits thee with him leagu'd; thyself as false
                    And hateful; nothing wants, but that thy shape,

« heureux, n'eussent ton orgueil et ta vanité vagabonde, quand tu étais le moins
« en sûreté, rejeté mon avertissement et ne se fussent irrités qu'on ne se con-
« fiât pas en eux. Tu brûlais d'être vue du démon lui-même que, présomp-
« tueuse, tu croyais duper ; mais t'étant rencontrée avec le serpent, tu as été
« jouée et trompée, toi par lui, moi par toi, pour m'être confié à toi sortie de
« mon côté. Je te crus sage, constante, d'un esprit mûr, à l'épreuve de tous
« les assauts, et je ne compris pas que tout était chez toi apparence plutôt que
« solide vertu, que tu n'étais qu'une côte recourbée de sa nature, plus inclinée
« (comme à présent je le vois) vers la partie gauche d'où elle fut tirée de moi.
« Bien si elle eût été jetée dehors, comme trouvée surnuméraire dans mon
« juste nombre.
« Oh ! pourquoi Dieu, créateur sage, qui peupla les plus hauts cieux d'es-
« prits mâles, créa-t-il à la fin cette nouveauté sur la terre, ce beau défaut de
« la nature? Pourquoi n'a-t-il pas tout d'un coup rempli le monde d'hommes,
« comme il a rempli le ciel d'anges, sans femmes? Pourquoi n'a-t-il pas trouvé
« une autre voie de perpétuer l'espèce humaine? Ce malheur ni tous ceux qui
« suivront ne seraient pas arrivés ; troubles innombrables causés sur la terre
« par les artifices des femmes et par l'étroit commerce avec ce sexe. Car ou
« l'homme ne trouvera jamais la compagne qui lui convient, mais il l'aura
« telle que la lui amènera quelque infortune ou quelque méprise ; ou celle
« qu'il désirera le plus, il l'obtiendra rarement de sa perversité, mais il la
« verra obtenue par un autre moins méritant que lui ; ou si elle l'aime, elle
« sera retenue par ses parents ; ou le choix le plus heureux se présentera trop

Like his, and colour serpentine, may show
Thy inward fraud ; to warn all creatures from thee
Henceforth ; lest that too-heavenly form, pretended
To hellish falsehood snare them ! But for thee
I had persisted happy : had not thy pride
And wandering vanity, when least was safe,
Rejected my forewarning, and disdain'd
Not to be trusted ; longing to be seen,
Though by the devil himself, him overweening
To over-reach ; but, with the serpent meeting,
Fool'd and beguil'd ; by him thou, I by thee,
To trust thee from my side ; imagin'd wise,
Constant, mature, proof against all assaults;
And understood not all was but a show,
Rather than solid virtue ; all but a rib
Crooked by nature, bent, as now appears,
More to the part sinister, from me drawn ;
Well if thrown out, as supernumerary
To my just number found.
 « O ! why did God,
Creator wise, that peopled highest Heaven
With spirits masculine, create at last
This novelty on earth, this fair defect
Of nature, and not fill the world at once
With men, as angels, without feminine ;
Or find some other way to generate
Mankind ? This mischief had not then befall'n,
And more that shall befall ; innumerable
Disturbances on earth through female snares,
And strait conjunction with this sex : for either
He never shall find out fit mate, but such
As some misfortune brings him, or mistake ;
Or whom he wishes most shall seldom gain,

« tard à lui déjà engagé, et enchaîné par les liens du mariage à une cruelle
« ennemie, sa haine ou sa honte. De là une calamité infinie se répandra sur
« la vie humaine et troublera la paix du foyer. »

Adam n'ajouta plus rien, et se détourna d'Ève. Mais Ève non rebutée, avec des larmes qui ne cessaient de couler et les cheveux tout en désordre, tomba humble à ses pieds, et, les embrassant, elle implora sa paix, et fit entendre sa plainte :

« Ne m'abandonne pas ainsi, Adam : le ciel est témoin de l'amour sincère
« et du respect que je te porte dans mon cœur. Je t'ai offensé sans intention,
« malheureusement trompée! Ta suppliante, je mendie la miséricorde et j'em-
« brasse tes genoux. Ne me prive pas de ce dont je vis, de tes doux regards,
« de ton secours, de ton conseil, qui dans cette extrême détresse sont ma seule
« force et mon seul appui. Délaissée de toi, où me retirer? où subsister? tan-
« dis que nous vivons encore (à peine une heure rapide peut-être), que la
« paix soit entre nous deux! Unis dans l'offense, unissons-nous dans l'inimitié
« contre l'ennemi qui nous a été expressément désigné par arrêt, ce cruel
« serpent. Sur moi n'exerce pas ta haine pour ce malheur arrivé, sur moi déjà
« perdue, moi plus misérable que toi. Nous avons péché tous les deux; mais
« toi contre Dieu seulement, moi contre Dieu et toi. Je retournerai au lieu
« même du jugement; là par mes cris j'importunerai le ciel, afin que la sen-
« tence, écartée de ta tête, tombe sur moi, l'unique cause pour toi de toute
« cette misère! moi, moi seule juste objet de la colère de Dieu! »

Elle finit en pleurant, et son humble posture, dans laquelle elle demeura

    Through her perverseness, but shall see her gain'd
    By a far worse; or, if she love, withheld
    By parents; or his happiest choice too late
    Shall meet, already link'd and wedlock-bound
    To a fell adversary, his hate or shame :
    Which infinite calamity shall cause
    To human life, and household peace confound. »
     He added not, and from her turn'd; but Eve,
    Not so repuls'd, with tears that ceas'd not flowing,
    And tresses all disorder'd, at his feet
    Fell humble; and embracing them, besought
    His peace, and thus proceeded in her plaint :
     « Forsake me not thus, Adam! witness, Heaven,
    What love sincere, and reverence in my heart
    I bear thee, and unweeting have offended,
    Unhappily deceiv'd! Thy suppliant,
    I beg, and clasp thy knees : bereave me not,
    Whereon I live, thy gentle looks, thy aid,
    Thy counsel, in this uttermost distress
    My only strength and stay : forlorn of thee,
    Whither shall I betake me, where subsist?
    While yet we live, scarce one short hour perhaps,
    Between us two let there be peace; both joining,
    As join'd in injuries, one enmity
    Against a foe by doom express assign'd us,
    That cruel serpent : on me exercise not
    Thy hatred for this misery befall'n;
    On me already lost, me than thyself
    More miserable! both have sinn'd; but thou
    Against God only, I against God and thee;
    And to the place of judgment will return,
    There with my cries importune Heaven; that all
    The sentence, from thy head remov'd, may light

immobile jusqu'à ce qu'elle eût obtenu la paix pour sa faute reconnue et déplorée, excita la commisération dans Adam. Bientôt son cœur s'attendrit pour elle naguère sa vie et son seul délice, maintenant soumise à ses pieds dans la détresse ; créature si belle, cherchant la réconciliation, le conseil et le secours de celui à qui elle avait déplu. Tel qu'un homme désarmé, Adam perd toute sa colère ; il relève son épouse, et bientôt avec ces paroles pacifiques :

« Imprudente, trop désireuse (à présent comme auparavant) de ce que tu
« ne connais pas, tu souhaites que le châtiment entier tombe sur toi ! hélas !
« souffre d'abord ta propre peine, incapable tu serais de supporter la colère
« entière de Dieu, dont tu ne sens encore que la moindre partie, toi qui sup-
« portes si mal mon déplaisir ! Si les prières pouvaient changer les décrets du
« Très-Haut, je me hâterais de me rendre, avant toi, à cette place de notre
« jugement ; je me ferais entendre avec plus de force afin que ma tête fût seule
« visitée de Dieu, qu'il pardonnât ta fragilité, ton sexe plus infirme à moi con-
« fié, par moi exposé.

« Mais lève-toi ; ne disputons plus, ne nous blâmons plus mutuellement,
« nous assez blâmés ailleurs ! Efforçons-nous par les soins de l'amour d'allé-
« ger l'un pour l'autre, en le partageant, le poids du malheur, puisque ce jour
« de la mort dénoncée (comme je l'entrevois) n'arrivera pas soudain ; mais il
« viendra comme un mal au pas tardif, comme un jour qui meurt longuement
« afin d'augmenter notre misère ; misère transmise à notre race : ô race in-
« fortunée ! »

Ève reprenant cœur, répliqua :

    On me, sole cause to thee of all this woe ;
Me, me only, just object of his ire ! »
    She ended weeping ; and her lowly plight,
Immovable, till peace obtain'd from fault
Acknowledg'd and deplor'd, in Adam wrought
Commiseration : soon his heart relented
Towards her, his life so late, and sole delight,
Now at his feet submissive in distress ;
Creature so fair his reconcilement seeking,
His counsel, whom she had displeas'd, his aid :
As one disarm'd, his anger all he lost,
And thus with peaceful words uprais'd her soon :
    « Unwary, and too desirous, as before
So now, of what thou know'st not, who desir'st
The punishment all on thyself ; alas !
Bear thine own first, ill able to sustain
His full wrath, whose thou feel'st as yet least part,
And my displeasure bear'st so ill. If prayers
Could alter high decrees, I to that place
Would speed before thee, and be louder heard,
That on my head all might be visited ;
Thy frailty and infirmer sex forgiven,
To me committed, and by me expos'd.
    « But rise ; let us no more contend, nor blame
Each other, blam'd enough elsewhere ; but strive
In offices of love, how we may lighten
Each other's burden, in our share of woe ;
Since this day's death denounc'd, if aught I see,
Will prove no sudden, but a slow-pac'd, evil ;
A long day's dying, to augment our pain,
And to our seed (O hapless seed !) deriv'd. »
    To whom thus Eve, recovering heart, replied :
    « Adam, by sad experiment I know

« Adam, je sais par une triste expérience le peu de poids que peuvent avoir
« auprès de toi mes paroles trouvées si pleines d'erreur, et de là, par un juste
« événement, trouvées si fatales; néanmoins, tout indigne que je suis, puisque
« tu m'accueilles de nouveau et me rends ma place, pleine d'espoir de rega-
« gner ton amour (seul contentement de mon cœur, soit que je meure ou que
« je vive), je ne te cacherai pas les pensées qui se sont élevées dans mon sein
« inquiet : elles tendent à soulager nos maux ou à les finir : quoiqu'elles soient
« poignantes et tristes, toutefois elles sont tolérables, comparées à nos souf-
« frances, et d'un choix plus aisé.

« Si l'inquiétude touchant notre postérité est ce qui nous tourmente le plus ;
« si cette postérité doit être née pour un malheur certain, et finalement dévorée
« par la Mort ; il serait misérable d'être la cause de la misère des autres, de
« nos propres fils ; misérable de faire descendre de nos reins dans ce monde
« maudit une race infortunée, laquelle, après une déplorable vie, doit être la
« pâture d'un monstre si impur : il est en ton pouvoir, du moins avant la
« conception, de supprimer la race non bénie n'étant pas encore engendrée.
« Sans enfants tu es, sans enfants demeure : ainsi la Mort sera déçue dans
« son insatiabilité, et ses voraces entrailles seront obligées de se contenter de
« nous deux.

« Mais si tu penses qu'il est dur et difficile en conversant, en regardant, en
« aimant, de s'abstenir des devoirs de l'amour et du doux embrassement nup-
« tial, de languir de désir sans espérance, en présence de l'objet languissant du
« même désir (ce qui ne serait pas une misère et un tourment moindre qu'au-

> How little weight my words with thee can find,
> Found so erroneous; thence by just event
> Found so unfortunate : nevertheless,
> Restor'd by thee, vile as I am; to place
> Of new acceptance, hopeful to regain
> Thy love, the sole contentment of my heart,
> Living or dying, from thee I will not hide
> What thoughts in my unquiet breast are risen,
> Tending to some relief of our extremes,
> Or end; though sharp and sad, yet tolerable,
> As in our evils, and of easier choice.
>   « If care of our descent perplex us most,
> Which must be born to certain woe, devour'd
> By Death at last; and miserable it is,
> To be to others cause of misery,
> Our own begotten, and of our loins to bring
> Into this cursed world a woful race,
> That after wretched life must be at last
> Food for so foul a monster; in thy power
> It lies, yet ere conception, to prevent
> The race unblest, to being yet unbegot.
> Childless thou art, childless remain : so Death
> Shall be deceiv'd his glut, and with us two
> Be forc'd to satisfy his ravenous maw.
>   « But if thou judge it hard and difficult,
> Conversing, looking, loving, to abstain
> From love's due rites, nuptial embraces sweet;
> And with desire to languish without hope,
> Before the present object languishing
> With like desire ; which would be misery
> And torment less than none of what we dread :
> Then, both ourselves and seed at once to free
> From what we fear for both, let us make short, —

« cun de ceux que nous appréhendons); alors, afin de nous délivrer à la fois
« nous et notre race de ce que nous craignons pour tous les deux, coupons
« court. — Cherchons la mort, ou si nous ne la trouvons pas, que nos mains
« fassent sur nous-mêmes son office. Pourquoi restons-nous plus longtemps
« frissonnant de ces craintes qui ne présentent d'autre terme que la mort,
« quand il est en notre pouvoir (des divers chemins pour mourir choisissant le
« plus court), de détruire la destruction par la destruction?........ »

Elle finit là son discours, ou un véhément désespoir en brisa le reste. Ses pensées l'avaient tellement nourrie de mort, qu'elles teignirent ses joues de pâleur. Mais Adam, qui ne se laissa dominer en rien par un tel conseil, s'était élevé, en travaillant son esprit plus attentif, à de meilleures espérances. Il répondit :

« Eve, ton mépris de la vie et du plaisir semble prouver en toi quelque
« chose de plus sublime et de plus excellent que ce que ton âme dédaigne ;
« mais la destruction de soi-même, par cela qu'elle est recherchée, détruit
« l'idée de cette excellence supposée en toi, et implique non ton mépris, mais
« ton angoisse, et ton regret de la perte de la vie, et du plaisir trop aimé. Ou
« si tu convoites la mort comme la dernière fin de la misère, t'imaginant éviter
« par là la punition prononcée, ne doute pas que Dieu n'ait trop sagement
« armé son ire vengeresse, pour qu'il puisse être ainsi surpris. Je craindrais
« beaucoup plus qu'une mort ainsi ravie ne nous exemptât pas de la peine
« que notre arrêt nous condamne à payer, et que de tels actes de contumace
« ne provoquassent plutôt le Très-Haut à faire vivre la mort en nous. Cher-
« chons donc une résolution plus salutaire, que je crois apercevoir, lorsque je

  Let us seek death; — or, he not found, supply
With our own hands his office on ourselves.
Why stand we longer shivering under fears,
That show no end but death; and have the power,
Of many ways to die the shortest choosing,
Destruction with destruction to destroy? »
  She ended here, or vehement despair
Broke off the rest, so much of death her thoughts
Had entertain'd, as dy'd her cheeks with pale.
But Adam, with such counsel nothing sway'd,
To better hopes his more attentive mind
Labouring had rais'd; and thus to Eve replied :
  « Eve, thy contempt of life and pleasure seems
To argue in thee something more sublime
And excellent, than what thy mind contemns;
But self-destruction there orefsought refutes
That excellence thought in thee; and implies,
Not thy contempt, but anguish and regret
For loss of life and pleasure overlov'd.
Or if thou covet death, as utmost end
Of misery, so thinking to evade
The penalty pronounc'd; doubt not but God
Hath wiselier arm'd his vengeful ire, than so
To be forestall'd; much more I fear lest death
So snatch'd, will not exempt us from the pain
We are by doom to pay; rather, such acts
Of contumacy will provoke the Highest
To make death in us live : then let us seek
Some safer resolution, which methinks
I have in view, calling to mind with heed
Part of our sentence, that thy seed shall bruise
The serpent's head; piteous amends! unless

« rappelle avec attention à mon esprit cette partie de notre sentence : — *Ta*
« *race écrasera la tête du serpent*. — Réparation pitoyable, si cela ne devait
« s'entendre, comme je le conjecture, de notre grand ennemi, Satan, qui dans
« le serpent a pratiqué contre nous cette fraude. Ecraser sa tête serait ven-
« geance, en vérité, laquelle vengeance sera perdue par la mort amenée sur
« nous-mêmes, ou par des jours écoulés sans enfants, comme tu le proposes ;
« ainsi notre ennemi échapperait à sa punition ordonnée, et nous, au contraire,
« nous doublerions la nôtre sur nos têtes.

« Qu'il ne soit donc plus question de violence contre nous-mêmes ni de sté-
« rilité volontaire qui nous séparerait de toute espérance, qui ne ferait sentir
« en nous que rancune et orgueil, qu'impatience et dépit, révolte contre Dieu
« et contre son juste joug, sur notre cou imposé. Rappelle-toi avec quelle
« douce et gracieuse bonté il nous écouta tous les deux, et nous jugea sans co-
« lère et sans reproche. Nous attendions une dissolution immédiate, que nous
« croyions ce jour-là exprimée par le mot mort : eh bien ! à toi furent seule-
« ment prédites les douleurs de la grossesse et de l'enfantement, bientôt ré-
« compensées par la joie du fruit de tes entrailles : sur moi la malédiction ne
« faisant que m'effleurer a frappé la terre. Je dois gagner mon pain par le
« travail : quel mal à cela ? L'oisiveté eût été pire ; mon travail me nourrira.
« Dans la crainte que le froid ou la chaleur ne nous blessât, sa sollicitude, sans
« être implorée, nous a pourvus à temps ; ses mains nous ont vêtus, nous, in-
« dignes, ayant pitié de nous quand il nous jugeait ! Oh ! combien davantage,
« si nous le prions, son oreille s'ouvrira et son cœur inclinera à la pitié ! Il
« nous enseignera de plus les moyens d'éviter l'inclémence des saisons, la

> Be meant, whom I conjecture, our grand foe,
> Satan, who in the serpent hath contriv'd
> Against us this deceit : to crush his head
> Would be revenge indeed ! which will be lost
> By death brought on ourselves, or childless days
> Resolv'd, as thou proposest : so our foe
> Shall'scape his punishment ordain'd, and we
> Instead shall double ours upon our heads.
> « No more be mention'd then of violence
> Against ourselves ; and wilful barrenness
> That cuts us off from hope ; and savours only
> Rancour and pride, impatience and despite,
> Reluctance against God and his just yoke
> Laid on our necks. Remember with what mild
> And gracious temper he both heard, and judg'd,
> Without wrath or reviling : we expected
> Immediate dissolution, which we thought
> Was meant by death that day ; when, lo ! to thee
> Pains only in child-bearing were foretold,
> And bringing forth ; soon recompens'd with joy,
> Fruit of thy womb : on me the curse aslope
> Glanc'd on the ground ; with labour I must earn
> My bread ; what harm ? Idleness had been worse :
> My labour will sustain me ; and, lest cold
> Or heat should injure us, his timely care
> Hath, unbesought, provided ; and his hands
> Cloth'd us, unworthy, pitying while he judg'd ;
> How much more, if we pray him, will his ear
> Be open, and his heart to pity incline,
> And teach us further by what means to shun
> Th' inclement seasons, rain, ice, hail, and snow !
> Which now the sky, with various face, begins

« pluie, la glace, la grêle, la neige, que le ciel à présent, avec une face variée,
« commence à nous montrer sur cette montagne, tandis que les vents soufflent
« perçants et humides, endommageant la gracieuse chevelure de ces beaux
« arbres qui étendent leurs rameaux. Ceci nous ordonne de chercher quelque
« meilleur abri, quelque chaleur meilleure pour ranimer nos membres en-
« gourdis, avant que cet astre du jour laisse le froid à la nuit; cherchons com-
« ment nous pouvons, avec ses rayons recueillis et réfléchis, animer une ma-
« tière sèche, ou comment, par la collision de deux corps rapidement tournés,
« le frottement peut enflammer l'air : ainsi tout à l'heure les nuages se heur-
« tant, ou poussés par les vents, rudes dans leur choc, ont fait partir l'éclair
« oblique dont la flamme, descendue en serpentant, a embrasé l'écorce rési-
« neuse du pin et du sapin et répandu au loin une agréable chaleur qui peut
« suppléer le soleil. User de ce feu, et de ce qui d'ailleurs peut soulager ou guérir
« les maux que nos fautes ont produits, c'est ce dont nous instruira notre Juge,
« en le priant et en implorant sa merci : nous n'avons donc pas à craindre de
« passer incommodément cette vie, soutenus de lui par divers conforts, jus-
« qu'à ce que nous finissions dans la poussière, notre dernier repos et notre
« demeure natale.

« Que pouvons-nous faire de mieux que de retourner au lieu où il nous a
« jugés, de tomber prosternés révérencieusement devant lui, là de confesser
« humblement nos fautes, d'implorer notre pardon, baignant la terre de larmes,
« remplissant l'air de nos soupirs poussés par des cœurs contrits, en signe d'une
« douleur sincère et d'une humiliation profonde? Sans doute il s'apaisera, et
« reviendra de son déplaisir. Dans ses regards sereins lorsqu'il semblait être le
« plus irrité et le plus sévère, y brillait-il autre chose que faveur, grâce, et
« merci? »

    To show us in this mountain; while the winds
    Blow moist and keen, shattering the graceful locks
    Of these fair spreading trees, which bids us seek
    Some better shroud, some better warmth to cherish
    Our limbs benumb'd, ere this diurnal star
    Leave cold the night, how we his gather'd beams
    Reflected may with matter sere foment;
    Or, by collision of two bodies, grind
    The air attrite to fire; as late the clouds
    Justling, or push'd with winds, rude in their shook,
    Tine the slant lightning; whose thwart flame driven down,
    Kindles the gummy bark of fir or pine,
    And sends a comfortable heat from far,
    Which might supply the sun : such fire to use,
    And what may else be remedy or cure
    To evils which our own misdeeds have wrought,
    He will instruct us praying, and of grace
    Beseeching him; so as we need not fear
    To pass commodiously this life, sustain'd
    By him with many comforts, till we end
    In dust, our final rest and native home.
     « What better can we do, than, to the place
    Repairing where he judg'd us, prostrate fall
    Before him reverent; and there confess
    Humbly our faults, and pardon beg, with tears
    Watering the ground, and with our sighs the air
    Frequenting, sent from hearts contrite, in sign
    Of sorrow unfeign'd, and humiliation meek?
    Undoubtedly he will relent, and turn
    From his displeasure; in whose look serene,

LE PARADIS PERDU. 299

Ainsi parla notre père pénitent; Eve ne sentit pas moins de remords : ils allèrent aussitôt à la place où Dieu les avait jugés; ils tombèrent prosternés révérencieusement devant lui, et tous deux confessèrent humblement leur faute, et implorèrent leur pardon, baignant la terre de larmes, remplissant l'air de leurs soupirs poussés par des cœurs contrits, en signe d'une douleur sincère et d'une humiliation profonde.

>> When angry most he seem'd and most severe,
What else but favour, grace, and mercy, shone? »
So spake our father penitent; nor Eve
Felt less remorse : they, forthwith to the place
Repairing where he judg'd them, prostrate fell
Before him reverent; and both confess'd
Humbly their faults and pardon begg'd; with tears
Watering the ground, and with their sighs the air
Frequenting, sent from hearts contrite, in sign
Of sorrow unfeign'd, and humiliation meek.

LIVRE ONZIÈME.

ARGUMENT.

Le Fils de Dieu présente à son Père les prières de nos premiers parents maintenant repentants, et il intercède pour eux. Dieu les exauce, mais il déclare qu'ils ne peuvent habiter plus longtemps dans le paradis. Il envoie Michel avec une troupe de chérubins pour les en déposséder et pour révéler d'abord à Adam les choses futures. Descente de Michel. Adam montre à Eve certains signes funestes : il discerne l'approche de Michel, va à sa rencontre : l'ange leur annonce leur départ. Lamentations d'Eve. Adam s'excuse, mais se soumet : l'ange le conduit au sommet d'une haute colline, et lui découvre, dans une vision, ce qui arrivera jusqu'au déluge.

XI.

Ils priaient; dans l'état le plus humble ils demeuraient repentants; car du haut du trône de la miséricorde la grâce prévenante descendue, avait ôté la pierre de leurs cœurs, et fait croître à sa place une nouvelle chair régénérée qui exhalait à présent d'inexprimables soupirs; inspirés par l'esprit de prière, ces

BOOK XI.

THE ARGUMENT.

The Son of God presents to his Father the prayers of our first parents, now repenting, and intercedes for them : God accepts them, but declares that they must no longer abide in Paradise; sends Michael with a band of cherubim to dispossess them; but first to reveal to Adam future things. Michael's coming down. Adam shows to Eve certain ominous signs; he discerns Michael's approach; goes out to meet him; the angel denounces their departure. Eve's lamentation. Adam pleads, bu submits : the angel leads him up to a high hill; sets before him in vision what shall happen till the flood.

XI.

Thus they, in lowliest plight, repentant stood,
Praying; for from the mercy-seat above
Prevenient grace descending had remov'd
The stony from their hearts, and made new flesh
Regenerate grow instead, that sighs now breath'd
Unutterable; which the Spirit of prayer

soupirs étaient portés au ciel sur des ailes d'un vol plus rapide que la plus impétueuse éloquence. Toutefois le maintien d'Adam et d'Eve n'était pas celui de vils postulants : leur demande ne parut pas moins importante que l'était celle de cet ancien couple des fables antiques (moins ancien pourtant que celui-ci), de Deucalion et de la chaste Pyrrha, alors que pour rétablir la race humaine submergée, il se tenait religieusement devant le sanctuaire de Thémis.

Les prières d'Adam et d'Eve volèrent droit au ciel; elles ne manquèrent pas le chemin, vagabondes ou dispersées par les vents envieux : toutes spirituelles, elles passèrent la porte divine; alors revêtues par leur grand Médiateur de l'encens qui fumait sur l'autel d'or elles arrivèrent jusqu'à la vue du Père, devant son trône. Le Fils, plein de joie en les présentant, commence ainsi à intercéder :

« Considère, ô mon Père, quels premiers fruits sur la terre sont sortis de ta
« grâce implantée dans l'homme, ces soupirs et ces prières, que mêlés à l'en-
« cens dans cet encensoir d'or, moi, ton prêtre, j'apporte devant toi; fruits pro-
« venus de la semence jetée avec la contrition dans le cœur d'Adam, fruits
« d'une saveur plus agréable que ceux (l'homme les cultivant de ses propres
« mains) qu'auraient pu produire tous les arbres du paradis, avant que l'homme
« fût déchu de l'innocence. Incline donc à présent l'oreille à sa supplication;
« entends ses soupirs quoique muets : ignorant des mots dans lesquels il doit
« prier, laisse-moi les interpréter pour lui, moi son avocat, sa victime de pro-
« pitiation; greffe sur moi toutes ses œuvres bonnes ou non bonnes; mes mé-
« rites perfectionneront les premières, et ma mort expiera les secondes. Ac-
« cepte-moi, et par moi reçois de ces infortunés une odeur de paix favorable

     Inspir'd, and wing'd for Heaven with speedier flight
     Than loudest oratory : yet their port
     Not of mean suitors; nor important less
     Seem'd their petition, than when th' ancient pair
     In fables old, less ancient yet than these,
     Deucalion and chaste Pyrrha, to restore
     The race of mankind drown'd, before the shrine
     Of Themis stood devout.
            To Heaven their prayers
     Flew up, nor miss'd the way, by envious winds
     Blown vagabond or frustrate : in they pass'd
     Dimensionless through Heavenly doors; then clad
     With incense, where the golden altar fum'd,
     By their great Intercessour, came in sight
     Before the Father's throne : them the glad Son
     Presenting, thus to intercede began :
      « See, Father, what first-fruits on earth are sprung
     From thy implanted grace in man; these sighs
     And prayers, which in this golden censer, mix'd
     With incense, I thy priest before thee bring;
     Fruits of more pleasing savour, from thy seed
     Sown with contrition in his heart, than those
     Which, his own hand manuring, all the trees
     Of Paradise could have produc'd, ere fall'n
     From innocence. Now therefore bend thine ear
     To supplication; hear his sighs, though mute :
     Unskilful with what words to pray, let me
     Interpret for him; me, his advocate
     And propitiation; all his works on me,
     Good, or not good, ingraft; my merit those
     Shall perfect, and for these my death shall pay.
     Accept me; and, in me, from these receive

« à l'espèce humaine. Que l'homme réconcilié vive au moins devant toi ses
« jours comptés, quoique tristes, jusqu'à ce que la mort, son arrêt (dont je de-
« mande l'adoucissement, non la révocation), le rende à la meilleure vie où
« tout mon peuple racheté habitera avec moi dans la joie et la béatitude, ne
« faisant qu'un avec moi, comme je ne fais qu'un avec toi. »

Le Père, sans nuage, serein :

« Toutes tes demandes pour l'homme, Fils agréable, sont obtenues ; toutes
« tes demandes étaient mes décrets. Mais d'habiter plus longtemps dans le pa-
« radis, la loi que j'ai donnée à la nature le défend à l'homme. Ces purs et
« immortels éléments, qui ne connaissent rien de matériel, aucun mélange
« inharmonieux et souillé, le rejettent, maintenant infecté ; ils veulent s'en
« purger comme d'une maladie grossière, le renvoyer à un air grossier, à une
« nourriture mortelle comme à ce qui peut le mieux le disposer à la dissolu-
« tion opérée par le péché, lequel altéra le premier toutes les choses, et d'in-
« corruptibles les rendit corruptibles.

« Au commencement j'avais créé l'homme doué de deux beaux présents, de
« bonheur et d'immortalité : le premier il l'a follement perdu ; la seconde n'eût
« servi qu'à éterniser sa misère ; alors je l'ai pourvu de la mort ; ainsi la mort
« est devenue son remède final. Après une vie éprouvée par une cruelle tri-
« bulation, épurée par la foi et par les œuvres de cette foi, éveillé à une se-
« conde vie dans la rénovation du juste, la mort élèvera l'homme vers moi
« avec le ciel et la terre renouvelés.

« Mais appelons maintenant en congrégation tous les bénis, dans les vastes
« enceintes du ciel ; je ne veux pas leur cacher mes jugements ; qu'ils voient

> The smell of peace toward mankind : let him live
> Before thee reconcil'd, at least his days
> Number'd, though sad ; till death, his doom, (which I
> To mitigate thus plead, not to reverse,)
> To better life shall yield him ; where with me
> All my redeem'd may dwell in joy and bliss ;
> Made one with me, as I with thee am one. »
>   To whom the Father, without cloud, serene :
> « All thy request for man, accepted Son,
> Obtain ; all thy request was my decree :
> But, longer in that Paradise to dwell,
> The law I gave to nature him forbids :
> Those pure immortal elements, that know
> No gross, no unharmonious mixture foul,
> Eject him, tainted now ; and purge him off,
> As a distemper, gross, to air as gross,
> And mortal food ; as may dispose him best
> For dissolution wrought by sin ; that first
> Distemper'd all things, and of incorrupt
> Corrupted.
>   « I, at first, with two fair gifts
> Created him endow'd ; with happiness,
> And immortality : that fondly lost,
> This other serv'd but to eternize woe ;
> Till I provided death : so death becomes
> His final remedy ; and, after life,
> Tried in sharp tribulation, and refin'd
> By faith and faithful works, to second life,
> Wak'd in the renovation of the just,
> Resigns him up with Heaven and earth renew'd.
> « But let us call to synod all the blest,
> Through Heaven's wide bounds : from them I will not hide

« comment je procède avec l'espèce humaine, ainsi qu'ils ont vu dernièrement
« ma manière d'agir avec les anges pécheurs : mes saints, quoique stables
« dans leur état, en sont demeurés plus affermis. »

Il dit, et le Fils donna le grand signal au brillant ministre qui veillait; soudain il sonna de sa trompette (peut-être entendue depuis sur Oreb quand Dieu descendit, et qui retentira peut-être encore une fois au jugement dernier). Le souffle angélique remplit toutes les régions : de leurs bosquets fortunés qu'ombrageait l'amarante, du bord de la source, ou de la fontaine, du bord des eaux de la vie, partout où ils se reposaient en sociétés de joie, les fils de la lumière se hâtèrent, se rendant à l'impérieuse sommation; et ils prirent leurs places, jusqu'à ce que du haut de son trône suprême, le Tout-Puissant annonça ainsi sa souveraine volonté :

« Enfants, l'homme est devenu comme l'un de nous ; il connaît le bien et
« le mal depuis qu'il a goûté de ce fruit défendu ; mais qu'il se glorifie de
« connaître le bien perdu et le mal gagné : plus heureux s'il lui avait suffi de
« connaître le bien par lui-même, et le mal pas du tout. A présent il s'afflige,
« se repent et prie avec contrition : mes mouvements sont en lui; ils agissent
« plus longtemps que lui; je sais combien son cœur est variable et vain, aban-
« donné à lui-même. Dans la crainte qu'à présent sa main, devenue plus au-
« dacieuse, ne se porte aussi sur l'arbre de vie, qu'il n'en mange, qu'il ne vive
« toujours, ou qu'il ne rêve du moins de vivre toujours, j'ai décidé de l'éloi-
« gner, de l'envoyer hors du jardin labourer la terre d'où il a été tiré; sol qui
« lui convient mieux.

« Michel, je te charge de mon ordre : avec toi prends à ton choix de flam-

My judgments; how with mankind I proceed,
As how with peccant angels late they saw;
And in their state, though firm, stood more confirm'd. »
   He ended, and the Son gave signal high
To the bright minister that watch'd : he blew
His trumpet, heard in Oreb since perhaps
When God descended, and perhaps once more
To sound at general doom. Th' angelic blast
Fill'd all the regions : from their blissful bowers
Of amaranthine shade, fountain or spring,
By the waters of life, where'er they sat
In fellowships of joy, the sons of light
Hasted, resorting to the summons high;
And took their seats : till from his throne supreme
Th' Almighty thus pronounc'd his sovran will:
   « O sons! like one of us man is become,
To know both good and evil, since his taste
Of that defended fruit; but let him boast
His knowledge of good lost, and evil got;
Happier! had it suffic'd him to have known
Good by itself, and evil not at all.
He sorrows, now, repents, and prays contrite,
My motions in him; longer than they move,
His heart I know how variable and vain,
Self-left. Lest therefore his now bolder hand
Reach also of thee tree of Life, and eat,
And live for ever, dream at least to live
For ever, to remove him I decree,
And send him from the garden forth to till
The ground whence he was taken; fitter soil.
   « Michael, this my behest have thou in charge :
Take to thee from among the cherubim

« boyants guerriers parmi les chérubins, de peur que l'ennemi, ou en faveur
« de l'homme, ou pour envahir sa demeure vacante, n'élève quelque nouveau
« trouble. Hâte-toi, du paradis de Dieu chasse sans pitié le couple pécheur,
« chasse de la terre sacrée les profanes, et dénonce-leur et à toute leur posté-
« rité le perpétuel bannissement de ce lieu. Cependant, de peur qu'ils ne s'é-
« vanouissent en entendant leur triste arrêt rigoureusement prononcé (car je
« les vois attendris et déplorant leurs excès avec larmes), cache-leur toute ter-
« reur. S'ils obéissent patiemment à ton commandement, ne les congédie pas
« inconsolés ; révèle à Adam ce qui doit arriver dans les jours futurs, selon
« les lumières que je te donnerai ; entremêle à ce récit mon alliance renou-
« velée avec la race de la femme : ainsi renvoie-les, quoique affligés, cepen-
« dant en paix.

« A l'orient du jardin, du côté où il est plus facile de gravir Éden, place une
« garde de chérubins et la flamme largement ondoyante d'une épée, afin d'ef-
« frayer au loin quiconque voudrait approcher, et interdire tout passage à
« l'arbre de vie, de peur que le paradis ne devienne le réceptacle d'esprits im-
« purs, que tous mes arbres ne soient leur proie, dont ils déroberaient le fruit,
« pour séduire l'homme encore une fois. »

Il se tut : l'archangélique pouvoir se prépare à une descente rapide, et avec lui la cohorte brillante des vigilants chérubins. Chacun d'eux, ainsi qu'un double Janus, avait quatre faces ; tout leur corps était semé d'yeux comme des paillettes, plus nombreux que les yeux d'Argus ; et plus vigilants que ceux-ci qui s'assoupirent, charmés par la flûte arcadienne, par le roseau pastoral d'Hermès, ou par sa baguette soporifique.

    Thy choice of flaming warriours, lest the fiend,
Or in behalf of man, or to invade
Vacant possession, some new trouble raise :
Haste thee and from the Paradise of God
Without remorse drive out the sinful pair;
From hallow'd ground th' unholy; and denounce
To them, and to their progeny, from thence
Perpetual banishment. Yet, lest they faint
At the sad sentence rigorously urg'd,
(For I behold them soften'd, and with tears
Bewailing their excess) all terrour hide.
If patiently thy bidding they obey,
Dismiss them not disconsolate; reveal
To Adam what shall come in future days,
As I shall thee enlighten; intermix
My covenant in the woman's seed renew'd;
So send them forth, though sorrowing, yet in peace :
And on the east side of the garden place,
Where entrance up from Eden easiest climbs,
Cherubic watch : and of a sword the flame
Wide-waving : all approach far off to fright,
And guard all passage to the tree of Life;
Lest Paradise a receptacle prove
To spirits foul, and all my trees their prey;
With whose stol'n fruit man once more to delude. »
    He ceas'd : and th' archangelic power prepar'd
For swift descent; with him the cohort bright
Of watchful cherubim : four faces each
Had, like a double Janus; all their shape
Spangled with eyes more numerous than those
Of Argus, and more wakeful than to drowse,
Charm'd with Arcadian pipe, the pastoral reed

Cependant pour saluer de nouveau le monde avec la lumière sacrée, Leucothoé s'éveillait et embaumait la terre d'une fraîche rosée, alors qu'Adam et Eve notre première mère finissaient leur prière, et trouvaient leur force augmentée d'en haut : ils sentaient de leur désespoir sourdre une nouvelle espérance, une joie, mais encore liée à la frayeur. Adam renouvela à Eve ses paroles bienvenues :

« Eve, la foi peut aisément admettre que tout le bien dont nous jouissons
« descend du ciel ; mais que de nous quelque chose puisse monter au ciel,
« assez prévalant pour occuper l'esprit de Dieu souverainement heureux, ou
« pour incliner sa volonté, c'est ce qui paraît difficile à croire. Cependant cette
« prière du cœur, un soupir rapide de la poitrine de l'homme volent jusqu'au
« trône de Dieu : car depuis que j'ai cherché par la prière à apaiser la Divinité
« offensée, que je me suis agenouillé, et que j'ai humilié tout mon cœur de-
« vant Dieu, il me semble que je le vois placable et doux me prêtant l'oreille.
« Je sens naître en moi la persuasion qu'avec faveur j'ai été écouté. La paix
« est rentrée au fond de mon sein, et dans ma mémoire la promesse que ta
« race écrasera notre ennemi. Cette promesse, que je ne me rappelai pas d'a-
« bord dans mon épouvante, m'assure à présent que l'amertume de la mort
« est passée et que nous vivrons. Salut donc à toi, Eve, justement appelée la
« mère de tout le genre humain, la mère de toutes choses vivantes, puisque
« par toi l'homme doit vivre, et que toutes choses vivent pour l'homme. »

Eve, dont le maintien était doux et triste :

« Je suis peu digne d'un pareil titre, moi pécheresse, moi qui, ayant été or-

>   Of Hermes, or his opiate rod. Meanwhile,
>   To resalute the world with sacred light,
>   Leucothea wak'd, and with fresh dews embalm'd
>   The earth; when Adam and first matron Eve
>   Had ended now their orisons, and found
>   Strength added from above; new hope to spring
>   Out of despair; joy, but with fear yet link'd;
>   Which thus to Eve his welcome words renew'd:
>   « Eve, easily may faith admit, that all
>   The good which we enjoy from Heaven descends;
>   But that from us aught should ascend to Heaven
>   So prevalent, as to concern the mind
>   Of God high-blest, or to incline his will,
>   Hard to believe may seem; yet this will prayer,
>   Or one short sigh of human breath, upborne
>   Even to the seat of God: for since I sought
>   By prayer the offended Deity to appease,
>   Kneel'd, and before him humbled all my heart,
>   Methought I saw him placable and mild
>   Bending his ear; persuasion in me grew
>   That I was heard with favour; peace return'd
>   Home to my breast, and to my memory
>   His promise, that thy seed shall bruise our foe;
>   Which, then not minded in dismay, yet now
>   Assures me that the bitterness of death
>   Is past, and we shall live. Whence hail to thee,
>   Eve, rightly call'd mother of all mankind,
>   Mother of all things living, since by thee
>   Man is to live; and all things live for man. »
>   To whom thus Eve, with sad demeanour meek:
>   « Ill-worthy I such title should belong
>   To me transgressour; who, for thee ordain'd
>   A help, became thy snare; to me reproach

« donnée pour être ton aide, suis devenue ton piége : reproche, défiance et
« tout blâme, voilà plutôt ce qui m'appartient. Mais infini dans sa miséricorde
« a été mon Juge, de sorte que moi qui apportai la première la mort à tous,
« je suis qualifiée la source de vie? Tu m'es ensuite favorable quand tu daignes
« m'appeler hautement ainsi, moi qui mérite un tout autre nom! Mais les
« champs nous appellent au travail maintenant imposé avec sueur, quoique
« après une nuit sans sommeil. Car vois! le matin tout indifférent à notre in-
« somnie, recommence en souriant sa course de roses. Marchons! désormais
« je ne m'éloignerai plus jamais de ton côté, en quelque endroit que notre tra-
« vail journalier soit situé, quoique maintenant il nous soit prescrit pénible
« jusqu'au tomber du jour. Tandis que nous demeurons ici, que peut-il y avoir
« de fatigant dans ces agréables promenades? Vivons donc ici contents, bien
« que dans un état déchu. »

Ainsi parla, ainsi souhaita la très-humiliée Eve; mais le destin ne souscrivit pas à ses vœux. La nature donna d'abord des signes exprimés par l'oiseau, la brute et l'air : l'air s'obscurcit soudainement après la courte rougeur du matin ; à la vue d'Eve l'oiseau de Jupiter fondit de la hauteur de son vol sur deux oiseaux du plus brillant plumage, et les chassa devant lui ; descendu de la colline, l'animal qui règne dans les bois (premier chasseur alors), poursuivit un joli couple, le plus charmant de toute la forêt, le cerf et la biche : leur fuite se dirigeait vers la porte orientale. Adam les observa, et suivant des yeux cette chasse, il dit à Eve, non sans émotion :

« O Eve, quelque changement ultérieur nous attend bientôt : le ciel, par

        Rather belongs, distrust, and all dispraise :
        But infinite in pardon was my Judge,
        That I, who first brought death on all, am grac'd
        The source of life ; next favourable thou,
        Who highly thus to entitle me vouchsaf'st,
        Far other name deserving. But the field
        To labour calls us, now with sweat impos'd,
        Though after sleepless night : for see! the morn,
        All unconcern'd with our unrest, begins
        Her rosy progress smiling : let us forth;
        I never from thy side henceforth to stray,
        Where'er our day's work lies, though now enjoin'd
        Laborious till day droop : while here we dwell,
        What can be toilsome in these pleasant walks?
        Here let us live, though in fall'n state, content. »
          So spake, so wish'd much-humbled Eve; but fate
        Subscrib'd not : nature first gave signs, impress'd
        On bird, beast, air : air suddenly eclips'd,
        After short blush of morn : nigh in her sight
        The bird of Jove, stoop'd from his aery tour,
        Two birds of gayest plume before him drove ;
        Down from a hill the beast that reigns in woods,
        First hunter then, pursued a gentle brace,
        Goodliest of all the forest, hart and hind :
        Direct to th' eastern gate was bent their flight.
        Adam observ'd; and with his eye the chase
        Pursuing, not unmov'd, to Eve thus spake :
          « O Eve, some further change awaits us nigh ;
        Which Heaven, by these mute signs in nature, shows
        Forerunners of his purpose, or to warn
        Us, haply too secure of our discharge
        From penalty, because from death releas'd
        Some days : how long, and what till then our life,

« ces signes muets dans la nature, nous montre les avant-coureurs de ses des-
« seins, ou il nous avertit que nous comptons peut-être trop sur la remise de
« la peine, parce que la mort est reculée de quelques jours. De quelle lon-
« gueur, et quelle sera notre vie jusque-là, qui le sait? Savons-nous plus que
« ceci : nous sommes poudre, et nous retournerons en poudre et nous ne se-
« rons plus? Autrement, pourquoi ce double spectacle offert à notre vue, cette
« poursuite dans l'air et sur la terre d'un seul côté, et à la même heure? Pour-
« quoi cette obscurité dans l'orient avant que le jour soit à mi-cours? Pour-
« quoi la lumière du matin brille-t-elle davantage dans une nue de l'occident
« qui déploie sur le bleu firmament une blancheur rayonnante, et descend avec
« lenteur chargée de quelque chose de céleste? »

Adam ne se trompait pas, car dans ce temps les cohortes angéliques descendaient à présent d'un nuage de jaspe dans le paradis, et firent halte sur une colline; apparition glorieuse, si le doute et la crainte de la chair n'eussent ce jour-là obscurci les yeux d'Adam! Elle ne fut pas plus glorieuse cette autre vision, quand à Manahïm les anges rencontrèrent Jacob qui vit la campagne tendue des pavillons de ses gardiens éclatants; ou cette vision à Dothaïn sur une montagne enflammée, couverte d'un camp de feu prêt à marcher contre le roi syrien, lequel, pour surprendre un seul homme, avait, comme un assassin, fait la guerre, la guerre non déclarée.

Le prince hiérarche laissa sur la colline, à leur brillant poste, ses guerriers pour prendre possession du jardin. Seul pour trouver l'endroit où Adam s'était abrité, il s'avança non sans être aperçu de notre premier père, qui dit à Eve pendant que la grande visite s'approchait :

    Who knows? or more than this, that we are dust,
    And thither must return, and be no more?
    Why else this double object in our sight,
    Of flight pursued in th' air, and o'er the ground,
    One way the self-same hour? why in the east
    Darkness ere day's mid-course, and morning-light
    More orient in yon western cloud, that draws
    O'er the blue firmament a radiant white,
    And slow descends, with something heavenly fraught? »
     He err'd not; for by this the heavenly bands
    Down from a sky of jasper lighted now
    In Paradise, and on a hill made halt;
    A glorious apparition, had not doubt
    And carnal fear that day dimm'd Adam's eye.
    Not that more glorious, when the angels met
    Jacob in Mahanaim, where be saw
    The field pavilion'd with his guardians bright;
    Nor that, which on the flaming mount appear'd
    In Dothan, cover'd with a camp of fire,
    Against the Syrian king, who to surprise
    One man, assassin-like, had levied war,
    War unproclaim'd. The princely hierarch
    In their bright stand there left his powers, to seize
    Possession of the garden : he alone,
    To find where Adam shelter'd, took his way,
    Not unperceiv'd of Adam, who to Eve,
    While the great visitant approach'd, thus spake :
    « Eve, now expect great tidings, which perhaps
    Of us will soon determine, or impose
    New laws to be observ'd; for I descry,
    From yonder blazing cloud that veils the hill,

« Eve, prépare-toi maintenant à de grandes nouvelles, qui peut-être vont
« bientôt décider de nous, ou nous imposer l'observation de nouvelles lois :
« car je découvre là-bas, descendu du nuage étincelant qui voile la colline,
« quelqu'un de l'armée céleste, et, à en juger par son port, ce n'est pas un
« des moindres : c'est un grand potentat ou l'un des Trônes d'en haut, tant il
« est dans sa marche revêtu de majesté ! Cependant il n'a ni un air terrible
« que je doive craindre, ni comme Raphaël cet air sociablement doux qui fasse
« que je puisse beaucoup me confier à lui : mais il est solennel et sublime.
« Afin de ne pas l'offenser, il faut que je l'aborde avec respect, et toi que tu
« te retires. »

Il dit, et l'archange arriva vite près de lui, non dans sa forme céleste, mais comme un homme vêtu pour rencontrer un homme : sur ses armes brillantes flottait une cotte de mailles d'une pourpre plus vive que celle de Melibée ou de Sarra, que portaient les rois et les héros antiques dans les temps de trêve : Iris en avait teint la trame. Le casque étoilé de l'archange, dont la visière n'était pas baissée, le faisait voir dans cette primeur de virilité où finit la jeunesse. Au côté de Michel, comme un éclatant zodiaque, pendait l'épée, terreur de Satan, et dans sa main, une lance. Adam fit une inclination profonde ; Michel royalement n'incline pas sa grandeur, mais explique ainsi sa venue :

« Adam, le Commandant suprême du ciel n'a besoin d'aucun préambule :
« il suffit que tes prières aient été écoutées, et que la Mort (qui t'était due par
« sentence, quand tu transgressas) soit privée de son droit de saisie pour plu-
« sieurs jours de grâce, à toi accordés, pendant lesquels tu pourras te repentir
« et couvrir de bonnes œuvres un méchant acte. Il se peut alors que ton Sei-

> One of the heavenly host ; and, by his gait,
> None of the meanest : some great potentate,
> Or of the Thrones above ; such majesty
> Invests him coming : yet not terrible,
> That I sould fear ; nor sociably mild,
> As Raphael, that I should much confide ;
> But solemn and sublime ; whom, not to offend,
> With reverence I must meet, and thou retire. »
> He ended ; and the archangel soon drew nigh,
> Not in his shape celestial, but as man
> Clad to meet man : over his lucid arms
> A military vest of purple flow'd,
> Livelier than Melibœan, or the grain
> Of Sarra, worn by kings and heroes old
> In time of truce ; Iris had dipt the woof :
> His starry helm, unbuckled, show'd him prime
> In manhood where youth ended : by his side,
> As in a glistering zodiac, hung the sword,
> Satan's dire dread ; and in his hand the spear.
> Adam bow'd low : he, kingly, from his state
> Inclin'd not, but his coming thus declar'd :
> « Adam, Heaven's high behest no preface needs :
> Sufficient that thy prayers are heard ; and Death,
> Then due by sentence when thou didst transgress,
> Defeated of his seizure many days,
> Given thee of grace ; wherein thou may'st repent,
> And one bad act with many deeds well done
> May'st cover : well may then thy Lord, appeas'd,
> Redeem thee quite from Death's rapacious claim ;
> But longer in this Paradise to dwell
> Permits not : to remove thee I am come,
> And send thee from the garden forth, to till

« gneur apaisé te rédime entièrement des avares réclamations de la Mort. Mais
« il ne permet pas que tu habites plus longtemps ce paradis : je suis venu pour
« t'en faire sortir et t'envoyer, hors de ce jardin, labourer la terre d'où tu as
« été tiré, sol qui te convient mieux. »

L'archange n'ajouta rien de plus, car Adam, frappé au cœur par ces nouvelles, demeura sous le serrement glacé de la douleur, qui le priva de ses sens. Eve qui, sans être vue, avait cependant tout entendu, découvrit bientôt par un éclatant gémissement le lieu de sa retraite.

« O coup inattendu, pire que la mort! faut-il donc te quitter, ô paradis! vous
« quitter ainsi, ô toi, terre natale, ô vous, promenades charmantes, ombrages
« dignes d'être fréquentés des dieux! Ici j'avais espéré passer tranquille, bien
« que triste, répit de ce jour qui doit être mortel à tous deux. O fleurs qui ne
« croîtrez jamais dans un autre climat, qui le matin receviez ma première vi-
« site et le soir ma dernière; vous que j'ai élevées d'une tendre main depuis
« le premier bouton entr'ouvert, et à qui j'ai donné des noms! ô fleurs! qui
« maintenant vous tournera vers le soleil ou rangera vos tribus, et vous arro-
« sera de la fontaine d'ambroisie? Toi enfin, berceau nuptial, orné par moi de
« tout ce qui est doux à l'odorat ou à la vue, comment me séparerai-je de toi?
« Où m'égarerai-je dans un monde inférieur qui, auprès de celui-ci, est obscur
« et sauvage? Comment pourrons-nous respirer dans un autre air moins pur,
« nous, accoutumés à des fruits immortels? »

L'ange interrompit doucement :

« Eve, ne te lamente point, mais résigne patiemment ce que tu as juste-

The ground whence thou wast taken ; fitter soil. »
He added not; for Adam, at the news
Heart-struck, with chilling gripe of sorrow stood,
That all his senses bound : Eve, who unseen,
Yet all had heard, with audible lament
Discover'd soon the place of her retire :
« O unexpected stroke, worse than of death !
Must I thus leave thee, Paradise? thus leave
Thee, native soil ! these happy walks and shades,
Fit haunt of gods? where I had hope to spend,
Quiet though sad, the respite of that day
That must be mortal to us both. O flowers,
That never will in other climate grow,
My early visitation, and my last
At even, which I bred up with tender hand
From the first opening bud, and gave ye names !
Who now shall rear ye to the sun, or rank
Your tribes, and water from th' ambrosial fount?
Thee lastly, nuptial bower! by me adorn'd
With what to sight or smell was sweet! from thee
How shall I part, and whither wander down
Into a lower world, to this obscure
And wild? how shall we breathe in other air
Less pure, accustom'd to immortal fruits? »
Whom thus the angel interrupted mild :
« Lament not, Eve; but patiently resign
What justly thou hast lost; nor set thy heart,
Thus over-fond, on that which is not thine :
Thy going is not lonely; with thee goes
Thy husband; him to follow thou art bound;
Where he abides, think there thy native soil. »
Adam, by this from the cold sudden damp
Recovering, and his scatter'd spirits return'd,

« ment perdu : ne mets pas ton cœur ainsi trop passionné dans ce qui n'est pas
« à toi. Tu ne t'en vas point solitaire; avec toi s'en va ton mari. Tu es obli-
« gée de le suivre : songe que là où il habite, là est ton pays natal. »

Adam, revenant alors de son saisissement subit et glacé, rappela ses esprits
confus, et adressa à Michel ces humbles paroles :

« Etre céleste, soit que tu siéges parmi les Trônes ou qu'on te nomme le plus
« grand d'entre eux, car une telle forme peut paraître celle d'un prince au-des-
« sus des princes, tu as redit doucement ton message, par lequel autrement
« tu aurais pu en l'annonçant nous blesser et en l'accomplissant nous tuer. Ce
« qu'en outre de chagrin, d'abattement, de désespoir, notre faiblesse peut sou-
« tenir, tes nouvelles l'apportent, le partir de cet heureux séjour, notre tran-
« quille retraite, seule consolation laissée familière à nos yeux ! Toutes les
« autres demeures nous paraissent inhospitalières et désolées, inconnus d'elles,
« de nous inconnues.

« Si par l'incessante prière je pouvais espérer changer la volonté de celui
« qui peut toutes choses, je ne cesserais de le fatiguer de mes cris assidus; mais
« contre son décret absolu la prière n'a pas plus de force que notre haleine
« contre le vent, refoulée suffocante en arrière sur celui qui l'exhale au dehors.

« Je me soumets donc à son grand commandement. Ce qui m'afflige le plus,
« c'est qu'en m'éloignant d'ici je serai caché de sa face, privé de sa protection
« sacrée. Ici j'aurais pu fréquenter en adoration, de place en place, les lieux
« où la divine présence daigna se montrer ; j'aurais dit à mes fils : — Sur cette
« montagne il m'apparut; sous cet arbre il se rendit visible; parmi ces pins

To Michael thus his humble words address'd :
 « Celestial, whether among the Thrones, or nam'd
Of them the highest; for such of shape may seem
Prince above princes! gently hast thou told
Thy message, which might else in telling wound,
And in performing end us; what besides
Of sorrow, and dejection, and despair,
Our frailty can sustain, thy tidings bring;
Departure from this happy place, our sweet
Recess, and only consolation left
Familiar to our eyes : all places else
Inhospitable appear, and desolate;
Nor knowing us, nor known :
 « And, if by prayer
Incessant I could hope to change the will
Of him who all things can, I would not cease
To weary him with my assiduous cries :
But prayer against his absolute decree
No more avails than breath against the wind,
Blown stifling back on him that breathes it forth :
Therefore to his great bidding I submit.
This most afflicts me ; that, departing hence,
As from his face I shall be hid, depriv'd
His blessed countenance : here I could frequent
With worship place by place where he vouchsaf'd
Presence Divine; and to my sons relate :
On this mount he appear'd ; under this tree
Stood visible; among these pines his voice
I heard; here with him at this fountain talk'd
So many grateful altars I would rear
Of grassy turf, and pile up every stone
Of lustre from the brook, in memory
Or monument to ages; and thereon

« j'entendis sa voix; ici au bord de cette fontaine, je m'entretins avec lui.

« Ma reconnaissance aurait élevé plusieurs autels de gazon, et j'aurais en-
« tassé les pierres lustrées du ruisseau, en souvenir ou monument pour les
« âges : sur ces autels j'aurais offert les suaves odeurs des gommes doucement
« parfumées, des fruits et des fleurs. Dans le monde ici-bas, au-dessous, où
« chercherai-je ses brillantes apparitions et les vestiges de ses pieds? Car bien
« que je fuie sa colère, cependant rappelé à la vie prolongée et une postérité
« m'étant promise, à présent je contemple avec joie l'extrémité des bords de sa
« gloire, et j'adore de loin ses pas.

Michel, avec des regards pleins de bénignité :

« Adam, tu le sais, le ciel et toute la terre sont à Dieu, et non pas ce roc seu-
« lement : son omniprésence remplit la terre, la mer, l'air et toutes les choses
« qui vivent fomentées et chauffées par son pouvoir virtuel. Il t'a donné toute
« la terre pour la posséder et la gouverner; présent non méprisable! N'imagine
« donc pas que sa présence soit confinée dans les bornes étroites de ce paradis
« ou d'Éden. Éden aurait peut-être été ton siége principal, d'où toutes les gé-
« nérations se seraient répandues, et où elles seraient revenues de toutes les
« extrémités de la terre, pour te célébrer et te révérer, toi leur grand auteur.
« Mais cette prééminence tu l'as perdue, descendu que tu es pour habiter main-
« tenant la même terre que tes fils.

« Cependant ne doute pas que Dieu ne soit dans la plaine et dans la vallée
« comme il est ici, qu'il ne s'y trouve également présent : les signes de sa pré-
« sence te suivront encore; tu seras encore environné de sa bonté, de son pa-
« ternel amour, de son image expresse et de la trace divine de ses pas. Afin
« que tu puisses le croire et t'en assurer avant ton départ d'ici, sache que je

> Offer sweet-smelling gums, and fruits, and flowers:
> In yonder nether world where shall I seek
> His bright appearances, or foot-step trace?
> For though I fled him angry, yet, recall'd
> To life prolong'd and promis'd race, I now
> Gladly behold though but his utmost skirts
> Of glory; and far off his steps adore. »
>   To whom thus Michael with regard benign .
> « Adam, thou know'st Heaven his, and all the earth;
> Not this rock only ; his omnipresence fills
> Land, sea, and air, and every kind that lives,
> Fomented by his virtual power and warm'd :
> All th' earth he gave thee to possess and rule,
> No despicable gift; surmise not then
> His presence to these narrow bounds confin'd
> Of Paradise, or Eden : this had been
> Perhaps thy capital seat, from whence had spread
> All generations; and had hither come
> From all the ends of th' earth, to celebrate
> And reverence thee, their great progenitor.
> But this pre-eminence thou hast lost, brought down
> To dwell on even ground now with thy sons.
>   « Yet doubt not but in valley and in plain,
> God is, as here; and will be found alike
> Present; and of his presence many a sign
> Still following thee, still compassing thee round
> With goodness and paternal love, his face
> Express, and of his steps the track divine.
> Which that thou may'st believe, and be confirm'd
> Ere thou from hence depart; know, I am sent
> To show thee what shall come in future days

« suis envoyé pour te montrer ce qui, dans les jours futurs, doit arriver à toi
« et à ta race. Prépare-toi à entendre le bien et le mal, à voir la grâce surna-
« turelle lutter avec la méchanceté des hommes : de ceci tu apprendras la vraie
« patience, et à tempérer la joie par la crainte et par une sainte tristesse, ac-
« coutumé par la modération à supporter également l'une et l'autre fortune,
« prospère ou adverse. Ainsi tu conduiras le plus sûrement ta vie, et tu seras
« mieux préparé à endurer ton passage de la mort, quand il arrivera. Monte
« sur cette colline ; laisse ton épouse (car j'ai éteint ses yeux) dormir ici en bas,
« tandis que tu veilleras pour la prévision de l'avenir, comme tu dormis au-
« trefois quand Ève fut formée pour la vie. »

Adam plein de reconnaissance lui répondit :

« Monte ; je te suis, guide sûr dans le sentier où tu me conduis ; et sous la
« main du ciel je m'abaisse, quoiqu'elle me châtie. Je présente mon sein au-
« devant du mal, en l'armant de souffrance pour vaincre et gagner le repos
« acquis par le travail, si de la sorte j'y puis atteindre. »

Tous deux montent dans les visions de Dieu : c'était une montagne, la plus haute du paradis, du sommet de laquelle l'hémisphère de la terre, distinct à la vue, s'offrait étendu à la plus grande portée de la perspective. Elle n'était pas plus haute, elle ne commandait pas une plus large vue à l'entour, cette montagne sur laquelle (par une raison différente) le tentateur transporta notre second Adam dans le désert pour lui montrer tous les royaumes de la terre et leur gloire.

Là, l'œil d'Adam pouvait dominer, quelque part qu'elles fussent assises, les cités d'antique ou moderne renommée, les capitales des empires les plus puissants, depuis les murs destinés pour Cambalu, siége du Kan de Cathai, et de-

> To thee and to thy offspring : good with bad
> Expect to hear, supernal grace contending
> With sinfulness of men; thereby to learn
> True patience, and to temper joy with fear
> And pious sorrow; equally inur'd
> By moderation either state to bear,
> Prosperous or adverse : so shalt thou lead
> Safest thy life, and best prepar'd endure
> Thy mortal passage when it comes. Ascend
> This hill; let Eve (for I have drench'd her eyes)
> Here sleep below, while thou to foresight wak'st;
> As once thou sleep'st, while she to life was form'd. »
>   To whom thus Adam gratefully replied :
>   « Ascend; I follow thee, safe guide, the path
> Thou lead'st me ; and to the hand of Heaven submit,
> However chastening; to the evil turn
> My obvious breast; arming to overcome
> By suffering, and earn rest from labour won,
> If so I may attain. »
>   So both ascend
> In the visions of God. It was a hill,
> Of Paradise the highest; from whose top,
> The hemisphere of earth, in clearest ken,
> Stretch'd out to th' amplest reach of prospect lay.
> Not higher that hill, nor wider looking round,
> Whereon, for different cause, the tempter set
> Our second Adam, in the wilderness;
> To show him all earth's kingdoms, and their glory.
>   His eye might there command, wherever stood
> City of old or modern fame, the seat
> Of mightiest empire, from the destin'd walls

puis Samarcande, trône de Témir, près de l'Oxus, jusqu'à Pékin, séjour des rois de la Chine; et de là, jusqu'à Agra et Lahor, du Grand Mogol; descendant jusqu'à la Chersonèse d'Or, ou bien vers le lieu qu'habitait jadis le Perse dans Ecbatane, ou depuis dans Ispahan, ou vers Moscow, du czar de Russie, ou dans Byzance soumise au sultan, né Turkestan. Son œil pouvait voir encore l'empire de Négus jusqu'à Erecco, son port le plus éloigné, et les plus petits rois maritimes de Monbaza, de Quiloa, de Melinde et de Sofala qu'on croit être Ophir, jusqu'au royaume de Congo, et celui d'Angola, le plus éloigné vers le sud. De là depuis le fleuve Niger jusqu'au mont Atlas, les royaumes d'Almanzor, de Fez, de Sus, de Maroc, d'Alger et de Trenizen, et ensuite en Europe les lieux d'où Rome devait dominer le monde. Peut-être vit-il aussi en esprit la riche Mexico, siége de Montezume, et dans le Pérou, Cusco, siége plus riche d'Atabalippa, et la Guyane non encore dépouillée, et dont la grande cité est appelée El-Dorado par les enfants de Geryon.

Mais pour de plus nobles spectacles, Michel enleva la taie formée sur les yeux d'Adam par le fruit trompeur qui avait promis une vue plus perçante. L'ange lui nettoya le nerf optique avec l'enfraise et la rue, car il avait beaucoup à voir, et versa dans ses yeux trois gouttes de l'eau du puits de vie. La vertu de ces collyres pénétra si avant, même dans la partie la plus intérieure de la vue mentale, qu'Adam, forcé alors de fermer les yeux, tomba, et tous ses esprits s'engourdirent; mais l'ange gracieux le releva aussitôt par la main, et rappela ainsi son attention:

> Of Cambalu, seat of Cathaian Can,
> And Samarchand by Oxus, Temir's throne,
> To Paquin of Sinæan kings; and thence
> To Agra and Lahor of Great Mogul,
> Down to the Golden Chersonese; or where
> The Persian in Ecbatan sat, or since
> In Hispahan; or where the Russian ksar
> In Mosco; or the sultan in Byzance,
> Turchestan-born: nor could his eye not ken
> Th' empire of Negus to his utmost port
> Ercoco, and the less maritime kings,
> Mombaza, and Quiloa, and Melind,
> And Sofala, thought Ophir, to the realm
> Of Congo, and Angola farthest south;
> Or thence from Niger flood to Atlas mount,
> The kingdoms of Almansor, Fez and Sus,
> Morocco, and Algiers, and Tremisen;
> On Europe thence, and where Rome was to sway
> The world: in spirit perhaps he also saw
> Rich Mexico, the seat of Montezume,
> And Cusco in Peru, the richer seat
> Of Atabalipa; and yet unspoil'd
> Guiana, whose great city Geryon's sons
> Call El-Dorado.
>   But to nobler sights
> Michael from Adam's eyes the film remov'd,
> Which that false fruit that promis'd clearer sight
> Had bred: then purg'd with euphrasy and rue
> The visual nerve, for he had much to see;
> And from the well of life three drops instill'd.
> So deep the power of these ingredients pierc'd,
> Ev'n to th' inmost seat of mental sight,
> That Adam, now enforc'd to close his eyes,
> Sunk down, and all his spirits became entranc'd;

« Adam, ouvre maintenant les yeux, et vois d'abord les effets que ton péché
« originel a opérés dans quelques-uns de ceux qui doivent naître de toi, qui
« n'ont jamais ni touché à l'arbre défendu, ni conspiré avec le serpent, ni
« péché de ton péché. Et cependant de ce péché dérive la corruption qui doit
« produire des actions plus violentes. »

Adam ouvrit les yeux, et vit un champ : dans une partie de ce champ, arable et labourée, étaient des javelles nouvellement moissonnées; dans l'autre partie, des parcs et des pâturages de brebis : au milieu, comme une borne d'héritage, s'élevait un autel rustique de gazon. Là tout à l'heure un moissonneur, couvert de sueur, apporta les premiers fruits de son labourage, l'épi vert et la gerbe jaune, non triés, et comme ils s'étaient trouvés sous la main. Après lui un berger plus doux vint, avec les premiers-nés de son troupeau, les meilleurs et les mieux choisis : alors les sacrifiant, il en étendit les entrailles et la graisse parsemées d'encens sur du bois fendu, et il accomplit tous les rites convenables. Bientôt un feu propice du ciel consuma son offrande avec une flamme rapide et une fumée agréable ; l'autre offrande ne fut pas consumée, car elle n'était pas sincère : de quoi le laboureur sentit une rage intérieure; et comme il causait avec le berger, il le frappa au milieu de la poitrine d'une pierre qui lui fit rendre la vie : il tomba, et mortellement pâle, exhala son âme gémissante avec un torrent de sang, répandue.

A ce spectacle, Adam fut épouvanté dans son cœur, et en hâte cria à l'Ange :
« Oh! maître, quelque grand malheur est arrivé à ce doux homme qui

> But him the gentle angel by the hand
> Soon rais'd, and his attention thus recall'd :
> « Adam, now ope thine eyes; and first behold
> Th' effects, which thy original crime hath wrought
> In some to spring from thee, who never touch'd
> Th' excepted tree; nor with the snake conspir'd;
> Nor sinn'd thy sin; yet from that sin derive
> Corruption, to bring forth more violent deeds. »
> His eyes he open'd, and beheld a field,
> Part arable and tilth, whereon were sheaves
> New-reap'd; the other part sheep-walks and folds :
> I' th' midst an altar as the land-mark stood
> Rustic, of grassy sward : thither anon
> A sweaty reaper from his tillage brought
> First-fruits, the green ear, and the yellow sheaf,
> Uncull'd, as came to hand; a shepherd next,
> More meek, came with the firstlings of his flock,
> Choicest and best; then, sacrificing, laid
> The inwards and their fat, with incense strow'd,
> On the cleft wood, and all due rites perform'd :
> His offering soon propitious fire from Heaven
> Consum'd with nimble glance, and grateful steam;
> The other's not, for his was not sincere;
> Whereat he inly rag'd, and, as they talk'd,
> Smote him into the midriff with a stone
> That beat out life : he fell; and, deadly pale,
> Groan'd out his soul with gushing blood effus'd.
> Much at that sight was Adam in his heart
> Dismay'd, and thus in haste to th' angel cried :
> « O teacher, some great mischief hath befall'n
> To that meek man, who well had sacrific'd ;
> Is piety thus and pure devotion paid ? »
> T' whom Michael thus, he also mov'd, replied :
> « These two are brethren, Adam, and to come

« avait bien sacrifié ! Est-ce ainsi que la piété et une dévotion pure sont ré-
« compensées ? »

Michel, ému aussi, répliqua :

« Ces deux-ci sont frères, Adam, et ils sortiront de tes reins : l'injuste a tué
« le juste par envie de ce que le ciel avait accepté l'offrande de son frère. Mais
« l'action sanguinaire sera vengée ; et la foi du juste approuvée ne perdra pas
« sa récompense, bien que tu le voies ici mourir, se roulant dans la poussière
« et le sang caillé. »

Notre premier père :

« Hélas ! pour quelle action ! et par quelle cause ! mais ai-je vu maintenant
« la mort ? Est-ce par ce chemin que je dois retourner à ma poussière natale ?
« O spectacle de terreur ! mort difforme et affreuse à voir ! horrible à penser !
« combien horrible à souffrir ! »

Michel :

« Tu as vu la mort sous la première forme dans laquelle elle s'est montrée
« à l'homme ; mais variées sont les formes de la mort, nombreux les chemins
« qui conduisent à sa caverne effrayante ; tous sont funestes. Cependant cette
« caverne est plus terrible pour les sens à l'entrée, qu'elle ne l'est au dedans.
« Quelques-uns, comme tu l'as vu, mourront d'un coup violent ; quelques
« autres par le feu, l'eau, la famine ; un bien plus grand nombre par l'intem-
« pérance du boire et du manger, qui produira sur la terre de cruelles mala-
« dies dont une troupe monstrueuse va paraître devant toi, afin que tu puisses
« connaître quelles misères l'inabstinence d'Eve apportera aux hommes. »

Aussitôt parut devant ses yeux un lieu triste, infect, obscur, qui ressemblait
à un lazaret. Dans ce lieu étaient des multitudes de malades, toutes les mala-
dies qui causent d'horribles spasmes, de déchirantes tortures, des défaillances

> Out of thy loins; th' unjust the just hath slain,
> For envy that his brother's offering found
> From Heaven acceptance; but the bloody fact
> Will be aveng'd; and th' other's faith, approv'd,
> Lose no reward; though here thou see him die,
> Rolling in dust and gore. »
>   To which our sire :
> « Alas ! both for the deed, and for the cause !
> But have I now seen death ? Is this the way
> I must return to native dust ? O sight
> Of terrour, foul and ugly to behold,
> Horrid to think, how horrible to feel ! »
> To whom thus Michael :
>   « Death thou hast seen
> In his first shape on man; but many shapes
> Of death, and many are the ways that lead
> To his grim cave, all dismal; yet to sense
> More terrible at th' entrance, than within.
> Some as thou saw'st, by violent stroke shall die;
> By fire, flood, famine, by intemp'rance more
> In meats and drinks, which on the earth shall bring
> Diseases dire, of which a monstrous crew
> Before thee shall appear; that thou may'st know
> What misery th' inabstinence of Eve
> Shall bring on men. »
>   Immediately a place
> Before his eyes appear'd, sad, noisome, dark;
> A lazar-house it seem'd; wherein were laid
> Numbers of all diseas'd; all maladies
> Of ghastly spasm, or racking torture, qualms

de cœur, souffrant l'agonie, les fièvres de toute espèce, les convulsions, les épilepsies, les cruels catarrhes, la pierre intestine, et l'ulcère, la colique aiguë, la frénésie démoniaque, la mélancolie songeresse et la lunatique démence, la languissante atrophie, le marasme, la peste qui moissonne largement, les hydropisies, les asthmes et les rhumatismes qui brisent les joints. Cruelles étaient les secousses, profonds, les gémissements. Le Désespoir, empressé de lit en lit, visitait les malades, et sur eux la Mort triomphante brandissait son dard; mais elle différait de frapper, quoique souvent invoquée par leurs vœux comme leur premier bien et leur dernière espérance.

Quel cœur de rocher aurait pu voir longtemps d'un œil sec un spectacle si horrible? Adam ne le put, et il pleura, quoiqu'il ne fût pas né de la femme : la compassion vainquit ce qu'il y a de meilleur dans l'homme, et pendant quelques moments le livra aux pleurs; jusqu'à ce que de plus fermes pensées en modérèrent enfin l'excès. Recouvrant à peine la parole, il renouvela ses plaintes :

« O malheureuse espèce humaine, à quel abaissement descendue! à quel
« misérable état réservée? Mieux vaudrait n'être pas né! Pourquoi la vie nous
« a-t-elle été donnée, si elle nous doit être ainsi arrachée? plutôt, pourquoi
« nous a-t-elle été ainsi imposée? Qui, si nous connaissions ce que nous rece-
« vons, ou voudrait accepter la vie offerte, ou aussitôt ne demanderait à la dé-
« poser, content d'être renvoyé en paix? L'image de Dieu, créée d'abord dans
« l'homme si belle et si droite, quoique depuis fautive, peut-elle être ravalée
« à des souffrances hideuses à voir, à des tortures inhumaines! Pourquoi,
« l'homme retenant encore une partie de la ressemblance divine, ne serait-il
« pas affranchi de ces difformités! pourquoi n'en serait-il pas exempté, par
« égard pour l'image de son Créateur? »

> Of heart-sick agony, all fevorous kinds,
> Convulsions, epilepsies, fierce catarrhs,
> Intestine stone and ulcer, colic pangs,
> Demoniac phrensy, moping melancholy,
> And moon-struck madness, pining atrophy,
> Marasmus, and wide-wasting pestilence,
> Dropsies, and asthmas, and joint-racking rheums.
> Dire was the tossing, deep the groans; Despair
> Tended the sick, busiest from couch to couch;
> And over them triumphant Death dart
> Shook, but delay'd to strike, though oft invok'd
> With vows, as their chief good, and final hope.
> « Sight so deform what heart of rock could lon
> Dry-ey'd behold? Adam could not, but wept,
> Though not of woman born ; compassion quell'd
> His best of man, and gave him up to tears
> A space, till firmer thoughts restrain'd excess;
> And, scarce recovering words, his plaint renew'd :
> « O miserable mankind, to what fall
> Degraded, to what wretched state reserv'd !
> Better end here unborn. Why is life given
> To be thus wrested from us? rather, why
> Obtruded on us thus? who, if we knew
> What we receive, would either not accept
> Life offer'd, or soon beg to lay it down;
> Glad to be so dismiss'd in peace. Can thus
> Th' image of God in man, created once
> So goodly and erect, though faulty since,
> To such unsightly sufferings be debas'd
> Under inhuman pains? Why should not man,

« L'image de leur Créateur, répondit Michel, s'est retirée d'eux, quand ils se
« sont avilis eux-mêmes pour satisfaire des appétits déréglés ; ils prirent alors
« l'image de celui qu'ils servaient, du vice brutal qui principalement induisit
« Ève au péché. C'est pour cela que leur châtiment est si abject ; ils ne défi-
« gurent pas la ressemblance de Dieu, mais la leur ; ou si cette ressemblance
« est par eux-mêmes effacée lorsqu'ils pervertissent les règles saines de la pure
« nature en maladie dégoûtante, ils sont punis convenablement, puisqu'ils
« n'ont pas respecté en eux-mêmes l'image de Dieu. »

« Je reconnais que cela est juste, dit Adam, et je m'y soumets ; mais n'est-il
« d'autre voie que ces pénibles sentiers pour arriver à la mort et nous mêler à
« notre poussière consubstantielle ? »

« Il en est une, dit Michel, si tu observes la règle : *Rien de trop ;* règle en-
« seignée par la tempérance dans ce que tu manges et bois ; cherchant une
« nourriture nécessaire et non de gourmandes délices : jusqu'à ce que les an-
« nées reviennent nombreuses sur ta tête, puisses-tu vivre ainsi ; jusqu'à ce
« que, comme un fruit mûr, tu tombes dans le sein de ta mère, ou que tu sois
« cueilli avec facilité ; non arraché avec rudesse, étant mûr pour la mort : ceci
« est le vieil âge. Mais alors tu survivras à ta jeunesse, à ta force, à ta beauté
« devenue fanée, faible et grise. Alors tes sens émoussés perdront tout goût
« de plaisir pour ce que tu as. Au lieu de ce souffle de jeunesse, de gaieté et d'es-
« pérance, circulera dans ton sang une vapeur mélancolique, froide et stérile
« pour appesantir tes esprits et consumer enfin le baume de ta vie. »

Notre grand ancêtre :

    Retaining still divine similitude
In part, from such deformities be free,
And, for his Maker's image sake, exempt ? »
    « Their Maker's image, answer'd Michael, then
Forsook them, when themselves they vilified
To serve ungovern'd appetite ; and took
His image whom they serv'd, a brutish vice,
Inductive mainly to the sin of Eve.
Therefore so abject is their punishment,
Disfiguring not God's likeness, but their own ;
Or if his likeness, by themselves defac'd ;
While they pervert pure nature's heathful rules
To loathsome sickness ; worthily, since they
God's image did not reverence in themselves. »
    « I yield it just, said Adam, and submit.
But is there yet no other way, besides
These painful passages, how we may come
To death, and mix with our connatural dust ? »
    « There is, said Michael, if thou well observe
The rule of *Not too much:* by temp'rance taught,
In what thou eat'st and drink'st ; seeking from thence
Due nourishment, not gluttonous delight ;
Till many years over thy head return,
So may'st thou live ; till, like ripe fruit, thou drop
Into thy mother's lap ; or be with ease
Gather'd, not harshly pluck'd, for death mature :
This is old age ; but then, thou must outlive
Thy youth, thy strength, thy beauty ; which will change
To wither'd, weak, and gray ; thy senses then,
Obtuse, all taste of pleasure must forego,
To what thou hast ; and, for the air of youth,
Hopeful and cheerful, in thy blood will reign
A melancholy damp of cold and dry

« Désormais je ne fuis point la mort, ni ne voudrais prolonger beaucoup ma
« vie, incliné plutôt à m'enquérir comment je puis le plus doucement et le plus
« aisément quitter cet incommode fardeau qu'il me faudra porter jusqu'au jour
« marqué pour le rendre, et attendre avec patience ma dissolution ! »
    Michel répliqua :
    « N'aime ni ne hais ta vie : mais ce que tu vivras, vis-le bien. Ta vie sera-
« t-elle longue ou courte? laisse faire au ciel ! Prépare-toi maintenant à un
« autre spectacle. »
    Adam regarda, et il vit une plaine spacieuse, couverte de tentes de différentes
couleurs; près de quelques-unes paissaient des troupeaux de bétail. De plusieurs autres on entendait s'élever le son d'instruments qui produisaient les
mélodieux accords de la harpe et de l'orgue : on voyait celui qui faisait mouvoir les touches et les cordes ; sa main légère, par toutes les proportions, volait
inspirée en bas et en haut, et poursuivait en travers la fugue sonore.
    Dans un autre endroit se tenait un homme qui, travaillant à la forge, avait
fondu deux massifs blocs de fer et de cuivre, (soit qu'il les eût trouvés là où un
incendie fortuit avait consumé les bois sur une montagne ou dans une vallée,
embrasement descendu dans les veines de la terre, et de là faisant couler la
matière brûlante par la bouche de quelque cavité ; soit qu'un torrent eût dégagé ces masses de dessous la terre) : l'homme versa le minéral liquide dans
des moules exprès préparés : il en forma d'abord ses propres outils, ensuite ce
qui pouvait être façonné par la fonte ou gravé en métal.
    Après ces personnages, mais du côté le plus rapproché d'eux, des hommes

        To weigh thy spirits down, and last consume
The balm of life. »
                To whom our ancestor :
    « Henceforth I fly not death, nor would prolong
Life much; bent rather, how I may be quit,
Fairest and easiest, of this cumbrous charge;
Which I must keep till my appointed day
Of rendering up, and patiently attend
My dissolution. »
               Michael replied :
    « Nor love thy life, nor hate; but what thou liv'st
Live well; how long, or short, permit to Heaven !
And now prepare thee for another sight. »
        He look'd, and saw a spacious plain, whereon
Where tents of various hue; by some, where herds
Of cattle grazing; others, whence the sound
Of instruments, that made melodious chime,
Was heard, of harp and organ; and who mov'd
Their stops and chords was seen; his volant touch
Instinct through all proportions, low and high,
Fled and pursued transverse the resonant fugue.
    In other part stood one who, at the forge
Labouring, two massy clods of iron and brass
Had melted (whether found where casual fire
Had wasted woods on mountain or in vale,
Down to the veins of earth; thence gliding hot
To some cave's mouth; or whether wash'd by stream
From under ground); the liquid ore he drain'd
Into fit moulds prepar'd; from which he form'd
First his own tools; then, what might else be wrought
Fusil or graven in metal.
               After these,
But on the hither side, a different sort

d'une espèce différente, du sommet des montagnes voisines, leur séjour ordinaire, descendirent dans la plaine : par leurs manières ils semblaient des hommes justes, et toute leur étude les portait à adorer Dieu en vérité, à connaître ses ouvrages non cachés et ces choses qui peuvent maintenir la liberté et la paix parmi les hommes.

Ils n'eurent pas longtemps marché dans la plaine, quand voici venir des tentes une volée de belles femmes richement parées de pierreries et de voluptueux atours : elles chantaient sur la harpe de douces et amoureuses ballades, et s'avançaient en dansant. Les hommes, quoique graves, les regardèrent et laissèrent leurs yeux errer sans frein; pris tout d'abord au filet amoureux, ils aimèrent, et chacun choisit celle qu'il aimait : ils s'entretinrent d'amour jusqu'à ce que l'étoile du soir, avant-coureur de l'amour, parut. Alors pleins d'ardeur, ils allument la torche nuptiale et ordonnent d'invoquer l'hymen, pour la première fois aux cérémonies du mariage, invoqué alors : de fête et de musique toutes les tentes retentissent.

Cette entrevue si heureuse, cette rencontre charmante d'amour et de jeunesse, non perdue; ces chants, ces guirlandes, ces fleurs, ces agréables symphonies attachent le cœur d'Adam (promptement incliné à se rendre à la volupté, penchant de la nature !) ; sur quoi il s'exprime de cette manière :

« O toi qui m'as véritablement ouvert les yeux, premier ange béni, cette
« vision me paraît bien meilleure, et présage plus d'espérance de jours paci-
« fiques que les deux visions précédentes : celles-là étaient des visions de haine
« et de mort, ou de souffrances pires : ici la nature semble remplie dans toutes
« ses fins. »

    From the high neighbouring hills, which was their seat,
Down to the plain descended; by their guise
Just men they seem'd, and all their study bent
To worship God aright, and know his works
Not hid; nor those things last, which might preserve
Freedom and peace to men.
                    They on the plain
Long had not walk'd, when from the tents, behold!
A bevy of fair women, richly gay
In gems and wanton dress; to th' harp they sung
Soft amorous ditties, and in dance came on.
The men, though grave, ey'd them, and let their eyes
Rove without rein; till, in the amorous net
Fast caught, they lik'd; and each his liking chose :
And now of love they treat, till th' evening star,
Love's harbinger, appear'd; then, all in heat,
They light the nuptial torch, and bid invoke
Hymen, then first to marriage-rites invok'd :
With feast and music all the tents resound.
  Such happy interview, and fair event
Of love and youth not lost, songs, garlands, flovers,
And charming symphonies attach'd the heart
Of Adam, soon inclined to admit delight,
The bent of nature; which he thus express'd :
  « True opener of mine eyes, prime angel blest;
Much better seems this vision, and more hope
Of peaceful days portends, than those two past :
Those were of hate and death, or pain much worse;
Here nature seems fulfill'd in all her ends. »
  To whom thus Michael :
                  Judge not what is best
By pleasure, though to nature seeming meet;

Michel :

« Ne juge point de ce qui est meilleur par le plaisir, quoique paraissant con-
« venir à la nature : tu es créé pour une plus noble fin, une fin sainte et pure,
« conformité divine.

« Ces tentes que tu vois si joyeuses sont les tentes de la méchanceté, sous
« lesquelles habitera la race de celui qui tua son frère. Ces hommes paraissent
« ingénieux dans les arts qui polissent la vie, inventeurs rares; oublieux de
« leur Créateur, quoique enseignés de son Esprit; mais ils ne reconnaissent
« aucun de ses dons; toutefois ils engendreront une superbe race : car cette
« belle troupe de femmes que tu as vue, qui semblaient des divinités, si en-
« jouées, si attrayantes, si gaies, sont cependant vides de ce bien, dans lequel
« consiste l'honneur domestique de la femme, et sa principale gloire ; nourries
« et accomplies seulement pour le goût d'une appétence lascive, pour chan-
« ter, danser, se parer, remuer la langue, et rouler les yeux. Cette sobre race
« d'hommes, dont les vies religieuses leur avaient acquis le titre d'enfants de
« Dieu, sacrifieront ignoblement toute leur gloire, aux amorces et aux sourires
« de ces belles athées; ils nagent maintenant dans la joie, et ils nageront avant
« peu dans un plus large abîme : ils rient, et pour ce rire, la terre avant peu
« versera un monde de pleurs. »

Adam, privé de sa courte joie :

« O pitié ! ô honte ! que ceux qui pour bien vivre débutèrent si parfaitement,
« se jettent à l'écart, suivent des sentiers détournés, ou défaillent à moitié che-
« min ! Mais je vois toujours que le malheur de l'homme tient de la même
« cause : il commence à la femme. »

> Created, as thou art, to nobler end
> Holy and pure, conformity divine.
> « Those tents thou saw'st so pleasant, were the tents
> Of wickedness, wherein shall dwell his race
> Who slew his brother; studious they appear
> Of arts that polish life, inventors rare;
> Unmindful of their Maker, though his Spirit
> Taught them; but they his gifts acknowledg'd none.
> Yet they a beauteous offspring shall beget;
> For that fair female troop thou saw'st, that seem'd
> Of goddesses, so blithe, so smooth, so gay,
> Yet empty of all good, wherein consists
> Woman's domestic honour and chief praise;
> Bred only and completed to the taste
> Of lustful appetence, to sing, to dance,
> To dress, and troll the tongue, and roll the eye;
> To these that sober race of men, whose lives
> Religious, titled them the sons of God,
> Shall yield up all their virtue, all their fame,
> Ignobly, to the trains and to the smiles
> Of these fair atheists; and now swim in joy,
> Ere long to swim at large; and laugh, for which
> The world ere long a world of tears must weep. »
> To whom thus Adam, of short joy bereft :
> « O pity and shame, that they, who to live well
> Enter'd so fair, should turn aside to tread
> Paths indirect, or in the midway faint!
> But still I see the tenour of man's woe
> Holds on the same, from woman to begin.
> « From man's effeminate slackness it begins,
> Said th' angel, who should better hold his place
> By wisdom, and superiour gifts receiv'd.

« Il commence, dit l'Ange, à la mollesse efféminée de l'homme qui aurait
« dû mieux garder son rang par la sagesse, et par les dons supérieurs qu'il
« avait reçus. Mais à présent prépare-toi pour une autre scène. »

Adam regarda, et il vit un vaste territoire déployé devant lui, entrecoupé de villages et d'ouvrages champêtres : cités pleines d'hommes avec des portes et des tours élevées, concours de peuple en armes, visages hardis menaçant la guerre, géants aux grands os et d'une entreprenante audace? Ceux-ci manient leurs armes, ceux-là domptent le coursier écumant : isolés ou rangés en ordre de bataille, cavaliers et fantassins, ne sont pas là pour une montre oisive.

D'un côté un détachement choisi amène du fourrage, un troupeau de gros bétail, de beaux bœufs et de belles vaches, enlevés des gras pâturages, ou une multitude laineuse, des brebis et leurs bêlants agneaux butinés dans la plaine. Le berger échappe à peine avec la vie, mais il appelle au secours ; de là une rencontre sanglante. Dans une cruelle joute les escadrons se joignent : là où ils paissaient tout à l'heure, les troupeaux sont maintenant dispersés avec les carcasses et les armes, sur le sol sanglant changé en désert.

D'autres guerriers campés mettent le siége devant une forte cité ; ils l'assaillent par la batterie, l'escalade et la mine : du haut des murs les assiégés se défendent avec le dard et la javeline, avec des pierres et un feu de soufre : de part et d'autre carnage et faits gigantesques.

Ailleurs les hérauts qui portent le sceptre convoquent le conseil aux portes d'une ville : aussitôt des hommes graves et à tête grise, confondus avec des guerriers, s'assemblent : des harangues sont entendues; mais bientôt elles éclatent en opposition factieuse ; enfin se levant, un personnage de moyen âge, éminent par son sage maintien, parle beaucoup de droit et de tort, d'équité,

> But now prepare thee for another scene. »
> He look'd, and saw wide territory spread
> Before him, towns, and rural works between ;
> Cities of men with lofty gates towers,
> Concourse in arms, fierce faces threatening war,
> Giants of mighty bone, and bold emprise ;
> Part wield their arms, part curb the foaming steed,
> Single or in array of battel rang'd
> Both horse and foot, nor idly mustering stood.
>   One way a band select from forage drives
> A herd of beeves, fair oxen and fair kine,
> From a fait meadow-ground; or fleecy flock,
> Ewes and their bleating lambs over the plain,
> Their booty; scarce with life the shepherds fly,
> But call in aid, which makes a bloody fray :
> With cruel tournament the squadrons join ;
> Where cattle pastur'd late, now scatter'd lies
> With carcasses and arms th' ensanguin'd field,
> Deserted.
>   Others to a city strong
> Lay siege, encamp'd; by battery, scale, and mine,
> Assaulting : others from the wall defend
> With dart and javelin, stones, and sulphurous fire;
> On each hand slaughter, and gigantic deeds.
>   In other part the scepter'd heralds call
> To council in the city-gates; anon
> Gray-headed men and grave, with warriours mix'd,
> Assemble, and harangues are heard, but soon
> In factious opposition ; till at last
> Of middle age one rising, eminent
> In wise deport, spake much of right and wrong,

de religion, de vérité, et de paix, et de jugement d'en haut. Vieux et jeunes le frondent; ils l'eussent saisi avec des mains violentes, si un nuage descendant ne l'eût enlevé sans être vu du milieu de la foule. Ainsi procédaient la force, et l'oppression et la loi de l'épée dans toute la plaine, et nul ne trouvait un refuge.

Adam était tout en pleurs; vers son guide il tourne gémissant, et plein de tristesse :

« Oh! qui sont ceux-ci? des ministres de la mort, non des hommes, eux qui
« distribuent ainsi la mort inhumainement aux hommes, et qui multiplient
« dix mille fois le péché de celui qui tua son frère. Car de qui font-ils un tel
« massacre, sinon de leurs frères? Hommes, ils égorgent des hommes! Mais
« quel était ce juste qui, si le ciel ne l'eût sauvé, eût été perdu dans toute sa
« droiture? »

Michel :

« Ceux-ci sont le fruit de ces mariages mal assortis que tu as vus, dans les-
« quels le bon est appareillé au mauvais qui d'eux-mêmes abhorrent de s'u-
« nir; mêlés par imprudence, ils ont produit ces enfantements monstrueux de
« corps ou d'esprit. Tels seront ces géants, hommes de haute renommée; car
« dans ces jours, la force seule sera admirée, et s'appellera valeur et héroïque
« vertu : vaincre dans les combats, subjuguer les nations, rapporter les dé-
« pouilles d'une infinité d'hommes massacrés, sera regardé comme le faîte le
« plus élevé de la gloire humaine; et pour la gloire obtenue du triomphe, seront
« réputés conquérants, patrons de l'espèce humaine, dieux et fils de dieux,
« ceux-là qui seraient nommés plus justement destructeurs et fléaux des
« hommes. Ainsi s'obtiendront la réputation, la renommée sur la terre : et ce qui

Of justice, of religion, truth, and peace,
And judgment from above in old and young
Exploded, and had seiz'd with violent hands,
Had not a cloud descending snatch'd him thence,
Unseen amid the throng : so violence
Proceeded, and oppression, and sword-law,
Through all the plain, and refuge none was found.
  Adam was all in tears, and to his guide
Lamenting turn'd full sad :
                    « O! what are these,
Death's ministers, not men? who thus deal death
Inhumanly to men, and multiply
Ten thousand-fold the sin of him who slew
His brother : for of whom such massacre
Make they, but of their brethren; men of men?
But who was that just man, whom had not Heaven
Rescued, had in his righteousness been lost? »
  To whom thus Michael :
                    « These are the product
Of those ill-mated mariages thou saw'st;
Where good with bad were match'd, who of themselves
Abhor to join; and, by imprudence mix'd,
Produce prodigious births of body or mind.
Such were these giants, men of high renown;
For in those days might only shall be admir'd,
And valour and heroic virtue call'd :
To overcome in battel, and subdue
Nations, and bring home spoils with infinite
Man-slaughter, shall be held the highest pitch
Of human glory ; and for glory done
Of triumph, to be styl'd great conquerours,

« mériterait le plus la gloire, restera caché dans le silence. Mais lui, ce sep-
« tième de tes descendants que tu as vu, l'unique juste dans un monde pervers,
« pour cela haï, pour cela obsédé d'ennemis, parce qu'il a seul osé être juste
« et annoncer cette odieuse vérité que Dieu viendrait les juger avec ses saints ;
« lui le Très-Haut l'a fait ravir par des coursiers ailés sur une nue embaumée ;
« il l'a reçu pour marcher avec Dieu dans la haute voie du salut, dans les
« régions de bénédiction, exempt de mort. Afin de te montrer quelle récom-
« pense attend les bons, quelle punition les méchants, dirige ici à présent tes
« regards et contemple. »

Adam regarda, et il vit la face des choses entièrement changée : la gorge de bronze de la guerre avait cessé de rugir ; tout alors était devenu folâtrerie et jeu, luxure et débauche, fête et danse, mariage ou prostitution, au hasard, rapt ou adultère partout où une belle femme, venant à passer, amorçait les hommes ; de la coupe des plaisirs sortirent des discordes civiles. A la fin un personnage vénérable vint parmi eux, leur déclara la grande aversion qu'il avait de leurs actions, et protesta contre leurs voies. Il fréquentait souvent leurs assemblées où il ne rencontrait que triomphes ou fêtes, et il leur prêchait la conversion et le repentir, comme à des âmes emprisonnées sous le coup d'arrêts imminents : mais le tout en vain ! Quand il vit cela, il cessa ses remontrances, et transporta ses tentes au loin.

Alors, abattant sur la montagne de hautes pièces de charpente, il commença à bâtir un vaisseau d'une étrange grandeur ; il le mesura par coudées en longueur, largeur et hauteur. Il l'enduisit de bitume, et dans un côté il pratiqua

Patrons of mankind, gods, and sons of gods;
Destroyers rightlier call'd, and plagues of men.
Thus fame shall be achiev'd, renown on earth;
And what most merits fame in silence hid.
But he, the seventh from thee, whom thou beheld'st
The only righteous in a world perverse,
And therefore hated, therefore so beset
With foes, for daring single to be just,
And utter odious truth, that God would come
To judge them with his saints; him the Most High,
Rapt in a balmy cloud with winged steeds,
Did, as thou saw'st, receive, to walk with God
High in salvation and the climes of bliss,
Exempt from death; to show thee what reward
Awaits the good, the rest what punishment;
Which now direct thine eyes, and soon behold. »
He look'd, and saw the face of things quite chang'd
The brazen throat of war had ceas'd to roar;
All now was turn'd to jollity and game,
To luxury and riot, feast and dance;
Marrying or prostituting, as befell;
Rape or adultery, where passing fair
Allur'd them; thence from cups to civil broils.
At length a reverent sire among them came,
And of their doings great dislike declar'd,
And testified against their ways : he oft
Frequented their assemblies whereso met,
Triumphs or festivals, and to them preach'd
Conversion and repentance, as to souls
In prison, under judgments imminent;
But all in vain : which when he saw, he ceas'd
Contending, and remov'd his tents far off.
Then, from the mountain hewing timber tall,

une porte. Il le remplit en quantité de provisions pour l'homme et les animaux. Quand voici un étrange prodige ! chaque espèce d'animaux, d'oiseaux et de petits insectes vinrent sept et par paires, et entrèrent dans l'arche comme ils en avaient reçu l'ordre. Le père et ses trois fils et leurs quatre femmes entrèrent les derniers, et Dieu ferma la porte.

En même temps le vent du midi s'élève, et avec ses noires ailes volant au large, il rassemble toutes les nuées de dessous le ciel. A leur renfort les montagnes envoient vigoureusement les vapeurs et les exhalaisons sombres et humides, et alors le firmament épaissi se tient comme un plafond obscur : en bas se précipite la pluie impétueuse, et elle continua jusqu'à ce que la terre ne fût plus vue. L'arche flottante nagea soulevée, et en sûreté avec le bec de sa proue alla luttant contre les vagues. L'inondation monta par-dessus toutes les habitations qui roulèrent avec toute leur pompe sous l'eau. La mer couvrit la mer, mer sans rivages ! Dans les palais, où peu auparavant régnait le luxe, les monstres marins mirent bas et s'établirent. Du genre humain naguère si nombreux, tout ce qui reste surnage embarqué dans un petit vaisseau.

Combien tu souffris alors, ô Adam, de voir la fin de toute ta postérité, fin si triste, dépopulation ! Toi-même autre déluge, déluge de chagrins et de larmes, toi aussi fus noyé et toi aussi abîmé comme tes fils, jusqu'à ce que par l'ange doucement relevé, tu te tins debout enfin, bien que désolé, comme quand un père pleure ses enfants tous à sa vue détruits à la fois ; à peine tu pus exprimer ainsi ta plainte à l'ange :

« O visions malheureusement prévues ! mieux j'aurais vécu ignorant de l'a-

  Began to build a vessel of huge bulk;
Measur'd by cubit, length, and breadth, and highth;
Smear'd round with pitch; and in the side a door
Contriv'd; and of provisions laid in large,
For man and beast : when lo, a wonder strange!
Of every beast, and bird, and insect small,
Came sevens, and pairs, and enter'd in, as taught
Their order : last the sire and his three sons,
With their four wives; and God made fast the door.
  Meanwhile the south-wind rose, and, with black wings
Wide-hovering, all the clouds together drove
From under Heaven; the hills to their supply
Vapour, and exhalation, dusk and moist,
Sent up amain : and now the thicken'd sky
Like a dark ceiling stood; down rush'd the rain
Impetuous; and continued, till the earth
No more was seen : the floating vessel swum
Uplifted, and secure with beaked prow
Rode tilting o'er the waves; all dwellings else
Flood overwhelm'd, and them with all their pomp
Deep under water roll'd : sea cover'd sea,
Sea without shore; and in their palaces,
Where luxury late reign'd, sea-monsters whelp'd
And stabled; of mankind, so numerous late,
All left in one small bottom swum imbark'd.
  How didts thou grieve then, Adam, to behold
The end of all thy offspring, end so sad,
Depopulation! Thee another flood,
Of tears and sorrow a flood, thee also drown'd,
And sunk thee as thy sons; till, gently rear'd
By th' angel, on thy feet thou stood'st at last,
Though comfortless; as when a father mourns
His children all in view destroy'd at once;

« venir! je n'aurais eu du mal que ma seule part : c'est assez de supporter le
« lot de chaque jour. A présent ces peines qui, divisées, sont le fardeau de plu-
« sieurs siècles, pèsent à la fois sur moi par ma connaissance antérieure; elles
« obtiennent une naissance prématurée afin de me tourmenter avant leur exis-
« tence, par l'idée de ce qu'elles seront. Que nul homme ne cherche désormais
« à savoir d'avance ce qui arrivera à lui ou à ses enfants; il peut se tenir bien
« assuré du mal que sa prévoyance ne peut prévenir; et le mal futur il ne le
« sentira pas moins pénible à supporter en appréhension qu'en réalité; mais
« ce soin est à présent inutile, il n'y a plus d'hommes à avertir! Ce petit
« nombre échappé sera consumé à la longue par la famine et les angoisses, en
« errant dans ce désert liquide. J'avais espéré, quand la violence et la guerre
« eurent cessé sur la terre, que tout alors irait bien, que la paix couronnerait
« l'espèce humaine d'une longue suite d'heureux jours. Mais j'étais bien
« trompé; car je le vois maintenant, la paix ne corrompt pas moins que la
« guerre ne dévaste. Comment en arrive-t-il de la sorte? apprends-le-moi,
« céleste guide, et dis si la race des hommes doit ici finir. »

Michel :

« Ceux que tu as vus dernièrement en triomphe et dans une luxurieuse opu-
« lence, sont ceux que tu vis d'abord faisant des actes d'éminente prouesse et
« de grands exploits, mais ils étaient vides de la véritable vertu. Après avoir
« répandu beaucoup de sang, commis beaucoup de ravages pour subjuguer
« les nations, et acquis par là dans le monde une grande renommée, de hauts
« titres et un riche butin, ils ont changé leur carrière en celle du plaisir, de

And scarce to th' angel utter'dst thus thy plaint :
  « O visions ill foreseen! Better had!
Liv'd ignorant of future! so had borne
My part of evil only, each day's lot
Enough to bear ; those now, that were dispens'd
The burden of many ages, on me light
At once, by my foreknowledge gaining birth
Abortive, to torment me ere their being,
With thought that they must be. Let no man seek
Henceforth to be foretold, what shall befall
Him or his children : evil he may be sure,
Which neither his foreknowing can prevent;
And he the future evil shall no less
In apprehension than in substance, feel
Grievous to bear : but that care now is past,
Man is not whom to warn : those few escap'd
Famine and anguish will at last consume,
Wandering that watery desert : I had hope,
When violence was ceas'd, and war on earth,
All would have then gone well ; peace would have crown'd
With length of happy days the race of man ;
But I was far deceiv'd; for now I see
Peace to corrupt, no less than war to waste.
How comes it thus? unfold, celestial guide,
And whether here the race of man will end. »
  To whom thus Michael :
                « Those, whom last thou saw'st
In triumph and luxurious wealth, are they
First seen in acts of prowess eminent,
And great exploits, but of true virtue void;
Who, having spilt much blood, and done much waste,
Subduing nations, and achiev'd thereby
Fame in the world, high titles, and rich prey,

« l'aisance, de la paresse, de la crapule et de la débauche, jusqu'à ce qu'enfin
« l'incontinence et l'orgueil aient fait naître, de l'amitié, d'hostiles actions
« dans la paix.

« Les vaincus aussi et les esclaves par la guerre avec leur liberté perdue,
« perdront toute vertu et la crainte de Dieu, auprès de qui leur hypocrite piété
« dans la cruelle contention des batailles ne trouvera point de secours contre
« les envahisseurs. Par cette raison refroidis dans leur zèle, ils ne songeront
« plus désormais qu'à vivre tranquilles, mondains ou dissolus, avec ce que leurs
« maîtres leur laisseront pour en jouir. Car la terre produira toujours plus
« qu'assez pour mettre à l'épreuve la tempérance. Ainsi tout dégénérera, tout
« se dépravera. La justice et la tempérance, la vérité et la foi, seront oubliées !
« Un homme sera excepté, fils unique de lumière dans un siècle de ténèbres,
« bon malgré les exemples, malgré les amorces, les coutumes et un monde
« irrité. Sans craindre le reproche et le mépris ou la violence, il avertira les
« hommes de leurs iniques voies ; il tracera devant eux les sentiers de la droi-
« ture beaucoup plus sûrs et pleins de paix, leur annonçant la colère prête à
« visiter leur impénitence ; et il se retirera d'entre eux insulté, mais aux re-
« gards de Dieu le seul homme juste vivant.

« Par son ordre il bâtira une arche merveilleuse (comme tu l'as vue) pour
« se sauver lui et sa famille, du milieu d'un monde dévoué à un naufrage
« universel. Il ne sera pas plutôt logé dans l'arche et à couvert avec les hommes
« et les animaux choisis pour la vie, que toutes les cataractes du ciel s'ouvrant
« verseront la pluie jour et nuit sur la terre ; tous les réservoirs de l'abîme

Shall change their course to pleasure, ease, and sloth
Surfeit, and lust ; till wantonness and pride
Raise out of friendship hostile deeds in peace.
 « The conquer'd also, and enslav'd by war,
Shall, with their freedom lost, all virtue lose
And fear of God ; from whom their piety feign'd
In sharp contest of battel found no aid
Against invaders ; therefore, cool'd in zeal,
Thenceforth shall practise how to live secure,
Worldly or dissolute, on what their lords
Shall leave them to enjoy ; for th' earth shall bear
More than enough, that temperance may be tried :
So all shall turn degenerate, all deprav'd ;
Justice and temperance, truth and faith, forgot ;
One man except, the only son of light
In a dark age, against example good,
Against allurement, custom, and a world
Offended : fearless of reproach and scorn,
Or violence, he of their wicked ways
Shall them admonish ; and before them set
The paths of righteousness, how much more safe,
And full of peace, denouncing wrath to come
On their impenitence ; and shall return
Of them derided : but of God observ'd
The one just man alive : by his command
Shall build a wondrous ark, as thou beheld'st,
To save himself and household, from amidst
A world devote to universal wrack.
No sooner he, with them of man and beast
Select for life, shall in the ark be lodg'd,
And shelter'd round, but all the cataracts
Of Heaven set open on the earth shall pour
Rain, day and night ; all fountains of the deep,

« crèveront et enfleront l'océan qui usurpera tous les rivages, jusqu'à ce que
« l'inondation s'élève au-dessus des plus hautes montagnes.
 « Alors ce mont du paradis sera emporté par la puissance des vagues hors
« de sa place, poussé par le débordement cornu, dépouillé de toute sa verdure
« et ses arbres en dérive, il descendra vers le grand fleuve jusqu'à l'ouverture
« du golfe, et là il prendra racine; île salée et nue, hantise des phoques, des
« orques et des mouettes au cri perçant. Ceci doit t'apprendre que Dieu n'at-
« tache la sainteté à aucun lieu, si elle n'y est apportée par les hommes qui le
« fréquentent ou l'habitent. Et regarde maintenant ce qui doit s'ensuivre. »
 Adam regarda, et il vit l'arche flotter sur l'amas des eaux qui maintenant s'abaissait, car les nuages avaient fui, chassés par un vent aigu du nord qui, soufflant sec, ridait la face du déluge à mesure qu'il se desséchait. Le soleil clair sur son miroir liquide, dardait ses chauds regards et buvait largement la fraîche vague, comme ayant soif : ce qui fit que d'un lac immobile, les eaux, en rétrécissant leur inondation, devinrent un ebbe agile qui se déroba d'un pas léger vers l'abîme, lequel avait maintenant baissé ses écluses, comme le ciel fermé ses cataractes.
 L'arche ne flotte plus; mais elle paraît atterrie et fixée fortement au sommet de quelque haute montagne. A présent les cimes des collines apparaissent comme des rochers; les courants rapides conduisent à grand bruit leur furieuse marée dans la mer qui se retire. Aussitôt s'envole de l'arche un corbeau, et après lui une colombe, plus sûre messagère, envoyée une fois et derechef pour découvrir quelque arbre verdoyant, ou quelque terre sur laquelle elle pût

>   Broke up, shall heave the ocean to usurp
>   Beyond all bounds; till inundation rise
>   Above the highest hills.   « Then shall this mount
>   Of Paradise by might of waves be mov'd
>   Out of his place, push'd, by the horned flood,
>   With all his verdure spoil'd, and trees adrift,
>   Down the great river to the opening gulf,
>   And there take root; an island salt and bare,
>   The haunt of seals, and orcs, and sea-mew's clang;
>   To teach thee that God attributes to place
>   No sanctity, if none be thither brought
>   By men who there frequent, or therein dwell.
>   And now, what further shall ensue, behold. »
>   He look'd, and saw the ark hull on the flood,
>   Which now abated; for the clouds were fled,
>   Driven by a keen north wind, that, blowing dry,
>   Wrinkled the face of deluge, as decay'd ;
>   And the clear sun on his wide watery glass,
>   Gaz'd hot, and of the fresh wave largely drew,
>   As after thirst; which made their flowing shrink
>   From standing lake to tripping ebb, that stole
>   With soft foot towards the deep : who now had stopt
>   His sluices, as the Heaven his windows shut.
>   The ark no more now floats, but seems on ground,
>   Fast of the top of some high mountain fix'd.
>   And now the tops of hills, as rocks, appear ;
>   With clamour thence the rapid currents drive,
>   Towards the retreating sea, their furious tide.
>   Forthwith from out the ark a raven flies;
>   And, after him, the surer messenger,
>   A dove, sent forth once and again to spy
>   Green tree or ground, whereon his foot may light :

poser son pied : revenue la seconde fois elle rapporte dans son bec un rameau d'olivier, signe pacifique. Bientôt la terre paraît sèche, et l'antique père descend de son arche avec toute sa suite. Alors, plein de gratitude, levant ses mains et ses pieux regards vers le ciel, il vit sur sa tête un nuage de rosée, et dans ce nuage un arc remarquable par trois bandes de brillantes couleurs, annonçant la paix de Dieu et une alliance nouvelle. A cette vue, le cœur d'Adam, auparavant si triste, grandement se réjouit, et il éclate ainsi dans sa joie :

« O toi, qui peux offrir les choses futures comme étant présentes, instruc-
« teur céleste, je renais à cette dernière vision, assuré que l'homme vivra avec
« toutes les créatures et que leur race sera conservée. Je gémis beaucoup moins
« à présent de la destruction d'un monde entier d'enfants coupables, que je ne
« me réjouis de trouver un homme si parfait et si juste, que Dieu ait daigné
« faire sortir un autre monde de cet homme, et oublier sa colère. Mais dis-
« moi ce que signifient ces bandes colorées dans le ciel, dessinées comme le
« sourcil de Dieu apaisé? Servent-elles comme une hart fleurie à lier les fluides
« bords de cette même nuée d'eau, de peur qu'elle ne se dissolve encore, et
« n'inonde la terre? »

L'archange :

« Ingénieusement tu as conjecturé : oui, Dieu a bien voulu calmer sa colère,
« quoiqu'il se soit dernièrement repenti d'avoir créé l'homme dépravé; il s'é-
« tait affligé dans son cœur, lorsque abaissant ses regards, il avait vu la terre
« entière remplie de violence, et toute chair corrompant ses voies. Cependant
« les méchants écartés, un homme juste trouve tellement grâce à ses yeux qu'il

> The second time returning, in his bill
> An olive-leaf he brings, pacific sign;
> Anon, dry ground appears, and from his ark
> The ancient sire descends, with all his train.
> Then with uplifted hands, and eyes devout,
> Grateful to Heaven, over his head beholds
> A dewy cloud, and in the cloud a bow
> Conspicuous with three listed colours gay,
> Betokening peace from God, and covenant new;
> Whereat the heart of Adam, erst so sad,
> Greatly rejoic'd; and thus his joy broke forth :
> « O thou, who future things canst represent
> As present, heavenly instructor, I revive
> At this last sight; assur'd that man shall live,
> With all the creatures, and their seed preserve.
> Far less I now lament for one whole world
> Of wicked sons destroy'd, than I rejoice
> For one man found so perfect, and so just,
> That God vouchsafes to raise another world
> From him, and all his anger to forget.
> But say, what mean those colour'd streaks in Heaven
> Distended, as the brow of God appeas'd?
> Or serve they, as a flowery verge, to bind
> The fluid skirts of that same watery cloud,
> Lest it again dissolve, and shower the earth? »
> To whom th' archangel :
> « Dextrously thou aim'st;
> So villingly doth God remit his ire;
> Though late repenting him of man deprav'd;
> Griev'd at his heart, when looking down he saw
> The whole earth fill'd with violence, and all flesh
> Corrupting each their way; yet, those remov'd,
> Such grace shall one just man find in his sight,

« s'apaise et n'efface pas du monde le genre humain; il fait la promesse de ne
« jamais détruire encore la terre par un déluge, de ne laisser jamais l'océan
« franchir ses bornes, ni la pluie noyer le monde avec l'homme et les animaux
« dedans; mais quand il ramènera un nuage sur la terre, il y placera son arc
« de triple couleur, afin qu'on le regarde et qu'il rappelle son alliance à l'es-
« prit. Le jour et la nuit, le temps de la semaille et de la moisson, la chaleur
« et la blanche gelée suivront leurs cours, jusqu'à ce que le feu purifie toutes
« les choses nouvelles, avec le ciel et la terre où le juste habitera. »

> That he relents, not to blot out mankind;
> And makes a covenant never to destroy
> The earth again by flood; nor let the sea
> Surpass his bounds; nor rain to drown the world,
> With man therein or beast; but, when he brings
> Over the earth a cloud, will therein set
> His triple-colour'd bow; whereon to look,
> And call to mind his covenant : day and night,
> Seed-time and harvest, heat and hoary frost,
> Shall hold their course; till fire purge all things new,
> Both Heaven and earth, wherein the just shall dwell. »

LIVRE DOUZIÈME.

ARGUMENT.

L'ange Michel continue de raconter ce qui arrivera depuis le déluge. Quand il est question d'Abraham, il en vient à expliquer par degrés quel sera celui de la race de la femme promis à Adam et à Eve dans leur chute : son incarnation, sa mort, sa résurrection et son ascension. Etat de l'Eglise jusqu'à son second avénement. Adam, grandement satisfait et rassuré par ces récits et ces promesses, descend de la montagne avec Michel. Il éveille Eve, qui avait dormi pendant tout ce temps-là, mais que des songes paisibles avaient disposée à la tranquillité d'esprit et à la soumission. Michel les conduit tous deux par la main hors du paradis, l'épée flamboyante s'agitant derrière eux, et les chérubins prenant leur station pour garder le lieu.

XII.

Comme un voyageur qui, dans sa route, s'arrête à midi, quoique pressé d'arriver, ainsi l'archange fit une pause entre le monde détruit et le monde réparé,

BOOK XII.

THE ARGUMENT.

The angel Michael continues, from the flood, to relate what shall succeed; then, in the mention of Abraham, comes by degrees to explain who that seed of the woman shall be, which was promised Adam and Eve in the fall; his incarnation, death, resurrection, and ascension; the state of the church till his second coming. Adam, greatly satisfied and recomforted by these relations and promises, descends the hill with Michael; wakens Eve, who all this while had slept, but with gentle dreams composed to quietness of mind and submission. Michael in either hand leads them out of Paradise, the fiery sword waving behind them, and the cherubim taking their stations to guard the place.

XII.

> As one who in his journey bates at noon,
> Though bent on speed; so here th' archangel paus'd
> Betwixt the world destroy'd and world restor'd,

dans la supposition qu'Adam avait peut-être quelque chose à exprimer. Il reprit ensuite son discours par une douce transition :

« Ainsi tu as vu un monde commencer et finir, et l'homme sortir comme
« d'une seconde souche. Tu as encore beaucoup à voir ; mais je m'aperçois que
« ta vue mortelle défaut. Les objets divins doivent nécessairement affaiblir et
« fatiguer les sens humains. Dorénavant je te raconterai ce qui doit advenir ;
« écoute donc avec une application convenable, et sois attentif.

« Tant que cette seconde race des hommes sera peu nombreuse, et tant que
« la crainte du jugement passé demeurera fraîche dans leur esprit, craignant
« la Divinité, ayant quelque égard à ce qui est juste et droit, ils régleront leur
« vie et multiplieront rapidement. Ils laboureront la terre, recueilleront d'abon-
« dantes récoltes de blé, de vin, d'huile, et sacrifiant souvent de leurs troupeaux
« un taureau, un agneau, un chevreau avec de larges libations de vin, et des
« fêtes sacrées, ils passeront leurs jours pleins dans une innocente joie ; ils ha-
« biteront longtemps en paix par familles et tribus sous le sceptre paternel,
« jusqu'à ce qu'il s'élève un homme d'un cœur fier et ambitieux, qui (non sa-
« tisfait de cette égalité belle, fraternel état) voudra s'arroger une injuste do-
« mination sur ses frères, et ôter entièrement à la concorde et à la loi de
« nature la possession de la terre. Il fera la chasse (les hommes, non les bêtes,
« seront sa proie) par la guerre et les pièges ennemis à ceux qui refuseront de
« se soumettre à son tyrannique empire. De là il sera appelé un fort chasseur
« devant le Seigneur, prétendant tenir ou du ciel, ou en dépit du ciel, cette
« seconde souveraineté ; son nom dérivera de la rébellion, quoique de rébel-
« lion il accusera les autres.

If Adam aught perhaps might interpose ;
Then, with transition sweet, new speech resumes :
  « Thus thou hast seen one world begin, and end;
And man, as from a second stock, proceed.
Much thou hast yet to see; but I perceive
Thy mortal sight to fail; objects divine
Must needs impair and weary human sense :
Henceforth what is to come I will relate;
Thou therefore give due audience, and attend.
  « This second source of men, while yet but few,
And while the dread of judgment past remains
Fresh in their minds, fearing the Deity,
With some regard to what is just and right
Shall lead their lives, and multiply apace;
Labouring the soil, and reaping plenteous crop,
Corn, wine, and oil; and from the herd or flock
Oft sacrificing bullock, lamb, or kid,
With large wine-offerings pour'd, and sacred feast,
Shall spend their days in joy unblam'd; and dwell
Long time in peace, by families and tribes,
Under paternal rule : till one shall rise
Of proud ambitious heart; who, not content
With fair equality, fraternal state,
Will arrogate dominion undeserv'd
Over his brethren, and quite dispossess
Concord and law of nature from the earth;
Hunting (and men, not beast shall be his game
With war, and hostile snare, such as refuse
Subjection to his empire tyrannous :
A mighty hunter thence he shall be styled
Before the Lord; as in despite of Heaven,
Or from Heaven, claiming second sovranty;

« Cet homme, avec une troupe qu'une égale ambition unit à lui, où sous
« lui, pour tyranniser, marchant d'Éden vers l'occident, trouvera une plaine
« où un gouffre noir et bitumineux, bouche de l'enfer, bouillonne en sortant de
« la terre. Avec des briques et avec cette matière, ces hommes se préparent à
« bâtir une ville et une tour dont le sommet puisse atteindre le ciel et leur faire
« un nom, de peur que, dispersés dans les terres étrangères, leur mémoire ne
« soit perdue, sans se soucier que leur renommée soit bonne ou mauvaise.
« Mais Dieu, qui, sans être vu, descend souvent pour visiter les hommes, et
« qui se promène dans leurs habitations afin d'observer leurs œuvres, les aperce-
« vant bientôt, vint en bas considérer leur cité avant que la tour offusquât les
« tours du ciel. Par dérision il met sur leurs langues un esprit de variété pour
« effacer tout à fait leur langage naturel, et pour semer à sa place un bruit dis-
« cordant de mots inconnus. Aussitôt un hideux babil se propage parmi les
« architectes ; ils s'appellent les uns les autres sans s'entendre, jusqu'à ce que
« enroués et tous en fureur comme étant bafoués, ils se battent. Une grande
« risée fut dans le ciel, en voyant le tumulte étrange et en entendant la ru-
« meur : ainsi la ridicule bâtisse fut abandonnée et l'ouvrage nommé Con-
« fusion. »

Alors Adam paternellement affligé :

« O fils exécrable ! aspirer ainsi à s'élever au-dessus de ses frères, s'attribuant
« une autorité usurpée qui n'est pas donnée de Dieu ! L'Éternel nous accorda
« seulement une domination absolue sur la bête, le poisson et l'oiseau ; nous
« tenons ce droit de sa concession ; mais il n'a pas fait l'homme seigneur

> And from rebellion shall derive his name,
> Though of rebellion others he accuse.
>   « He with a crew, whom like ambition joins
> With him or under him to tyrannize,
> Marching from Eden towards the west, shall find
> The plain, wherein a black bituminous gurge
> Boils out from under ground, the mouth of Hell;
> Of brick, and of that stuff, they cast to build
> A city and tower, whose top may reach to Heaven,
> And get themselves a name; lest, far dispersed
> In foreign lands, their memory be lost;
> Regardless whether good or evil fame.
> But God, who oft descends to visit men
> Unseen, and through their habitations walks
> To mark their doings, them beholding soon,
> Comes down to see their city, ere the tower
> Obstruct Heaven-towers; and in derision sets
> Upon their tongues a various spirit, to raze
> Quite out their native language; and, instead,
> To sow a jangling noise of words unknown.
> Forthwith a hideous gabble rises loud
> Among the builders; each to other calls,
> Not understood; till hoarse, and all in rage,
> As mock'd they storm : great laughter was in Heaven,
> And looking down, to see the hubbub strange,
> And hear the din : thus was the building left
> Ridiculous, and the work Confusion nam'd. »
>   Whereto thus Adam, fatherly displeas'd :
>   « O execrable son! so to aspire
> Above his brethren; to himself assuming
> Authority usurp'd, from God not given!
> He gave us only over beast, fish, fowl,
> Dominion absolute, that right we hold

« des hommes; se réservant ce titre à lui-même, il a laissé ce qui est humain
« libre de ce qui est humain. Mais cet usurpateur ne s'arrête pas à son orgueil-
« leux empiètement sur l'homme; sa tour prétend défier et assiéger Dieu :
« homme misérable! Quelle nourriture ira-t-il porter si haut, pour s'y soute-
« nir lui et sa téméraire armée, là au-dessus des nuages, où l'air subtil fe-
« rait languir ses entrailles grossières, et l'affamerait de respiration, sinon de
« pain? »

Michel :

« Tu abhorres justement ce fils qui apportera un pareil trouble dans l'état
« tranquille des hommes, en s'efforçant d'asservir la liberté rationnelle. Tou-
« tefois apprends de plus que depuis ta faute originelle, la vraie liberté a été
« perdue; cette liberté, jumelle de la droite raison, habite toujours avec elle,
« et hors d'elle n'a point d'existence divisée: aussitôt que la raison dans l'homme
« est obscurcie ou non obéie, les désirs désordonnés et les passions vives sai-
« sissent l'empire de la raison, et réduisent en servitude l'homme, jusqu'alors
« libre. Conséquemment, puisque l'homme permet, au dedans de lui-même,
« à d'indignes pouvoirs de régner sur la raison libre, Dieu, par un juste arrêt,
« l'assujettit au dehors à de violents maîtres qui souvent aussi asservissent
« indûment son extérieure liberté : il faut que la tyrannie soit, quoique le
« tyran n'ait point d'excuse. Cependant quelquefois les nations tomberont si
« bas au-dessous de la vertu (qui est la raison) que non l'injustice, mais la jus-
« tice, et quelque fatale malédiction annexée, les privera de leur liberté exté-
« rieure, leur liberté intérieure étant perdue : témoin le fils irrévérent de

> By his donation; but man over men
> He made not lord; such title to himself
> Reserving, human left from human free.
> But this usurper his encroachment proud
> Stays not on man; to God his tower intends
> Siege and defiance : wretched man! what food
> Will he convey up thither, to sustain
> Himself and his rash army; where thin air
> Above the clouds will pine his entrails gross,
> And famish him of breath, if not of bread? »
> To whom thus Michael :
> « Justly thou abhorr'st
> That son, who on the quiet state of men
> Such trouble brought, affecting to subdue
> Rational liberty; yet know withal,
> Since thy original lapse, true liberty
> Is lost, which always with right reason dwells
> Twinn'd, and from her hath no dividual being :
> Reason in man obscur'd, or not obey'd,
> Immediately inordinate desires
> And upstart passions, catch the government
> From reason; and to servitude reduce
> Man, till then free. Therefore, since he permits
> Within himself unworthy powers to reign
> Over free reason, God, in judgment just,
> Subjects him from without to violent lords;
> Who oft as undeservedly enthral
> His outward freedom : tyranny must be;
> Though to the tyrant thereby no excuse.
> Yet sometimes nations will decline so low
> From virtue, which is reason, that no wrong,
> But justice, and some fatal curse annex'd,
> Deprives them of their outward liberty;

« celui qui bâtit l'arche, lequel, pour l'affront qu'il fit à son père, entendit
« contre sa vicieuse race cette pesante malédiction : *Tu seras l'esclave des*
« *esclaves.*

« Ainsi ce dernier monde, comme le premier, ira sans cesse de mal en pis,
« jusqu'à ce que Dieu, fatigué enfin de leurs iniquités, retire sa présence du
« milieu d'eux, et détourne ses saints regards, résolu d'abandonner désormais
« les hommes à leurs propres voies corrompues, et de se choisir parmi toutes
« les nations un peuple de qui il sera invoqué, un peuple à naître d'un homme
« plein de foi. Cet homme, résidant encore sur les bords de l'Euphrate, aura
« été élevé dans l'idolâtrie.

« Oh ! pourras-tu croire que les hommes, tandis que le patriarche sauvé du
« déluge existait encore, soient devenus assez stupides pour abandonner le
« Dieu vivant, pour s'abaisser à adorer comme dieux leurs propres ouvrages
« de bois et de pierre ! Cependant le Très-Haut daignera, par une vision, ap-
« peler cet homme de la maison de son père, du milieu de sa famille et des
« faux dieux, dans une terre qu'il lui montrera : il fera sortir de lui un puis-
« sant peuple et répandra sur lui sa bénédiction, de façon que dans sa race
« toutes les nations seront bénies.

« Il obéit ponctuellement ; il ne connaît point la terre où il va, cependant
« il croit ferme. Je le vois (mais tu ne le peux voir) avec quelle foi il laisse ses
« dieux, ses amis, son sol natal, Ur de Chaldée ; il passe maintenant le gué à
« Haran ; après lui marche une suite embarrassante de bestiaux, de troupeaux
« et de nombreux serviteurs ; il n'erre pas pauvre, mais il confie toute sa ri-

Their inward lost : witness th' irreverent son
Of him who built the ark; who, for the shame
Done to his father, heard this heavy curse,
Servant of servants, on his vicious race.
« Thus will this latter, as the former world,
Still tend from bad to worse ; till God at last,
Wearied with their iniquities, withdraw
His presence from among them, and avert
His holy eyes, resolving from thenceforth
To leave them to their own polluted ways ;
And one peculiar nation to select
From all the rest, of whom to be invok'd,
A nation from one faithful man to spring :
Him on this side Euphrates yet residing,
Bred up in idol-worship.
                    « O ! that men
(Canst thou believe ?) should be so stupid grown,
While yet the patriarch liv'd who 'scap'd the flood,
As to forsake the living God, and fall
To worship their own work in wood and stone,
For gods ! Yet him God the Most High vouchsafes
To call by vision, from his father's house,
His kindred, and false gods, into a land
Which he will show him ; and from him will raise
A mighty nation, and upon him shower
His benediction, so that in his seed
All nations shall be blest.
                    « He straight obeys
Not knowing to what land, yet firm believes :
I see him, but thou canst not, with what faith
He leaves his gods, his friends, and native soil,
Ur of Chaldæa, passing now the ford
To Haran ; after him a cumbrous train

« chesse à Dieu qui l'appelle dans une terre inconnue. Maintenant il atteint
« Chanaan : je vois ses tentes plantées aux environs de Sichem et dans la plaine
« voisine de Moreh : là il reçoit la promesse du don de toute cette terre à sa
« postérité, depuis Hamath, au nord, jusqu'au désert, au sud (j'appelle ces
« lieux par leurs noms, quoiqu'ils soient encore sans noms) : depuis Hermon
« au levant, jusqu'à la grande mer occidentale. Ici le mont Hermon ; là la mer.
« Regarde chaque lieu en perspective comme je te les indique de la main :
« sur le rivage, le mont Carmel; ici, le fleuve à deux sources, le Jourdain,
« vraie limite à l'orient ; mais les fils de cet homme habiteront à Senir cette
« longue chaîne de collines.

« Pèse ceci : toutes les nations de la terre seront bénies dans la race de cet
« homme. Par cette race est désigné ton grand libérateur qui écrasera la tête
« du serpent, ce qui te sera bientôt plus clairement révélé.

« Ce patriarche béni (qui dans un temps prescrit sera appelé le fidèle Abra-
« ham) laissera un fils, et de ce fils un petit-fils, égal à lui en foi, en sagesse
« et en renom. Le petit-fils avec ses douze enfants, part de Chanaan pour une
« terre, appelée Égypte dans la suite, que divise le fleuve le Nil. Vois où ce
« fleuve coule et se décharge dans la mer par sept embouchures. Le père vient
« habiter cette terre dans un temps de disette, invité par un de ses plus jeunes
« enfants, fils que de dignes actions ont élevé au second rang dans ce royaume
« de Pharaon.

« Il meurt, et laisse sa postérité qui devient une nation. Cette nation mainte-
« nant accrue cause de l'inquiétude à un nouveau roi qui cherche à arrêter

>   Of herds and flocks, and numerous servitude;
>   Not wandering poor, but trusting all his wealth
>   With God, who call'd him, in a land unknown.
>   Canaan he now attains : I see his tents
>   Pitch'd about Sichem, and the neighbouring plain
>   Of Moreh; there by promise he receives
>   Gifts to his progeny of all that land,
>   From Hamath northward to the desert south;
>   (Things by their names I call, though yet unnam'd)
>   From Hermon east to the great western sea;
>   Mount Hermon, yonder sea; each place behold
>   In prospect, as I point them; on the shore
>   Mount Carmel; here, the double-founted stream,
>   Jordan, true limit eastward; but his sons
>   Shall dwell to Senir, that long ridge of hills.
>   « This ponder, that, all nations of the earth
>   Shall in his seed be bless'd : by that seed
>   Is meant thy great Deliverer, who shall bruise
>   The serpent's head; whereof to thee anon
>   Plainlier shall be reveal'd.
>   « This patriarch blest,
>   Whom faithful Abraham due time shall call,
>   A son, and of his son a grandchild, leaves;
>   Like him in faith, in wisdom, and renown.
>   The grandchild, with twelve sons increas'd, departs
>   From Canaan, to a land hereafter call'd
>   Egypt, divided by the river Nile;
>   See where it flows, disgorging at seven mouths
>   Into thee sea : to sojourn it that land
>   He comes, invited by a younger son
>   In time of dearth ; a son, whose worthy deeds
>   Raise him to be the second in that realm
>   Of Pharaoh.

« leur accroissement excessif, comme aubains trop nombreux : pour cela,
« contre les droits de l'hospitalité, de ses hôtes il fait des esclaves, et met à
« mort leurs enfants mâles; jusqu'à ce que deux frères (ces deux frères nommés
« Moïse et Aaron) soient suscités de Dieu pour tirer ce peuple de la captivité,
« pour le reconduire avec gloire et chargé de dépouilles vers leur terre promise.

« Mais d'abord le tyran sans lois (qui refuse de reconnaître leur Dieu ou
« d'avoir égard à son message) doit y être forcé par des signes et des jugements
« terribles : les fleuves doivent être convertis en sang qui n'aura point été
« versé; les grenouilles, la vermine, les moucherons doivent remplir tout le
« palais du roi et remplir tout le pays de leur intrusion dégoûtante. Les trou-
« peaux du roi doivent mourir du tac et de la contagion; les tumeurs et les
« ulcères doivent boursoufler toute sa chair et toute celle de son peuple; le
« tonnerre mêlé de grêle, la grêle mêlée de feu, doivent déchirer le ciel d'É-
« gypte, et tourbillonner sur la terre, dévorant tout, là où ils roulent. Ce qu'ils
« ne dévoreront pas en herbe, fruit ou graine, doit être mangé d'un nuage
« épais de sauterelles descendues en fourmilière et ne laissant rien de vert
« sur la terre. L'obscurité doit faire disparaître toutes les limites (palpable
« obscurité), et effacer trois jours; enfin d'un coup de minuit tous les premiers-
« nés d'Égypte doivent être frappés de mort.

« Ainsi dompté par dix plaies, le dragon du fleuve se soumet enfin à laisser
« aller les étrangers, et souvent humilie son cœur obstiné, mais comme la glace
« toujours plus durcie après le dégel. Dans sa rage poursuivant ceux qu'il avait
« naguère congédiés, la mer l'engloutit avec son armée, et laisse passer les

        « There he dies, and leaves his race
Growing into a nation; and, now grown
Suspected to a sequent king, who seeks
To stop their overgrowth, as inmate guests
Too numerous; whence of guests he makes them slaves
Inhospitably, and kills their infant males :
Till by two brethren (these two brethren call
Moses and Aaron) sent from God to claim
His people from enthralment, they return,
With glory and spoil, back to their promis'd land.
    But first, the lawless tyrant, who denies
To know their God, or message to regard,
Must be compell'd by signs and judgments dire;
To blood unshed the rivers must be turn'd;
Frogs, lice, and flies must all his palace fill
With loath'd intrusion, and fill all the land;
His cattle must of rot and murrain die;
Botches and blains must all his flesh emboss,
And all his people; thunder mix'd with hail,
Hail mix'd with fire, must rend th' Egyptian sky,
And wheel on th' earth, devouring where it rolls;
What it devours not, herb, or fruit, or grain,
A darksome cloud of locusts swarming down
Must eat, and on the ground leave nothing green;
Darkness must overshadow all his bounds,
Palpable darkness, and blot out three days;
Last, with one midnight-stroke, all the first-born
Of Egypt must lie dead.
        « Thus with ten wounds
The river-dragon tam'd at length submits
To let his sojourners depart, and oft
Humbles his stubborn heart : but still, as ice
More harden'd after thaw; till, in his rage

« étrangers comme sur un terrain sec entre deux murs de cristal. Les vagues,
« tenues en respect par la verge de Moïse, demeurent ainsi divisées jusqu'à
« ce que le peuple délivré ait gagné leur rivage. Tel est le prodigieux pouvoir
« que Dieu prêtera à son prophète, quoique toujours présent dans son ange
« qui marchera devant ces peuples dans une nuée et dans une colonne de feu ;
« le jour une nuée, la nuit une colonne de feu, afin de les guider dans leur
« voyage et d'écarter derrière eux le roi obstiné qui les poursuit. Le roi les
« poursuivra toute la nuit, mais les ténèbres s'interposent et le défendent de
« son approche jusqu'à la veille du matin. Alors Dieu, regardant entre la co-
« lonne de feu et la nue, troublera les ennemis et brisera les roues de leurs
« chariots; quand Moïse, par ordre, étend encore une fois sa verge puissante
« sur la mer; la mer obéit à sa verge : les vagues retombent sur les bataillons
« de l'Égypte, et ensevelissent leur guerre.

« La race choisie et délivrée s'avance du rivage vers Chanaan à travers
« l'inhabité désert; elle ne prend pas le chemin le plus court, de peur qu'en
« entrant chez les Chananéens alarmés, la guerre ne l'effraie, elle inexpéri-
« mentée, et que la crainte ne la fasse retourner en Égypte, préférant une vie
« inglorieuse dans la servitude; car la vie inaccoutumée aux armes est plus
« douce au noble et au non noble, quand la témérité ne les conduit pas.

« Ce peuple gagnera encore ceci par son séjour dans la vaste solitude : il y
« fondera son gouvernement et choisira parmi les douze tribus son grand sénat
« pour commander selon des lois prescrites. Du mont Sinaï (dont le sommet
« obscur tremblera à la descente de Dieu) Dieu, lui-même, au milieu du tonnerre,

> Pursuing whom he late dismiss'd, the sea
> Swallows him with his host; but them lets pass,
> As on dry land, between two crystal walls;
> Aw'd by the rod of Moses so to stand
> Divided till his rescued gain their shore.
> Such wondrous power God to his saint will lend,
> Though present in his angel; who shall go
> Before them in a cloud, and pillar of fire;
> By day a cloud, by night a pillar of fire :
> To guide them in their journey, and remo
> Behind them, while th' obdurate king pursues :
> All night he will pursue, but his approach
> Darkness defends between till morning watch;
> Then through the fiery pillar and the cloud,
> God looking forht will trouble all his host,
> And craze their chariot-wheels : when by command
> Moses once more his potent rod extends
> Over the sea; the sea his rod obeys;
> On their embattel'd ranks the waves return,
> And overwhelm their war.
> « The race elect
> Safe towards Canaan from the shore advance
> Through the wild desert; not the readiest way,
> Lest, entering on the Canaanite alarm'd,
> War terrify them inexpert, and fear
> Return them back to Egypt, choosing rather
> Inglorious life with servitude; for life
> To noble and ignoble is more sweet
> Untrain in arms, where rashness leads not on.
> « This also shall they gain by their delay
> In the wide wilderness; there they shall found
> Their government, and their great senate choose
> Through the twelve tribes, to rule by laws ordain'd t

« des éclairs et du bruit éclatant des trompettes, donnera des lois à ce peuple.
« Une partie de ces lois appartiendra à la justice civile, une autre partie aux
« cérémonies religieuses du sacrifice ; ces cérémonies apprendront à connaître
« par des types et des ombres celui qui, de cette race, est destiné à écraser le
« serpent, et les moyens par lesquels il achèvera la délivrance du genre humain.

« Mais la voix de Dieu est terrible à l'oreille mortelle : les tribus choisies le
« supplient de faire connaître sa volonté par Moïse et de cesser la terreur ; il
« accorde ce qu'elles implorent, instruites qu'on ne peut avoir accès auprès de
« Dieu sans médiateur, de qui Moïse remplit alors la haute fonction en figure,
« afin de préparer la voie à un plus grand Médiateur dont il prédira le jour;
« et tous les prophètes, chacun dans leur âge, chanteront le temps du grand
« Messie.

« Ces lois et ces rites établis, Dieu se plaira tant aux hommes obéissants à
« sa volonté, qu'il daignera placer au milieu d'eux son tabernacle, pour que le
« Saint et l'Unique habite avec les hommes mortels. Dans la forme qu'il a
« prescrite, un sanctuaire de cèdre est fabriqué et revêtu d'or. Dans ce sanc-
« tuaire est une arche, et dans cette arche, son témoignage, titres de son al-
« liance. Au-dessus s'élève le trône d'or de la miséricorde, entre les ailes de
« deux brillants chérubins. Devant lui brûlent sept lampes représentant,
« comme dans un zodiaque, les flambeaux du ciel. Sur la tente reposera un
« nuage pendant le jour, un rayon de feu pendant la nuit, excepté quand les
« tribus seront en marche. Et conduites par l'ange du Seigneur, elles arrivent
« enfin à la terre promise à Abraham et à sa race.

>God from the mount of Sinai, whose gray top
>Shall tremble, he descending, will himself
>In thunder, lightning, and loud trumpet's sound,
>Ordain them laws : part, such as appertain
>To civil justice ; part, religious rites
>Of sacrifice ; informing them, by types
>And shadows, of that destin'd Seed to bruise
>The serpent, by what means he shall achieve
>Mankind's deliverance.
>   « But the voice of God
>To mortal ear is dreadful : they beseech
>That Moses might report to them his will,
>And terrour cease : he grants what they besought,
>Instructed that to God is no access
>Without mediator, whose high office now
>Moses in figure bears ; to introduce
>One greater, of whose day he shall foretell;
>And all the prophets in their age the times
>Of great Messiah shall sing.
>   « Thus, laws and rites
>Establish'd, such delight hath God in men
>Obedient to his will, that he vouchsafes
>Among them to set up his tabernacle;
>The Holy One with mortal men to dwell.
>By his prescript a sanctuary is fram'd
>Of cedar, overlaid with gold ; therein
>An ark, and in the ark his testimony,
>The records of his covenant ; over these
>A mercy-seat of gold, between the wings
>Of two bright cherubim ; before him burn
>Seven lamps, as in a zodiac representing
>The heavenly fires ; over the tent a cloud
>Shall rest by day, a fiery gleam by night :

« Le reste serait trop long à te raconter : combien de batailles livrées; com-
« bien de rois domptés et de royaumes conquis; comment le soleil s'arrêtera
« immobile, un jour entier, au milieu du ciel, et retardera la course ordinaire
« de la nuit, à la voix d'un homme disant : — Soleil, arrête-toi sur Gabaon,
« et toi, lune, sur la vallée d'Ajalon, jusqu'à ce que Israël ait vaincu. » —
« Ainsi s'appellera le troisième descendant d'Abraham, fils d'Isaac, et de lui ce
« nom passera à sa postérité, qui sera victorieuse ainsi de Chanaan. »
Ici Adam interrompit l'Ange :
« O envoyé du ciel, flambeau de mes ténèbres, de belles choses tu m'as ré-
« vélées, particulièrement celles qui regardent le juste Abraham et sa race ! A
« présent pour la première fois je trouve mes yeux véritablement ouverts et
« mon cœur beaucoup soulagé. J'étais auparavant troublé par la pensée de ce
« qui m'arriverait à moi et à tout le genre humain; mais à présent je vois son
« jour, le jour de celui en qui toutes les nations seront bénies : faveur pour
« moi imméritée, moi qui cherchai la science défendue par des moyens dé-
« fendus. Cependant je ne comprends pas ceci : pourquoi à ceux parmi lesquels
« Dieu daignera habiter sur la terre, tant et de si diverses lois ont-elles été
« données? Tant de lois supposent parmi eux autant de péchés : comment
« Dieu peut-il résider au milieu de ces hommes ? »
Michel :
« Ne doute pas que le péché ne règne parmi eux, comme engendré de toi;
« et ainsi la loi leur a été donnée pour démontrer leur dépravation native, qui
« excite sans cesse le péché à combattre contre la loi. De là, quand ils verront

    Save when they journey, and at length they come,
    Conducted by his angel, to the land
    Promis'd to Abraham and his seed.
              « The rest
    Were long to tell; how many battels fought;
    How many kings destroy'd, and kingdoms won;
    Or how the sun shall in mid Heaven stand still
    A day entire, and night's due course adjourn,
    Man's voice commanding, — Sun, in Gibeon stand,
    And thou, moon, in the vale of Ajalon,
    Till Israel overcome! — so call the third
    From Abraham, son of Isaac; and from him
    His whole descend, who thus shall Canaan win. »
     Here Adam interpos'd :
          « O sent from Heaven,
    Enlightener of my darkness, gracious things
    Thou hast reveal'd; those chiefly, which concern
    Just Abraham and his seed : now first I find
    Mine eyes true opening, and my heart much eas'd;
    Erewhile perplex'd with thoughts, what would become
    Of me and all mankind : but now I see
    His day, in whom all nations shall be blest;
    Favour unmerited by me, who sought
    Forbidden knowledge by forbidden means.
    This yet I apprehend not; why to those
    Among whom God will deign to dwell on earth,
    So many and so various laws are given :
    So many laws argue so many sins
    Among them : how can God with such reside? »
     To whom thus Michael :
          « Doubt not but that sin
    Will reign among them, as of thee begot;
    And therefore was law given them, to evince

« que la loi peut bien découvrir le péché, mais ne peut l'écarter (sinon par ces
« faibles ombres d'expiation, le sang des taureaux et des boucs), ils en con-
« cluront que quelque sang plus précieux doit payer la dette humaine, celui du
« juste pour l'injuste, afin que dans cette justice à eux appliquée par la foi, ils
« trouvent leur justification auprès de Dieu et la paix de la conscience que la
« loi par des cérémonies ne peut calmer, puisque l'homme ne peut accomplir
« la partie morale de la loi, et que ne l'accomplissant pas, il ne peut vivre.

« Ainsi la loi paraît imparfaite et seulement donnée pour livrer les hommes,
« dans la plénitude des temps, à une meilleure alliance; pour les faire passer,
« disciplinés, de l'ombre des figures à la vérité, de la chair à l'esprit, de l'im-
« position des lois étroites à l'acceptation d'une large grâce, de la servile frayeur
« à la crainte filiale, des œuvres de la loi aux œuvres de la foi.

« A cause de cela Moïse (quoique si particulièrement aimé de Dieu), n'étant
« que le ministre de la loi, ne conduira pas le peuple dans Chanaan : ce sera
« Josué, appelé Jésus par les Gentils; Jésus, qui aura le nom et fera l'office
« de celui qui doit dompter le serpent ennemi, et ramener en sûreté, à l'éter-
« nel paradis du repos, l'homme longuement égaré dans la solitude du monde.

« Cependant placés dans leur Chanaan terrestre, les Israélites y demeure-
« ront et y prospéreront longtemps; mais quand les péchés de la nation au-
« ront troublé leur paix publique, ils provoqueront Dieu à leur susciter des
« ennemis dont il les délivrera aussi souvent qu'ils se montreront pénitents,
« d'abord au moyen des juges, ensuite par les rois; le second desquels (re-
« nommé pour sa piété et ses grandes actions), recevra la promesse irrévocable

    Their natural pravity, by stirring up
    Sin against law to fight; that when they see
    Law can discover sin, but not remove,
    Save by those shadowy expiations weak,
    The blood of bulls and goast; they may conclude
    Some blood more precious must be paid for man;
    Just for unjust; that in such righteousness
    To them by faith imputed, they may find
    Justification towards God, and peace
    Of conscience; which the law by ceremonies
    Cannot appease; nor man the moral part
    Perform; and, not performing, cannot live.
     « So law appears imperfect; and but given
    With purpose to resign them, in full time,
    Up to a better covenant; disciplin'd
    From shadowy types to truth; from flesh to spirit;
    From imposition of strict laws to free
    Acceptance of large grace; from servile fear
    To filial; works of law to works of faith.
     « And therefore shall not Moses, though of God
    Highly belov'd, being but the minister
    Of law, his people into Canaan lead;
    But Joshua, whom the Gentiles Jesus call;
    His name and office bearing, who shall quell
    The adversary-serpent, and bring back
    Through the world's wilderness long-wander'd man
    Safe to eternal Paradise of rest.
     « Meanwhile they, in their earthly Canaan plac'd,
    Long time shall dwell and prosper, but when sins
    National interrupt their public peace,
    Provoking God to raise them enemies;
    From whom as oft he saves them penitent
    By judges first, then under kings; of whom

LE PARADIS PERDU. 339

« que son trône subsistera à jamais. Toutes les prophéties chanteront de même,
« que de la souche royale de David (j'appelle ainsi ce roi) sortira un Fils, ce
« Fils de la race de la femme, à toi prédit, prédit à Abraham comme celui en
« qui espèrent toutes les nations, celui qui est prédit aux rois, des rois le der-
« nier, car son règne n'aura point de fin.

« Mais d'abord passera une longue succession de rois : le premier des Fils de
« David, célèbre par son opulence et sa sagesse, renfermera dans un temple
« superbe l'arche de Dieu couverte d'une nue, qui jusqu'alors avait erré sous
« des tentes. Ceux qui succéderont à ce prince seront inscrits partie au nombre
« des bons, partie au nombre des mauvais rois; la plus longue liste sera celle
« des mauvais. Les honteuses idolâtries et les autres péchés de ces derniers,
« ajoutés à la somme des iniquités du peuple, irriteront tellement Dieu qu'il se
« retirera d'eux, qu'il abandonnera leur terre, leur cité, son temple, son arche
« sainte avec toutes les choses sacrées, objets du mépris et proie de cette or-
« gueilleuse cité dont tu as vu les hautes murailles laissées dans la confusion,
« d'où elle fut appelée Babylone.

« Là Dieu laisse son peuple habiter en captivité l'espace de soixante-dix ans;
« ensuite il l'en retire, se souvenant de sa miséricorde et de son alliance jurée
« à David, invariable comme les jours du ciel. Revenus de Babylone avec
« l'agrément des rois, leurs maîtres, que Dieu disposera en faveur des Israélites,
« ils réédifieront d'abord la maison de Dieu. Pendant quelque temps ils vivront
« modérés dans un état médiocre; jusqu'à ce que augmentés en nombre et en
« richesse, ils deviennent factieux; mais la dissension s'engendrera d'abord

The second, both for piety renown'd
And puissant deeds, a promise shall receive
Irrevocable, that his regal throne
For ever shall endure; the like shall sing
All prophecy, that of the royal stock :
Of David (so I name this king) shall rise
A son, the woman's seed to thee foretold,
Foretold to Abraham, as in whom shall trust
All nations; and to kings foretold, of kings
The last; for of his reign shall be no end.
« But first, a long succession must ensue,
And his next son, for wealth and wisdom fam'd,
The clouded ark of God, till then in tents
Wandering, shall in a glorious temple enshrine.
Such follow him, as shall be register'd
Part good, part bad; of bad the longer scroll :
Whose foul idolatries, and other faults
Heap'd to the popular sum, will so incense
God, as to leave them, and expose their land,
Their city, his temple, and his holy ark,
With all his sacred things, a scorn and prey
To that proud city, whose high walls thou saw'st
Left in confusion; Babylon thence call'd.
« There in captivity he lets them dwell
The space of seventy years; then brings them back,
Remembering mercy, and his covenant sworn
To David, stablish'd as the days of Heaven.
Return'd from Babylon by leave of kings
Their lords, whom God dispos'd, the house of God
They first re-edify; and for a while
In mean estate live moderate; till, grow
In wealth and multitude, factious they grow :
But first among the priests dissenssion springs,

« parmi les prêtres, hommes qui servent l'autel et qui devraient le plus s'ef-
« forcer à la paix : leur discorde amènera l'abomination dans le temple même;
« ils saisiront enfin le sceptre sans égard pour le fils de David ; et ensuite ils le
« perdent, et il passera à un étranger, afin que le véritable roi par l'onction,
« le Messie, puisse naître dépouillé de son droit.

« Cependant, à sa naissance, une étoile qui n'avait pas été vue auparavant
« dans le ciel proclame sa venue et guide les sages de l'orient, qui s'enquièrent
« de sa demeure pour offrir de l'encens, de la myrrhe et de l'or. Un ange so-
« lennel dit le lieu de sa naissance à de simples bergers qui veillaient pendant
« la nuit. Ils y courent en hâte pleins de joie, et ils entendent son Noël chanté
« par un chœur d'anges. — Une vierge est sa mère, mais son père est le pou-
« voir du Très-Haut. Il montera sur le trône héréditaire ; il bornera son règne
« par les larges limites de la terre, sa gloire par les cieux. »

Michel s'arrêta, apercevant Adam accablé d'une telle joie, qu'il était, comme
dans la douleur, baigné de larmes, sans respiration et sans paroles ; il exhala
enfin celles-ci :

« O prophète d'agréables nouvelles ! toi qui achèves les plus hautes espé-
« rances ! à présent je comprends clairement ce que souvent mes pensées les
« plus appliquées ont cherché en vain : pourquoi l'objet de notre grande at-
« tente sera appelé la race de la femme. Vierge mère, je te salue ! toi haute
« dans l'amour du ciel ! Cependant tu sortiras de mes reins, et de tes entrailles
« sortira le Fils du Dieu Très-Haut : ainsi Dieu s'unira avec l'homme. Le ser-
« pent doit attendre maintenant l'écrasement de sa tête avec une mortelle

>   Men who attend the altar, and should most
>   Endeavour peace : their strife pollution brings
>   Upon the temple itself : at last, they seize
>   The sceptre, and regard not David's sons;
>   Then lose it to a stranger, that the true
>   Anointed King Messiah might be born
>   Barr'd of his right.   « Yet as his birth a star,
>   Unseen before in Heaven, proclaims him come;
>   And guides the eastern sages, who inquire
>   His place, to offer incense, myrrh, and gold :
>   His place of birth a solemn angel tells
>   To simple shepherds, keeping watch by night :
>   They gladly thither haste, and by a quire
>   Of squadron'd angels hear his carol sung : —
>   A virgin is his mother, but his sire
>   The power of the Most High : he shall ascend
>   The throne hereditary, and bound his reign
>   With earth's wide bounds, his glory with the Heavens. »
>   He ceas'd, discerning Adam with such joy
>   Surcharg'd, as had like grief been dew'd in tears,
>   Without the vent of words ; which these he breath'd :
>   « O prophet of glad tidings, finisher
>   Of utmost hope ; now clear I understand
>   What oft my steadiest thoughts have search'd in vain ;
>   Why our great expectation should be call'd
>   The seed of woman : Virgin-mother, hail
>   High in the love of Heaven ; yet from my loins
>   Thou shalt proceed, and from thy womb the Son
>   Of God Most High ; so God with man unites.
>   Needs must the serpent now his capital bruise
>   Expect with mortal pain : say where and when
>   Their fight, what stroke shall bruise the victor's heel ? »

« peine. Dis où et quand leur combat ? quel coup blessera le talon du vainqueur ?»
Michel :
« Ne rêve pas de leur combat comme d'un duel, ni ne songe de blessures
« locales à la tête ou au talon : le Fils ne réunit point l'humanité à la divinité,
« pour vaincre ton ennemi avec plus de force; ni Satan ne sera dominé de la
« sorte lui que sa chute du ciel (blessure bien plus mortelle), n'a pas rendu
« incapable de te donner ta blessure de mort. Celui qui vient ton Sauveur te
« guérira, non en détruisant Satan, mais ses œuvres en toi et dans ta race. Ce
« qui ne peut être qu'en accomplissant (ce à quoi tu as manqué) l'obéissance
« à la loi de Dieu, imposée sous peine de mort, et en souffrant la mort, peine
« due à ta transgression et due à ceux qui devaient naître de toi.

« Ainsi seulement la souveraine justice peut être satisfaite : ton Rédempteur
« remplira exactement la loi de Dieu à la fois par obéissance et par amour,
« bien que l'amour seul remplisse la loi. Il subira ton châtiment en se présen-
« tant dans la chair à une vie outragée et à une mort maudite, annonçant la
« vie à tous ceux qui croiront en sa rédemption, qui croiront que son obéis-
« sance leur sera imputée, qu'elle deviendra la leur par la foi, que ses mérites
« les sauveront, non leurs propres œuvres, quoique conformes à la loi. Pour
« cela haï, il sera blasphémé, saisi par force, jugé, condamné à mort comme
« infâme et maudit, cloué à la croix par sa propre nation, tué pour avoir ap-
« porté la vie. Mais à sa croix il clouera tes ennemis; le jugement rendu contre
« toi, les péchés de tout le genre humain seront crucifiés avec lui; et rien ne
« nuira plus à ceux qui se confieront justement dans sa satisfaction.

To whom thus Michael :
 « Dream not of their fight,
As of a duel, or the local wounds
Of head or heel : not therefore joins the Son
Manhood to godhead, with more strength to foil
Thy enemy; nor so is overcome
Satan, whose fall from Heaven, a deadlier bruise,
Disabled not to give thee thy death's wound :
Which he, who comes thy Saviour, shall recure,
Not by destroying Satan, but his works
In thee, and in thy seed : nor can this be
But by fulfilling that which thou didst want,
Obedience to the law of God, impos'd
On penalty of death, and suffering death;
The penalty to thy transgression due,
And due to theirs which out of thine will grow;
So only can high justice rest appaid.
The law of God exact he shall fulfil
Both by obedience and by love, though love
Alone fulfil the law; thy punishment
He shall endure, by coming in the flesh
To a reproachful life, and cursed death;
Proclaiming life to all who shall believe
In his redemption; and that his obedience,
Imputed, becomes theirs by faith; his merits
To save them, not their own, though legal, works.
For this he shall live hated, he blasphem'd,
Seiz'd on by force, judg'd, and to death condemn'd,
A shameful and accurs'd, nail'd to the cross
By his own nation; slain for bringing life :
But to the cross he nails thy enemies,
The law that is against thee, and the sins
Of all mankind with him there crucified

« Il meurt, mais bientôt revit. La mort sur lui n'usurpera pas longtemps le
« pouvoir : avant que la troisième aube du jour revienne, les étoiles du matin
« le verront se lever de sa tombe, frais comme la lumière naissante, ta rançon
« qui rachète l'homme de la mort, étant payée. Sa mort satisfera pour l'homme
« aussi souvent qu'il ne négligera point une vie ainsi offerte, et qu'il en em-
« brassera le mérite par une foi non dénuée d'œuvres. Cet acte divin annule
« ton arrêt, cette mort dont tu serais mort dans le péché pour jamais perdu à
« la vie ; cet acte brisera la tête de Satan, écrasera sa force par la défaite du
« Péché et de la Mort, ses deux armes principales, enfoncera leur aiguillon
« dans sa tête beaucoup plus profondément que la mort temporelle ne brisera
« le talon du vainqueur, ou de ceux qu'il rachète, mort comme un sommeil,
« passage doux à une immortelle vie.

« Après sa résurrection il ne restera sur la terre que le temps suffisant pour
« apparaître à ses disciples, hommes qui le suivirent toujours pendant sa
« vie. Il les chargera d'enseigner aux nations ce qu'ils apprirent de lui et de
« sa rédemption, baptisant dans le courant de l'eau ceux qui croiront : signe
« qui, en les lavant de la souillure du péché pour une vie pure, les préparera
« en esprit (s'il en arrivait ainsi) à une mort pareille à celle dont le Rédemp-
« teur mourut. Ces disciples instruiront toutes les nations ; car, à compter de
« ce jour, le salut sera prêché, non-seulement aux fils sortis des reins d'Abra-
« ham, mais aux fils de la foi d'Abraham par tout le monde ; ainsi dans la race
« d'Abraham toutes les nations seront bénies.

« Ensuite le Sauveur montera dans le ciel des cieux avec la victoire, triom-

Never to hurt them more who rightly trust
In this his satisfaction.
 « So he dies,
But soon revives; death over him no power
Shall long usurp: ere the third dawning light
Return, the stars of morn shall see him rise
Out of his grave, fresh as the dawning light,
Thy ransom paid, which man from death redeems,
His death for man, as many as offer'd life
Neglect not, and the benefit embrace
By faith not void of works : this goodlike act
Annuls thy doom, the death thou shouldst have died
In sin for ever lost from life; this act
Shall bruise the head of Satan, crush his strength,
Defeating Sin and Death, his two main arms;
And fix far deeper in his head their stings
Than temporal death shall bruise the victor's heel,
Or theirs whom he redeems; a death, like sleep,
A gentle wafting to immortal life.
 « Nor after resurrection shall he stay
Longer on earth, than certain times to appear
To his disciples, men who in his life
Still follow'd him; to them shall leave in charge
To teach all nations what of him they learn'd
And his salvation : them who shall believe
Baptizing in the profluent stream, the sign
Of washing them from guilt of sin to life
Pure, and in mind prepar'd, if so befall,
For death, like that which the Redeemer died.
All nations they shall teach; for, from that day,
Not only to the sons of Abraham's loins
Salvation shall be preach'd, but to the sons
Of Abraham's faith wherever through the world;

« phant au milieu des airs de ses ennemis et des tiens : il y surprendra le ser-
« pent, prince de l'air; il le traînera enchaîné à travers tout son royaume, et
« l'y laissera confondu. Alors il entrera dans la gloire, reprendra sa place à
« la droite de Dieu, exalté hautement au-dessus de tous les noms dans le ciel.
« De là, quand la dissolution de ce monde sera mûre, il viendra, dans la gloire
« et la puissance, juger les vivants et les morts, juger les infidèles morts, mais
« récompenser les fidèles et les recevoir dans la béatitude, soit au ciel ou sur
« la terre; car la terre alors sera toute paradis; bien plus heureuse demeure
« que celle d'Éden, et bien plus heureux jours ! »

Ainsi parla l'archange Michel, et il fit une pause comme s'il était à la grande période du monde ; notre père, rempli de joie et d'admiration, s'écria :
« O bonté infinie, bonté immense! qui du mal produira tout ce bien, et le
« mal changera en bien ! merveille plus grande que celle qui d'abord par la
« création fit sortir la lumière des ténèbres. Je suis rempli de doute : dois-je
« me repentir à présent du péché que j'ai commis et occasionné, ou dois-je
« m'en réjouir beaucoup plus, puisqu'il en résultera beaucoup plus de bien :
« à Dieu plus de gloire, aux hommes plus de bonne volonté de la part de Dieu,
« et la grâce surabondant où avait abondé la colère? Mais, dis-moi, si notre
« Libérateur doit remonter aux cieux, que deviendra le peu de ses fidèles,
« laissé parmi le troupeau infidèle, les ennemis de la vérité? Qui alors guidera
« son peuple? Qui le défendra? Ne traiteront-ils pas plus mal ses disciples
« qu'ils ne l'ont traité lui-même ? »

« Sois sûr qu'ils le feront, dit l'ange : mais du ciel il enverra aux siens un

    So in his seed all nations shall be blest.'
Then to the Heaven of Heavens he shall ascend
With victory, triumphing through the air
Over his foes and thine ; there shall surprise
The serpent, prince of air, and drag in chains
Through all his realm, and there confounded leave;
Then enter into glory, and resume
His seat at God's right hand, exalted high
Above all names in Heaven ; and thence shall come,
When this world's dissolution shall be ripe,
With glory and power to judge both quick and dead;
To judge the unfaithful dead, but to reward
His faithful, and receive them into bliss,
Whether in Heaven or earth ; for then the earth
Shall all be Paradise, far happier place
Than this of Eden, and far happier days. »
    So spake th' archangel Michael; then paus'd,
As at the world's great period; and our sire,
Replete with joy and wonder, thus replied :
    « O goodness infinite, goodness immense!
That all this good of evil shall produce,
And evil turn to good; more wonderful
Than that which by creation first brought forth
Light out of darkness! Full of doubt I stand,
Whether I should repent me now of sin
By me done, and occasion'd ; or rejoice
Much more, that much more good thereof shall spring;
To God more glory, more good-will to men
From God, and over wrath grace shall abound!
But say, if our Deliverer up to Heaven
Must reascend, what will betide the few
His faithful, left among th' unfaithful herd,
The enemies of truth? Who then shall guide

« Consolateur, la promesse du Père, son Esprit qui habitera en eux, et écrira
« la loi de la foi dans leur cœur, opérant par l'amour pour les guider en toute
« vérité. Il les revêtira encore d'une armure spirituelle, capable de résister
« aux attaques de Satan et d'éteindre ses dards de feu. Ils ne seront point ef-
« frayés de tout ce que l'homme pourra faire contre eux, pas même de la
« mort. Ils seront dédommagés de ces cruautés par des consolations intérieures,
« et souvent soutenus au point d'étonner leurs plus fiers persécuteurs : car
« l'Esprit (descendu d'abord sur les apôtres que le Messie envoya évangéliser
« les nations, et descendu ensuite sur tous les baptisés) remplira ces apôtres
« de dons merveilleux pour parler toutes les langues et faire tous les miracles
« que leur Maître faisait devant eux. Ils détermineront ainsi une grande mul-
« titude dans chaque nation à recevoir avec joie les nouvelles apportées du
« ciel. Enfin, leur ministère étant accompli, leur course achevée, leur doctrine
« et leur histoire laissées écrites, ils meurent.

« Mais à leur place, comme ils l'auront prédit, des loups succéderont aux
« pasteurs, loups ravissants qui feront servir les sacrés mystères du ciel à leurs
« propres et vils avantages, à leur cupidité, à leur ambition : et par des
« superstitions des traditions humaines, ils infecteront la vérité déposée pure
« seulement dans ces actes écrits, mais qui ne peut être entendue que par
« l'Esprit.

« Ils chercheront à se prévaloir de noms, de places, de titres, et à joindre à
« ceux-ci la temporelle puissance, quoiqu'en feignant d'agir par la puissance

His people, who defend? Will they not deal
Worse with his followers than with him they dealt ? »
        « Be sure they will, said th' angel; but from Heaven
He to his own a Comforter will send,
The promise of the Father, who shall dwell
His Spirit within them ; and the law of faith
Working through love, upon their hearts shall write,
To guide them in all truth; and also arm
With spiritual armour, able to resist
Satan's assaults, and quench his fiery darts;
What man can do against them, not afraid,
Though to the death : against such cruelties
With inward consolations recompens'd,
And oft supported so as shall amaze
Their proudest persecutors : for the Spirit,
Pour'd first on his apostles, whom he sends
To evangelize the nations, then on all
Baptiz'd, shall them with wondrous gifts endue
To speak all tongues, and do all miracles,
As did their Lord before them. Thus they win
Great numbers of each nation, to receive
With joy the tidings brought from Heaven : at length,
Their ministry perform'd, and race well run,
Their doctrine and their story written left,
They die.
        « But in their room, as they forewarn,
Wolves shall succeed for teachers, grievous wolves,
Who all the sacred mysteries of Heaven
To their own vile advantages shall turn
Of lucre and ambition ; and the truth
With superstitions and traditions taint,
Left only in those written records pure,
Though not but by the Spirit understood.
        « Then shall they seek to avail themselves of names,

« spirituelle, s'appropriant l'Esprit de Dieu, promis également et donné à tous
« les croyants. Dans cette prétention, des lois spirituelles seront imposées par
« la force charnelle à chaque conscience, lois que personne ne trouvera sur le
« rôle de celles qui ont été laissées, ou que l'Esprit grave intérieurement dans
« le cœur.

« Que voudront-ils donc, sinon contraindre l'Esprit de la grâce même, et lier
« la liberté sa compagne? Que voudront-ils, sinon démolir les temples vivants
« de Dieu, bâtis pour durer par la foi, leur propre foi, non celle d'un autre ?
« (Car sur terre, qui peut être écouté comme infaillible contre la foi et la con-
« science?) Cependant plusieurs se présumeront tels : de là une accablante
« persécution s'élèvera contre tous ceux qui persévéreront à adorer en esprit
« et en vérité. Le reste, ce sera le plus grand nombre, s'imaginera satisfaire
« à la religion par des cérémonies extérieures et des formalités spécieuses. La
« vérité se retirera percée des traits de la calomnie, et les œuvres de la foi se-
« ront rarement trouvées.

« Ainsi ira le monde, malveillant aux bons, favorable aux méchants, et sous
« son propre poids gémissant, jusqu'à ce que se lève le jour de repos pour le
« juste, de vengeance pour le méchant; jour du retour de celui si récemment
« promis à ton aide, de ce Fils de la femme, alors obscurément annoncé, à
« présent plus amplement connu pour ton Sauveur et ton Maître.

« Enfin, sur les nuages il viendra du ciel, pour être révélé dans la gloire du
« Père, pour dissoudre Satan avec son monde pervers. Alors de la masse em-

    Places, and titles, and with these to join
    Secular power; though feigning still to act
    By spiritual, to themselves appropriating
    The Spirit of God, promis'd alike, and given
    To all believers; and, from that pretence,
    Spiritual laws by carnal power shall force
    On every conscience; laws, which none shall find
    Left them inroll'd, or what the Spirit within
    Shall on the heart engrave.
          « What will they then
    But force the Spirit of grace itself, and bind
    His consort liberty? what, but unbuild
    His living temples, built by faith to stand,
    Their own faith, not another's? for, on earth
    Who against faith and conscience can be heard
    Infallible? yet many will presume :
    Whence heavy persecution shall arise
    On all, who in the worship persevere
    Of spirit and truth; the rest, far greater part,
    Will deem in outward rites and specious forms
    Religion satisfied : truth shall retire
    Bestuck with slanderous darts, and works of faith
    Rarely be found.
         « So shall the world go on,
    To good malignant, to bad men benign;
    Under her own weight groaning; till the day
    Appear of respiration to the just,
    And vengeance to the wicked, at return
    Of him so lately promis'd to thy aid,
    The woman's seed, obscurely then foretold,
    Now ampler known, thy Saviour and thy Lord :
    Last, in the clouds, from Heaven to be reveal'd
    In glory of the Father, to dissolve
    Satan with his perverted world; then raise

« brasée, purifiée et raffinée, il élèvera de nouveaux cieux, une nouvelle terre,
« des âges d'une date infinie, fondés sur la justice, la paix, l'amour, et qui
« produiront pour fruits la joie et l'éternelle félicité. »

L'Ange finit, et Adam lui répliqua, pour la dernière fois :

« Combien ta prédiction, ô bienheureux voyant, a mesuré vite ce monde pas-
« sager, la course du temps jusqu'au jour où il s'arrêtera fixé ! au delà, tout
« est abîme, éternité, dont l'œil ne peut atteindre la fin ! Grandement in-
« struit, je partirai d'ici, grandement en paix de pensée, et je suis rempli de
« connaissances autant que ce vase peut en contenir ; aspirer au delà a été ma
« folie. J'apprends de ceci que le mieux est d'obéir, d'aimer Dieu seul avec
« crainte, de marcher comme en sa présence, de reconnaître sans cesse sa pro-
« vidence, de ne dépendre que de lui, miséricordieux pour tous ses ouvrages,
« surmontant toujours le mal par le bien, par de petites choses accomplissant
« les grandes, par des moyens réputés faibles renversant la force du monde,
« et le sage du monde par la simplicité de l'humble : je sais désormais que
« souffrir pour la cause de la vérité c'est s'élever par la force à la plus haute
« victoire, et que pour le fidèle la mort est à la porte de la vie ; je suis instruit
« de cela par l'exemple de celui que je reconnais à présent pour mon Ré-
« dempteur à jamais béni. »

L'Ange à Adam répliqua aussi pour la dernière fois :

« Ayant appris ces choses, tu as atteint la somme de la sagesse. N'espère
« rien de plus haut, quand même tu connaîtrais toutes les étoiles par leur
« nom, et tous les pouvoirs éthérés, tous les secrets de l'abîme, tous les ou-

From the conflagrant mass, purg'd and refin'd,
New Heavens, new earth, ages of endless date,
Founded in righteousness, and peace, and love;
To bring forth fruits, joy and eternal bliss! »
  He ended; and thus Adam last replied :
« How soon hath thy prediction, seer blest,
Measur'd this transient world, the race of tim
Till time stand fix'd! Beyond is all abyss,
Eternity, whose end no eye can reach.
Greatly instructed I shall hence depart;
Greatly in peace of thought, and have my fill
Of knowledge, what his vessel can contain ;
Beyond which was my folly to aspire.
Henceforth I learn, that to obey is best,
And love with fear the only God; to walk
As in his presence; ever to observe
His providence; and on him sole depend,
Merciful over all his works, with good
Still overcoming evil, and by small
Accomplishing great things; by things deem'd weak
Subverting worldly strong, and worldly wise
By simply meek : that suffering for truth's sake
Is fortitude to highest victory;
And, to the faithful, death the gate of life;
Taught this by his example, whom I now
Acknowledge my Redeemer ever blest. »
  To whom thus also th' angel last replied :
« This having learn'd, thou hast attain'd the sum
Of wisdom : hope no higher, though all the stars
Thou knew'st by name, and all th' ethereal powers,
All secrets of the deep, all nature's works,
Or works of God in Heaven, air, earth, or sea,
And all the riches of this world enjoy'dst

« vrages de la nature, ou toutes les œuvres de Dieu dans le ciel ; l'air, la terre
« ou la mer ; quand tu jouirais de toutes les richesses de ce monde, et le gou-
« vernerais comme un seul empire. Ajoute seulement à tes connaissances des
« actions qui y répondent ; ajoute la foi, ajoute la vertu, la patience, la
« tempérance ; ajoute l'amour, dans l'avenir nommé charité, âme de tout le
« reste. Alors tu regretteras moins de quitter ce paradis, puisque tu posséderas
« en toi-même un paradis bien plus heureux.

« Descendons maintenant de cette cime de spéculation ; car l'heure précise
« exige notre départ d'ici. Regarde ! ces gardes que j'ai campés sur cette col-
« line attendent l'ordre de se mettre en marche : à leur front, une épée flam-
« boyante, en signal du bannissement, ondoie avec violence. Nous ne pouvons
« rester plus longtemps. Va, éveille Eve : elle aussi je l'ai calmée par de doux
« rêves, présages du bien, et j'ai disposé tous ses esprits à une humble sou-
« mission. Dans un moment convenable tu lui feras part de ce que tu as entendu,
« surtout de ce qu'il importe à sa foi de connaître, la grande délivrance du
« genre humain, qui doit venir de sa race, de la race de la femme. Puissiez-
« vous vivre (vos jours seront nombreux) dans une foi unanime, quoique
« tristes, à cause des maux passés, cependant encore beaucoup plus consolés
« par la méditation d'une heureuse fin. »

Il finit, et tous deux descendent la colline. Arrivé au bas, Adam courut en
avant au berceau où Eve s'était endormie ; mais il la trouva éveillée ; elle le
reçut ainsi avec ces paroles qui n'étaient plus tristes :

« D'où tu reviens et où tu étais allé, je le sais, car Dieu est aussi dans le

  And all the rule, one empire : only add
  Deeds to thy knowledge answerable ; add faith,
  Add virtue, patience, temperance ; add love,
  By name to come call'd charity, the soul
  Of all the rest : then wilt thou not be loth
  To leave this Paradise, but shalt possess
  A paradise within thee, happier far.
   « Let us descend now therefore from this top
  Of speculation ; for the hour precise
  Exacts our parting hence ; and see ! the guards,
  By me encamp'd on yonder hill, expect
  Their motion ; at whose front a flaming sword,
  In signal of remove, waves fiercely round.
  We may no longer stay : go, waken Eve ;
  Her also I with gentle dreams have calm'd,
  Portending good, and all her spirits compos'd
  To meek submission : thou, at season fit,
  Let her with thee partake what thou hast heard ;
  Chiefly, what may concern her faith to know,
  The great deliverance by her seed to come
  (For by the woman's seed) on all mankind ;
  That ye may live, which will be many days,
  Both in one faith unanimous, though sad,
  With cause, for evils past ; yet much more cheer'd
  With meditation on the happy end. »
   He ended, and they both descend the hill.
  Descended, Adam to the bower, where Eve
  Lay sleeping, ran before ; but found her wak'd ;
  And thus with words not sad she him receiv'd :
   « Whence thou return'st, and whither went'st, I know ;
  For God is also in sleep ; and dreams advise,
  Which he hath sent propitious, some great good
  Presaging, since with sorrow and heart's distress

« sommeil et instruit les songes : il me les a envoyés propices, présageant un
« grand bien, depuis que fatiguée de chagrin et de détresse de cœur, je tombai
« endormie; mais à présent, guide-moi; en moi, plus de retardement : aller
« avec toi, c'est rester ici; rester sans toi ici, c'est sortir d'ici involontairement.
« Tu es pour moi toutes choses sous le ciel, tu es tous les lieux pour moi, toi
« qui pour mon crime volontaire es banni d'ici. Cependant j'emporte d'ici cette
« dernière consolation qui me rassure : bien que par moi tout ait été perdu,
« malgré mon indignité, une faveur m'est accordée : par moi la Race promise
« réparera tout. »

Ainsi parla Eve notre mère, et Adam l'entendit charmé, mais ne répondit point; l'archange était trop près, et de l'autre colline à leur poste assigné, tous dans un ordre brillant, les chérubins descendaient : ils glissaient météores sur la terre, ainsi qu'un brouillard du soir élevé d'un fleuve glisse sur un marais, et envahit rapidement le sol sur les talons du laboureur qui retourne à sa chaumière. De front ils s'avançaient; devant eux le glaive brandissant du Seigneur flamboyait furieux, comme une comète : la chaleur torride de ce glaive, et sa vapeur telle que l'air brûlé de la Libye, commençaient à dessécher le climat tempéré du paradis; quand l'Ange hâtant nos languissants parents, les prit par la main, les conduisit droit à la porte orientale; de là aussi vite jusqu'au bas du rocher, dans la plaine inférieure, et disparut.

Ils regardèrent derrière eux, et virent toute la partie orientale du paradis, naguère leur heureux séjour, ondulée par le brandon flambant : la porte était obstruée de figures redoutables et d'armes ardentes.

Adam et Eve laissèrent tomber quelques naturelles larmes qu'ils essuyèrent

Wearied I fell asleep : but now lead on;
In me is no delay; with thee to go,
Is to stay here; without thee here to stay,
Is to go hence unwilling : thou to me
Art all things under Heaven, all places thou,
Who for my wilful crime art banish'd hence.
This further consolation yet secure
I carry hence; though all by me is lost,
Such favour I unworthy am vouchsaf'd,
By me the promis'd Seed shall all restore. »
  So spake our mother Eve, and Adam heard
Well pleas'd, but answer'd not : for now, too nigh
Th' archangel stood; and from the other hill
To their fix'd station, all in bright array
The cherubim descended; on the ground
Gliding meteorous, as evening-mist
Risen from a river o'er the marish glides,
And gathers ground fast at the labourer's heel
Homeward returning. High in front advanc'd,
The brandish'd sword of God before them blaz'd,
Fierce as a comet; which with torrid heat,
And vapour as the Libyan air adust,
Began to parch that temperate clime : whereat
In either hand the hastening angel caught
Our lingering parents, and to th' eastern gate
Led them direct, and down the cliff as fast
To the subjected plain; then disappear'd.
  They, looking back, all th' eastern side beheld
Of Paradise, so late their happy seat,
Wav'd over by that flaming brand; the gate
With dreadful faces throng'd, and fiery arms.
  Some natural tears they dropt, but wip'd them soon ;

vile. Le monde entier était devant eux, pour y choisir le lieu de leur repos, et la Providence était leur guide. Main en main, à pas incertains et lents, ils prirent à travers Eden leur chemin solitaire.

> The world was all before them, where to choose
> Their place of rest, and Providence their guide.
> They, hand in hand, with wandering steps and slow
> Through Eden took their solitary way.

FIN DU PARADIS PERDU.

TABLE DES MATIÈRES

CONTENUES DANS CE VOLUME.

PARADIS PERDU.

	Pages.
Remarques	1
Livre premier	10
— second	36
— troisième	69
— quatrième	93
— cinquième	126
— sixième	155
— septième	184
— huitième	204
— neuvième	225
— dixième	263
— onzième	299
— douzième	328

FIN DE LA TABLE.

LAGNY. — Imp. de VIALAT et Cie.

AVIS AU RELIEUR.

Tome Premier.
*Préface générale. — Atala. — René. — Le dernier des Abencerages.
Mélanges littéraires.*

	Pages.
Atala et Chactas.	1
Atala et Chactas sur le radeau.	48
Atala n'offrait plus qu'une faible résistance.	53
Amélie et René.	88
Le dernier des Abencerages.	98
Lautrec et Aben-Hamet.	119
Blanca et Aben-Hamet.	127

Tome IIe.
Les Natchez. — Poésies.

Coutumes indiennes.	1
Pacte d'amitié chez les Natchez.	29
Départ de René.	169
Céluta fuyant le reptile.	189

Tome IIIe.
Le Génie du Christianisme.

Les Sacrements.	1
La Confession.	19
La Charité.	39
L'Ange gardien.	189
Les religieux du mont Saint-Bernard.	287

Tome IVe.
Le Génie du Christianisme. — Voyages, etc.

La prière.	1
Les funérailles.	19
Le pèlerinage.	112
Rebecca à la fontaine.	165

Tome Ve.
Les Martyrs.

Euryméduse retrouve Cymodocée.	1
Velléda.	118
Démodocus et Cymodocée.	145
Cymodocée au tombeau de Léonidas.	157
Eudore et Cymodocée au cirque.	258

Tome VIe.
Les Martyrs. — Voyage en Amérique.

Elle rend au ciel un souffle divin.	1
Eudore aux pieds de Velléda.	56
Château de Combourg.	105
Chute du Niagara.	153

Tome VIIe.
Itinéraire de Paris à Jérusalem.

Naples.	1
Corfou.	81
Chateaubriand chez les Grecs.	127
L'Acropolis.	139
Jérusalem.	212
Départ de Bethléem.	219

AVIS AU RELIEUR.

Tome VIIIe.
Itinéraire de Paris à Jérusalem. — Voyages, etc., etc.

Chateaubriand chevalier de Malte.	1
Chateaubriand aux ruines de Carthage.	61
Temple de Jérusalem	83
Plan de Jérusalem.	292

Tome IXe.
Analyse raisonnée de l'histoire de France.

Richelieu	1
La Chevalerie au treizième siècle.	149
L'Alhambra.	276

Tome X^e.
Études ou Discours historiques.

Chateaubriand	1
Duc de Guise.	63
Venise.	216

Tome XIe.
Mélanges Littéraires. — Mélanges Politiques.

Cathédrale de Cordoue	1
Cromwell et les quatre Stuarts.	33
Moïse sauvé des eaux.	79

Tome XIIe.
Mélanges Politiques.

Vie et mœurs des Chevaliers	1
La Rochejaquelein.	99
Villèle.	285

Tome XIIIe.
Essai historique sur les Révolutions anciennes et modernes.

Temple de Memphis.	1
Les ruines de Sparte.	67
Rome	109
Malesherbes.	213

Tome XIVe.
Opinions. — Discours.

Charette	1
Cathelineau.	225

Tome XVe.
Littérature anglaise.

Shakespeare.	1
Ophélia.	89
Épisodes de la vie de Shakespeare.	99

Tome XVIe.
Paradis Perdu.

Milton dictant ses vers.	1
Milton.	11
Ève tentée par le serpent.	93